기출이 답이다

ERP 정보관리사
인사 2급
최신기출문제집

12회

시대에듀

INFORMATION
ERP 정보관리사 자격시험 안내

◼ 응시자격 | 제한 없음

◼ 시험정보

응시교시	응시과목	급 수	문항수	시험시간
1교시	회 계	1급	이론 32, 실무 25	이론 40분 실무 40분
		2급	이론 20, 실무 20	
	생 산	1급	이론 32, 실무 25	
		2급	이론 20, 실무 20	
2교시	인 사	1급	이론 33, 실무 25	
		2급	이론 20, 실무 20	
	물 류	1급	이론 32, 실무 25	
		2급	이론 20, 실무 20	

※ 같은 교시의 응시과목은 동시신청이 불가하며, 실무능력평가는 더존의 핵심ERP와 영림원의 SystemEver 중 1개를 선택하여 실시합니다.

◼ 시험시간

응시교시	입실 완료시간	교시별 시험시간	비고
1교시	08:50	09:00 ~ 10:25	정기시험기준
2교시	10:50	11:00 ~ 12:25	

※ 정기시험기준이며 주관처의 사정에 따라 변경될 수 있습니다.

◼ 합격기준

구 분	합격점수	과락점수
1급	이론, 실무 평균 70점 이상	이론, 실무 각 60점 미만
2급	이론, 실무 평균 60점 이상	이론, 실무 각 40점 미만

◼ 응시료

구 분	1과목	2과목
1급	40,000원	70,000원
2급	28,000원	50,000원

※ 동일급수의 2과목 응시 시 응시료가 할인되며, 부분 과목 취소는 불가합니다.

◼ 준비물 | 신분증, 수험표, 필기구, 일반계산기(공학·재무·윈도우 계산기 등 사용불가)

STRUCTURES

이 책의 구성과 특징

STEP 1 최신기출 12회로 실전 감각 완성

STEP 2 핵심이론까지 잡는 문제 풀이

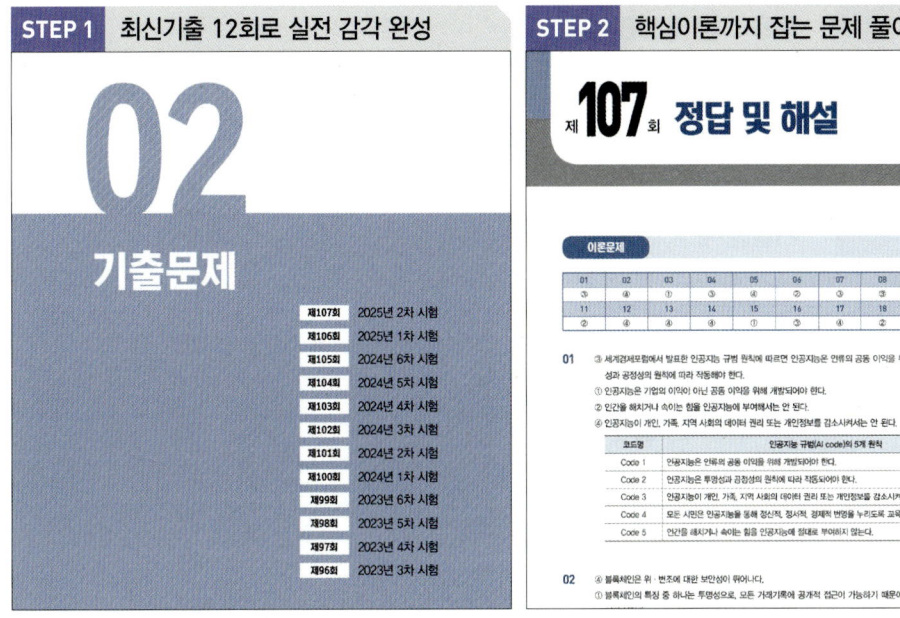

회차마다 반복되는 유형, 최신기출 12회로 완벽 대비

이론문제 풀이와 핵심이론 정리를 한 번에, 학습효율은 두 배로

STEP 3 누구나 따라 하는 ERP 입력 가이드

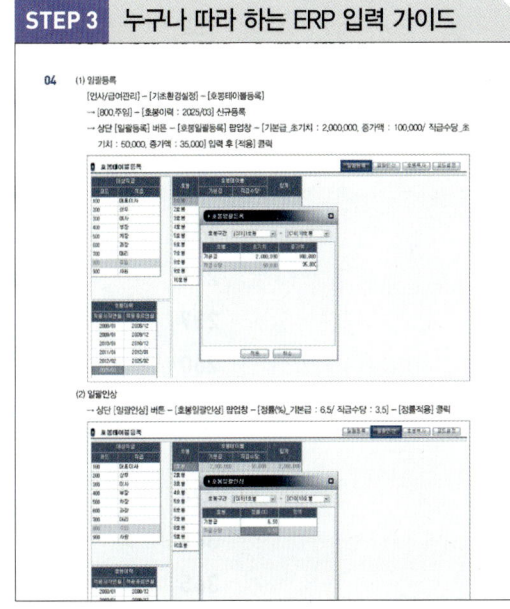

복잡한 입력 경로부터 실행까지 한눈에, 쉽게 따라 하는 ERP 입력 안내

STEP 4 설치파일부터 기출 DB까지 모두 제공

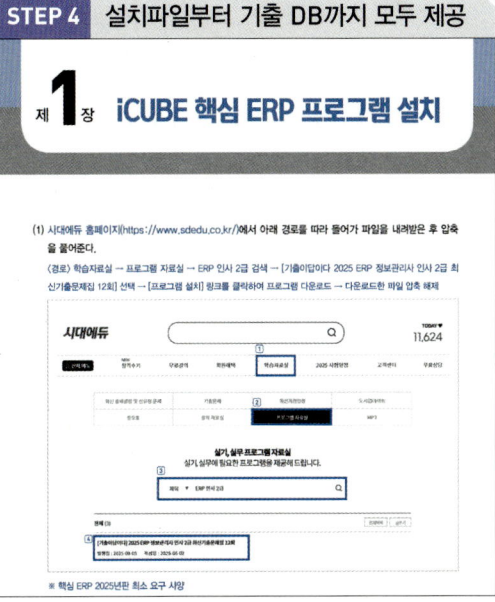

핵심 ERP 설치파일과 기출 DB, 본사 사이트에서 한 번에 제공

CONTENTS
이 책의 차례

제1편 프로그램 및 DB 설치

01 핵심 ERP 프로그램 설치 · **3**
02 기출문제 DB 설치 · **7**

제2편 기출문제

01 제107회 기출문제 · **17**
02 제106회 기출문제 · **29**
03 제105회 기출문제 · **41**
04 제104회 기출문제 · **53**
05 제103회 기출문제 · **65**
06 제102회 기출문제 · **77**
07 제101회 기출문제 · **89**
08 제100회 기출문제 · **102**
09 제99회 기출문제 · **115**
10 제98회 기출문제 · **128**
11 제97회 기출문제 · **140**
12 제96회 기출문제 · **152**

제3편 정답 및 해설

01 제107회 정답 및 해설 · **167**
02 제106회 정답 및 해설 · **191**
03 제105회 정답 및 해설 · **214**
04 제104회 정답 및 해설 · **237**
05 제103회 정답 및 해설 · **260**
06 제102회 정답 및 해설 · **280**
07 제101회 정답 및 해설 · **301**
08 제100회 정답 및 해설 · **324**
09 제99회 정답 및 해설 · **345**
10 제98회 정답 및 해설 · **365**
11 제97회 정답 및 해설 · **387**
12 제96회 정답 및 해설 · **411**

01 프로그램 및 DB 설치

제1장	iCUBE 핵심 ERP 프로그램 설치
제2장	기출문제 DB 설치

합격의 공식
시대에듀

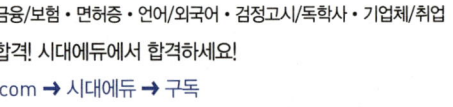

자격증 · 공무원 · 금융/보험 · 면허증 · 언어/외국어 · 검정고시/독학사 · 기업체/취업
이 시대의 모든 합격! 시대에듀에서 합격하세요!
www.youtube.com → 시대에듀 → 구독

제1장 iCUBE 핵심 ERP 프로그램 설치

(1) 시대에듀 홈페이지(https://www.sdedu.co.kr/)에서 아래 경로를 따라 들어가 파일을 내려받은 후 압축을 풀어준다.

〈경로〉 학습자료실 → 프로그램 자료실 → ERP 인사 2급 검색 → [기출이답이다 2025 ERP 정보관리사 인사 2급 최신기출문제집 12회] 선택 → [프로그램 설치] 링크를 클릭하여 프로그램 다운로드 → 다운로드한 파일 압축 해제

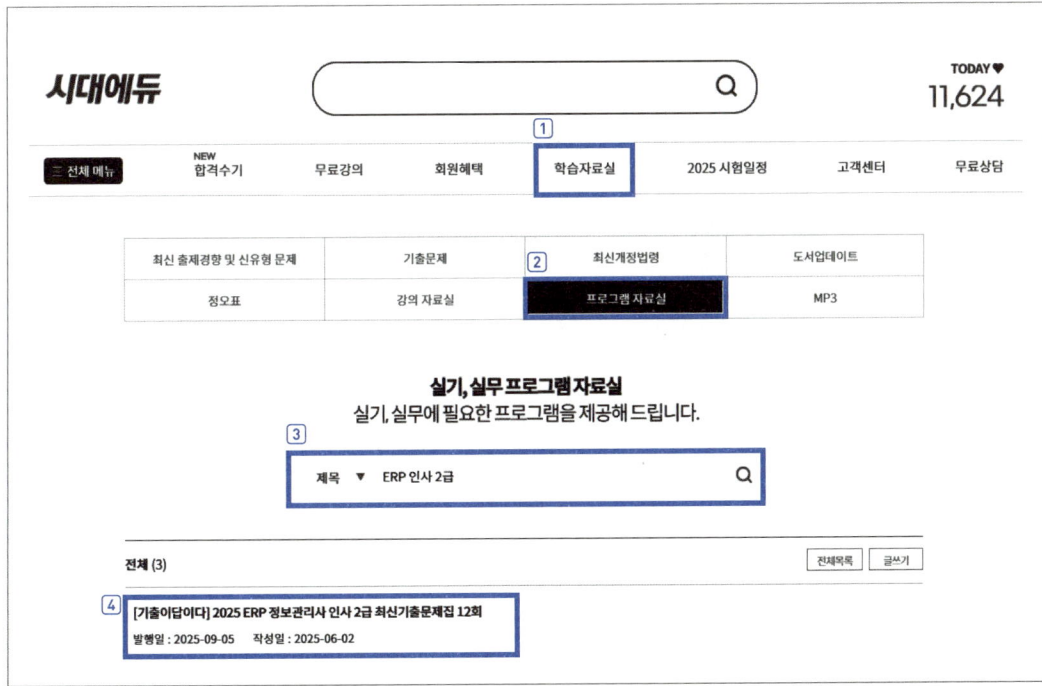

※ 핵심 ERP 2025년판 최소 요구 사양

- 설치 가능 OS : Microsoft Windows 7 이상의 OS (Mac OS X, Linux 등 설치 불가)
- CPU : Intel Core2Duo / i3 1.8Ghz 이상의 CPU
- Memory : 3GB 이상의 Memory
- DISK : 10GB 이상의 C:₩ 여유 공간

(2) 압축을 풀어둔 [2025_ERP 설치프로그램] 폴더에서 [CoreCubeSetup]을 클릭한다.

이름	수정한 날짜	유형	크기
RequireServer	2025-05-12 오후 5:37	파일 폴더	
SQLEXPRESS	2025-05-12 오후 5:37	파일 폴더	
UTIL	2025-05-12 오후 5:37	파일 폴더	
메뉴얼	2025-05-12 오후 5:37	파일 폴더	
CoreCube	2025-05-12 오후 5:37	응용 프로그램	664,685KB
CoreCubeSetup	2025-05-12 오후 5:37	응용 프로그램	4,387KB
핵심ERP 2025 설치 매뉴얼(상세)	2025-05-12 오후 5:37	PDF 파일	2,975KB
핵심ERP 2025 설치 매뉴얼(요약)	2025-05-12 오후 5:37	PDF 파일	617KB

(3) 자동설치 순서에 따라 설치를 진행한다.

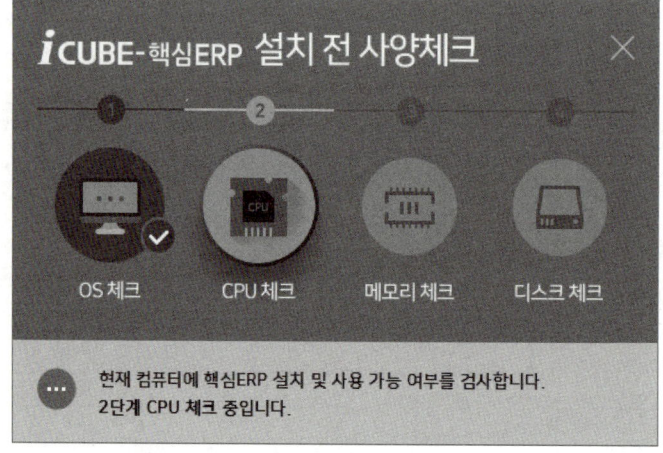

(4) iCUBE 핵심 ERP 사용권에 [예]를 클릭하여 동의한다.

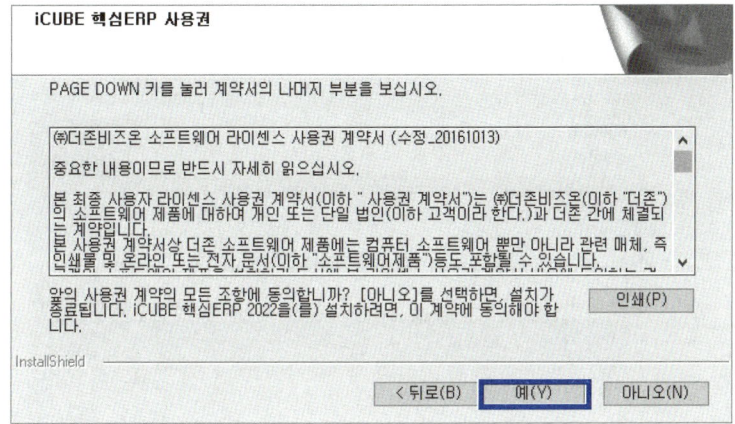

(5) 설치가 완료되면 [완료]를 클릭한다.

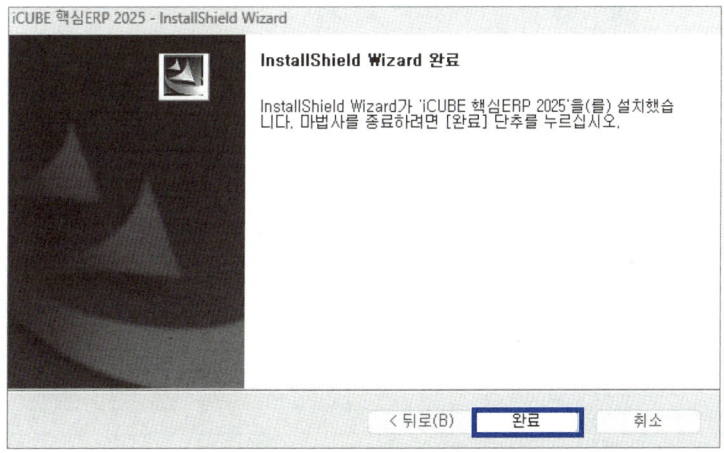

참고 **필수 구성 요소에 따른 프로그램 자동 추가 설치**

※ PC 환경에 따라 ERP 구동에 필요한 SQL 프로그램 설치 및 NetFramework 3.5에 대한 활성화 작업이 자동으로 추가 될 수 있으므로 아래의 화면 등이 생성되면 프로그램 진행에 따라 설치를 계속한다.

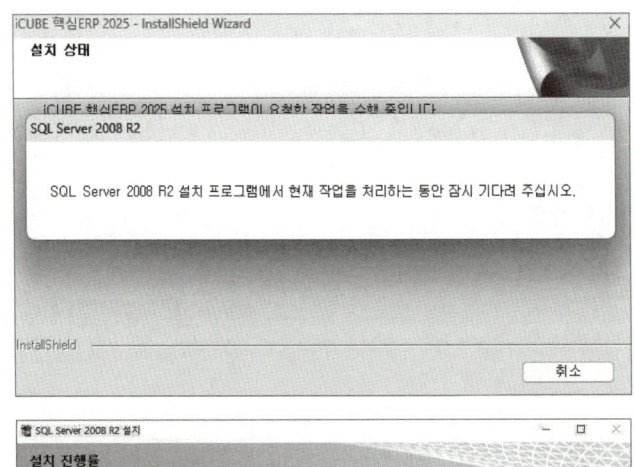

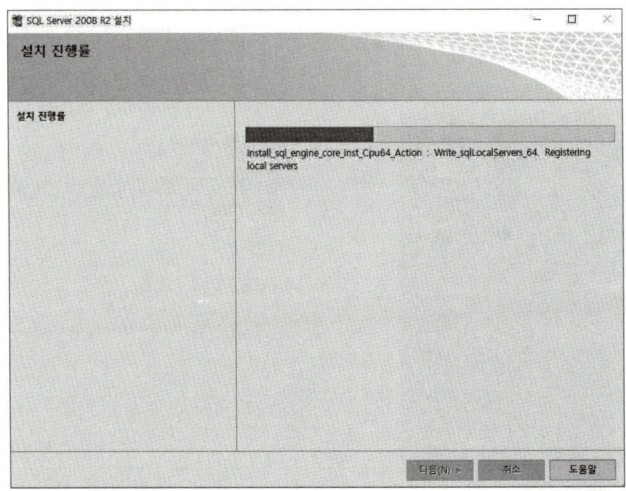

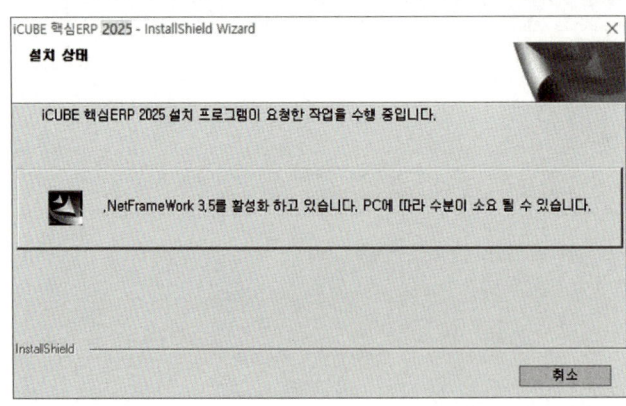

제2장 기출문제 DB 설치

(1) 시대에듀 홈페이지(https://www.sdedu.co.kr/)에서 아래 경로를 따라 들어가 파일을 내려받은 후 압축을 풀어준다.

〈경로〉 학습자료실 → 프로그램 자료실 → ERP 인사 2급 검색 → [기출이답이다 2025 ERP 정보관리사 인사 2급 최신기출문제집 12회] 선택 → [기출 DB 설치] 링크를 클릭하여 기출 DB 다운로드 → 다운로드한 파일 압축 해제

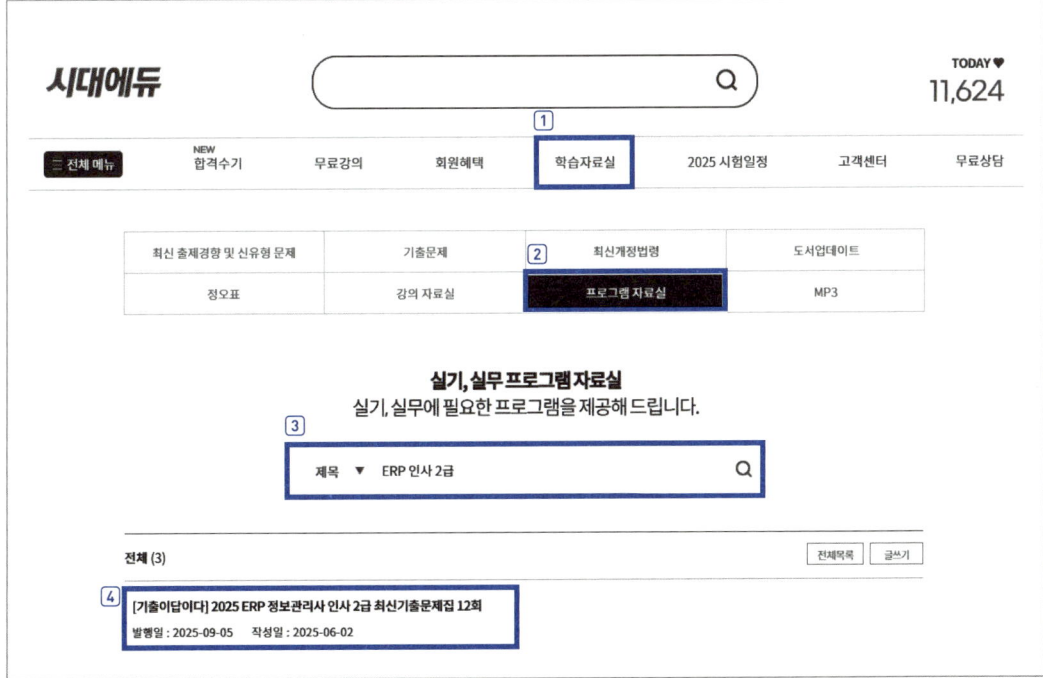

(2) ERP 프로그램을 실행한 후 하단의 [DB Tool]을 클릭한다.

(3) [DB복원]을 클릭한다.

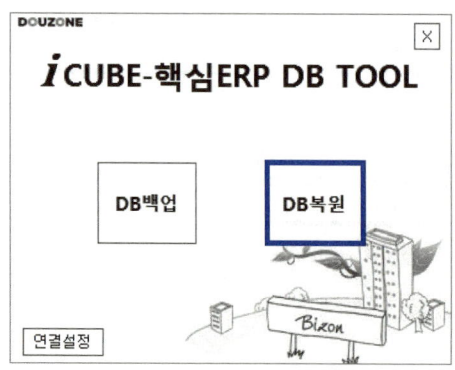

(4) 백업폴더 선택 팝업창에서 [다른 백업폴더 복원]을 선택한 후 확인을 클릭한다.

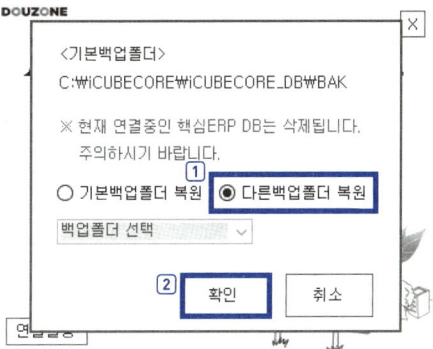

(5) 압축을 풀어둔 [ERP 기출 DB] 폴더 안의 해당 회차를 선택한 후 확인을 클릭한다.

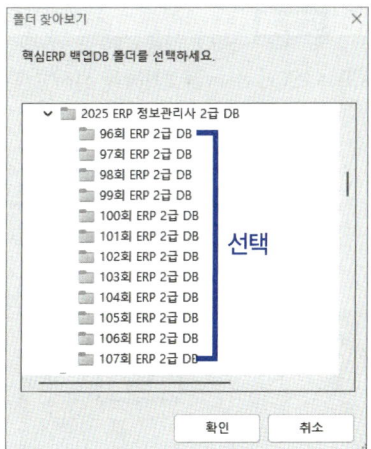

TIP 아래와 같은 서버 연결 실패 관련 팝업창 생성 시

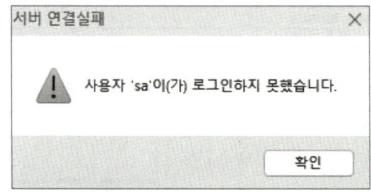

① DB TOOL 메인화면에서 하단에 위치한 **[연결설정]**을 클릭한다.

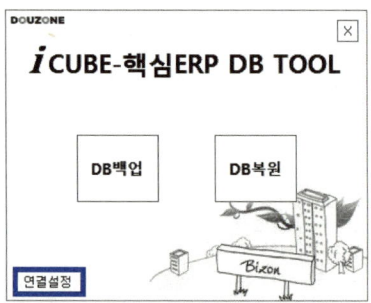

② PC 환경에 맞게 [Windows 인증] 또는 [SQL Server 인증]을 선택한 후 확인을 클릭한다.

※ 선택한 인증방식에 대한 오류 팝업이 생성된다면 다른 인증방식을 선택하여 진행한다.

③ 서버정보 저장 팝업을 확인한 후 DB 복원을 다시 진행한다.

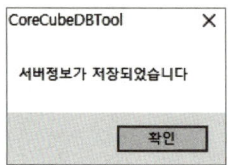

(6) DB 복원이 완료되면 프로그램을 다시 실행한 후 [코드도움] 버튼을 사용하여 회차별 회사코드와 사원코드를 선택한 후 [Login]을 클릭한다.

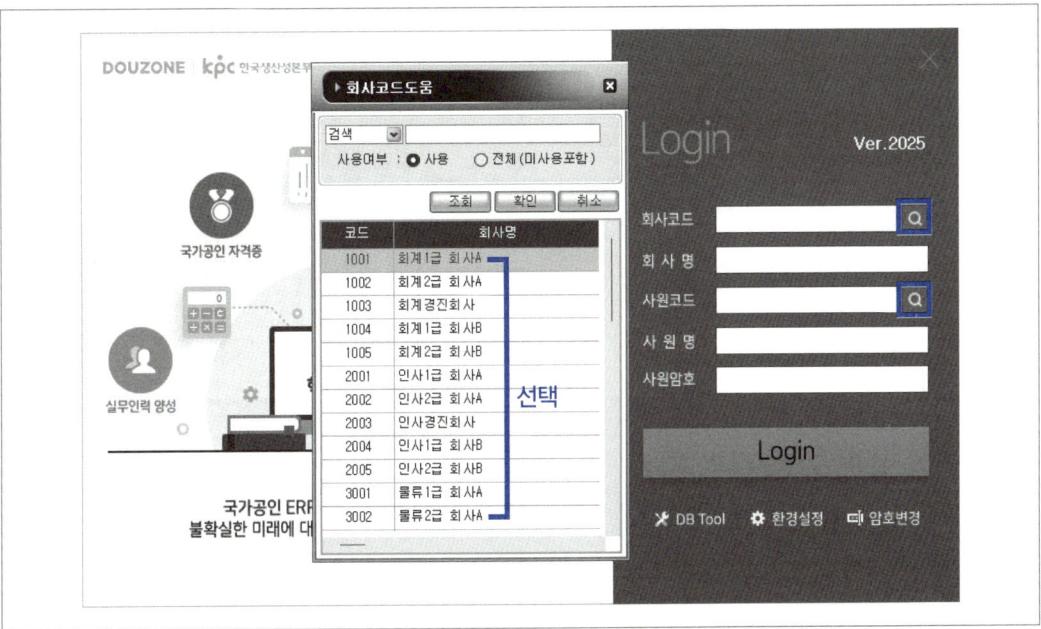

(7) 프로그램이 실행되면 문제에 따라 풀이를 진행한다.

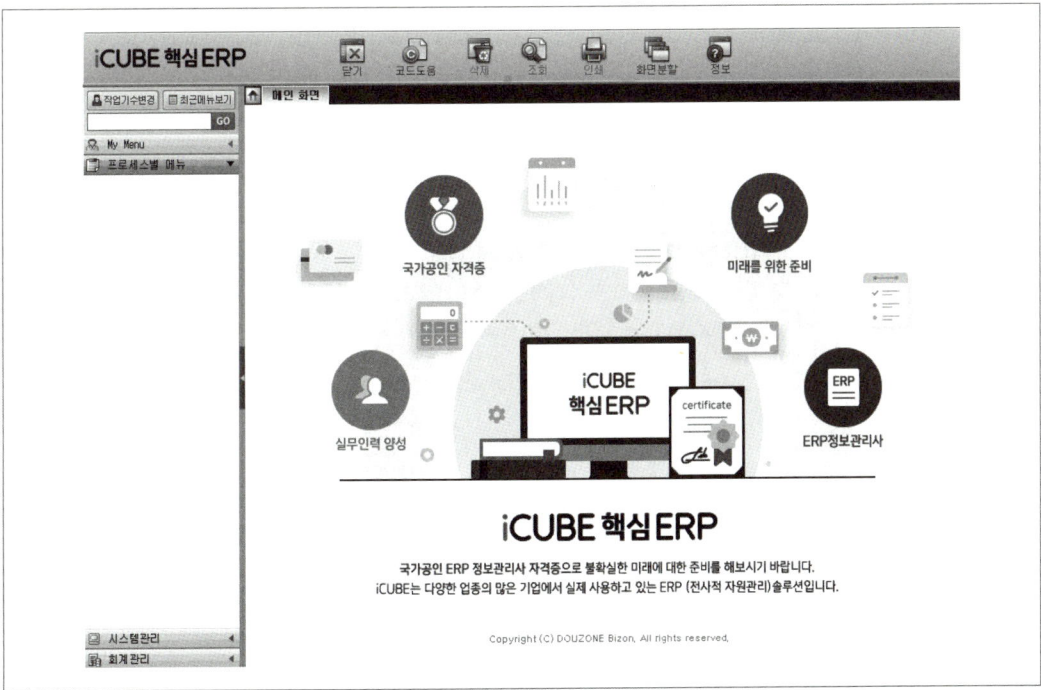

TIP 접속정보 오류 관련 팝업창 생성 시

① 코드도움을 클릭하였는데 아래와 같은 오류 팝업창이 생성되는 경우 우선 ERP를 종료한다.

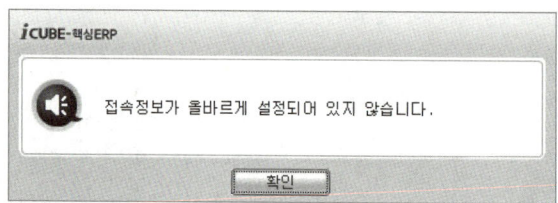

② 내려받은 [2025_ERP 설치프로그램] 폴더 내의 [UTIL] 폴더를 선택한다.

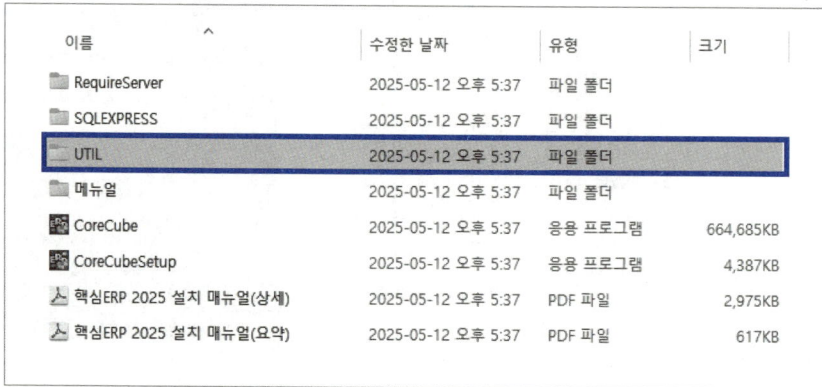

③ [UTIL] 폴더의 [CoreCheck]을 실행한다.

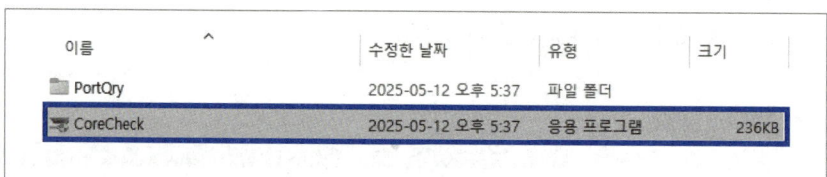

④ [X]아이콘을 클릭하여 모두 [O]로 변경한 후 ERP를 실행한다.

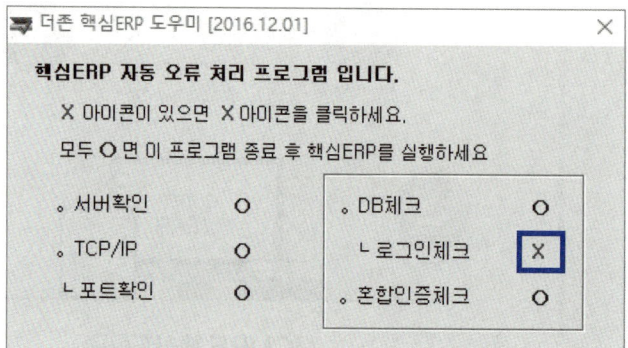

| TIP | 다른 백업폴더 복원 관련 오류 팝업창 생성 시

① 백업폴더 선택 팝업창에서 [다른 백업폴더 복원]을 선택한 후 확인을 클릭하였는데 아래와 같은 오류 팝업창이 생성되는 경우 우선 ERP를 종료한다.

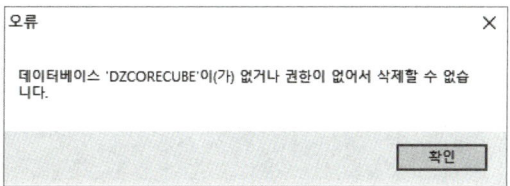

② 프로그램에 가져오고자 하는 2개의 파일(DZCORECUBE.mdf, DZCORECUBELOG.ldf)을 내컴퓨터 C:₩iCUBECORE₩iCUBECORE_DB₩Attach 폴더에 붙여넣기 한다.

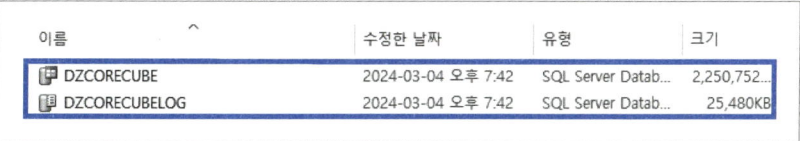

③ 내컴퓨터 C:₩iCUBECORE₩Restore 폴더에 있는 CoreCubeRestore.exe 파일을 클릭한다.

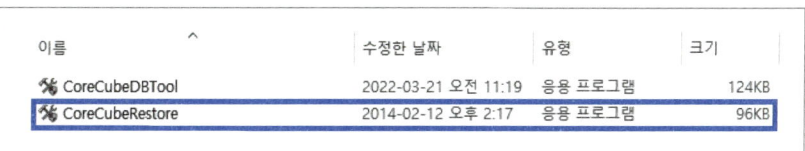

④ 폴더선택에서 설치 DB 경로를 아래와 같이 C:₩iCUBECORE₩iCUBECORE_DB로 지정한다.

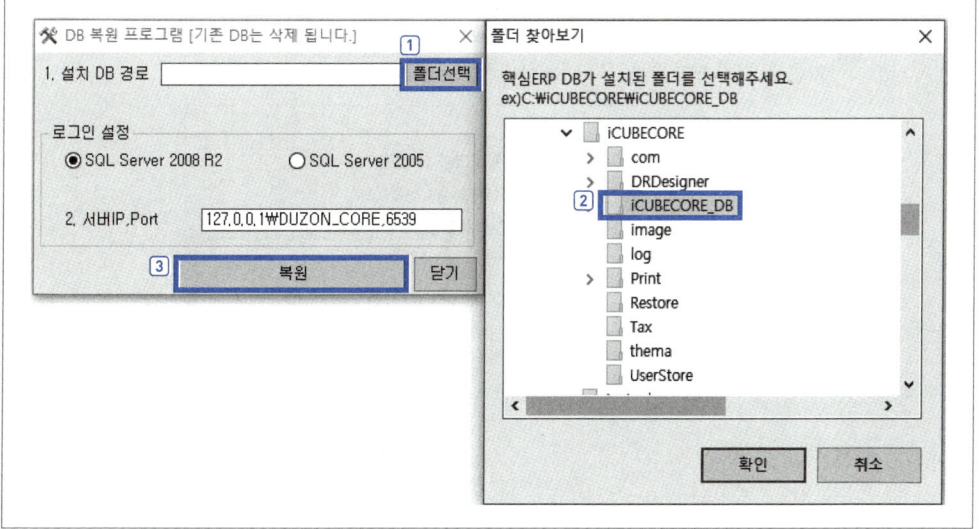

⑤ 아래와 같이 데이터 복원 작업이 진행되고, 복원 작업이 완료되면 아래 화면은 자동으로 종료된다.

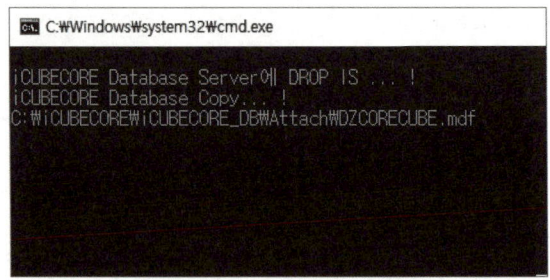

⑥ 다운로드 받은 [2025_ERP 설치프로그램] 폴더 내의 [UTIL] 폴더를 선택한다.

⑦ [UTIL] 폴더의 [CoreCheck]를 실행한다.

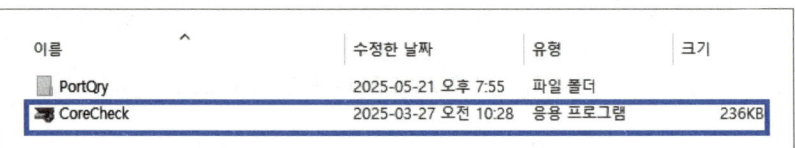

⑧ 서버확인 [O]아이콘을 클릭하여 SQL Server를 다시 시작한 후 ERP를 실행한다.

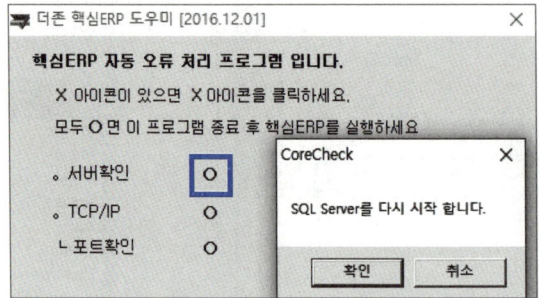

02 기출문제

제107회	2025년 2차 시험
제106회	2025년 1차 시험
제105회	2024년 6차 시험
제104회	2024년 5차 시험
제103회	2024년 4차 시험
제102회	2024년 3차 시험
제101회	2024년 2차 시험
제100회	2024년 1차 시험
제99회	2023년 6차 시험
제98회	2023년 5차 시험
제97회	2023년 4차 시험
제96회	2023년 3차 시험

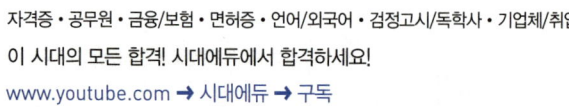

제107회 2025년 2차 시험

이론문제

01 인공지능(AI) 규범 원칙에 대한 설명으로 옳은 것은?

① 인공지능은 기업의 이익을 우선적으로 고려하여 개발되어야 한다.
② 인공지능은 인간을 해치거나 속이는 능력을 갖출 수 있도록 개발될 수도 있다.
③ 인공지능은 인류의 공동 이익을 위해 개발되어야 하며, 투명성과 공정성을 지켜야 한다.
④ 인공지능은 모든 데이터 수집과 활용 과정에서 개인정보 보호 원칙을 무조건 배제할 수 있다.

02 블록체인에 대한 설명으로 옳은 것은?

① 블록체인은 기부금의 사용 내역을 숨기기 위해 개발되었다.
② 블록체인은 한 곳에서만 데이터를 저장하고 관리하는 기술이다.
③ 블록체인은 계약을 맺을 때 꼭 변호사가 있어야 하는 기술이다.
④ 블록체인은 데이터를 안전하게 공유하고 변경하기 어렵게 만든 기술이다.

03 e-Business 지원 시스템을 구성하는 단위 시스템에 해당되지 않는 것은?

① 성과측정관리(BSC)
② EC(전자상거래) 시스템
③ 의사결정지원시스템(DSS)
④ 고객관계관리(CRM) 시스템

04 ERP와 기존의 정보시스템(MIS) 특성 간의 차이점에 대한 설명으로 가장 적절하지 않은 것은?

① 기존 정보시스템의 업무범위는 단위업무이고, ERP는 통합업무를 담당한다.
② 기존 정보시스템의 전산화 형태는 중앙집중식이고, ERP는 분산처리구조이다.
③ 기존 정보시스템은 수평적으로 업무를 처리하고, ERP는 수직적으로 업무를 처리한다.
④ 기존 정보시스템은 파일시스템을 이용하고, ERP는 관계형 데이터베이스시스템(RDBMS)을 이용한다.

05 과학적 관리법에 관한 설명으로 가장 거리가 먼 것은?

① 차별적 성과급을 지급한다.
② 동작연구와 시간연구를 한다.
③ 테일러에 의한 조직 이론의 기초가 되었다.
④ 표준화, 전문화, 단순화 3S 원칙을 추구한다.

06 [보기]에서 설명하는 문서는 무엇인가?

[보 기]
교육회사인 ㈜생산교육의 인사팀은 직원 채용을 위해 직무분석을 수행한 후 다음과 같은 문서를 작성하였다. 해당 문서에는 지원자의 학력, 직무경험, 필요한 자격증 및 신체적 요건 등 인적 요건이 중심이 되어 기록되었다. 이 문서를 통해 인사팀은 채용 기준을 명확히 하고자 한다.

① 직무평가서　　　　　　　　② 직무명세서
③ 직무분석표　　　　　　　　④ 직무고과표

07 직무와 관련된 용어로 독립된 특정한 목표를 위하여 수행되는 하나의 명확한 작업 활동을 의미하는 용어는 무엇인가?

① 직종　　　　　　　　　　　② 직위
③ 과업　　　　　　　　　　　④ 직군

08 [보기]의 상황에서 ㈜생산성이 채택할 수 있는 가장 적절한 인력계획방법은 무엇인가?

[보 기]
조립형 로봇의 부품을 생산 및 판매하는 ㈜생산성은 안정적인 비즈니스 모델을 바탕으로 꾸준히 성장해 왔으나 최근 장기적인 경기침체와 지속적인 수요 감소로 생산량이 감소하였다. 이에 따라 인력 과잉 문제도 발생하였다. 경영진은 이를 해결하기 위해 회의를 진행하였고, 그 내용은 아래와 같다.
• 인력계획을 통해 위기에 대응할 것
• 외부기관의 위탁생산 및 위탁업무를 최대한 지양할 것
• 정규직 규모를 유지할 것
• 미래 먹거리 사업 발굴을 위해 꾸준한 R&D 투자와 R&D 기능을 담당하는 연구실의 인력을 증원할 것

① 신규채용　　　　　　　　　② 아웃소싱
③ 직무재배치　　　　　　　　④ 조기퇴직제

09 선발도구는 측정하고자 하는 것을 제대로 측정하는지를 알려주는 타당성이 있어야 하는데 이러한 타당성을 평가하는 데는 세 가지 척도가 있다. 이에 포함되지 않는 것은?

① 구성 타당성
② 내용 타당성
③ 유용 타당성
④ 기준 관련 타당성

10 [보기]는 인사평가에서 어떤 현상에 대한 설명인가?

[보 기]
㈜생산의 인사팀에서는 인사고과 결과를 분석하던 중, 평가 점수가 평균값에 집중되어 대부분의 피고과자들이 중간 정도의 평가를 받은 것을 확인했다. 이에 따라 우수한 직원과 부족한 직원 간의 차별성이 제대로 드러나지 않아 보상 및 승진에 어려움을 겪고 있다.

① 관대화 경향
② 엄격화 경향
③ 중심화 경향
④ 상동적 태도

11 [보기]의 ㈜생산성에 적용된 신입사원 교육훈련 방법의 단점으로 가장 적절한 것은 무엇인가?

[보 기]
㈜생산은 신입사원의 빠른 업무 적응을 위해 현장에서 실무 중심의 교육훈련을 진행하고 있다. 상급자와 함께 직접 실무 근무현장에서 업무를 수행하면서 필요한 지식, 기술, 태도 등을 익히도록 한다. 이러한 방식은 경제적이며, 실무에 밀접하게 연결되어 있어 현장감 있는 교육이 가능하다. 하지만 일부 문제도 발생할 수 있다.

① 실무 현장에서 업무를 수행하다 보니 획일화된 내용을 익히고 학습하게 된다.
② 교육 담당자의 수준 차이로 인해 교육 내용과 수준의 통일성을 유지하기 어렵다.
③ 사업 수행 인력이 교육훈련에 투입되어 인건비의 문제가 발생하며, 다른 교육훈련보다 경제성이 떨어진다.
④ 신입사원의 적응 기간을 충분히 고려하지 못한 채 실무에 투입시키며, 신입사원의 스트레스로 인해 퇴사자가 증가한다.

12 [보기]는 무엇에 대한 설명인가?

> [보 기]
>
> 직원들의 장기적인 성장을 지원하기 위해 새로운 경력개발제도를 도입하려고 한다. 이 제도는 직원의 장래성, 리더십, 잠재력 등을 다양한 평가 기법(예: 그룹 토론, 상황 시뮬레이션, 역할 연기 등)을 통해 다각적으로 평가하고, 이를 바탕으로 직원의 경력개발 계획을 체계적으로 수립하는 방식이다.

① 기능목록제도 ② 자기신고제도
③ 직무순환제도 ④ 종합평가센터제도

13 임금관리의 3대 과제로 적절하지 않은 것은?

① 임금수준 ② 임금체계
③ 임금형태 ④ 임금요구

14 임금수준 결정요인에 대한 설명으로 가장 적절하지 않은 것은?

① 기업은 근로자에게 최저임금을 보장해야 한다.
② 임금수준은 종업원에게 지급되는 평균임금을 의미한다.
③ 동종업에 종사하더라도 다양한 원인에 의해 임금차이는 크게 발생할 수 있다.
④ 기업은 업종, 규모, 설비 등을 고려하여 지급 능력 안에서 임금의 하한선을 결정한다.

15 연장근로, 야간근로 등에 대한 가산금을 산출하는 기준으로 사용되는 것으로 가장 적합한 것은?

① 통상임금 ② 최저임금
③ 업종임금 ④ 기업임금

16 [보기]에서 복리후생 효과 중 성격이 다른 하나는 무엇인가?

> [보 기]
> ㈜생산은 직원의 생활과 근로환경의 개선을 위해 다양한 제도를 시행한다. 올해는 종업원들에게 경조금, 간식비를 증대하고, 사내동아리 참여자들에 한해 활동비를 일부 지원해 주기로 하였다. 단순히 생각하면 회사의 지출만 증가하는 정책으로 오해받을 수 있지만 경영진은 이러한 정책들을 통해 직원들의 결근율을 줄이고 이직을 방지할 수 있어 간접적인 (A. 원가절감)에 기여한다고 판단한다. 또한 회사의 복지가 좋다는 채용사이트의 정보를 보고 입사지원자의 수가 증가하였으며, (B. 우수 인력 확보)가 수월했다. 더불어 이러한 복리후생 정책은 직원들이 (C. 경력개발을 통한 자아실현), 개인적인 성취감 등을 경험할 수 있도록 하였으며, (D. 기업 이미지 개선)에도 많은 도움이 되었다.

① A. 원가절감
② B. 우수 인력 확보
③ C. 경력개발을 통한 자아실현
④ D. 기업의 이미지 개선

17 연말정산 시 근로자의 제출서류로 적합하지 않은 것은?

① 기부금 명세서
② 의료비 지급 명세서
③ 신용카드 소득공제 신청서
④ 원천징수 이행상황 보고서

18 약정휴가에 해당하지 않는 것은?

① 경조휴가
② 출산휴가
③ 포상휴가
④ 하계휴가

19 노동자가 헌법상의 기본권으로 가지는 노동 3권에 해당하지 않는 것은?

① 단결권
② 단체교섭권
③ 단체합의권
④ 단체행동권

20 근로자가 경영에 참가하는 방법 중 직접적으로 참여하는 제도가 아닌 것은?

① 럭커 플랜
② 스캔론 플랜
③ 종업원지주제도
④ 노사공동결정제도

실무문제

로그인 정보

회사코드	2005	사원코드	ERP13I02
회사명	인사2급 회사B	사원명	이현우

※ 2025 버전 핵심 ERP로 풀이하여 주십시오.

01 다음 중 핵심 ERP 사용을 위한 기초 사업장 정보를 확인하고, 그 내역으로 올바르지 않은 것은?

① [1000.인사2급 회사본사] 사업장의 사업장주소는 '서울특별시 중구 을지로 29'이다.
② [2000.인사2급 인천지점] 사업장은 '반기'별로 이행상황신고서를 제출한다.
③ [3000.인사2급 강원지점] 사업장의 업태는 '교육서비스업'이다.
④ 주(총괄납부)사업상으로 등록되어 있는 사업장은 [1000.인사2급 회사본사] 사업장이 유일하다.

02 다음 중 핵심 ERP 사용을 위한 기초 부서 정보를 확인하고, 내역으로 올바른 것은?

① 2025/03/22 기준 현재 사용 중인 부서 중 [1000.인사2급 회사본사] 사업장 소속의 부서는 모두 5개이다.
② 2025/03/22 기준 현재 사용이 종료된 부서는 모두 2개이며, 2개의 부서 모두 같은 날에 사용이 종료되었다.
③ 가장 오랜 기간 사용된 부서는 모두 [1000.관리부문] 소속이다.
④ 2025/01/01부터 사용 중인 부문은 [7000.AI연구부문]이다.

03 다음 중 [H.인사/급여관리] 모듈에 대한 [ERP13I02.이현우] 사원의 설정내역을 확인하고 관련된 설명으로 올바르지 않은 것은?

① [ERP13I02.이현우] 사원은 당 회사에 등록된 모든 근로자의 인사정보를 수정할 수 있다.
② [ERP13I02.이현우] 사원은 당 회사에 등록된 모든 근로자의 면허자격 정보를 조회할 수 있지만 추가할 수는 없다.
③ [ERP13I02.이현우] 사원은 당 회사에 등록된 모든 근로자의 연말정산자료입력 작업을 할 수 있다.
④ [ERP13I02.이현우] 사원은 상용직 급여에 대한 전표작업을 할 수 없다.

04 당 회사는 2025년 03월 [800.주임] 직급의 호봉을 아래 [보기]와 같이 일괄등록하고자 한다. 호봉등록 완료 후 5호봉 '기본급' 금액은 얼마인가?

[보 기]
1. 기본급   : 초기치   2,000,000원,   증가액   100,000원
2. 직급수당 : 초기치   50,000원,   증가액   35,000원
3. 일괄인상 : 기본급 6.5%, 직급수당 3.5% 정률인상

① 2,556,000원
② 2,752,650원
③ 2,769,000원
④ 3,038,100원

05 당 회사의 인사/급여기준에 대한 설정을 확인한 뒤, 설정을 올바르게 설명한 [보기] 내용은 몇 개인가? 단, 환경설정 기준은 변경하지 않는다.

[보 기]
A : 입사자 급여계산 시, 근무일수가 20일을 초과하는 경우 '월'의 방식으로 급여를 지급하고 그렇지 않은 경우 실제 근무일만큼 급여를 지급한다.
B : 수습직의 경우 3개월 간 80%에 해당하는 급여를 지급받는다.
C : 월일수 산정 시, '한달 정상일'에 입력된 기준일(월)수를 일수로 적용한다.
D : '생산직'의 출결마감 기준일은 전월 25일에서 당월 24일까지이다.

① 1개
② 2개
③ 3개
④ 4개

06 2025년도 귀속 '급여'구분의 '지급항목'에 대한 설정으로 올바르지 않은 것은?

① 전년도와 비교했을 때, 등록된 지급항목 중 [P02.가족수당]의 가족별 분류에 대한 변동사항이 있다.
② [P06.근속수당]은 모든 근속기간의 계산식이 '[근무한년수] × [시급]'으로 동일하게 계산된다.
③ [P30.야간근로수당]은 직종코드가 [002.생산직]인 근로자에 대해서만 150,000원씩 지급받는다.
④ 'P'로 시작하는 지급항목 코드의 과세구분이 '비과세'인 지급항목의 분류여부 설정은 모두 '분류'이다.

07 당 회사 [20120101.정수연] 사원의 정보로 올바르지 않은 것은?

① '2013/11/01'에 입사했으며, 입사일과 그룹입사일이 다르다.
② 현재 [7100.교육부]소속이고, 직책은 [500.파트장]이다.
③ 현재 [T13.중소기업취업감면(90% 감면)]대상자이고, 2025/01에 새롭게 임금을 책정했다.
④ 배우자공제를 받고 있으며, 노조에 가입되어 있지는 않다.

08 당 회사는 [150.임직원 AI 활용 교육]을 진행하였다. 아래 [보기]를 기준으로 교육평가 내역을 직접 확인했을 때 교육평가 결과가 'B등급'이 아닌 사원은 누구인가?

[보기]
1. 교육명 : [150.임직원 AI 활용 교육]
2. 시작/종료일 : 2025/01/01 ~ 2025/03/31

① [20000502.김종욱]
② [20010402.박국현]
③ [20110101.배유진]
④ [20130102.김용수]

09 당 회사는 [2025년 1/4분기 인사발령]을 사원별로 진행하고자 한다. [20250101] 발령호수의 발령내역을 확인하고, 그 설명으로 올바른 것은?

① 해당 발령호수의 모든 대상자는 부서와 직책 정보만 변경된다.
② 해당 발령호수의 모든 대상자는 부서에 대한 발령전정보가 존재한다.
③ 해당 발령호수의 직책정보가 변경되는 대상자는 [20010402.박국현] 사원만 존재한다.
④ 해당 발령호수의 [20161107.박선우] 사원은 발령 후 총무부로 부서이동을 한다.

10 회사는 창립기념일을 맞아 2025년 02월 28일 기준으로 모든 사업장에 대해 만 15년 이상 장기근속자에 대해 특별근속수당을 지급하기로 하였다. 아래 [보기]를 기준으로 지급한 특별근속수당 총 금액은 얼마인가? 단, 퇴사자는 제외하며, 미만일수는 올리고, 이전 경력은 제외한다.

[보 기]
1. 15년 이상 20년 미만 : 150,000원
2. 20년 이상 : 200,000원

① 2,150,000원　　② 2,200,000원
③ 2,250,000원　　④ 2,300,000원

11 2025년 03월 귀속(1번 순번) 급여를 계산하기 전 [20010401.노희선] 사원의 책정임금을 새로 계약하였다. [보기]와 같이 책정임금을 새로 등록하고 급여계산을 했을 때, [20010401.노희선] 사원의 '소득세'와 '지방소득세'는 얼마인가?

[보 기]
1. 계약시작년월 : 2025/03
2. 연 봉 : 42,766,830원

① 소득세 : 171,930원 / 지방소득세 : 17,190원
② 소득세 : 187,950원 / 지방소득세 : 18,790원
③ 소득세 : 211,980원 / 지방소득세 : 21,190원
④ 소득세 : 236,010원 / 지방소득세 : 23,600원

12 당 회사는 2025년 03월 귀속 '상여' 소득을 지급하고자 한다. 〈2024년 12월 귀속 상여〉 지급일 기준으로 아래 [보기]와 같이 직접 지급일을 추가 등록하여 상여 계산 시, 대상자들의 총 '과세' 금액은 얼마인가? 단, 그 외 급여계산에 필요한 조건은 프로그램에 등록된 기준을 이용한다.

[보 기]
1. 지급일자 : 2025/04/10
2. 상여지급대상기간 : 2025/01/01 ~ 2025/03/31

① 23,193,840원　　② 23,331,350원
③ 24,275,840원　　④ 24,304,470원

13 당 회사는 초과근무에 대해 수당을 지급하고 있다. 아래 [보기]의 기준을 토대로 2025년 02월 귀속 〈급여〉 구분 [20020603.이성준] 사원의 '초과근무수당'을 계산하면 얼마인가? 단, 근무수당을 계산하면서 발생되는 모든 원 단위 금액은 절사하며, 책정임금 시급은 원 단위 금액을 절사하지 않고 계산한다.

[보 기]

초과근무수당 = 1유형 근무수당 + 2유형 근무수당

- 1유형 공제액 : (평일연장근무시간 + 토일정상근무시간) × 1.5 × 책정임금 시급
- 2유형 공제액 : (평일심야근무시간 + 토일연장근무시간) × 2 × 책정임금 시급

① 1,286,050원
② 1,295,960원
③ 1,303,680원
④ 1,313,590원

14 당 회사는 일용직 사원에 대해 급여를 지급하고자 한다. 아래 [보기]를 기준으로 2025년 03월 귀속 일용직 대상자의 정보를 변경 후 모든 대상자들에 대해 급여계산을 했을 때, 해당 지급일에 대한 설명으로 올바르지 않은 것은? 단, 그 외 급여계산에 필요한 조건은 프로그램에 등록된 기준을 따른다.

[보 기]

1. 생산직 비과세적용 대상자 추가 : [0019.류성준]
2. 지급형태 : 매일지급
3. 평일 9시간 근무 가정
4. 비과세(신고제외분) : 12,000원

① 해당 지급일의 대상자는 모두 5명이고, 발생한 과세총액의 합은 20,750,310원이다.
② 해당 지급일의 대상자는 모두 31일 중 21일을 근무하였다.
③ 해당 지급일에서는 일부 대상자에 대해서만 총 67,620원의 소득세가 공제되었다.
④ 해당 지급일의 실지급액 합은 19,898,880원이고, 회사부담금 총액은 1,046,740원이다.

15 당 회사는 2025/03 귀속 일용직 사원에 대해 급여를 지급 시, 대상자가 누락된 것을 확인했다. 아래 [보기]를 확인하여 대상자를 추가 후, 급여 적용 시 해당 지급일자의 과세총액은 얼마인가? 단, 그 외 급여계산에 필요한 조건은 프로그램에 등록된 기준을 따른다.

> [보 기]
> 1. 지급형태 : 일정기간지급
> 2. [1200.경리부]이고 급여형태가 [003.일급]인 대상자 추가
> 3. 평일 8시간 근무 가정

① 13,918,240원
② 14,775,210원
③ 15,678,530원
④ 16,380,000원

16 당 회사는 [2000.인사2급 인천지점] 사업장과 [3000.인사2급 강원지점] 사업장에 대한 2024년 4/4분기의 '과세/비과세' 지급 내역을 확인하고자 한다. 과세총액이 가장 많이 발생한 부서와 비과세총액이 가장 많이 발생한 부서로 올바른 것은? 단, 사용자부담금은 제외한다.

① 과세총액 : 관리부 / 비과세총액 : 자재부
② 과세총액 : 생산부 / 비과세총액 : 교육부
③ 과세총액 : 관리부 / 비과세총액 : 교육부
④ 과세총액 : 생산부 / 비과세총액 : 자재부

17 당 회사는 전체 사업장 기준 2025년 02월 귀속 〈급여〉 급여구분의 대장을 확인하고자 한다. 근무조별로 대장을 집계하여 확인했을 때, 근무조별 지급/공제항목의 금액으로 올바르지 않은 것은?

① 1조 - 가족수당 : 260,000원
② 2조 - 영업촉진수당 : 300,000원
③ 2조 - 직무발명보상금 : 250,000원
④ 3조 - 자격수당 : 300,000원

18 당 회사의 2024년 4/4분기의 급/상여 지급현황을 확인하고자 한다. [100.급여] 지급내역 중 [3100.관리부] 소속 [20161107.박선우] 사원의 '소득세' 및 '지방소득세'의 공제액은 각각 얼마인가?

① 소득세 : 286,290원 / 지방소득세 : 28,620원
② 소득세 : 507,780원 / 지방소득세 : 50,760원
③ 소득세 : 563,850원 / 지방소득세 : 56,370원
④ 소득세 : 1,803,480원 / 지방소득세 : 180,330원

19 당 회사는 전 사업장을 대상으로 급/상여 지급액 등 변동사항을 확인하고자 한다. 2025년 02월 변동 상태에 대한 설명으로 올바르지 않은 것은? 단, 모든 기준은 조회된 데이터를 기준으로 확인한다.

[보 기]
1. 기준연월 : 2025년 02월(지급일 1번)
2. 비교연월 : 2024년 02월(지급일 1번)
3. 사용자부담금 : 제외

① 비교연월과 기준연월의 급/상여 지급인원의 변동은 없다.
② 비교연월에 비해 기본급은 2,747,470원 상승했다.
③ [20001102.정영수] 사원의 지급 항목에서는 근속수당과 자격수당의 금액 변동이 존재한다.
④ [20110101.배유진] 사원의 지급/공제항목에서는 기본급을 제외한 모든 항목에서 금액 변동이 존재한다.

20 당 회사는 [2000.인사2급 인천지점] 사업장에 대해 수당별 지급현황을 확인하고자 한다. 선택지에 제시된 사원 중에서 2024년 4/4분기동안 [P06.근속수당]을 가장 많이 지급받은 사원은 누구인가?

① [20001102.정영수]
② [20010401.노희선]
③ [20020603.이성준]
④ [20030701.엄현애]

제106회 2025년 1차 시험

이론문제

01 정형화된 데이터 기반의 자료 작성, 단순 반복 업무 처리, 고정된 프로세스 단위 업무 수행이 이루어지는 RPA 적용단계는 무엇인가?

① 인지자동화
② 예측모델구축
③ 기초프로세스 자동화
④ 데이터 기반의 머신러닝(기계학습) 활용

02 [보기]는 무엇에 대한 설명인가?

[보 기]
- 인터넷을 통해서 모든 사물을 서로 연결해 정보를 상호 소통하는 지능형 정보기술 및 서비스
- 해당 기기들이 내장센서를 통해 데이터를 수집하고 인터넷을 통해 서로 연결·통신하며, 수집된 정보 기반으로 자동화된 프로세스나 제어기능을 수행함
- 스마트 가전, 스마트 홈, 의료, 원격검침, 교통 등 다양한 산업분야에 적용됨

① 사물인터넷(Internet of Things)
② 클라우드 컴퓨팅(Cloud Computing)
③ 인공신경망(Artificial Neural Network)
④ 사이버물리시스템(Cyber Physical System)

03 'Best Practice'를 목적으로 ERP 패키지를 도입해 시스템을 구축하고자 할 경우 가장 적절하지 않은 방법은?

① BPR과 ERP 시스템 구축을 병행하는 방법
② ERP 패키지에 맞추어 BPR을 추진하는 방법
③ 기존 업무처리에 따라 ERP 패키지를 수정하는 방법
④ BPR을 실시한 후에 이에 맞도록 ERP 시스템을 구축하는 방법

04 기업에서 ERP 시스템을 도입하기 위해 분석, 설계, 구축, 구현 등의 단계를 거친다. 이 과정에서 필수적으로 거쳐야 하는 'GAP분석' 활동의 의미를 적절하게 설명한 것은?

① TO-BE 프로세스 분석
② TO-BE 프로세스에 맞게 모듈을 조합
③ 현재업무(AS-IS) 및 시스템 문제 분석
④ 패키지 기능과 TO-BE 프로세스와의 차이 분석

05 인적자원관리 패러다임의 변화에 대한 설명으로 적절하지 않은 것은?

① 연공 중심 → 성과 중심
② 역할 중심 → 사람 중심
③ 비용 관점 → 수익 관점
④ 일방적 통보 → 쌍방향 소통

06 직무 관련 용어에 대한 설명으로 적절하지 않은 것은?

① 요소 : 목표를 위해 수행되는 하나의 명확한 작업 활동
② 직종 : 직업이라고도 불리며, 동일하거나 유사한 직군들의 집단
③ 직무 : 작업의 종류와 수준이 동일하거나 유사한 직위들의 집단
④ 직위 : 근로자 개인에게 부여된 하나 또는 그 이상의 과업들의 집단

07 직무분석의 절차(단계) 중 실시단계에 수행하는 내용으로 가장 적절하지 않은 것은?

① 직무분석표 작성
② 분석방법의 결정
③ 직무정보의 수집
④ 직무정보의 분석

08 직무평가의 방법 중 요소비교법의 장·단점에 대한 설명으로 적절하지 않은 것은?

① 평가의 타당도 및 신뢰도가 우수하다.
② 평가 과정이 단순해 비용과 시간이 절약된다.
③ 평가요소에 대한 주관이 개입될 가능성이 높아진다.
④ 기준직무를 통해 평가하므로 유사한 직무 및 기업 내의 전체직무를 평가하는 데 용이하다.

09 도구를 선발대상자들에게 적용했을 때 안정적이고 일관성 있는 결과를 얻어낼 수 있는지를 판단하는 기준을 나타내는 것은?

① 타당성
② 효율성
③ 효용성
④ 신뢰성

10 직장 내 훈련(On the Job Training)에 대한 설명으로 적절하지 않은 것은?

① 낮은 비용으로 시행이 용이하다.
② 도제훈련, 직무교육훈련 등이 있다.
③ 훈련과 직무가 직결되므로 경제적이다.
④ 전문적인 지식과 기능을 전달하기 용이하다.

11 경력개발의 원칙에 해당하지 않는 것은?

① 균형주의 원칙
② 승진경로의 원칙
③ 적재적소배치의 원칙
④ 경력기회개발의 원칙

12 리더십 이론 중 문제해결 방안을 전문가가 직접 제시하기보다는 해결 당사자가 해결방안을 스스로 발견할 수 있도록 지원하는 리더십은 무엇인가?

① 셀프 리더십
② 슈퍼 리더십
③ 코칭 리더십
④ 카리스마 리더십

13 평균임금의 적용대상에 해당하지 않는 것은?

① 휴업수당
② 감급제재의 제한
③ 평균임금의 최저한도
④ 재해보상 및 산업재해보상보험급여

14 비과세 근로소득에 해당하는 것은?

① 월 30만원 한도의 자가운전보조금
② 직무발명보상금으로서 500만원 이하의 보상금
③ 직전 연도 총급여액이 3,000만원 이하로서 월정액 급여가 240만원 이하인 자가 받는 연장근로수당
④ 근로자 또는 그 배우자의 출산이나 10세 이하 자녀의 보육과 관련해 지급받는 월 20만원의 금액

15 우리나라는 국가가 저임금근로자의 최저생활을 보호하기 위해 최저임금제도를 시행하고 있다. 최근 발표된 2025년도 적용연도 기준 최저임금 시급은 얼마인가?

① 10,020원
② 10,030원
③ 10,040원
④ 10,050원

16 4대보험에 해당하지 않는 것은?

① 건강보험　　② 개인연금
③ 고용보험　　④ 국민연금

17 법정휴가에 해당하지 않는 것은?

① 연차휴가　　② 보상휴가
③ 출산휴가　　④ 경조휴가

18 [보기]의 설명으로 가장 적절한 것은?

[보 기]
- 근로자의 노동조합이 사용자와 근로조건의 유지·개선에 관해 의논하고 절충할 수 있는 권리

① 단결권　　② 단체행동권
③ 경영참가권　　④ 단체교섭권

19 근로자 측 노동쟁의 행위에 해당하지 않는 것은?

① 보이콧　　② 피케팅
③ 긴급조정　　④ 생산통제

20 [보기]에서 설명하는 경영참가제도는 무엇인가?

[보 기]
- 근로자의 참여의식을 높이기 위해 위원회제도를 활용해 근로자의 경영참여와 개선된 생산의 판매가치를 기초로 한 성과배분제

① 럭커 플랜　　② 스캔론 플랜
③ 스톡옵션제도　　④ 종업원지주제도

실무문제

로그인 정보

회사코드	2002	사원코드	ERP13I02
회사명	인사2급 회사A	사원명	이현우

※ 2025 버전 핵심 ERP로 풀이하여 주십시오.

01 다음 중 핵심 ERP 사용을 위한 기초 사원등록 정보를 확인하고, '사용자'로 등록된 사원의 등록내역으로 알맞지 않은 것은 무엇인가?

① 부서는 [3100.관리부]이다.
② 입사일은 〈2002/12/01〉이다.
③ '회계입력방식'은 〈승인〉이다.
④ '조회권한'은 〈회사〉다.

02 다음 중 핵심 ERP 사용을 위한 기초 부서 정보를 확인하고, 그 내역으로 알맞지 않은 것은 무엇인가?

① 현재 사용하지 않는 부서는 총 2개다.
② [2000.영업부문]에 속한 부서는 모두 사용 중이다.
③ [2000.인사2급 인천지점] 사업장에 속한 부서는 모두 사용 중이다.
④ [6100.경리부]는 [3000.관리부문(인천지점)]에 속해 있으며, '2021/12/31'에 사용 종료되었다.

03 다음 중 [인사기초코드등록]의 [4.사원그룹(G)] 출력구분에 대한 설명으로 올바르지 않은 것은 무엇인가?

① 생산직 연장근로 비과세 적용대상 코드를 만들려면 [G2.직종]의 비고에 '1'을 입력해야 한다.
② [G5.직무] 중 [004.생산] 직무는 [일용직사원등록] 메뉴에서만 관리하고 있는 코드다.
③ [일용직사원등록] 메뉴에서 현재 조회되고 있는 고용형태는 [002.일용직], [003.인턴직]다.
④ [G3.직책]은 [인사정보등록] 및 [일용직사원등록] 메뉴에서 관리하고 있는 코드다.

04 당 회사는 2025년 01월 [800.주임] 직급의 호봉을 아래 [보기]와 같이 일괄등록하고자 한다. [800.주임] 직급의 호봉등록을 완료했을 때 6호봉 기준의 '호봉합계'는 얼마인가?

[보 기]
1. 기본급   : 초기치   2,300,000원,   증가액   100,000원
2. 직급수당 : 초기치   120,000원,   증가액   50,000원
3. 일괄인상 : 기본급 3.5%, 직급수당 4.0% 정률인상

① 3,127,300원
② 3,282,800원
③ 3,438,300원
④ 3,593,800원

05 당 회사의 인사/급여 설정기준을 확인하고 관련된 설명으로 옳지 않은 것은 무엇인가? 단, 환경설정 기준은 변경하지 않는다.

① 지방소득세 특별징수 명세/납부서의 데이터는 '귀속연월', '지급연월'이 모두 일치하는 경우 집계된다.
② 한 달의 일수는 귀속 월의 실제 일수를 기준으로 반영한다.
③ 입사자의 경우 지정한 '기준일수' 미만 근무 시 월 급여를 '일할'로 지급한다.
④ 원천징수이행상황신고서의 신고 진행 시 주사업장에서 종사업장까지 일괄로 취합해 신고한다.

06 당 회사의 2024년 12월 귀속 [급/상여지급일자등록]을 확인하고, 그 내역으로 옳지 않은 것은 무엇인가?

① '상여'지급 시 '상여지급대상기간' 내 입사자는 실제 근무일수 기준으로 상여소득을 지급한다.
② '급여'지급 시 '지급직종및급여형태' 기준으로 [상용직급여입력및계산] 메뉴에 대상자가 자동으로 반영된다.
③ '상여'지급 시 '상여지급대상기간' 내 '생산직' 근로자에 대해서만 상여를 지급한다.
④ '급여'를 지급하는 일자에 '상여'를 추가해 지급할 수 있다.

07 당 회사의 인사정보를 확인하고 관련된 설명으로 올바르지 않은 것은 무엇인가?

① [20001101.박용덕] 사원의 직급은 [400.부장]이며, 노조에 가입되어 있다.
② [20030701.엄현애] 사원의 급여 이체은행은 [040.국민] 은행이며, 20세 이하 부양가족이 존재한다.
③ [20110101.김윤미] 사원은 [8100.관리부] 소속이며, 국외소득이 존재한다.
④ [20140901.강민우] 사원은 배우자 공제가 적용되며, 학자금상환 대상자로 상환통지액은 100,000원 이다.

08 당 회사는 전체 사업장의 [993.임직원정기교육(2025년)] 교육평가가 우수한 사원을 대상으로 포상을 지급하기로 했다. 아래 [보기]를 확인해 대상자들의 총 지급금액으로 알맞은 것은 무엇인가?

[보 기]
- 교육평가 A등급 : 150,000원
- 교육평가 B등급 : 50,000원

① 500,000원
② 550,000원
③ 600,000원
④ 650,000원

09 당 회사 [20030701.엄현애] 사원에 대해 '가족' 정보를 확인하고, 등록 정보에 대한 설명으로 올바르지 않은 것은 무엇인가?

① 부양가족 중 연말정산 '인적공제 및 공제항목별명세' 미적용대상자는 존재하지 않는다.
② 부양가족 중 '가족수당' 적용대상자는 존재하지 않는다.
③ 부양가족 중 연말정산 '장애인공제' 적용대상자가 존재한다.
④ 부양가족 중 동거를 하고 있지 않은 대상자는 존재하지 않는다.

10 당 회사는 창립기념일을 맞아 2024년 12월 31일 기준으로 전체 사업장의 만 20년 이상 장기근속자에 대해 특별근속수당을 지급하기로 했다. 아래 [보기]를 기준으로 지급한 총 특별근속수당은 얼마인가? 단, 퇴사자는 제외하며, 미만일수는 올리고, 모든 경력사항은 제외한다.

[보기]
1. 20년 이상 : 200,000원
2. 25년 이상 : 250,000원

① 1,800,000원　　② 1,850,000원
③ 2,000,000원　　④ 2,050,000원

11 당 회사는 2025년 01월 귀속 '급여'(지급일자 : 2025/01/25) 지급 시, [20130701.신별] 사원의 변경된 책정임금을 반영해 급여작업을 진행하고자 한다. [보기]를 기준으로 직접 '책정임금'을 변경하고 모든 지급 대상자에 대해 급여를 계산할 때, 해당 지급일자의 과세총액은 얼마인가? 단, 그 외 급여계산에 필요한 조건은 프로그램에 등록된 기준을 이용한다.

[보기]
1. 사원명 : [20130701.신별]
2. 계약시작년월 : 2025/01
3. 연 봉 : 45,000,000원

① 39,997,490원　　② 40,180,820원
③ 40,597,490원　　④ 41,224,310원

12 당 회사는 2025년 01월 귀속 '특별급여' 소득을 지급하고자 한다. 아래 [보기]의 지급대상 요건으로 지급일자를 직접 추가해 모든 지급 대상자에 대해 급여를 계산할 때 '과세' 총액은 얼마인가? 단, 그 외 급여계산에 필요한 조건은 프로그램에 등록된 기준을 이용한다.

[보기]
1. 특별급여지급일자 : 2025/01/31
2. 동시발행 및 대상자선정 : 분리, 직종및급여형태별
3. 특별급여지급대상 : [2000.인사2급 인천지점] 사업장을 제외한 사업장의 모든 직종 및 급여형태

① 31,296,500원　　② 32,426,120원
③ 33,117,430원　　④ 34,201,560원

13 당 회사는 사원별 '지각/조퇴/외출시간'을 기준으로 '기본급 공제액'을 계산해 해당 금액을 '기본급'에서 공제하고 지급한다. 아래 [보기]의 기준을 토대로 2024년 12월 귀속 [20130102.김용수] 사원의 근태내역을 확인하고, '기본급 공제액'을 계산하면 얼마인가? 단, 공제액을 계산하면서 발생되는 모든 원 단위 금액은 절사하며, 책정임금 시급은 원 단위 금액을 절사하지 않고 계산한다.

[보 기]

기본급 공제액 = 1유형 공제액 + 2유형 공제액

- 1유형 공제액 : (지각시간 + 외출시간) × 2 × 책정임금 시급
- 2유형 공제액 : (조퇴시간) × 2.5 × 책정임금 시급

① 534,280원　　② 542,450원
③ 566,750원　　④ 582,120원

14 당 회사는 일용직 사원에 대해 사원별 지급형태를 구분해 일용직 급여를 지급하고 있다. 아래 [보기]를 확인해 2025년 1월 귀속 지급일 중 '매일지급' 대상자를 직접 반영 후 급여계산할 때 해당 지급일의 급여내역에 대한 설명 중 올바르지 않은 것은 무엇인가? 단, 급여계산에 필요한 조건은 프로그램에 등록된 기준대로 확인한다.

[보 기]
1. 지급형태 : '매일지급' 지급일
2. 지급 대상자 : 부서가 [4100.생산부]이고 급여형태가 [004.시급]인 사원
3. 평일 10시간 근무, 토요일 4시간 근무
4. 비과세 적용 : 12,000원(평일만 적용)

① 해당 지급일자의 대상자는 5명이며, 신고대상 항목이 아닌 비과세는 총 1,380,000원 지급되었다.
② [0014.백석준] 사원은 급여를 현금으로 지급받으며, 장기요양보험료는 66,000원 공제되었다.
③ 해당 지급일자의 대상자는 총 31일 중 27일을 근무했으며, 과세총액은 33,107,540원이다.
④ [0016.문리리] 사원은 신고대상 항목인 비과세를 지급받지 않았고, 소득세가 공제되지 않았다.

15 2025년 1월 귀속 일용직 급여작업 전 아래 [보기]를 기준으로 [0004.김향기] 사원의 사원정보를 직접 변경하고 급여계산을 했을 때 2025년 01월 귀속 해당 일용직 대상자들의 실지급액 총계는 얼마인가? 단, 그 외 급여계산에 필요한 조건은 프로그램에 등록된 기준을 따른다.

[보 기]
1. 사원정보 변경
   1) 생산직비과세 적용 : '함'
   2) 고용보험 여부 : '여' / 국민연금 여부 : '여' / 건강보험 여부 : '여'
2. 일용직 급여지급
   1) 지급형태 : '일정기간지급' 지급일
   2) 평일 10시간 근무 / 토요일 2시간 근무 가정

① 50,233,410원 ② 50,867,750원
③ 51,221,110원 ④ 52,369,240원

16 당 회사의 [2000.인사2급 인천지점] 사업장 기준 2024년 4분기의 '과세/비과세' 총액은 각각 얼마인가? 단, 사용자부담금은 포함한다.

① 과세총액 : 119,992,470원 / 비과세총액 : 6,450,000원
② 과세총액 : 119,992,470원 / 비과세총액 : 11,308,290원
③ 과세총액 : 266,228,310원 / 비과세총액 : 13,800,000원
④ 과세총액 : 266,228,310원 / 비과세총액 : 25,389,030원

17 당 회사는 [2000.인사2급 인천지점] 사업장에 대해 2024년 12월 귀속(지급일 1번)에 이체한 급/상여를 확인하고자 한다. 이체 현황에 대한 설명으로 옳지 않은 것은? 단, 무급자는 제외한다.

① 계좌이체를 통해 급/상여를 지급받지 않는 사원은 존재하지 않는다.
② 해당 사업장의 급/상여 지급대상자는 총 11명이며, 총 실지급액은 36,314,410원이다.
③ '신한은행'을 통해 급/상여를 지급받는 인원은 3명이며, 총 이체금액은 11,056,710원이다.
④ '기업은행'에 이체된 금액은 '국민은행'에 이체된 금액보다 적다.

18 당 회사는 2024년 4분기 급여작업에 대해 수당별 지급현황을 확인하고자 한다. 다음 중 [1000.인사2급 회사본사] 사업장 기준 [T00.소득세]가 가장 많이 공제된 사원은 누구인가?

① [20130102.김용수]
② [20120101.정수연]
③ [20010402.제갈형서]
④ [20000601.이종현]

19 당 회사는 전체 사업장 기준 2024년 12월 귀속(지급일 1번) 급여에 대한 대장을 확인하고자 한다. 부서별로 대장을 집계해 확인했을 때 부서별 지급/공제항목의 금액으로 옳지 않은 것은?

① [1200.경리부] – 자격수당 : 160,000원
② [9100.교육부] – 건강보험 : 263,720원
③ [2100.국내영업부] – 소득세 : 739,270원
④ [4100.생산부] – 야간근로수당 : 100,000원

20 당 회사는 부서별 월별 급/상여 지급현황을 확인하고자 한다. 2024년 4분기 [3100.관리부] 부서 기준으로 조회 시 부서 전체 월별 급/상여 지급/공제항목 내역으로 알맞지 않은 것은?

① 근속수당 : 1,950,000원
② 사회보험부담금 : 2,331,180원
③ 급여합계 : 64,059,990원
④ 장기요양보험료 : 231,000원

제105회 2024년 6차 시험

▷ 정답 및 해설 p.214

이론문제

01 머신러닝 워크플로우 프로세스의 순서를 고르시오.

① 데이터 수집 → 점검 및 탐색 → 전처리 및 정제 → 모델링 및 훈련 → 평가 → 배포
② 점검 및 탐색 → 데이터 수집 → 전처리 및 정제 → 모델링 및 훈련 → 평가 → 배포
③ 데이터 수집 → 전처리 및 정제 → 모델링 및 훈련 → 평가 → 배포 → 점검 및 탐색
④ 데이터 수집 → 전처리 및 정제 → 점검 및 탐색 → 모델링 및 훈련 → 평가 → 배포

02 [보기]에서 가장 성공적인 ERP 도입이 기대되는 회사를 고르시오.

[보 기]
- 회사 A : 현재 업무방식이 최대한 반영될 수 있도록 업무단위에 맞추어 ERP 도입을 추진 중이다.
- 회사 B : 시스템의 전문지식이 풍부한 IT 및 전산 관련 부서 구성원으로 도입 TFT를 결성했다.
- 회사 C : ERP 도입과정에서 부서 간 갈등 발생 시 최고경영층의 개입이 최소화될 수 있도록 하향식(Top-Down) 의사결정을 배제한다.
- 회사 D : 프로세스 개선을 위해 효율적인 업무프로세스를 재정립하고, 성공적인 ERP 도입을 위해 유능한 컨설턴트를 고용하고자 한다.

① 회사 A
② 회사 B
③ 회사 C
④ 회사 D

03 빅데이터의 주요 특성(5V)으로 옳지 않은 것은?

① 속도
② 다양성
③ 정확성
④ 일관성

04 ERP 아웃소싱(Outsourcing)에 대한 설명으로 적절하지 않은 것은?

① ERP 자체개발에서 발생할 수 있는 기술력 부족을 해결할 수 있다.
② ERP 아웃소싱을 통해 기업이 가지고 있지 못한 지식을 획득할 수 있다.
③ ERP 시스템 구축 후에는 IT 아웃소싱 업체로부터 독립적으로 운영할 수 있다.
④ ERP 개발, 구축, 운영, 유지보수 등에 필요한 인적자원 절약의 효과를 거둘 수 있다.

05 테일러의 과학적 관리법에 관한 설명으로 가장 거리가 먼 것은?

① 조직이론의 기초가 된다.
② 차별적 성과급을 지급했다.
③ 동작연구와 시간연구를 한다.
④ 표준화, 전문화, 단순화를 추구한다.

06 작업의 종류와 수준이 동일하거나 유사한 직위들의 집단을 무엇이라고 하는가?

① 직무
② 과업
③ 요소
④ 직군

07 ㈜생산성에서는 [보기]와 같이 사내 인트라넷을 통해 인적자원을 모집하고자 한다. ㈜생산성의 모집방법을 고르시오.

[보 기]

직무공고 안내

인재개발센터 > 홍길동 센터장 　　　　　　　등록일 : 2024-11-23 10:01:13
◎ 281

"다음과 같이 능력 있는 인재를 찾습니다."

☐ 모집직무 및 응모자격
- 모집직무

부문	인원	직무내역
생산성 정책센터	1	• 생산성 통계 분석 · 정책 연구 • 서비스생산성 공적개발 원조 컨설팅
자격검정센터	1	• ERP 정보관리사 출제기획 • 국가공인 민간자격 시행관리

- 응모자격 : 인사규정시행규칙 제21조에 의거 ㈜생산성 근무 2년 이상인 자

☐ 지원서 접수
- (접수기간) 2024.11.23. ~ 11.26. 18:00 限
- (접수방법) 이메일로 지원서 제출
  * 담당자 : 김철수 (내선 123. chulsookim@kpc.co.kr)
- (제출서류) 지원서 (별지 서식 참조)

☐ 심사절차
- 인사위원회 면접전형(11.29. 예정) 실시. 끝.

① 인턴십　　　　　　　　　　　② 헤드헌터
③ 종업원파견　　　　　　　　　④ 사내공모제

08 인력의 수요가 공급보다 많을 경우 해야 될 조치로 적절하지 않은 것은?

① 아웃소싱　　　　　　　　　　② 직무공유제
③ 파견근로 활용　　　　　　　　④ 초과근로 활용

09 [보기]의 면접 방법에 해당하는 것은?

[보 기]
- 다수의 면접자가 한 사람의 피면접자를 상대로 하는 면접방식으로 관리직 또는 전문직 선발 시 많이 활용하는 방법이다.

① 패널 면접
② 압박 면접
③ 정형적 면접
④ 비지시적 면접

10 인사고과 평가에 대한 오류 중 피고과자의 대다수를 중간 정도로 판단하는 경향을 말하는 것은 무엇인가?

① 관대화 경향
② 엄격화 경향
③ 중심화 경향
④ 상동적 태도

11 [보기]에서 설명하는 교육훈련 방법은 무엇인가?

[보 기]
- 실제 상황과 비슷한 상황을 부여하는 방법으로 주로 문제 해결 능력이나 기획 능력을 향상시킬 때 이용한다.

① 액션러닝
② 인바스켓법
③ 비즈니스 게임
④ 행동모델링법

12 비자발적 이직에 해당하지 않는 것은?

① 정년퇴직
② 일시해고
③ 파면, 해고
④ 전직, 사직

13 임금수준 결정 요인으로 가장 거리가 먼 것은?

① 노동시장 요인
② 직무의 특수성
③ 근로자의 생계비
④ 기업의 지급 능력

14 산재보험에 관한 설명 중 옳지 않은 것은?

① 보험사업에 소요되는 재원인 보험료는 사업주가 전액 부담한다.
② 산재보험 급여는 평균임금을 기초로 하는 정률보상 방식으로 행한다.
③ 근로자의 업무상 재해에 대해 사용자에게는 고의·과실의 유무를 불문하는 무과실 책임주의에 따른다.
④ 산재보험은 산재근로자와 가족의 생활을 보장하기 위해 기업이 책임을 지는 의무보험이다.

15 임금수준 결정 요인에 대한 설명으로 옳은 것은?

① 임금수준이란 기업이 일정 기간 근로자에게 지급하는 금액의 총량을 뜻한다.
② 기업은 근로자와 특수계약을 통해 최저임금제도보다 낮은 임금을 지급해도 된다.
③ 기업은 업종, 규모, 설비 등을 고려해 지급능력 안에서 임금의 상한선을 결정한다.
④ 대부분 해당 기업이 속해 있는 업계 평균임금에 초점을 두기 때문에 동종업계에 속한 기업 간 임금차이는 5% 이상 발생하지 않는다.

16 연말정산에 대한 설명으로 적절하지 않은 것은?

① 연말정산 월별 납부자의 신고·납부 기한은 다음 해 2월 10일이다.
② 연말정산 반기별 납부자의 신고·납부 기한은 다음 해 7월 10일이다.
③ 2개 이상의 근로소득이 있는 경우 종된 근무지의 원천징수영수증을 주된 근무지의 원천징수 의무자에게 제출해 연말정산한다.
④ 중도입사자의 연말정산은 전 근무지의 근로소득 원천징수영수증을 발급받아 해당 연도 근로소득에 합산해 연말정산한다.

17 근로시간제 유형에 관한 설명 중 옳지 않은 것은?

① 2주 단위 이내 탄력적 근로시간제에서는 특정일에 1일 8시간을 초과해 근로하게 할 수 있다.
② 선택적 근로시간제의 경우 1주간의 근로시간이 40시간을 초과한 시간에 대해서는 연장·야간 및 휴일 근로로 적용해야 한다.
③ 재량 근로시간제에서는 업무의 수행 방법이나 수단, 시간 배분 등을 근로자가 결정하며 근로시간보다 성과에 의해 근무 여부를 판단한다.
④ 간주 근로시간제에서는 근로자가 사유로 인해 사업장 밖에서 근로해 근로시간 산정이 어려운 경우에 일정 합의시간을 근로시간으로 본다.

18 법정외수당(약정수당)에 해당하지 않는 것은?

① 근속수당 ② 휴업수당
③ 가족수당 ④ 직무수당

19 [보기]에서 설명하는 노동조합 제도는 무엇인가?

―[보 기]―
• 조합비를 징수할 때 사용자가 노동조합의 의뢰에 의해 급여계산 시 조합비를 일괄 공제해 전달해주는 방법

① 유니언 숍 ② 에이전시 숍
③ 클로즈드 숍 ④ 체크오프 제도

20 경영참가제도의 유형 분류 중 적절하지 않은 것은?

① 이윤참가 – 스캔론 플랜
② 성과참가 – 스톡옵션제도
③ 자본참가 – 종업원지주제도
④ 의사결정참가 – 노사협의제도

실무문제

로그인 정보

회사코드	2005	사원코드	ERP13I02
회사명	인사2급 회사B	사원명	이현우

※ 2025 버전 핵심 ERP로 풀이하여 주십시오.

01 다음 중 핵심 ERP 사용을 위한 기초 사원등록 정보를 확인하고, '사용자'로 등록된 사원의 등록내역으로 옳지 않은 것은?

① '인사입력방식'은 〈승인〉이다.
② '회계입력방식'은 〈승인〉이다.
③ '조회권한'은 〈회사〉이다.
④ '품의서권한'은 〈미결〉이다.

02 다음 중 핵심 ERP 사용을 위한 기초 부서 정보를 확인한 내용으로 옳지 않은 것은?

① '2024/11/23' 기준, 사용 중인 부서는 총 9개다.
② [2200.해외영업부]는 2025년부터 사용하지 않는 부서다.
③ 2006년부터 사용된 부서는 모두 [1000.관리부문] 소속이다.
④ [3000.관리부문(인천지점)]은 현재 사용하지 않는 부문이다.

03 당 회사의 [ERP13I02.이현우] 사원의 [H.인사/급여관리] 모듈의 설정내역을 확인하고, 관련된 설명으로 옳지 않은 것은?

① 근로자의 부양가족에 대한 정보를 인사기록카드에 입력할 수 있다.
② 회사 내 모든 근로자의 급여대장을 출력할 수 있다.
③ 본인이 속한 사업장의 근로자에 대해서만 연말정산자료입력 작업을 할 수 있다.
④ 발생한 급여에 대해 전표집계 및 생성 작업을 할 수 없다.

04
당 회사는 2024년 1월 [800.주임] 직급의 호봉을 아래 [보기]와 같이 일괄등록하고자 한다. 호봉등록 완료 후 6호봉 '호봉합계'의 금액으로 옳은 것은?

[보 기]
1. 기본급   : 초기치   2,700,000원,   증가액   120,000원
2. 직급수당 : 초기치   70,000원,   증가액   15,000원
3. 일괄인상
   1) 기본급 6.5% 정률인상
   2) 직급수당 12,500원 정액인상

① 3,300,000원
② 3,445,000원
③ 3,514,500원
④ 3,672,000원

05
당 회사의 인사/급여 기준에 대한 설정을 확인하고, 관련된 설명으로 옳은 것은? 단, 환경설정 기준은 변경하지 않는다.

① '생산직' 직종의 출결기준일은 전월 25일부터 당월 말일까지다.
② 퇴사자의 경우 '기준일수'와는 관계없이 월 급여를 '일할' 지급한다.
③ 지방소득세 신고서의 데이터는 '귀속연월' 또는 '지급연월'이 일치하는 경우 집계된다.
④ 2024년 11월 귀속 기준으로 월일수 산정 시 한달정상일로 설정된 30일을 적용한다.

06
2024년도 귀속 급여구분에 등록된 '지급항목'에 대한 설명으로 옳은 것은?

① [P00.기본급]은 각 근로자의 호봉테이블에 해당하는 금액이 지급된다.
② 근로자에게 자녀가 존재하는 경우 [P02.가족수당]으로 50,000원이 지급된다.
③ 3년 이상 5년 미만 근속한 근로자는 [P06.근속수당]으로 '[근무한년수] × [시급]'만큼 지급된다.
④ 재직구분이 [J06.육아휴직]인 근로자는 [P40.육아수당]으로 200,000원이 지급된다.

07 당 회사 [20110401.강민주] 사원의 정보로 옳지 않은 것은?

① 현재 세대주가 아니며, 종교종사자도 아니다.
② 입사일과 그룹입사일이 다르며, 수습기간을 거친 이력이 있다.
③ 현재 [4100.생산부] 소속이며, 생산직 총급여 비과세를 적용하는 사원이다.
④ 가장 최근 책정된 임금의 적용시작년월은 '2023/01'이고, 책정된 월급은 2,603,750원이다.

08 당 회사는 2024년 4분기에 [990.2024년 법정의무교육]을 진행하고 있다. 보기의 근로자들 중 '이수여부'가 다른 근로자는 누구인가?

① [20000502.김종욱]
② [20010401.노희선]
③ [20030701.엄현애]
④ [20120101.정수연]

09 당 회사는 [2024년 4/4분기 인사발령]을 사원별로 진행하고자 한다. [20241001] 발령호수의 발령내역을 확인하고, 그 설명으로 옳지 않은 것은?

① 해당 발령호수의 발령일자는 '2024/10/01'이고, 발령내역은 부서, 직책, 직급이 등록되어 있다.
② 현재 '해외영업부'에 속한 대상자들의 부서는 모두 발령 후 '관리부'로 변경된다.
③ 발령 후 직급이 변경되는 대상자는 [20010401.노희선]과 [ERP13102.이호재]만 해당한다.
④ 발령 후 직책이 변경되는 대상자는 모두 현 정보가 '관리부' 소속인 사원들이다.

10 회사는 창립기념일을 맞아 2023년 12월 31일 기준으로 모든 사업장에 대해 만 15년 이상 장기근속자에 대해 특별근속수당을 지급하기로 했다. 아래 [보기]를 기준으로 총 지급한 특별근속수당은 얼마인가? 단, 퇴사자는 제외하며, 미만일수는 버리고, 이전경력은 제외한다.

[보 기]
- 15년 이상 20년 이하 : 150,000원
- 20년 초과 : 200,000원

① 1,550,000원
② 1,700,000원
③ 1,850,000원
④ 2,000,000원

11 당 회사의 2024년 11월 귀속 급여(지급일자 : 2024/11/25)에 해당하는 대상자 중 [20120101.정수연] 사원이 개인적인 사유로 휴직을 신청했다. [20120101.정수연] 사원의 휴직내역을 [보기]와 같이 등록한 뒤 모든 지급대상자의 급여계산 시 모든 지급대상자들의 '과세' 총액의 합으로 옳은 것은? 단, 그 외 급여계산에 필요한 조건은 프로그램에 등록된 기준을 이용한다.

[보 기]
1. 시작일, 종료일 : 2024/11/11, 2024/11/22
2. 휴직사유 : [300.질병휴직]
3. 휴직지급율 : 75%
4. 퇴직기간적용 : 함

① 82,278,080원 ② 82,288,080원
③ 82,538,080원 ④ 82,548,080원

12 당 회사는 2024년 11월 귀속 '특별급여' 소득을 지급하고자 한다. 아래 [보기]와 같이 직접 지급일자를 생성하고 지급대상 요건을 등록해 급여계산 시 [20161107.박선우] 사원의 과세총액으로 옳은 것은? 단, 그 외 급여계산에 필요한 조건은 프로그램에 등록된 기준을 이용한다.

[보 기]
1. 급여구분 : 특별급여(지급일자 : 2024/12/10)
2. 동시발행 및 대상자선정 : 분리, 직종및급여형태별
3. 지급직종 : 사무직(연봉/일급), 생산직(월급/일급)
4. 지급사업장 : [1000.인사2급 회사본사], [2000.인사2급 인천지점]

① 1,141,660원 ② 1,341,660원
③ 1,577,580원 ④ 1,764,330원

13 당 회사는 사원별 '지각, 조퇴, 외출시간'에 대해 급여에서 공제하고 지급하려고 한다. 아래 [보기]의 기준을 토대로 산정할 경우 2024년 10월 귀속(지급일 1번) [20130701.김수영] 사원의 지각·조퇴·외출 시간에 따른 공제금액으로 옳은 것은? 단, 프로그램에 등록된 기준을 그대로 적용하며 원 단위는 절사한다.

[보 기]
• 시급 : [20130701.김수영] 사원의 책정임금 시급
• 공제금액 : (지각시간 + 조퇴시간 + 외출시간) × 시급

① 108,840원 ② 111,460원
③ 124,570원 ④ 134,330원

14 당 회사는 일용직 사원에 대해 사원별 지급형태를 구분해 일용직 급여를 지급하고 있다. 아래 [보기]를 확인해 2024년 11월 귀속 지급일 중 '매일지급' 대상자를 직접 반영 후 급여계산을 할 때 해당 지급일의 급여 내역에 대해 옳지 않은 것은? 단, 급여계산에 필요한 조건은 프로그램에 등록된 기준대로 확인한다.

[보 기]
1. 지급형태 : '매일지급' 지급일
2. 지급대상자 : '시급직'인 [1200.경리부], [4100.생산부] 사원
3. 평일 9시간 근무, 토요일 4시간 근무
4. 비과세 적용 : 12,000원(평일만 적용)

① 해당 지급일자의 대상자는 총 30일 중 26일을 근무했으며, 실지급액은 18,279,140원이다.
② 해당 지급일자의 대상자 중 가장 많은 소득세를 공제한 사원은 [0016.김소현]이다.
③ [0007.황시윤] 사원을 제외한 나머지 사원들의 급여에서 국민연금이 공제되었으며, 총 695,470원이 공제되었다.
④ [4100.생산부] 소속의 사원들은 모두 현금으로 급여를 지급받으며, 총 14,141,250원이 지급된다.

15 2024년 11월 귀속 일용직 급여작업 전 아래 [보기]를 기준으로 [0019.류성준] 사원의 사원정보를 직접 변경하고 급여계산을 했을 때 해당 지급일의 실지급 총액으로 옳은 것은? 단, 그 외 급여계산에 필요한 조건은 프로그램에 등록된 기준을 따른다.

[보 기]
1. 사원정보 변경
   1) 생산직비과세 적용 : '함'   2) 국민/건강/고용보험 여부 : '여'
2. 일용직 급여지급
   1) 지급형태 : '일정기간지급' 지급일
   2) 평일 10시간 근무 / 토요일 2시간 근무 가정   3) 비과세(신고제외분) : 10,000원(평일만 적용)

① 19,204,360원   ② 19,950,760원
③ 20,593,200원   ④ 21,279,180원

16 당 회사의 [2000.인사2급 인천지점] 사업장 기준 2024년 3분기의 지급총액 및 공제총액으로 옳은 것은? 단, 사용자부담금은 제외한다.

① 지급총액 : 117,188,850원 / 공제총액 : 15,923,130원
② 지급총액 : 135,231,810원 / 공제총액 : 15,923,130원
③ 지급총액 : 135,231,810원 / 공제총액 : 19,184,160원
④ 지급총액 : 141,080,130원 / 공제총액 : 19,184,160원

17 당 회사는 [1000.인사2급 회사본사] 사업장을 제외한 사업장에 대해 2024년 10월 귀속(지급일 1번)에 이체한 급/상여를 확인하고자 한다. 이체현황에 대한 설명으로 옳지 않은 것은? 단, 무급자는 제외한다.

① 계좌이체를 통해 급/상여를 지급받지 않는 사원이 존재한다.
② '국민은행'을 통해 급여를 지급받는 인원은 4명이며, 총 이체금액은 14,056,160원이다.
③ 해당 조회조건의 사업장들에 지급된 급/상여의 총 실지급액은 53,734,650원이다.
④ 급/상여는 2024/10/25에 지급했고, 가장 많은 급/상여를 지급받은 사원은 [20010402.박국현]이다.

18 당 회사는 2024년 3분기에 발생한 급/상여를 부서별로 조회하고자 한다. [4100.생산부] 기준으로 조회했을 때, 해당 부서의 지급/공제항목 금액의 총계로 옳지 않은 것은? 단, 지급구분은 [100.급여]로 조회한다.

① 기본급 : 39,507,930원
② 근속수당 : 4,450,000원
③ 국민연금 : 1,777,500원
④ 건강보험 : 1,400,520원

19 당 회사는 모든 사업장을 대상으로 급/상여 지급액 등 변동사항을 확인하고자 한다. 아래 [보기]를 기준으로 조회했을 때 급/상여 변동상태에 대한 설명으로 옳지 않은 것은? 단, 모든 기준은 조회된 데이터를 기준으로 확인한다.

[보 기]
1. 기준연월 : 2024년 10월(지급일 : 2024/10/25)
2. 비교연월 : 2023년 10월(지급일 : 2023/10/25)
3. 사용자부담금 : [0.제외]

① 기준연월과 비교연월의 기본급의 차이는 없으나 과세금액이 2,379,670원만큼 차이가 난다.
② 사회보험 항목 중 기준연월과 비교연월의 차이가 없는 항목은 '국민연금'이 유일하다.
③ [20010402.박국현] 사원의 근속수당은 비교연월에 비해 277,770원만큼 감소했다.
④ [20130701.김수영] 사원의 장기요양보험료는 비교연월에 비해 150원만큼 증가했다.

20 당 회사는 2024년 3분기에 지급한 급여에 대한 수당별 금액을 확인하고자 한다. [4100.생산부]와 [5100.자재부] 소속 사원 중 보기의 사원만 놓고 비교했을 때 [P06.근속수당]의 총합이 가장 높은 사원으로 옳은 것은?

① [20190701.장석훈]
② [20130701.김수영]
③ [20110401.강민주]
④ [20040301.오진형]

제104회 2024년 5차 시험

▷ 정답 및 해설 p.237

이론문제

01 ERP와 인공지능(AI), 빅데이터(Big Data), 사물인터넷(IoT) 등 혁신기술과의 관계에 대한 설명으로 가장 적절하지 않은 것은?

① 현재 ERP는 기업 내 각 영역의 업무프로세스를 지원해 독립적으로 단위별 업무처리를 추구하는 시스템으로 발전하고 있다.
② 제조업에서는 빅데이터 분석기술을 기반으로 생산자동화를 구현하고 ERP와 연계해 생산계획의 선제적 예측과 실시간 의사결정이 가능하다.
③ ERP에서 생성되고 축적된 빅데이터를 활용해 기업의 새로운 업무개척이 가능해지고, 비즈니스 간 융합을 지원하는 시스템으로 확대가 가능하다.
④ 현재 ERP는 인공지능 및 빅데이터 분석기술과의 융합으로 전략경영 등의 분석도구를 추가해 상위계층의 의사결정을 지원할 수 있는 지능형시스템으로 발전하고 있다.

02 ERP 구축 전에 수행되고 단계적으로 시간의 흐름에 따라 비즈니스 프로세스를 개선해가는 점증적 방법론은 무엇인가?

① ERD(Entity Relationship Diagram)
② BPI(Business Process Improvement)
③ MRP(Material Requirement Program)
④ SFS(Strategy Formulation & Simulation)

03 ERP 시스템의 SCM 모듈을 실행함으로써 얻는 장점으로 가장 적절하지 않은 것은?

① 공급사슬에서의 가시성 확보로 공급 및 수요 변화에 대한 신속한 대응이 가능하다.
② 정보투명성을 통해 재고수준 감소 및 재고회전율(inventory turnover) 증가를 달성할 수 있다.
③ 공급사슬에서의 계획(plan), 조달(source), 제조(make) 및 배송(deliver) 활동 등 통합프로세스를 지원한다.
④ 마케팅(marketing), 판매(sales) 및 고객서비스(customer service)를 자동화함으로써 현재 및 미래 고객들과 상호작용할 수 있다.

04 ERP의 특징에 대한 설명으로 가장 옳지 않은 것은?

① Open Multi-vendor : 특정 H/W 업체에만 의존하는 open 형태를 채용, C/S형의 시스템 구축이 가능하다.
② 통합업무시스템 : 세계 유수기업이 채용하고 있는 Best Practice Business Process를 공통화·표준화시킨다.
③ Parameter 설정에 의한 단기간의 도입과 개발이 가능 : Parameter 설정에 의해 각 기업과 부문의 특수성을 고려할 수 있다.
④ 다국적, 다통화, 다언어 : 각 나라의 법률과 대표적인 상거래 습관, 생산방식이 시스템에 입력되어 있어서 사용자는 이 가운데 선택해 설정할 수 있다.

05 포드시스템의 3S 원칙에 해당하지 않는 것은?

① 표준화　　　　　　　　　　　② 구조화
③ 전문화　　　　　　　　　　　④ 단순화

06 인적자원관리 체계의 기능적 인적자원관리 중 노동력 관리에 해당하는 것은?

① 임금관리　　　　　　　　　　② 고용관리
③ 근로시간관리　　　　　　　　④ 산업안전관리

07 [보기]에 대한 직무분석 방법으로 가장 적절한 것은?

[보 기]
- 직무분석자가 전체 작업과정 동안 무작위로 많은 관찰을 해 직무행동에 대한 정보를 얻는 방법

① 작업 기록법　　　　　　　　　② 워크 샘플링법
③ 마코브 체인법　　　　　　　　④ 업무일지 분석법

08 직무전문화에 관한 설명으로 적합하지 않은 것은?

① 종업원의 숙련도를 증대시킬 수 있다.
② 직무의 비인간화 등의 문제점이 발생할 수 있다.
③ 전체적인 과업을 보다 작은 요소로 분할해 담당하게 한다.
④ 직무의 내용을 고도화해 작업상의 책임과 권한을 늘리며, 능력을 발휘할 수 있게 한다.

09 인적자원계획 방법 중 수리적(정량적)기법에 해당하지 않는 것은?

① 추세분석　　　　　　　　　　② 회귀분석
③ 선형계획법　　　　　　　　　④ 전문가 예측법

10 인사고과 평가 방법 중 평가자가 일을 효과적 또는 비효과적으로 수행하는 요인에 대해 핵심적이고 중요한 행동에 초점을 맞추어 평가하는 방법은 무엇인가?

① 체크리스트법　　　　　　　　② 행위기준고과법
③ 평정척도고과법　　　　　　　④ 중요사건평가법

11 직장 내 훈련(OJT)에 관한 설명으로 적절하지 않은 것은?

① 훈련과 직무가 직결되며, 경제적이다.
② 전문적인 지식과 기능을 전달할 수 있다.
③ 교육훈련의 내용과 수준의 통일성을 갖추기 힘들다.
④ 교육생의 수준에 맞게 실무와 밀착된 교육훈련을 할 수 있다.

12 승진의 유형 중 일정 기간의 직무수행 능력 및 업적만을 평가해 특별히 유능한 사람에게 승진을 제공하는 제도는 무엇인가?

① 역직승진 ② 직급승진
③ 대용승진 ④ 발탁승진

13 각종 소득 중 종합과세 대상 소득이 아닌 것은?

① 사업소득 ② 양도소득
③ 기타소득 ④ 연금소득

14 연말정산에 관한 설명 중 적절하지 않은 것은?

① 연말정산 시기는 다음 해 3월 10일이다.
② 연말정산 반기별 납부자의 신고·납부 기한은 다음 해 7월 10일이다.
③ 중도입사자는 전 근무지의 근로소득 원천징수영수증을 발급받아 해당 연도 근로소득에 합산해 연말정산을 한다.
④ 2개 이상의 근로소득이 있는 경우에는 종된 근무지의 원천징수영수증을 주된 근무지의 원천징수의무자에게 제출한다.

15 [보기]의 ( )에 들어갈 임금의 종류를 고르시오.

> [보 기]
> • ( )을 산정해야 할 사유가 발생한 날 이전 3개월 동안에 그 근로자에게 지급된 임금의 총액을 그 기간의 총 일수로 나눈 금액

① 기준임금 ② 총액임금
③ 통상임금 ④ 평균임금

16 법정 복리후생제도의 유형으로 적절하지 않는 것은?

① 사회보장보험
② 산전 · 산후 유급휴가
③ 퇴직금 및 퇴직연금
④ 경조금 및 학자금지원

17 [보기]의 (A) 에 알맞은 숫자는 무엇인가?

[보 기]
- 일용근로자의 원천징수세액
  = [일급여액 − 150,000원] × 6% − 근로소득세액공제[산출세액 × (A)%]

① 45
② 55
③ 65
④ 75

18 [보기]에서 설명하는 노동조합의 가입 방법은 무엇인가?

[보 기]
- 기업이 근로자를 채용할 때 조합원이 아닌 자를 근로자로 채용할 수는 있지만 일단 채용된 후에는 일정 기간 내에 자동으로 노조에 가입하게 되는 제도

① 오픈 숍
② 유니언 숍
③ 에이전시 숍
④ 클로즈드 숍

19 노동쟁의 조정제도에 해당하지 않는 것은?

① 조정
② 중재
③ 대체고용
④ 긴급조정

20 비정규직 근로자보호법의 대상이 되는 근로자에 해당하지 않는 것은?

① 파견 근로자
② 원격 근로자
③ 단시간 근로자
④ 기간제 근로자

실무문제

로그인 정보

회사코드	2002	사원코드	ERP13I02
회사명	인사2급 회사A	사원명	이현우

※ 2025 버전 핵심 ERP로 풀이하여 주십시오.

01 다음 중 핵심 ERP 사용을 위한 기초 사원등록 정보를 확인하고, '사용자'로 등록된 사원의 등록내역으로 알맞지 않은 것은 무엇인가?

① '조회권한'은 〈사업장〉이다.
② '입사일'은 2002/12/01이고 [3100.관리부]에 소속되어 있다.
③ '회계입력방식'은 〈수정〉이다.
④ '품의서권한'은 〈미결〉이다.

02 다음 중 핵심 ERP 사용을 위한 기초 부서 정보를 확인하고, 내역으로 알맞지 않은 것은 무엇인가?

① [3000.관리부문(인천지점)]에 속한 부서는 [3100.관리부], [6100.경리부]가 존재하며 이 중 [6100.경리부]는 현재 사용하지 않는 부서다.
② [9100.교육부]는 [3000.인사2급 강원지점] 사업장에 속해 있으며, 사용시작일은 '2021/01/01'이다.
③ [2000.영업부문]에 속해 있는 부서는 모두 사용 중이다.
④ [2000.인사2급 인천지점] 사업장에 속한 부서는 모두 사용 중이다.

03 당 회사의 [사용자권한설정]의 '인사/급여관리' 모듈에 대한 '이현우' 사원의 설정내역을 확인하고 관련된 설명으로 올바르지 않은 것은 무엇인가?

① [급여명세] 메뉴에서는 본인이 소속된 사업장의 자료만 조회할 수 있다.
② [전표관리]에 속한 메뉴에서는 모든 자료에 대해서 삭제가 불가능하다.
③ [인사관리]에 속한 메뉴에서는 회사에 속한 모든 근로자의 자료를 출력할 수 있다.
④ [소득자별정보현황] 메뉴에서는 본인의 자료만 변경할 수 있다.

04 당 회사는 2024년 09월 [800.주임] 직급의 호봉을 아래 [보기]와 같이 일괄등록하고자 한다. 호봉등록을 완료 후 6호봉 '호봉합계' 금액은 얼마인가?

[보 기]

1. 기본급   : 초기치   2,500,000원,   증가액   100,000원
2. 직급수당   : 초기치   120,000원,   증가액   50,000원
3. 일괄인상
   1) 정률인상 적용 : 기본급 3.5%
   2) 정액인상 적용 : 직급수당 10,000원

① 3,105,000원
② 3,331,500원
③ 3,485,000원
④ 3,638,500원

05 당 회사의 인사/급여 기준에 대한 설정을 확인하고, 관련 설명으로 올바른 것은 무엇인가? 단, 환경설정 기준은 변경하지 않는다.

① '생산직' 직종의 출결마감기준일은 전월 25일부터 당월 말일까지다.
② 퇴사자의 경우 지정한 '기준일수' 초과근무 시, 월 급여를 '일할' 지급한다.
③ 지방소득세신고서의 데이터는 '귀속연월'과 '지급연월'이 모두 일치하는 경우에만 집계된다.
④ 2024년 8월 귀속 기준으로 월일수 산정 시 한달정상일로 설정된 30일을 적용한다.

06 2024년 귀속 기준 [지급/공제항목설정]을 확인하고, 그 설명으로 옳지 않은 것은? 단, [지급/공제항목설정] 기준은 변경하지 않는다.

① [P06.근속수당]은 '수습직'에게는 지급하지 않는 항목이며, 근속기간이 6년인 경우 100,000원을 지급한다.
② [P11.특별급여]는 '사무직' 직종에게 지급 시 책정임금의 월급을 기준으로 65%로 지급하고, '생산직' 직종에게 지급 시 책정임금의 월급을 기준으로 75%로 지급한다.
③ [P30.야간근로수당]은 비과세 적용 기준요건인 '월정급여'에 포함되는 지급항목이다.
④ [P50.자격수당]은 [100.정보기술자격(ITQ)] 자격대상자인 경우 80,000원을 지급한다.

07 당 회사의 인사정보를 확인하고 관련된 설명으로 올바르지 않은 것은 무엇인가?

① [20001102.정영수] 사원의 근무조는 '2조'이며, 노조에 가입되어 있다.
② [20010402.제갈형서] 사원의 직급은 '부장'이며, 급여이체은행은 '국민'은행이다.
③ [20130701.신별] 사원은 휴직이력이 존재하고, 휴직사유는 '육아휴직'이며 급여형태는 '연봉'이다.
④ [20140901.강민우] 사원의 현재 책정된 임금의 연봉은 '35,000,000원'이며, 학자금상환 대상자다.

08 당 회사는 전체 사업장의 [992.임직원역량강화교육] 교육평가가 우수한 사원을 대상으로 포상을 지급하기로 했다. 아래 [보기]를 기준으로 지급한 대상자들의 총 지급금액으로 알맞은 것은 무엇인가?

[보 기]
- 교육평가 A등급 : 200,000원
- 교육평가 B등급 : 100,000원

① 800,000원
② 900,000원
③ 1,100,000원
④ 1,200,000원

09 당 회사는 [2000.인사2급 인천지점] 사업장의 2023년 하반기(2023.07.01. ~ 2023.12.31.) '이직률'을 확인하고자 한다. 해당 기간 동안 [2000.인사2급 인천지점] 사업장의 평균이직률은 얼마인가? 단, 모든 정보는 프로그램에 입력된 기준으로 확인한다.

① 0.08
② 0.17
③ 0.69
④ 1.39

10 당 회사는 창립기념일을 맞아 2024년 8월 31일 기준으로 전체 사업장의 만 15년 이상 장기근속자에 대해 특별근속수당을 지급하기로 했다. 아래 [보기]를 기준으로 지급한 총 특별근속수당은 얼마인가? 단, 퇴사자는 제외하며, 미만일수는 올리고, 모든 경력사항을 제외한다.

[보 기]
1. 15년 이상 ~ 20년 미만 : 100,000원
2. 20년 이상 : 150,000원

① 1,450,000원　　　② 1,600,000원
③ 1,800,000원　　　④ 1,950,000원

11 당 회사의 2024년 9월 귀속 급여(지급일자 : 2024/09/25)에 해당하는 대상자 중 [2016018.박지성] 사원이 중소기업취업감면의 대상자로 변경되었다. [2016018.박지성] 사원의 감면유형 및 기간을 [보기]와 같이 등록한 뒤 모든 지급대상자에 대해 급여를 계산할 때 '소득세' 총액은 얼마인가? 단, 그 외 급여계산에 필요한 조건은 프로그램에 등록된 기준을 이용한다.

[보 기]
1. 감면코드 : T13. 중소기업취업감면(90% 감면)
2. 감면기간 : 2024/09 ~ 2026/08

① 1,599,560원　　　② 1,619,430원
③ 1,656,850원　　　④ 2,150,000원

12 당 회사는 2024년 9월 귀속 '특별급여' 소득을 지급하고자 한다. 아래 [보기]의 지급대상 요건으로 지급일자를 직접 추가해 모든 지급대상자에 대해 급여를 계산할 때 '과세' 총액은 얼마인가? 단, 그 외 급여계산에 필요한 조건은 프로그램에 등록된 기준을 이용한다.

[보 기]
1. 특별급여지급일자 : 2024/09/30
2. 동시발행 및 대상자선정 : 분리, 직종및급여형태별
3. 특별급여지급대상 : [2000.인사2급 인천지점] 사업장을 제외한 사업장의 모든 직종 및 급여형태

① 27,792,450원　　　② 29,176,840원
③ 31,296,500원　　　④ 34,217,690원

13 당 회사는 초과근무에 대해 수당을 지급하고 있다. 아래 [보기]의 기준을 토대로 2024년 8월 귀속의 [20020603.이성준] 사원의 '초과근무수당'을 계산하면 얼마인가? 단, 근무수당을 계산하면서 발생되는 모든 원 단위 금액은 절사하며, 책정임금 시급은 원 단위 금액을 절사하지 않고 계산한다.

[보 기]

초과근무수당 = 1유형 근무수당 + 2유형 근무수당

- 초과근무 시급 : 책정임금 시급
- 1유형 근무수당 = (평일연장근무시간 + 토일정상근무시간) × 2 × 초과근무 시급
- 2유형 근무수당 = (평일심야근무시간 + 토일연장근무시간) × 2.5 × 초과근무 시급

① 598,130원
② 607,330원
③ 621,890원
④ 645,990원

14 당 회사는 일용직 사원에 대해 사원별 지급형태를 구분해 일용직 급여를 지급하고 있다. 아래 [보기]를 확인해 2024년 9월 귀속 지급일 중 '매일지급' 대상자를 직접 반영 후 급여계산을 할 때 해당 지급일의 급여내역에 대한 설명으로 바르지 않은 것은 무엇인가? 단, 급여계산에 필요한 조건은 프로그램에 등록된 기준대로 확인한다.

[보 기]

1. 지급형태 : '매일지급' 지급일
2. 지급대상자 : '시급직'인 [1200.경리부], [4100.생산부] 사원
3. 평일 10시간 근무, 토요일 2시간 근무
4. 비과세 적용 : 12,000원(평일만 적용)

① 해당 지급일자의 대상자는 총 30일 중 25일을 근무했으며, 과세총액은 41,317,520원이다.
② [0006.이희성] 사원은 급여를 계좌로 지급받으며, 신고대상인 비과세항목은 지급받지 않았다.
③ [0009.강하나] 사원에게 연장 비과세는 총 252,000원 지급되었고, 소득세는 57,750원 공제되었다.
④ [0015.한주원] 사원은 4대 사회보험 및 소득세가 공제되지 않고 급여를 지급받았다.

15 2024년 9월 귀속 일용직 급여작업 전 아래 [보기]를 기준으로 [0017.조혜나] 사원의 사원정보를 직접 변경하고 급여계산을 했을 때 해당 지급일에 실제 지급된 금액의 합계는 얼마인가? 단, 그 외 급여계산에 필요한 조건은 프로그램에 등록된 기준을 따른다.

[보 기]
1. 사원정보 변경
   1) 생산직비과세 적용 : '안함'
   2) 국민/건강/고용보험 여부 : '부'
2. 일용직 급여지급
   1) 지급형태 : '일정기간지급' 지급일
   2) 평일 10시간 근무 / 토요일 4시간 근무 가정
   3) 비과세(신고제외분) : 12,000원(평일만 적용)

① 32,687,360원
② 33,091,400원
③ 35,880,620원
④ 36,658,390원

16 당 회사의 [1000.인사2급 회사본사] 사업장 기준 2024년 2분기의 과세총액 및 비과세총액은 각각 얼마인가? 단, 사용자부담금은 포함한다.

① 과세총액 : 113,675,620원 / 비과세총액 : 5,100,000원
② 과세총액 : 113,675,620원 / 비과세총액 : 10,248,420원
③ 과세총액 : 118,775,620원 / 비과세총액 : 14,258,210원
④ 과세총액 : 118,775,620원 / 비과세총액 : 16,308,930원

17 당 회사는 전체 사업장 기준 2024년 8월 귀속 급여에 대한 대장을 확인하고자 한다. 부서별로 대장을 집계해 확인했을 때 부서별 지급/공제항목의 금액으로 옳지 않은 것은?

① 교육부 – 근속수당 : 500,000원
② 국내영업부 – 고용보험 : 147,180원
③ 생산부 – 사회보험부담금 : 602,150원
④ 자재부 – 야간근로수당 : 100,000원

18 근무조별로 월별 급/상여 지급현황을 조회하고자 한다. 2024년 2분기 [002.2조] 근무조 기준으로 조회 시 근무조 전체 월별 급/상여 지급/공제항목 내역으로 알맞지 않은 것은 무엇인가? 단, 지급구분은 [100.급여]로 조회한다.

① 근속수당 : 2,400,000원
② 고용보험 : 292,590원
③ 사회보험부담금 : 3,083,940원
④ 소득세 : 4,713,240원

19 당 회사는 전체 사업장을 대상으로 급/상여 지급액 등 변동사항을 확인하고자 한다. 2024년 8월 변동상태에 대한 설명으로 알맞지 않은 것은 무엇인가? 단, 모든 기준은 조회된 데이터를 기준으로 확인한다.

[보 기]
1. 기준연월 : 2024년 8월
2. 비교연월 : 2023년 8월
3. 사용자부담금 '포함'

① [20030701.엄현애] 사원의 경우 지급항목 중 '근속수당'이 50,000원 증가했다.
② 전체 '국민연금' 및 '고용보험' 공제액은 감소했다.
③ 전체 급/상여 지급대상 '인원' 및 '비과세' 지급액은 변동사항이 없다.
④ 전체 '소득세' 공제액 및 '기본급' 지급액은 변동사항이 없다.

20 당 회사는 [2000.인사2급 인천지점] 사업장에 대해 수당별 지급/공제현황을 확인하고자 한다. 다음 보기의 사원 중 2024년 상반기 동안 [T00.소득세]가 가장 적게 공제된 사원은 누구인가?

① [20140501.김화영]
② [20010401.노희선]
③ [20140903.정용빈]
④ [20040301.오진형]

제103회 2024년 4차 시험

이론문제

01 클라우드 컴퓨팅 서비스 유형에 대한 설명으로 가장 적절하지 않은 것은?

① PaaS는 데이터베이스와 스토리지 등을 제공하는 서비스다.
② ERP 소프트웨어 개발을 위한 플랫폼을 클라우드 서비스로 제공받는 것을 PaaS라고 한다.
③ ERP 구축에 필요한 IT 인프라 자원을 클라우드 서비스로 빌려 쓰는 형태를 IaaS라고 한다.
④ ERP, CRM 솔루션 등의 소프트웨어를 클라우드 서비스를 통해 제공받는 것을 SaaS라고 한다.

02 ERP와 전통적인 정보시스템(MIS) 특성 간의 차이점에 대한 설명으로 가장 적절하지 않은 것은?

① 전통적인 정보시스템의 시스템구조는 폐쇄형이나 ERP는 개방성을 갖는다.
② 전통적인 정보시스템의 업무범위는 단위업무이고, ERP는 통합업무를 처리한다.
③ 전통적인 정보시스템의 업무처리 대상은 Process 중심이나 ERP는 Task 중심이다.
④ 전통적인 정보시스템의 저장구조는 파일시스템을 이용하나 ERP는 관계형 데이터베이스시스템(RDBMS) 등을 이용한다.

03 기업에서 ERP 시스템을 도입하기 위해 분석, 설계, 구축, 구현 등의 단계를 거친다. 이 과정에서 필수적으로 거쳐야 하는 'GAP분석' 활동의 의미를 적절하게 설명한 것은?

① TO-BE 프로세스 분석
② TO-BE 프로세스에 맞게 모듈을 조합
③ 현재업무(AS-IS) 및 시스템 문제 분석
④ 패키지 기능과 TO-BE 프로세스와의 차이 분석

04 'Best Practice' 도입을 목적으로 ERP 패키지를 도입해 시스템을 구축하고자 할 경우 가장 적절하지 않은 방법은?

① BPR과 ERP 시스템 구축을 병행하는 방법
② ERP 패키지에 맞추어 BPR을 추진하는 방법
③ 기존 업무처리에 따라 ERP 패키지를 수정하는 방법
④ BPR을 실시한 후에 이에 맞도록 ERP 시스템을 구축하는 방법

05 과학적 관리의 인사관리에 대한 설명으로 적절하지 않은 것은?

① 과업관리 도입
② 고임금ㆍ저노무비의 실천
③ 매슬로우의 욕구계층이론과 맥그리거의 XㆍY이론
④ 작업분석 및 시간ㆍ동작 연구 실시로 차별적 성과급제도 도입

06 [보기]의 직무분석 방법에 해당하는 것은?

[보 기]
• 전체 작업 과정 동안 무작위로 많은 관찰을 해 직무 행동에 대한 정보를 얻는 방법

① 관찰법
② 종합적 방법
③ 워크 샘플링법
④ 업무일지 분석법

07 직무설계의 목적에 대한 설명으로 가장 적절하지 않은 것은?

① 노사협상력 증대
② 작업의 생산성 향상
③ 종업원의 동기부여 향상
④ 신기술에 대한 신속한 대응

08 인력 부족 시 대응 전략에 해당하지 않는 것은?

① 아웃소싱
② 임시직고용
③ 다운사이징
④ 파견근로 활용

09 면접자는 지원자에게 악의·적대가 있는 것으로 가정하고, 지원자를 당황하게 한 후 반응을 관찰해 감정적인 자제 등을 평가하는 면접시험의 유형은 무엇인가?

① 집단면접
② 개별면접
③ 스트레스면접
④ 비구조적면접

10 인사고과 평가의 오류에 대한 설명으로 적절하지 않은 것은?

① 중심화 경향은 피고과자 대다수를 중간 정도로 판단하는 경향이다.
② 관대화 경향은 고과자가 피고과자를 가능하면 후하게 평가하려는 경향을 말한다.
③ 엄격화 경향은 고과자가 전반적으로 피고과자를 가혹하게 평가해 평가결과의 분포가 평균 이하로 편중되는 경향을 말한다.
④ 현혹효과는 피평가자에 대한 경직적인 편견을 가진 지각을 뜻하는 것으로서 타인에 대한 평가가 그가 속한 사회적 집단에 대한 지각을 기초로 해서 이루어지는 것을 말한다.

11 교육훈련 방법 중 '적절한 소수의 사람들이 모여서 집단회의를 열고 집단의 리더가 제기한 문제에 대해 참가자 각자가 생각나는 아이디어를 자발적으로 제시해 여기서 유용한 아이디어를 가능한 한 많이 얻어 문제의 해결책을 찾아보고자 하는 방법'은 무엇인가?

① 액션러닝
② 심포지엄
③ 인바스켓법
④ 브레인스토밍

12 리더가 부하들에게 교환적 의도를 가지고 접근하며, 경제적·물질적 성격의 교환관계를 통해 성과를 추진하는 리더십은?

① 코칭 리더십　　② 셀프 리더십
③ 거래적 리더십　④ 변혁적 리더십

13 통상임금과 평균임금에 대한 설명으로 옳지 않은 것은?

① 평균임금 - 장해보상
② 평균임금 - 해고예고수당
③ 통상임금 - 연장근로가산수당
④ 통상임금 - 야간근로가산수당

14 단위시간당 임금률에 표준시간을 곱해 임금을 산출하는 방식의 성과급제는 무엇인가?

① 단순성과급제　② 복률성과급제
③ 차별성과급제　④ 표준시간급제

15 고용보험 적용제외 대상이 아닌 것은?

① 외국인 근로자
② 별정우체국 직원
③ 60세 이후에 고용된 자
④ 1월간 소정근로시간이 60시간 미만인 근로자

16 근로소득에서 비과세소득에 해당되지 않는 것은?

① 이자소득　　② 실업급여
③ 근로장학금　④ 자가운전보조금

17 소득세 납세의무자에 대한 설명 중 다음 (A)에 알맞은 것은?

[보 기]
거주자란 국내에 주소를 두거나 (A)일 이상의 거소를 둔 개인을 말한다.

① 100
② 180
③ 183
④ 360

18 야간 · 휴일 근무에 대한 설명으로 적절하지 않은 것은?

① 야간근로는 오후 12시부터 다음 날 오전 8시까지 근무를 말한다.
② 사용자는 임산부와 18세 미만자를 야간 또는 휴일에 근로시키지 못한다.
③ 사용자는 18세 이상의 여성에게 야간근로를 시키려면 근로자의 동의를 받아야 한다.
④ 사용자는 휴일근로한 근로자에게 8시간 이내는 통상임금의 100분의 50, 8시간을 초과한 경우는 통상임금의 100분의 100을 지급하여야 한다.

19 기업이나 산업, 직업에 관계없이 하나 또는 수 개의 산업에 걸쳐 흩어져 있는 일반 근로자들에 의해 폭넓게 규합하는 노동조합의 형태는 무엇인가?

① 일반 노동조합
② 직업별 노동조합
③ 기업별 노동조합
④ 산업별 노동조합

20 부당노동행위의 유형에 해당하지 않는 것은?

① 황견계약
② 불이익대우
③ 단체교섭의 거부
④ 사용자의 대체고용

실무문제

로그인 정보

회사코드	2005	사원코드	ERP13I02
회사명	인사2급 회사B	사원명	이현우

※ 2025 버전 핵심 ERP로 풀이하여 주십시오.

01 다음 중 핵심 ERP 사용을 위한 기초 사업장 정보를 확인하고, 그 내역으로 알맞지 않은 것은 무엇인가?

① [1000.인사2급 회사본사] 사업장의 업태는 '제조.도매'다.
② [2000.인사2급 인천지점] 사업장은 당 회사의 종사업장이다.
③ [2000.인사2급 인천지점] 사업장의 주업종코드는 [369301.제조업]이다.
④ [3000.인사2급 강원지점] 사업장은 원천징수이행상황 신고 시, '반기' 신고를 하는 유일한 사업장이다.

02 다음 중 핵심 ERP 사용을 위한 기초 부서 정보를 확인하고, 그 내역으로 알맞은 것은 무엇인가?

① [4000.생산부문]에 속한 부서는 모두 사용 중이다.
② 현재 사용하지 않는 부서는 총 3개다.
③ [1000.인사2급 회사본사] 사업장에 속한 부서는 모두 사용 중이다.
④ [1300.기획부]는 [2000.영업부문]에 속해 있으며, 사용종료일은 '2021/12/31'이다.

03 다음 중 [인사기초코드등록]의 [4.사원그룹(G)] 출력구분에 대한 설명으로 올바르지 않은 것은 무엇인가?

① [G4.직급]은 [인사정보등록] 메뉴에서만 관리하고 있는 코드다.
② [일용직사원등록] 메뉴에서 현재 조회되고 있는 고용형태는 [002.생산직]이다.
③ 생산직 연장근로 비과세 적용대상 코드를 만들려면 [G2.직종]의 비고에 '1'을 입력해야 한다.
④ [인사정보등록] 메뉴에서 조회되는 고용형태 코드를 만들려면 [G1.고용구분]에 비고가 '1'인 고용형태 코드를 생성해야 한다.

04
당 회사는 2024년 7월 [700.대리] 직급의 호봉을 아래 [보기]와 같이 일괄등록하고자 한다. [700.대리] 직급의 호봉등록을 완료했을 때 7호봉 기준의 '호봉합계'는 얼마인가?

[보 기]
1. 기본급   : 초기치   2,500,000원,   증가액   100,000원
2. 직급수당   : 초기치   120,000원,   증가액   50,000원
3. 일괄인상   : 기본급 4.5%, 직급수당 3% 정률인상

① 3,239,500원
② 3,672,100원
③ 3,828,100원
④ 3,984,100원

05
당 회사의 인사/급여 설정기준을 확인하고 관련된 설명으로 옳지 않은 것은 무엇인가? 단, 환경설정 기준은 변경하지 않는다.

① '수습직'의 지급기간은 3개월이고, 지급률은 70%다.
② 한 달의 일수는 한달 정상일에 입력된 기준일(월) 수를 반영한다.
③ 원천징수이행상황신고서의 데이터는 '귀속연월'이 같은 경우에 집계된다.
④ 퇴사자의 경우 지정한 '기준일수' 초과근무 시 월 급여를 '일할' 지급한다.

06
당 회사의 2024년 6월 귀속 [급/상여지급일자등록]을 확인하고, 그 내역으로 옳지 않은 것은 무엇인가?

① 급여와 상여는 동일한 지급일에 동시에 지급한다.
② '지급직종및급여형태' 기준으로 급여대상자를 사용자가 직접 선택해 반영한다.
③ 해당 지급일자에 '특별급여'를 추가해 지급할 수 있다.
④ '상여지급대상기간' 내 퇴사자는 실제 근무한 일수만큼 상여소득을 지급한다.

07
당 회사의 인사정보를 확인하고 관련된 설명으로 올바르지 않은 것은 무엇인가?

① [20000601.이종현] 사원은 [2100.국내영업부] 소속이며, 급여 이체은행은 [030.기업]은행이다.
② [20001102.정영수] 사원의 직책은 [700.매니저]이며, 노조에 가입되어 있다.
③ [20040301.오진형] 사원은 생산직총급여 비과세대상자이며, 국외소득이 존재한다.
④ [20110101.배유진] 사원은 세대주이며, 수습적용 이력이 존재하고 수습만료일은 '2020/08/10'이다.

08 당 회사는 전체 사업장의 [991.임직원역량강화교육(2024년)] 교육평가가 우수한 사원을 대상으로 포상을 지급하기로 했다. 아래 [보기]를 기준으로 지급한 총 지급액은 얼마인가?

[보 기]
- 교육평가 A등급 : 100,000원
- 교육평가 B등급 : 50,000원

① 250,000원
② 300,000원
③ 400,000원
④ 450,000원

09 당 회사 [20000502.김종욱] 사원에 대해 '가족' 정보를 확인하고, 등록정보에 대한 설명으로 올바르지 않은 것은 무엇인가?

① 부양가족 중 연말정산 '장애인공제' 적용대상자가 존재한다.
② 부양가족 중 연말정산 '인적공제 및 공제항목별명세' 미적용대상자가 존재한다.
③ 부양가족 중 '가족수당' 적용대상자는 존재하지 않는다.
④ 부양가족 중 '외국인'은 존재하지 않는다.

10 당 회사는 창립기념일을 맞아 2024년 6월 30일 기준으로 전체 사업장의 만 15년 이상 장기근속자에 대해 특별근속수당을 지급하기로 했다. 아래 [보기]를 기준으로 지급한 총 특별근속수당은 얼마인가? 단, 퇴사자는 제외하며, 미만일수는 올리고, 모든 경력사항을 포함한다.

[보 기]
1. 15년 이상 : 150,000원
2. 20년 이상 : 200,000원

① 2,100,000원
② 2,250,000원
③ 2,400,000원
④ 2,550,000원

11 당 회사는 2024년 7월 귀속 급여(지급일자 : 2024/07/25) 지급 시 [20110101.배유진] 사원의 변경된 책정임금을 반영해 급여작업을 진행하고자 한다. [보기]를 기준으로 직접 '책정임금'을 변경하고 모든 지급대상자에 대해 급여를 계산할 때 해당 지급일자의 과세총액은 얼마인가? 단, 그 외 급여계산에 필요한 조건은 프로그램에 등록된 기준을 이용한다.

[보 기]
1. 사원명 : [20110101.배유진]
2. 계약시작년월 : 2024/07
3. 연 봉 : 50,000,000원

① 79,104,510원
② 80,414,110원
③ 82,333,010원
④ 82,998,070원

12 당 회사는 2024년 7월 귀속 '특별급여'(지급일자 : 2024/07/31) 소득을 지급하고자 한다. 아래 [보기]를 기준으로 '특별급여' 지급항목의 지급 요건을 직접 변경하고 모든 지급 대상자에 대해 급여를 계산할 때, 해당 지급일자의 과세총액은 얼마인가? 단, 그 외 급여계산에 필요한 조건은 프로그램에 등록된 기준을 이용한다.

[보 기]
1. 지급항목 : [P07.특별급여]
2. 분류코드 : [005.직종별]
 • [001.사무직] 금액 : 150,000원
 • [002.생산직] 금액 : 250,000원

① 14,751,490원
② 15,251,490원
③ 16,464,160원
④ 17,120,100원

13 당 회사는 사원별 '지각/조퇴/외출시간'을 기준으로 '기본급 공제액'을 계산해 해당 금액을 '기본급'에서 공제하고 지급한다. 아래 [보기]의 기준을 토대로 2024년 6월 귀속 [20010402.박국현] 사원의 근태내역을 확인하고, '기본급 공제액'을 계산하면 얼마인가? 단, 공제액을 계산하면서 발생되는 모든 원 단위 금액은 절사하며, 책정임금 시급은 원 단위 금액을 절사하지 않고 계산한다.

[보 기]

기본급 공제액 = 1유형 공제액 + 2유형 공제액

- 1유형 공제액 : (지각시간 + 외출시간) × 1.5 × 책정임금 시급
- 2유형 공제액 : (조퇴시간) × 2 × 책정임금 시급

① 208,320원
② 212,450원
③ 226,150원
④ 241,180원

14 당 회사는 일용직 사원에 대해 사원별 지급형태를 구분해 일용직 급여를 지급하고 있다. 아래 [보기]를 확인해 2024년 7월 귀속 지급일 중 '매일지급' 대상자를 직접 반영 후 급여계산을 할 때 해당 지급일의 급여내역에 대한 설명 중 올바르지 않은 것은 무엇인가? 단, 급여계산에 필요한 조건은 프로그램에 등록된 기준대로 확인한다.

[보 기]

1. 지급형태 : '매일지급' 지급일
2. 지급대상자 : 부서가 [5100.자재부]이고 급여형태가 [004.시급]인 사원
3. 평일 10시간 근무, 토요일 2시간 근무
4. 비과세 적용 : 12,000원(평일만 적용)

① 해당 지급일자에 신고대상 항목이 아닌 비과세는 총 1,104,000원 지급되었다.
② 해당 지급일자에 실제 지급된 금액이 가장 적은 사원은 [0015.박동민] 사원이며, 해당 사원에게 실제 지급된 금액은 3,974,820원이다.
③ [0010.유성룡] 사원은 급여를 현금으로 지급받으며, 고용보험은 29,760원 공제되었다.
④ 해당 지급일자의 대상자는 총 31일 중 27일을 근무했으며, 모든 대상자는 생산직 비과세 적용대상자다.

15 2024년 7월 귀속 일용직 급여작업 전 아래 [보기]를 기준으로 [0007.황시윤] 사원의 사원정보를 직접 변경하고 급여계산을 했을 때 2024년 07월 귀속 해당 일용직 대상자들의 실지급액 총계는 얼마인가? 단, 그 외 급여계산에 필요한 조건은 프로그램에 등록된 기준을 따른다.

[보 기]
1. 사원정보 변경
   1) 생산직비과세 적용 : '안함'
   2) 국민연금 여부 : '여' / 건강보험 여부 : '여'
2. 일용직 급여지급
   1) 지급형태 : '일정기간지급' 지급일
   2) 평일 10시간 근무 / 토요일 2시간 근무 가정

① 30,790,640원
② 31,646,070원
③ 31,911,710원
④ 32,163,390원

16 당 회사의 [2000.인사2급 인천지점] 사업장 기준 2024년 2분기의 '지급/공제' 총액은 각각 얼마인가? 단, 사용자부담금은 제외한다.

① 지급총액 : 84,022,140원 / 공제총액 : 10,576,400원
② 지급총액 : 86,330,340원 / 공제총액 : 10,576,400원
③ 지급총액 : 194,693,130원 / 공제총액 : 24,159,730원
④ 지급총액 : 200,537,490원 / 공제총액 : 24,159,730원

17 당 회사는 [2000.인사2급 인천지점] 사업장에 대해 2024년 6월 귀속(지급일 1번)에 이체한 급/상여를 확인하고자 한다. 이체현황에 대한 설명으로 옳지 않은 것은? 단, 무급자는 제외한다.

① 해당 사업장의 급/상여 이체대상의 총 인원은 11명이며, 총 실지급액은 93,052,060원이다.
② 계좌이체를 통해 급/상여를 지급받지 않는 사원은 존재하지 않는다.
③ '기업은행'에 이체된 금액은 '신한은행'에 이체된 금액보다 적다.
④ '우리은행'을 통해 급/상여를 지급받는 인원은 3명이며, 총 이체금액은 21,602,030원이다.

18 당 회사는 2024년 상반기 급여작업에 대해 수당별 지급현황을 확인하고자 한다. 다음 중 [2000.인사2급 인천지점] 사업장 기준 [P06.근속수당]을 가장 적게 지급받은 사원은 누구인가?

① [20010401.노희선]
② [20010402.박국현]
③ [20001101.박용덕]
④ [20020603.이성준]

19 당 회사는 전체 사업장에 대해 2024년 2분기 급여 집계현황을 '부서별'로 구분해 집계하고자 한다. 2024년 2분기 동안 지급구분이 '급여'인 내역 중 '소득세'가 가장 많이 공제된 '부서'로 알맞은 것은 무엇인가?

① 총무부
② 경리부
③ 관리부
④ 생산부

20 당 회사는 부서별 월별 급/상여 지급현황을 확인하고자 한다. 2024년 6월 귀속 [5100.자재부] 부서 기준으로 조회 시 부서 전체 월별 급/상여의 지급/공제항목 내역으로 알맞지 않은 것은?

① 지급합계 : 29,274,370원
② 소득세 : 2,036,800원
③ 사회보험부담금 : 504,750원
④ 공제합계 : 3,295,310원

제102회 2024년 3차 시험

이론문제

01 ERP 시스템의 프로세스, 화면, 필드 그리고 보고서 등 거의 모든 부분을 기업의 요구사항에 맞춰 구현하는 방법을 무엇이라 하는가?

① 정규화(Normalization)
② 트랜잭션(Transaction)
③ 컨피규레이션(Configuration)
④ 커스터마이제이션(Customization)

02 ERP 아웃소싱(Outsourcing)에 대한 설명으로 적절하지 않은 것은?

① ERP 자체개발에서 발생할 수 있는 기술력 부족을 해결할 수 있다.
② ERP 아웃소싱을 통해 기업이 가지고 있지 못한 지식을 획득할 수 있다.
③ ERP 개발과 구축, 운영, 유지보수에 필요한 인적 자원을 절약할 수 있다.
④ ERP 시스템 구축 후에는 IT 아웃소싱 업체로부터 독립적으로 운영할 수 있다.

03 ERP 도입 기업의 사원들을 위한 ERP 교육을 계획할 때 고려사항으로 가장 적절하지 않은 것은?

① 전사적인 참여가 필요함을 강조한다.
② 지속적인 교육이 필요함을 강조한다.
③ 최대한 ERP 커스터마이징이 필요함을 강조한다.
④ 자료의 정확성을 위한 철저한 관리가 필요함을 강조한다.

04 ERP와 인공지능(AI), 빅데이터(Big Data), 사물인터넷(IoT) 등 혁신기술과의 관계에 대한 설명으로 가장 적절하지 않은 것은?

① 현재 ERP는 기업 내 각 영역의 업무프로세스를 지원하여 독립적으로 단위별 업무처리를 추구하는 시스템으로 발전하고 있다.
② 제조업에서는 빅데이터 분석기술을 기반으로 생산자동화를 구현하고 ERP와 연계해 생산계획의 선제적 예측과 실시간 의사결정이 가능하다.
③ ERP에서 생성되고 축적된 빅데이터를 활용하여 기업의 새로운 업무개척이 가능해지고, 비즈니스 간 융합을 지원하는 시스템으로 확대가 가능하다.
④ 현재 ERP는 인공지능 및 빅데이터 분석기술과의 융합으로 전략경영 등의 분석도구를 추가하여 상위계층의 의사결정을 지원할 수 있는 지능형시스템으로 발전하고 있다.

05 행동과학적 인사관리 중 동기부여 이론에 해당하지 않는 것은?

① 맥그리거 – X · Y 이론
② 허즈버그 – 2요인 이론
③ 매슬로우 – 욕구의 5단계 이론
④ 허시와 블랜차드 – 3차원 모델

06 직무평가의 요소 중 책임 요소에 해당하는 것은?

① 육체적 · 정신적 노력 등
② 위험도, 작업시간, 작업환경, 작업위험 등
③ 관리감독, 기계설비, 직무개선, 책임, 원재료 등
④ 도전성, 교육, 경험, 몰입, 창의성, 지식, 기술 등

07 인적자원계획 방법 중 내부적 공급예측 방법에 해당하지 않은 것은?

① 대체도
② 마코브 분석
③ 관리자 목록
④ 델파이 기법

08 외부모집에 대한 설명 중 적절하지 않은 것은?

① 모집 비용 및 시간이 감소한다.
② 인력개발 비용의 축소가 가능하다.
③ 유능한 인재확보가 가능하다는 장점이 있다.
④ 내부 지원자의 사기를 저하시킨다는 단점이 있다.

09 [보기]에서 설명하는 배치원칙은?

[보 기]
- 사람을 소모시키면서 사용하지 않고 성장시키면서 사용해야 한다는 원칙이다.

① 균형주의 원칙
② 인재육성주의 원칙
③ 적재적소주의 원칙
④ 실력(능력)주의 원칙

10 인사고과 평가에 대한 오류 중 타인에 대한 평가가 그가 속한 특정집단에 대한 지각을 기초로 이루어지는 것을 말하는 것은?

① 현혹 효과
② 상동적 태도
③ 관대화 경향
④ 중심화 경향

11 직장 외 훈련(Off the Job Training)에 대한 설명으로 옳지 않은 것은?

① 낮은 비용으로 시행이 용이하다.
② 많은 교육생에게 계획적인 훈련이 가능하다.
③ 강의식 훈련, 비즈니스게임 등의 방법이 있다.
④ 교육훈련의 결과를 현장에 바로 활용하기 어렵다.

12 Hall의 경력단계모형은 종업원이 직장에 입사하고 퇴직할 때까지 일련의 과정을 연령, 욕구, 작업성 등과 연관해 4단계로 구분한 것이다. 경력단계와 경력욕구의 조합 중 적절하지 않은 것은?

① 1단계(탐색단계) – 주체형성
② 2단계(확립과 전진단계) – 친교
③ 3단계(유지단계) – 소비
④ 4단계(쇠퇴단계) – 통합

13 [보기]에서 설명하고 있는 것은?

[보 기]
• 임금의 산정방법, 임금의 지급방법을 의미한다.

① 임금구성
② 임금형태
③ 임금수준
④ 임금체계

14 성과배분제도 중 기본적 보상 외에 영업수익의 일부를 근로자에게 지급하는 것으로 근로자들에게 기업의 소유주로 느끼게 하는 제도는 무엇인가?

① 럭커 플랜
② 이윤분배제도
③ 순응임률제도
④ 임프로쉐어 플랜

15 4대보험에 해당하지 않는 것은?

① 국민연금
② 퇴직연금
③ 고용보험
④ 산업재해보상보험

16 다음 중 [보기]가 설명하는 것은?

[보 기]
• 소득 과세 방법으로 장기간에 걸쳐 발생하는 퇴직소득 또는 양도소득은 다른 소득과 합산하지 않고 별도로 과세한다.

① 종합과세
② 분리과세
③ 분류과세
④ 병합과세

17 원천징수제도에 대한 설명으로 적절하지 않은 것은?

① 세무서장의 승인을 받은 경우에는 6개월마다 반기별 납부도 가능하다.
② 납세의무 종결 여부에 따라 완납적 원천징수, 예납적 원천징수로 분류한다.
③ 원천징수 의무자와 소득자의 인적사항과 소득금액의 지급시기, 소득금액 등을 기재한 지급명세서를 제출해야 한다.
④ 원천징수 의무자는 원천징수한 세금을 소득 지급일이 속하는 달의 다음 달 20일까지 관할 세무서 또는 금융기관에 납부해야 한다.

18 [보기]에서 설명하는 것은?

[보 기]
- 취재, 연구, 설계 및 분석, 디자인 업무 등과 같이 업무수행 방법이나 수단, 시간배분 등이 근로자의 재량에 따라 결정되어 근로시간보다 성과에 의해 근무 여부를 판단할 수 있는 경우 노사 간의 합의시간을 근로시간으로 보는 제도이다.

① 재량 근로시간제　　② 연장 근로시간제
③ 선택적 근로시간제　④ 탄력적 근로시간제

19 [보기]에서 설명하고 있는 노동조합의 가입 방법은 무엇인가?

[보 기]
- 기업이 근로자를 채용할 때 조합원이 아닌 자를 근로자로 채용할 수는 있지만 채용이 된 이후에는 일정 기간 내에 자동으로 노조에 가입하게 되는 제도

① 유니온 숍 (union shop)　　② 클로즈드 숍 (closed shop)
③ 에이전시 숍 (agency shop)　④ 메인터넌스 숍 (maintenance shop)

20 [보기]는 무엇에 대한 설명인가?

[보 기]
- 노동조합이 조합원의 노동력을 부분적으로 통제해 근로자의 작업 수행 과정에서 작업속도를 떨어뜨리거나 조잡한 작업 수행으로 작업능률과 품질의 저하를 초래하는 행위

① 태업　　② 파업
③ 피케팅　④ 보이콧

실무문제

로그인 정보

회사코드	2002	사원코드	ERP13I02
회사명	인사2급 회사A	사원명	이현우

※ 2025 버전 핵심 ERP로 풀이하여 주십시오.

01 다음 중 핵심 ERP 사용을 위한 기초 사원등록 정보를 확인하고, '사용자'로 등록된 사원의 등록내역으로 알맞지 않은 것은 무엇인가?

① '인사입력방식'은 〈미결〉이다.
② '회계입력방식'은 〈수정〉이다.
③ '조회권한'은 〈회사〉이다.
④ '검수조서권한'은 〈미결〉이다.

02 다음 중 핵심 ERP 사용을 위한 기초 부서 정보를 확인하고, 내역으로 알맞지 않은 것은 무엇인가?

① [1000.관리부문]에 속해 있는 부서는 모두 사용 중이다.
② [3000.인사2급 강원지점] 사업장에 속한 부서는 [8100.관리부], [9100.교육부]가 존재하며, 모두 현재 사용 중인 부서다.
③ [1300.관리부]는 [1000.인사2급 회사본사] 사업장에 속해 있으며, 사용종료일은 '2012/12/31'이다.
④ [5000.자재부문]에 속해 있는 부서는 [5100.자재부]만 존재한다.

03 당 회사의 [사용자권한설정]의 '인사/급여관리' 모듈에 대한 '이현우' 사원의 설정내역을 확인하고, 관련된 설명으로 올바르지 않은 것은 무엇인가?

① [인사정보등록] 메뉴에서는 회사에 속한 모든 근로자의 자료를 삭제할 수 있다.
② [퇴직정산관리]에 속한 메뉴에서는 회사에 속한 모든 근로자의 자료를 출력할 수 있다.
③ [일용직관리]에 속한 메뉴에서는 회사에 속한 모든 근로자의 자료를 변경할 수 있다.
④ [소득자별소득현황] 메뉴에서는 본인의 자료에 대해서만 자료를 출력할 수 있다.

04 당 회사는 2024년 5월 [700.대리] 직급의 호봉을 아래 [보기]와 같이 일괄등록하고자 한다. 호봉등록 완료 후 5호봉 '호봉합계'의 금액은 얼마인가?

[보 기]
1. 기본급   : 초기치   2,500,000원,   증가액   70,000원
2. 직급수당 : 초기치   30,000원,   증가액   25,000원
3. 일괄인상
   1) 정률인상 적용 : 기본급 3.5%
   2) 정액인상 적용 : 직급수당 10,000원

① 2,877,300원
② 3,017,300원
③ 3,212,200원
④ 3,504,550원

05 당 회사의 인사/급여기준에 대한 설정을 확인하고, 관련 설명으로 올바른 것은 무엇인가? 단, 환경설정 기준은 변경하지 않는다.

① 입사자의 경우 지정한 '기준일수' 이하 근무 시 월 급여를 '일할' 지급한다.
② 수습직의 경우 80%의 급여를 3개월간 지급받는다.
③ 원천세 신고유형은 '사업자단위과세신고'로 설정되어 있고, 사업자단위과세 신고 시 모든 사업장은 [1000.인사2급 회사본사] 사업장의 종사업장으로 포함해 신고한다.
④ 2024년 5월 귀속 기준으로 월일수 산정 시 한달정상일로 설정된 30일을 적용한다.

06 2024년 귀속 기준 [지급/공제항목설정]을 확인하고, 그 설명으로 옳지 않은 것은? 단, [지급/공제항목설정] 기준은 변경하지 않는다.

① [P02.가족수당]은 과세 지급항목이며, 가족수당대상에 따라 금액을 지급한다.
② [P06.근속수당]은 '수습적용' 대상자에게는 지급하지 않는 항목이며, 근속기간이 5년 이상 10년 미만인 경우 50,000원을 지급한다.
③ [P11.특별급여]는 '입/퇴사자'에게 지급 시 [인사/급여환경설정]의 환경설정에 따라 지급하며, '휴직자'에게도 정상적으로 지급하는 항목이다.
④ [V00.상여]는 '입사자'에게는 지급하지 않는 항목이며, 책정임금의 월급의 1.5배로 지급된다.

07 당 회사의 인사정보를 확인하고 관련된 설명으로 올바르지 않은 것은 무엇인가?

① [20001101.박용덕] 사원은 장애인복지법에 의한 장애인이며, 노조에 가입되어 있다.
② [20010401.노희선] 사원의 현재 책정된 임금의 월급은 '2,875,000원'이며, 직책은 '700.대리'다.
③ [20140501.김화영] 사원은 수습적용 대상자였으며, 수습기간은 '2014/06/30'에 만료되었다.
④ [20140903.정용빈] 사원은 학자금상환 대상자로 상환통지액은 200,000이다.

08 당 회사는 〈임직원정기교육〉을 시행했다. 아래 [보기] 기준으로 교육평가내역을 직접 확인할 때 다음 중 교육평가 결과가 '상'이 아닌 사원은 누구인가?

[보 기]
1. 교육명 : [991.임직원정기교육(2024년)]
2. 시작/종료일 : 2024/01/01 ~ 2024/01/31

① 이종현
② 신별
③ 김화영
④ 강민우

09 당 회사는 [2024년 6월 인사발령]을 사원별로 진행하고자 한다. '20240601' 발령호수의 '김희수' 사원의 발령내역을 확인하고, 그 설명으로 옳지 않은 것은?

① 발령 적용 후 '부서', '근무조' 및 '직급'이 모두 변경된다.
② 발령 적용 후 '직급'이 '대리'로 변경된다.
③ 현재 '경리부' 소속이며, 발령 적용 후 '관리부'로 소속이 변경된다.
④ 현재 '근무조'는 '3조'이며, 발령 적용 후 '근무조'는 '2조'로 변경된다.

10 회사는 창립기념일을 맞아 2024년 4월 30일 기준으로 전체 사업장에 대해 만 15년 이상 장기근속자에 대해 특별근속수당을 지급하기로 했다. 아래 [보기]를 기준으로 지급한 총 특별근속수당은 얼마인가? 단, 퇴사자는 제외하며, 미만일수는 올리고, 이전경력은 제외한다.

[보 기]
- 15년 이상 ~ 20년 미만 : 150,000원
- 20년 이상 : 200,000원

① 2,200,000원 ② 2,350,000원
③ 2,500,000원 ④ 2,700,000원

11 당 회사의 2024년 05월 귀속 급여(지급일자 : 2024/05/25)에 해당하는 대상자 중 [20130102.김용수] 사원이 중소기업취업감면 대상자로 변경되었다. [20130102.김용수] 사원의 감면유형 및 기간을 [보기]와 같이 등록한 뒤 모든 지급대상자에 대해 급여를 계산할 때 '소득세' 총액은 얼마인가? 단, 그 외 급여계산에 필요한 조건은 프로그램에 등록된 기준을 이용한다.

[보 기]
1. 감면코드 : T13. 중소기업취업감면(90%감면)
2. 감면기간 : 2024/05 ~ 2026/04

① 1,716,140원 ② 1,876,590원
③ 2,026,530원 ④ 2,404,310원

12 당 회사는 2024년 5월 귀속 '특별급여' 소득을 지급하고자 한다. 아래 [보기]의 지급대상 요건으로 지급일자를 직접 추가해 모든 지급대상자에 대해 급여를 계산할 때 '과세' 총액은 얼마인가? 단, 그 외 급여계산에 필요한 조건은 프로그램에 등록된 기준을 이용한다.

[보 기]
1. 특별급여지급일자 : 2024/05/31
2. 동시발행 및 대상자선정 : 분리, 직종및급여형태별
3. 특별급여지급대상 : [1000.인사2급 회사본사] 사업장을 제외한 사업장의 사무직(월급)

① 10,742,100원 ② 13,576,490원
③ 15,317,390원 ④ 20,401,940원

13 당 회사는 초과근무에 대해 수당을 지급하고 있다. 아래 [보기]의 기준을 토대로 2024년 4월 귀속 '급여' 구분 [20010402.제갈형서] 사원의 '초과근무수당'을 계산하면 얼마인가? 단, 근무수당을 계산하면서 발생되는 모든 원 단위 금액은 절사하고, 책정임금 시급은 원 단위 금액을 절사하지 않고 계산한다.

[보 기]

> 초과근무수당 = 1유형 근무수당 + 2유형 근무수당

- 초과근무 시급 : 책정임금 시급
- 1유형 근무수당 = (평일연장근무시간 + 토일정상근무시간) × 1.5 × 초과근무 시급
- 2유형 근무수당 = (평일심야근무시간 + 토일연장근무시간) × 2 × 초과근무 시급

① 668,400원
② 674,020원
③ 721,450원
④ 745,230원

14 당 회사는 일용직 사원에 대해 사원별 지급형태를 구분해 일용직 급여를 지급하고 있다. 아래 [보기]를 확인해 2024년 5월 귀속 지급일 중 '매일지급' 대상자를 직접 반영 후 급여계산할 때 해당 지급일의 급여내역에 대해 바르지 않은 것은 무엇인가? 단, 급여계산에 필요한 조건은 프로그램에 등록된 기준대로 확인한다.

[보 기]

1. 지급형태 : '매일지급' 지급일
2. 지급 대상자 : '시급직'인 '생산부', '자재부' 사원
3. 평일 10시간 근무, 토요일 2시간 근무
4. 비과세 적용 : 10,000원(평일만 적용)

① 해당 지급일자에 실제 지급된 금액은 총 51,914,040원이다.
② [0016.문리리] 사원은 소득세가 공제되지 않고 급여가 지급되었다.
③ 해당 지급일자의 대상자는 총 31일 중 27일을 근무했으며, 급여를 계좌로 지급받는 사원이 존재한다.
④ 해당 지급일자의 대상자 중 신고대상이 아닌 비과세항목을 지급받지 않은 사원이 존재한다.

15 2024년 5월 귀속 일용직 급여작업 전 아래 [보기]를 기준으로 [0015.한주원] 사원의 사원정보를 직접 변경하고 급여계산을 했을 때 해당 지급일에 실제 지급된 금액의 합계는 얼마인가? 단, 그 외 급여계산에 필요한 조건은 프로그램에 등록된 기준을 따른다.

[보 기]
1. 사원정보 변경
   1) 생산직비과세 적용 : '함'
   2) 국민/건강/고용보험 여부 : '여'
2. 일용직 급여지급
   1) 지급형태 : '일정기간지급' 지급일
   2) 평일 12시간 근무 / 토요일 2시간 근무 가정
   3) 비과세(신고제외분) : 12,000원(평일만 적용)

① 34,871,200원
② 44,256,990원
③ 44,535,340원
④ 51,124,300원

16 당 회사의 전체 사업장 기준 2024년 1분기의 지급총액 및 공제총액은 각각 얼마인가? 단, 사용자부담금은 포함한다.

① 지급총액 : 118,675,620원 / 공제총액 : 16,302,030원
② 지급총액 : 123,824,040원 / 공제총액 : 16,302,030원
③ 지급총액 : 279,578,310원 / 공제총액 : 35,077,680원
④ 지급총액 : 291,167,340원 / 공제총액 : 35,077,680원

17 당 회사는 전체 사업장 기준 2024년 4월 귀속(지급일 1번)의 급여에 대한 대장을 확인하고자 한다. 근무조별로 대장을 집계해 확인했을 때 근무조별 지급/공제항목의 금액으로 옳지 않은 것은?

① 1조 - 근속수당 : 1,000,000원
② 1조 - 소득세 : 1,702,400원
③ 2조 - 직무발명보상금 : 900,000원
④ 3조 - 건강보험 : 842,440원

18 부서별로 월별 급/상여 지급현황을 조회하고자 한다. 2024년 1분기 [3100.관리부] 부서 기준으로 조회 시, 부서 전체 월별 급/상여 지급/공제항목 내역으로 알맞지 않은 것은 무엇인가? 단, 지급구분은 [100.급여]로 조회한다.

① 식비 : 1,800,000원
② 직무발명보상금 : 2,250,000원
③ 장기요양보험료 : 315,750원
④ 차인지급액 : 57,501,240원

19 당 회사는 전체 사업장을 대상으로 급/상여 지급액 등 변동사항을 확인하고자 한다. 아래 [보기] 기준으로 조회한 변동 상태에 대한 설명으로 알맞지 않은 것은 무엇인가? 단, 모든 기준은 조회된 데이터를 기준으로 확인한다.

[보 기]
1. 기준연월 : 2024년 3월
2. 비교연월 : 2023년 3월
3. 사용자부담금 '포함'

① 전체 급/상여 지급대상 '인원' 및 '기본급' 지급액은 변동사항이 없다.
② 전체 '건강보험' 및 '고용보험' 공제액은 감소했다.
③ [20000601.이종현] 사원의 경우 지급항목 중 '사회보험부담금' 항목 외에는 변동사항이 없다.
④ 전체 '소득세' 공제액 및 실제 지급한 '차인지급액'은 증가했다.

20 당 회사는 [2000.인사2급 인천지점] 사업장에 대해 수당별 지급현황을 확인하고자 한다. 다음 중 2024년 1분기 동안 [P06.근속수당]을 가장 적게 지급받은 사원은 누구인가?

① [2016018.박지성]
② [20020603.이성준]
③ [20130701.신별]
④ [20140903.정용빈]

제101회 2024년 2차 시험

▶ 정답 및 해설 p.301

이론문제

01 'Best Practice' 도입을 목적으로 ERP 패키지를 도입해 시스템을 구축하고자 할 경우 가장 적절하지 않은 방법은?

① BPR과 ERP 시스템 구축을 병행하는 방법
② ERP 패키지에 맞추어 BPR을 추진하는 방법
③ 기존 업무처리에 따라 ERP 패키지를 수정하는 방법
④ BPR을 실시한 후에 이에 맞도록 ERP 시스템을 구축하는 방법

02 ERP와 전통적인 정보시스템(MIS) 특성 간의 차이점에 대한 설명으로 가장 적절하지 않은 것은?

① 전통적인 정보시스템의 업무범위는 단위업무이고, ERP는 통합업무를 처리한다.
② 전통적인 정보시스템의 시스템 구조는 폐쇄형이나 ERP는 개방성을 갖는다.
③ 전통적인 정보시스템의 업무처리 대상은 Process 중심이나 ERP는 Task 중심이다.
④ 전통적인 정보시스템의 저장구조는 파일시스템을 이용하나 ERP는 관계형 데이터베이스시스템(RDBMS) 등을 이용한다.

03 ERP의 기능적 특징으로 가장 적절하지 않은 것은?

① 경영정보 제공 및 경영조기경보체계 구축
② 선진 비즈니스 프로세스 모델에 의한 BPR 지원
③ 중복업무의 배제 및 실시간 정보처리 체계 구축
④ 특정 하드웨어나 특정 운영체제와 연계 가능하므로 보안성 강화

04 ERP 시스템의 SCM 모듈을 실행함으로써 얻는 장점으로 가장 적절하지 않은 것은?

① 공급사슬에서의 가시성 확보로 공급 및 수요 변화에 대한 신속한 대응이 가능하다.
② 정보투명성을 통해 재고수준 감소 및 재고회전율(inventory turnover) 증가를 달성할 수 있다.
③ 공급사슬에서의 계획(plan), 조달(source), 제조(make) 및 배송(deliver) 활동 등 통합프로세스를 지원한다.
④ 마케팅(marketing), 판매(sales) 및 고객서비스(customer service)를 자동화함으로써 현재 및 미래 고객들과 상호작용할 수 있다.

05 포드시스템의 3S 원칙에 해당하지 않는 것은?

① 표준화
② 전문화
③ 다각화
④ 단순화

06 인간관계적 인사관리에 대한 설명으로 적절하지 않은 것은?

① 고임금·저노무비의 실천
② 협력관계설·경영공동체설 주장
③ 인사관리 활동 영역에 비공식집단 포함
④ 종업원의 상호협력 관계적 인사관리 중요

07 [보기]는 무엇에 대한 설명인가?

[보 기]
- 직무분석을 통해 나타난 결과를 직무내용보다는 직무요건인 인적특성에 중심을 두고 기술한 것으로 교육 및 훈련, 직무경험, 신체적 요건 등이 포함되어 있는 문서

① 직무평가서
② 직무명세서
③ 직무분석표
④ 직무고과표

08 인적자원의 수요예측 및 공급예측에 대한 설명으로 적절하지 않은 것은?

① 델파이기법은 다수 전문가들의 의견을 종합해 미래상황을 예측하는 기법이다.
② 회귀분석은 인적자원 수요결정에서 다양한 요인들의 영향력을 계산해 미래수요를 예측한다.
③ 요소비교법은 조직 내 모든 관리자들의 관리능력을 포함해 그들의 자세한 정보를 모아놓은 목록이다.
④ 마코브분석은 시간이 경과함에 따라 한 직급에서 다른 직급으로 이동해나가는 확률을 기술함으로써 인적자원계획에 사용되는 모델이다.

09 인력과잉의 경우 조치해야 할 행동으로 가장 적절하지 않은 것은?

① 작업분할제
② 다운사이징
③ 조기퇴직제
④ 파견근로활용

10 종업원을 평가하기 위한 평가요소를 선정해놓고, 평가요소별 등급(척도)을 정한 다음 각 종업원이 그 평가요소에 포함된 능력을 어느 정도 소유하고 있는가를 검토함으로써 각 평가요소의 척도상에 우열을 표시하는 인사고과 방법은 무엇인가?

① 토의식고과법
② 대조표고과법
③ 서술식고과법
④ 평정척도고과법

11 플리포(Edwin B. Flippo)에 의한 교육훈련의 목적에 대한 설명으로 적절하지 않은 것은?

① 업무생산성이 향상될 수 있다.
② 사고율이 감소하고 사기가 향상된다.
③ 조직의 안정성이 증가하며, 탄력성 또한 증가한다.
④ 직원들의 업무역량이 높아지므로 관리자의 부담이 증가한다.

12 [보기]에서 설명하는 리더십은 무엇인가?

[보 기]
- 현대적 리더십 이론 중 문제 해결 방안을 전문가가 직접 제시하는 것이 아니라 당사자가 해결책을 스스로 발견할 수 있도록 지원하는 형태의 리더십

① 셀프 리더십
② 코칭 리더십
③ 슈퍼 리더십
④ 변혁적 리더십

13 근로기준법상 임금지급의 기본원칙이 아닌 것은?

① 전액불의 원칙
② 직접불의 원칙
③ 현물급여의 원칙
④ 일정기일 지급의 원칙

14 선택적 기업복지제도로 기업이 다양한 복지제도 및 시설을 마련해 놓고 종업원들이 자신이 원하는 제도나 시설을 선택할 수 있도록 하는 복리후생제도는 무엇인가?

① 표준적 복리후생제도
② 홀리스틱 복리후생제도
③ 라이프사이클 복리후생제도
④ 카페테리아식 복리후생제도

15 산재보험에 대한 설명 중 옳지 않은 것은?

① 보험사업에 소요되는 재원인 보험료는 원칙적으로 사업주가 전액 부담한다.
② 건설공사 사업장의 경우 규모 및 금액에 관계없이 모든 공사현장이 해당된다.
③ 산재보험 급여는 재해발생에 따른 손해 전체를 보상하는 것이 아니라 평균임금을 기초로 하는 정률보상방식을 따른다.
④ 농업, 임업(벌목업은 1인 기준), 어업, 수렵업 중 법인이 아닌 자의 사업으로 상시근로자 수가 3명 미만인 사업장은 가입대상에서 제외된다.

16 [보기]의 (A) 에 알맞은 금액은 얼마인가?

[보 기]
- 일용근로자의 원천징수세액
  = [일급(비과세소득제외) − (A)만원] × 6% × [1 − 55%(근로소득세액공제)]

① 100,000(원)   ② 120,000(원)
③ 130,000(원)   ④ 150,000(원)

17 연말정산 시 근로자가 제출하는 서류 중 적절하지 않은 것은?

① 기부금 명세서
② 소득세 납부서
③ 의료비 지급명세서
④ 소득·세액 공제신고서

18 약정휴가에 해당하는 것으로 적절하지 않은 것은?

① 경조휴가   ② 출산휴가
③ 포상휴가   ④ 하계휴가

19 노동조합의 가입 방법 중 변형적 형태에 해당하지 않는 것은?

① 에이전시 숍   ② 클로즈드 숍
③ 메인터넌스 숍   ④ 프리퍼렌셜 숍

20 [보기]에 ( )에 들어갈 내용을 고르시오.

[보 기]
- ( )은 경영에 있어서의 제도·기관의 조직과 운영 등에 관한 조항과 같이 집단적 노사관계에 적용되면서도 개별적인 근로관계와 관련된 부분을 말한다.

① 규범적 효력   ② 채무적 효력
③ 조직적 효력   ④ 지역적 구속력

실무문제

로그인 정보

회사코드	2005	사원코드	ERP13I02
회사명	인사2급 회사B	사원명	이현우

※ 2025 버전 핵심 ERP로 풀이하여 주십시오.

01 다음 중 핵심 ERP 사용을 위한 기초 사업장 정보를 확인하고, 그 내역으로 알맞지 않은 것은 무엇인가?

① [1000.인사2급 회사본사] 사업장의 대표자는 '한국민'이고, 해당 사업장은 당 회사의 '본점' 사업장이다.
② [2000.인사2급 인천지점] 사업장의 지방세신고지 행정동은 [2823751000.부평구청]이며, 사업자단위 과세신고 시 [1000.인사2급 회사본사] 사업장의 종사업장으로 포함해 신고한다.
③ [2000.인사2급 인천지점] 사업장의 주업종코드는 [369301.제조업]이며, 원천징수이행상황 신고 시 '월별' 신고를 하는 유일한 사업장이다.
④ [3000.인사2급 강원지점] 사업장의 업태는 '제조.도매'이며, 관할세무서는 [221.춘천]이다.

02 다음 중 핵심 ERP 사용을 위한 기초 부서 정보를 확인하고, 내역으로 알맞지 않은 것은 무엇인가?

① [1000.인사2급 회사본사] 사업장에 속해 있는 부서는 총 6개가 있으며, 이 중 현재 사용하는 부서는 총 5개다.
② [1000.관리부문], [4000.생산부문]에 속해 있는 부서는 모두 사용 중이다.
③ [3000.인사2급 강원지점] 사업장에는 [7100.교육부] 부서만 속해 있다.
④ [2100.국내영업부]는 [2000.영업부문]에 속해 있으며, 사용시작일은 '2000/05/01'이다.

03 [ERP13I02.이현우] 사원의 [H.인사/급여관리] 모듈 내 설정된 메뉴 권한의 설명으로 올바르지 않은 것은 무엇인가?

① [인사관리]에 속한 메뉴에서는 회사에 속한 모든 근로자의 자료를 출력할 수 있다.
② '근로소득원천징수부'는 사용자 본인에게만 교부할 수 있다.
③ [전표관리]의 모든 메뉴에 대해서 권한이 없다.
④ [사업/기타/이자배당소득관리]에 속한 메뉴에서는 회사에 속한 모든 근로자의 자료를 변경할 수 있다.

04
당 회사는 2024년 3월 [700.대리] 직급의 호봉을 아래 [보기]와 같이 일괄등록하고자 한다. 호봉등록을 완료 후 4호봉 호봉합계의 금액은 얼마인가?

[보 기]
1. 기본급   : 초기치   2,500,000원,   증가액   100,000원
2. 직급수당 : 초기치   50,000원,   증가액   10,000원
3. 일괄인상
   1) 기본급 4.7% 정률인상
   2) 직급수당 5,000원 정액인상

① 2,931,600원
② 3,016,600원
③ 3,036,300원
④ 3,246,000원

05
당 회사의 인사/급여 기준에 대한 설정을 확인했을 때 올바르게 설명한 [보기] 내용은 몇 개인가? 단, 환경설정 기준은 변경하지 않는다.

[보 기]
A : 사무직의 출결마감 기준일은 당월 1일에서 당월 24일까지다.
B : 당 회사의 기본급이 책정임금의 '월급'을 기준으로 지급하고 [지급공제항목등록] 메뉴에서 기본급의 입퇴사자적용 설정이 '환경등록적용'이고, 절사선택이 '1원 단위 반올림'인 경우 2024년 4월 11일에 입사한 사원(월급 : 3,000,000원)의 4월 귀속 급여의 기본급은 2,000,000원이다.
C : 2024년 3월 귀속 기준으로 월일수 산정 시 한달정상일로 설정한 30일을 적용한다.
D : 수습직의 경우 6개월간 70%에 해당하는 급여를 지급받는다.

① 0개
② 1개
③ 2개
④ 3개

06 2024년 귀속 기준 급여의 [지급/공제항목설정]을 확인하고, 그 설명으로 옳지 않은 것은? 단, [지급/공제항목설정] 기준은 변경하지 않는다.

① [P01.영업촉진수당]은 '과세' 지급항목이며, 입/퇴사자에게는 지급하지 않는다.
② [P02.가족수당]은 감면적용대상 지급항목이 아니며, 자녀가 있는 경우 30,000원을 지급한다.
③ [P40.육아수당]은 수습직 사원에게는 지급하지 않는 항목이며, 육아휴직대상자에게 책정임금인 월급의 80% 금액을 지급한다.
④ [P70.직무발명보상금]은 [R11.직무발명보상금] 비과세가 적용되는 항목이고, 직종이 연구직인 사원에게 250,000원을 지급한다.

07 당 회사의 인사정보를 확인하고 관련된 설명으로 올바르지 않은 것은 무엇인가?

① [20000601.이종현] 사원은 배우자공제 적용 대상자가 아니며, [상용직급여입력및계산] 메뉴에서 급여계산 시, 32,380원만큼 고용보험이 공제되고 급여를 지급받는다.
② [20001101.박용덕] 사원의 직책은 팀장이며, '2015/01 ~ 2017/12'까지 [T11.중소기업취업감면(50% 감면)] 대상자로 설정되어 있다.
③ [20030701.엄현애] 사원은 노조에 가입되어 있으며, 급여이체 은행은 [040.국민] 은행으로 설정되어 있다.
④ [20110101.배유진] 사원은 수습적용 이력이 존재하며, 수습만료일은 '2020/08/10'이었고, 생산직총급여 비과세대상자로 설정되어 있다.

08 당 회사는 〈2024년 법정의무교육〉을 진행했다. 아래 [보기] 기준으로 교육평가내역을 직접 확인 시 평가점수 결과가 100점이 아닌 사원은 누구인가?

[보 기]
1. 교육명 : [990.2024년 법정의무교육]
2. 시작/종료일 : 2024/01/01 ~ 2024/01/31

① [20010402.박국현]
② [20040301.오진형]
③ [20120101.정수연]
④ [20161107.박선우]

09 당 회사의 2024년 2월 귀속 급/상여 지급일자 등록을 확인하고, 그 내역으로 알맞지 않은 것은 무엇인가?

① '급여'를 지급하는 일자에 '상여'를 추가해 지급할 수 있다.
② '상여'는 '급여'를 지급받는 대상자 중 직종이 '사무직', '생산직'인 사원에게만 지급한다.
③ '상여' 지급 시 입사자의 경우 기준일수 초과근무 시 상여 지급대상 기간 내 근무일수에 상관없이 월할로 상여를 지급하며, 퇴사자의 경우 지급하지 않는다.
④ '상여'의 '지급직종및급여형태'에 반영된 정보와 일치하는 대상자는 [상용직급여입력및계산] 메뉴에서 자동으로 대상자가 반영된다.

10 회사는 창립기념일을 맞아 2024년 2월 29일 기준으로 모든 사업장에 대해 만 10년 이상 장기근속자에 대해 특별근속수당을 지급하기로 했다. 아래 [보기]를 기준으로 지급한 총 특별근속수당은 얼마인가? 단, 퇴사자는 제외하며, 미만일수는 올리고, 이전 경력은 제외한다.

[보기]
· 10년 이상 ~ 15년 미만 : 100,000원
· 15년 이상 : 200,000원

① 2,600,000원
② 2,800,000원
③ 3,000,000원
④ 3,200,000원

11 당 회사는 2024년 3월 귀속(지급일자 : 2024/03/25) 급여를 계산하기 전 [20161107.박선우] 사원의 책정임금을 새로 계약했다. [보기]와 같이 책정임금 신규 등록 후 급여계산 시 [20161107.박선우] 사원의 '과세총액'과 '소득세'는 얼마인가?

[보기]
1. 계약시작년월 : 2024년 3월
2. 연봉 : 39,270,000원

① 과세총액 : 2,847,460원 / 소득세 : 89,180원
② 과세총액 : 3,246,140원 / 소득세 : 95,430원
③ 과세총액 : 3,272,500원 / 소득세 : 106,610원
④ 과세총액 : 3,397,940원 / 소득세 : 112,550원

12 당 회사는 2024년 3월 귀속 급여(지급일자 : 2024/03/31)에 '특별급여'를 추가해 소득을 지급하고자 한다. 아래 [보기]와 같이 지급대상 요건을 직접 등록하고 급여계산을 진행한 뒤 확인한 정보로 올바르지 않은 설명은 무엇인가? 단, 그 외 급여계산에 필요한 조건은 프로그램에 등록된 기준을 이용한다.

[보 기]
1. 동시발행여부 및 대상자선정 : 동시, 직종및급여형태별
2. 특별급여 지급대상 : [1000.인사2급 회사본사], [3000.인사2급 강원지점]에 속한 급여형태가 '월급'인 모든 사원

① 해당 지급일자의 지급인원은 모두 8명이고, 총 과세금액의 합계는 38,615,670원이다.
② 해당 지급일자의 지급인원은 모두 동일한 금액의 특별급여를 지급받았다.
③ [20000601.이종현] 사원은 자격수당을 30,000원 지급받았고, 사회보험부담금은 176,250원 공제되었다.
④ [20120101.정수연] 사원의 실지급액은 3,957,730원이고, 소득세는 149,520원 공제되었다.

13 당 회사는 사원별 근태내역에 따라 '기타수당'을 지급하고 있다. 아래 [보기]를 기준으로 2024년 2월 귀속(지급일 1번) [20001101.박용덕] 사원의 '기타수당'을 계산하면 얼마인가? 단, 기타수당을 계산하면서 발생되는 모든 원 단위 금액은 절사하고, 책정임금의 일급 및 시급은 원 단위 금액을 절사하지 않고 계산한다.

[보 기]
• 일 급 : 책정임금 일급
• 시 급 : 책정임금 시급
• 기타수당 = (출근일수 × 일급) − [(지각시간 + 조퇴시간 + 외출시간) × 시급]

① 2,041,310원
② 2,204,150원
③ 2,693,290원
④ 2,780,120원

14 당 회사는 일용직 사원에 대해 사원별 지급형태를 구분해 일용직 급여를 지급하고 있다. 아래 [보기]를 확인해 2024년 3월 귀속 지급일 중 '매일지급' 대상자를 직접 반영 후 급여계산 할 때 해당 지급일의 급여내역에 대해 올바르지 않은 것은? 단, 급여계산에 필요한 조건은 프로그램에 등록된 기준대로 확인한다.

[보 기]
1. 지급형태 : '매일지급' 지급일
2. 지급 대상자 : 부서가 [5100.자재부]이고 급여형태가 [004.시급]인 사원
3. 평일 10시간 근무, 토요일 2시간 근무
4. 비과세(신고제외분) : 15,000원(평일만 적용)

① 해당 지급일자의 대상자는 총 4명이며, 과세금액의 합계는 15,113,980원이다.
② 해당 지급일자의 대상자는 총 31일 중 26일을 근무했으며, 비과세신고 제외분은 총 1,260,000원이 지급되었다.
③ 해당 지급일자에 실제 지급된 금액이 가장 많은 사원은 [0002.김은채] 사원이며, 해당 사원에게 실제 지급된 금액은 4,909,240원이다.
④ [0015.박동민] 사원은 급여를 '신협'은행으로 지급받으며, 소득세는 공제되지 않았다.

15 2024년 3월 귀속 일용직 급여작업 전 아래 [보기]를 기준으로 [0009.김한의] 사원의 사원정보를 직접 변경하고 급여계산을 했을 때 해당 지급일에 실제 지급된 금액의 합계는 얼마인가? 단, 그 외 급여계산에 필요한 조건은 프로그램에 등록된 기준을 따른다.

[보 기]
1. 사원정보 변경
   1) 생산직비과세 적용 : '함'
   2) 국민/건강/고용보험 여부 : '여'
2. 일용직 급여지급
   1) 지급형태 : '일정기간지급' 지급일
   2) 평일 10시간 근무 / 토요일 4시간 근무 가정
   3) 비과세(신고제외분) : 10,000원(평일만 적용)

① 31,265,130원
② 33,761,360원
③ 35,555,190원
④ 36,117,810원

16 당 회사의 [2000.인사2급 인천지점] 사업장 기준 2023년 하반기의 지급총액 및 공제총액은 얼마인가? 단, 사용자부담금은 포함한다.

① 지급총액 : 261,986,010원 / 공제총액 : 36,746,880원
② 지급총액 : 273,670,770원 / 공제총액 : 36,746,880원
③ 지급총액 : 481,324,650원 / 공제총액 : 67,032,480원
④ 지급총액 : 502,307,370원 / 공제총액 : 67,032,480원

17 당 회사는 전체 사업장 기준 2024년 2월 귀속(지급일 1번) 급여구분의 대장을 확인하고자 한다. 직종별로 대장을 집계해 확인했을 때 직종별 지급/공제항목의 금액으로 옳지 않은 것은?

① 고문직 – 가족수당 : 110,000원
② 사무직 – 직책수당 : 450,000원
③ 생산직 – 장기요양보험료 : 64,310원
④ 연구직 – 소득세 : 254,540원

18 부서별로 월별 급/상여 지급현황을 조회하고자 한다. 2023년 하반기 지급현황에 대해 [4100.생산부], [5100.자재부] 부서 기준으로 조회 시 월별 급/상여 지급/공제항목 내역으로 알맞지 않은 것은 무엇인가? 단, 지급구분은 [100.급여]로 조회한다.

① 생산부 소계 – 근속수당 : 3,802,020원
② 자재부 소계 – 급여합계 : 76,269,300원
③ 자재부 소계 – 고용보험 : 605,700원
④ 전체 총계 – 공제합계 : 21,889,620원

19 당 회사는 전체 사업장에 대해 2023년 4분기 급여 집계현황을 '직종별'로 구분해 집계하고자 한다. 2023년 4분기 동안 지급구분이 [100.급여]인 지급내역 중 '근속수당'이 가장 적게 지급된 '직종'으로 알맞은 것은 무엇인가?

① 사무직
② 생산직
③ 연구직
④ 고문직

20 당 회사는 [2000.인사2급 인천지점] 사업장에 대해 수당별 지급현황을 확인하고자 한다. 다음 중 2023년 4분기 동안 [T00.소득세]가 가장 적게 공제된 사원은 누구인가?

① [20110401.강민주]
② [20190701.장석훈]
③ [20020603.이성준]
④ [20030701.엄현애]

제100회 2024년 1차 시험

이론문제

01 클라우드 컴퓨팅의 유형 중에서 PaaS(Platform as a Service)에 대한 설명으로 적절하지 않은 것은?

① 사용자는 인프라의 기본 투자 없이 응용 소프트웨어의 테스트가 가능하다.
② 사용자는 응용 소프트웨어 개발환경을 설치하는 데 소요되는 비용을 절약할 수 있다.
③ 사용자는 응용 소프트웨어 개발에 필요한 다양한 플랫폼 환경을 직접 구축할 수 있다.
④ 사용자는 하드웨어 및 소프트웨어 인프라의 유지보수 및 관리 비용을 절약할 수 있다.

02 ERP의 발전과정으로 가장 옳은 것은?

① MRP Ⅱ → MRP Ⅰ → ERP → 확장형 ERP
② ERP → 확장형 ERP → MRP Ⅰ → MRP Ⅱ
③ MRP Ⅰ → ERP → 확장형 ERP → MRP Ⅱ
④ MRP Ⅰ → MRP Ⅱ → ERP → 확장형 ERP

03 ERP에 대한 설명 중 가장 적절하지 않은 것은?

① 신속한 의사결정을 지원하는 경영정보시스템이다.
② 인사, 영업, 구매, 생산, 회계 등 기업의 업무가 통합된 시스템이다.
③ 모든 사용자들은 사용 권한 없이도 쉽게 기업의 정보에 접근할 수 있다.
④ ERP의 기본시스템에 공급망관리, 고객지원기능 등의 확장기능을 추가할 수 있다.

04 ERP 도입 기업의 사원들을 위한 ERP 교육을 계획할 때 고려사항으로 가장 적절하지 않은 것은?

① 전사적인 참여가 필요함을 강조한다.
② 지속적인 교육이 필요함을 강조한다.
③ 최대한 ERP 커스터마이징이 필요함을 강조한다.
④ 자료의 정확성을 위한 철저한 관리가 필요함을 강조한다.

05 인적자원관리의 목표로 가장 적절하지 않은 것은?

① 임금지급을 통해 근로자에게 근로생활의 양적인 충족을 추구한다.
② 노동의 능력이나 능력개발에 대한 동기부여 향상을 통해 근로자를 유지한다.
③ 기업의 생산성 목표와 유지 목표를 조화시켜 생산성, 이직률 등의 기업성과를 창출한다.
④ 기업에 필요한 인적자원을 유지 또는 확보하고 근로자에게 직무에 대한 만족감을 느끼게 해 능동적인 참여를 유도한다.

06 인적자원관리의 인간관계관리에 대한 설명으로 가장 적절하지 않은 것은?

① 인간관계 개선 및 인간성을 실현한다.
② 동기부여와 근로생활의 질을 향상한다.
③ 능력 있는 노동력을 확보하기 위한 관리영역이다.
④ 제안제도와 고충처리제도 등을 도입하고 활성화한다.

07 [보기]에 대한 직무분석 방법으로 가장 적절한 것은?

―― [보 기] ――
• 직무분석자가 전체 작업과정 동안 무작위로 많은 관찰을 해 직무행동에 대한 정보를 얻는 방법

① 관찰법
② 마코브 체인법
③ 워크 샘플링법
④ 중요사건 기록법

08 [보기]에서 설명하고 있는 인력계획의 미래예측기법은 무엇인가?

[보 기]
- 특정 문제에 있어서 전문가 다수의 의견을 종합해 미래상황을 예측하는 방법

① 선형계획법　　　　　② 추세분석법
③ 델파이기법　　　　　④ 마코프분석

09 [보기]의 설명으로 가장 적절한 것은?

[보 기]
- 선발시험에 합격한 사람들의 시험성적과 입사 후의 직무성과를 비교해 타당성을 검사하는 방법

① 내용 타당성　　　　　② 구성 타당성
③ 예측 타당성　　　　　④ 동시 타당성

10 인사고과 평가 방법 중 절대평가 방법에 해당하는 것을 고르시오.

① 서열법　　　　　② 쌍대비교법
③ 강제할당법　　　④ 행위기준고과법

11 교육훈련의 목적으로 가장 적절하지 않은 것은?

① 사기제고　　　　② 품질개선
③ 결근감소　　　　④ 기업홍보

12 비자발적 이직에 해당하지 않는 것은?

① 일시해고　　　　② 정리해고
③ 명예퇴직　　　　④ 의원퇴직

13 우리나라는 국가가 저임금근로자의 최저생활을 보호하기 위해 최저임금제도를 시행하고 있다. 2024년도 적용연도 기준 최저임금 시급은 얼마인가?

① 9,380원
② 9,620원
③ 9,860원
④ 9,970원

14 [보기]는 무엇에 대한 설명인가?

[보 기]
- 소정 근로 또는 총 근로에 대해 근로자에게 정기적, 일률적으로 지급하기로 정한 시간급, 일급, 주급, 월급 또는 도급 금액을 말한다.

① 통상임금
② 약정임금
③ 기준임금
④ 평균임금

15 복리후생제도에 대한 설명으로 가장 적절하지 않은 것은?

① 홀리스틱 복리후생은 근로자의 다양한 욕구를 반영해 균형 잡힌 동기부여를 추구하는 제도다.
② 라이프사이클 복리후생은 근로자의 연령에 따른 생활패턴 및 의식 변화를 고려해 차이를 두는 제도이다.
③ 카페테리아식 복리후생은 여러 가지 제도 중 근로자들이 각자의 필요에 따라 선택적으로 이용하도록 하는 제도다.
④ 퇴직금제도는 근로자가 일정 기간 기업에 종사한 경우에 자발적 또는 비자발적으로 고용관계가 파기되거나 소멸되어 받게 되는 보상이다.

16 비과세 근로소득에 대한 설명으로 적절하지 않은 것은?

① 별도의 식사를 제공받지 않는 경우 월 30만원의 식대
② 국외에 주재하며 근로를 제공하고 받는 보수 중 월 100만원의 국외근로소득
③ 관련 법령에 의거해 연구 활동에 직접 종사하는 자가 받는 월 20만원 이내의 연구보조비
④ 6세 이하인 자녀보육과 관련해 지급하는 월 20만원 이내의 자녀보육수당

17 연말정산에 대한 설명으로 적절하지 않은 것은?

① 연말정산 월별 납부자의 신고 · 납부 기한은 다음 해 3월 10일이다.
② 연말정산 반기별 납부자의 신고 · 납부 기한은 다음 해 7월 10일이다.
③ 2개 이상의 근로소득이 있는 경우 주된 근무지의 원천징수영수증을 종된 근무지의 원천징수의무자에게 제출한다.
④ 중도입사자의 연말정산은 전 근무지의 근로소득 원천징수영수증을 발급받아 해당 연도 근로소득에 합산해 연말정산한다.

18 [보기]에 해당하는 근로시간제는?

[보 기]
• 사용자가 근로자 대표와 서면합의로 정한 시간을 근로한 것으로 인정하는 제도

① 간주 근로시간제
② 선택 근로시간제
③ 탄력 근로시간제
④ 재량 근로시간제

19 [보기]의 설명으로 가장 적절한 것은?

[보 기]
• 노동자들이 근로조건 향상을 위해 노동조합을 조직할 권리

① 단결권
② 단체교섭권
③ 경영참가권
④ 단체행동권

20 [보기]에서 설명하는 노동쟁의는 무엇인가?

[보 기]
• 제품구입 거절 등의 형태로 나타나는 집단적인 불매운동 행위

① 태업
② 보이콧
③ 피케팅
④ 생산통제

실무문제

로그인 정보

회사코드	2002	사원코드	ERP13I02
회사명	인사2급 회사A	사원명	이현우

※ 2025 버전 핵심 ERP로 풀이하여 주십시오.

01 다음 중 핵심 ERP 사용을 위한 기초 사원등록 정보를 확인하고, '사용자'로 등록된 사원의 등록내역으로 알맞지 않은 것은 무엇인가?

① '인사입력방식'은 〈미결〉이다.
② '회계입력방식'은 〈승인〉이다.
③ '조회권한'은 〈회사〉이다.
④ '검수조서권한'은 〈승인〉이다.

02 다음 중 핵심 ERP 사용을 위한 기초 부서 정보를 확인하고, 내역으로 알맞지 않은 것은 무엇인가?

① [2000.영업부문]에 속해 있는 부서는 모두 '사용 중'이다.
② 현재 사용하지 않는 부서는 총 2개다.
③ [3000.인사2급 강원지점] 사업장에는 [8100.관리부], [9100.교육부] 부서가 속해 있다.
④ [6100.경리부]는 [3000.관리부문(인천지점)]에 속해 있으며, 사용종료일은 '2012/12/31'이다.

03 [ERP13I02.이현우] 사원의 [H.인사/급여관리] 모듈 내 설정된 메뉴권한의 설명으로 올바르지 않은 것은 무엇인가?

① [인사관리]에 속한 메뉴에서는 회사에 속한 모든 근로자의 자료를 출력할 수 있다.
② '퇴직소득원천징수영수증'은 본인이 속한 부서의 퇴사자(또는 중도퇴사)에게만 교부할 수 있다.
③ [전표관리]에 속한 메뉴에서는 회사에 속한 모든 근로자의 자료를 변경 및 출력할 수 있다.
④ [사회보험관리]의 모든 메뉴에 대해서 권한이 없다.

04

당 회사는 2024년 1월 [800.주임] 직급의 호봉을 아래 [보기]와 같이 일괄등록하고자 한다. 호봉등록을 완료 후 7호봉 '호봉합계'의 금액은 얼마인가?

[보 기]
1. 기본급 : 초기치 2,200,000원, 증가액 100,000원
2. 직급수당 : 초기치 100,000원, 증가액 50,000원
3. 일괄인상
   1) 기본급 7.5% 정률인상
   2) 직급수당 20,000원 정액인상

① 3,430,000원
② 3,587,500원
③ 3,718,500원
④ 3,962,250원

05

당 회사의 인사/급여기준에 대한 설정을 확인했을 때 올바르게 설명한 [보기] 내용은 몇 개인가? 단, 환경설정 기준은 변경하지 않는다.

[보 기]
A : 모든 직종의 출결마감 기준일은 전월 25일에서 당월 24일까지다.
B : 2024년 1월 귀속의 급여를 계산할 때, 2024년 1월 25일 퇴사한 사무직 사원의 경우 해당 월의 실제 근무일수만큼 급여가 지급된다.
C : 2024년 1월 귀속 기준으로 월일수 산정 시 해당 귀속연월의 실제 일수인 31일을 적용한다.
D : 수습직의 경우 3개월간 75%에 해당하는 급여를 지급받는다.

① 0개
② 1개
③ 2개
④ 3개

06 2024년 귀속 기준 급여 지급/공제항목설정을 확인하고, 그 설명으로 옳지 않은 것은? 단, 지급/공제항목설정 기준은 변경하지 않는다.

① [P00.기본급]은 '과세' 지급항목이며, 휴직자에 대한 별도 계산식이 설정되어 있다.
② [P02.가족수당]은 '야간근로수당' 비과세 적용 기준요건인 월정급여에 포함되는 지급항목이며, 입사자에게는 지급하지 않는다.
③ [P06.근속수당]은 수습직 사원에게는 지급하지 않는 항목이며, 근속기간이 15년 이상인 대상자에게는 150,000원을 지급한다.
④ [P30.야간근로수당]은 직종이 생산직인 사원에게 100,000원을 지급하며, 'O01.야간근로수당'은 비과세가 적용되는 항목이다.

07 당 회사의 인사정보를 확인하고 관련된 설명으로 올바르지 않은 것은 무엇인가?

① [20000502.김종욱] 사원은 세대주가 아니며, 배우자 공제를 적용받는다.
② [20001101.박용덕] 사원의 직급은 부장이며, 현재 책정된 임금의 연봉은 '54,250,000원'이다.
③ [20020603.이성준] 사원의 근무조는 2조이며, 노조에 가입되어 있다.
④ [20140903.정용빈] 사원은 학자금상환 대상자이며, 2013/08 ~ 2018/08까지 [T13.중소기업취업감면(90% 감면)] 대상자로 설정되어 있었다.

08 당 회사는 [2023년 법정의무교육]을 진행했다. 아래 [보기] 기준으로 교육평가 내역을 직접 확인 시 교육평가 결과가 '상'이 아닌 사원은 누구인가?

[보 기]
1. 교육명 : [990.2023년 법정의무 교육]
2. 시작/종료일 : 2023/12/01 ~ 2023/12/31

① [20001102.정영수]
② [20010402.제갈형서]
③ [20110101.김윤미]
④ [20140903.정용빈]

09 당 회사는 2023년 귀속 모든 사업장의 사원별 상벌현황을 확인하고자 한다. 아래 [보기]의 기준에 해당하는 포상 대상자가 아닌 사원은 누구인가? 단, 퇴사자는 제외한다.

[보 기]
1. 상벌코드 : [100.고과포상]
2. 포상일자 : 2023.12.31.
3. 포상내역 : 2023년 우수사원 포상

① [20010401.노희선]
② [20020603.이성준]
③ [20120501.김윤정]
④ [20130701.신별]

10 회사는 창립기념일을 맞아 2023년 12월 31일 기준으로 모든 사업장에 대해 만 15년 이상 장기근속자에 대해 특별근속수당을 지급하기로 했다. 아래 [보기]를 기준으로 지급한 총 특별근속수당은 얼마인가? 단, 퇴사자는 제외하며, 미만일수는 올리고, 이전 경력은 제외한다.

[보 기]
• 15년 이상 : 100,000원
• 20년 이상 : 200,000원

① 1,900,000원
② 2,100,000원
③ 2,300,000원
④ 2,400,000원

11 당 회사의 2024년 1월 귀속 급여(지급일자 : 2024/01/25)에 해당하는 대상자 중 [20010402.제갈형서] 사원이 개인적인 사유로 휴직을 신청했다. [20010402.제갈형서] 사원의 휴직내역을 [보기]와 같이 등록한 뒤 모든 지급대상자의 급여계산을 할 때 '과세' 총액은 얼마인가? 단, 그 외 급여계산에 필요한 조건은 프로그램에 등록된 기준을 이용한다.

> [보 기]
> 1. 시작일, 종료일 : 2024/01/01, 2024/01/15
> 2. 휴직사유 : [300.질병휴직]
> 3. 휴직지급률 : 80%
> 4. 퇴직기간적용 : 함

① 36,819,370원
② 37,858,540원
③ 39,408,240원
④ 40,762,380원

12 당 회사는 2024년 1월 귀속 '특별급여' 소득을 지급하고자 한다. 아래 [보기]의 지급대상 요건으로 지급일자를 직접 추가해 급여계산 시 대상자별 실지급액으로 옳지 않은 것은? 단, 그 외 급여계산에 필요한 조건은 프로그램에 등록된 기준을 이용한다.

> [보 기]
> 1. 특별급여지급일자 : 2024/01/31
> 2. 동시발행 및 대상자선정 : 분리, 직종및급여형태별
> 3. 특별급여지급대상 : [2000.인사2급 인천지점] 사업장의 사무직(월급), 생산직(월급)

① [20020603.이성준] : 2,501,970원
② [20040301.오진형] : 2,338,510원
③ [20140501.김화영] : 1,545,890원
④ [20140901.강민우] : 1,625,000원

13 당 회사는 초과근무에 대해 수당을 지급하고 있다. 아래 [보기]의 기준을 토대로 2023년 12월 귀속 급여 구분 [20001102.정영수] 사원의 '초과근무수당'을 계산하면 얼마인가? 단, 근무수당을 계산하면서 발생되는 모든 원 단위 금액은 절사하며, 책정임금 시급은 원 단위 금액을 절사하지 않고 계산한다.

[보 기]

초과근무수당 = 1유형 근무수당 + 2유형 근무수당

- 초과근무 시급 : 책정임금 시급
- 1유형 근무수당 : (평일연장근무시간 + 토일정상근무시간) × 2 × 초과근무 시급
- 2유형 근무수당 : (평일심야근무시간 + 토일연장근무시간) × 2.5 × 초과근무 시급

① 979,260원
② 999,140원
③ 1,139,120원
④ 1,244,510원

14 당 회사는 일용직 사원에 대해 사원별 지급형태를 구분해 일용직 급여를 지급하고 있다. 아래 [보기]를 확인해 2024년 1월 귀속 지급일 중 '매일지급' 대상자를 직접 반영한 뒤 급여계산을 할 때, 해당 지급일의 급여내역에 대해 올바르지 않은 것은? 단, 급여계산에 필요한 조건은 프로그램에 등록된 기준대로 확인한다.

[보 기]

1. 지급형태 : '매일지급' 지급일
2. 지급대상자 : 부서가 [4100.생산부]이고 급여형태가 [004.시급]인 사원
3. 평일 10시간 근무, 토요일 2시간 근무
4. 비과세(신고제외분) : 10,000원(평일만 적용)

① 해당 지급일자의 대상자는 총 31일 중 27일을 근무했으며, 모든 대상자는 4대 사회보험 금액과 소득세가 공제되었다.
② 해당 지급일자에 실제 지급된 금액이 가장 많은 사원은 [0001.김인사] 사원이며, 해당 사원에게 실제 지급된 금액은 11,765,480원이다.
③ 해당 지급일자에 비과세신고분은 총 6,823,180원 지급되었으며, 생산직적용여부가 '함'으로 설정된 사원에게만 비과세신고분이 지급되었다.
④ [0014.백석준] 사원은 급여를 현금으로 지급받으며, 고용보험은 63,360원 공제되었다.

15 2024년 01월 귀속 일용직 급여작업 전 아래 [보기]를 기준으로 [0004.김향기] 사원의 사원정보를 직접 변경하고 급여계산을 했을 때 해당 지급일에 모든 지급대상자들에게 실제 지급된 금액의 합계는 얼마인가? 단, 그 외 급여계산에 필요한 조건은 프로그램에 등록된 기준을 따른다.

[보 기]
1. 사원정보 변경
   1) 생산직비과세 적용 '함'
   2) 국민/건강/고용보험 여부 '여'
2. 일용직 급여지급
   1) 지급형태 : '일정기간지급' 지급일
   2) 평일 10시간 근무 / 토요일 2시간 근무 가정
   3) 비과세(신고제외분) : 10,000원(평일만 적용)

① 28,318,540원
② 29,755,630원
③ 31,894,700원
④ 32,508,090원

16 당 회사의 [1000.인사2급 회사본사] 사업장 기준 2023년 4분기의 과세총액 및 비과세총액은 얼마인가? 단, 사용자부담금은 포함한다.

① 과세총액 : 113,575,620원 / 비과세총액 : 5,100,000원
② 과세총액 : 113,575,620원 / 비과세총액 : 10,133,010원
③ 과세총액 : 265,778,310원 / 비과세총액 : 13,800,000원
④ 과세총액 : 265,778,310원 / 비과세총액 : 25,133,520원

17 당 회사는 전체 사업장 기준 2023년 12월 귀속(지급일 1번) 급여구분의 대장을 확인하고자 한다. 근무조별로 대장을 집계해 확인했을 때 근무조별 지급/공제항목의 금액으로 옳지 않은 것은?

① 1조 - 기본급 : 35,620,860원
② 2조 - 근속수당 : 800,000원
③ 2조 - 고용보험 : 253,750원
④ 3조 - 사회보험부담금 : 999,820원

18 부서별로 월별 급/상여 지급현황을 조회하고자 한다. 2023년 4분기 [2100.국내영업부] 부서 기준으로 조회 시 부서 전체 월별 급/상여 지급/공제항목 내역으로 알맞지 않은 것은 무엇인가? 단, 지급구분은 [100.급여]로 조회한다.

① 근속수당 : 1,500,000원
② 급여합계 : 56,259,840원
③ 건강보험 : 1,682,970원
④ 공제합계 : 16,186,620원

19 당 회사는 [3000.인사2급 강원지점] 사업장을 제외한 나머지 사업장에 대해 2023년 3분기 급여 집계현황을 '부서별'로 구분해 집계하고자 한다. 2023년 3분기 동안 지급구분이 [100.급여]인 지급내역 중 '직무발명보상금'이 가장 많이 지급된 '부서'로 알맞은 것은 무엇인가?

① 경리부
② 국내영업부
③ 관리부
④ 교육부

20 당 회사는 전체 사업장에 대해 수당별 지급현황을 확인하고자 한다. 다음 중 2023년 하반기 동안 [P30.야간근로수당]을 지급받지 못한 사원은 누구인가?

① [20001101.박용덕]
② [20020603.이성준]
③ [20040301.오진형]
④ [20120101.정수연]

제99회 2023년 6차 시험

정답 및 해설 p.345

이론문제

01 ERP의 선택기준으로 가장 적절하지 않은 것은?

① 커스터마이징의 최대화
② 자사에 맞는 패키지 선정
③ 현업 중심의 프로젝트 진행
④ TFT는 최고의 엘리트 사원으로 구성

02 ERP 도입의 성공요인으로 가장 적절하지 않은 것은?

① 사전준비를 철저히 한다.
② 현재의 업무방식을 그대로 고수한다.
③ 단기간의 효과 위주로 구현하지 않는다.
④ 최고 경영진을 프로젝트에서 배제하지 않는다.

03 ERP에 대한 설명으로 가장 적절하지 않은 것은?

① 경영혁신환경을 뒷받침하는 새로운 경영업무 시스템 중 하나다.
② 기업의 전반적인 업무과정이 컴퓨터로 연결되어 실시간 관리를 가능하게 한다.
③ 기업 내 각 영역의 업무프로세스를 지원하고 단위별 업무처리의 강화를 추구하는 시스템이다.
④ 전통적 정보시스템과 비교해 보다 완벽한 형태의 통합적인 정보인프라 구축을 가능하게 해주는 신 경영혁신의 도구다.

04 일반적으로 기업의 ERP 도입 최종 목적으로 가장 적절한 것은?

① 해외 매출 확대
② 경영정보의 분권화
③ 관리자 리더십 향상
④ 고객만족과 이윤 극대화

05 인적자원관리 패러다임의 변화에 대한 설명으로 적절하지 않은 것은?

① 다원관리 → 일원관리
② 비용 중심 → 수익 중심
③ 반응적 접근 → 예방적 접근
④ 표준형 인재 → 이질적 인재

06 테일러의 과학적 관리법에 대한 설명으로 적절하지 않은 것은?

① 조직을 시스템으로 인식한다.
② 동작연구와 시간연구 방법이다.
③ 표준작업량 연구 방법에 해당한다.
④ 직장을 중시하고 조직이론의 기초가 된다.

07 직무분석을 위한 질문지법에 대한 설명으로 가장 적절하지 않은 것은?

① 질문지 개발에 비용이 많이 들지 않는다.
② 직무에 대한 유용한 정보를 획득할 수 있다.
③ 수집된 정보를 계량적으로 분석하기 용이하다.
④ 실행이 용이해서 정보획득에 시간이 많이 들지 않는다.

08 인적자원의 수요예측 방법 중 정량적 방법에 해당하지 않는 것은?

① 회귀분석법
② 명목집단법
③ 추세분석법
④ 시계열 분석 모형

09 [보기]는 무엇에 대한 설명인가?

[보 기]
- 직원의 능력을 활용함과 동시에 직원이 학습하고 성장할 수 있도록 해야 하며, 정기적인 배치전환 및 인사이동을 통해 풍부한 경험을 축적시키고 능력을 개발시켜야 한다는 원칙

① 균형주의 원칙
② 능력주의 원칙
③ 인재육성주의 원칙
④ 적재적소주의 원칙

10 인사고과의 오류에 대한 설명으로 가장 적절하지 않은 것은?

① 관대화 경향은 고과자가 피고과자를 가능하면 후하게 평가하려는 경향을 말한다.
② 시간적 오류는 최근 행위보다 과거 행위에 더 큰 영향을 받아 판단하려는 경향이다.
③ 상동적 태도는 타인에 대한 평가가 그가 속한 특정 집단에 대한 지각을 기초로 이루어지는 것이다.
④ 엄격화 경향은 고과자가 전반적으로 피고과자를 가혹하게 평가해 평가 결과의 분포가 평균 이하로 편중되는 경향을 말한다.

11 비자발적 이직으로 옳지 않은 것은?

① 사직
② 파면
③ 명예퇴직
④ 일시해고

12 직장 외 훈련(Off the Job Training)에 대한 설명으로 가장 적절하지 않은 것은?

① 시간과 비용이 비교적 적게 소요된다.
② 동일 시간·장소에서 다수교육이 가능하다.
③ 업무에 배제되어 교육훈련에만 집중이 가능하다.
④ 훈련 내용 중 대부분이 현장에 바로 적용되기 어렵다.

13 [보기]는 무엇에 대한 설명인가?

[보 기]
- 근로자의 기본적인 임금곡선 자체를 전체적으로 상향 이동시켜 임금수준을 증액조정하거나 인상하는 것

① 베이스업
② 최저임금제
③ 임금피크제
④ 승급 또는 승격

14 연차 유급휴가에 대한 설명으로 적절하지 않은 것은?

① 법적 근거는 근로기준법 제60조에 명시되어 있다.
② 1년간 80% 이상 출근한 근로자에게 15일의 유급휴가를 주어야 한다.
③ 사용자는 계속하여 근로한 기간이 1년 미만인 근로자 또는 1년에 80% 미만 출근한 근로자에게 1개월 개근 시 1일의 유급휴가를 주어야 한다.
④ 사용자는 5년 이상 계속하여 근로한 근로자에게는 제1항에 따른 휴가에 최초 1년을 초과하는 계속근로 연수 매 2년에 대하여 1일을 가산한 유급휴가를 주어야 한다.

15 [보기]에 대한 설명에 해당하는 성과급제는 무엇인가?

[보 기]
- 근로자의 참여의식을 높이기 위해 고안된 성과배분제도로 생산의 판매가치에 대한 인건비의 절약이 있는 경우 그 절약분을 분배하는 것

① 럭커 플랜
② 주식소유권
③ 스캔론 플랜
④ 임프로쉐어 플랜

16 복리후생의 설계 원칙으로 가장 적절하지 않은 것은?

① 다수혜택의 원칙
② 지급능력의 원칙
③ 근로자 결정의 원칙
④ 근로자 욕구충족의 원칙

17 과세표준별 기본세율에 대한 설명으로 옳지 않은 것은?

① 과세표준 1,400만원 이하 기본세율 6%
② 과세표준 1,400만원 초과 5,000만원 이하 기본세율 12%
③ 과세표준 5,000만원 초과 8,800만원 이하 기본세율 24%
④ 과세표준 8,800만원 초과 1억 5천만원 이하 기본세율 35%

18 [보기]에서 설명하는 근무제도로 가장 적절한 것은?

[보 기]
- 일정한 기간을 단위로 총 근로시간이 기준 근로시간 이내인 경우 그 기간 내 어느 주 또는 어느 날의 근로시간이 기준 근로시간을 초과하더라도 연장근로가 되지 않는 제도

① 법정 근무시간제
② 재량 근로시간제
③ 탄력 근로시간제
④ 간주 근로시간제

19 [보기]에서 설명하는 노동조합의 형태로 가장 적절한 것은?

[보 기]
- 산업, 직업에 관계없이 하나 또는 여러 개의 산업에 걸쳐 흩어져 있는 노동자들에 의해 조직되는 형태의 노동조합을 의미한다.

① 일반 노동조합
② 지역별 노동조합
③ 산업별 노동조합
④ 연합단체 노동조합

20 부당노동행위에 해당하지 않는 것은?

① 직장폐쇄
② 황견계약
③ 불이익 대우
④ 단체교섭 거부

실무문제

로그인 정보

회사코드	2005	사원코드	ERP13I02
회사명	인사2급 회사B	사원명	이현우

※ 2025 버전 핵심 ERP로 풀이하여 주십시오.

01 다음 중 핵심 ERP 사용을 위한 기초 사업장 정보를 확인하고, 그 내역으로 알맞지 않은 것은 무엇인가?

① [1000.인사2급 회사본사] 사업장의 주업종코드는 '721000.정보통신업'이다.
② [2000.인사2급 인천지점] 사업장은 이행상황신고구분을 '월별'로 설정해 월별 신고서를 작성한다.
③ [3000.인사2급 강원지점] 사업장의 지방세신고지 행정동은 '4211067500.춘천시청'이다.
④ [1000.인사2급 회사본사] 사업장은 본점사업장이지만 주(총괄납부)사업장은 아니다.

02 다음 중 핵심 ERP 사용을 위한 기초 부서 정보를 확인하고, 내역으로 알맞은 것은 무엇인가?

① 현재 사용하지 않는 부서는 총 3개이다.
② [1000.관리부문]에 속한 부서는 모두 사용 중이다.
③ [3000.인사2급 강원지점]에 속한 부서는 총 2개다.
④ [6100.연구개발부]의 사용시작일은 '2006/01/01'이다.

03 당 회사의 〈사용자권한설정〉의 '인사/급여관리' 모듈에 대한 '이현우' 사원의 설정내역을 확인하고 관련된 설명으로 옳지 않은 것은?

① [인사발령등록] 메뉴에 입력된 내역을 삭제할 수 있다.
② [책정임금현황] 메뉴의 조회권한은 '사원'이다.
③ [급여대장] 메뉴에서 조회되는 내역에 대해 출력할 수 있다.
④ [전표관리]의 모든 메뉴에 대한 권한이 없다.

04 당 회사는 2023년 11월 [700.대리] 직급의 호봉을 아래 [보기]와 같이 일괄등록하고자 한다. 호봉등록을 완료한 후 3호봉 '호봉합계'의 금액은 얼마인가?

[보 기]
1. 기본급   : 초기치   2,400,000원,   증가액   100,000원
2. 직급수당 : 초기치   50,000원,   증가액   10,000원
3. 일괄인상
   • 정률인상 적용 – 기본급 5.5%
   • 정액인상 적용 – 직급수당 3,000원

① 2,816,000원
② 2,931,500원
③ 3,214,450원
④ 3,393,500원

05 당 회사의 인사/급여 기준에 대한 설정을 확인하고, 관련 설명으로 올바르지 않은 것은 무엇인가? 단, 환경설정 기준은 변경하지 않는다.

① 월일수 산정 시 해당 귀속연월의 실제 일수를 적용한다.
② 원천세 신고는 '사업자단위과세신고'로 진행하며, [주사업장등록]에 등록한 사업장을 기준으로 신고한다.
③ 입사자의 경우 20일 초과 근무 시 월 급여를 '일할' 지급한다.
④ 지방소득세 신고서의 데이터는 '귀속연월'과 '지급연월'이 모두 일치하는 경우에만 집계된다.

06 2023년 귀속 기준 급여 [지급/공제항목설정]을 확인하고, 그 설명으로 옳지 않은 것은? 단, [지급/공제항목설정] 기준은 변경하지 않는다.

① [P01.영업촉진수당]은 '국내영업부'와 '해외영업부'에 속한 직원들만 지급받는다.
② [P05.월차수당]은 퇴사자에게는 지급하지 않는 항목이다.
③ [P06.근속수당]은 근속기간이 3년 이상인 대상자에게 지급하며, '[근무한년수] × [시급]'으로 수당이 지급된다.
④ [P70.직무발명보상금]은 비과세유형이 [R11.직무발명보상금]인 수당이며, 연구직인 경우에만 지급한다.

07 당 회사의 인사정보를 확인하고 관련된 설명으로 올바르지 않은 것은 무엇인가?

① [20000501.한국민] 사원의 최근 책정된 임금 중 연봉은 59,500,000원이고, [상용직급여입력및계산] 메뉴에서 급여계산 시 고용보험을 공제하지 않는 사원이다.
② 생산부 소속인 [20001101.박용덕] 사원은 2015/01 ~ 2017/12까지 중소기업취업감면 대상자였으며, 노조에 가입되어 있는 사원이다.
③ [20110101.배유진] 사원은 2020/08/10에 수습기간이 만료되었고, [상용직급여입력및계산] 메뉴에서 급여계산 시 28,100원만큼 고용보험이 공제되고 급여를 지급받는다.
④ [20120101.정수연] 사원의 급여이체은행은 [030.기업] 은행이며, 부녀자공제가 적용된다.

08 당 회사는 〈임직원정기교육〉을 진행했다. 아래 [보기] 기준으로 교육평가 내역을 직접 확인 시 교육평가 결과가 'A'인 사원으로 묶인 것은 무엇인가?

[보 기]
1. 교육명 : [980.임직원정기교육(2023년)]
2. 교육기간 : 2023/10/01 ~ 2023/10/31

① 김종욱 / 이성준
② 오진형 / 장석훈
③ 정영수 / 이현우
④ 배유진 / 강민주

09 당 회사는 [1000.인사2급 회사본사] 사업장의 2022년 상반기(2022.01.01. ~ 2022.06.30.) '이직률'을 확인하고자 한다. 해당 기간 동안 [1000.인사2급 회사본사] 사업장의 평균 이직률은 얼마인가? 단, 모든 정보는 프로그램에 입력된 기준으로 확인한다.

① 0.17
② 3.33
③ 4.00
④ 20.00

10 회사는 창립기념일을 맞아 2023년 10월 31일 기준으로 모든 사업장에 대해 만 10년 이상 장기근속자에 대해 특별근속수당을 지급하기로 했다. 아래 [보기]를 기준으로 총 지급한 특별근속수당은 얼마인가? 단, 퇴사자는 제외하며, 미만일수는 버리고, 이전 경력은 제외한다.

[보 기]
- 10년 이상 ~ 15년 미만 : 100,000원
- 15년 이상 ~ 20년 미만 : 150,000원
- 20년 이상 : 200,000원

① 2,400,000원
② 2,550,000원
③ 2,950,000원
④ 3,150,000원

11 당 회사의 2023년 11월 귀속 급여(지급일자 : 2023/11/25)에 해당하는 대상자 중 [20190701.장석훈] 사원이 중소기업취업감면 대상자로 변경되었다. [20190701.장석훈] 사원의 감면유형 및 기간을 [보기]와 같이 등록한 뒤 모든 지급 대상자에 대해 급여를 계산할 때 '소득세' 총액은 얼마인가? 단, 그 외 급여계산에 필요한 조건은 프로그램에 등록된 기준을 이용한다.

[보 기]
1. 감면코드 : [T13.중소기업취업감면(90%감면)]
2. 감면기간 : 2023/11 ~ 2025/12

① 1,947,460원
② 2,118,340원
③ 2,178,710원
④ 2,578,940원

12 당 회사는 2023년 11월 귀속 '특별급여' 소득을 지급하고자 한다. 아래 [보기]의 지급대상 요건으로 지급일자를 직접 추가해 급여계산 시 대상자들의 과세총액 금액으로 옳지 않은 것은? 단, 그 외 급여계산에 필요한 조건은 프로그램에 등록된 기준을 이용한다.

[보 기]
1. 특별급여지급일자 : 2023/12/10
2. 동시발행 및 대상자선정 : 분리, 직종및급여형태별
3. 특별급여지급대상 : [1000.인사2급 회사본사], [3000.인사2급 강원지점]
   사업장의 사무직(월급), 생산직(연봉)

① [20000601.이종현] : 1,299,300원
② [20110101.배유진] : 1,270,830원
③ [20130102.김용수] : 1,181,660원
④ [ERP13I02.이현우] : 1,391,660원

13 당 회사는 초과근무에 대해 수당을 지급하고 있다. 아래 [보기]의 기준을 토대로 2023년 10월 귀속 급여 구분 [20000601.이종현] 사원의 '초과근무수당'을 계산하면 얼마인가? 단, 근무수당을 계산하면서 발생되는 모든 원 단위 금액은 절사하며, 책정임금 시급은 원 단위 금액을 절사하지 않고 계산한다.

[보 기]

초과근무수당 = 1유형 근무수당 + 2유형 근무수당

- 초과근무 시급 : 책정임금 시급
- 1유형 근무수당 : (평일연장근무시간 + 토일정상근무시간) × 2 × 초과근무 시급
- 2유형 근무수당 : (평일심야근무시간 + 토일연장근무시간) × 2.5 × 초과근무 시급

① 492,820원
② 517,790원
③ 591,260원
④ 728,890원

14 당 회사는 일용직 사원에 대해 사원별 지급형태를 구분해 일용직 급여를 지급하고 있다. 아래 [보기]를 확인하여 2023년 11월 귀속 지급일 중 '매일지급' 대상자를 직접 반영한 후 급여계산을 할 때 해당 지급일의 급여내역에 대해 바르지 않은 것은 무엇인가? 단, 급여계산에 필요한 조건은 프로그램에 등록된 기준대로 확인한다.

[보 기]
1. 지급형태 : '매일지급' 지급일
2. 지급 대상자 : '시급직'인 '자재부' 사원
3. 평일 10시간 근무, 토요일 4시간 근무
4. 비과세 적용 : 10,000원(평일만 적용)

① 해당 지급일자에 비과세신고분은 총 3,736,040원 지급되었으며, 모든 사원에 대해 비과세신고분이 지급되었다.
② [0006.박소담] 사원은 총 30일 중 26일을 근무했으며, 고용보험은 39,100원 공제되었다.
③ 해당 지급일자의 대상자 중 과세총액이 가장 적은 사원의 과세총액은 3,308,160원이며, 해당 사원은 급여를 현금으로 지급받는다.
④ 해당 지급일자에 실제 지급된 금액이 가장 많은 사원은 [0002.김은채] 사원이며, 해당 사원에게 실제 지급된 금액은 6,130,500원이다.

15 2023년 11월 귀속 일용직 급여작업 전 아래 [보기]를 기준으로 [0009.김한의] 사원의 사원정보를 직접 변경하고 급여계산을 했을 때 해당 지급일의 실지급 총액은 얼마인가? 단, 그 외 급여계산에 필요한 조건은 프로그램에 등록된 기준을 따른다.

[보 기]
1. 사원정보 변경
   1) 생산직비과세 적용 '함'
   2) 고용보험 여부 '여'
2. 일용직 급여지급
   1) 지급형태 : '일정기간지급' 지급일
   2) 평일 9시간 근무 / 토요일 2시간 근무 가정
   3) 비과세(신고제외분) : 적용 안 함

① 54,861,300원
② 54,919,800원
③ 58,237,280원
④ 61,236,400원

16 당 회사의 [2000.인사2급 인천지점] 사업장 기준 2023년 3분기의 과세총액 및 비과세총액은 얼마인가? 단, 사용자부담금은 포함한다.

① 과세총액 : 56,958,450원 / 비과세총액 : 2,307,360원
② 과세총액 : 130,216,860원 / 비과세총액 : 750,000원
③ 과세총액 : 130,216,860원 / 비과세총액 : 6,592,380원
④ 과세총액 : 239,886,180원 / 비과세총액 : 11,241,360원

17 당 회사는 [2000.인사2급 인천지점] 사업장에 대해 2023년 10월 귀속(지급일 1번)에 이체한 급/상여를 확인하고자 한다. 이체현황에 대한 설명으로 옳지 않은 것은 무엇인가? 단, 무급자는 제외한다.

① 해당 사업장에 지급된 급/상여의 총 실지급액은 37,297,020원이다.
② 모든 사원은 계좌이체를 통해 급/상여를 지급받는다.
③ '기업은행'을 통해 급여를 지급받는 인원은 2명이며, 총 이체 금액은 6,663,270원이다.
④ '신한은행'에 이체된 금액은 '우리은행'에 이체된 금액보다 적다.

18 부서별로 월별 급/상여 지급현황을 조회하고자 한다. 2023년 10월 귀속 [3100.관리부] 부서 기준으로 조회 시 부서 전체 월별 급/상여 지급/공제항목 내역으로 알맞지 않은 것은 무엇인가? 단, 지급구분은 [100.급여]로 조회한다.

① 지급합계 : 16,837,110원
② 건강보험 : 544,740원
③ 소득세 : 941,980원
④ 차인지급액 : 11,173,630원

19 당 회사는 전 사업장을 대상으로 급/상여 지급액 등 변동사항을 확인하고자 한다. 2023년 9월 변동상태에 대한 설명으로 알맞지 않은 것은 무엇인가? 단, 모든 기준은 조회된 데이터를 기준으로 확인한다.

> [보 기]
> 1. 기준연월 : 2023년 09월
> 2. 비교연월 : 2022년 09월
> 3. 사용자부담금 '포함'

① 전체 급/상여 지급 대상 '인원'은 동일하고, '과세' 지급액은 증가했다.
② 전체 '비과세' 지급액은 동일하고, '사업자부담금'은 증가했다.
③ 전체 공제된 '소득세', '지방소득세' 금액은 증가했다.
④ 전체 실제 지급한 '차인지급액'은 증가했고, [20020603.이성준] 사원의 '기본급' 지급액은 변동사항이 없다.

20 당 회사는 전체 사업장에 대해 수당별 지급현황을 확인하고자 한다. 다음 중 2023년 3분기 동안 [P02.가족수당]을 가장 많이 지급받은 사원은 누구인가?

① [20130102.김용수]
② [ERP13I02.이현우]
③ [20120101.정수연]
④ [20000502.김종욱]

제 98 회 2023년 5차 시험

> 정답 및 해설 p.365

이론문제

01 e-Business 지원 시스템을 구성하는 단위 시스템에 해당되지 않는 것은?

① 성과측정관리(BSC)
② EC시스템(전자상거래)
③ 의사결정지원시스템(DSS)
④ 고객관계관리시스템(CRM)

02 ERP 아웃소싱(Outsourcing)에 대한 설명으로 적절하지 않은 것은?

① ERP 자체개발에서 발생할 수 있는 기술력 부족을 해결할 수 있다.
② ERP 아웃소싱을 통해 기업이 가지지 못한 지식을 획득할 수 있다.
③ ERP 개발과 구축, 운영, 유지보수에 필요한 인적 자원을 절약할 수 있다.
④ ERP 시스템 구축 후에는 IT 아웃소싱 업체로부터 독립적으로 운영할 수 있다.

03 기업이 클라우드 ERP를 통해 얻을 수 있는 장점으로 적절하지 않은 것은?

① 기업의 데이터베이스 관리 효율성 증가
② 시간과 장소에 구애받지 않고 ERP 사용이 가능
③ 장비관리 및 서버관리에 필요한 IT 투입자원 감소
④ 필요한 어플리케이션을 자율적으로 설치 및 활용이 가능

04 ERP 시스템 투자비용에 관한 개념 중 '시스템의 전체 라이프사이클(Life-Cycle)을 통해 발생하는 전체 비용을 계량화한 비용'에 해당하는 것은?

① 유지보수비용(Maintenance Cost)
② 시스템구축비용(Construction Cost)
③ 총소유비용(Total Cost of Ownership)
④ 소프트웨어 라이선스비용(Software License Cost)

05 인적자원관리의 패러다임 변화의 특징으로 가장 적절하지 않은 것은?

① 비용관점에서 수익관점으로 변화
② 연공중심에서 성과중심으로 변화
③ 역할중심에서 사람중심으로 변화
④ 수직적 상하관계에서 수평적 상호관계로 변화

06 인간관계적 인사관리에 대한 설명으로 가장 적절하지 않은 것은?

① 차별적 성과급으로 동기부여
② 인간존중의 인사관리를 추구
③ 종업원의 상호협력 관계적 인사관리 중요
④ 인사관리 활동영역에 비공식 조직의 중요성 인식

07 인적자원관리에 영향을 미치는 내부적 환경요인으로 가장 적절하지 않은 것은?

① 기업목표
② 기업전략
③ 경쟁업체
④ 기업의 분위기

08 직무충실화의 장점으로 가장 적절하지 않은 것은?

① 품질이 개선된다.
② 생산성이 향상된다.
③ 결근율과 이직률이 감소한다.
④ 성장 욕구가 낮은 종업원의 심리 부담이 감소한다.

09 선발상 오류에 대한 설명으로 가장 적절하지 않은 것은?

① 1종 오류는 적격자를 탈락시키는 경우를 말한다.
② 2종 오류는 저성과자를 선발하는 경우를 말한다.
③ 선발도구의 타당도는 오직 1종 오류와 관계가 있다.
④ 선발기준을 강화하여 2종 오류를 최소화할 수 있다.

10 [보기]의 인사고과의 구성요건에 대한 설명 중 옳은 것으로만 묶인 것은?

┌─ [보 기] ───
│ ㉠ 타당성: 고과 내용이 얼마나 정확하게 측정되었는가에 관한 성질
│ ㉡ 신뢰성: 고과 내용이 고과 목적을 얼마나 잘 반영하고 있는가에 관한 성질
│ ㉢ 수용성: 인사고과 제도가 적합하고 공정하게 운영되어 조직 구성원이 그 결과를 받아들이는 성질
│ ㉣ 실용성: 기업이 어떤 고과 제도를 도입하는 것인지가 중요하며, 실질적으로 비용보다 편익이 더 큰지
│   를 살펴보는 성질
└──

① ㉠, ㉡
② ㉡, ㉢
③ ㉢, ㉣
④ ㉠, ㉣

11 '특정 피고과자가 다음에 평가될 피고과자의 평가에 미치는 오류로 객관적인 기준 없이 개개인을 서로 비교할 때 나타나는 오류'에 해당하는 것은?

① 대비 오류
② 상동적 오류
③ 논리적 오류
④ 관대화 경향에 대한 오류

12 [보기]에서 설명하는 교육훈련 방법으로 가장 적절한 것은?

[보 기]
- 경영실태를 간략히 재현한 모의 회사 몇 개를 만들어 훈련자가 그 회사의 간부로서 직접 모의 경영을 하여 의사결정능력을 향상시키는 경영훈련방법

① 사례연구
② 액션러닝
③ 비즈니스게임
④ 상호작용분석

13 임금 관련 설명으로 가장 적절한 것은?

① 성과급제와 할증급제는 고정급제 임금형태에 속한다.
② 직책수당, 기능수당, 초과근무수당 등은 임금체계 중 기준 내 임금에 해당한다.
③ 자격급은 직무급과 연공급이 절충된 형태로 완전한 직무급의 도입이 어려운 경우 사용한다.
④ 기업의 임금수준은 근로자의 생계비, 기업의 지급능력, 노동력의 수요 및 공급 상황에 의해 결정된다.

14 최저임금제도의 설명으로 가장 적절하지 않은 것은?

① 저임금근로자의 생계를 보호하는 제도
② 국가가 노사 간 임금 결정 과정에 개입 결정
③ 임금 수준을 나타내는 지표로 사용되는 직원의 평균 임금액
④ 근로자가 일정한 수준 이상의 임금을 사용자로부터 지급받도록 함

15 카페테리아식 복리후생에 대한 설명으로 가장 적절하지 않은 것은?

① 프로그램 관리가 용이하고 운용비용이 절감될 수 있다.
② 종업원의 다양한 욕구 충족 및 수혜자 간의 형평성을 제고할 수 있다.
③ 복리후생비를 사전에 예측할 수 있기 때문에 효율적인 비용관리가 가능하다.
④ 종업원이 선택하지 않은 항목을 줄임으로써 복지 후생 예산을 합리적으로 배분할 수 있다.

16 국민연금 적용 제외 대상으로 적절하지 않은 것은?

① 18세 미만이거나 60세 이상인 사용자 및 근로자
② 공무원연금, 군인연금 가입자 등 타 공적연금 가입자
③ 일용근로자 또는 3개월 미만의 기한을 정해 사용되는 근로자
④ 1개월 동안의 근로시간이 60시간(주당 평균 15시간) 미만인 단시간근로자

17 소득세에 대한 설명으로 가장 적절하지 않은 것은?

① 과세권자가 국가인 국세다.
② 납세의무자와 담세자가 일치하는 보통세다.
③ 부부나 가족의 소득을 합산하지 않는 개인단위과세다.
④ 납세의무자가 과세표준 확정신고를 함으로써 소득세 납세의무가 확정된다.

18 직무공유제에 대한 설명으로 가장 적절하지 않은 것은?

① 고용유지 및 창출이 용이하다.
② 임금 외 복리후생비 등의 비용이 감소한다.
③ 여가시간의 증대로 근로생활의 질이 향상된다.
④ 종업원 간 지식, 경험의 공유를 통해 직무성과가 향상된다.

19 비정규직 근로자보호법의 대상으로 가장 적절하지 않은 것은?

① 재택근로자
② 파견근로자
③ 단시간근로자
④ 기간제근로자

20 노동조합의 가입 방법 중 '사용자가 조합원이든 비조합원이든 자유롭게 근로자를 채용할 수 있는 제도'에 해당하는 것은?

① 오픈 숍
② 유니언 숍
③ 클로즈드 숍
④ 프리퍼렌셜 숍

실무문제

로그인 정보

회사코드	2002	사원코드	ERP13I02
회사명	인사2급 회사A	사원명	이현우

※ 2025 버전 핵심 ERP로 풀이하여 주십시오.

01 다음 중 핵심 ERP 사용을 위한 기초 사업장 정보를 확인하고, 그 내역으로 올바르지 않은 것은 무엇인가?

① [1000.인사2급 회사본사] 사업장은 회사의 본점인 사업장이다.
② [2000.인사2급 인천지점] 사업장은 이행상황신고서를 작성할 때 등록된 사업장들 중 유일하게 '반기'로 작성하여 신고한다.
③ [3000.인사2급 강원지점] 사업장은 등록된 사업장들 중 가장 최근 등록된 사업장이며, 지방세신고지(행정동)는 [4211012300.강원도 춘천시 퇴계동]이다.
④ [1000.인사2급 회사본사] 사업장과 [3000.인사2급 강원지점] 사업장은 사업자단위과세 신고 시 주사업장이 되는 사업장이다.

02 다음 중 핵심 ERP 사용을 위한 기초 부서 정보를 확인하고, 내역으로 올바른 것은 무엇인가?

① 2023/09/23 기준 현재 사용 중인 부서 중 [1000.인사2급 회사본사] 사업장 소속의 부서는 모두 6개이다.
② 2023/09/23 기준 현재 사용이 종료된 부서는 모두 2개이며, 2개의 부서 모두 같은 날에 사용이 종료되었다.
③ 2023/09/23 기준 [2000.인사2급 인천지점] 사업장 소속의 현재 사용 중인 부서의 부문은 모두 다르다.
④ 가장 최근 새롭게 추가된 부서는 모두 2개이며, [7100.감사부]도 이에 속한다.

03 다음 중 [H.인사/급여관리] 모듈에 대한 [ERP13I02.이현우] 사원의 설정 내역을 확인하고 관련된 설명으로 올바르지 않은 것은 무엇인가?

① [인사정보등록] 메뉴의 조회권한은 '회사'이다.
② [인사기록카드] 메뉴에 입력된 내역을 삭제할 수 없다.
③ [연말정산관리]의 모든 메뉴에 대한 권한이 없다.
④ [급여명세] 메뉴에서는 회사 내 모든 근로자에 대한 급여명세를 출력할 수 있다.

04 2023년도 귀속 급여 구분의 지급항목 중 [P06.근속수당] 대한 설명으로 올바르지 않은 것은 무엇인가?

① 휴직자에 대한 별도 계산식이 설정되어 있다.
② 과세대상이며, 월정급여에 포함되는 지급항목이다.
③ 근로자가 근속기간이 1년 이상일 때부터 지급하는 항목이다.
④ 입사자의 경우 [인사/급여환경설정] 메뉴의 설정값에 맞춰 지급한다.

05 당 회사의 인사/급여기준에 대한 설정을 확인한 뒤 설정을 올바르게 설명한 [보기] 내용은 몇 개인가? 단, 환경설정 기준은 변경하지 않는다.

[보 기]
A : 입사자 급여계산 시 근무일수가 20일을 초과하는 경우 '월'의 방식으로 급여를 지급하고, 그렇지 않은 경우 실제 근무일만큼 급여를 지급한다.
B : 수습직의 경우 3개월간 80%에 해당하는 급여를 지급받는다.
C : 월일수 산정 시 실제 귀속연월의 실제 일수를 적용한다.
D : '생산직'과 '수습직'의 출결마감 기준일은 전월 25일부터 당월 24일까지다.

① 0개
② 1개
③ 2개
④ 3개

06 당 회사는 2023년 09월 [800.주임] 직급의 호봉을 아래 [보기]와 같이 일괄등록하고자 한다. 호봉등록 완료 후 5호봉 '호봉합계'의 금액은 얼마인가?

[보 기]
1. 기본급   : 초기치   2,200,000원,   증가액   130,000원
2. 직급수당 : 초기치   70,000원,   증가액   20,000원
3. 호봉수당 : 초기치   50,000원,   증가액   10,000원
4. 일괄인상 : 기본급 5.3%, 호봉수당 2.1% 정률인상

① 2,960,000원
② 3,106,050원
③ 3,271,050원
④ 3,273,150원

07 당 회사 [20140903.정용빈] 사원의 정보로 올바르지 않은 것은 무엇인가?

① 주민등록주소는 '경기도 남양주시 덕송1로 30'이며, 세대주다.
② 입사일과 그룹입사일이 동일한 일자이며, 수습기간을 거친 적은 없다.
③ 현재 직책은 [700.대리]이고, 급여형태는 [001.월급]이다.
④ [T12.중소기업취업감면(70% 감면)]대상자였고, 2022/01 새롭게 임금을 책정했다.

08 당 회사는 모든 사업장에 대해 아래 [보기]와 같이 [특별자격수당]을 자격취득자에게 지급하기로 했다. [보기]와 같이 [특별자격수당]을 지급 시 그 지급액은 얼마인가? 단, 퇴사자는 제외한다.

[보 기]
1. 대상자 : 2023년 3/4분기에 자격증을 취득한 사원
2. [200.ERP정보관리사2급] : 30,000원
3. [700.MAT경영능력시험] : 25,000원
4. 수당여부 : 해당

① 140,000원
② 165,000원
③ 185,000원
④ 260,000원

09 당 회사는 본점 사업장의 장기 근속자에게 2023년 9월 23일 기준으로 '근속수당'을 지급하기로 했다. 아래 [보기]를 기준으로 근속수당 지급 시 총 '지급액'은 얼마인가? 단, 퇴사자는 제외하며, 미만일수는 버리고, 모든 경력은 제외한다.

[보 기]
1. 근속년수 15년 초과 ~ 20년 이하 : 50,000원
2. 근속년수 20년 초과 : 100,000원

① 550,000원
② 650,000원
③ 750,000원
④ 850,000원

10 당 회사는 [2023년 10월 인사발령]을 사원별로 진행하고자 한다. [20231001] 발령호수의 발령내역을 확인하고, 그 설명으로 올바른 것은 무엇인가?

① 해당 발령일자의 대상자는 모두 6명이고, 현재 관리부 소속이다.
② 발령 전 정보가 존재하는 대상자의 발령 전 부서는 모두 경리부 소속이었다.
③ 발령 후 부서정보가 감사부로 변경되는 대상자는 모두 직책이 변동된다.
④ 현재 직책이 사원인 대상자의 발령 후 직책은 사원이다.

11 당 회사는 〈성희롱예방교육〉을 진행하였다. 아래 [보기]를 기준으로 교육평가 내역을 직접 확인했을 때 교육평가 결과가 다른 사원은 누구인가?

[보 기]
1. 교육명 : [850.성희롱예방교육]
2. 시작/종료일 : 2023/01/01 ~ 2023/06/30

① [20001101.박용덕]
② [20010401.노희선]
③ [20020603.이성준]
④ [20030701.엄현애]

12 2023년 9월 귀속 급여를 계산하기 전 [20130701.신별] 사원의 책정임금을 새로 계약했다. [보기]와 같이 책정임금을 새로 등록한 후 급여계산 시 [20130701.신별] 사원의 '소득세'와 '지방소득세'는 얼마인가?

[보 기]
• 계약시작년월 : 2023년 09월
• 연 봉 : 40,375,000원

① 소득세 : 105,210원 / 지방소득세 : 10,520원
② 소득세 : 132,110원 / 지방소득세 : 13,210원
③ 소득세 : 166,670원 / 지방소득세 : 16,660원
④ 소득세 : 177,270원 / 지방소득세 : 17,720원

13 당 회사는 2023년 9월 귀속 '특별급여' 소득을 지급하고자 한다. 아래 [보기]의 지급대상 요건으로 지급일자를 직접 추가한 뒤 급여계산을 했을 때 대상자들의 과세총액 금액으로 올바르지 않은 것은? 단, 그 외 급여계산에 필요한 조건은 프로그램에 등록된 기준을 이용한다.

> [보 기]
> 1. 특별급여지급일자 : 2023/10/10
> 2. 동시발행 및 대상자선정 : 분리, 직종및급여형태별
> 3. 특별급여지급대상 : [2000.인사2급 인천지점] 사업장의 사무직(월급), 생산직(연봉)

① [20001101.박용덕] : 3,390,620원
② [20001102.정영수] : 2,968,740원
③ [20140501.김화영] : 1,787,500원
④ [20140903.정용빈] : 1,431,820원

14 당 회사는 사원별 '지각·조퇴·외출 시간'에 대해 급여에서 공제하고 지급하려고 한다. 아래 [보기]의 기준을 토대로 산정할 경우 2023년 8월 귀속(지급일 1번) [20120101.정수연] 사원의 지각·조퇴·외출 시간에 따른 공제금액은 얼마인가? 단, 프로그램에 등록된 기준을 그대로 적용하며 원 단위 절사한다.

> [보 기]
> • 시 급 : [20120101.정수연] 사원의 책정임금 시급
> • 공제금액 : (지각시간 + 조퇴시간 + 외출시간) × 시급

① 93,720원
② 98,080원
③ 120,450원
④ 145,770원

15 당 회사는 일용직 사원에 대해 사원별 지급형태를 구분하여 일용직 급여를 지급하고 있다. 아래 [보기]를 확인하여 2023년 9월 귀속 지급일 중 '매일지급' 대상자를 직접 반영 후 급여계산 할 때 해당 지급일의 급여내역에 대해 올바르지 않은 것은 무엇인가? 단, 그 외 급여계산에 필요한 조건은 프로그램에 등록된 기준대로 확인한다.

> [보 기]
> 1. 지급형태 : 매일지급
> 2. [1100.총무부]이고, 급여형태가 [004.시급]인 대상자 추가
> 3. 평일 9시간 근무, 토요일 3시간 근무
> 4. 비과세(신고제외분) 적용 : 10,000원 (평일만 적용)

① 해당 지급일자의 대상자는 모두 3명이고, 실제 지급한 총 금액은 9,750,480원이다.
② 해당 지급일자에서 발생한 비과세 금액의 총합은 1,690,800원이다.
③ 해당 지급일자에서는 [0005.김현용] 사원만 소득세를 공제했다.
④ 해당 지급일자이 대상자 중 근무일수가 다른 사원은 [0017.조혜나] 사원이고, 근무일수가 나른 이유는 9월 중도입사자이기 때문이다.

16 당 회사는 일용직 사원에 대해 급여를 지급하고자 한다. 아래 [보기]를 기준으로 2023년 9월 귀속 일용직 대상자의 정보를 변경 후 모든 대상자들에 대해 급여계산했을 때, 해당 지급일에 대한 설명으로 올바르지 않은 것은 무엇인가? 단, 그 외 급여계산에 필요한 조건은 프로그램에 등록된 기준을 따른다.

> [보 기]
> 1. 생산직 비과세적용 대상자 추가 : [0016.문리리]
> 2. 지급형태 : 일정기간지급
> 3. 평일 9시간 근무 가정
> 4. 비과세 신고제외 : 8,000원

① 해당 지급일자의 대상자는 모두 5명이고, 총 과세총액은 27,269,760원이다.
② 해당 지급일자의 대상자 중 실지급액이 가장 많은 대상자는 [0001.김인사]다.
③ 해당 지급일자의 대상자는 모두 소득세를 공제했으며, 공제한 소득세의 총 금액은 332,220원이다.
④ 해당 지급일자의 대상자는 모두 건강보험을 공제했으며, 가장 적은 건강보험을 공제한 대상자는 [0016.문리리]다.

17 당 회사는 [2000.인사2급 인천지점] 사업장에 대해 2023년 8월 귀속(지급일 1번)에 이체한 급/상여를 확인하고자 한다. 이체현황에 대한 설명으로 올바른 것은? 단, 무급자는 제외한다.

① 해당 조회조건의 대상자는 모두 11명이고, 3개의 금융기관을 통해 급여가 이체되었다.
② 가장 많은 급여가 이체된 금융기관은 '신한은행'이고, 총 29,024,670원이 이체되었다.
③ 해당 조회조건의 급여는 모두 '2023/08/25'에 지급되었고, [20140501.김화영] 사원이 가장 적은 급/상여를 이체받았다.
④ '국민은행'과 '기업은행'에 이체된 급/상여의 합은 나머지 금융기관을 통해 이체된 급여의 합보다 작다.

18 당 회사는 [2000.인사2급 인천지점] 사업장과 [3000.인사2급 강원지점] 사업장에 대한 2023년 2/4분기 급여 내역을 확인하고자 한다. 지급구분을 [100.급여]로 설정하고, 사용자부담금을 제외하여 조회했을 때 부서별 지급총액 및 공제총액의 소계로 올바르지 않은 것은 무엇인가?

① 관리부 - 지급총액 : 74,899,970원 / 공제총액 : 8,289,650원
② 교육부 - 지급총액 : 23,520,240원 / 공제총액 : 3,067,560원
③ 생산부 - 지급총액 : 34,278,320원 / 공제총액 : 5,812,740원
④ 자재부 - 지급총액 : 25,815,000원 / 공제총액 : 3,741,830원

19 당 회사는 모든 사업장의 2023년 상반기 급여 집계현황을 '기간별'로 구분하여 집계하고자 한다. 2023년 상반기 동안 지급구분이 [100.급여]인 지급/공제 내역으로 올바른 것은?

① 2023년 1월의 근속수당 : 2,550,000원
② 2023년 3월의 자격수당 : 400,000원
③ 2023년 4월의 국민연금 : 3,387,490원
④ 2023년 6월의 고용보험 : 743,860원

20 당 회사는 2023년 2/4분기 귀속 급여 작업에 대해 수당별 공제현황을 확인하고자 한다. 다음 중 [1000.인사2급 회사본사] 사업장에 속하지 않은 사원 중 [S00.국민연금]을 가장 많이 원천징수한 사원은 누구인가?

① [20001101.박용덕]
② [20040301.오진형]
③ [20140501.김화영]
④ [20140901.강민우]

제97회 2023년 4차 시험

이론문제

01 TO-BE 프로세스 도출, 패키지 설치, 추가개발 및 수정·보완 문제 논의 등이 이루어지는 ERP 구축절차 단계로 가장 적절한 것은?

① 분석단계
② 구현단계
③ 설계단계
④ 구축단계

02 ERP를 성공적으로 도입하기 위한 전략으로 가장 적절하지 않은 것은?

① 목표를 세우고 중장기적인 접근이 필요하다.
② 프로젝트 구성원은 임원 중심으로 구성해야 한다.
③ 현재의 업무방식만을 그대로 고수해서는 안 된다.
④ 최고경영층도 프로젝트에 적극적으로 참여해야 한다.

03 [보기]의 괄호 안에 들어갈 용어로 가장 적절한 것은?

[보 기]
- 확장된 ERP 시스템 내의 (　　)모듈은 공급자부터 소비자까지 이어지는 물류, 자재, 제품, 서비스, 정보의 흐름 전반에 걸쳐 계획하고 관리함으로써 수요와 공급의 일치를 최적으로 운영하고 관리하는 활동이다.

① SCM(Supply Chain Management)
② ERP(Enterprise Resource Planning)
③ KMS(Knowledge Management System)
④ CRM(Customer Relationship Management)

04 ERP 구축 시 컨설턴트를 고용함으로써 얻는 장점으로 가장 적절하지 않은 것은?

① 프로젝트 주도권을 컨설턴트로 넘길 수 있다.
② ERP 기능과 관련된 필수적인 지식을 기업에 전달할 수 있다.
③ 숙달된 소프트웨어 구축방법론으로 실패를 최소화할 수 있다.
④ 컨설턴트는 편견이 없고 목적 지향적이기 때문에 최적의 패키지를 선정하는 데 도움이 된다.

05 행동과학적(인간지향적) 인사관리 이론으로 가장 적절하지 않은 것은?

① 차별적 성과급을 통한 동기부여
② 과업과 인간존중을 동시에 추구
③ 근로자의 근로생활의 질(Quality) 향상
④ 근로자에게 자발적 노력을 유도하기 위한 동기부여 기법

06 직무평가의 방법 중 계량적 평가로만 짝지어진 것은?

① 서열법, 분류법
② 서열법, 점수법
③ 서열법, 요소비교법
④ 점수법, 요소비교법

07 인적자원의 수요예측 방법으로 가장 적절하지 않은 것은?

① 추세분석법
② 명목집단법
③ 마코브분석
④ 델파이기법

08 모집의 방법 중 사내모집(내부모집)의 장점으로 가장 적절하지 않은 것은?

① 채용 비용이 절약되고 시간이 단축된다.
② 승진자의 동기유발 및 사기가 증가된다.
③ 인력개발을 위한 교육훈련 비용이 감소된다.
④ 인재에 대한 정확한 능력이 평가될 수 있다.

09 구조화 면접에 대한 설명으로 옳지 않은 것은?

① 추가적인 질문이 자유롭다.
② 면접자가 상세한 내용의 표준화된 질문을 준비한다.
③ 훈련을 받지 않은 면접자도 큰 어려움 없이 수행이 가능하다.
④ 질문 내용에는 지원동기, 배경, 지식, 태도 등의 내용이 포함된다.

10 직장 내 훈련(On the Job Training)에 대한 설명으로 적절하지 않은 것은?

① 일과 학습의 병행이 가능하다.
② 업무 맞춤형 교육이 가능하다.
③ 도제훈련, 직무교육훈련 등이 있다.
④ 외부전문가를 통한 외부교육이 자유롭다.

11 [보기]에서 설명하는 승진유형으로 가장 적절한 것은?

─[보 기]─
• 인사체증과 사기저하를 방지하기 위해서 직무내용이나 임금에 실질적인 변화 없이 직위명칭 또는 자격 호칭 등의 직위 심볼상의 형식적인 승진

① 직급승진
② 자격승진
③ 대용승진
④ 역직승진

12 경력개발의 기본원칙으로 가장 적절하지 않은 것은?

① 승진경로의 원칙
② 다면평가의 원칙
③ 경력기회개발의 원칙
④ 후진양성과 인재육성의 원칙

13 임금 관련 설명으로 가장 적절한 것은?

① 시간급제와 상여급제는 특수임금제 임금형태에 속한다.
② 직무급, 직능급, 자격급은 임금체계 중 기준 외 임금에 해당한다.
③ 직책수당은 개개인의 학력, 자격, 연령 등을 감안해 근속연수에 따라 지급하는 수당을 말한다.
④ 일정 근속연수 혹은 나이가 되어 임금이 줄어드는 대신 고용을 보장하는 제도를 '임금피크제'라고 한다.

14 부가가치 증대를 목표로 하며 이를 노사협력체계에 의해 달성하고, 증가된 생산성 향상분을 그 기업의 안정적인 부가가치 분배율로 노사 간에 배분하는 제도는?

① 럭커 플랜
② 임프로쉐어 플랜
③ 스캔론 플랜
④ 주식소유권

15 법정 복리후생제도의 유형으로 적절하지 않은 것은?

① 사회보장보험
② 연차유급휴가
③ 퇴직금 및 퇴직연금
④ 경조금, 학자금 지원

16 소득세의 납세의무자가 아닌 경우는?

① 국내에 주소를 둔 개인
② 국외에서 근무하는 공무원
③ 내국법인의 국외사업장에 파견된 임직원
④ 거주자가 아닌 자로서 국내 원천소득이 있는 개인

17 [보기]의 (　)에 들어갈 내용을 고르시오.

[보 기]
- 근로자의 연말정산 시 자녀세액공제에 해당하는 나이는 (　) 20세 이하다.

① 3세 이상
② 5세 이상
③ 8세 이상
④ 9세 이상

18 정보, 시간 및 공간의 효율성을 높이기 위해 이동사무실, 재택근무제 등을 활용해 개개인에게 부여되는 업무를 수행하는 근무제도는 무엇인가?

① 비정규직
② 원격근무제
③ 간주타임제
④ 재량근무제

19 노사관계에 관한 설명으로 가장 적절하지 않은 것은?

① 노사관계는 노동조합과 경영자의 관계로 개별 노동자와 무관하다.
② 노사관계는 본질적으로 노동조건과 관련해 대립적인 관계를 갖는다.
③ 노동자는 헌법상 기본권으로 단결권, 단체교섭권, 단체행동권을 가진다.
④ 현대적 노사관계는 효율적 인적자원관리를 통해 생산상의 협력관계를 추구한다.

20 사용자 측면의 노동쟁의 행위로 가장 적절한 것은?

① 피케팅
② 보이콧
③ 직장폐쇄
④ 생산통제

실무문제

로그인 정보

회사코드	2005	사원코드	ERP13I02
회사명	인사2급 회사B	사원명	이현우

※ 2025 버전 핵심 ERP로 풀이하여 주십시오.

01 다음 중 핵심 ERP 사용을 위한 기초 사업장 정보를 확인하고, 그 내역으로 올바르지 않은 것은 무엇인가?

① [1000.인사2급 회사본사] 사업장의 사업자등록번호는 '119-86-55012'이다.
② [2000.인사2급 인천지점] 사업장은 '반기'별로 이행상황신고서를 제출한다.
③ [3000.인사2급 강원지점] 사업장의 관할세무서는 [221.춘천]이다.
④ 주(총괄납부)사업장으로 등록되어 있는 사업장은 [1000.인사2급 회사본사] 사업장이 유일하다.

02 다음 중 핵심 ERP 사용을 위한 기초 부서 정보를 확인하고, 그 내역으로 올바른 것은 무엇인가?

① 2023/07/22 기준 현재 사용 중인 부서는 모두 10개다.
② 가장 처음 사용된 부서들은 2023/07/22 현재에도 모두 사용 중이다.
③ 2023/07/22 기준 현재 사용 중인 부서 중 [1000.인사2급 회사본사] 사업장에 속한 부서가 가장 많다.
④ 2023/07/22 기준 [2000.인사2급 인천지점] 사업장에 속한 부서는 모두 [1000.관리부문]에 속한다.

03 다음 중 [H.인사/급여관리] 모듈에 대한 [ERP13I02.이현우] 사원의 설정내역을 확인하고 관련된 설명으로 올바르지 않은 것은 무엇인가?

① [인사정보등록] 메뉴에 등록된 특정 사원의 고용형태를 수정할 수 없다.
② [인사기록카드] 메뉴에 등록된 사원별 가족정보를 수정할 수 없다.
③ [책정임금현황] 메뉴에서 본인이 속한 부서 내 사원의 데이터를 조회할 수 있다.
④ [급여대장] 메뉴에서 본인이 속한 회사 내 사원의 데이터를 출력할 수 있다.

04 당 회사는 2023년 7월 [900.사원] 직급의 호봉을 아래 [보기]와 같이 일괄등록하고자 한다. [900.사원] 직급의 호봉등록 후 확인 시 5호봉 기준의 '호봉합계'는 얼마인가?

[보 기]
1. 기본급 : 초기치 2,308,800원, 증가액 107,500원
2. 직급수당 : 초기치 12,860원, 증가액 7,860원
3. 일괄인상 : 기본급 3.9% 정률인상

① 2,738,800원
② 2,783,100원
③ 2,845,613원
④ 2,889,913원

05 당 회사의 인사/급여기준에 대한 설정을 확인한 뒤 설정을 올바르게 설명한 [보기] 내용은 몇 개인가? 단, 환경설정 기준은 변경하지 않는다.

[보 기]
A : 입사자 급여계산 시, 근무일수가 20일을 초과하는 경우 '월'의 방식으로 급여를 지급하고, 그렇지 않은 경우 실제 근무일만큼 급여를 지급한다.
B : 수습직의 경우 3개월간 80%에 해당하는 급여를 지급받는다.
C : 월일수 산정 시 '한달 정상일'에 입력된 기준일(월)수를 일수로 적용한다.
D : '생산직'의 출결마감기준은 등록되어 있는 다른 직종들의 출결마감기준과는 다르다.

① 1개
② 2개
③ 3개
④ 4개

06 당 회사 [20110101.배유진] 사원의 정보로 올바르지 않은 것은 무엇인가?

① 주민등록주소는 '강원도 춘천시 온의동 256-12'이고, 현재 세대원이다.
② 2020/05/11에 입사했고, 2020/08/10에 수습이 만료되었다.
③ 2023/07/22 기준 현재에도 '중소기업취업감면' 대상자이다.
④ 최근 계약한 책정임금의 연봉은 '42,150,000원'이다.

07 2023년도 귀속 급여 구분의 '지급항목'에 대한 설정으로 올바르지 않은 것은 무엇인가?

① 'P'로 시작되는 지급항목 코드 중 비과세인 항목은 [P40.육아수당]이 유일하다.
② 입퇴사자에 대한 [P00.기본급]은 '인사/급여환경설정'의 설정에 따라 지급된다.
③ [P02.가족수당]은 부양하고 있는 가족에 따라 지급하는 금액이 다르며, 부양관계코드가 [900.자]인 경우 가장 적은 금액을 지급한다.
④ 근로자 본인의 직책이 [400.팀장]인 경우 [P20.직책수당] '150,000원'을 지급한다.

08 당 회사는 〈직장내괴롭힘방지교육〉을 진행했다. 아래 [보기] 기준으로 교육평가 내역을 직접 확인 시 교육평가의 결과가 '재수강 필요'인 사원은 누구인가?

[보 기]
1. 교육명 : [910.직장내괴롭힘방지]
2. 교육기간 : 2023/04/01 ~ 2023/06/30

① [20000501.한국민]
② [20000502.김종욱]
③ [20010401.노희선]
④ [20020603.이성준]

09 당 회사는 2023년 상반기에 'SMAT(서비스경영자격) 2급'을 취득한 사원들에게 수당을 지급하려고 한다. 2023년 상반기에 [800.SMAT(서비스경영자격) 2급]을 취득한 보기의 사원 중 취득일이 다른 사원은 누구인가? 단, 퇴사자는 제외한다.

① [20000601.이종현]
② [20020603.이성준]
③ [20040301.오진형]
④ [20110401.강민주]

10 회사는 2023년 7월 22일 기준으로 모든 사업장에 대해 만 10년 이상 장기근속자에 대해 특별근속수당을 지급하기로 했다. 아래 [보기]를 기준으로 총 지급한 특별근속수당은 얼마인가? 단, 퇴사자는 제외하며, 미만일수는 버리고, 이전 경력은 제외한다.

[보 기]
- 10년 이상 ~ 15년 미만 : 100,000원
- 15년 이상 : 150,000원

① 1,000,000원
② 1,050,000원
③ 1,200,000원
④ 1,350,000원

11 당 회사는 [2023년 상반기 인사발령]을 사원별로 진행하고자 한다. [20230630] 발령호수의 발령내역을 확인하고, 그 설명으로 올바르지 않은 것은 무엇인가?

① 해당 발령호수의 모든 대상자는 현재 관리부 소속이다.
② 해당 발령호수의 모든 대상자는 '발령전정보'가 존재한다.
③ 해당 발령호수의 모든 대상자의 발령 후 부서는 현재 부서와 차이가 없다.
④ 해당 발령호수의 대상자 중 발령 후 직책이 변동되지 않는 사원은 [20010401.노희선] 사원과 [20161107.박선우] 사원뿐이다.

12 당 회사는 2023년 7월 귀속 급여 지급 시 '자격수당' 지급요건을 추가하고자 한다. [보기]를 기준으로 직접 '자격수당' 분류코드를 추가 및 변경하고 급여계산 시 급여지급 대상자들의 총 '과세' 금액은 얼마인가? 단, 그 외 급여계산에 필요한 조건은 프로그램에 등록된 기준을 이용한다.

[보 기]
1. 지급항목 : [P50.자격수당]
2. 추가 및 변경사항
  - 추가 : [800.SMAT(서비스경영자격) 2급] 자격을 추가하고, 계산구분을 '금액'으로 한 뒤 30,000원 반영
  - 변경 : [200.ERP정보관리사 2급] 자격의 금액을 50,000원으로 변경

① 79,962,060원
② 80,632,060원
③ 80,882,060원
④ 81,008,120원

13 당 회사는 2023년 7월 귀속 [200.상여] 소득을 지급하고자 한다. 아래 [보기]와 같이 직접 지급일을 추가 등록해 상여를 계산했을 때 대상자들의 총 '인원' 수와 총 '과세금액'은 얼마인가? 단, 그 외 급여계산에 필요한 조건은 프로그램에 등록된 기준을 이용한다.

[보 기]
1. 상여지급일자 : 2023/08/10
2. 동시발행여부 및 대상자선정 : 분리, 직종및급여형태별
3. 상여지급 대상 : 전체 사업장 기준 직종이 '생산직' 또는 '연구직'이고, 급여형태가 '월급'인 근로자
   (입사자와 퇴사자는 제외)
4. 상여지급 대상기간 : 2023/01/01 ~ 2023/06/30

① 인원 : 3명 / 과세금액 : 28,750,520원
② 인원 : 3명 / 과세금액 : 29,043,840원
③ 인원 : 5명 / 과세금액 : 28,750,520원
④ 인원 : 5명 / 과세금액 : 29,043,840원

14 당 회사는 사원별 지각·조퇴·외출 시간에 대해 급여에서 공제하고 지급하려고 한다. 아래 [보기]의 기준을 토대로 산정할 경우 2023년 6월 귀속 [20110401.강민주] 사원의 지각·조퇴·외출 시간에 따른 공제금액은 얼마인가? 단, 프로그램에 등록된 기준을 그대로 적용하며 원 단위 절사한다.

[보 기]
• 시급 : [20110401.강민주] 사원의 책정임금 시급
• 공제금액 : (지각시간 + 조퇴시간 + 외출시간) × 책정임금 시급

① 54,420원
② 55,860원
③ 56,950원
④ 57,530원

15 당 회사는 2023년 7월 귀속 일용직 사원에 대해 급여를 지급 시 대상자가 누락된 것을 확인했다. 아래 [보기]를 확인해 대상자를 추가 후 급여 적용 시 해당 지급일자의 총 차인지급액은 얼마인가? 단, 그 외 급여계산에 필요한 조건은 프로그램에 등록된 기준을 따른다.

[보 기]
1. 지급형태 : 매일지급
2. [1200.경리부]이고 급여형태가 [004.시급]인 대상자 추가
3. 평일 9시간 근무 가정

① 19,067,090원
② 21,184,380원
③ 22,221,770원
④ 23,152,440원

16 당 회사는 일용직 사원에 대해 급여를 지급하고자 한다. 아래 [보기]를 기준으로 2023년 7월 귀속 일용직 대상자의 정보를 변경 후 모든 대상자들에 대해 급여를 계산했을 때 해당 지급일에 대한 설명으로 올바르지 않은 것은 무엇인가? 단, 그 외 급여계산에 필요한 조건은 프로그램에 등록된 기준을 따른다.

[보 기]
1. 생산직 비과세적용 대상자 추가 : [0018.안채호]
2. 지급형태 : 일정기간지급
3. 평일 9시간 근무 가정
4. 비과세 신고제외 : 8,000원

① 해당 지급일자의 지급인원은 총 4명이고, 집계된 과세총액은 14,151,760원이다.
② 해당 지급일자에서 발생한 총 비과세금액은 2,344,970원이다.
③ [0001.김인사] 사원을 제외한 사원들은 모두 31일 중 21일을 근무했다.
④ [0017.박지원] 사원을 제외한 사원들은 모두 소득세를 공제했으며, 공제된 총 소득세금액은 94,100원이다.

17 당 회사는 [2000.인사2급 인천지점] 사업장과 [3000.인사2급 강원지점] 사업장에 대한 2023년 2/4분기 급여 내역을 확인하고자 한다. 지급 구분을 [100.급여]로 설정하고, 사용자부담금을 제외해 조회했을 때, 지급 총액 및 공제총액은 얼마인가?

① 지급총액 : 183,531,250원 / 공제총액 : 23,724,880원
② 지급총액 : 183,531,250원 / 공제총액 : 25,449,920원
③ 지급총액 : 191,775,390원 / 공제총액 : 25,449,920원
④ 지급총액 : 191,775,390원 / 공제총액 : 26,112,540원

18 당 회사는 2023년 2/4분기 귀속 급여작업에 대해 항목별 [100.급여] 지급현황을 확인하고자 한다. 직종별로 집계했을 때 직종과 항목별 금액으로 올바른 것은 무엇인가?

① 사무직 - 기본급 : 217,860,090원
② 생산직 - 근속수당 : 8,755,170원
③ 연구직 - 소득세 : 1,281,300원
④ 고문직 - 차인지급액 : 14,866,020원

19 당 회사는 [2000.인사2급 인천지점] 사업장과 [3000.인사2급 강원지점] 사업장에 대해 2023년 6월 귀속(지급일 1번)에 이체한 급/상여를 확인하고자 한다. 이체현황에 대한 설명으로 올바르지 않은 것은 무엇인가? 단, 무급자는 제외한다.

① 해당 사업장에 급/상여를 지급받은 인원은 총 15명이다.
② 해당 사업장에서 이체가 이뤄진 은행은 총 4개다.
③ 해당 사업장에서 가장 적은 금액의 급/상여가 이체된 은행은 신한이다.
④ 해당 사업장에서는 총 52,484,330원이 지급되었으며, [20190701.장석훈] 사원이 가장 적은 금액을 지급받았다.

20 당 회사는 전체 사업장 기준 2023년 6월 귀속 급여 구분의 대장을 사원별로 집계해 확인하고자 한다. 출력항목은 [2000.인사2급 인천지점] 사업장 기준으로 복사해 적용했을 때 각 사원별 지급내역의 '그외수당' 지급항목으로 조회된 금액이 올바르지 않은 것은 무엇인가?

① [20130102.김용수] : 310,000원
② [20000502.김종욱] : 510,000원
③ [20010402.박국현] : 300,000원
④ [20020603.이성준] : 484,620원

제96회 2023년 3차 시험

> 정답 및 해설 p.411

이론문제

01 ERP의 특징에 관한 설명 중 가장 적절하지 않은 것은?

① 세계적인 표준 업무절차를 반영하여 기업 조직구성원의 업무수준이 상향평준화된다.
② ERP 시스템의 안정적인 운영을 위하여 특정 H/W와 S/W업체를 중심으로 개발되고 있다.
③ 정확한 회계데이터 관리로 인하여 분식결산 등을 사전에 방지하는 수단으로 활용이 가능하다.
④ Parameter 설정에 의해 기업의 고유한 업무환경을 반영하게 되어 단기간에 ERP 도입이 가능하다.

02 ERP의 발전과정으로 가장 옳은 것은?

① MRP Ⅰ → MRP Ⅱ → ERP → 확장형ERP
② MRP Ⅰ → ERP → 확장형ERP → MRP Ⅱ
③ ERP → 확장형ERP → MRP Ⅰ → MRP Ⅱ
④ MRP Ⅱ → MRP Ⅰ → ERP → 확장형ERP

03 [보기]는 무엇에 대한 설명인가?

―[보 기]―
• 조직의 효율성을 제고하기 위해 업무흐름뿐만 아니라 전체 조직을 재구축하려는 경영혁신전략 기법이다. 주로 정보기술을 통해 기업경영의 핵심과 과정을 전면 개편하여 경영성과를 향상시키려는 경영기법인데 매우 신속하고 극단적인 그리고 전면적인 혁신을 강조하는 기법이다.

① 지식경영
② 벤치마킹
③ 리스트럭처링
④ 리엔지니어링

04 e-Business 지원 시스템을 구성하는 단위 시스템으로 가장 적절하지 않은 것은?

① 성과측정관리(BSC)
② EC(전자상거래) 시스템
③ 의사결정지원 시스템(DSS)
④ 고객관계관리(CRM) 시스템

05 [보기]에서 인적자원관리의 실시원칙과 설명이 바르게 짝지어진 것을 모두 고른 것은?

[보 기]
㉠ 직무주의 원칙 : 직무에 관한 분석 실시로 관리의 기반이 됨
㉡ 능력주의 원칙 : 업적 및 성과 평가에 비례함
㉢ 공정성의 원칙 : 평가 시 최대한 공정하게 반영함
㉣ 참가주의 원칙 : 의사결정 과정에 조직 구성원의 참여가 필요함

① ㉠, ㉢
② ㉡, ㉢
③ ㉠, ㉢, ㉣
④ ㉠, ㉡, ㉢, ㉣

06 직무와 관련한 용어에 대한 설명으로 가장 적절하지 않은 것은?

① 요소 : 작업이 나누어질 수 있는 최소 단위
② 과업 : 목표를 위하여 수행되는 하나의 명확한 작업 활동
③ 직위 : 근로자 개인에게 부여된 하나 또는 그 이상의 과업들의 집단
④ 직군 : 업무를 수행하는 데 필요한 노동력의 내용에 따라 크게 분류하는 기준

07 [보기]에서 설명하고 있는 인력계획의 미래예측기법은 무엇인가?

[보 기]
• 인적자원 수요결정의 다양한 요인들의 상관관계를 도출하여 미래의 수요를 예측한다.

① 회귀분석법
② 목적계획법
③ 델파이기법
④ 마코프분석

08 인력과잉의 경우 조치해야 할 행동으로 가장 적절하지 않은 것은?

① 정리해고
② 임시직고용
③ 조기퇴직제
④ 직무분할제

09 포드가 채택한 3S 전략으로 옳지 않은 것은?

① 단순화(Simplification)
② 전문화(Specialization)
③ 구조화(Structuration)
④ 표준화(Standardization)

10 인사고과 오류 중에서 "타인에 대한 평가가 그 사람이 속한 사회적 집단에 대한 지각을 기초로 해서 이루어진다"에 해당하는 것은?

① 대비 효과
② 관대화 경향
③ 논리적 오류
④ 상동적 오류

11 [보기]에서 설명하고 있는 교육훈련 방법으로 가장 적절한 것은?

[보 기]
- 교육 참가자들이 소규모집단을 구성하여 개인과 집단이 팀워크를 바탕으로 경영상의 실제문제를 정해진 시점까지 해결하도록 하여 문제해결 과정에 대하여 성찰을 통하여 학습하도록 지원하는 방법

① 팀빌딩
② 액션러닝
③ 그리드훈련
④ 인바스켓법

12 경력개발의 기본원칙으로 가장 적절하지 않은 것은?

① 직무개발의 원칙 ② 적재적소의 원칙
③ 후진양성의 원칙 ④ 승진경로의 원칙

13 법정수당에 해당하지 않은 것은?

① 휴업수당 ② 판매수당
③ 해고예고수당 ④ 유급휴일수당

14 연봉제의 단점으로 가장 적절하지 않은 것은?

① 연봉액이 삭감될 경우 사기가 저하됨
② 절차가 복잡하고 직무수행의 유연성이 떨어짐
③ 평가결과의 객관성과 공정성에 대한 시비를 제기함
④ 종업원 상호 간의 불필요한 경쟁심과 위화감을 조성하고 불안감이 증대됨

15 건강보험에 대한 설명으로 가장 적절하지 않은 것은?

① 고용기간이 1개월 미만인 일용근로자는 적용제외대상이다.
② 적용대상은 상시 1인 이상의 근로자를 사용하는 모든 사업장이 해당한다.
③ 사용자는 가입자 부담금액을 원천징수하여, 사용자 부담금과 함께 납부해야 한다.
④ 자격상실 시에는 당해 사업장의 건강보험이 상실된 날로부터 30일 이내에 신고해야 한다.

16 [보기]의 내용에 적절한 원천징수대상 소득은 무엇인가?

[보 기]
• 간이세액표에 의하여 원천징수하며, 일용근로자의 경우 소득의 6%를 징수한다.

① 근로소득 ② 기타소득
③ 퇴직소득 ④ 이자소득

17 복리후생제도에 대한 설명으로 가장 적절하지 않은 것은?

① 라이프사이클 복리후생은 근로자의 직위변화에 따른 생활패턴 및 의식 변화를 고려하는 제도다.
② 홀리스틱 복리후생은 근로자를 전인적 인간으로서 균형 잡힌 삶을 추구할 수 있도록 지원하는 제도다.
③ 카페테리아식 복리후생은 여러 가지 제도 중 근로자들이 각자의 필요에 따라 선택적으로 이용하도록 하는 제도다.
④ 임금채권 보장제도는 기업이 도산하여 임금, 휴업수당 및 퇴직금을 지급받지 못하고 퇴직한 근로자를 보호하기 위한 제도다.

18 [보기]에서 법정휴가에 해당하는 것은?

― [보 기] ―
ㄱ. 하계휴가
ㄴ. 포상휴가
ㄷ. 출산휴가
ㄹ. 연차휴가

① ㄱ, ㄴ   ② ㄱ, ㄹ
③ ㄴ, ㄹ   ④ ㄷ, ㄹ

19 노동조합의 노동 3권에 해당하지 않은 것은?

① 단결권   ② 단체교섭권
③ 경영참가권   ④ 단체행동권

20 부당노동행위에 해당하지 않은 것은?

① 사용자의 황견계약
② 사용자의 단체교섭 거부행위
③ 사용자의 조업계속(대체고용)
④ 사용자의 운영비를 원조하는 행위

실무문제

로그인 정보

회사코드	2002	사원코드	ERP13I02
회사명	인사2급 회사A	사원명	이현우

※ 2025 버전 핵심 ERP로 풀이하여 주십시오.

01 다음 중 핵심 ERP 사용을 위한 기초 사업장 정보를 확인하고, 그 내역으로 알맞지 않은 것은 무엇인가?

① [1000.인사2급 회사본사] 사업장은 해당 회사의 본점 사업장이다.
② [2000.인사2급 인천지점] 사업장의 주업종코드는 [513960.도매 및 소매업]이다.
③ [3000.인사2급 강원지점] 사업장은 원천징수이행상황신고서를 '월별' 기준으로 작성한다.
④ [1000.인사2급 회사본사] 사업장과 [2000.인사2급 인천지점] 사업장은 모두 해당 회사의 주사업장이다.

02 다음 중 핵심 ERP 사용을 위한 기초 부서 정보를 확인하고, 내역으로 알맞지 않은 것은 무엇인가?

① 현재 사용하지 않는 부서는 총 '2개'다.
② [3000.관리부문(인천지점)]에 속한 부서는 모두 사용 중이다.
③ [1300.관리부]의 사용종료일은 '2012/12/31'이다.
④ [7000.교육부문]에 속해 있는 부서는 [9100.교육부]만 존재한다.

03 당 회사의 [사용자권한설정]의 '인사/급여관리' 모듈에 대한 '이현우' 사원의 설정내역을 확인하고 관련된 설명으로 올바르지 않은 것은 무엇인가?

① [인사발령등록] 메뉴에 입력된 내역을 삭제할 수 없다.
② [급여대장] 메뉴에서 조회되는 내역에 대해 출력할 수 있다.
③ [급여명세] 메뉴의 조회권한은 '사업장'이다.
④ [퇴직금산정] 메뉴에 입력된 내역을 변경할 수 없다.

04 당 회사는 2023년 5월 [800.주임] 직급의 호봉을 아래 [보기]와 같이 일괄등록하고자 한다. 호봉등록 완료 후 5호봉 '호봉합계' 금액은 얼마인가?

[보 기]
1. 기본급   : 초기치   2,200,000원,   증가액   100,000원
2. 직급수당 : 초기치   70,000원,   증가액   20,000원
3. 호봉수당 : 초기치   50,000원,   증가액   10,000원
3. 일괄인상 : 기본급 5.5% 정률인상, 직급수당 2.5% 정률인상

① 2,450,000원
② 2,578,750원
③ 2,840,000원
④ 2,986,750원

05 당 회사의 인사/급여기준에 대한 설정을 확인한 뒤, 설정을 올바르게 설명한 [보기] 내용은 몇 개인가? 단, 환경설정 기준은 변경하지 않는다.

[보 기]
A : '사무직'의 출결마감 기준일은 당월 1일에서 말일까지다.
B : 첫 상여세액은 당해년 1일을 기준으로 계산한다.
C : 월일수 산정 시 '한달정상일'에 입력된 기준일(월)수를 일수로 적용한다.
D : 지방소득세특별징수명세/납부서의 데이터는 '귀속연월'이 같은 경우에 집계된다.

① 0개
② 1개
③ 2개
④ 3개

06 당 회사의 2023년 4월 귀속 급/상여 지급일자 등록을 확인하고, 그 내역으로 옳지 않은 것은?
① 급여작업 시 '지급직종및급여형태' 기준으로 대상자가 자동반영된다.
② 해당 지급순번과 동일한 지급순번에 '특별급여'를 추가하여 지급할 수 있다.
③ '상여지급대상기간' 내 입사자와 퇴사자는 상여 지급대상에서 제외된다.
④ '생산직' 근로자에 대해서만 상여를 지급한다.

07 당 회사의 인사정보를 확인하고 관련된 설명으로 올바르지 않은 것은 무엇인가?

① [20001101.박용덕] 사원의 근무조는 [001.1조]이며, 현재 직급은 [400.부장]이다.
② [20001102.정영수] 사원은 노조에 가입되어 있으며, 생산직총급여 비과세 대상자다.
③ [20040301.오진형] 사원의 2023년 현재 책정된 임금의 월급은 '3,625,000원'이다.
④ [20140102.김희수] 사원은 학자금상환 대상자로 상환통지액은 '240,000원'이다.

08 당 회사는 아래 [보기]와 같이 온라인교육을 진행했다. 해당 교육평가내역을 직접 확인 시 다음 중 교육평가결과가 'A'인 사원으로 묶인 것은 무엇인가?

┌─ [보 기] ─────────────────────────────
│ 1. 교육명 : [980.2023년 온라인교육]
│ 2. 시작/종료일 : 2023/04/01 ~ 2023/04/30
└──────────────────────────────────────

① 김희수 / 강민우
② 김화영 / 이성준
③ 김용수 / 신별
④ 정수연 / 오진형

09 당 회사는 발령일자 2023/04/15 날짜로 [2023년 2분기 인사발령]을 진행했다. [20230415] 발령호수의 발령내역에 대한 설명으로 옳지 않은 것은? 단, 발령적용은 진행하지 않으며, 모든 정보는 프로그램에 입력된 기준으로 확인한다.

① [20140102.김희수] 사원은 발령 후 부서, 근무조 및 직급이 모두 변경된다.
② [20140501.김화영] 사원은 발령 후 부서는 변경되지 않는다.
③ [20140901.강민우] 사원의 현재 직급은 '대리'이며, 발령 후 직급이 '과장'으로 변경된다.
④ 발령 대상자는 모두 3명이며, 발령일자 이후에 동일한 근무조로 근무한다.

10 회사는 창립기념일을 맞아 2023년 5월 27일 기준으로 모든 사업장에 대해 만 10년 이상 장기근속자에 대해 특별근속수당을 지급하기로 했다. 아래 [보기]를 기준으로 지급한 총 특별근속수당은 얼마인가? 단, 퇴사자는 제외하며, 미만일수는 올리고, 이전 경력은 제외한다.

[보 기]
- 10년 이상 ~ 15년 미만 : 100,000원
- 15년 이상 : 200,000원

① 2,600,000원
② 2,800,000원
③ 3,000,000원
④ 3,200,000원

11 당 회사는 2023년 5월 귀속 급여지급 시 '엄현애' 사원의 변경된 부양가족 정보를 반영하여 급여작업을 진행하고자 한다. [보기]를 기준으로 직접 부양가족 정보를 반영하고 급여계산 시 '엄현애' 사원의 2023년 5월 귀속 급여의 실지급액은 얼마인가? 단, 그 외 급여계산에 필요한 조건은 프로그램에 등록된 기준을 이용한다.

[보 기]
1. 사원명(사원코드) : 엄현애(20030701)
2. 반영기준 : 인사기록카드
3. 기준일 : 2023/05/27

① 3,322,740원
② 3,340,070원
③ 3,420,830원
④ 3,670,830원

12 당 회사는 2023년 05월 귀속 '특별급여' 소득을 지급하고자 한다. 아래 [보기]의 지급대상 요건으로 지급일자를 직접 추가하여 급여계산 시 대상자들의 과세총액 금액으로 옳지 않은 것은? 단, 그 외 급여계산에 필요한 조건은 프로그램에 등록된 기준을 이용한다.

[보 기]
1. 특별급여지급일자 : 2023/05/31
2. 동시발행 및 대상자선정 : 분리, 직종및급여형태별
3. 특별급여지급대상 : [2000.인사2급 인천지점] 사업장의 사무직(연봉), 생산직(월급)

① [20010401.노희선] : 2,012,500원
② [20130701.신 별] : 2,205,000원
③ [20140903.정용빈] : 2,467,910원
④ [2016018.박지성] : 1,983,330원

13 당 회사는 초과근무에 대해 수당을 지급하고 있다. 아래 [보기]의 기준을 토대로 2023년 4월 귀속 [20020603.이성준] 사원의 '초과근무수당'을 계산하면 얼마인가? 단, 근무수당을 계산하면서 발생되는 모든 원 단위 금액은 절사하며, 책정임금 시급은 원 단위 금액을 절사하지 않고 계산한다.

[보 기]

| 초과근무수당 = 1유형 근무수당 + 2유형 근무수당 |

- 초과근무 시급 : 책정임금 시급
- 1유형 근무수당 : 총 연장근무시간에 초과근무시급을 곱한 후 50% 가산하여 산정
- 2유형 근무수당 : 총 심야근무시간에 초과근무시급을 곱한 후 150% 가산하여 산정

① 834,430원
② 932,400원
③ 940,180원
④ 1,000,240원

14 당 회사는 일용직 사원에 대해 사원별 지급형태를 구분하여 일용직 급여를 지급하고 있다. 아래 [보기]를 확인하여 2023년 5월 귀속 지급일 중 '매일지급' 대상자를 직접 반영 후 급여계산을 할 때 해당 지급일의 급여내역에 대해 올바르지 않은 것은 무엇인가? 단, 그 외 급여계산에 필요한 조건은 프로그램에 등록된 기준대로 확인한다.

[보 기]
1. 지급형태 : '매일지급' 지급일
2. 지급대상자 : '시급직'인 '총무부', '생산부' 사원
3. 평일 10시간 근무, 토요일 4시간 근무
4. 비과세(신고제외분) 적용 : 10,000원(평일만 적용)

① 해당 지급일자에 비과세신고제외분은 총 1,610,000원 지급되었으며, 비과세신고분은 지급되지 않았다.
② 해당 지급일자의 대상자 중 급여를 계좌로 지급받는 인원은 존재하지 않는다.
③ 해당 지급일자의 대상자 중 소득세를 원천징수하지 않고 급여를 지급받는 인원이 존재한다.
④ 해당 지급일자에 실제 지급된 금액은 총 42,666,210원이다.

15 2023년 5월 귀속 일용직 급여작업 전 아래 [보기]를 기준으로 [0017.정일용] 사원의 사원정보를 직접입력하고 일용직급여지급일자등록에 대상자를 반영하여 급여계산을 했을 때 2023년 5월 귀속 해당 일용직 대상자들의 실지급액 총계는 얼마인가? 단, 그 외 급여계산에 필요한 조건은 프로그램에 등록된 기준을 따른다.

[보 기]
1. 사원정보 입력(사원코드 : 0017, 사원명 : 정일용)
  - 입사일자 : 2023/05/08, 주민등록번호 : 941226-1234567
  - 부서 : [5100.자재부], 급여형태 : [004.시급], 급여/시간단가 : 30,000원
  - 생산직비과세적용 : 함, 국민/건강/고용보험 여부 : 여
2. 일용직 급여지급
  - 지급형태 : '일정기간지급' 지급일, 평일 9시간 근무 가정

① 11,008,680원
② 11,049,190원
③ 17,550,490원
④ 17,591,000원

16 당 회사의 [2000.인사2급 인천지점] 사업장 기준 2023년 1분기의 〈과세/비과세〉 총액은 각각 얼마인가? 단, 사용자부담금은 제외한다.

① 과세총액 : 119,392,470원 / 비과세총액 : 6,450,000원
② 과세총액 : 119,392,470원 / 비과세총액 : 11,200,830원
③ 과세총액 : 265,478,310원 / 비과세총액 : 25,130,820원
④ 과세총액 : 279,278,310원 / 비과세총액 : 35,721,400원

17 당 회사는 [2000.인사2급 인천지점] 사업장에 대해 2023년 4월 귀속(지급일 1번)에 이체한 급/상여를 확인하고자 한다. 이체 현황에 대한 설명으로 옳지 않은 것은 무엇인가? 단, 무급자는 제외한다.

① 계좌이체를 통해 급/상여를 지급 받지 않는 사원이 존재한다.
② '기업은행'에 이체된 금액은 '신한은행'에 이체된 금액보다 많다.
③ 해당 사업장의 급/상여는 3개의 은행을 통해 이체되었으며, 가장 많은 급/상여를 이체한 은행의 이체된 금액은 '18,352,700원'이다.
④ 해당 사업장의 급/상여 지급대상자는 모두 '11명'이고, 총 실지급액은 '47,614,980원'이다.

18 당 회사는 2023년 1분기 귀속 급여작업에 대해 수당별 지급현황을 확인하고자 한다. 다음 중 [1000.인사2급 회사본사] 사업장 기준 [T00.소득세]가 가장 많이 원천징수된 사원은 누구인가?

① [20000501.한국민]
② [20000502.김종욱]
③ [20010402.박국현]
④ [20030701.엄현애]

19 당 회사는 [2000.인사2급 인천지점] 사업장의 2023년 1분기 급여 집계현황을 '부서별'로 구분하여 집계하고자 한다. 2023년 1분기 동안 지급구분이 [급여]인 지급내역 중 공제합계 금액으로 올바르지 않은 것은?

① 전체 합계 : 16,513,740원
② 관리부 : 6,486,800원
③ 생산부 : 5,253,540원
④ 자재부 : 2,960,070원

20 당 회사는 사원별 월별 급/상여 지급현황을 확인하고자 한다. 2023년 4월 지급내역 중 근무조가 [002.2조]인 '정영수' 사원의 '급여합계' 및 '공제합계'는 각각 얼마인가?

① 급여합계 : 10,325,820원 / 공제합계 : 1,038,220원
② 급여합계 : 10,325,820원 / 공제합계 : 1,564,490원
③ 급여합계 : 10,570,160원 / 공제합계 : 1,038,220원
④ 급여합계 : 10,570,160원 / 공제합계 : 1,564,490원

03

정답 및 해설

제107회	정답 및 해설
제106회	정답 및 해설
제105회	정답 및 해설
제104회	정답 및 해설
제103회	정답 및 해설
제102회	정답 및 해설
제101회	정답 및 해설
제100회	정답 및 해설
제99회	정답 및 해설
제98회	정답 및 해설
제97회	정답 및 해설
제96회	정답 및 해설

 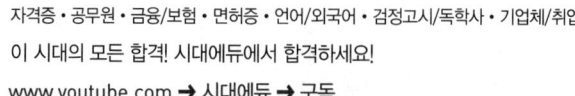 

제 107 회 정답 및 해설

이론문제

01	02	03	04	05	06	07	08	09	10
③	④	①	③	④	②	③	③	③	③
11	12	13	14	15	16	17	18	19	20
②	④	④	④	①	③	④	②	③	③

01 ③ 세계경제포럼에서 발표한 인공지능 규범 원칙에 따르면 인공지능은 인류의 공동 이익을 위해 개발되어야 하며, 투명성과 공정성의 원칙에 따라 작동해야 한다.
① 인공지능은 기업의 이익이 아닌 공동 이익을 위해 개발되어야 한다.
② 인간을 해치거나 속이는 힘을 인공지능에 부여해서는 안 된다.
④ 인공지능이 개인, 가족, 지역 사회의 데이터 권리 또는 개인정보를 감소시켜서는 안 된다.

코드명	인공지능 규범(AI code)의 5개 원칙
Code 1	인공지능은 인류의 공동 이익을 위해 개발되어야 한다.
Code 2	인공지능은 투명성과 공정성의 원칙에 따라 작동되어야 한다.
Code 3	인공지능이 개인, 가족, 지역 사회의 데이터 권리 또는 개인정보를 감소시켜서는 안 된다.
Code 4	모든 시민은 인공지능을 통해 정신적, 정서적, 경제적 번영을 누리도록 교육받을 권리를 가져야 한다.
Code 5	인간을 해치거나 속이는 힘을 인공지능에 절대로 부여하지 않는다.

02 ④ 블록체인은 위·변조에 대한 보안성이 뛰어나다.
① 블록체인의 특징 중 하나는 투명성으로, 모든 거래기록에 공개적 접근이 가능하기 때문에 기부금의 사용 내역을 숨기기 어렵다.
② 블록체인은 중앙 서버를 거치지 않고 네트워크에 연결된 컴퓨터로 직접 통신하는 방식으로, 다수의 컴퓨터에 데이터를 저장할 수 있게 한다.
③ 블록체인은 공인된 제3자의 공증 없이 개인 간 거래가 가능하므로 불필요한 수수료를 절감하게 한다.

구분	블록체인 기술의 특징
탈중개성	공인된 제3자의 공증 없이 개인 간 거래가 가능하여 불필요한 수수료를 절감할 수 있다.
보안성	정보를 다수가 공동으로 소유하므로 해킹이 어렵다.
신속성	거래 승인·기록이 다수의 참여로 자동 실행된다.
확장성	공개된 소스로 쉽게 구축, 연결, 확장이 가능하다.
투명성	모든 거래기록에 공개적 접근이 가능하여 거래 양성화 및 규제비용을 절감할 수 있다.

03 ① 성과측정관리(BSC)는 전략적 기업 경영(SEM)의 구성요소로 기업의 성과를 재무, 고객, 내부 프로세스, 학습과 성장이라는 4가지 요소로 분리하여 체계적으로 관리하는 방법이다. 이를 통해 조직 역량을 균형 있게 관리하고 개선할 수 있다.

e-Business 지원 시스템의 단위 시스템	SEM 시스템의 단위 시스템
• 지식경영시스템(KMS) • 고객관계관리(CRM) 시스템 • 공급망관리시스템(SCM) • 의사결정지원시스템(DSS) • 경영자정보시스템(EIS) • 전자상거래시스템(EC)	• 성과측정관리(BSC) • 부가가치경영(VBM) • 전략계획수립 및 시뮬레이션(SFS) • 활동기준경영(ABN)

04 ③ 기존 정보시스템(MIS)은 수직적으로 업무를 처리하고, ERP는 수평적으로 업무를 처리한다.

구분	MIS(경영정보 시스템)	ERP(통합정보 시스템)
업무 처리	수직적	수평적
업무 범위	단위 업무	통합 업무
저장 구조	파일 시스템	관계형 데이터베이스 관리 시스템(RDBMS)
조직 구성	계층적 조직 구조	수평적 조직 구조
전산 형태	중앙집중식 구조	분산처리 구조

05 ④ 표준화, 전문화, 단순화는 포드의 관리법 중 3S 원칙에 해당한다.

테일러의 과학적 관리법 6원칙	포드의 관리법 3S 원칙
1. 시간 연구의 원칙 2. 성과급제의 원칙 3. 계획과 작업 분리의 원칙 4. 작업의 과학적 방법의 원칙 5. 경영통제의 원칙 6. 직능적 관리의 원칙	1. 표준화 2. 전문화 3. 단순화

06 ② 직무명세서에 대한 설명이다. 직무명세서는 특정 직무를 수행하는 데 필요한 인적 요건을 중심으로 작성된 문서로 학력, 직무경험, 자격증, 신체 요건 등의 요소를 포함하며 채용 시 적합한 인재를 선발하기 위한 기준을 명확하게 제시하는 기능도 수행한다.

07 ③ 과업에 대한 설명이다. 과업이란 어떤 특정 목표를 달성하기 위하여 수행되는 하나의 명확한 작업활동을 지칭한다.
① 직종이란 동일하거나 유사한 직군들의 집단을 말한다.
② 직위란 특정 시점에서 특정 조직에 속한 한 개인이 수행하는 하나 혹은 그 이상의 의무로 구성되며 특정 개인에게 부여된 모든 과업 집단을 의미한다.
④ 직군이란 유사한 특성을 요구하거나 유사한 과업을 내포하는 둘 이상의 직무 집단을 말한다.

| 프로그램 | 기출문제 | 정답 및 해설 |

08 ③ 인력 과잉 시 대응 전략은 직무분할, 조기퇴직, 정리해고, 무급휴가제 등이 있다. 다만, 경영진이 진행한 회의 결과 위탁생산과 위탁업무를 지양하고, 정규직 규모를 유지해야 하므로 아웃소싱과 조기퇴직제는 배제한다. 이에 본 사례에서는 직무재배치가 가장 적절한 대안이 된다.

인력 과잉 시 대응 전략	인력 부족 시 대응 전략
직무분할제 조기퇴직제 정리해고제 무급휴가제 다운사이징	초과근로제 임시직 고용 파견근로 활용 아웃소싱

09 ③ 타당도를 평가하는 세 가지 척도란 구성 타당성, 내용 타당성, 기준 관련 타당성을 말한다.
① 구성 타당성 : 측정도구가 측정하고자 하는 본질을 얼마나 정확하게 측정하고 있는지를 파악하는 방법으로 시험의 이론적 구성과 가설 관계를 검증한다.
② 내용 타당성 : 측정지표가 측정하고자 하는 내용을 얼마나 대표하고 있는지를 측정한다.
④ 기준 관련 타당성 : 하나의 측정지표를 사용하여 측정한 결과를 다른 기준지표를 사용하여 측정한 결과와 비교하여 나타난 관련성 정도를 측정한다.

10 ③ 평가자가 모든 평가 대상들을 중간 점수로 평가하는 경향인 중심화 경향에 대한 설명이다.
① 관대화 경향 : 고과자가 피고과자를 가능한 한 후하게 평가하려는 경향을 말한다.
② 엄격화 경향 : 고과자가 피고과자를 가혹하게 평가하여 평가결과 분포가 평균 이하로 편중되는 경향을 말한다.
④ 상동적 태도 : 어떤 사람이나 집단에 대한 지식 없이 하나의 특성에 따라 일반화하는 태도를 말한다.

11 ② [보기]에서 말하는 신입사원 교육훈련 방법이란 직장 내 교육훈련을 말한다. 직장 내 교육훈련은 교육 담당자의 수준 차이로 교육 내용과 수준에 통일성을 유지하기 어렵다는 단점이 있다.

직장 내 교육훈련(OJT) 단점	직장 외 교육훈련(Off-JT) 단점
• 교육 담당자의 수준 차이로 교육 내용과 수준에 통일성을 유지하기 어렵다. • 초기 생산성이 낮을 수 있다. • 기존 직원들의 업무 부담이 증가한다. • 종업원 다수에 동시 교육이 어렵다. • 교육 담당자의 역량에 따라 교육 효과가 달라질 수 있다.	• 시간과 비용이 비교적 많이 소요된다. • 훈련내용을 현장에 바로 적용하기 어렵다. • 참여하지 않은 인원들의 업무 부담이 증가한다. • 교육생들의 능력 차이를 고려하기 힘들다.

12 ④ 종합평가센터제도에 대한 설명이다.
① 기능목록제도란 종업원의 직무수행 평가에 필요한 정보를 파악하기 위한 개인별 능력 평가표로 종업원별 기능 보유 색인을 작성하여 데이터베이스에 저장하고 경력 개발에 활용하는 방법을 말한다.
② 자기신고제도란 종업원이 일정한 양식의 자기신고서에 자기 능력 활용 정도, 적성 여부, 전직 여부 등을 작성하여 인사부문에 신고하는 제도를 말한다.
③ 직무순환제도란 담당 직무를 순차적으로 교체하여 종업원에게 기업의 직무 전반을 이해하게 하고, 지식과 경험을 쌓게 하는 제도를 말한다.

13 ④ 임금관리의 3대 과제란 임금수준, 임금체계, 임금형태를 말한다.

임금관리 과제	내용
임금수준	• 기업이 일정기간 종업원에게 지급하는 평균임금(기업 전체의 평균임금) • 사회의 임금수준, 생계비, 기업의 지급 능력을 고려하여 결정
임금체계	• 임금의 구성 내용 • 각 임금 항목의 산정 방법을 결정하는 기준
임금형태	• 임금 계산 및 지급 방법

14 ④ 임금수준이란 기업의 임금총액을 종업원 수로 나누어 얻은 값으로 평균임금률을 지칭한다. 기업은 업종, 규모, 설비 등을 고려하여 지급 능력 안에서 임금의 상한선을 결정한다.

임금수준 결정 요인
• 기업의 지불 능력(상한선) • 근로자의 생계비(하한선) • 노동 시장 임금수준

15 ① 통상임금에 대한 설명이다. 통상임금이란 근로자에게 소정 근로 또는 총 근로에 대해 정기적으로 지급하기로 정한 시간급, 일급, 주급, 월급 또는 도급 금액을 말한다.
② 최저임금이란 모든 기업이 준수해야 하는, 법으로 정한 최소한의 임금을 말한다.
③ 업종임금이란 특정 업종의 평균 임금 수준을 의미한다.
④ 기업임금이란 기업 특성과 규모에 따라 결정되는 임금 수준을 말한다.

16 ③ 근로자 측 복리후생 효과에 해당하며 원가 절감, 우수 인력 확보, 기업 이미지 개선 등은 사용자 측 복리후생 효과에 해당한다.

17 ④ 원천징수 이행상황 보고서는 소득을 지급하는 자가 세금을 납부할 때 작성하는 서류이다.

연말정산 시 근로자가 제출해야 할 서류
• 기부금 명세서 • 의료비 지급 명세서 • 신용카드 등 소득공제 신청서 • 소득 및 세액공제 신고서

18 ② 출산휴가는 법정휴가에 해당한다. 참고로 법정휴가란 근로기준법 등 법률에 따라 의무적으로 제공해야 하는 휴가를 말하며, 약정휴가란 단체협약, 취업규칙 등에 따라 노사 간 합의하여 정한 휴가를 말한다.

법정휴가	약정휴가
연차유급휴가 생리휴가 출산휴가	경조휴가 포상휴가 하계휴가

19 ③ 단결권, 단체교섭권, 단체행동권을 노동 3권으로 칭한다.

노동 3권	내용
단결권	• 근로자가 근로조건의 향상을 위하여 노동조합을 결성하거나 이에 가입하고, 노동조합을 운영할 권리
단체교섭권	• 근로자가 노동조합 대표를 통하여 사용자 측과 단체교섭을 할 수 있는 권리
단체행동권	• 근로자가 파업이나 태업 등 그 주장을 관철할 목적으로 행하는 집단적 행위

20 ③ 회사가 근로자에게 회사 주식을 유상 또는 무상의 방법으로 취득하게 하여 근로자를 주주로서 기업경영에 참가하게 하는 제도로 간접 참여 제도이다.
① 럭커 플랜이란 부가가치 증대를 목표로 하여 이를 노사협력체계에 의해 달성하고, 이에 따라 증가된 생산성 향상분을 그 기업의 안정적인 부가가치 분배율로 노사 간에 배분하는 방식을 말한다.
② 스캔론 플랜이란 기업의 생산성 증대를 노사 협조의 결과로 인식한 것으로서 총 매출액에 대한 노무비 절약 부분을 종업원에게 배분하는 방식을 말한다.
④ 노사공동결정제도란 기업 경영에 관한 중요 사항을 노사 공동으로 결정하는 제도를 말한다.

실무문제

01	02	03	04	05	06	07	08	09	10
②	①	③	①	②	②	③	③	④	①
11	12	13	14	15	16	17	18	19	20
③	②	④	①	④	④	②	①	④	③

01 [시스템관리] - [회사등록정보] - [사업장등록]

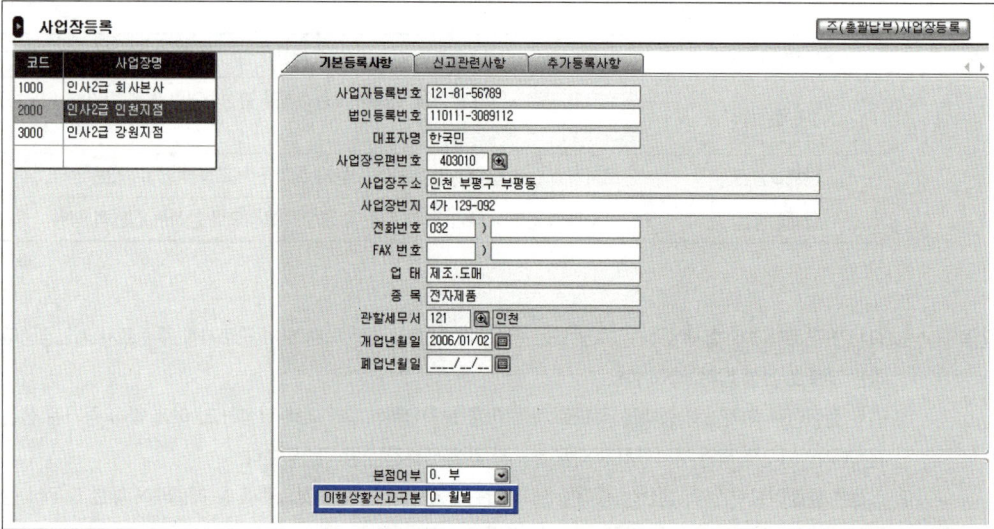

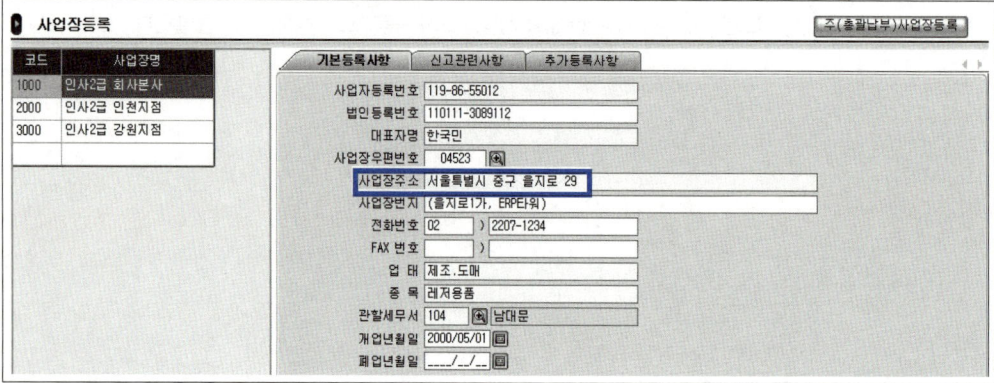

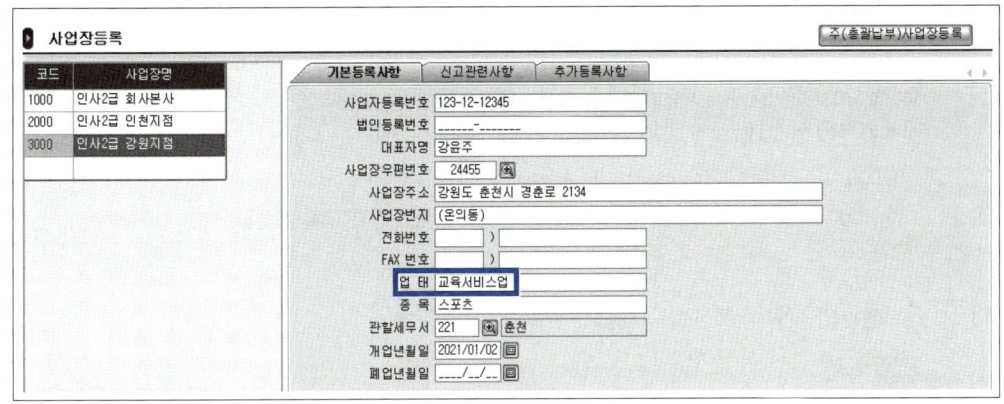

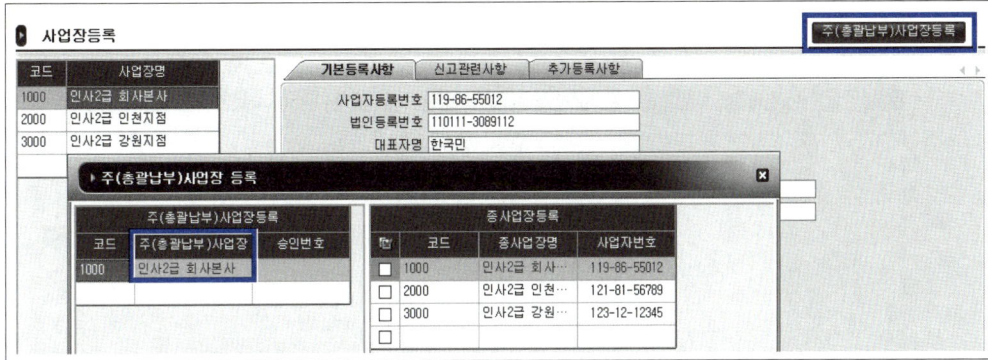

② [2000.인사2급 인천지점] 사업장은 '반기'별이 아닌 '월별'로 이행상황신고서를 제출한다.
① [1000.인사2급 회사본사] 사업장의 사업장 주소는 [기본등록사항] 탭에서 확인할 수 있다.
③ [3000.인사2급 강원지점] 사업장의 업태는 [기본등록사항] 탭에서 확인할 수 있다.
④ 우측 상단의 [주(총괄납부)사업장등록]을 클릭하여 [1000.인사2급 회사본사]가 주사업장임을 확인
  • 주사업장 확인 : 상단 [주(총괄납부)사업장등록] 버튼 – [주(총괄납부)사업장 등록] 팝업창

02 [시스템관리] – [회사등록정보] – [부서등록]

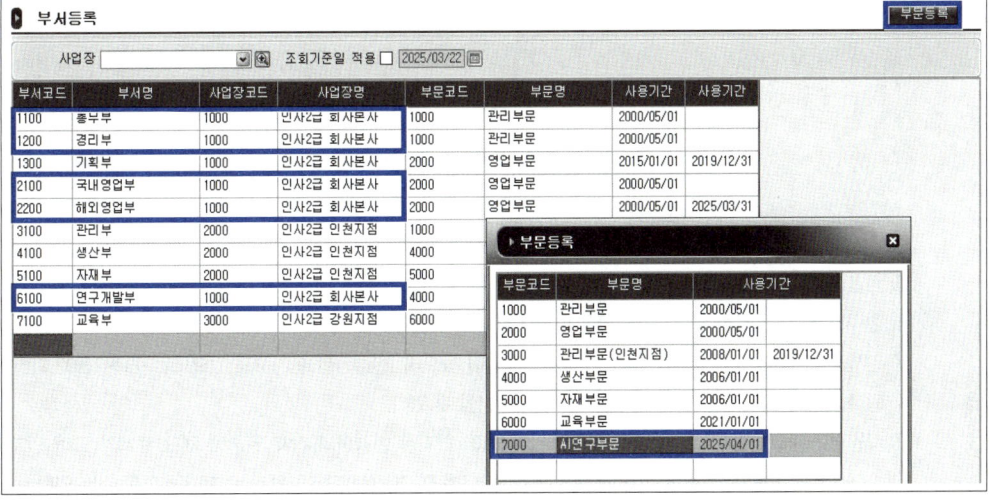

① 2025/03/22 기준 현재 사용 중인 부서 중 [1000.인사2급 회사본사] 사업장 소속의 부서는 [1100.총무부], [1200.경리부], [2100.국내영업부], [2200.해외영업부], [6100.연구개발부] 등 총 5개이다.
② 2025/03/22 기준 현재 사용이 종료된 부서는 [1300.기획부] 1개 뿐이다.
③ 가장 오랜 기간 사용된 부서는 [1000.관리부문]과 [2000.영업부문] 소속이다.
④ [7000.AI연구부문]은 2025/04/01부터 사용 예정이다.
- [7000.AI연구부문] 사용기간 확인 : 상단 [부문등록] 버튼 - [부문등록] 팝업창

03 [시스템관리] - [회사등록정보] - [사용자권한설정]
→ [모듈구분 : H.인사/급여관리]

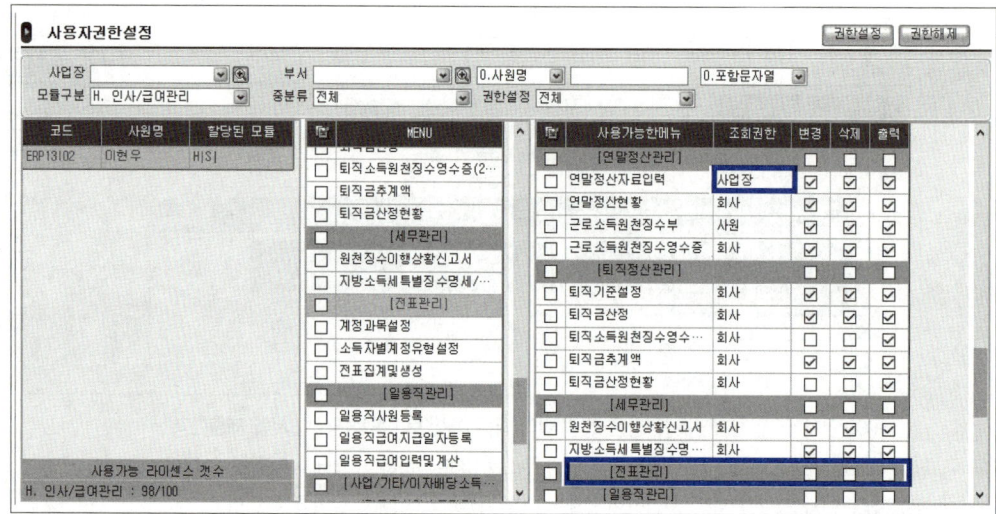

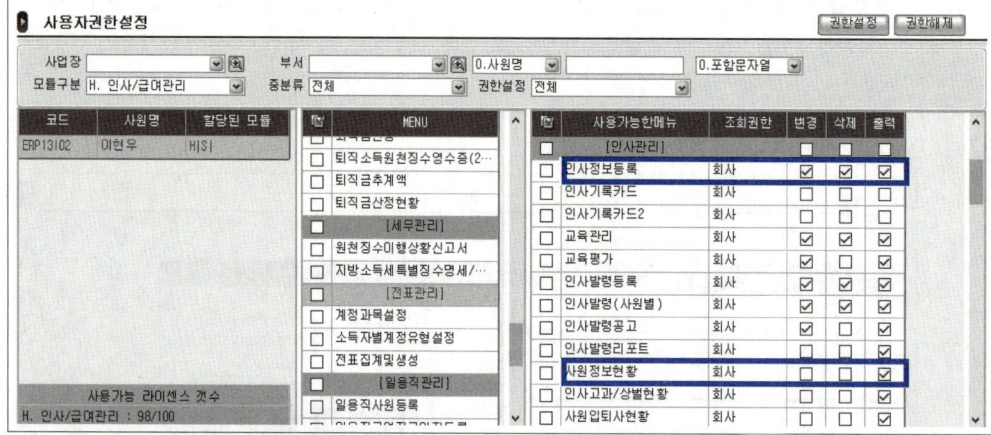

③ 연말정산자료입력의 조회권한이 사업장으로 설정되어 있으므로 [ERP13I02.이현우] 사원은 '회사'가 아닌 본인이 속한 '사업장'의 근로자에 대해서만 연말정산자료입력 작업을 할 수 있다.
① 인사정보등록에 대한 조회권한이 회사로 설정되어 있으며, 변경권한을 가지고 있으므로 [ERP13I02.이현우] 사원은 당 회사에 등록된 모든 근로자의 인사정보를 수정할 수 있다.
② 사원정보현황에 대한 조회권한이 회사로 설정되어 있지만 변경이나 삭제 권한에 체크 표시가 되어 있지 않으므로 [ERP13I02.이현우] 사원은 회사 내 모든 근로자의 면허자격 정보를 조회할 수 있지만 추가할 수는 없다.

④ 전표관리에 대한 변경, 삭제, 출력 권한이 없으므로 전표작업을 할 수 없음을 알 수 있다.

04 (1) 일괄등록

[인사/급여관리] – [기초환경설정] – [호봉테이블등록]

→ [800.주임] – [호봉이력 : 2025/03] 신규등록

→ 상단 [일괄등록] 버튼 – [호봉일괄등록] 팝업창 – [기본급_초기치 : 2,000,000, 증가액 : 100,000/ 직급수당_초기치 : 50,000, 증가액 : 35,000] 입력 후 [적용] 클릭

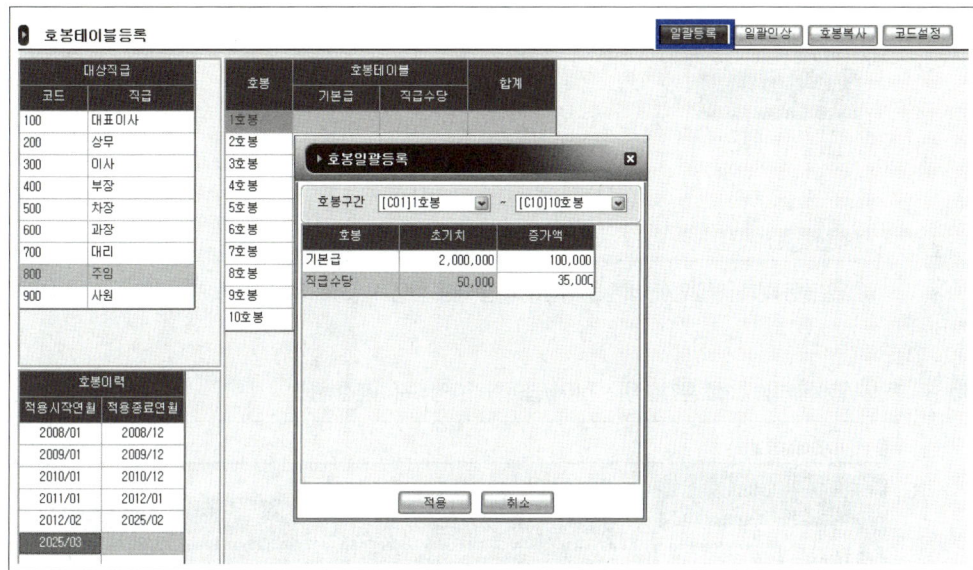

(2) 일괄인상

→ 상단 [일괄인상] 버튼 – [호봉일괄인상] 팝업창 – [정률(%)_기본급 : 6.5/ 직급수당 : 3.5] – [정률적용] 클릭

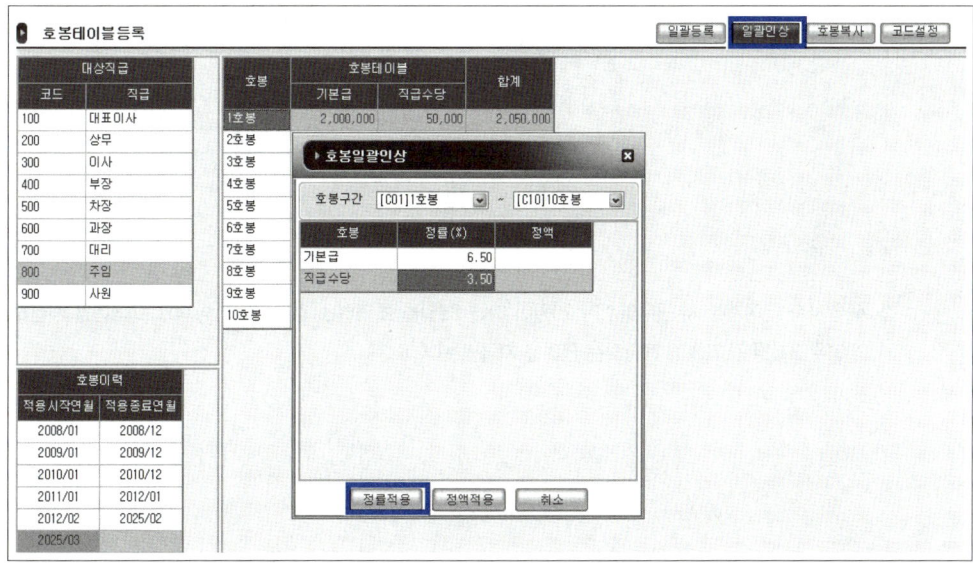

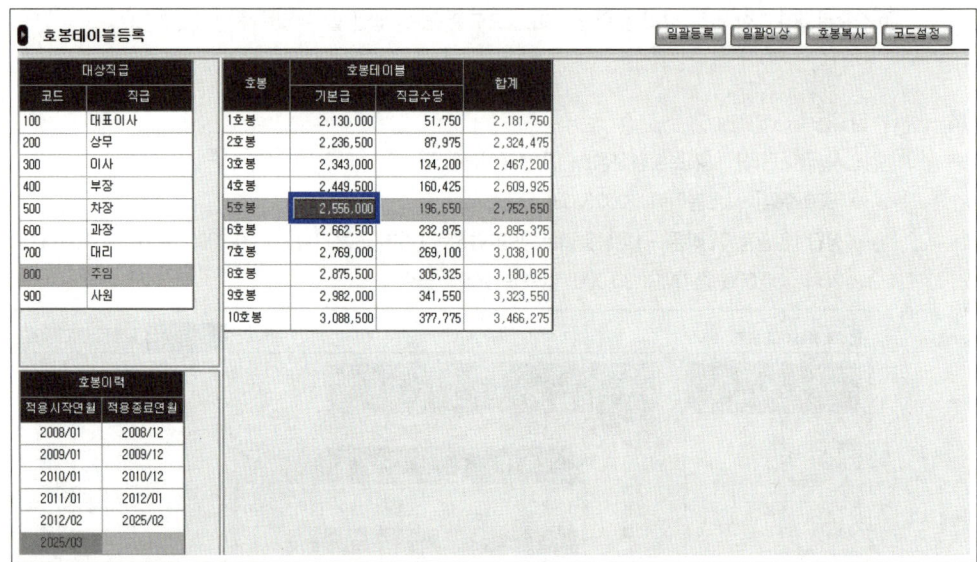

① [일괄등록]과 [일괄인상] 버튼을 이용해 해당 내용 반영 시 [800.주임] 5호봉 기본급은 2,556,000원이다.

05 [인사/급여관리] – [기초환경설정] – [인사/급여환경설정] – [기준설정] 탭

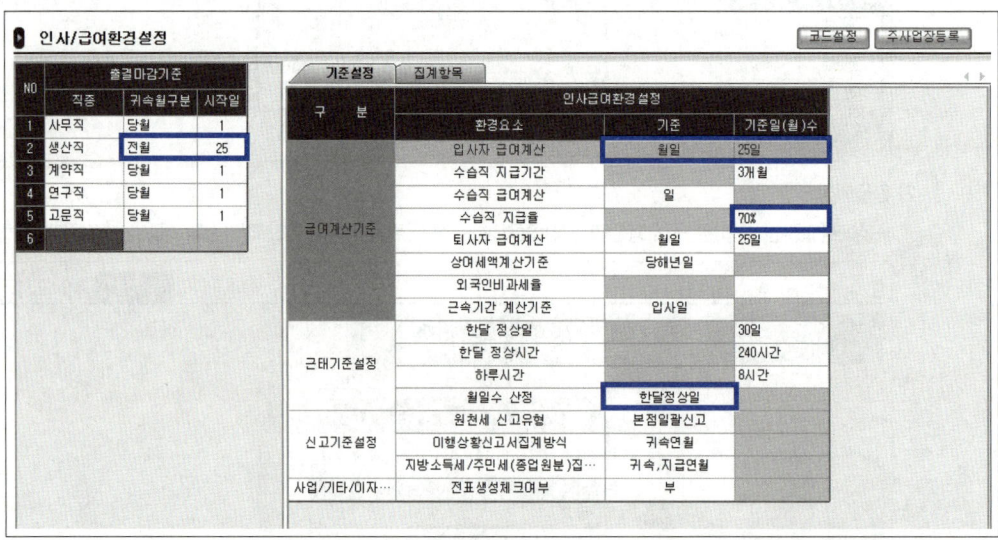

② ▲ 입사자 급여계산 시 근무일수가 20일이 아닌 25일을 초과하는 경우 '월'의 방식으로 급여를 지급하고 ▲ 수습직의 경우 3개월 간 70%에 해당하는 급여를 지급받는다.

06 [인사/급여관리] - [기초환경설정] - [지급공제항목등록] - [지급/공제항목설정] 탭
→ [급여구분 : 급여] - [지급/공제구분 : 지급] - [귀속연도 : 2025]

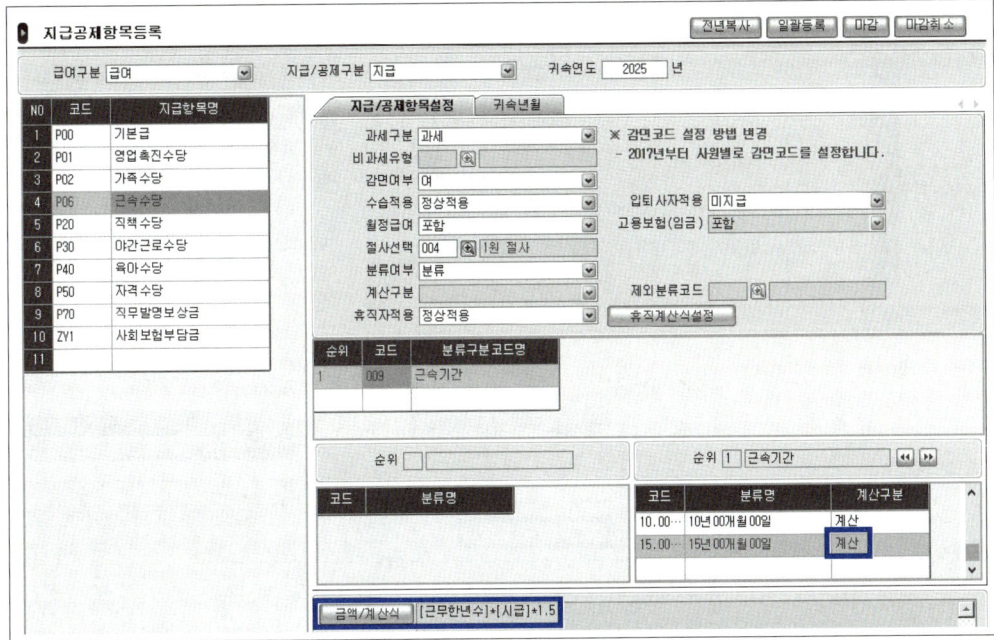

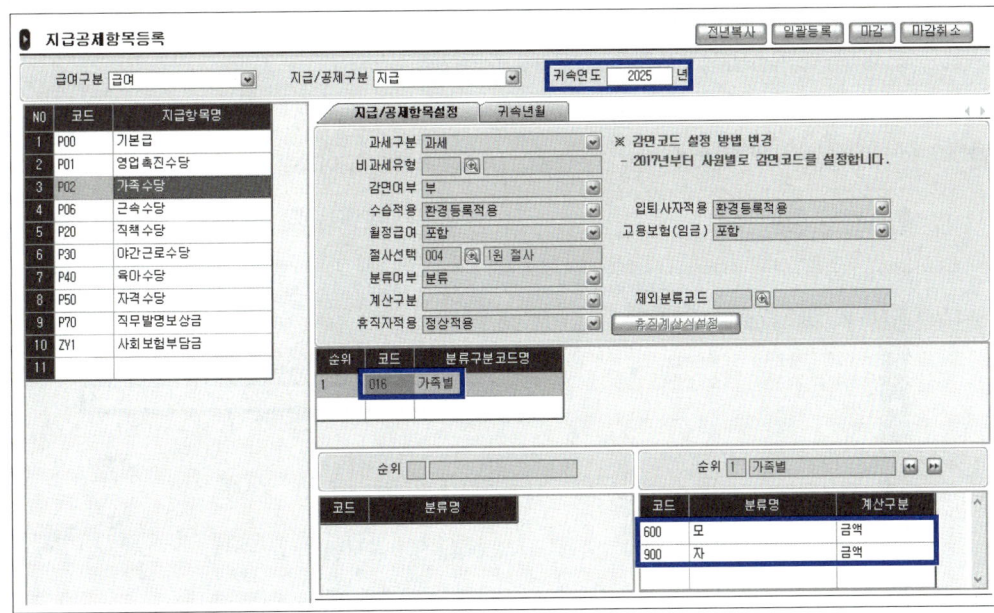

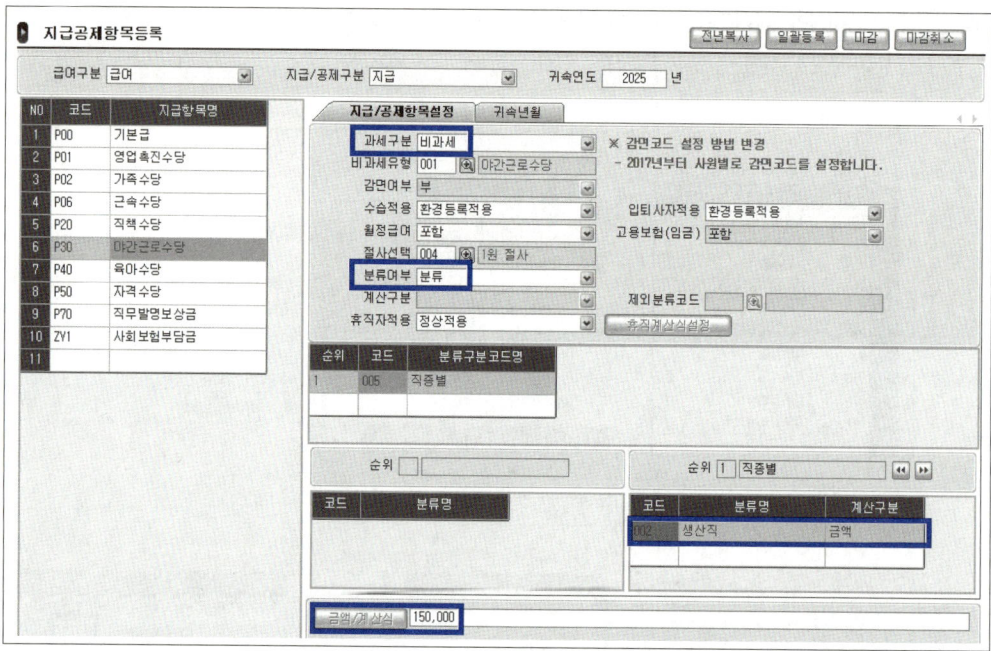

② [P06.근속수당]은 15년 이상 근속한 경우 '[근무한년수] × [시급] × 1.5'로 계산된다.
① 2024년과 비교했을 때, 2025년 [P02.가족수당]의 가족별 분류에 [200.배우자]가 삭제되었다.
③ [지급/공제항목설정] 탭에서 직종코드가 [002.생산직]인 근로자의 야간근로수당 금액을 확인할 수 있다.
④ [지급/공제항목설정] 탭 과세구분 및 분류여부에서 확인할 수 있다.

07 [인사/급여관리] - [인사관리] - [인사정보등록] - [재직정보] 탭 및 [급여정보] 탭

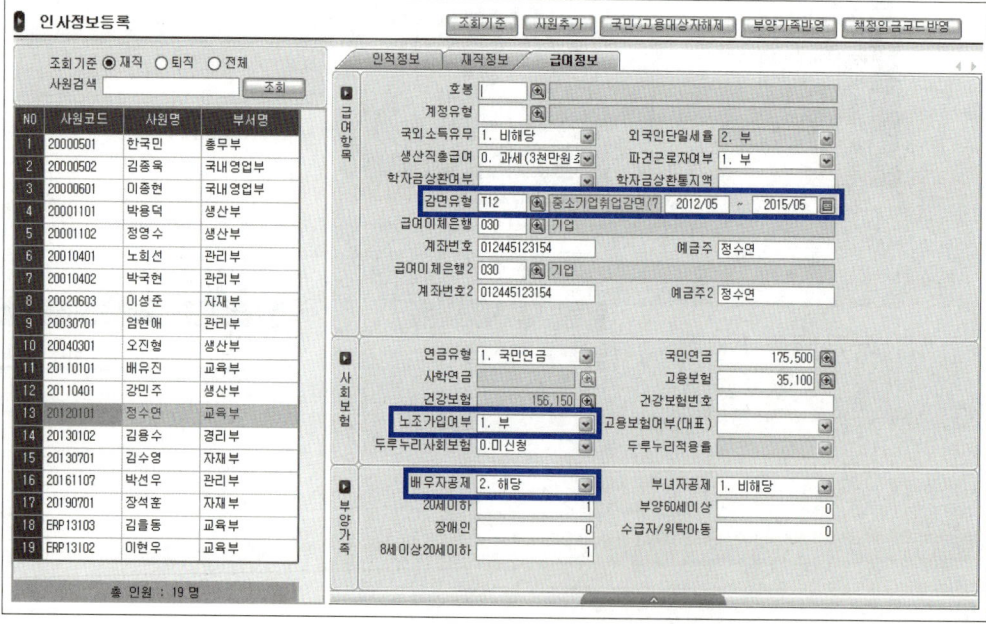

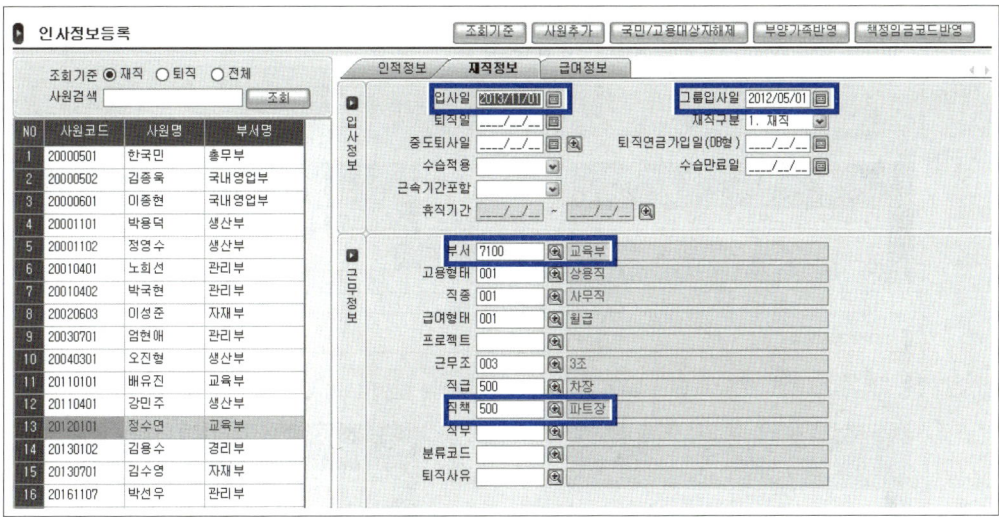

③ [T12.중소기업취업감면(70% 감면)] 대상자였고, 현재 감면이 종료되었다.
① 입사일과 그룹입사일은 [재직정보] 탭에서 확인할 수 있다.
② 소속 부서 및 직책은 [재직정보] 탭에서 확인할 수 있다.
④ 노조가입여부 및 배우자공제는 [급여정보] 탭에서 확인할 수 있다.

08 [인사/급여관리] – [인사관리] – [교육현황] – [교육별사원현황] 탭
→ [교육기간 : 2025/01/01 ~ 2025/03/31]

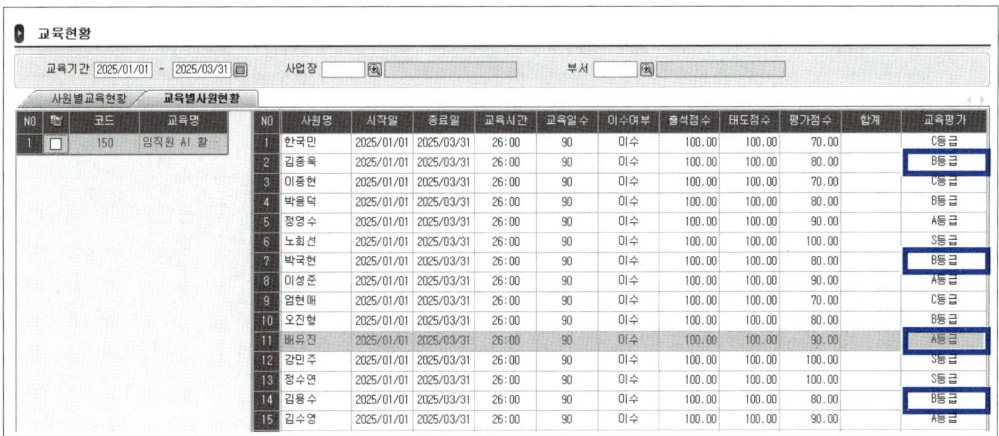

③ 다른 3명이 'B등급'을 받은 것과 달리 [20110101.배유진]의 교육평가 결과는 'A등급'이다.

제107회 정답 및 해설 **179**

09 [인사/급여관리] – [인사관리] – [인사발령(사원별)]
→ [발령호수 : 20250101] – [발령구분 : 부서이동]

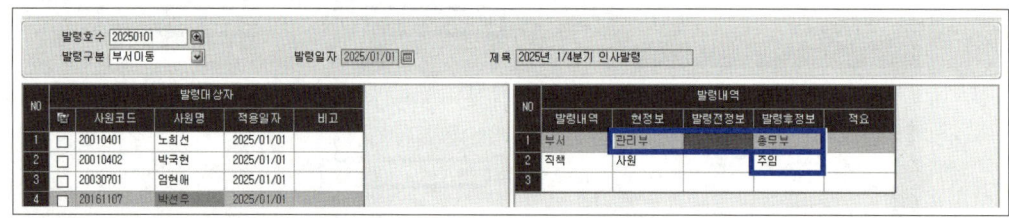

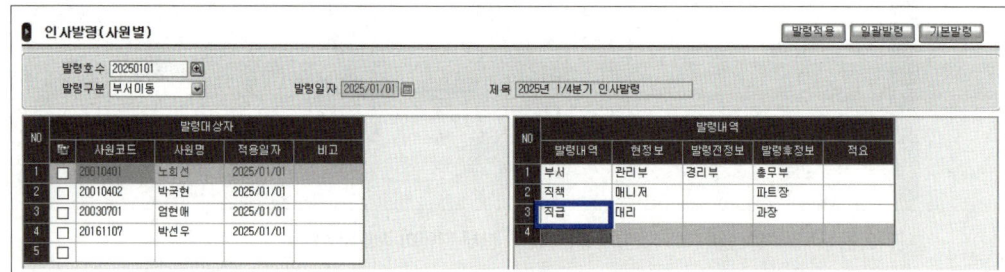

④ 해당 발령호수의 [20161107.박선우] 사원은 현 소속인 관리부에서 발령 후 총무부로 이동함을 알 수 있다.
① 해당 발령호수의 [20010401.노희선] 사원은 부서와 직책뿐만 아니라 직급 정보도 변경된다.
② 해당 발령호수의 [20161107.박선우] 사원은 발령 전 부서 정보가 존재하지 않는다.
③ [20030701.엄현애] 사원을 제외한 모든 대상자의 직책 정보가 변경된다.

10 [인사/급여관리] – [인사관리] – [근속년수현황]
→ [퇴사자 : 0.제외] – [기준일 : 2025/02/28] – [년수기준 : 2.미만일수 올림] – [경력포함 : 0.제외]

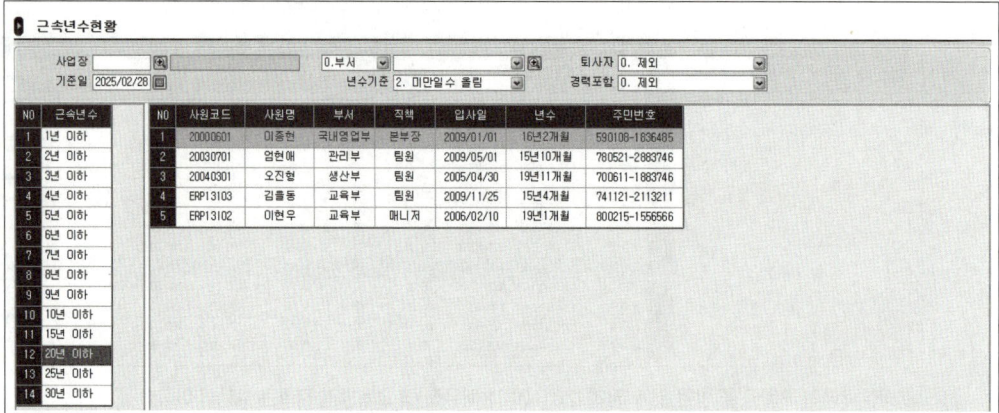

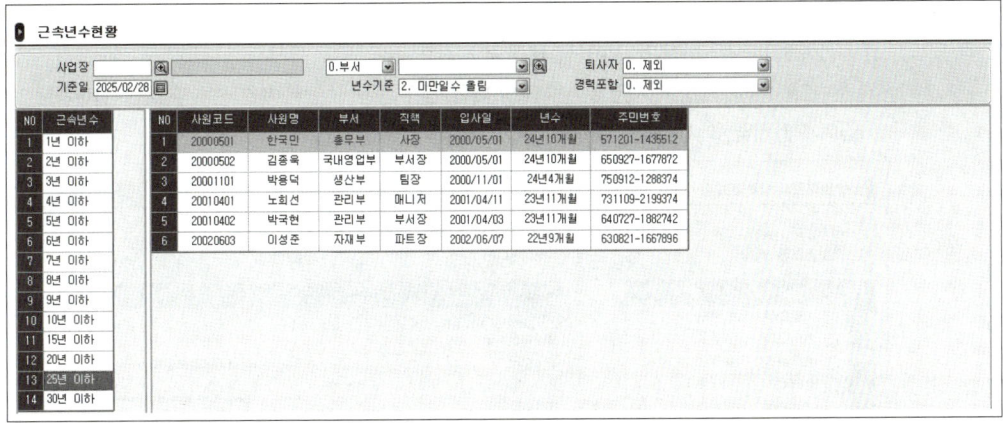

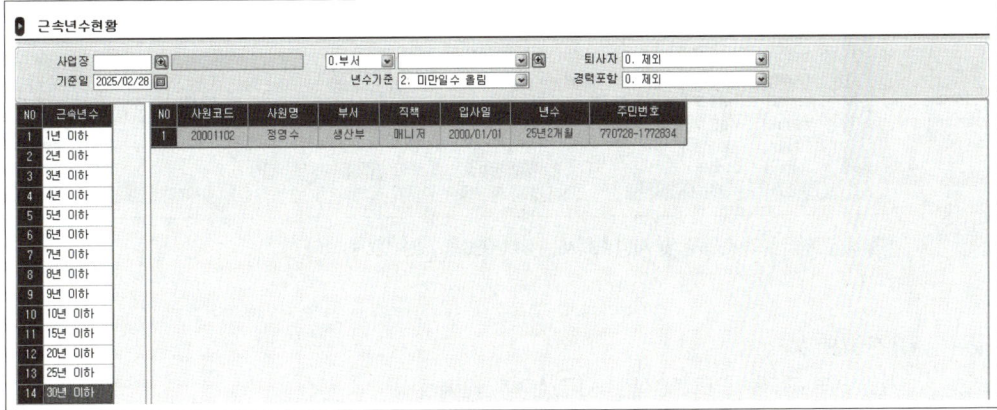

① 특별근속수당 = 5명(15년 이상 근속) × 150,000원 + 7명(20년 이상 근속) × 200,000원

= 2,150,000원

11 (1) 책정임금 등록

[인사/급여관리] – [인사관리] – [인사정보등록] – [급여정보] 탭

→ [20010401.노희선] 선택 – 하단 [책정임금] – [계약시작년월 : 2025/03] 입력 – 팝업창 [예] 클릭 – 연봉 '금액'
란에서 'Ctrl + F3' → 연봉 '42,766,830' 입력

(2) 급여계산

[인사/급여관리] - [급여관리] - [상용직급여입력및계산]

→ [귀속연월 : 2025/03] - [지급일 : 1.2025/03/25 급여 동시] - 전체 사원 선택 후 상단 [급여계산] 버튼 클릭 -
[급여계산] 팝업창에서 [계산] 클릭 - '소득세'와 '지방소득세' 확인

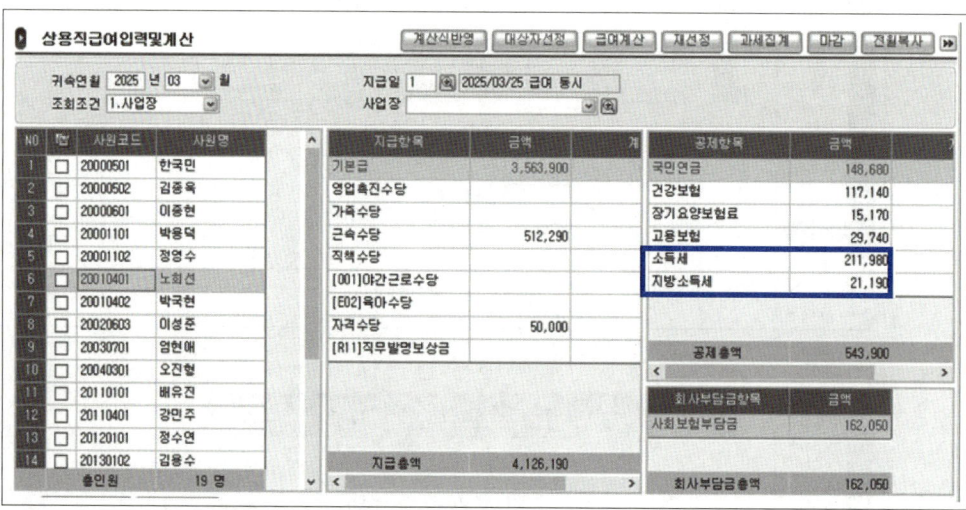

③ 해당 지급일의 소득세 및 지방소득세는 211,980원 / 21,190원이다.

12

(1) 전월자료 복사

[인사/급여관리] - [기초환경설정] - [급/상여지급일자등록]

→ [귀속연월 : 2025/03]

→ 상단 [전월복사] 버튼 - [전월자료복사] 팝업창 - '2.2024/12_분리/상여' 선택 후 [확인] 클릭

→ 좌측 [지급일자(2025/04/10)] 수정 - 하단 '지급직종및급여형태'에서 상여지급대상기간 [시작일(2025/01/01)]
및 [종료일 (2025/03/31)] 수정

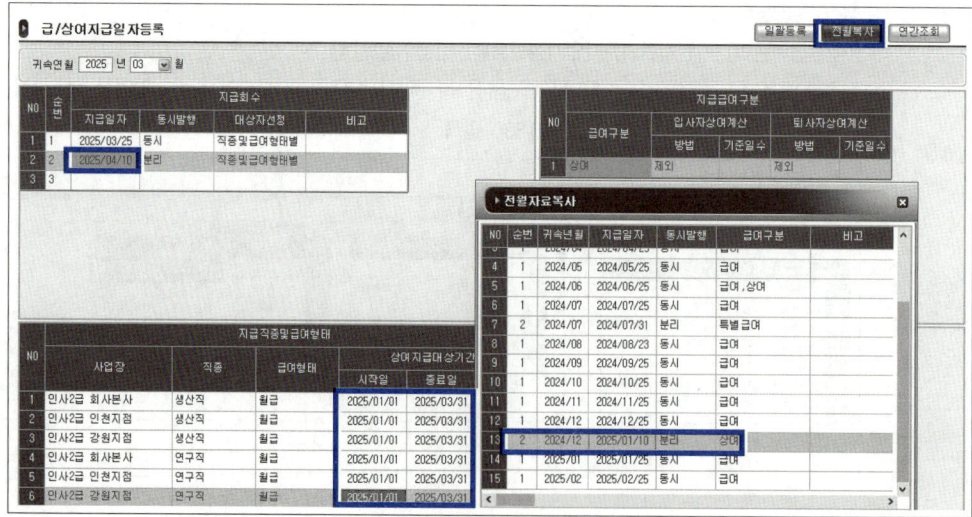

(2) 급여계산

[인사/급여관리] – [급여관리] – [상용직급여입력및계산]

→ [귀속연월 : 2025/03] – [지급일 : 2,2025/04/10 상여 분리] – 사원 전체 체크 후 상단 [급여계산] 버튼 클릭 – [급여계산] 팝업창에서 [계산] 클릭 – 하단 [급여총액] 탭에서 '과세' 확인

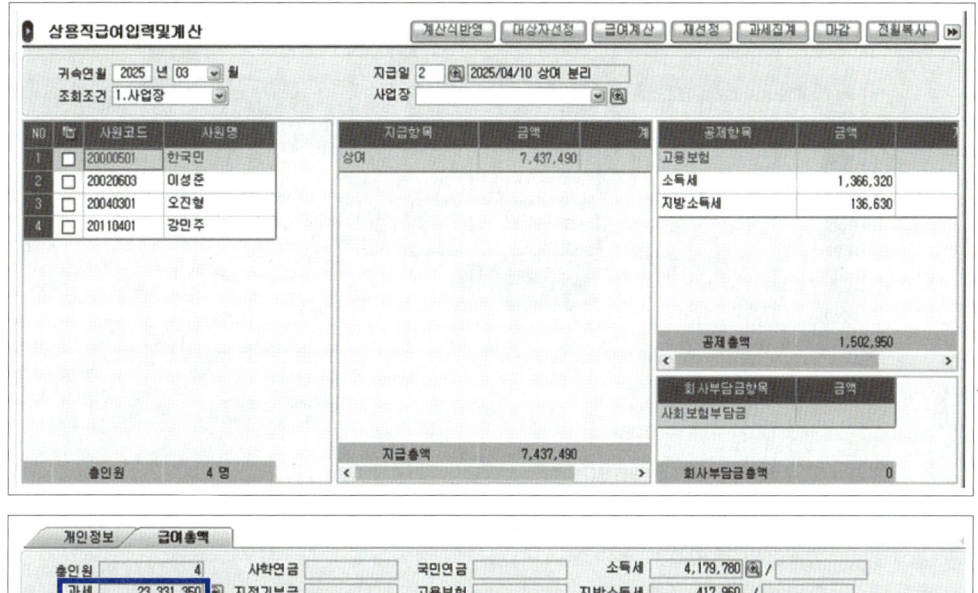

② 해당 지급일의 과세총액은 23,331,350원이다.

13 (1) 책정임금 확인

[인사/급여관리] – [인사관리] – [인사정보등록] – [급여정보] 탭

→ [20020603.이성준] – 하단 [책정임금] – [계약시작년월 : 2025/01] 클릭 – 팝업창 [예] 클릭 – 연봉 '금액'란에서 'Ctrl + F3' – '시급' 확인

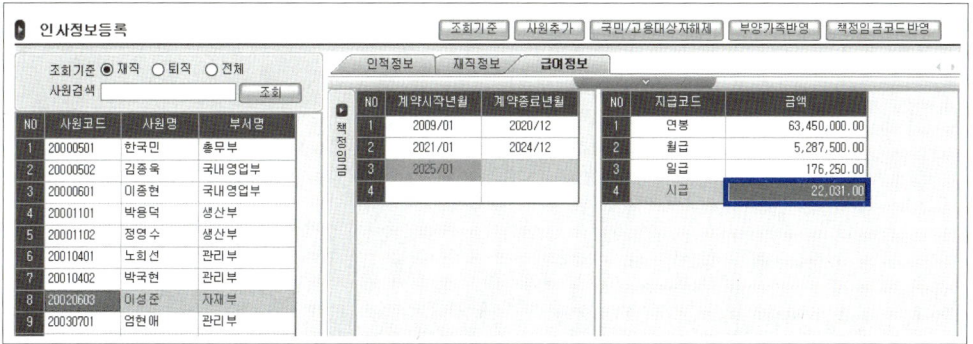

(2) 근태 공제금액 계산

[인사/급여관리] – [급여관리] – [근태결과입력]

→ [귀속연월 : 2025/02] – [지급일 : 1.2025/02/25 급여 동시]

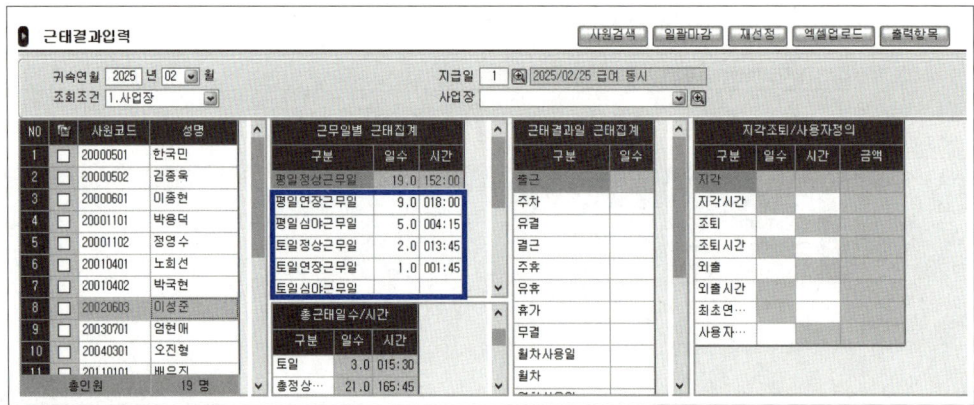

- 책정임금 시급 : 22,031원
- 15분 = 1시간 ÷ 4 → 0.25
  - 평일연장근무 18:00 → 18.0
  - 토일정상근무 13:45 → 13.75
  - 평일심야근무 4:15 → 4.25
  - 토일연장근무 1:45 → 1.75

④ 초과근무수당 = 1유형 근무수당 + 2유형 근무수당

= (평일연장근무시간 + 토일정상근무시간) × 1.5 × 시급 + (평일심야근무시간 + 토일연장근무시간)
 × 2 × 시급

= (18.0 + 13.75) × 1.5 × 22,031원 + (4.25 + 1.75) × 2 × 22,031원

= 1,049,220원(≒ 1,049,226.375) + 264,370원(≒ 264,372)

= 1,313,590원

14 (1) 일용직 정보변경

[인사/급여관리] – [일용직관리] – [일용직사원등록]

→ [0019.류성준] 선택 – [기본정보] 탭 – [생산직비과세 적용 : 함]

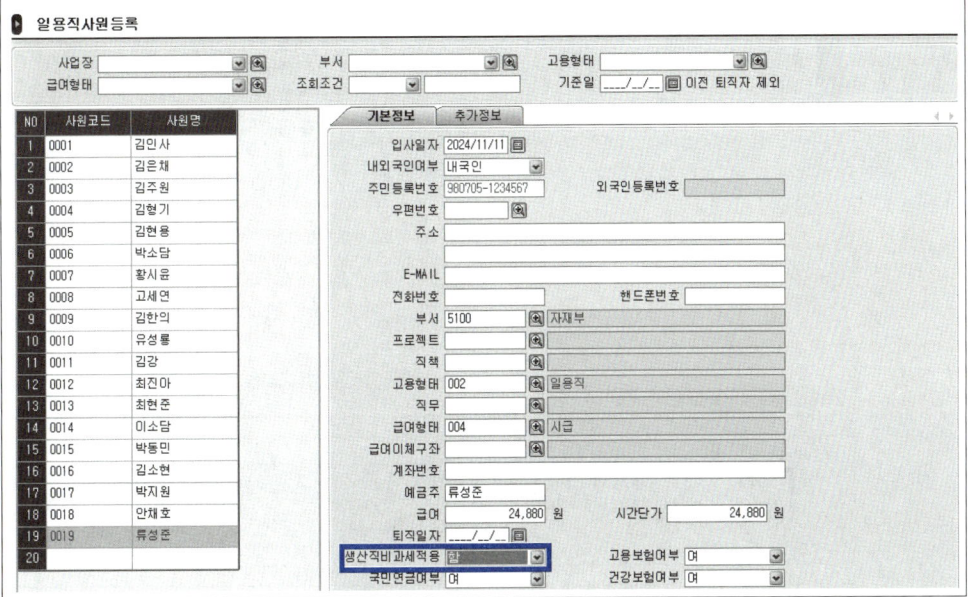

(2) 급여계산

[인사/급여관리] – [일용직관리] – [일용직급여입력및계산]

→ [귀속연월 : 2025/03] – [지급일 : 1,2025/03/25] – [출결기간 : 2025/03/01 ~ 2025/03/31 매일지급] – 조회

→ 상단 [일괄적용] 버튼 – [일괄적용] 팝업창 – [일괄적용시간 : 009:00], [일괄적용요일 : 평일], [비과세(신고제외분) : 12,000] 입력 후 [적용] 클릭

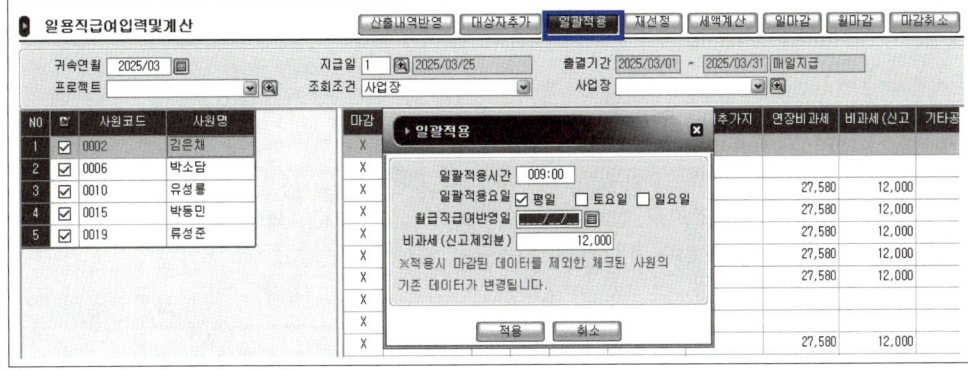

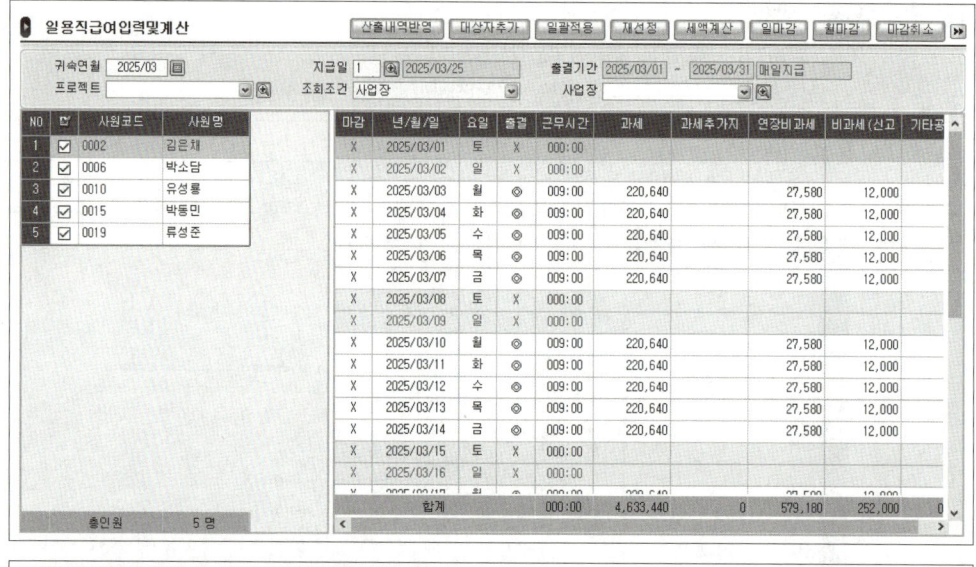

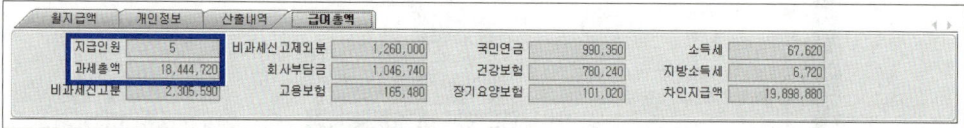

① 해당 지급일에 발생한 과세총액의 합은 18,444,720원이다.
② 해당 지급일자의 근무일수는 [개인정보] 탭에서 확인할 수 있다.
③ 해당 지급일자의 총 소득세는 [급여총액] 탭에서 확인할 수 있다.
④ 실지급액(차인지급액) 및 회사부담금 총액은 [급여총액] 탭에서 확인할 수 있다.

15 (1) 대상자 추가

[인사/급여관리] – [일용직관리] – [일용직급여지급일자등록]

→ [귀속연월 : 2025/03] – [지급일 : 2.2025/03/25] – [출결기간 : 2025/03/01 ~ 2025/03/31 일정기간지급] –
[부서 : 1200.경리부] – [급여형태 : 003.일급] – 해당 사원 전체 체크 후 [추가] 클릭

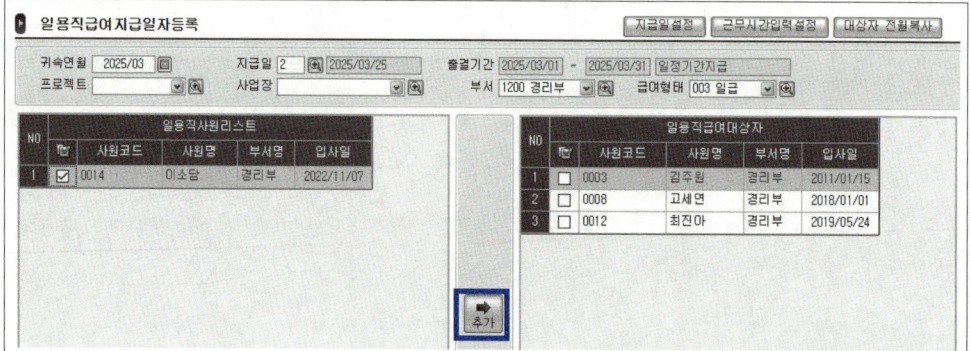

(2) 급여계산

[인사/급여관리] - [일용직관리] - [일용직급여입력및계산]

→ [귀속연월 : 2025/03] - [지급일 : 2,2025/03/25] - [출결기간 : 2025/03/01 ~ 2025/03/31 일정기간지급] - 사원 전체 체크 후 상단 [일괄적용] 버튼 - [일괄적용] 팝업창 - [일괄적용시간 : 008:00], [일괄적용요일 : 평일] 입력 후 [적용] 클릭

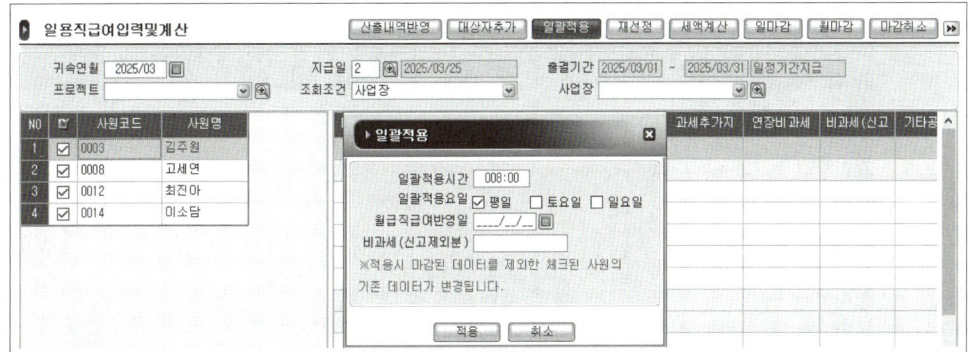

→ 하단 [급여총액] 탭에서 '과세총액' 확인

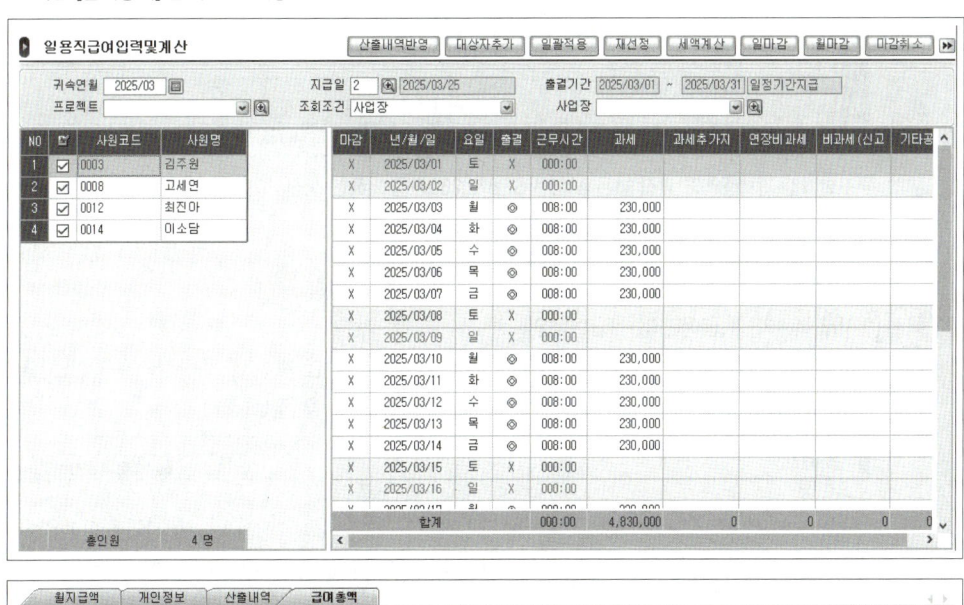

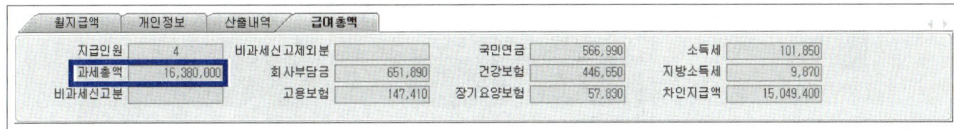

④ 조회기간 과세 총액은 16,380,000원이다.

16 [인사/급여관리] – [급여관리] – [연간급여현황]

→ [조회기간 : 2024/10 ~ 2024/12] – [분류기준 : 과세/비과세] – [사업장 : 2000.인사2급 인천지점, 3000.인사2급 강원지점] – [사용자부담금 : 0.제외]

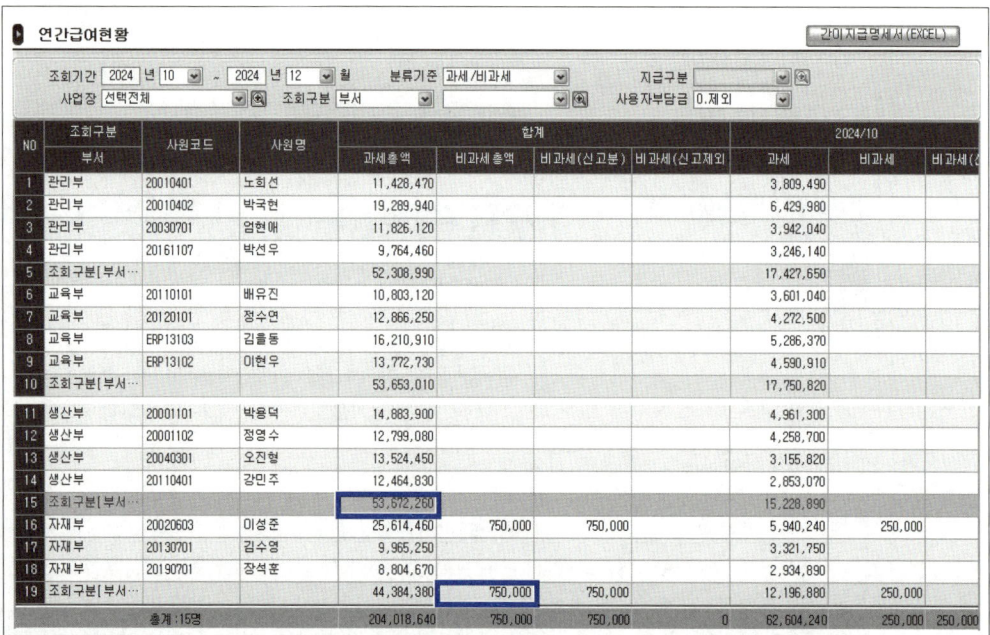

④ 조회기간 과세총액이 가장 높은 부서는 53,672,260원을 기록한 생산부이고, 비과세총액이 가장 많이 발생한 부서는 750,000원을 기록한 자재부이다.

17 [인사/급여관리] – [급여관리] – [급여대장]

→ [귀속연월 : 2025/02] – [지급일 : 1.2025/02/25 급여 동시] – [집계 : 3.근무조별] – 우측 상단 [출력항목] 버튼 – [출력항목] 팝업창 – [지급/공제] 탭 – 지급/공제 항목 전체 선택 후 [적용] 클릭

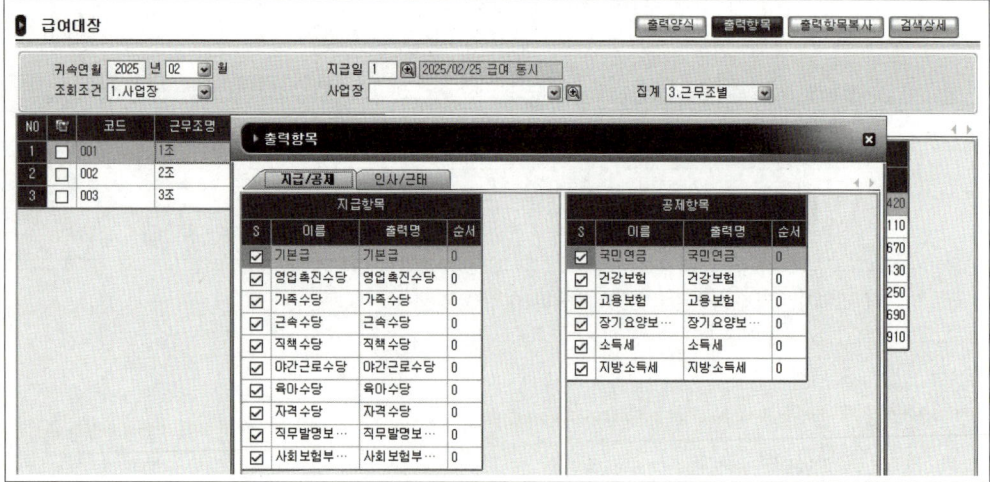

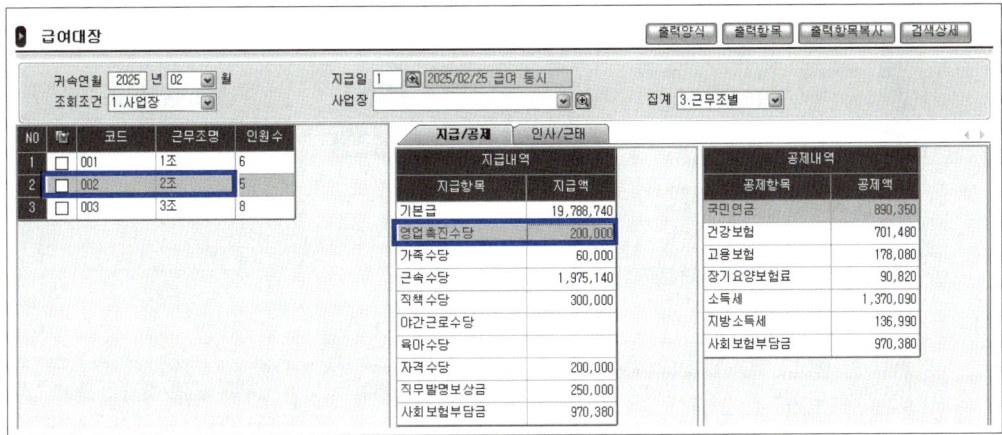

② 2조의 영업촉진수당은 200,000원이다.

18 [인사/급여관리] - [급여관리] - [월별급/상여지급현황]
→ [조회기간 : 2024/10 ~ 2024/12] - [지급구분 : 100.급여] - [조회구분 : 2.부서] - [부서 : 3100.관리부]

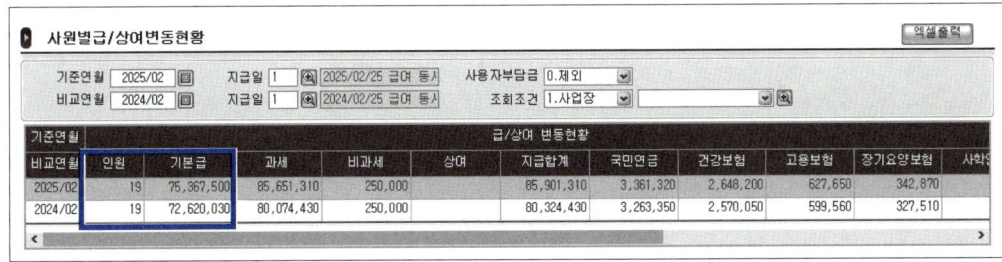

① 조회기간 [20161107.박선우] 사원의 소득세 공제액은 286,290원이고, 지방소득세 공제액은 28,620원이다.

19 [인사/급여관리] - [급여관리] - [사원별급/상여변동현황]
→ [기준연월 : 2025/02] - [지급일 : 1.2025/02/25 급여 동시] - [사용자부담금 : 0.제외] -
[비교연월 : 2024/02] - [지급일 : 1.2024/02/25 급여 분리] - [조회조건 : 1.사업장_전체]

④ [20110101.배유진] 사원의 지급/공제항목에서는 기본급에도 금액 변동이 존재한다.

20 [인사/급여관리] – [급여관리] – [수당별연간급여현황]
→ [조회기간 : 2024/10 ~ 2024/12] – [수당코드 : P06.근속수당] – [조회조건 : 1.사업장_2000.인사2급 인천지점]

③ 보기의 4명 중 [P06.근속수당]이 가장 높은 이는 2,143,230원을 기록한 [20020603.이성준] 사원이다.

제106회 정답 및 해설

이론문제

01	02	03	04	05	06	07	08	09	10
③	①	③	④	②	①	②	②	④	④
11	12	13	14	15	16	17	18	19	20
①	③	③	②	②	②	④	④	③	②

01 ③ RPA(Robotic Process Automation, 로봇 프로세스 자동화)란 소프트웨어 프로그램이 사람을 대신하여 반복 업무를 자동으로 처리하는 기술을 말한다. RPA는 기초프로세스 자동화, 데이터 기반의 머신러닝 활용, 인지자동화라는 세 단계 활동으로 구성되는데 정형화된 데이터에 기반하여 자료를 작성하고, 단순 반복 업무를 처리하며, 고정된 프로세스 단위로 업무를 수행하는 건 기초프로세스 자동화 단계에서 이루어진다.

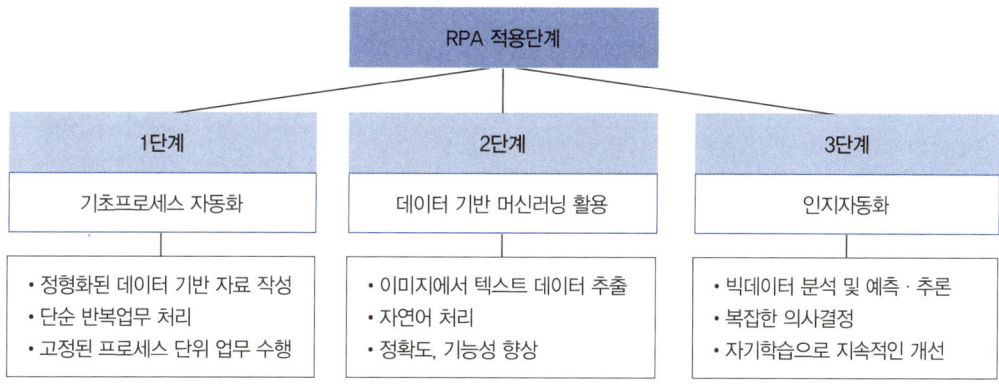

02 ① 사물인터넷에 대한 설명이다. 사물인터넷은 유·무선 네트워크를 기반으로 모든 사물을 연결하여 사람과 사물(human to machine), 사물과 사물(machine to machine) 간 정보를 주고받는 지능형 정보기술 및 서비스를 말한다.
② 클라우드 컴퓨팅은 인터넷 기술을 활용하여 IT 자원을 서비스로 제공하는 컴퓨팅으로 IT 자원(소프트웨어, 스토리지, 서버, 네트워크)을 필요한 만큼 빌려서 사용하고, 사용한 만큼 비용을 지불하는 컴퓨팅을 의미한다. 클라우드는 기업의 IT 인프라 유지·보수 부담을 경감하고, 사업 초기 대규모 투자비용 부담도 줄일 수 있다.
③ 인공신경망은 인간의 학습과 직관이 일어나는 생물학적 신경망 과정을 모방한 컴퓨터 프로그램으로 이미 존재하는 어떤 규칙이나 구조에 따라 프로그램화되는 것이 아닌 경험과 시행착오법(trial and error)을 통해 실제학습이 이루어진다.
④ 사이버물리시스템은 제품, 공정, 생산설비 및 공장과 같은 실제 세계와 가상 세계를 통합한 시스템으로 제조 빅데이터를 기반으로 사이버 모델을 구축하고 이를 활용하여 최적의 설계 및 운영을 수행하는 것이다.

03 ③ 'Best Practice'를 목적으로 ERP 패키지를 도입하여 시스템을 구축하는 방법에는 ▲ BPR과 ERP 시스템 구축을 병행하는 방법 ▲ ERP 패키지에 맞추어 BPR을 추진하는 방법 ▲ BPR을 실시한 후에 이에 맞게 ERP 시스템을 구축하는 방법 ▲ 선진 업무프로세스(Best Practice)를 이용해서 자사의 업무프로세스를 선진화 및 최적화하는 방법 등이 있다.

04 ④ 2단계 설계에서 이루어지는 GAP 분석은 패키지 기능과 TO-BE 프로세스의 차이를 분석하는 것이다.
① TO-BE 프로세스 분석 : 1단계 분석
② TO-BE 프로세스에 맞게 모듈을 조합 : 3단계 구축
③ 현재업무(AS-IS) 및 시스템 문제 분석 : 1단계 분석

05 ② 인적자원관리 패러다임은 사람중심에서 역할중심으로 변화했다. 참고로 인적자원 패러다임은 ▲ 연공주의에서 성과주의로 ▲ 수직적 상하관계에서 수평적 상호관계로 ▲ 일방적 통보에서 쌍방향 소통으로 변화하였다.

06 ① 요소는 작업이 나누어질 수 있는 최소단위이며, 목표를 위하여 수행되는 하나의 명확한 작업 활동은 과업이다.

구분	내용
요소	작업이 나누어질 수 있는 최소단위
과업	목표를 위해 수행되는 하나의 명확한 작업 활동
직종	직업이라고도 불리며, 동일하거나 유사한 직군들의 집단
직군	동일하거나 유사한 직무들의 집단
직무	작업 종류와 수준이 동일하거나 유사한 직위들의 집단
직위	근로자 개인에게 부여된 하나 또는 그 이상의 과업들의 집단

07 ② 분석 방법의 결정은 준비(예비) 단계에 해당한다.

구분	내용
준비 단계	예비조사, 직무 단위 결정, 분석 방법 결정
실시 단계	직무내용과 직무요건을 분석하여 직무정보를 수집하고 직무분석표를 작성
정리 단계	직무기술서 및 직무명세서 작성

08 ② 요소비교법의 단점은 평가과정이 복잡하고 비용과 시간이 많이 소요된다는 점이다. 참고로 요소비교법이란 가장 기본이 되는 몇 개의 기준 직무를 선정하고 평가요소별 가치를 임금액으로 환산하여 직무의 상대적 가치를 평가요소별로 비교하여 평가하는 방법을 말한다.

09
④ 선발도구의 조건 중 신뢰성에 해당한다. 참고로 신뢰성이란 선발도구가 안정적이고 일관성 있는 결과를 얻을 수 있는지 판단하는 기준을 말하며, 타당성이란 선발도구가 당초 측정하려 의도한 것을 얼마나 정확하게 측정하고 있는지를 밝히는 정도라고 할 수 있다.

10
④ 직장 내 교육훈련(On the Job Training)은 전문적인 지식과 기능을 전달하기 어렵다.

직장 내 교육훈련(OJT) 단점	직장 외 교육훈련(Off-JT) 단점
• 교육 담당자의 수준 차이로 교육 내용과 수준에 통일성을 유지하기 어렵다. • 초기 생산성이 낮을 수 있다. • 기존 직원들의 업무 부담이 증가한다. • 종업원 다수에 동시 교육이 어렵다. • 교육 담당자의 역량에 따라 교육 효과가 달라질 수 있다.	• 시간과 비용이 비교적 많이 소요된다. • 훈련내용을 현장에 바로 적용하기 어렵다. • 참여하지 않은 인원들의 업무 부담이 증가한다. • 교육생들의 능력 차이를 고려하기 힘들다.

11
① 경력개발의 원칙으로는 ▲ 적재적소배치의 원칙 ▲ 승진경로의 원칙 ▲ 후진양성과 인재육성의 원칙 ▲ 경력기회개발의 원칙이 있다.

12
③ 코칭리더십에 대한 설명이다.
① 셀프 리더십 : 조직 내 리더만이 조직원을 관리하고 통제하는 것이 아닌 조직원 자신이 스스로를 이끌어 구성원 모두가 자율적으로 관리하고 이끌어나가는 리더십
② 슈퍼 리더십 : 조직 구성원이 자신을 스스로 리드할 수 있는 역량과 기술을 갖추도록 여건을 조성하는 리더의 행위를 강조하는 리더십
④ 카리스마 리더십 : 모범적이고 기업가다운 행동으로 권력을 행사하거나 비전을 알아보고 현재 상태를 바꾸려고 노력할 뿐만 아니라 조직을 둘러싼 환경을 정확히 평가하고 비전을 성취하는 리더십

13
③ 평균임금의 적용대상으로는 퇴직급여, 휴업수당, 연차유급휴가수당, 재해보상 및 산업재해보상보험급여, 감급제재의 제한, 구직급여가 있으며, 평균임금의 최저한도는 통상임금 적용대상이다.

통상임금 기준	평균임금 기준
• 해고예고수당, 평균임금의 최저한도 • 연장 · 야간 · 휴일 근로수당 • 출산전후휴가급여, 육아휴직급여 • 기타 법에 유급으로 표시된 보상 • 연차휴가수당	• 퇴직금 • 휴업수당, 장해보상 • 일시보상 등 각종 재해보상 • 감급제재의 제한 • 연차휴가수당

14
② 비과세 근로소득은 ▲ 월 20만원 한도의 자가운전보조금 ▲ 직전 과세기간 총급여액이 3천만원 이하로서 월정액 급여가 210만원 이하인 자가 받은 연장근로수당 ▲ 근로자 또는 그 배우자의 6세 이하인 자녀의 보육과 관련하여 사용자로부터 지급받는 월 20만원 이내의 금액이다.

15 ② 2025년도 적용연도 기준 최저임금 시급은 10,030원이다.

16 ② 4대보험은 건강보험, 국민연금, 고용보험, 산업재해보상보험이다.

17 ④ 경조휴가는 약정휴가이다.

법정휴가	약정휴가
연차유급휴가 생리휴가 출산휴가	경조휴가 포상휴가 하계휴가

18 ④ 단체교섭권에 관한 설명이다.
① 단결권 : 노동자가 노동 조건의 유지·개선, 기타 경제적 지위의 향상을 도모하고 사용자와 대등한 입장에 서기 위해 단체를 결성하여 이에 가입하는 권리
② 단체행동권 : 노동조합이 사용자에게 파업·태업 등의 수단으로 업무의 정상적인 운영을 저해하여 요구 조건을 받아들이도록 압력을 가할 수 있는 쟁의권
③ 경영참가권 : 근로자나 노동조합이 경영에 참여하여 의견을 반영하고 영향력을 행사하는 권리
※ 단결권, 단체교섭권, 단체행동권은 노동자가 헌법상 가지는 세 가지 기본권리(노동3권)이다.

19 ③ 긴급조정은 노동쟁의 조정제도에 해당한다.

근로자 쟁의	파업, 태업·사보타주, 불매운동, 준법투쟁, 보이콧, 피케팅, 생산관리 등
사용자 쟁의	직장폐쇄, 대체고용, 조업계속 등

20 ② 스캔론 플랜에 대한 설명이다.
① 럭커 플랜 : 부가가치 증대를 목표로 하여 이를 노사협력체계에 의해 달성하고, 이에 따라 증가된 생산성 향상분을 그 기업의 안정적인 부가가치 분배율로 노사 간에 배분하는 방식
③ 스톡옵션제도 : 자금부족으로 인재확보가 어려운 벤처기업 등이 인재를 확보하기 위한 수단으로 도입하는 형태
④ 종업원지주제도 : 간접참여의 형태로 종업원이 자기 회사의 주식을 특별한 목적과 방법으로 소유하는 제도

실무문제

01	02	03	04	05	06	07	08	09	10
③	③	②	②	④	①	④	①	④	②
11	12	13	14	15	16	17	18	19	20
③	①	①	②	①	②	④	③	④	③

01 [시스템관리] - [회사등록정보] - [사원등록]
→ [사용자만] 체크

③ 사용자로 등록된 이현우 사원의 회계입력방식은 〈수정〉이다.
① '부서'는 부서코드 및 부서명에서 확인할 수 있다.
② 입사일은 〈2002/12/01〉임을 확인할 수 있다.
④ '조회권한'은 〈회사〉임을 확인할 수 있다.

02 [시스템관리] - [회사등록정보] - [부서등록]

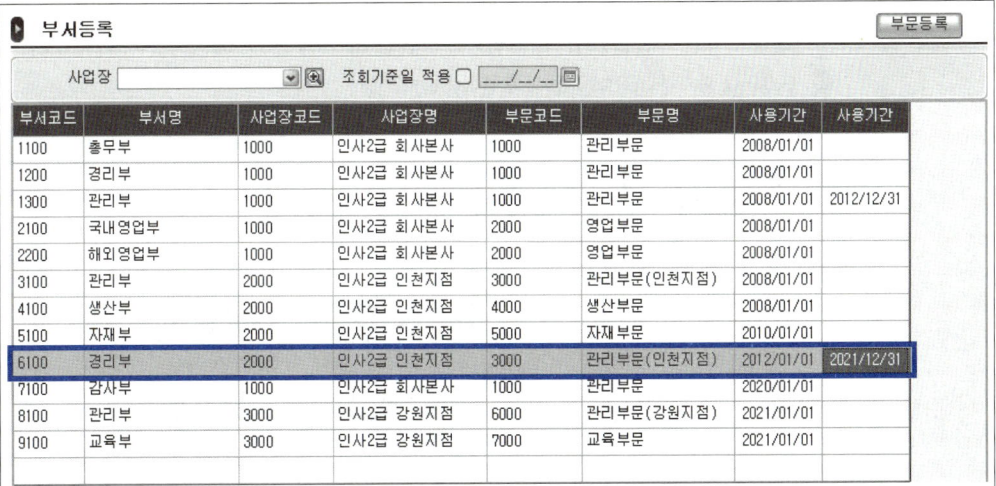

③ [2000.인사2급 인천지점] 사업장 중 [6100.경리부]는 2021년 12월 31일 사용이 종료되었다.
① 현재 사용하지 않는 부서는 [1300.관리부]와 [6100.경리부]이다.
② 부문코드가 20000이고 부문명이 영업부문인 부서들은 모두 ERP를 사용 중임을 알 수 있다.
④ [6100.경리부]의 부문코드 및 부문명, 사용기간을 통해 알 수 있다.

제106회 정답 및 해설 **195**

03 [인사/급여관리] – [기초환경설정] – [인사기초코드등록]
→ [출력구분 : 4.사원그룹(G)] – '비고'란 클릭 후 하단 'message' 확인

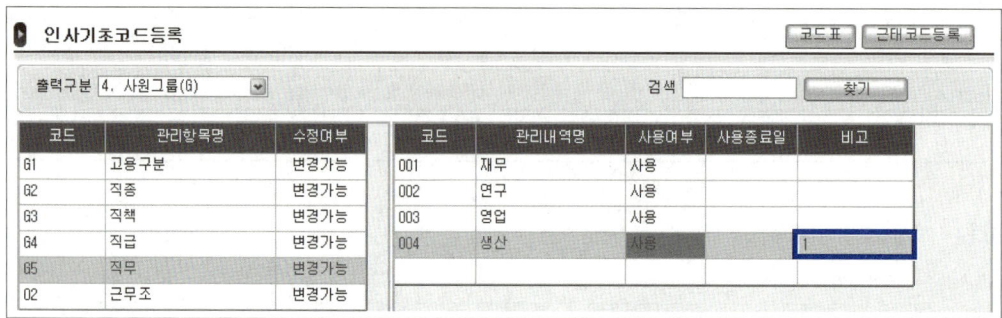

② [G5.직무] 중 [004.생산] 직무는 비고란 클릭 시 하단 'message'에 내용이 없으므로 [인사정보등록] 및 [일용직사원등록] 메뉴에서 관리하고 있는 코드다.
① [G2.직종] 비고란 클릭 시 하단 'message'에 '비고란 1: 생산직 비과세 적용 함'이라는 내용을 확인할 수 있다.
③ [G1.고용구분] 비고란 클릭 시 하단 'message'에 '비고란 0: 일용직 사원등록에 조회되는 직종'이라는 내용을 확인할 수 있다. 비고란이 0인 고용형태 중 현재 조회되는 고용형태는 [002.일용직]과 [003.인턴직]이다.
④ [G3.직책]은 비고란 클릭 시 하단 'message'에 내용이 없으므로 [인사정보등록] 및 [일용직사원등록] 메뉴에서 관리하고 있는 코드다.

04 (1) 일괄등록
[인사/급여관리] – [기초환경설정] – [호봉테이블등록]
→ [800.주임] – [호봉이력 : 2025/01] 신규등록
→ 상단 [일괄등록] 버튼 – [호봉일괄등록] 팝업창 – [기본급_초기치 : 2,300,000, 증가액 : 100,000/ 직급수당_초기치 : 120,000, 증가액 : 50,000] 입력 후 [적용] 클릭

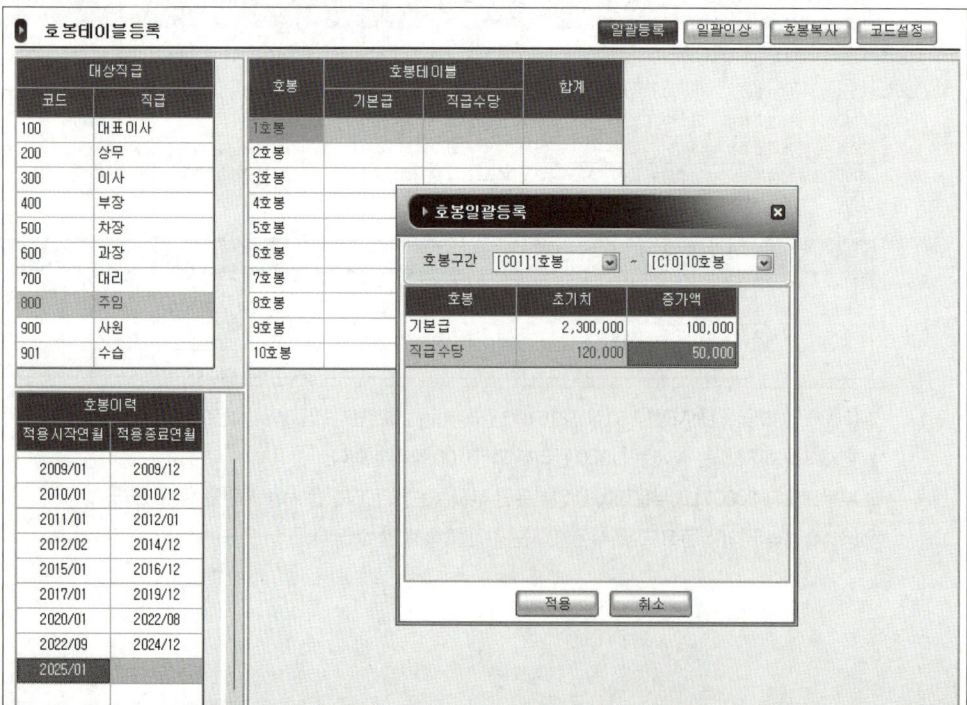

(2) 일괄인상

→ 상단 [일괄인상] 버튼 - [호봉일괄인상] 팝업창 - [정률(%)_기본급 : 3.5/ 직급수당 : 4.0] - [정률적용] 클릭

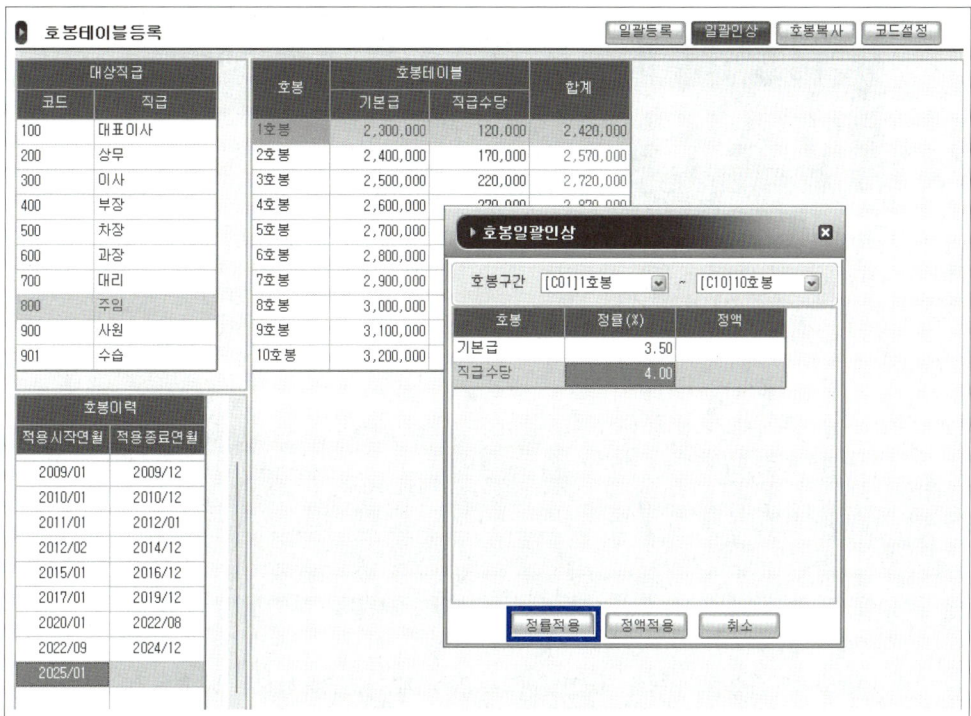

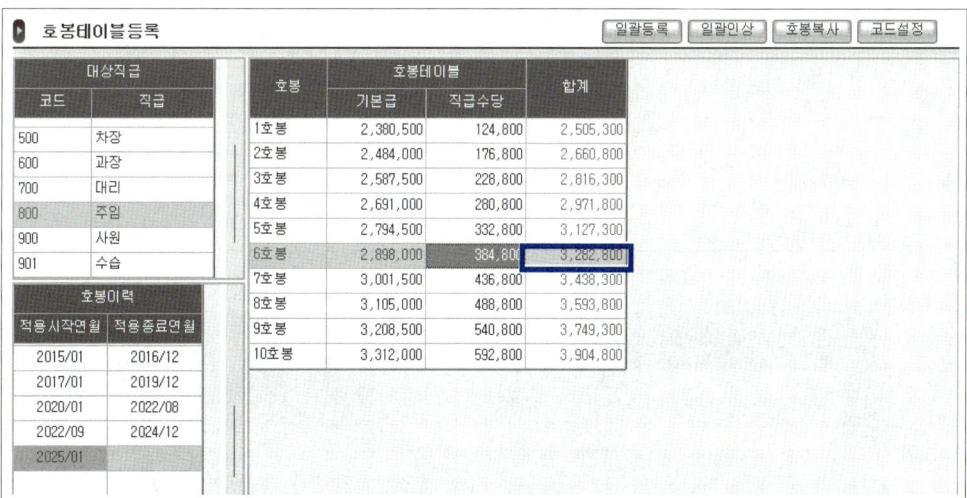

② [일괄등록]과 [일괄인상] 버튼을 이용해 해당 내용 반영 시 [800.주임] 6호봉 합계금액은 3,282,800원이다.

05 [인사/급여관리] - [기초환경설정] - [인사/급여환경설정] - [기준설정] 탭

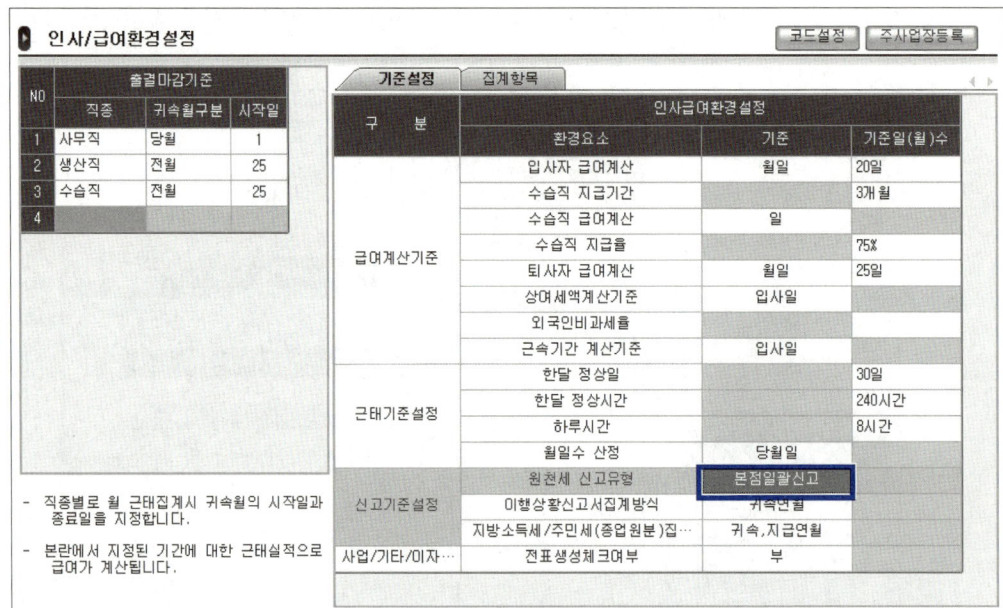

④ 원천징수이행상황신고서의 신고 진행 시 주사업장에서 종사업장까지가 아니라 본점에서 다른 사업장까지 일괄로 취합해 신고한다.
① 지방소득세 집계방식이 '귀속, 지급연월'이므로 '귀속연월', '지급연월'이 모두 일치하는 경우 집계된다.
② 월일수 산정 기준이 당월일이므로 한 달의 일수는 귀속 월의 실제 일수를 기준으로 한다.
③ 입사자의 경우 급여계산 기준이 '월일'이므로 지정한 '기준일수'를 초과하여 근무하면 월 급여, 초과하지 못하면 일할 계산하여 지급한다.

06 [인사/급여관리] - [기초환경설정] - [급/상여지급일자등록] - [귀속연월 : 2024/12]

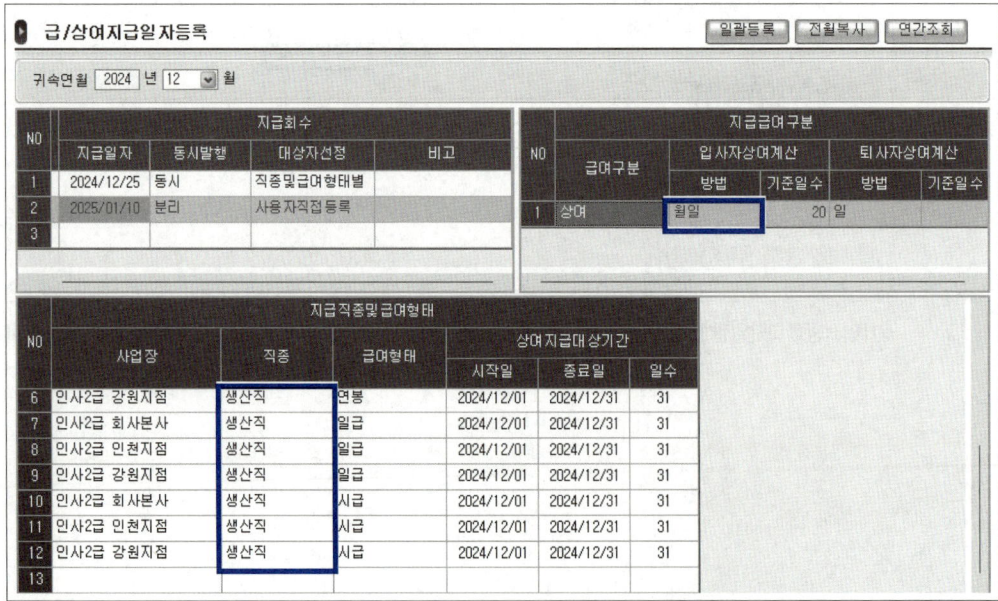

① 상여지급 시 '상여지급대상기간' 내 입사자는 기준일수 초과/미만 근무에 따라 상여소득을 지급한다.
② [상용직급여입력및계산] 메뉴에 귀속연월 2024년 12월을 입력하면 확인할 수 있다.
③ '지급직종및급여형태'의 직종에서 대상자 모두 생산직임을 확인할 수 있다.
④ '급여'를 지급하는 일자에 '상여'를 추가하여 지급할 수 있다.

07 [인사/급여관리] – [인사관리] – [인사정보등록] – [재직정보] 및 [급여정보] 탭

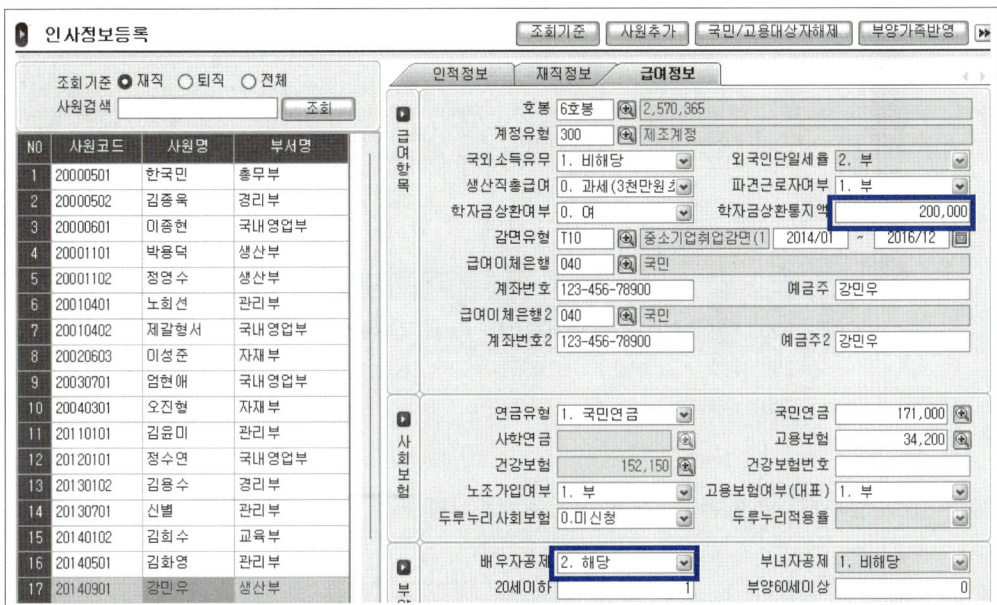

④ [20140901.강민우] 사원은 배우자 공제가 적용되나 학자금상환 대상자로서 상환통지액은 100,000원이 아니라 200,000원이다.
① 직급은 [재직정보] 탭에서, 노조가입여부는 [급여정보] 탭에서 확인할 수 있다.
② 급여 이체은행 및 20세 이하 부양가족 존재 여부는 [급여정보] 탭에서 확인할 수 있다.
③ 소속 부서는 [재직정보] 탭에서, 국외소득 여부는 [급여정보] 탭에서 확인할 수 있다.

08 [인사/급여관리] – [인사관리] – [교육현황] – [교육별사원현황] 탭

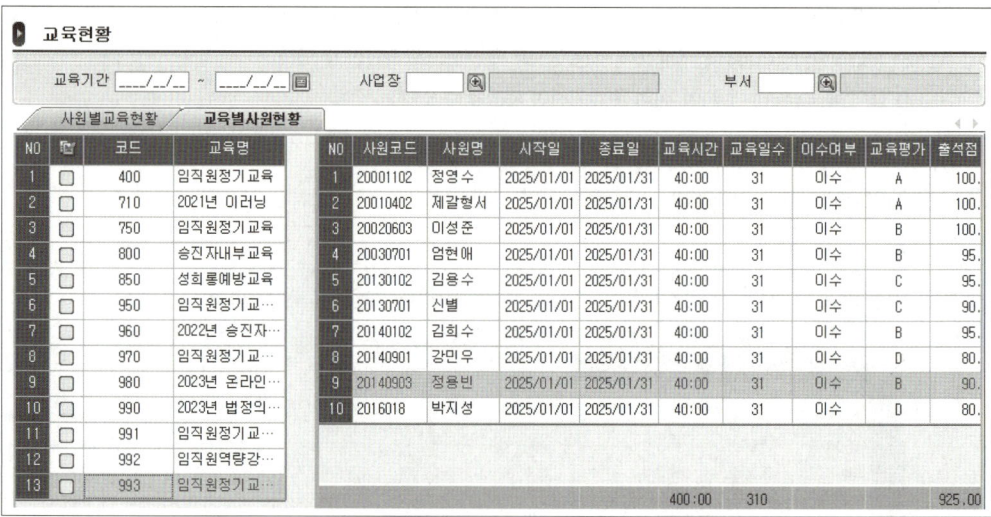

① 지급총액 = A등급 교육평가자 수 × 150,000원 + B등급 교육평가자 수 × 50,000원

= 2명(정영수, 제갈형서) × 150,000원 + 4명(이성준, 엄현애, 김희수, 정용빈) × 50,000원

= 500,000원

09 [인사/급여관리] – [인사관리] – [인사기록카드] – [가족] 탭

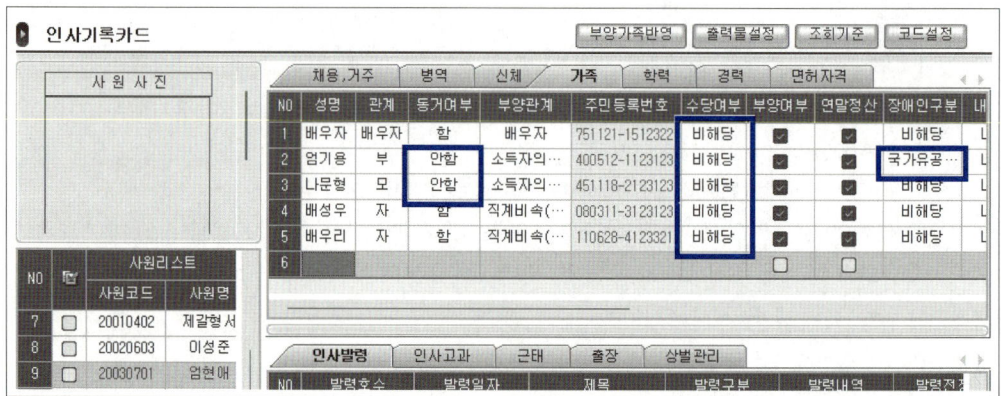

④ 부양가족 중 '엄기용', '나문형'은 엄현애와 동거를 하지 않는다. 다시 말해 부양가족 중 동거를 하고 있지 않은 대상자는 존재한다.

① 부양가족 중 연말정산 '인적공제 및 공제항목별명세' 미적용대상자는 존재하지 않는다.

② 부양가족 전원 수당여부가 '비해당'으로 되어 있으므로 '가족수당' 적용대상자는 존재하지 않는다.

③ 부양가족 중 '엄기용'은 '장애인공제' 적용대상자이다.

10 [인사/급여관리] - [인사관리] - [근속년수현황]

→ [퇴사자 : 0.제외] - [기준일 : 2024/12/31] - [년수기준 : 2.미만일수 올림] - [경력포함 : 0.제외]

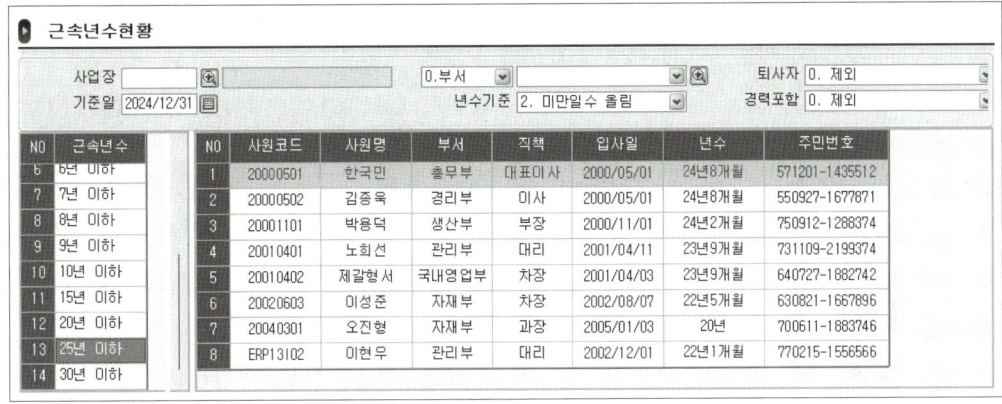

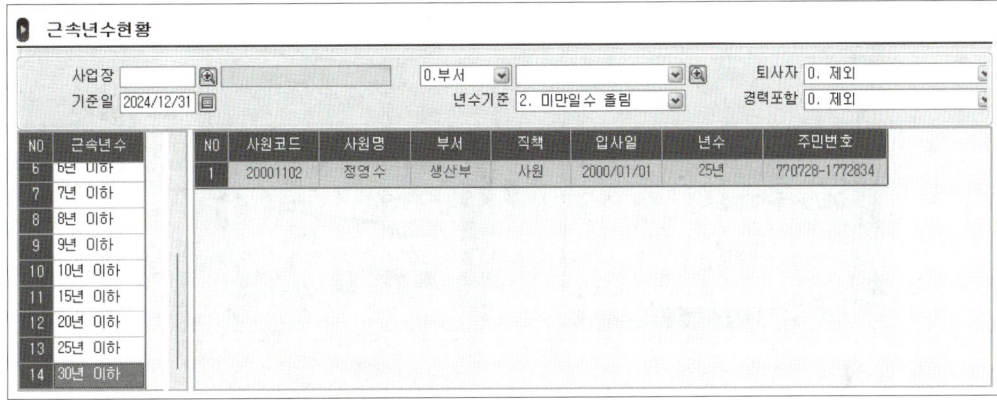

② 특별근속수당 = 8명(20년 이상 근속) × 200,000원 + 1명(25년 이상 근속) × 250,000원
  = 1,850,000원

11 (1) 책정임금 등록

[인사/급여관리] - [인사관리] - [인사정보등록] - [급여정보] 탭

→ [20130701.신별] 선택 – 하단 [책정임금] – [계약시작년월 : 2025/01] 입력 – 팝업창 [예] 클릭 – 연봉 '금액'란에서 'Ctrl' + 'F3' → 연봉 '45,000,000' 입력

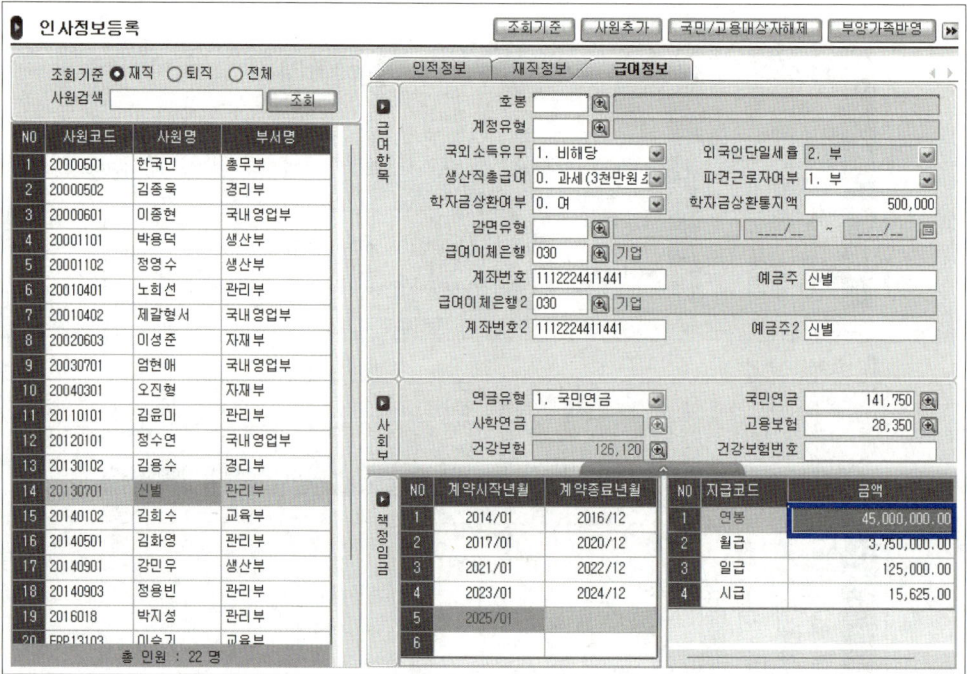

(2) 급여계산

[인사/급여관리] - [급여관리] - [상용직급여입력및계산]

→ [귀속연월 : 2025/01] – [지급일 : 1.2025/01/25 급여 동시] – 전체 사원 선택 후 상단 [급여계산] 버튼 클릭 – [급여계산] 팝업창에서 [계산] 클릭 – 하단 [급여총액] 탭에서 '과세' 확인

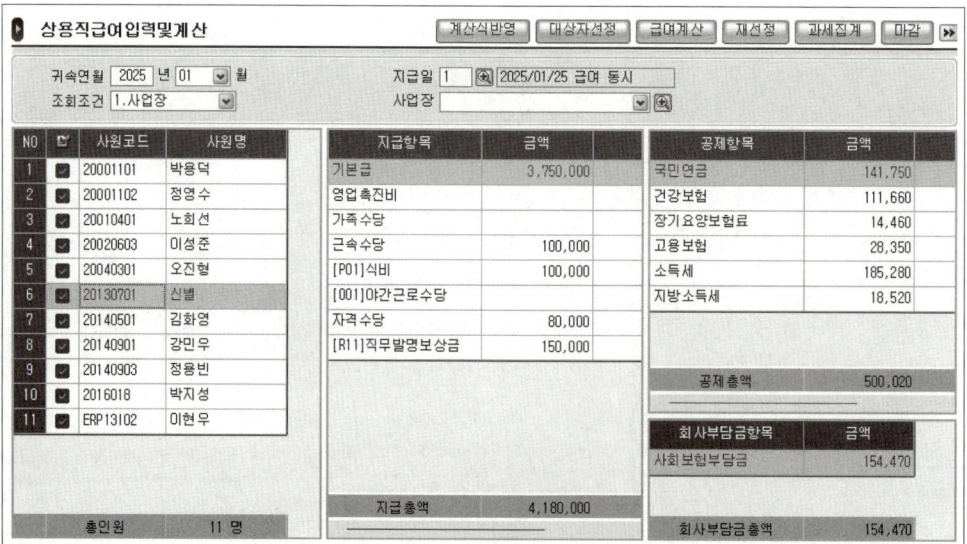

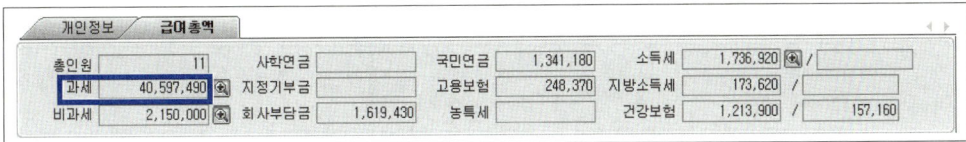

③ 해당 지급일의 '과세' 총액은 40,597,490원이다.

12 (1) 지급일자 추가

[인사/급여관리] – [기초환경설정] – [급/상여지급일자등록]

→ [귀속연월 : 2025/01]

→ 좌측에 [지급일자(2025/01/31), 동시발행(002.분리), 대상자선정(0.직종및급여형태별)] 신규등록

→ 우측에 [급여구분(101.특별급여)] 신규등록

→ 상단 [일괄등록] 버튼 – [일괄등록] 팝업창 – [사업장 : 1000.인사2급 회사본사, 3000.인사2급 강원지점], [상여지급대상기간 : 2025/01/01 ~ 2025/01/31], [대상 : 전체] 체크 후 [적용] 클릭

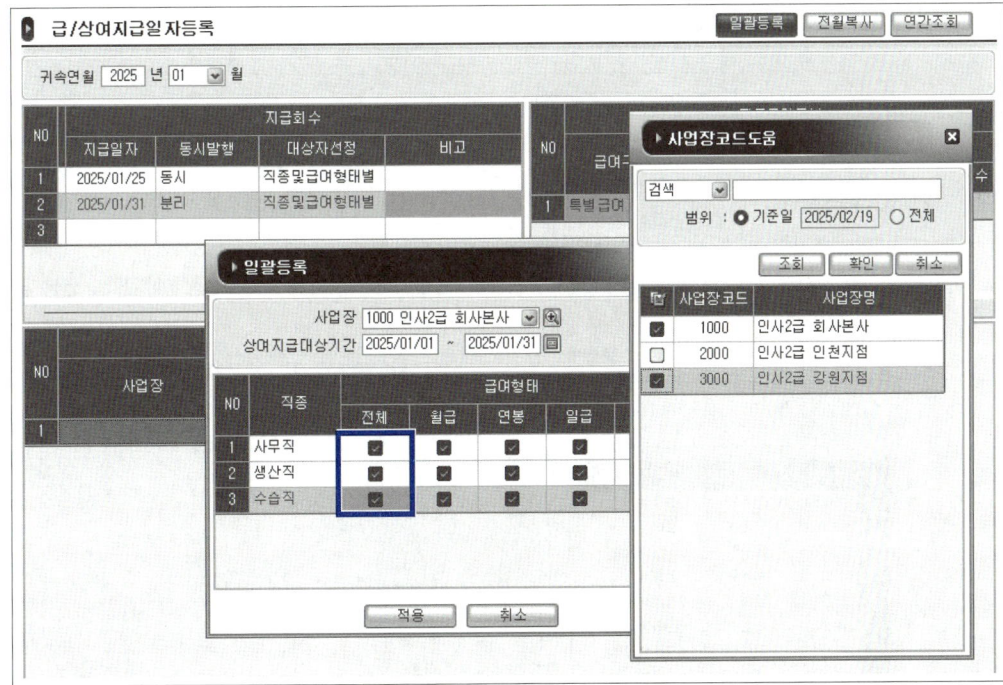

(2) 급여계산

[인사/급여관리] – [급여관리] – [상용직급여입력및계산]

→ [귀속연월 : 2025/01] – [지급일 : 2.2025/01/31 특별급여 분리] – 사원 전체 체크 후 상단 [급여계산] 버튼 클릭 – [급여계산] 팝업창에서 [계산] 클릭 – 하단 [급여총액] 탭에서 '과세' 확인

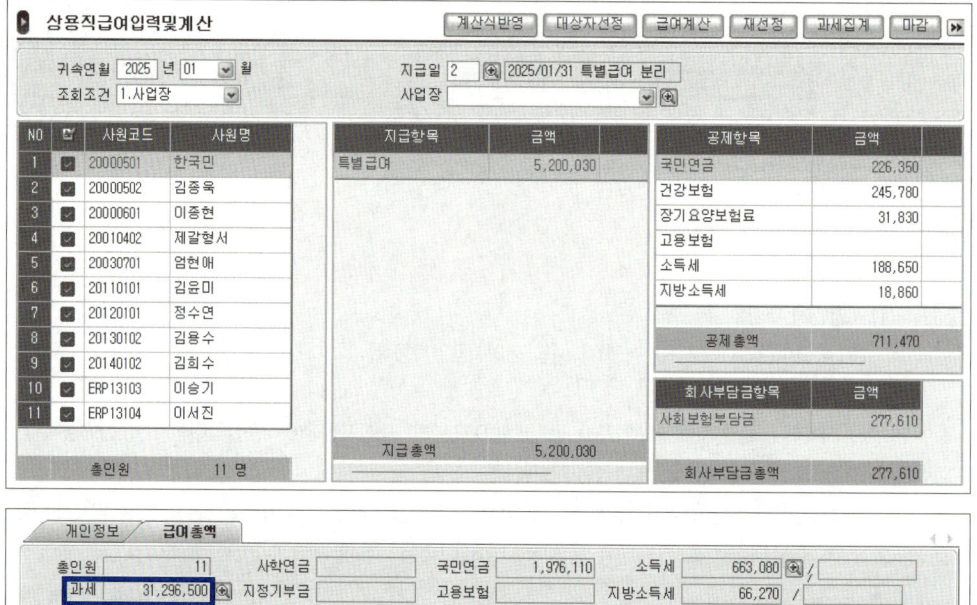

① 해당 지급일의 과세총액은 31,296,500원이다.

13 (1) 책정임금 확인

[인사/급여관리] – [인사관리] – [인사정보등록] – [급여정보] 탭

→ [20130102.김용수] – 하단 [책정임금] – [계약시작년월 : 2022/01] 클릭 – 팝업창 [예] 클릭 – 연봉 '금액'란에서 `Ctrl` + `F3` – '시급' 확인

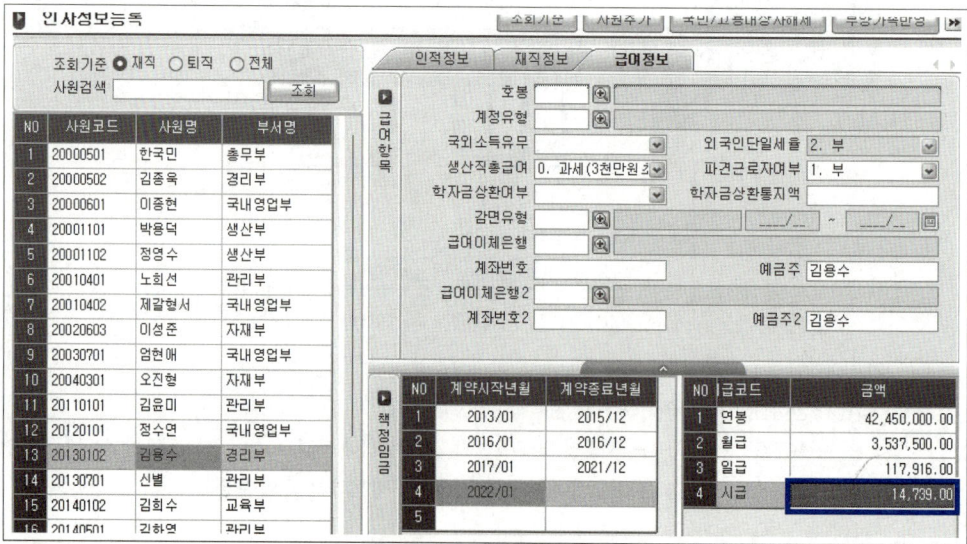

(2) 근태 공제금액 계산

[인사/급여관리] – [급여관리] – [근태결과입력]

→ [귀속연월 : 2024/12] – [지급일 : 1.2024/12/25 급여 동시]

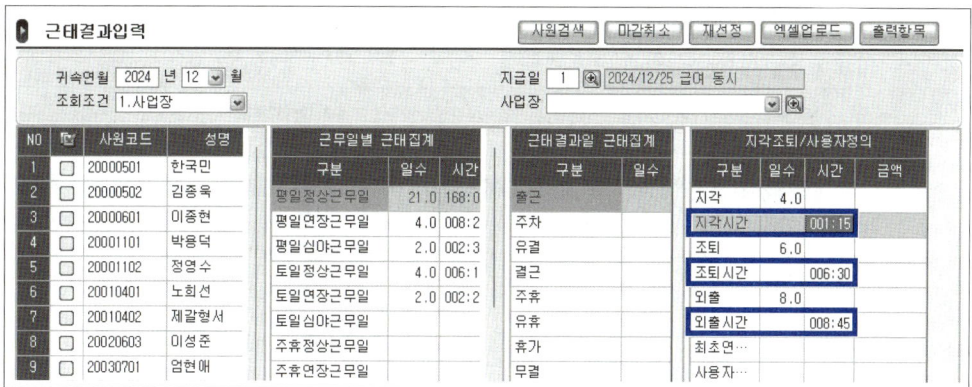

- 책정임금 시급 : 14,739원
- 15분 = 1시간 ÷ 4 → 0.25
  - 지각 1:15 → 1.25
  - 외출 8:45 → 8.75
  - 조퇴 6:30 → 6.5

① 공제금액 = [(지각시간 + 외출시간) × 2 × 시급] + (조퇴시간 × 2.5 × 시급)
  = [(1.25 + 8.75)) × 2 × 14,739원] + (6.5 × 2.5 × 14,739원)
  = 294,780원 + 239,508.75원
  = 534,280원(534,288.75원에서 원 단위 절사)

14 (1) 대상자 확인

[인사/급여관리] – [일용직관리] – [일용직사원등록]

→ [부서 : 4100.생산부] – [급여형태 : 004.시급] – 대상자 확인

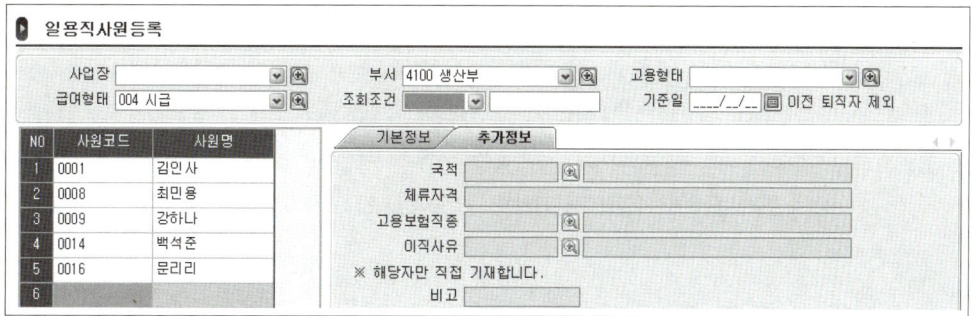

(2) 대상자 추가

[인사/급여관리] – [일용직관리] – [일용직급여지급일자등록]

→ [귀속연월 : 2025/01] – [지급일 : 1.2025/01/25/매일지급] – [부서 : 4100.생산부] – [급여형태 : 004.시급] –
해당 사원 전체 체크 후 [추가] 클릭

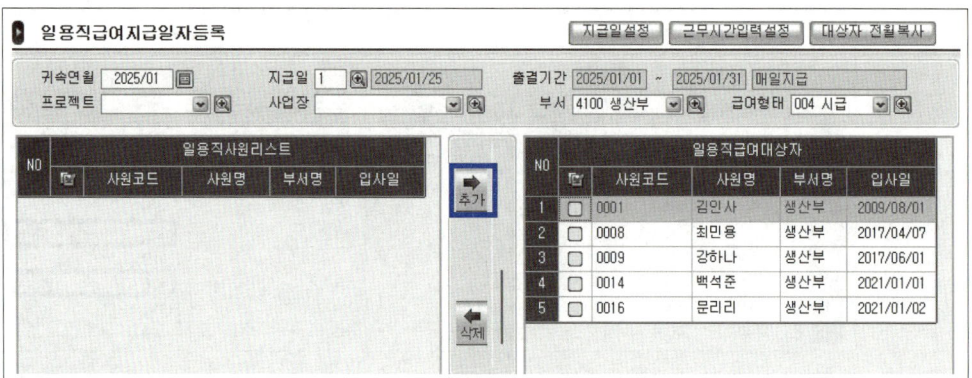

(3) 급여계산

[인사/급여관리] – [일용직관리] – [일용직급여입력및계산]

→ [귀속연월 : 2025/01] – [지급일 : 1.2025/01/25/매일지급] – 사원 전체 체크

→ 상단 [일괄적용] 버튼 – [일괄적용] 팝업창 – [일괄적용시간 : 010:00], [일괄적용요일 : 평일], [비과세(신고제외분)
 : 12,000] 입력 후 [적용] 클릭

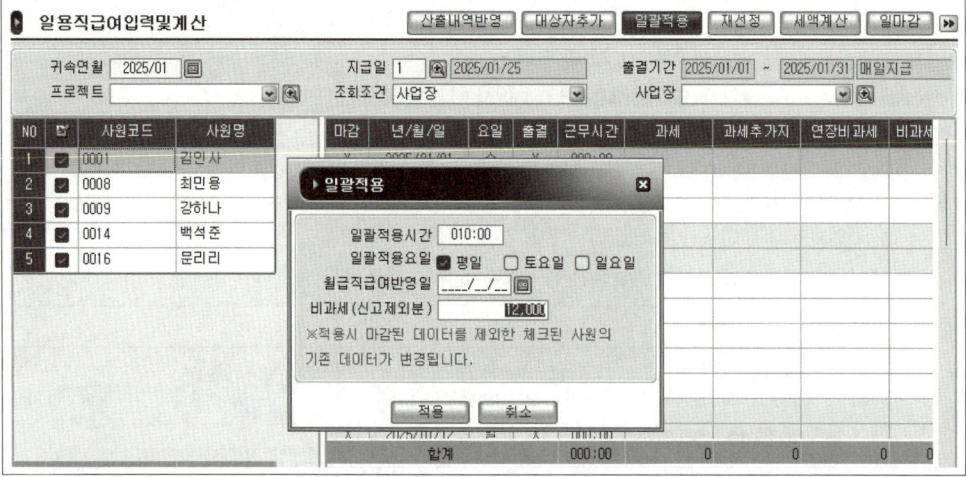

→ 상단 [일괄적용] 버튼 – [일괄적용] 팝업창 – [일괄적용시간 : 004:00], [일괄적용요일 : 토요일] 입력 후 [적용] 클릭

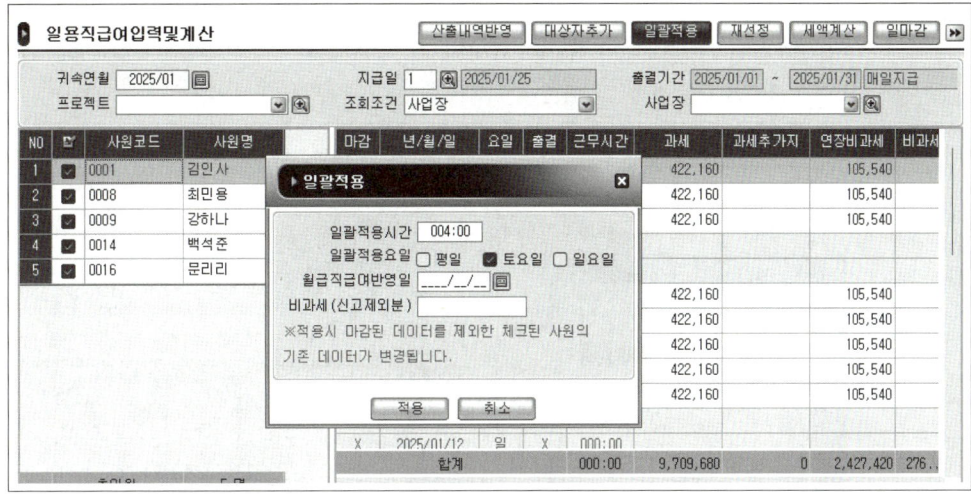

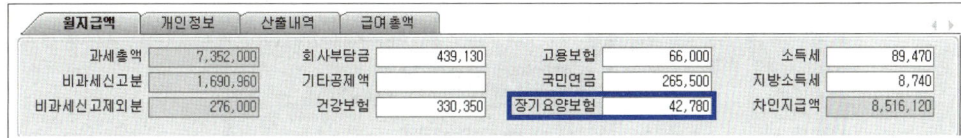

② [0014.백석준] 사원의 장기요양보험료는 42,780원이다.

① 해당 지급일자의 대상자는 [0001.김인사], [0008.최민용], [0009.강하나], [0014.백석준], [0016.문리리] 총 5명이다.

③ 해당 지급일자의 근무일수는 [개인정보] 탭에서 확인할 수 있다.

④ [월지급액] 탭에서 신고대상 항목인 비과세와 공제받은 소득세 금액을 확인할 수 있다.

15 (1) 사원정보 변경

[인사/급여관리] – [일용직관리] – [일용직사원등록] – [기본정보] 탭

→ [0004.김향기] 내용 변경

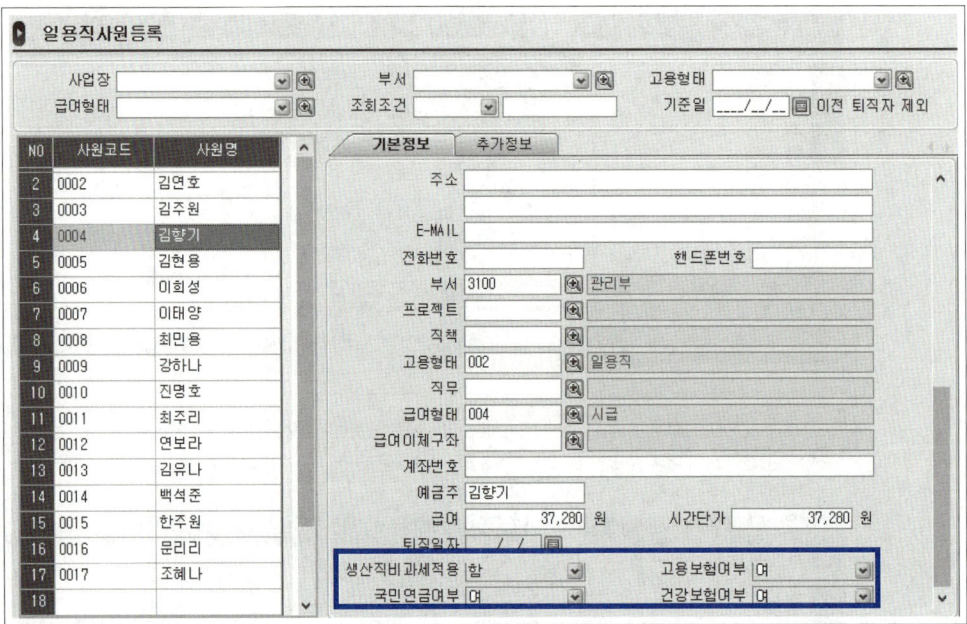

(2) 급여계산

[인사/급여관리] – [일용직관리] – [일용직급여입력및계산]

→ [귀속연월 : 2025/01] – [지급일 : 2,2025/01/31/일정기간지급] – 사원 전체 체크 후 상단 [일괄적용] 버튼 –
[일괄적용] 팝업창 – [일괄적용시간 : 010:00], [일괄적용요일 : 평일] 입력 후 [적용] 클릭

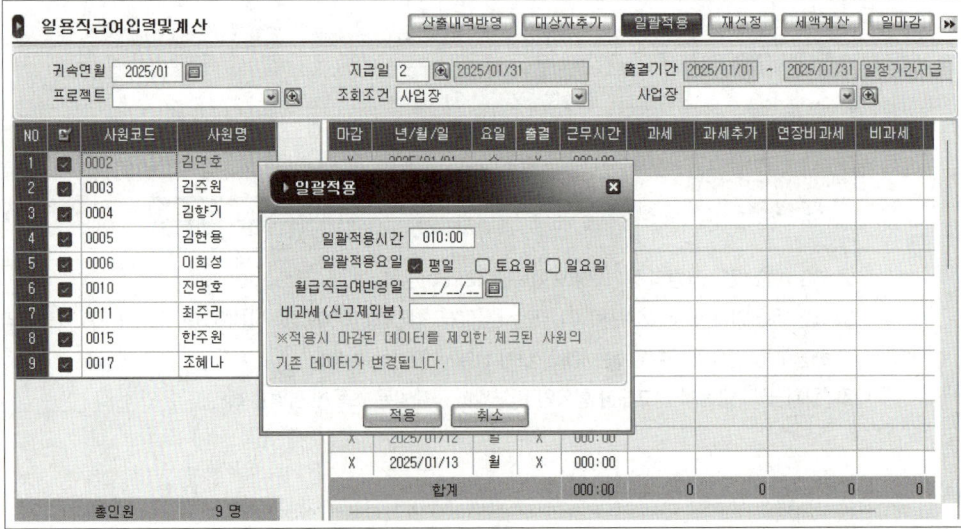

→ 상단 [일괄적용] 버튼 – [일괄적용] 팝업창 – [일괄적용시간 : 002:00], [일괄적용요일 : 토요일] 입력 후 [적용] 클릭

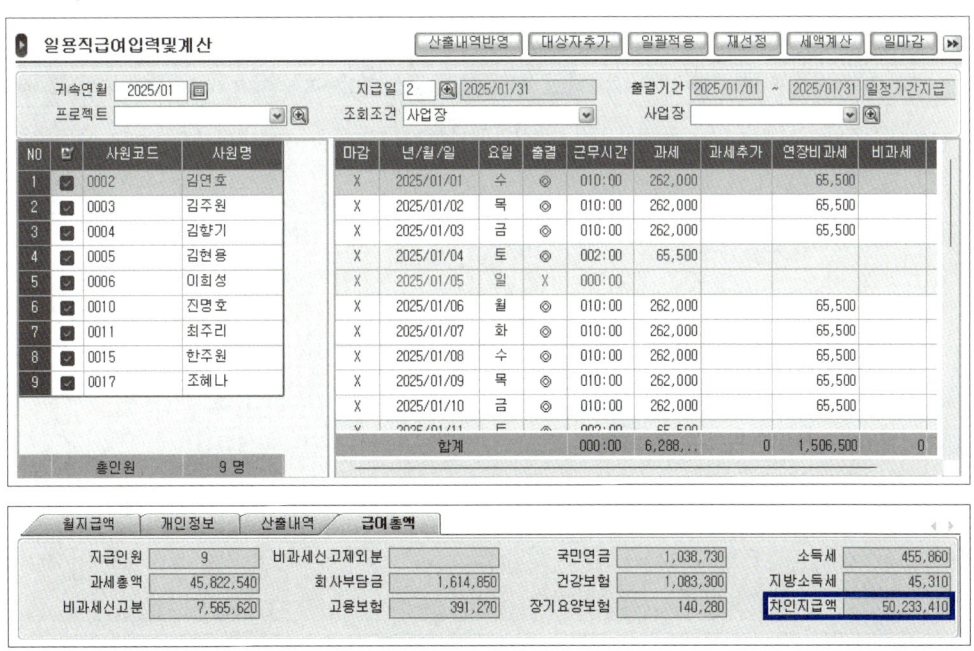

→ 하단 [급여총액] 탭에서 '차인지급액' 확인

① 조회기간 실지급액(차인지급액) 총계는 50,233,410원이다.

16 [인사/급여관리] – [급여관리] – [연간급여현황]
→ [조회기간 : 2024/10 ~ 2024/12] – [분류기준 : 과세/비과세] – [사업장 : 2000.인사2급 인천지점] – [사용자부담금 : 1.포함]

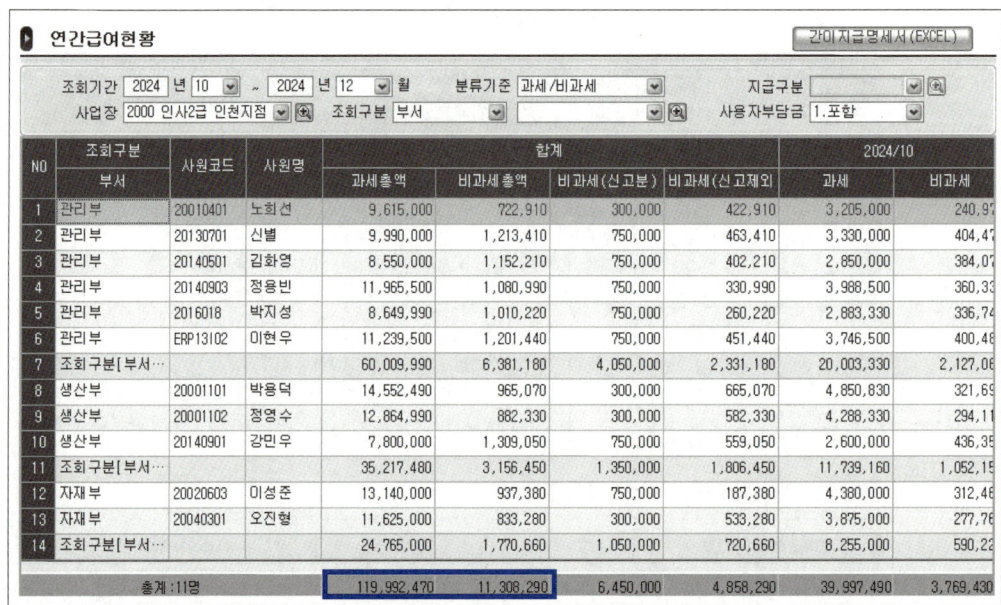

② 조회기간 [2000.인사2급 인천지점] 사업장의 과세총액은 119,992,470원, 비과세총액은 11,308,290원이다.

17 [인사/급여관리] - [급여관리] - [급/상여이체현황]

→ [소득구분 : 1.급상여] - [귀속연월 : 2024/12] - [지급일 : 1.2024/12/25 급여 동시] - [무급자 : 1.제외] - [조회조건 : 1.사업장_2000.인사2급 인천지점]

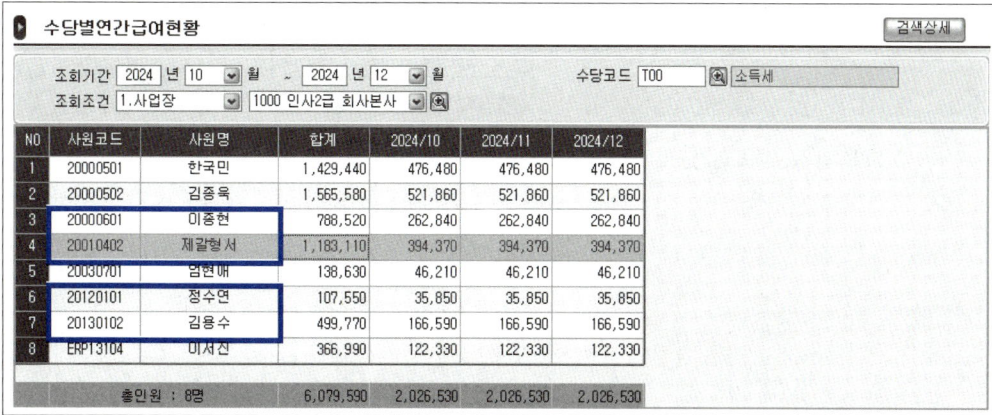

④ 기업은행에 이체된 금액은 9,711,550원으로 8,390,400원 이체된 국민은행보다 많다.
① 대상자 모두 계좌이체를 통해 급/상여를 지급받았음을 알 수 있다.
② 사원코드 또는 사원명을 통해 지급대상자 수를 확인할 수 있다.
③ 신한은행 소계 실지급액이 11,056,710원임을 알 수 있다.

18 [인사/급여관리] - [급여관리] - [수당별연간급여현황]

→ [조회기간 : 2024/10 ~ 2024/12] - [수당코드 : T00.소득세] - [조회조건 : 1.사업장_1000.인사2급 회사본사]

③ 보기 대상자 중 조회기간 [T00.소득세]가 가장 많이 공제된 사원은 1,183,110원 공제된 [20010402.제갈형서]다.

19 [인사/급여관리] – [급여관리] – [급여대장]

→ [귀속연월 : 2024/12] – [지급일 : 1.2024/12/25 급여 동시] – [집계 : 2.부서별] – [지급/공제] 탭 – 조회 후 우측 상단 [출력항목] 버튼 – [출력항목] 팝업창 [지급/공제] 탭 – 지급/공제 항목 전체 선택 후 [적용] 클릭

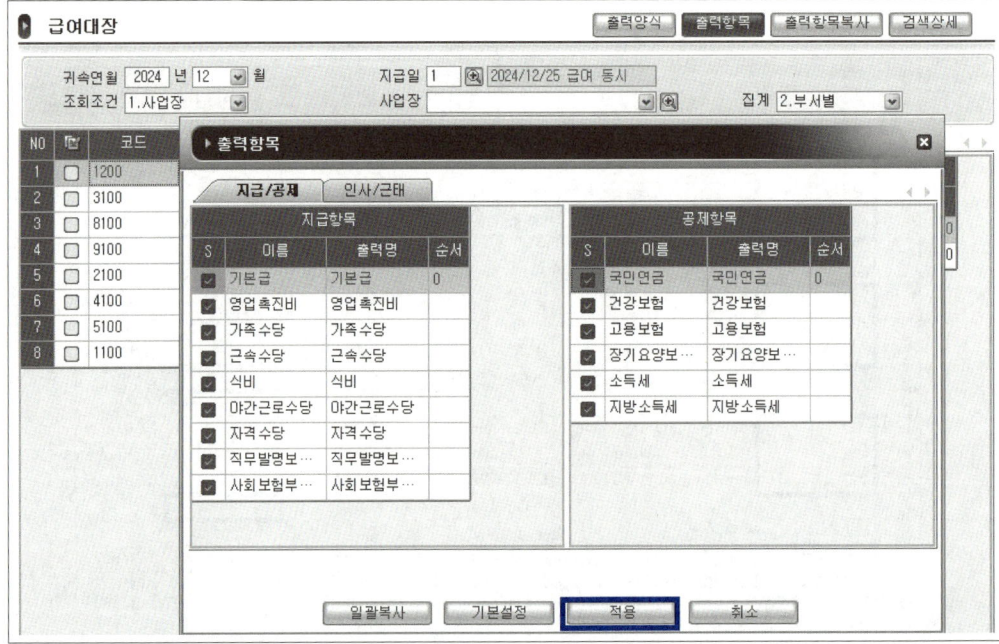

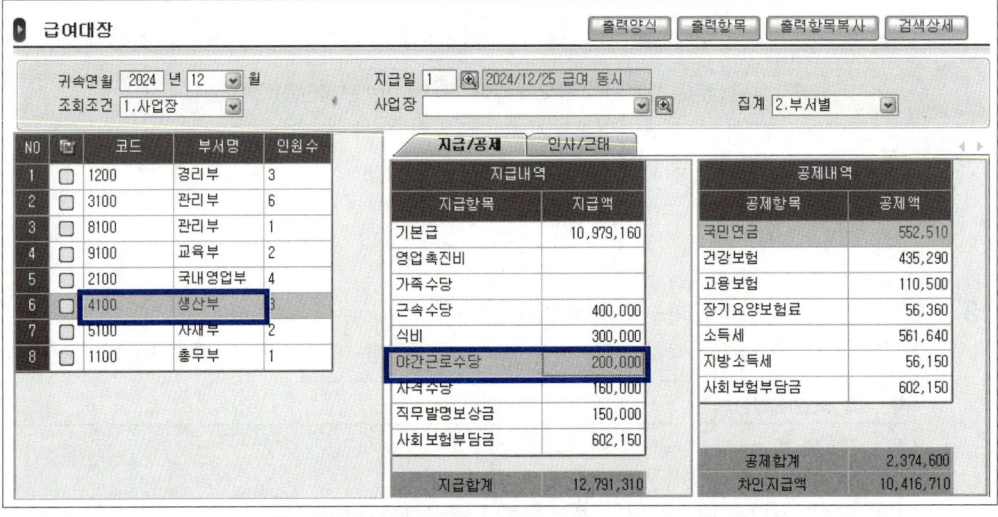

④ 조회기간 생산부의 야간근로수당은 200,000원이다.

20 [인사/급여관리] – [급여관리] – [월별급/상여지급현황]
→ [조회기간 : 2024/10 ~ 2024/12] – [조회구분 : 2.부서] – [부서 : 3100.관리부]

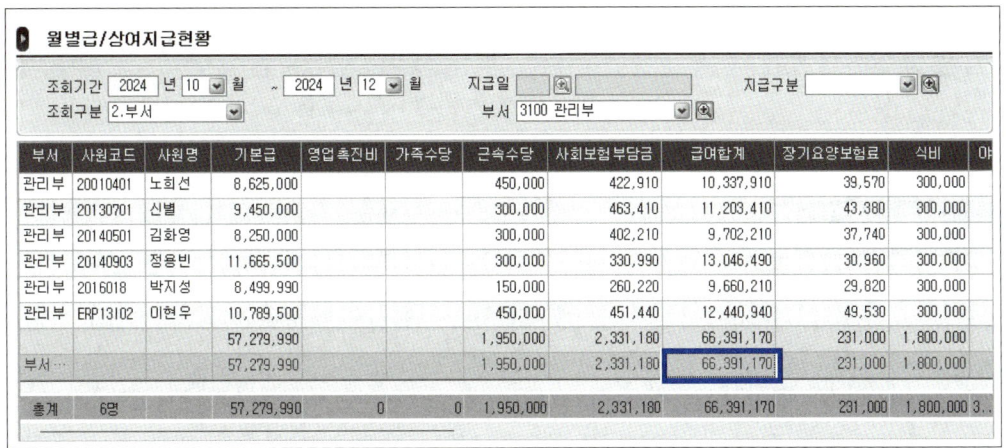

③ 조회기간 [3100.관리부]의 급여합계는 66,391,170원이다.

제105회 정답 및 해설

이론문제

01	02	03	04	05	06	07	08	09	10
①	④	④	③	④	①	④	②	①	③
11	12	13	14	15	16	17	18	19	20
②	④	②	④	③	①	②	②	④	②

01 ① 데이터 수집 → 점검 및 탐색 → 전처리 및 정제 → 모델링 및 훈련 → 평가 → 배포

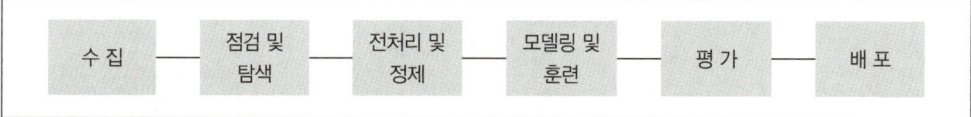

02 ④ ERP 도입의 효과는 프로세스 개선을 위해 효율적인 업무프로세스를 재정립하고, 시스템 도입을 위해 유능한 컨설턴트를 고용할 때 기대된다.
① 현재 업무방식을 고수하면 ERP 사용이 억제된다.
② ERP는 관련 전문가가 아니라 일반 실무자가 사용하는 것이다.
③ ERP 도입과정에서 부서 간 갈등발생 시 최고경영층의 개입이 최대화될 수 있도록 하향식(Top-Down) 의사결정을 지향한다.

03 ④ 빅데이터의 주요 특성(5V)은 ▲ 규모(Volume) ▲ 다양성(Variety) ▲ 속도(Velocity) ▲ 정확성(Veracity) ▲ 가치(Value)다.

04 ③ IT 아웃소싱 업체로부터 독립운영은 불가능하다.

05 ④ 표준화, 전문화, 단순화는 포드의 관리법 중 3S 원칙에 해당한다.

테일러의 과학적 관리법 6원칙	포드의 관리법 3S 원칙
1. 시간 연구의 원칙 2. 성과급제의 원칙 3. 계획과 작업 분리의 원칙 4. 작업의 과학적 방법의 원칙 5. 경영통제의 원칙 6. 직능적 관리의 원칙	1. 표준화 2. 전문화 3. 단순화

06 ① 직무에 대한 설명이다.
② 과업 : 목표를 위해 수행하는 하나의 명확한 작업활동
③ 요소 : 작업이 나누어질 수 있는 최소단위
④ 직군 : 동일하거나 유사한 직무들의 집단

07 ④ 사내 게시판, 인트라넷 등에 공고를 내어 공개모집하는 방법은 사내공모제다.

08 ② 직무공유제는 인력과잉의 경우 필요한 행동이며, 수요가 공급보다 많은 인력부족의 경우 초과근로 활용, 임시직 고용, 파견근로 활용, 아웃소싱 등의 행동을 취해야 한다.

09 ① 패널 면접에 대한 설명이다.

10 ③ 중심화 경향에 대한 설명이다.

인사고과의 오류	내 용
관대화 경향	근무성적, 평정 등에 있어 평점결과 분포가 우수한 쪽에 집중되는 경향
엄격화 경향	고과자가 전반적으로 피고과자를 가혹하게 평가해 평가결과의 분포가 평균 이하로 편중되는 경향
대비효과	고과자가 자신의 특성과 비교해 피고과자를 고과하는 경향(편견 발생)
최근효과	피고과자의 과거 실적보다 최근 실적과 태도로 고과하는 경향

11 ② 인바스켓법에 대한 설명이다.

교육훈련방법	내 용
액션러닝	문제해결과정에 대한 성찰을 통해 학습하도록 지원하는 방식
행동모델링법	관리자 및 종업원에게 어떤 상황에 대한 가장 이상적인 행동을 제시하고 이를 모방하게 하는 방식
브레인스토밍	고과자가 자신의 특성과 비교해 피고과자를 고과하는 경향(편견 발생)

12 ④ 전직과 사직은 자발적 이직이다.

13 ② 임금수준 결정의 3대 요인은 ▲ 근로자의 생계비 ▲ 기업의 지급 능력 ▲ 노동시장 요인이다. 참고로 임금관리의 3대 영역은 임금수준, 임금체계, 임금형태이다.

14 ④ 산재보험은 기업이 아닌 국가가 책임을 지는 의무보험이다.

15 ③ 임금수준이란 종업원에게 지급하는 평균임금을 의미하고, 기업은 근로자에게 최저임금을 보장해야 하며, 동종업에 종사하더라도 여러 원인으로 임금에 큰 차이가 발생할 수 있다.

16 ① 연말정산 월별 납부자의 신고·납부기한은 다음 해 3월 10일이다.

17 ② 선택적 근로시간제의 경우 1주간의 근로시간이 40시간을 초과한 시간에 대해 통상임금의 100분의 50을 가산해 근로자에게 지급하기는 하지만 연장·야간 및 휴일 근로로는 인정하지 않는다.

18 ② 휴업수당은 법정수당에 해당한다.

19 ④ 체크오프 제도에 대한 설명이다.

노동조합제도	내용
유니온 숍	기업이 근로자를 채용할 때 조합원이 아닌 자를 근로자로 채용할 수는 있지만 일단 채용된 후에는 일정기간 내에 자동으로 노조에 가입하게 하는 제도
에이전시 숍	채용된 모든 종업원들이 노동조합에 일정액의 조합비를 납부해야 하는 제도
클로즈드 숍	조합원 자격을 전제조건으로 채용하는 제도

20 ② 스톡옵션제도는 자본참가에 해당한다. 참고로 스캔론 플랜과 럭커 플랜은 이윤참가에 해당한다.

실무문제

01	02	03	04	05	06	07	08	09	10
②	③	①	④	④	③	②	①	④	③
11	12	13	14	15	16	17	18	19	20
②	①	②	①	④	③	①	②	③	④

01 [시스템관리] – [회사등록정보] – [사원등록]
→ [사용자만] 체크

② 사용자로 등록된 이현우 사원의 회계입력방식은 〈수정〉이다.
① '인사입력방식'은 〈승인〉임을 확인할 수 있다.
③ '조회권한'은 〈회사〉임을 확인할 수 있다.
④ '품의서권한'은 〈미결〉임을 확인할 수 있다.

02 [시스템관리] – [회사등록정보] – [부서등록]

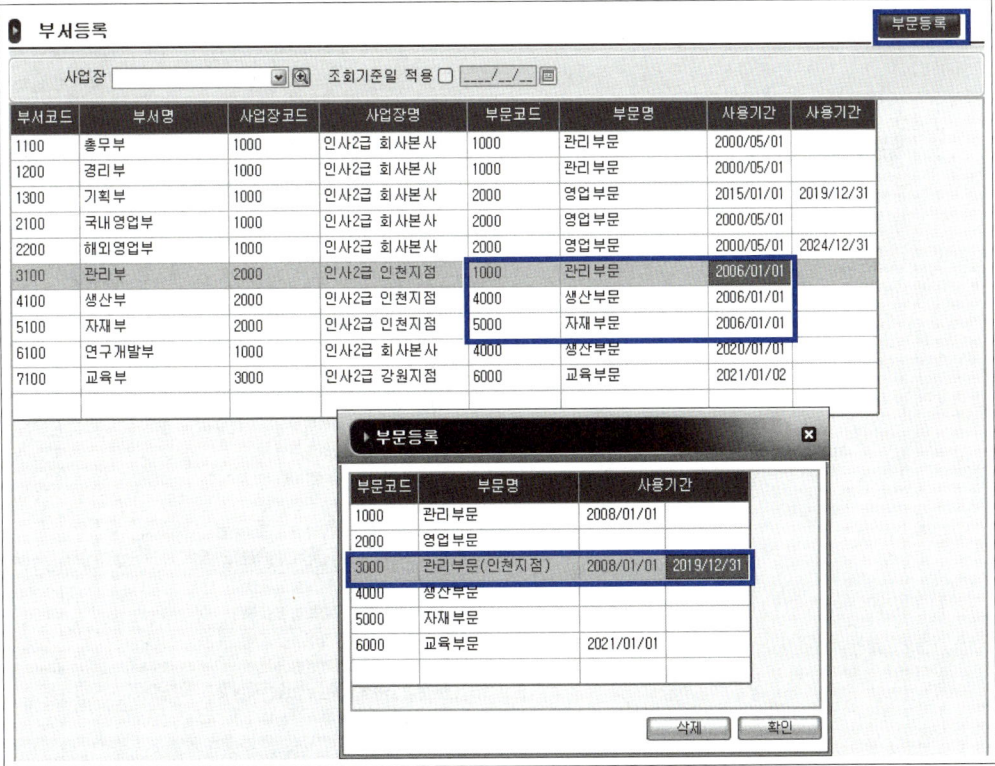

③ 관리부는 [1000.관리부문], 생산부는 [4000.생산부문], 자재부는 [5000.자재부문] 소속이다.
① '2024/11/23' 기준 총 10개의 부서 중 기획부를 제외한 9개 부서에서 사용하고 있다.
② [2200.해외영업부]는 핵심ERP 사용기간이 2024/12/31까지이므로 2025년부터 사용하지 않는 부서이다.
④ 부문의 상세내용을 〈상단 [부문등록] 버튼 – [부문등록] 팝업창〉에서 확인한다. [3000.관리부문(인천지점)]은 현재 사용하지 않는 부문임을 알 수 있다.

03 [시스템관리] – [회사등록정보] – [사용자권한설정]
→ [모듈구분 : H.인사/급여관리]

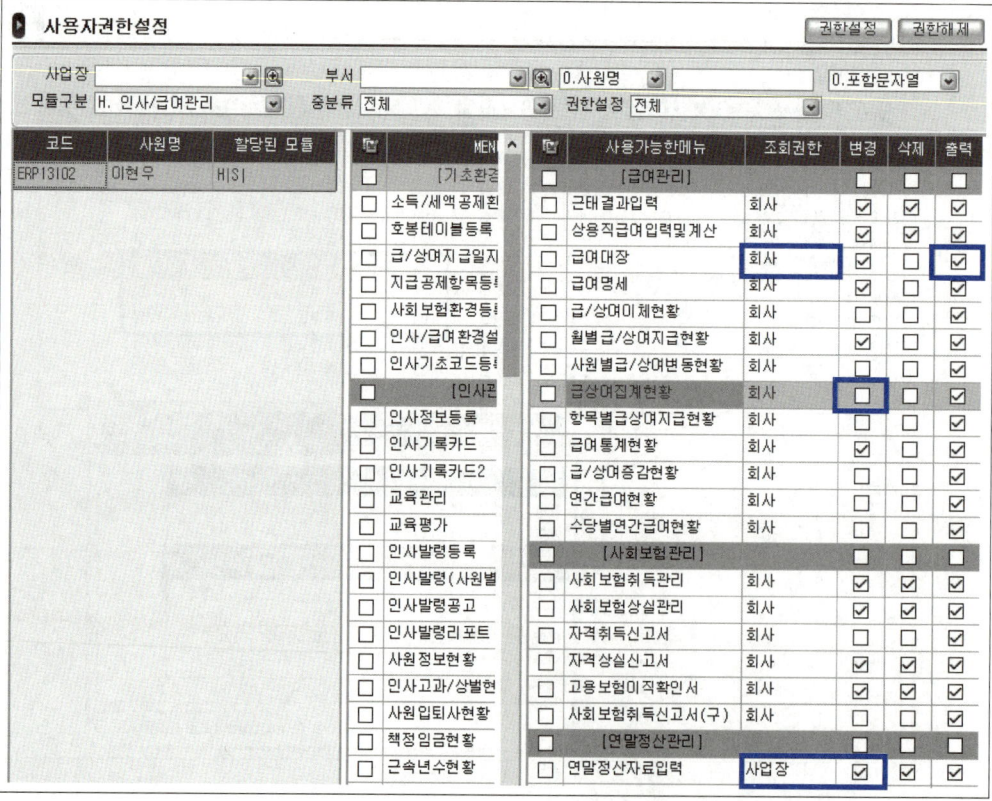

① 인사기록카드에 대한 변경권한이 없기 때문에 추가입력이 불가능하다. 참고로 인사기록카드에 대한 삭제 및 출력도 불가능한 것을 알 수 있다.
② 급여대장에 대한 조회권한이 회사로 설정되어 있으며, 출력권한에 체크 표시가 되어 있으므로 회사 내 모든 근로자의 급여대장을 출력할 수 있음을 알 수 있다.
③ 연말정산자료입력의 조회권한이 사업장으로 설정되어 있으며, 변경권한에 체크 표시가 되어 있으므로 본인이 속한 사업장의 근로자에 대해서만 연말정산자료입력 작업을 할 수 있음을 알 수 있다.
④ 급상여집계현황의 변경권한이 없기 때문에 집계 및 생성 작업이 불가능함을 알 수 있다.

04 (1) 일괄등록

[인사/급여관리] – [기초환경설정] – [호봉테이블등록]

→ [800.주임] – [호봉이력 : 2024/01] 신규등록

→ 상단 [일괄등록] 버튼 – [호봉일괄등록] 팝업창 – [기본급_초기치 : 2,700,000, 증가액 : 120,000/ 직급수당_초기치 : 70,000, 증가액 : 15,000] 입력 후 [적용] 클릭

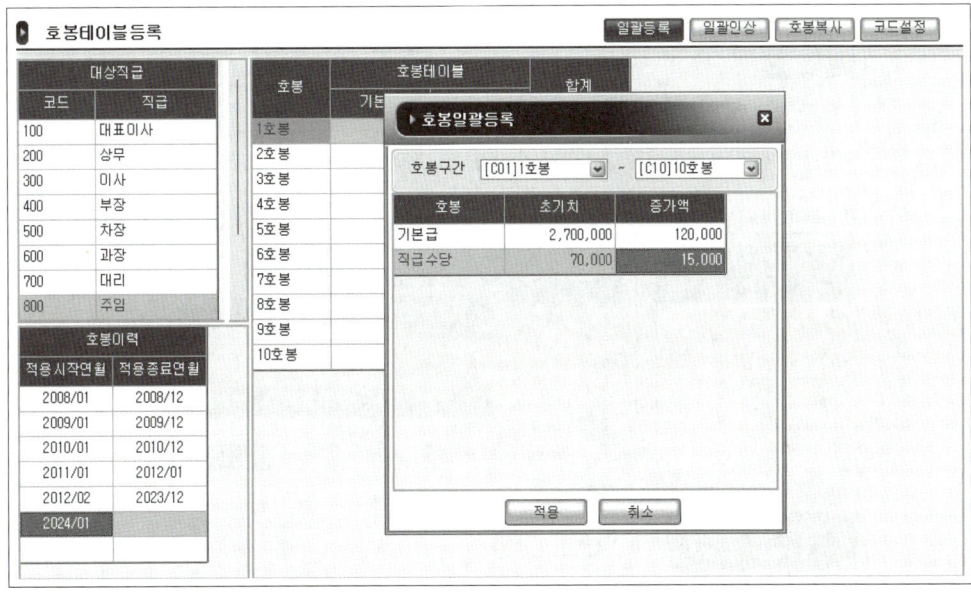

(2) 일괄인상

→ 상단 [일괄인상] 버튼 – [호봉일괄인상] 팝업창 – [정률(%)_기본급 : 6.5] – [정률적용] 클릭

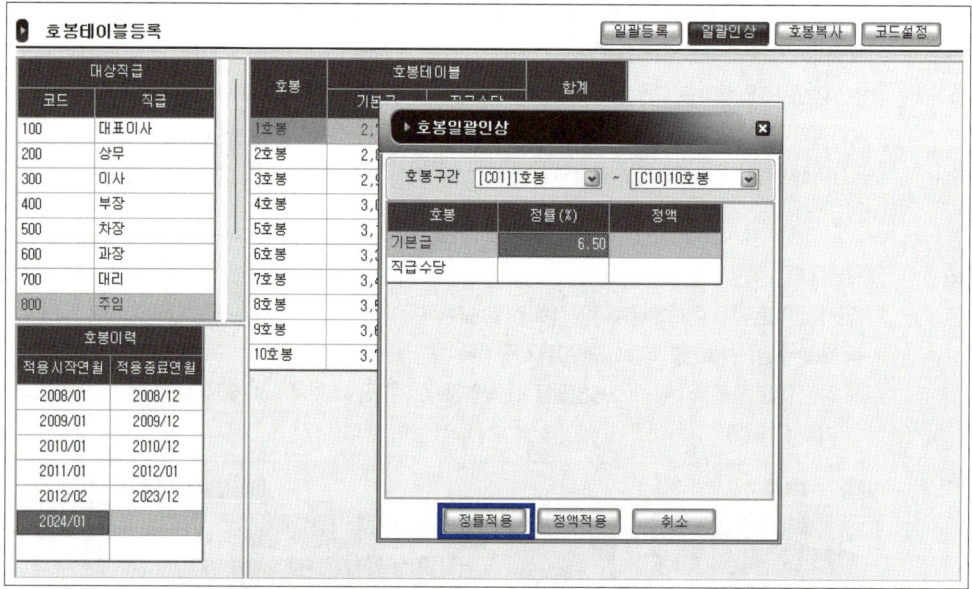

→ 상단 [일괄인상] 버튼 – [호봉일괄인상] 팝업창 – [정액_직급수당 : 12,500] – [정액적용] 클릭

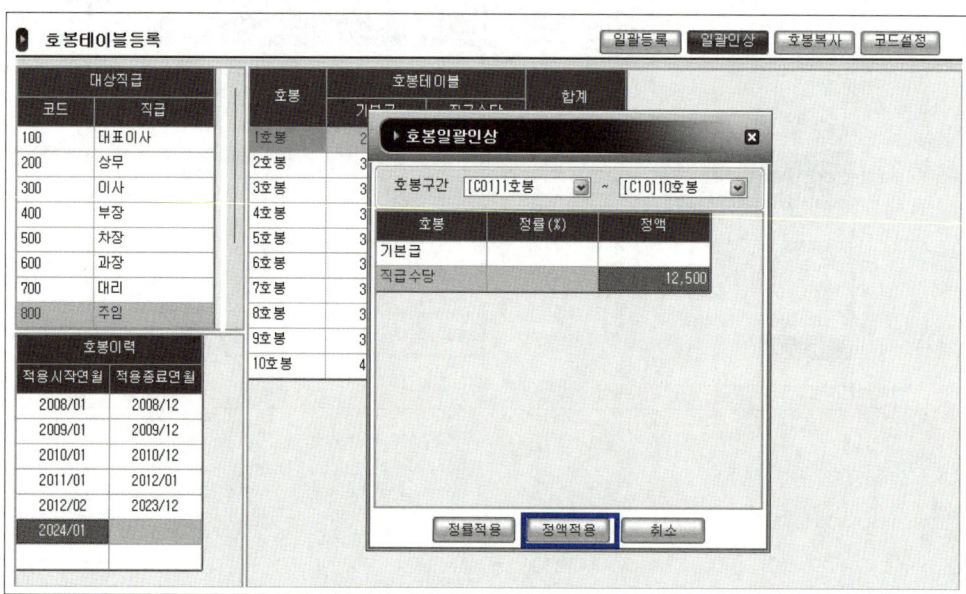

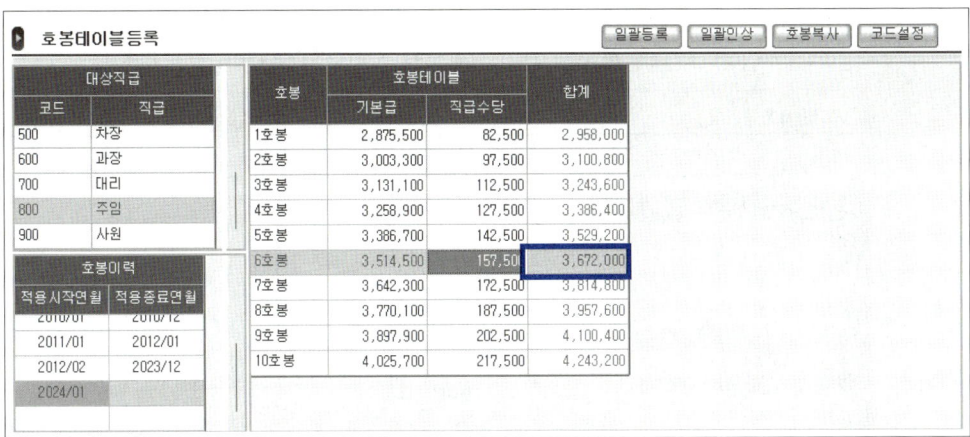

④ [일괄등록]과 [일괄인상] 버튼을 이용해 해당 내용 반영 시 [800.주임] 6호봉 합계금액은 3,672,000원이다.

05 [인사/급여관리] – [기초환경설정] – [인사/급여환경설정] – [기준설정] 탭

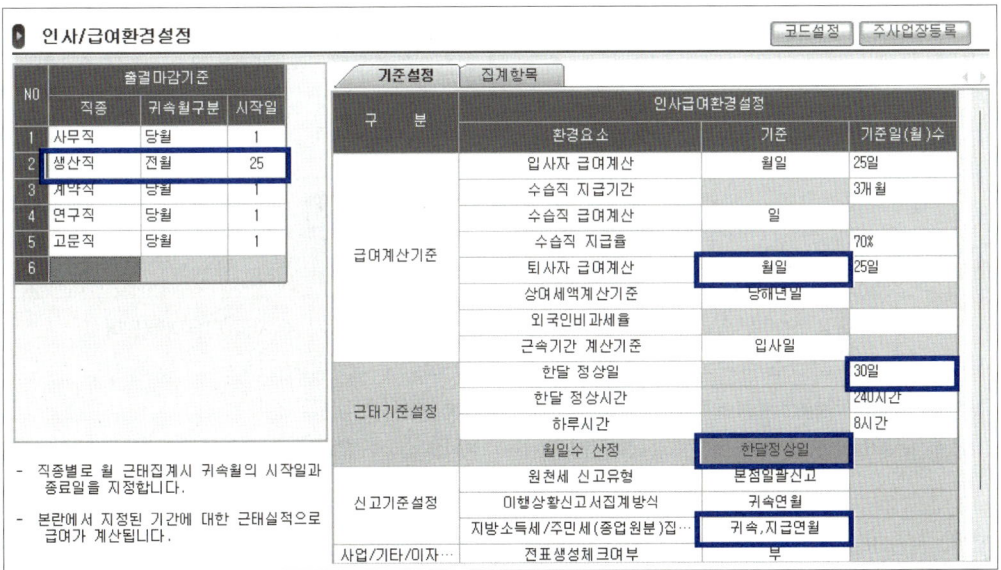

④ 2024년 11월 귀속 기준으로 월일수 산정 시 한달정상일로 설정된 30일을 적용한다.
① '생산직' 직종의 출결기준일은 전월 25일부터 당월 24일까지다.
② 퇴사자의 경우 지정한 '기준일수'를 초과하여 근무하면 월 급여, 초과하지 못하면 일할 계산하여 지급한다.
③ 지방소득세 신고서는 '귀속연월'과 '지급연월'이 모두 일치하는 데이터를 집계한다.

06 [인사/급여관리] – [기초환경설정] – [지급공제항목등록] – [지급공제항목설정] 탭
→ [급여구분 : 급여] – [지급/공제구분 : 지급] – [귀속연도 : 2024] – 상단 [마감취소] 버튼

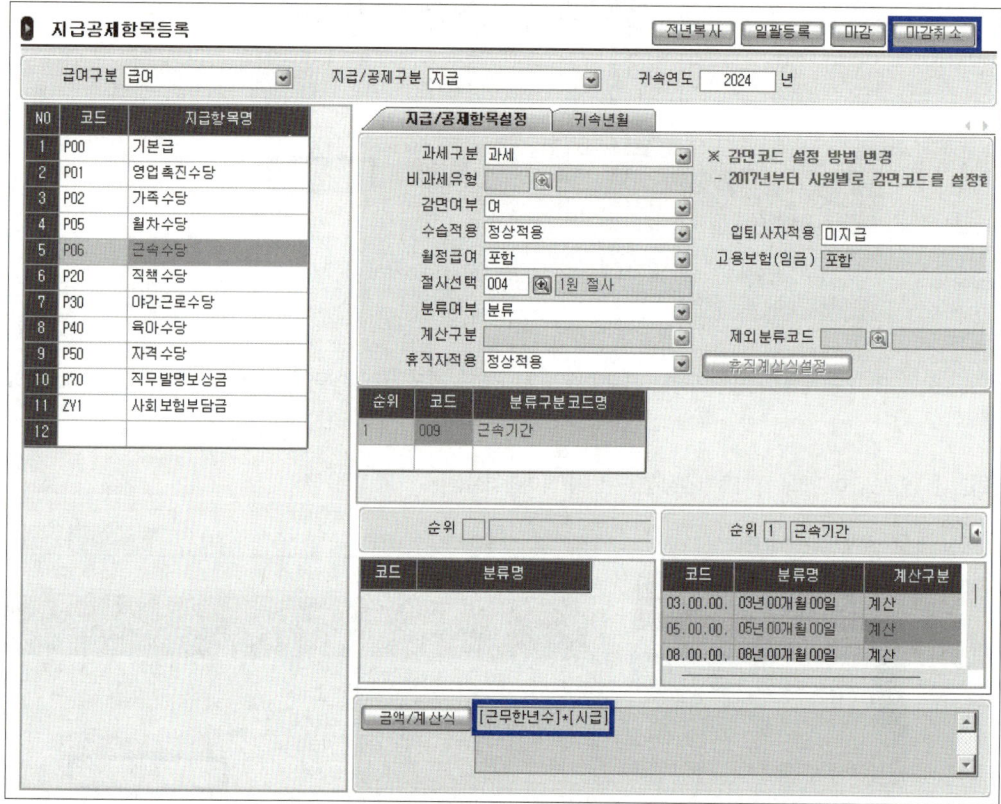

③ 3년 이상 5년 미만 근속한 근로자는 [P06.근속수당]으로 '[근무한년수] × [시급]'만큼 지급된다.
① [P00.기본급]은 각 근로자마다 책정된 임금의 월급에 해당하는 금액이 지급된다.
② 근로자에게 자녀가 존재하는 경우 [P02.가족수당]으로 30,000원이 지급된다.
④ 재직구분이 [J06.육아휴직]인 근로자에게는 [P40.육아수당]으로 '[월급] × 0.8'의 수당이 지급된다.

07 [인사/급여관리] – [인사관리] – [인사정보등록] – [인적정보] · [재직정보] · [급여정보] 탭

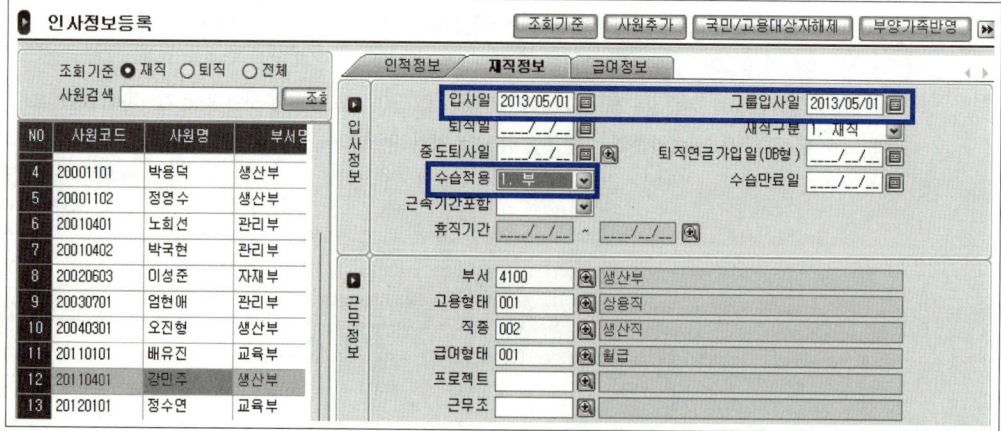

② 입사일과 그룹입사일은 모두 2013/05/01로 동일하며, 수습기간을 거친 이력이 없다.
① [인적정보] 탭 세대주여부 및 종교종사자여부에서 확인할 수 있다.
③ [재직정보] 탭 근무정보와 [급여정보] 탭 급여항목에서 확인할 수 있다.
④ [급여정보] 탭 책정임금에서 계약시작년월을 확인할 수 있고, 월급 '금액'란은 Ctrl + F3 를 입력 후 확인할 수 있다.

08 [인사/급여관리] – [인사관리] – [교육현황] – [교육별사원현황] 탭

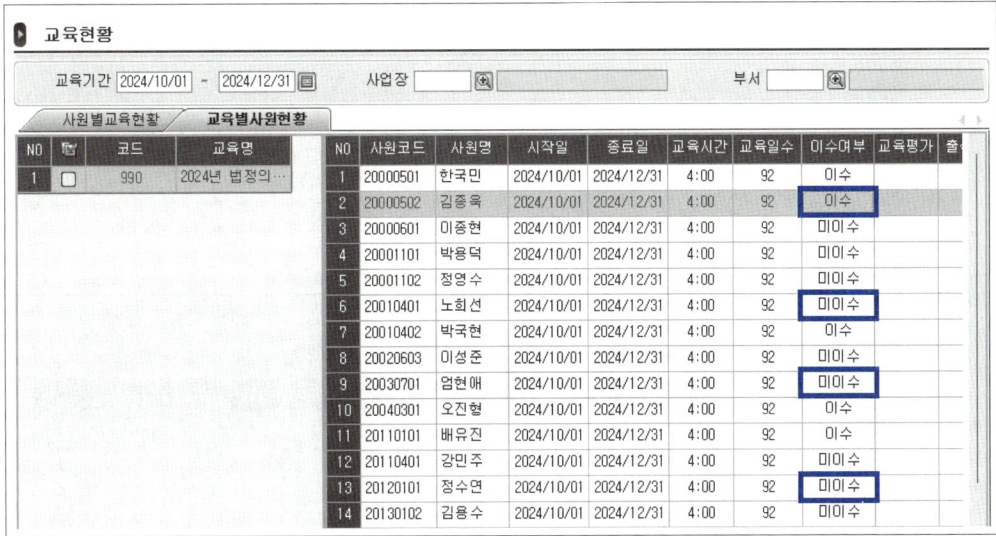

① 보기의 대상자 중 [20000502.김종욱]만 '이수'에 해당하며, 그 외 사원들은 '미이수'이다.

09 [인사/급여관리] – [인사관리] – [인사발령(사원별)]
→ [발령호수: 20241001] – [발령구분 : 부서이동]

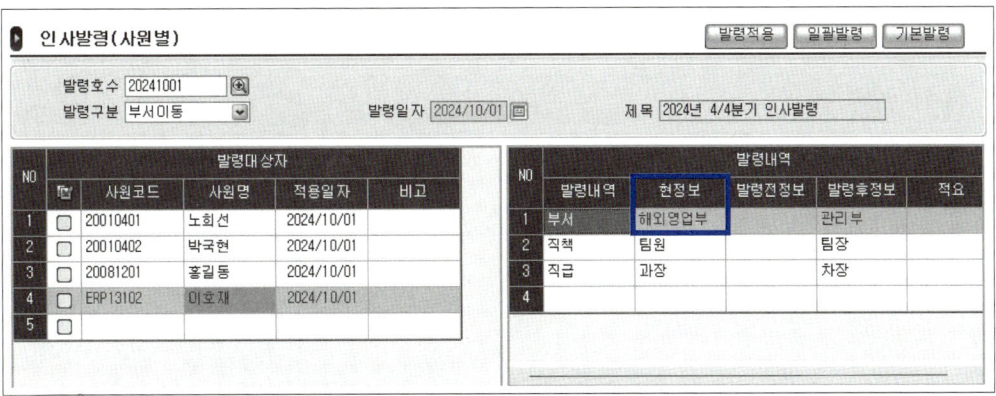

④ 발령 후 직책이 변경되는 [ERP13102.이호재]는 현재 '해외영업부' 소속이다.

10 [인사/급여관리] – [인사관리] – [근속년수현황]
→ [퇴사자 : 제외] – [기준일 : 2023/12/31] – [년수기준 : 1.미만일수 버림] – [경력포함 : 0.제외]

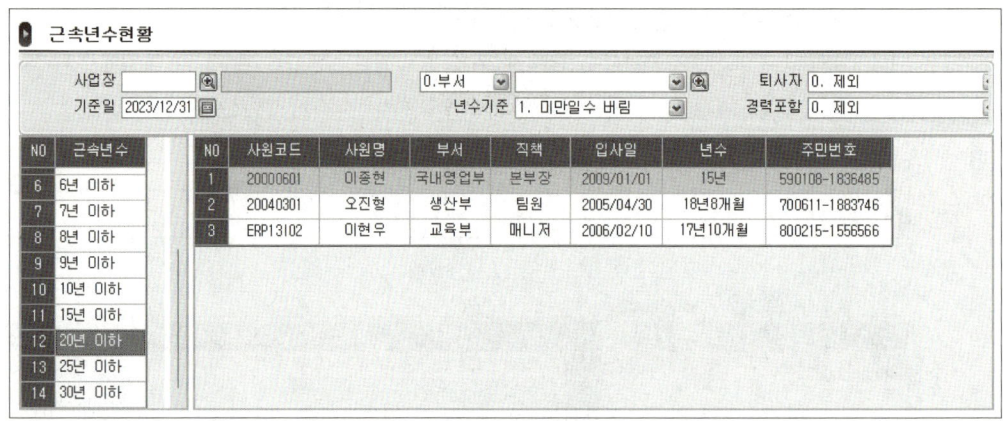

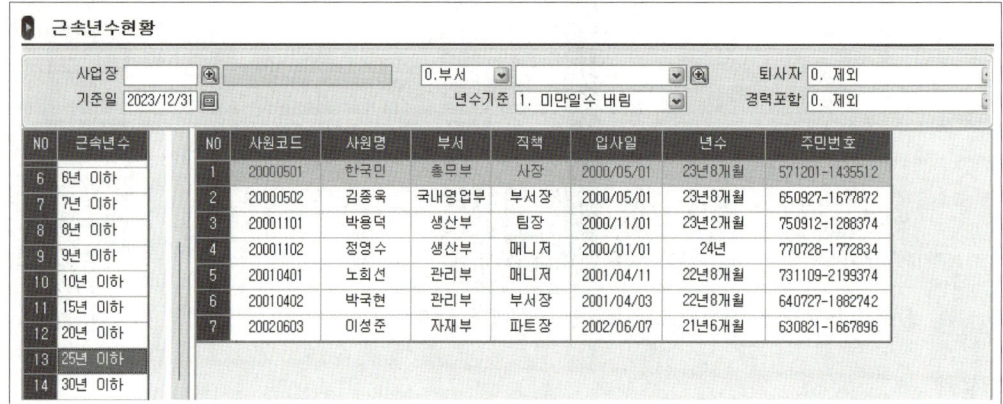

③ 특별근속수당 = 3명(15년 이상) × 150,000원 + 7명(20년 초과) × 200,000원
= 1,850,000원

11 (1) 휴직기간 설정

[인사/급여관리] – [인사관리] – [인사정보등록] – [재직정보] 탭

→ [20120101.정수연] – [입사정보_휴직기간] 우측 돋보기 클릭 – [휴직기간] 팝업창 – [휴직기간(2024/11/11, 2024/11/22, 휴직사유(300.질병휴직), 휴직지급율(75), 퇴직기간적용(001.함)] 입력 후 [확인] 클릭

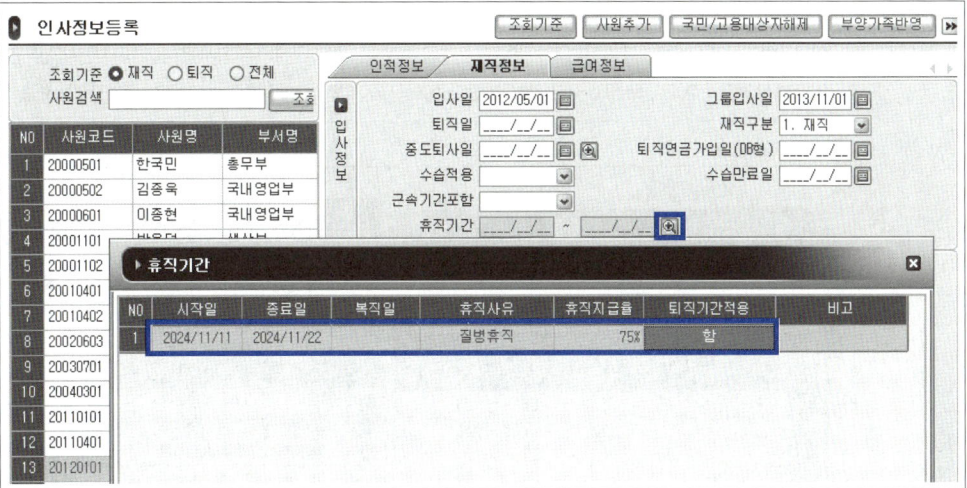

(2) 급여계산

[인사/급여관리] – [급여관리] – [상용직급여입력및계산]

→ [귀속연월 : 2024/11] – [지급일 : 1.2024/11/25 급여 동시] – 전체 사원 선택 후 상단 [급여계산] 버튼 클릭 – [급여계산] 팝업창에서 [계산] 클릭 – 하단 [급여총액] 탭에서 '과세' 확인

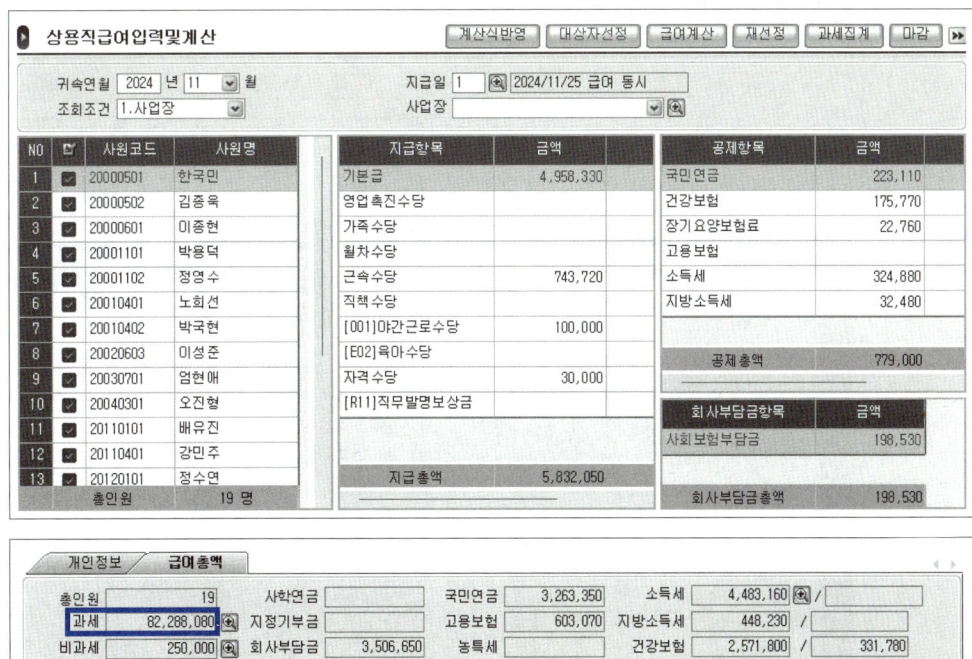

② 해당 지급일의 '과세' 총액은 82,288,080원이다.

12 (1) 지급일자 추가

[인사/급여관리] – [기초환경설정] – [급/상여지급일자등록]

→ [귀속연월 : 2024/11]

→ 좌측에 [지급일자(2024/12/10), 동시발행(002.분리), 대상자선정(0.직종및급여형태별)] 신규등록

→ 우측에 [급여구분(101.특별급여)] 신규등록

→ 상단 [일괄등록] 버튼 – [일괄등록] 팝업창 – [사업장 : 1000.인사2급 회사본사, 2000.인사2급 인천지점], [상여지급대상기간 : 2024/11/01 ~ 2024/11/30], [대상 : 사무직(연봉/일급), 생산직(월급/일급)] 체크 후 [적용] 클릭

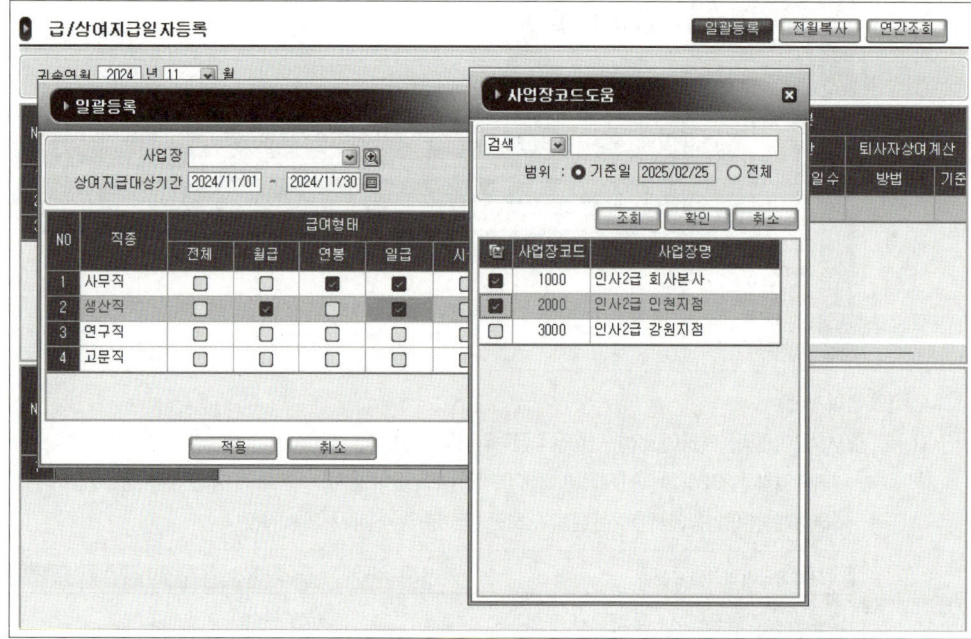

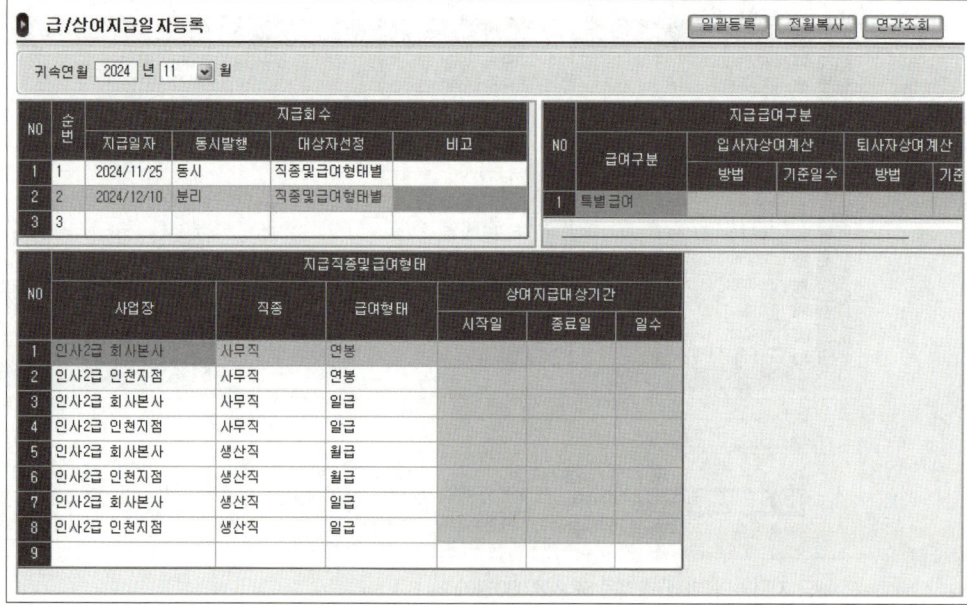

(2) 급여계산

[인사/급여관리] – [급여관리] – [상용직급여입력및계산]

→ [귀속연월 : 2024/11] – [지급일 : 2.2024/12/10 특별급여 분리] – 사원 전체 체크 후 상단 [급여계산] 버튼 클릭
– [급여계산] 팝업창에서 [계산] 클릭 – 하단 [개인정보] 탭에서 '과세총액' 확인

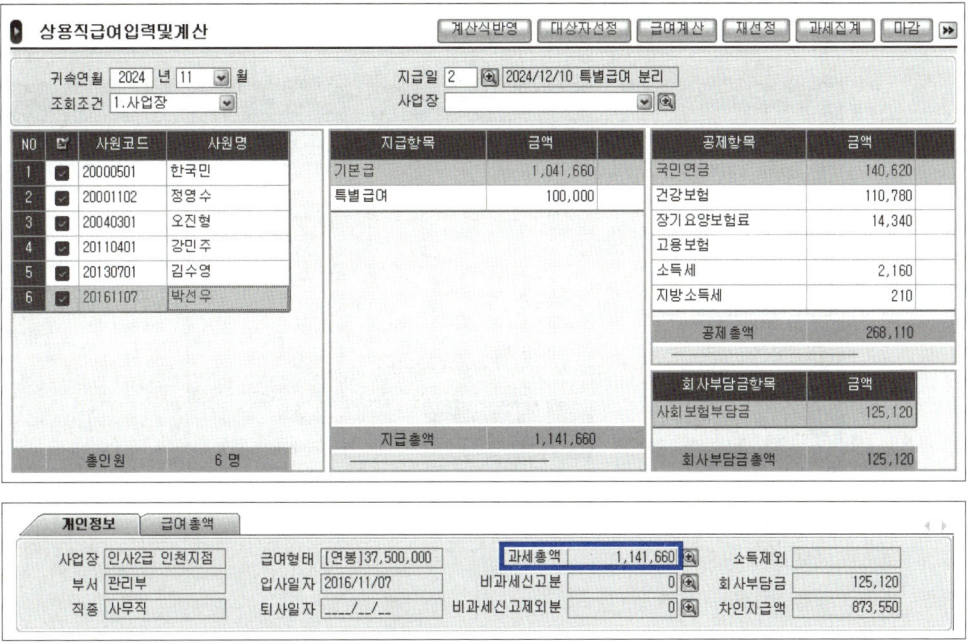

① 해당 지급일의 [20161107.박선우]의 과세총액은 1,141,660원이다.

13 (1) 책정임금 확인

[인사/급여관리] – [인사관리] – [인사정보등록] – [급여정보] 탭

→ [20130701.김수영] – 하단 [책정임금] – [계약시작년월 : 2023/01] 클릭 – 연봉 '금액'란에서 Ctrl + F3 – '시급' 확인

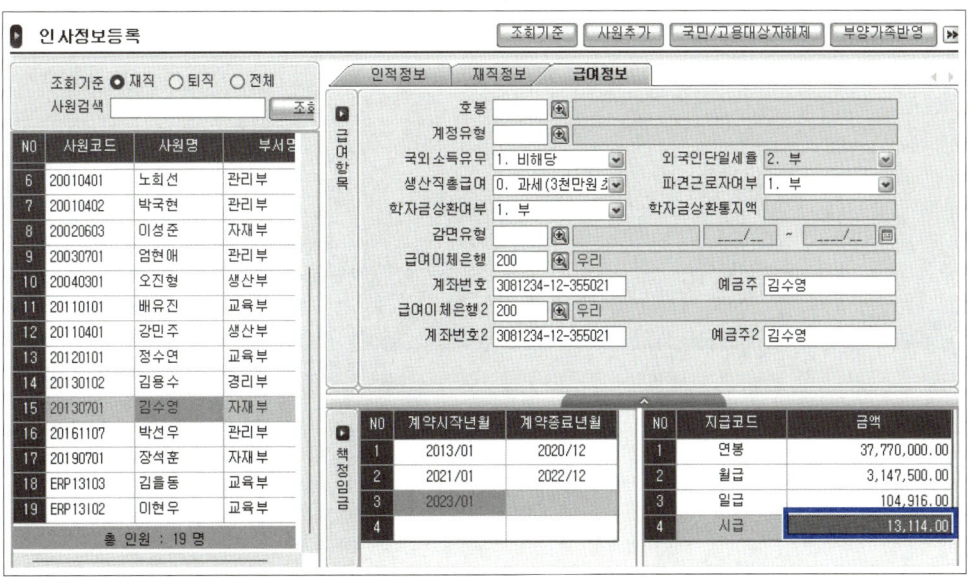

(2) 근태 공제금액 계산

[인사/급여관리] – [급여관리] – [근태결과입력]

→ [귀속연월 : 2024/10] – [지급일 : 1.2024/10/25 급여 동시]

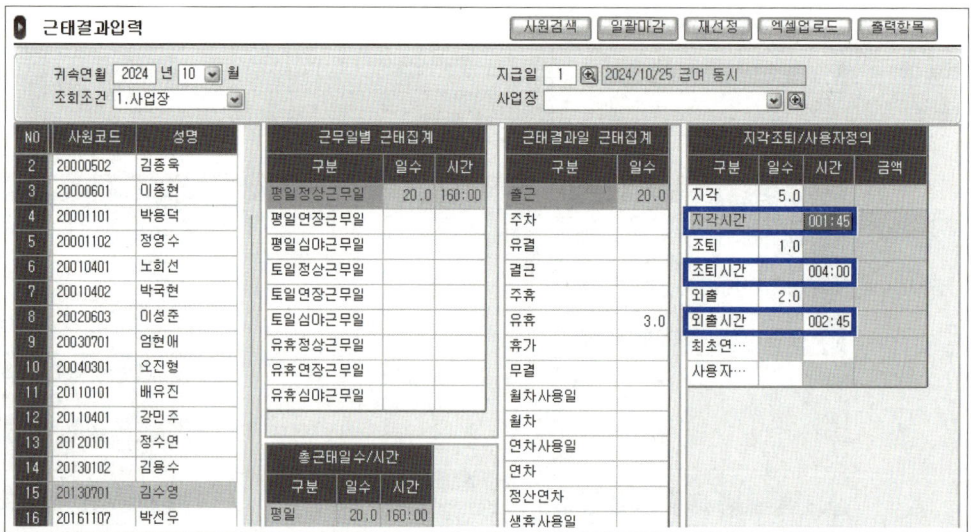

- 책정임금 시급 : 13,114원
- 15분 = 1시간 ÷ 4 → 0.25
  - 지각 1:15 → 1.75
  - 조퇴 4:00 → 4.0
  - 외출 2:45 → 2.75

② 공제금액 = (지각시간 + 외출시간 + 조퇴시간) × 시급
= (1.75 + 4.0 + 2.75) × 13,114원
= 8.5 × 13,114원
= 111,460원(111,469원에서 원 단위 절사)

14 (1) 대상자 추가

[인사/급여관리] – [일용직관리] – [일용직급여지급일자등록]

→ [귀속연월 : 2024/11] – [지급일 : 1.2024/11/25/매일지급] – [부서 : 1200.경리부, 4100.생산부] – [급여형태 : 004.시급] – 해당 사원 전체 체크 후 [추가] 클릭

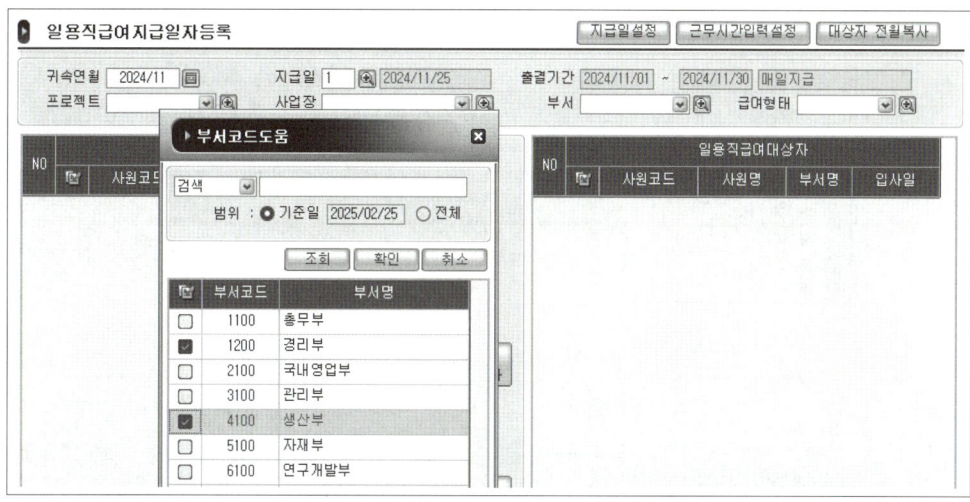

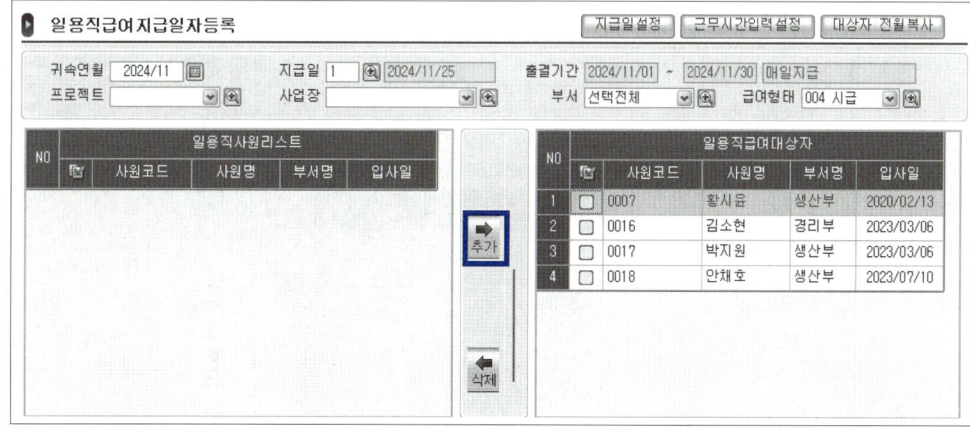

(2) 급여계산

[인사/급여관리] – [일용직관리] – [일용직급여입력및계산]

→ [귀속연월 : 2024/11] – [지급일 : 1,2024/11/25/매일지급] – 사원 전체 체크

→ 상단 [일괄적용] 버튼 – [일괄적용] 팝업창 – [일괄적용시간 : 009:00], [일괄적용요일 : 평일], [비과세(신고제외분) : 12,000] 입력 후 [적용] 클릭

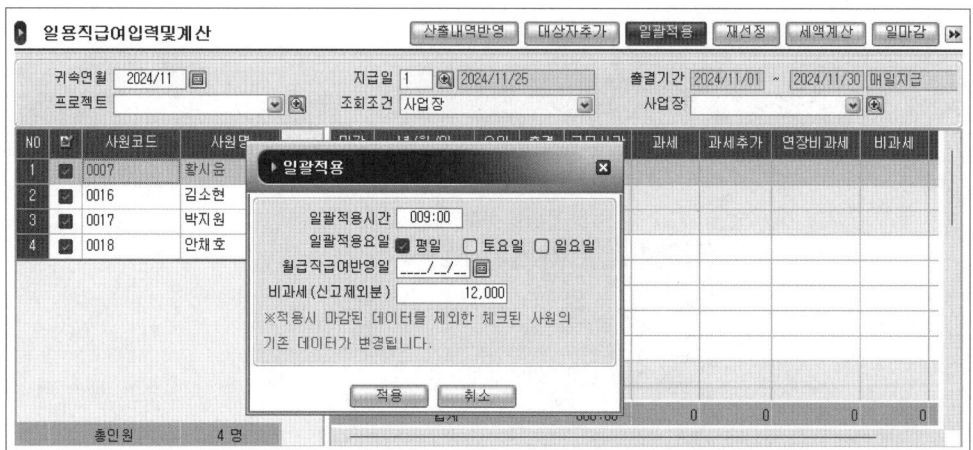

→ 상단 [일괄적용] 버튼 – [일괄적용] 팝업창 – [일괄적용시간 : 004:00], [일괄적용요일 : 토요일] 입력 후 [적용] 클릭

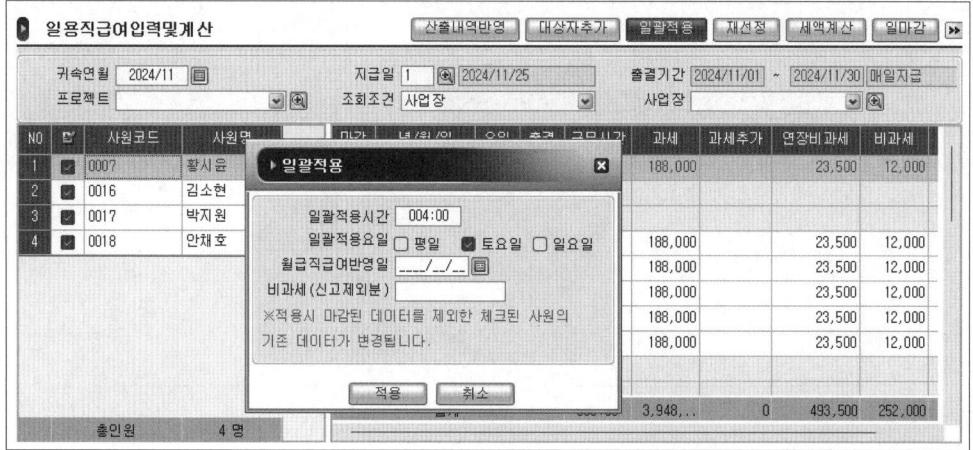

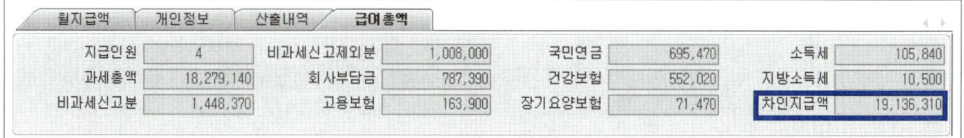

① 해당 지급일의 실지급액(차인지급액)은 19,136,310원이다. 참고로 근무일수는 [개인정보] 탭에서 확인할 수 있다.
② [0016.김소현]의 소득세 공제액이 44,520원으로 가장 많다. 참고로 사원별 소득세 공제액은 [월지급액] 탭 소득세에서 확인할 수 있다.
③ [월지급액] 탭과 [급여총액] 탭에서 확인할 수 있다.
④ [0016.김소현]을 제외한 3명은 [4100.생산부] 소속이며 모두 현금으로 급여를 지급받았다.

15 (1) 사원정보 변경

[인사/급여관리] – [일용직관리] – [일용직사원등록] – [기본정보] 탭
→ [0019.류성준] – [생산직비과세적용 : 함], [국민/건강/고용보험 여부 : 여] 변경

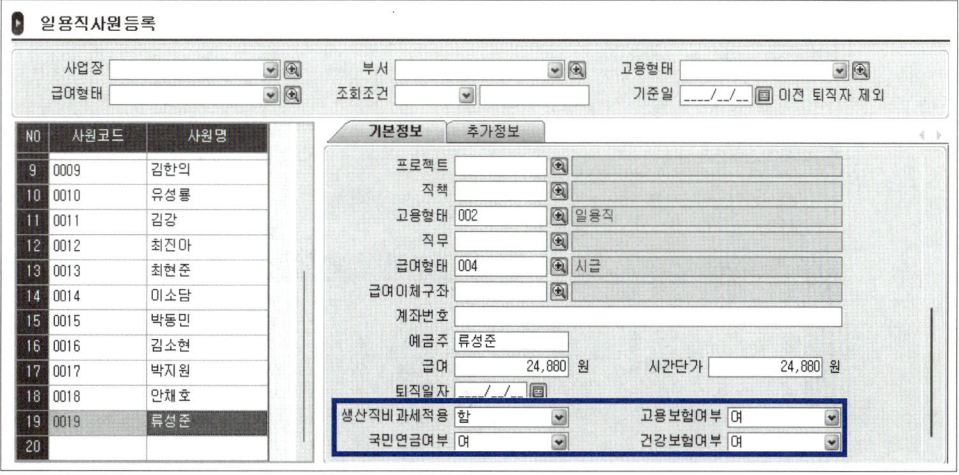

(2) 급여계산

[인사/급여관리] – [일용직관리] – [일용직급여입력및계산]

→ [귀속연월 : 2024/11] – [지급일 : 2.2024/11/25/일정기간지급] – 사원 전체 체크

→ 상단 [일괄적용] 버튼 – [일괄적용] 팝업창 – [일괄적용시간 : 010:00], [일괄적용요일 : 평일], [비과세(신고제외분)
: 10,000] 입력 후 [적용] 클릭

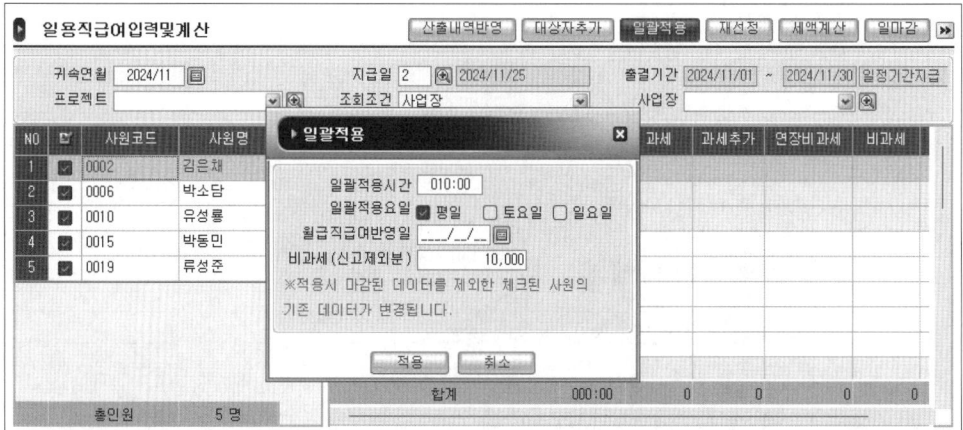

→ 상단 [일괄적용] 버튼 – [일괄적용] 팝업창 – [일괄적용시간 : 002:00], [일괄적용요일 : 토요일] 입력 후 [적용] 클릭

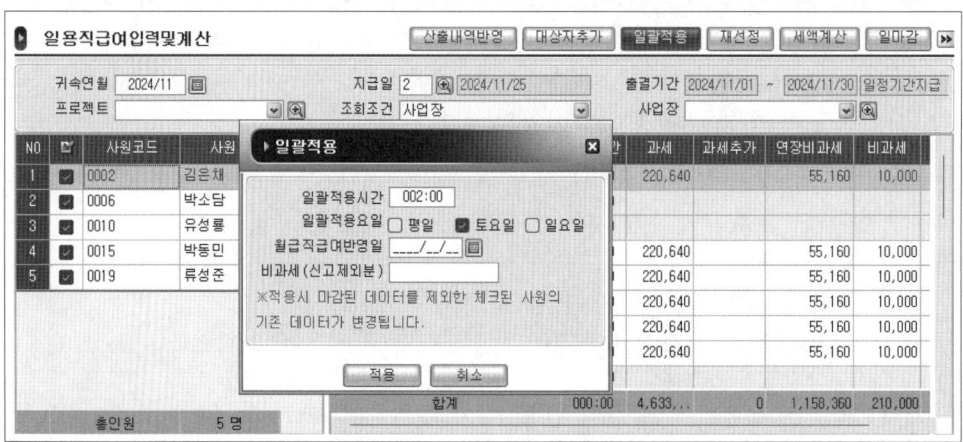

→ 하단 [급여총액] 탭에서 '차인지급액' 확인

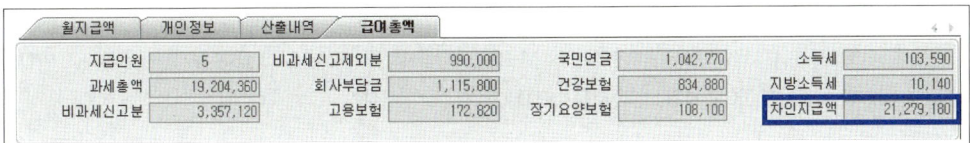

④ 해당 지급일의 실지급액(차인지급액)은 21,279,180원이다.

16 [인사/급여관리] – [급여관리] – [연간급여현황]
→ [조회기간 : 2024/07 ~ 2024/09] – [분류기준 : 지급/공제] – [사업장 : 2000.인사2급 인천지점] – [사용자부담금 : 0.제외]

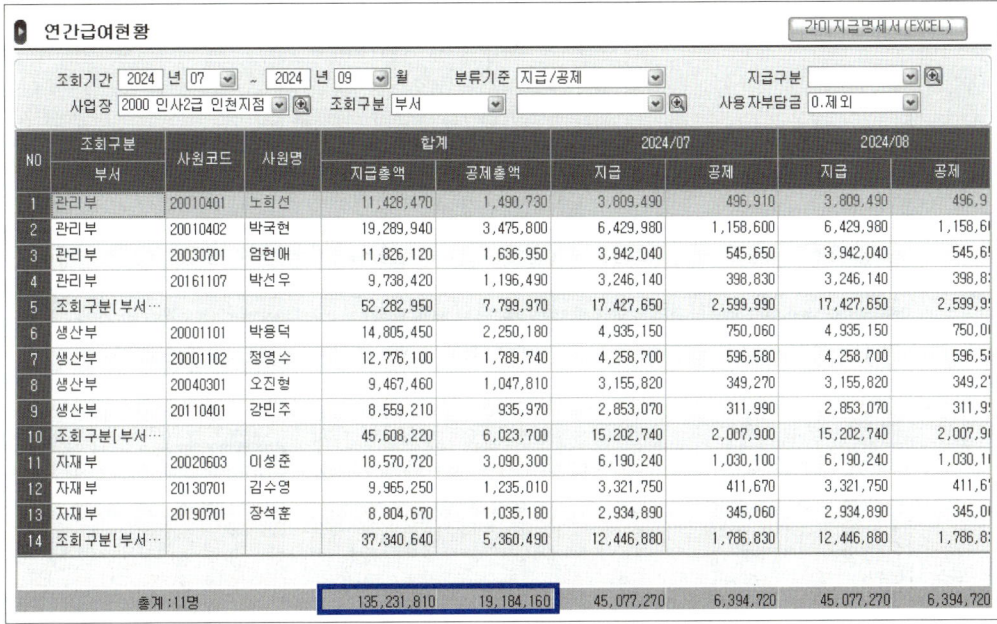

③ 조회기간 지급총액은 135,231,810원, 공제총액은 19,184,160원이다.

17 [인사/급여관리] – [급여관리] – [급/상여이체현황]
→ [소득구분 : 1.급상여] – [귀속연월 : 2024/10] – [지급일 : 1.2024/10/25 급여 동시] – [무급자 : 1.제외] – [조회조건 : 1.사업장_2000.인사2급 인천지점, 3000.인사2급 강원지점]

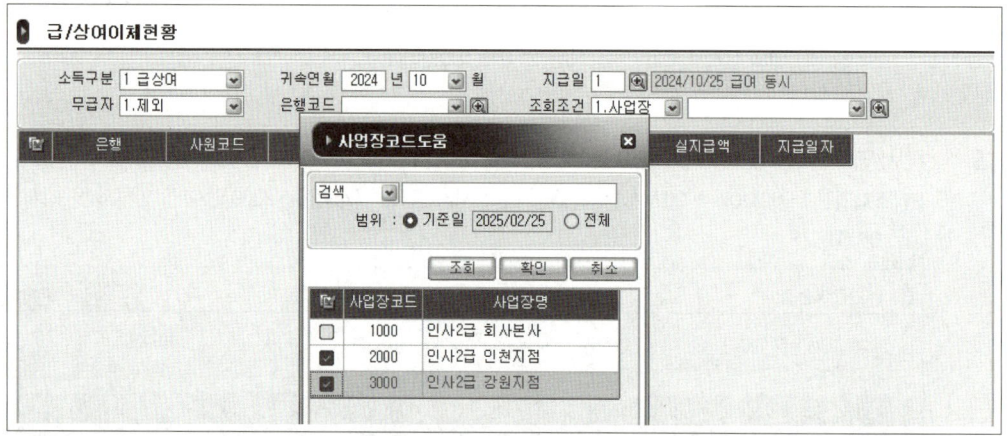

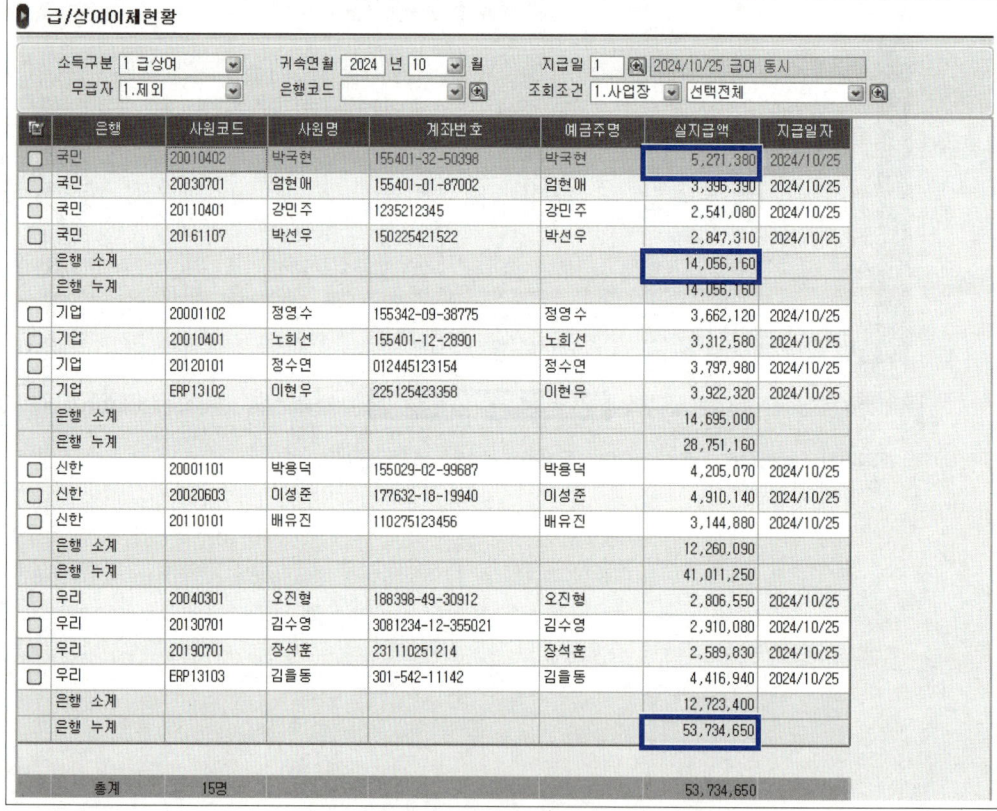

① 해당 사업장들의 근로자는 모두 계좌이체를 통해 급/상여를 지급받았다.
② 총 이체금액은 국민은행 소계 실지급액을 통해 알 수 있다.
③ 총계 실지급액을 통해 알 수 있다.
④ 실지급액 및 지급일자를 통해 알 수 있다.

18 [인사/급여관리] – [급여관리] – [월별급/상여지급현황]

→ [조회기간 : 2024/07 ~ 2024/09] – [지급구분 : 100.급여] – [조회구분 : 2.부서] – [부서 : 4100.생산부]

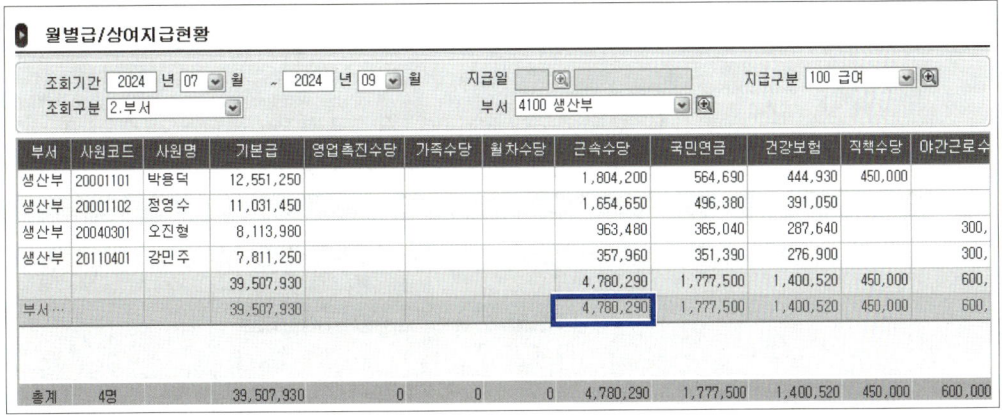

② 조회기간 근속수당은 4,780,290원이 지급되었다.

19 [인사/급여관리] – [급여관리] – [사원별급/상여변동현황]

→ [기준연월 : 2024/10] – [지급일 : 1.2024/10/25 급여 동시] – [사용자부담금 : 0.제외] – [비교연월 : 2023/10] – [지급일 : 1.2023/10/25 급여 분리] – [조회조건 : 1.사업장_전체]

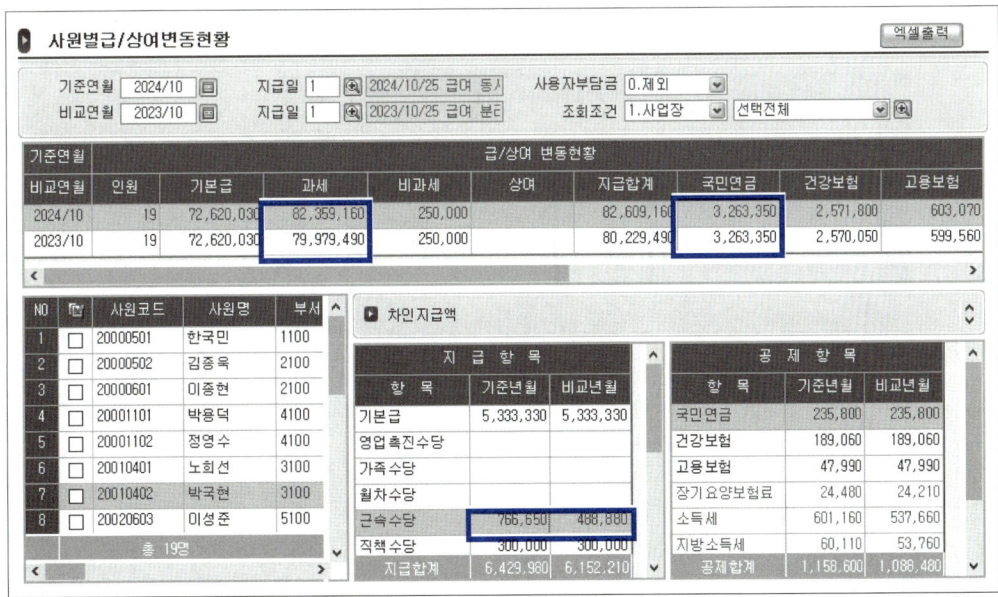

③ [20010402.박국현] 사원의 근속수당은 비교연월에 비해 277,770원 증가했다.

① 기준연월 과세금액 82,359,160원에서 비교연월 과세금액 79,979,490원을 뺀 금액은 2,379,670원이다.

② '국민연금'은 기준연월 및 비교연월 모두 3,263,350원이다.

④ [20130701.김수영] 사원의 장기요양보험료는 기준연월 14,440원으로 비교연월 14,290원에 비해 150원 올랐다.

20 [인사/급여관리] – [급여관리] – [수당별연간급여현황]
→ [조회기간 : 2024/07 ~ 2024/09] – [수당코드 : P06.근속수당] – [조회조건 : 2.부서_4100.생산부, 5100.자재부]

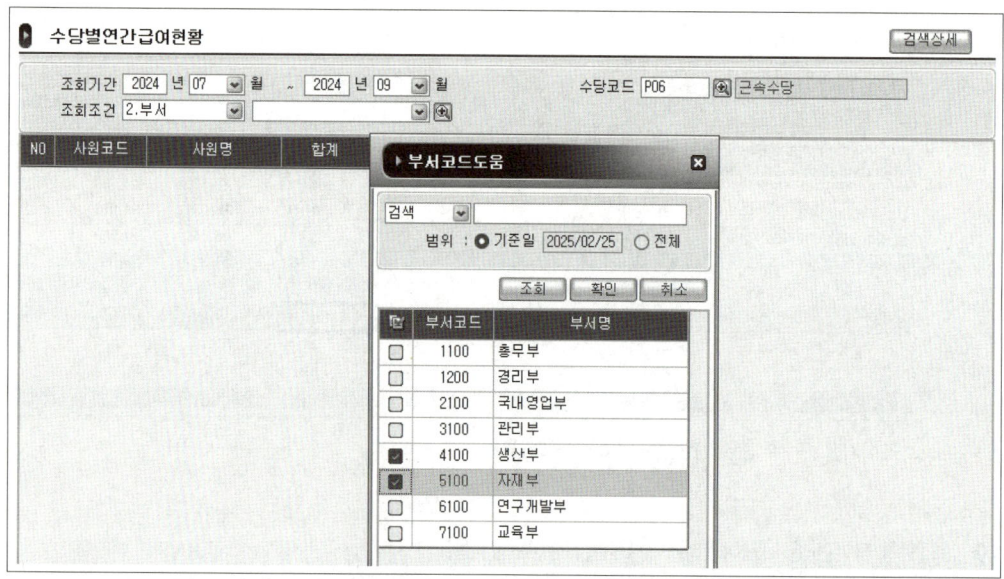

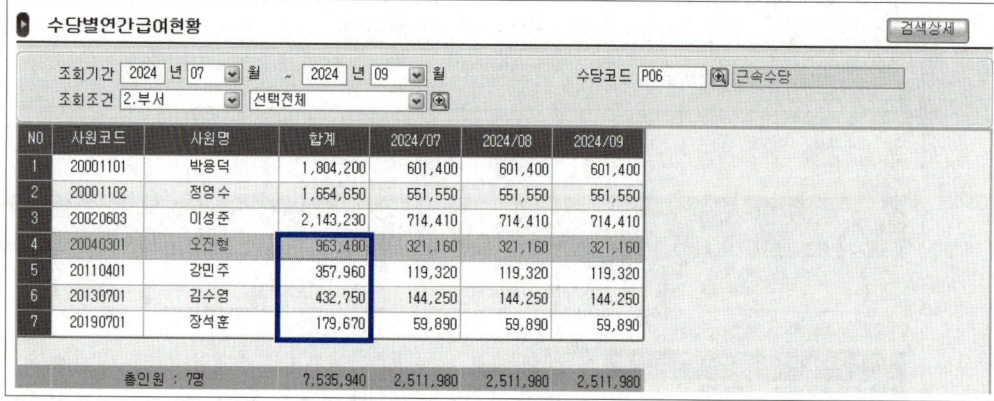

④ 보기의 대상자 중 조회기간 [P06.근속수당]을 가장 많이 지급받은 사원은 [20040301.오진형]이다.

제 104회 정답 및 해설

이론문제

01	02	03	04	05	06	07	08	09	10
①	②	④	①	②	②	②	④	④	④
11	12	13	14	15	16	17	18	19	20
②	④	②	①	④	④	②	②	③	②

01 ① 현재 ERP는 기업 내 각 영역의 업무프로세스를 지원하고 신기술을 융합해 보다 지능화된 기업경영이 가능한 통합시스템으로 발전하고 있다.

02 ② 점증적으로 비즈니스 프로세스를 개선하는 방식은 'BPI(Business Process Improvement)'이고, 급진적으로 비즈니스 프로세스를 개선하는 방식은 'BPR(Business Process Re-Engineering)'이다.

03 ④ 마케팅(marketing), 판매(sales) 및 고객서비스(customer service)의 자동화는 확장된 ERP 시스템 환경에서 CRM(Customer Relationship Management : 고객관계관리) 모듈을 실행함으로써 얻는 장점이다.

04 ① Open Multi-vendor의 의미는 특정 하드웨어 및 소프트웨어 기술이나 업체에 의존하지 않고 다양한 시스템과 조합해 사용할 수 있다는 것이다.

05 ② 포드의 관리법의 3S 원칙은 ▲ 표준화 ▲ 전문화 ▲단순화다.

06 ② 고용관리와 개발관리는 노동력 관리, 임금관리·근로시간관리·산업안전관리는 근로조건관리에 해당한다.

07 ② 워크 샘플링법에 대한 설명이다.

08 ④ 직무의 내용을 고도화해 작업상의 책임과 권한을 늘리는 것은 직무충실화에 관한 설명이다.

09 ④ 전문가 예측법은 정성적(판단적) 기법이다.

10 ④ 중요사건평가법에 관한 설명이다.

인사고과평가방법	내 용
절대평가방법	평점척도고과법, 체크리스트법, 강제선택법, 자유기술법, 중요사건평가법, 행위기준고과법
상대평가방법	서열법, 쌍대비교법, 강제할당법

11 ② 직장 내 훈련은 전문적인 지식과 기능을 전달하기 어렵다.

12 ④ 발탁승진에 대한 설명이다.
① 역직승진 : 조직구조의 편성과 운영에 따라 이루어진 역직에 따라 승진을 결정하는 승진제도
② 직급승진 : 현 직급에서 상위직급으로 이동하는 승진제도
③ 대용승진 : 직무 중심이 아닌 융통성 있는 인사관리를 위해 직책과 권한 등 직무내용상의 실질적인 변화나 보상 없이 직위명칭 등을 변경하는 형식적인 승진제도

13 ② 양도소득은 퇴직소득과 더불어 다른 소득과 합하지 않고 별도로 과세되는 분류과세대상 소득이다. 참고로 종합과세 대상소득에는 이자소득, 배당소득, 사업소득, 근로소득, 연금소득, 기타소득이 있다.

14 ① 연말정산 시기는 다음 해 2월 말일이다.

15 ④ 평균임금에 대한 설명이다.
- 통상임금 : 정규 근로와 관련된 모든 대가로서 기본급 외에 작업수당·기술수당·위험수당 등과 같이 일률적으로 지급되는 것이 포함되며, 연장근로수당·야근수당·휴일근무수당·출산전후휴가급여 등과 같이 작업시간에 따라 변동되는 임금은 제외된다.

16 ④ 경조금 및 학자금 지원은 법정 외(임의) 복리후생에 속한다.

법정 복리후생	국민건강보험, 국민연금보험, 산업재해보험, 고용보험, 퇴직금제도, 유급휴가제도 등
법정 외 복리후생	학자금·경조사·동호회·도서구입비 지원, 휴게실 운영, 스톡옵션, 카페테리아식·라이프사이클 복리후생제도, 육아 및 노부모 보호서비스 등

17 ② 일용직 근로자의 근로소득공제액은 산출세액의 55%다.

18 ② 유니언 숍에 대한 설명이다.

노동조합제도	내 용
오픈 숍	조합원 여부에 상관없이 근로자가 될 수 있도록 하는 제도
에이전시 숍	채용된 모든 종업원들이 노동조합에 일정액의 조합비를 납부해야 하는 제도
클로즈드 숍	조합원 자격을 전제조건으로 하여 채용하는 제도

19 ③ 대체고용은 사용자 측 쟁의행위다.

근로자 쟁의	파업, 태업·사보타주, 불매운동, 준법투쟁, 보이콧, 피케팅, 생산관리 등
사용자 쟁의	직장폐쇄, 대체고용, 조업계속 등

20 ② 비정규직 근로자보호법의 대상이 되는 근로자는 기간제근로자, 단시간근로자, 파견근로자다.

실무문제

01	02	03	04	05	06	07	08	09	10
①	④	④	③	③	①	④	②	④	②
11	12	13	14	15	16	17	18	19	20
①	③	②	③	③	②	①	②	④	①

01 [시스템관리] – [회사등록정보] – [사원등록]
→ [사용자만] 체크

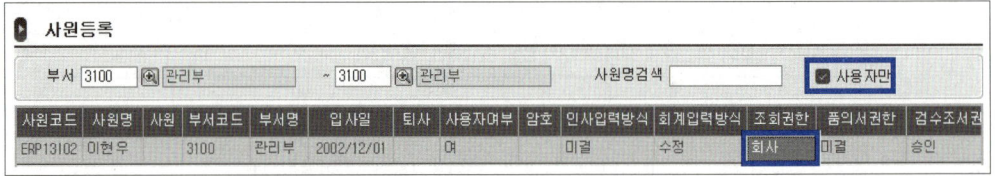

① 사용자로 등록된 이현우 사원의 조회권한은 〈회사〉다.

02 [시스템관리] – [회사등록정보] – [부서등록]

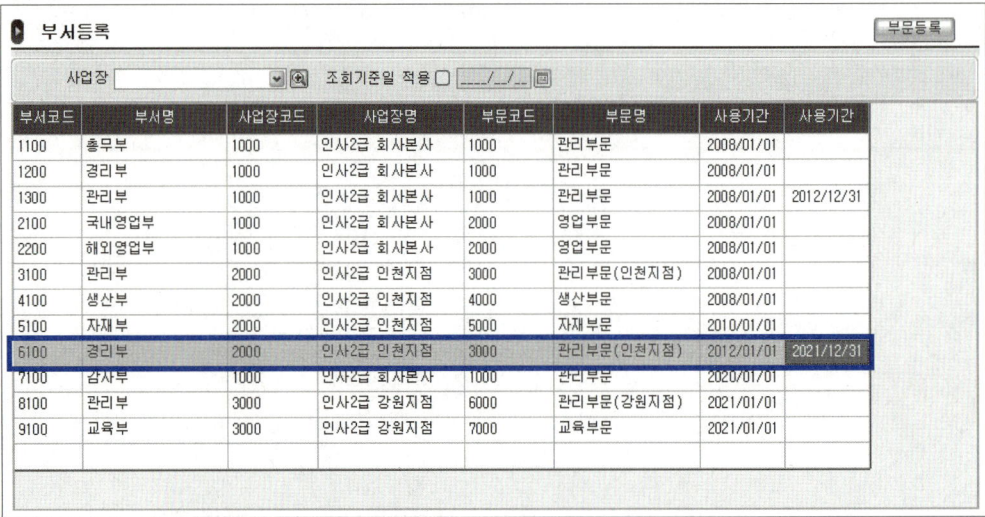

④ [2000.인사2급 인천지점] 사업장 중 [6100.경리부]는 2021년 12월 31일 사용이 종료되었다.

03 [시스템관리] – [회사등록정보] – [사용자권한설정]
→ [모듈구분 : H.인사/급여관리]

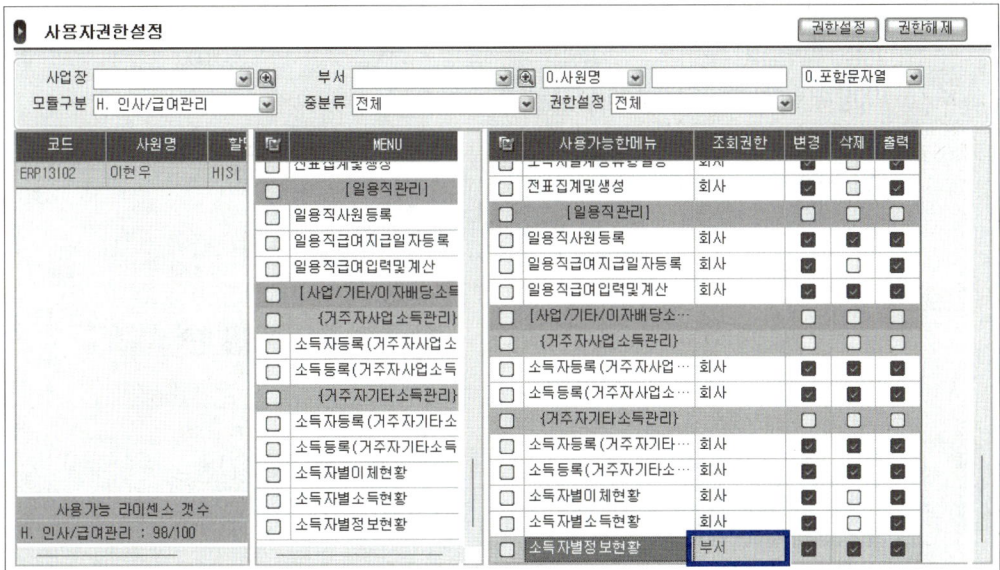

④ [소득자별정보현황] 메뉴에서는 본인이 소속된 부서의 자료를 변경할 수 있다.

04 (1) 일괄등록

[인사/급여관리] – [기초환경설정] – [호봉테이블등록]

→ [800.주임] – [호봉이력 : 2024/09] 신규등록

→ 상단 [일괄등록] 버튼 클릭 – [호봉일괄등록] 팝업창 – [기본급_초기치 : 2,500,000, 증가액 : 100,000/ 직급수당_
초기치 : 120,000, 증가액 : 50,000] 입력 후 [적용] 클릭

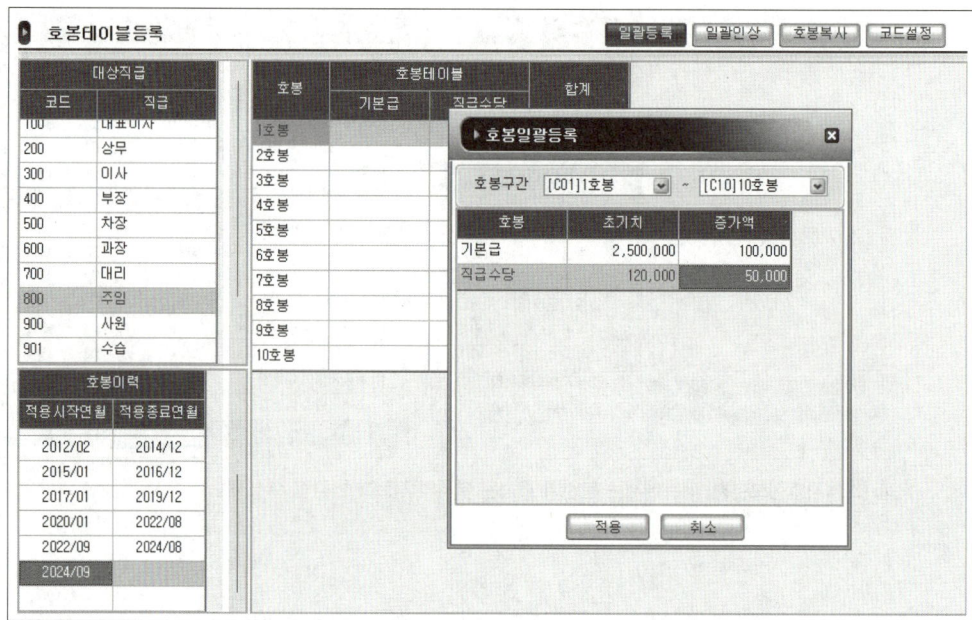

(2) 일괄인상

→ 상단 [일괄인상] 버튼 – [호봉일괄인상] 팝업창 – [정률(%)_기본급 : 3.5] – [정률적용] 클릭

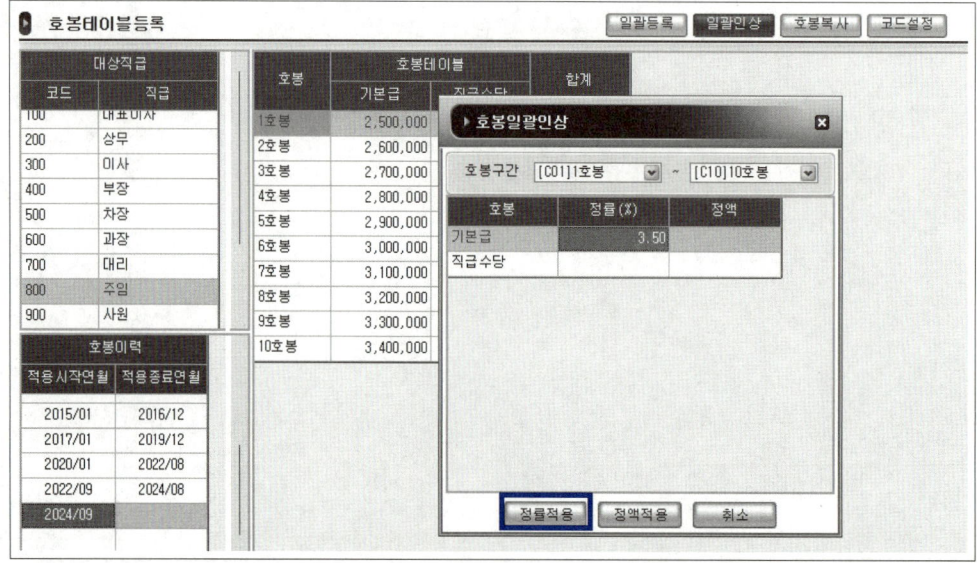

→ 상단 [일괄인상] 버튼 - [호봉일괄인상] 팝업창 - [정액_직급수당 : 10,000] - [정액적용] 클릭

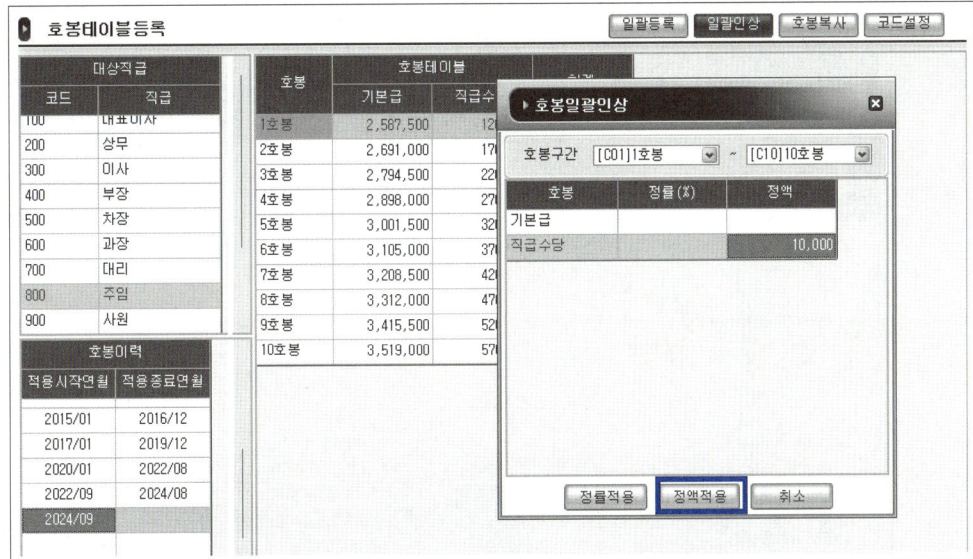

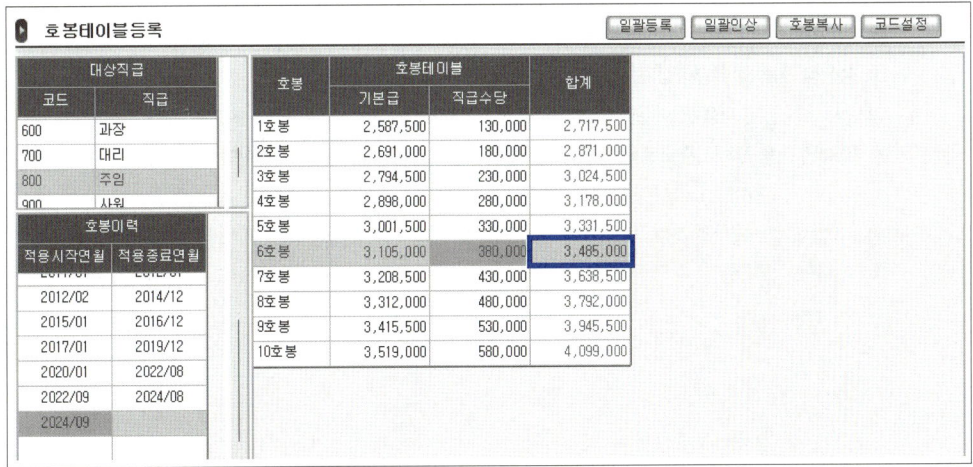

③ [일괄등록]과 [일괄인상] 버튼을 이용해 해당 내용 반영 시 [800.주임] 6호봉 합계금액은 3,485,000원이다.

05 [인사/급여관리] - [기초환경설정] - [인사/급여환경설정] - [기준설정] 탭

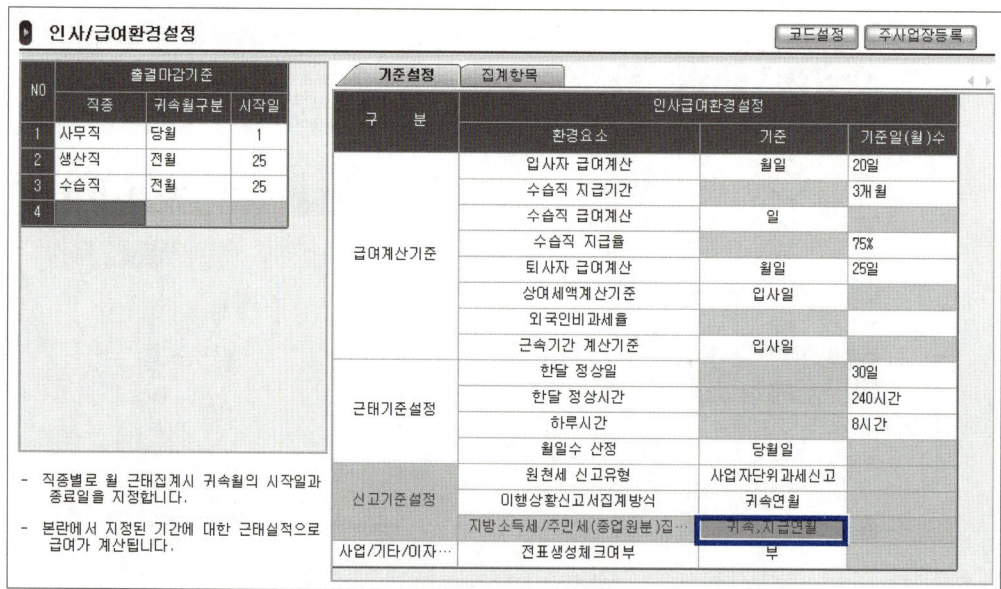

③ 지방소득세 신고서의 데이터는 '귀속연월'과 '지급연월'이 모두 일치하는 경우에만 집계된다.

① '생산직' 직종의 출결마감기준일은 전월 25일부터 당월 24일까지다.

② 퇴사자의 경우 지정한 '기준일수' 초과근무 시 월 급여를 '월할' 지급한다.

④ 2024년 8월 귀속 기준으로 월일수 산정 시 당월일 기준으로 31일을 적용한다.

06 [인사/급여관리] - [기초환경설정] - [지급공제항목등록] - [지급공제항목설정] 탭
→ [급여구분 : 급여] - [지급/공제구분 : 지급] - [귀속연도 : 2024] - 상단 [마감취소] 버튼 클릭

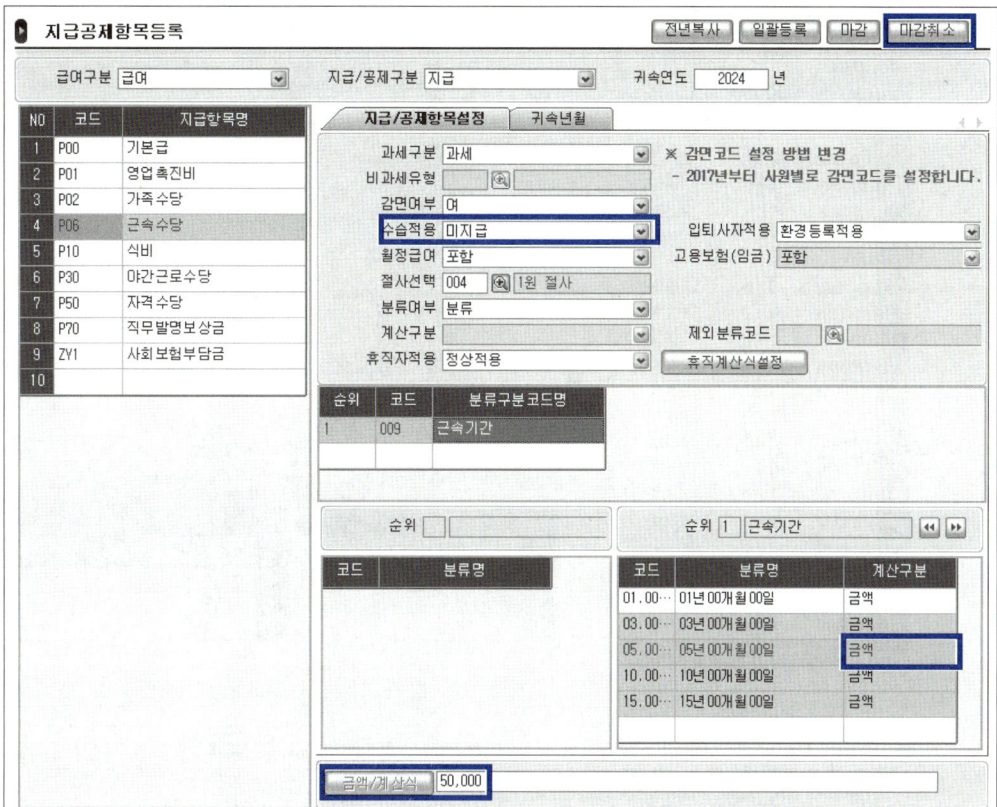

① [P06.근속수당]은 '수습직'에게는 지급하지 않는 항목이며, 근속기간이 6년인 경우 50,000원을 지급한다.

07 [인사/급여관리] – [인사관리] – [인사정보등록] – [재직정보] 탭 및 [급여정보] 탭

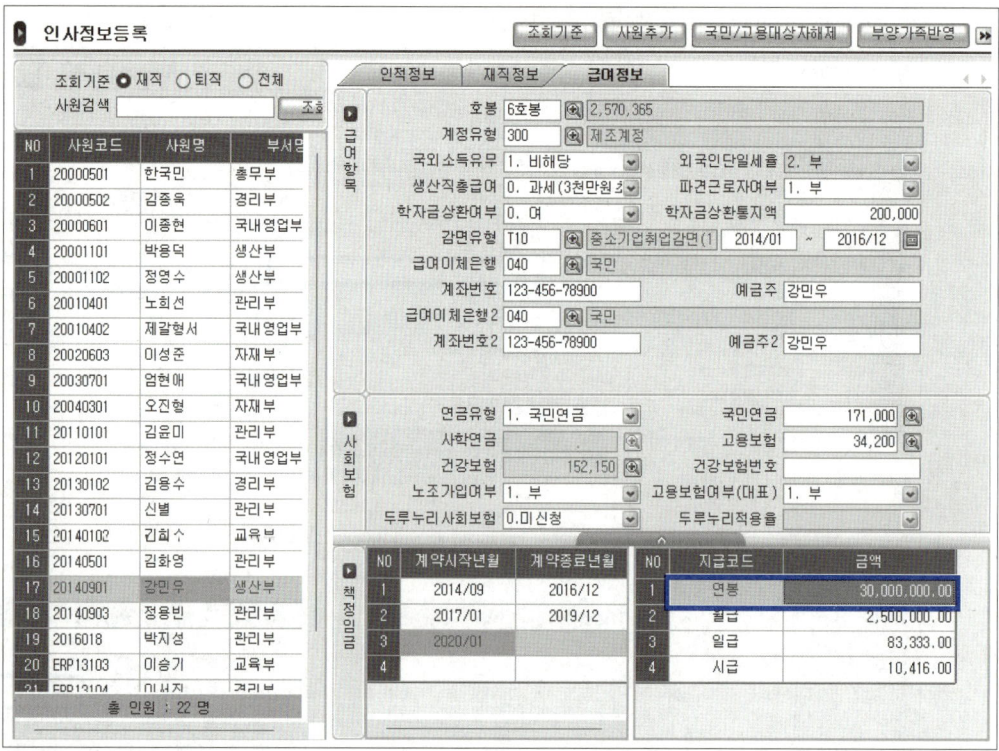

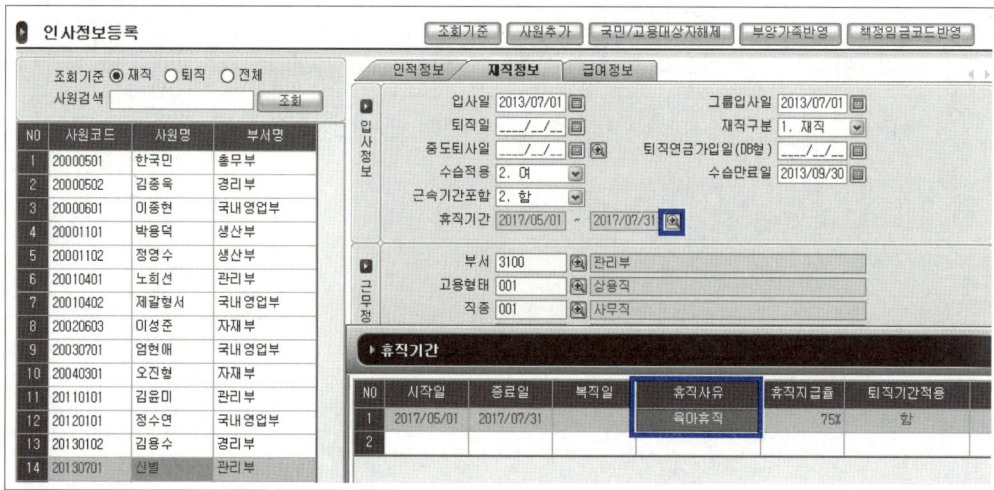

④ [20140901.강민우] 사원의 현재 책정된 임금의 연봉은 30,000,000원이다.

① 노조가입여부 확인 : [급여정보] 탭
② 직급 및 급여이체은행 확인 : [재직정보] 탭 및 [급여정보] 탭
③ 휴직 이력·사유 및 급여형태 확인 : [재직정보] 탭

08 [인사/급여관리] - [인사관리] - [교육현황] - [교육별사원현황] 탭

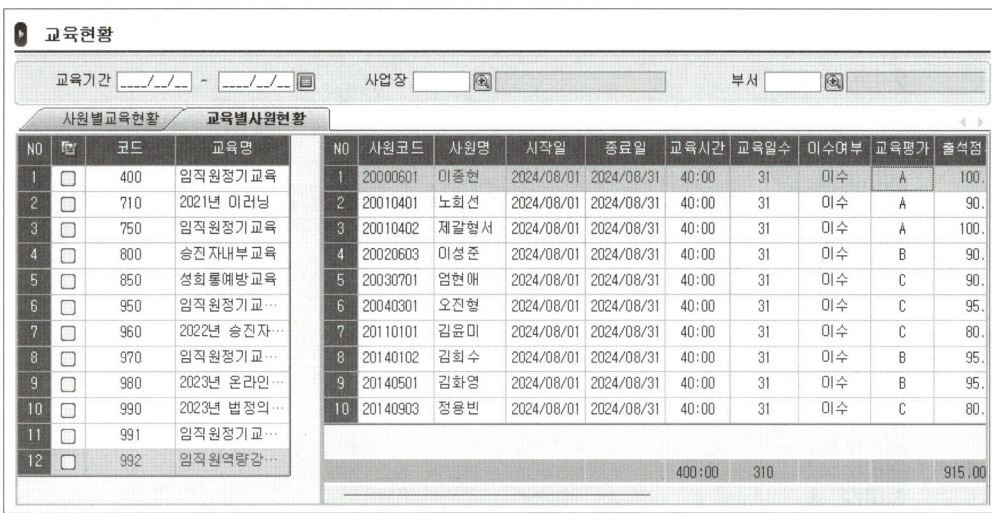

② 포상 지급액 = 3명(A등급) × 200,000원 + 3명(B등급) × 100,000원
　　　　　　 = 900,000원

09 [인사/급여관리] - [인사관리] - [사원입퇴사현황] - [이직현황] 탭
→ [분류코드 : 2000.인사2급 인천지점] - [조회기간 : 2023.07 ~ 2023.12]

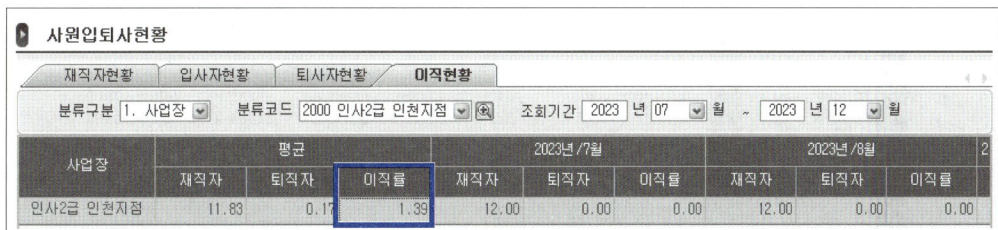

④ 조회기간 [2000.인사2급 인천지점] 사업장의 평균 이직률은 1.39%다.

10 [인사/급여관리] – [인사관리] – [근속년수현황]
→ [퇴사자 : 제외] – [기준일 : 2024/08/31] – [년수기준 : 2.미만일수 올림] – [경력포함 : 0.제외]

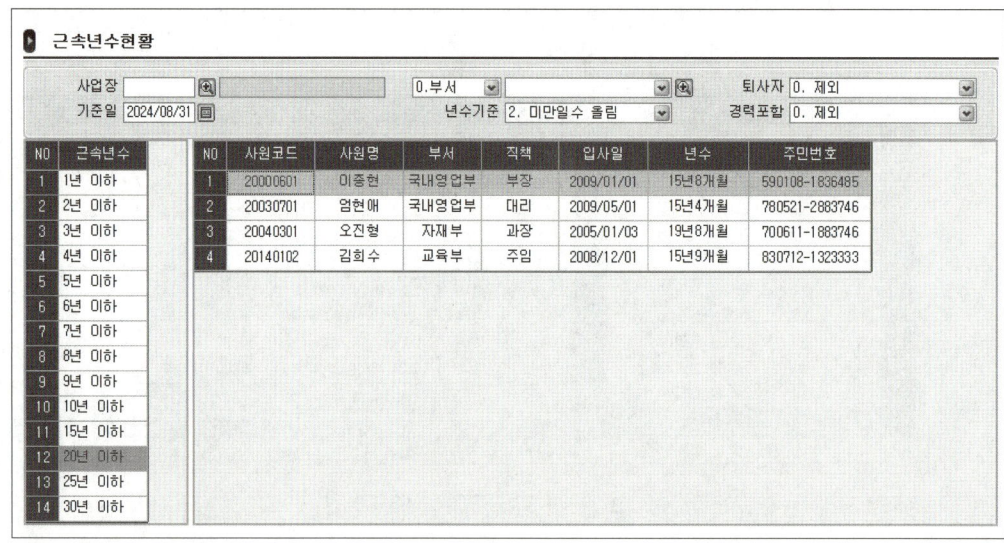

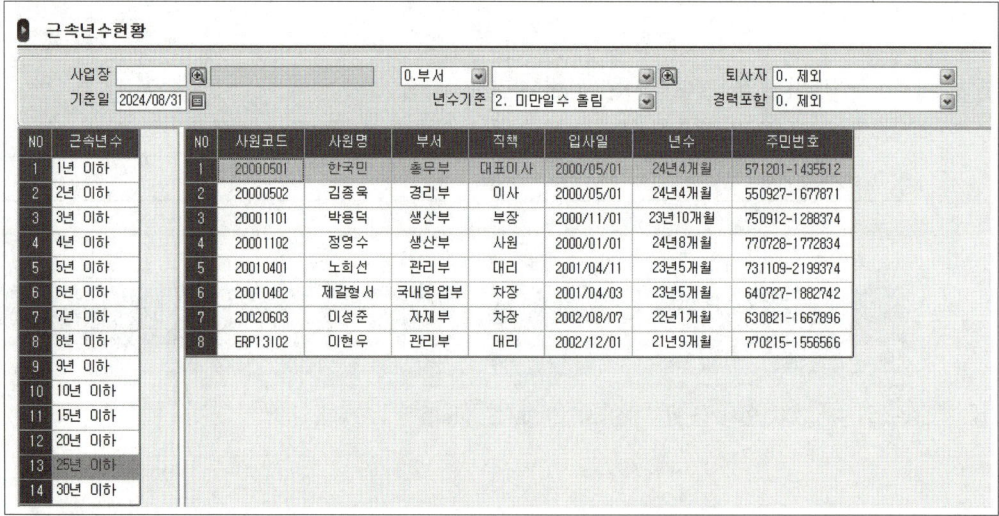

② 특별근속수당 = 4명(15년 이상) × 100,000원 + 8명(20년 이상) × 150,000원
= 1,600,000원

11 (1) 감면기간 설정

[인사/급여관리] - [인사관리] - [인사정보등록] - [급여정보] 탭

→ [2016018.박지성] - [감면유형 : T13.중소기업취업감면(90%감면)_2024/09 ~ 2026/08] 입력

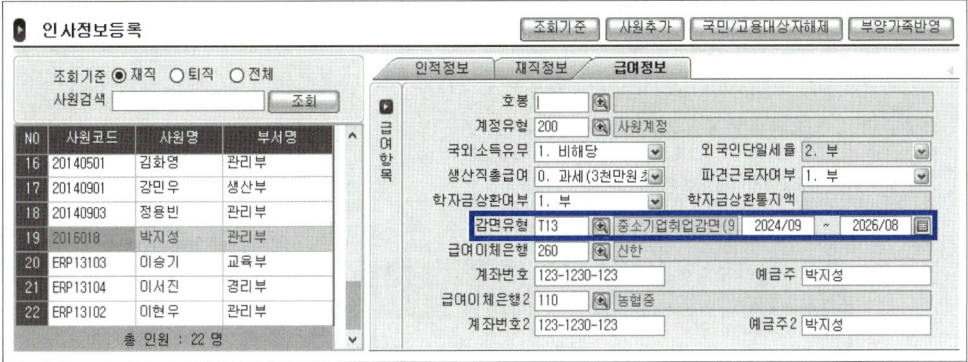

(2) 급여계산

[인사/급여관리] - [급여관리] - [상용직급여입력및계산]

→ [귀속연월 : 2024/09] - [지급일 : 1.2024/09/25 급여 동시] - 전체 사원 선택 후 상단 [급여계산] 버튼 클릭 - [급여계산] 팝업창에서 [계산] 클릭 - 하단 [급여총액] 탭에서 '소득세' 확인

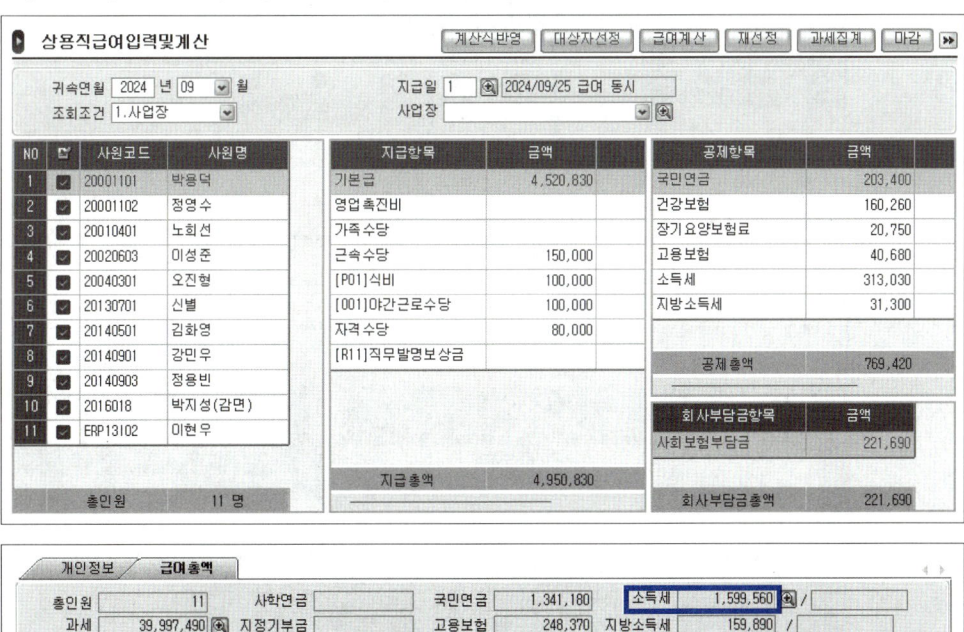

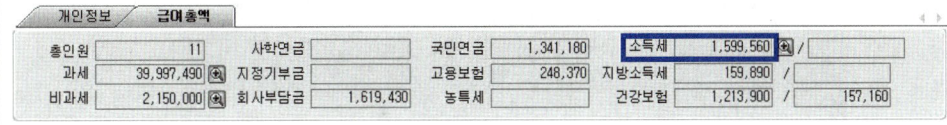

① 조회기간 '소득세'의 총액은 1,599,560원이다.

12 (1) 지급일자 추가

[인사/급여관리] – [기초환경설정] – [급/상여지급일자등록]

→ [귀속연월 : 2024/09]

→ 좌측에 [지급일자(2024/09/30), 동시발행(002.분리), 대상자선정(0.직종및급여형태별)] 신규등록

→ 우측에 [급여구분(101.특별급여)] 신규등록

→ 상단 [일괄등록] 버튼 – [일괄등록] 팝업창 – [사업장 : 1000.인사2급 회사본사, 3000.인사2급 강원지점], [상여지급대상기간 : 2024/09/01 ~ 2024/09/30], [대상 : 전체] 체크 후 [적용] 클릭

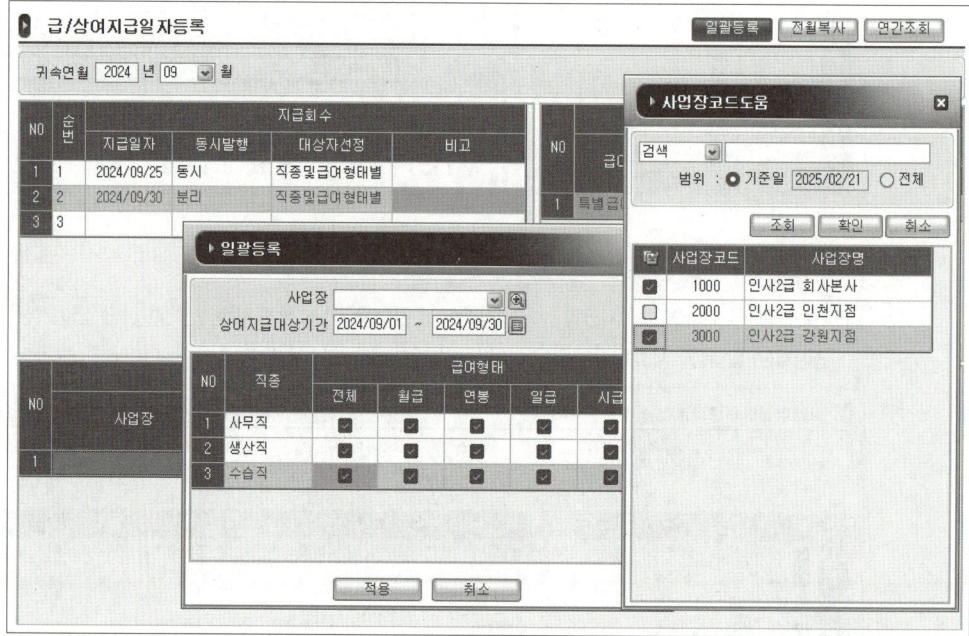

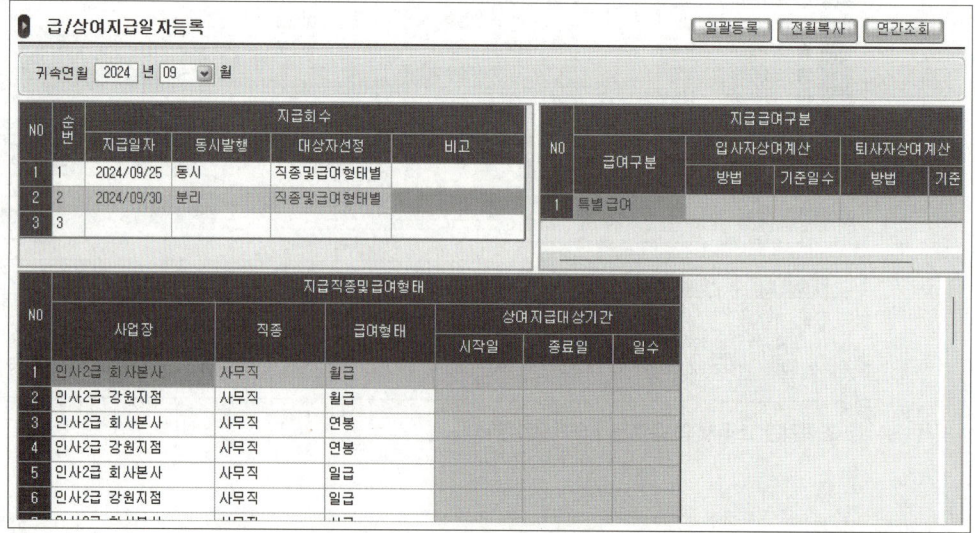

(2) 급여계산

[인사/급여관리] – [급여관리] – [상용직급여입력및계산]

→ [귀속연월 : 2024/09] – [지급일 : 2.2024/09/30 특별급여 분리] – 사원 전체 체크 후 상단 [급여계산] 버튼 클릭
– [급여계산] 팝업창에서 [계산] 클릭 – 하단 [급여총액] 탭에서 '과세' 확인

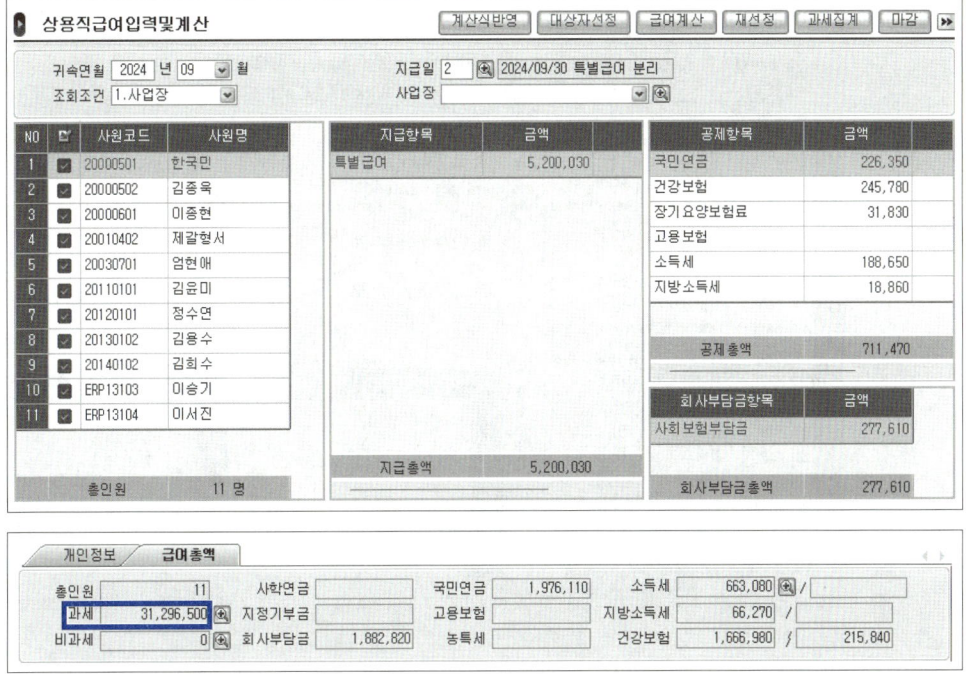

③ 해당 지급일의 과세총액은 31,296,500원이다.

13 (1) 책정임금 확인

[인사/급여관리] - [인사관리] - [인사정보등록] - [급여정보] 탭

→ [20020603.이성준] - 하단 [책정임금] - [계약시작년월 : 2022/01] 클릭 - 연봉 '금액'란에서 'Ctrl + F3' - '시급' 확인

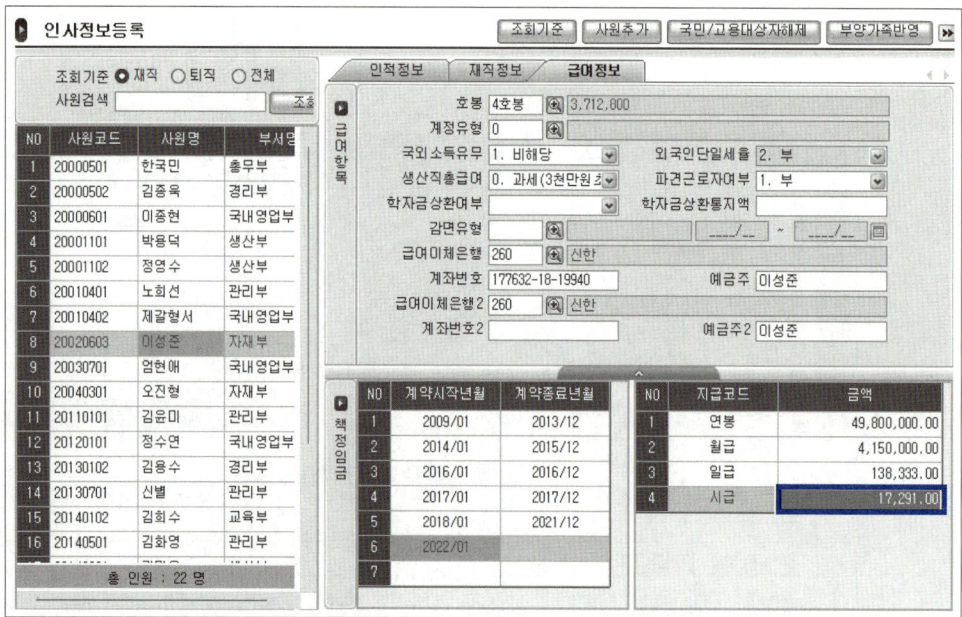

(2) 수당계산

[인사/급여관리] - [급여관리] - [근태결과입력]

→ [귀속연월 : 2024/08] - [지급일 : 1.2024/08/25 급여 동시]

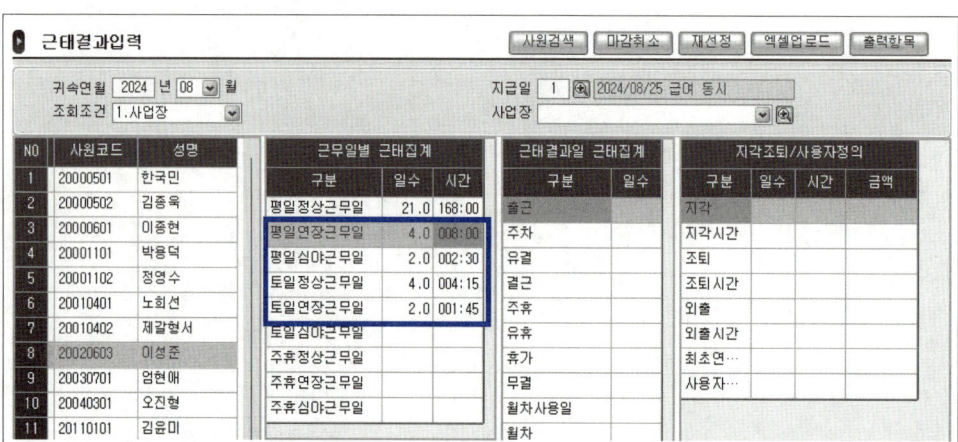

- 책정임금 시급 : 17,291원
- 15분 = 1시간 ÷ 4 → 0.25
  - 평일연장근무 8:00 → 8.0
  - 토일정상근무 4:15 → 4.25
  - 평일심야근무 2:30 → 2.5

- 토일연장근무 1:45 → 1.75

② 초과근무수당 = 1유형 근무수당 + 2유형 근무수당

= (평일연장근무시간 + 토일정상근무시간) × 2 × 시급 + (평일심야근무시간 + 토일연장근무시간) × 2.5 × 시급

= (8.0 + 4.25) × 2 × 17,291원 + (2.5 + 1.75) × 2.5 × 17,291원

= 423,620원(≒ 423,629.5) + 183,710원(≒ 183,716.875)

= 607,330원

14 (1) 대상자 추가

[인사/급여관리] – [일용직관리] – [일용직급여지급일자등록]

→ [귀속연월 : 2024/09] – [지급일 : 1.2024/09/25/매일지급] – [부서 : 1200.경리부, 4100.생산부] – [급여형태 : 004.시급] – 해당 사원 전체 체크 후 [추가] 클릭

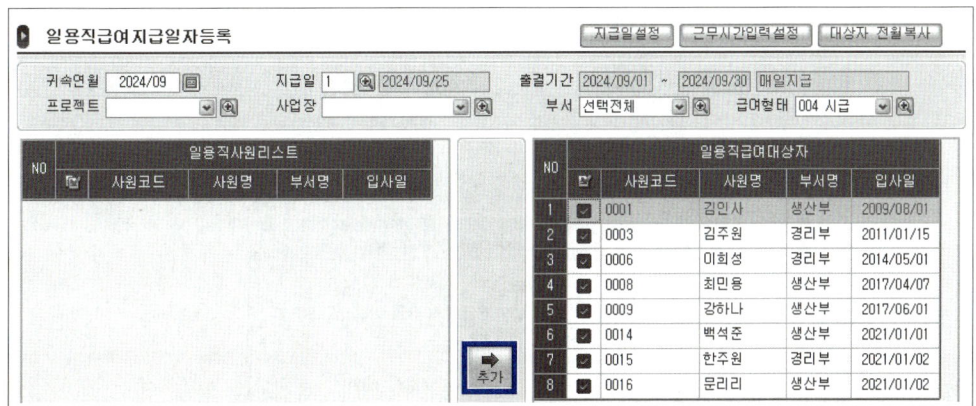

(2) 급여계산

[인사/급여관리] – [일용직관리] – [일용직급여입력및계산]

→ [귀속연월 : 2024/09] – [지급일 : 1.2024/09/25/매일지급] – 사원 전체 체크

→ 상단 [일괄적용] 버튼 – [일괄적용] 팝업창 – [일괄적용시간 : 010:00], [일괄적용요일 : 평일], [비과세(신고제외분) : 12,000] 입력 후 [적용] 클릭

→ 상단 [일괄적용] 버튼 – [일괄적용] 팝업창 – [일괄적용시간 : 002:00], [일괄적용요일 : 토요일] 입력 후 [적용] 클릭

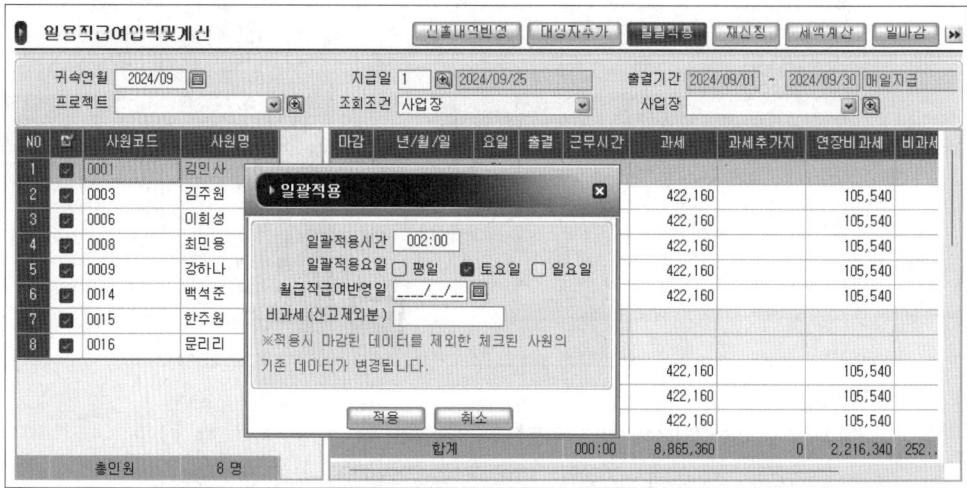

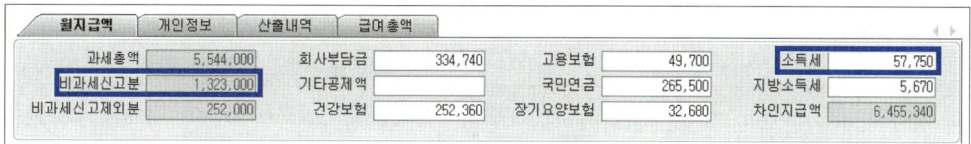

③ [0009.강하나] 사원의 연장 비과세는 총 1,323,000원 지급되었고, 소득세는 57,750원 공제되었다.

15 (1) 일용직 정보변경

[인사/급여관리] – [일용직관리] – [일용직사원등록] – [기존정보] 탭

→ [0017.조혜나] – [생산직비과세적용 : 안함], [고용보험/국민연금/건강보험 여부 : 부] 변경

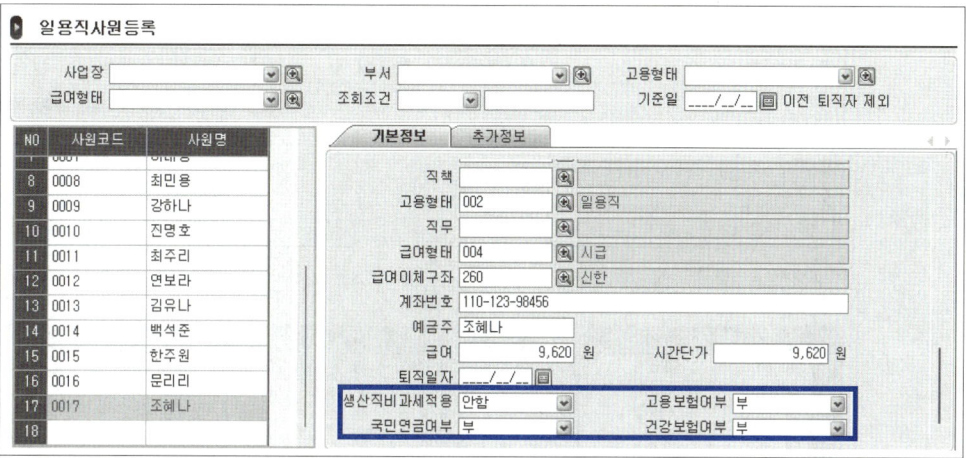

(2) 급여계산

[인사/급여관리] – [일용직관리] – [일용직급여입력및계산]

→ [귀속연월 : 2024/09] – [지급일 : 2,2024/09/30/일정기간지급] – 사원 전체 체크

→ 상단 [일괄적용] 버튼 – [일괄적용] 팝업창 – [일괄적용시간 : 010:00], [일괄적용요일 : 평일], [비과세(신고제외분) : 12,000] 입력 후 [적용] 클릭

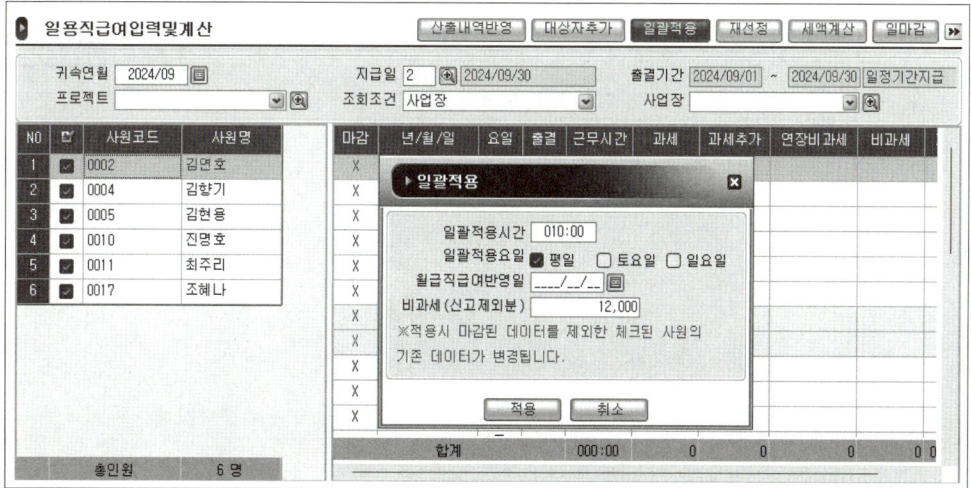

→ 상단 [일괄적용] 버튼 – [일괄적용] 팝업창 – [일괄적용시간 : 004:00], [일괄적용요일 : 토요일] 입력 후 [적용] 클릭

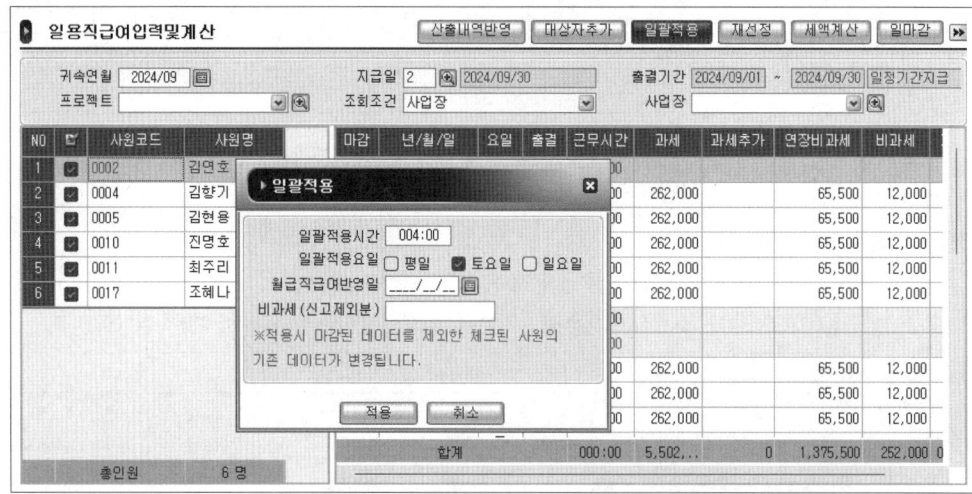

→ 하단 [급여총액] 탭 '차인지급액' 확인

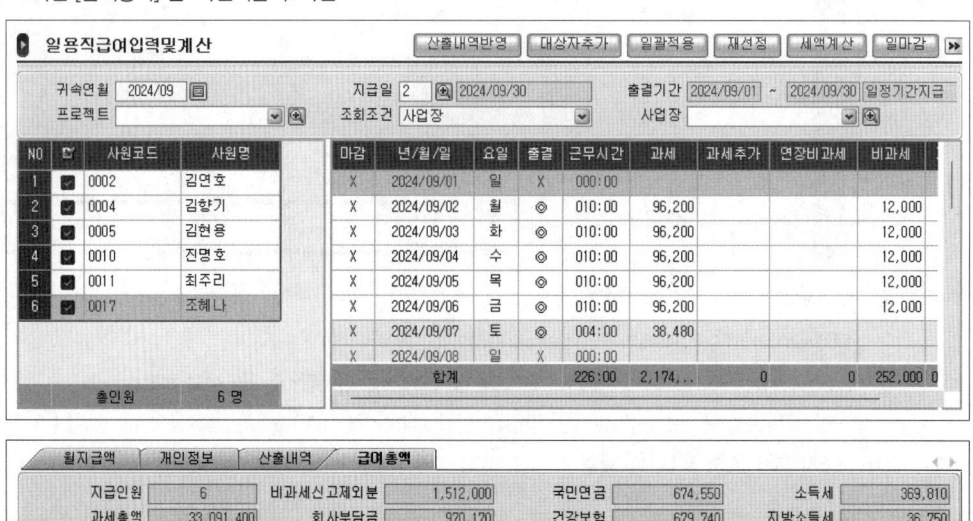

③ 해당 지급일의 실지급액(차인지급액)은 35,880,620원이다.

16 [인사/급여관리] – [급여관리] – [연간급여현황]

→ [조회기간 : 2024/04 ~ 2024/06] – [분류기준 : 과세/비과세] – [사업장 : 1000.인사2급 회사본사] – [사용자부담금 : 1.포함]

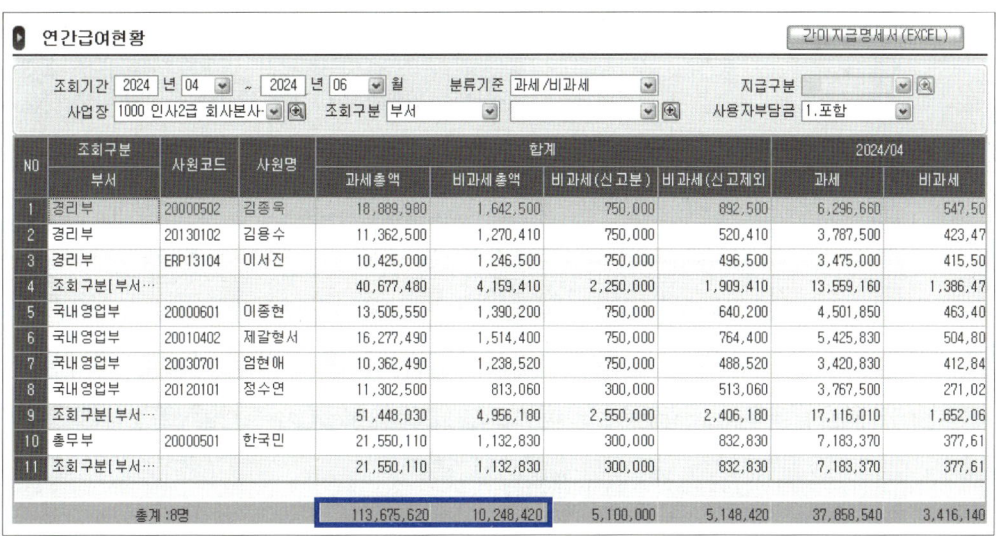

② 조회기간 과세총액은 113,675,620원, 비과세총액은 10,248,420원이다.

17 [인사/급여관리] – [급여관리] – [급여대장]

→ [귀속연월 : 2024/08] – [지급일 : 1.2024/08/25 급여 동시] – [집계 : 2.부서별] – 우측 상단 [출력항목] 버튼 – [출력항목] 팝업창 [지급/공제] 탭 – 지급/공제 항목 전체 선택 후 [적용] 클릭

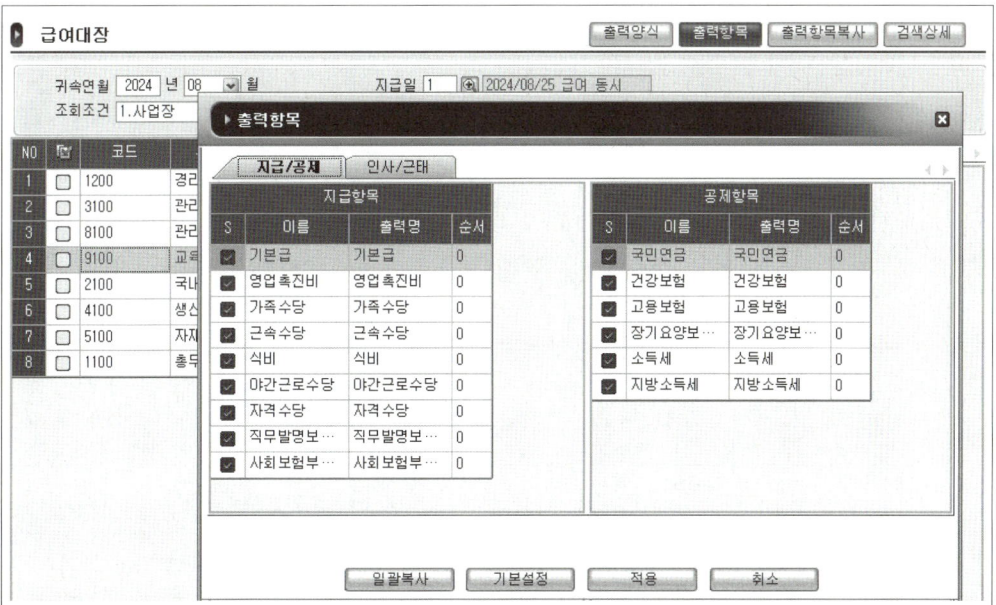

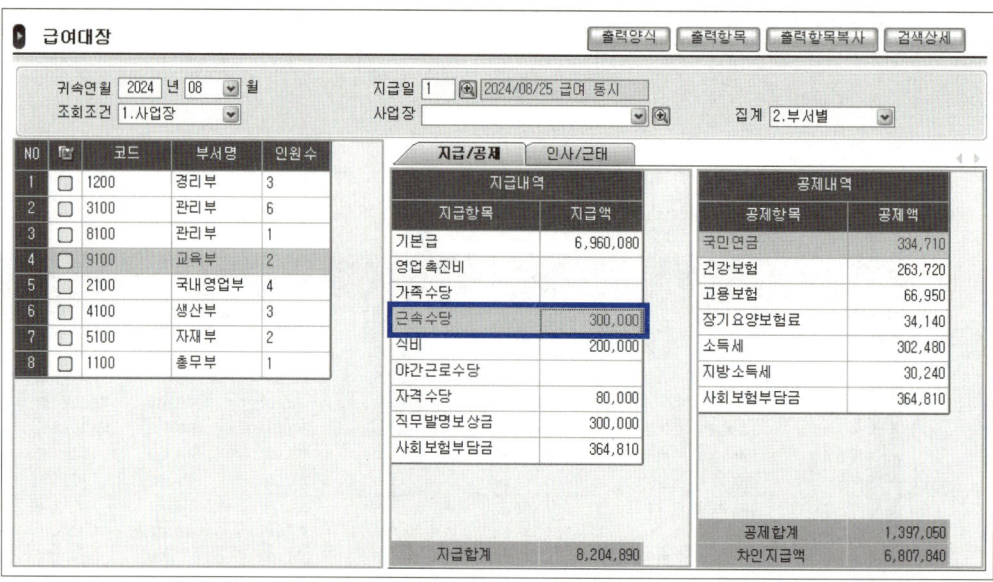

① 조회기간 교육부의 근속수당은 300,000원이다.

18 [인사/급여관리] - [급여관리] - [월별급/상여지급현황]
→ [조회기간 : 2024/04 ~ 2024/06] - [지급구분 : 100.급여] - [조회구분 : 3.근무조] - [근무조 : 002.2조]

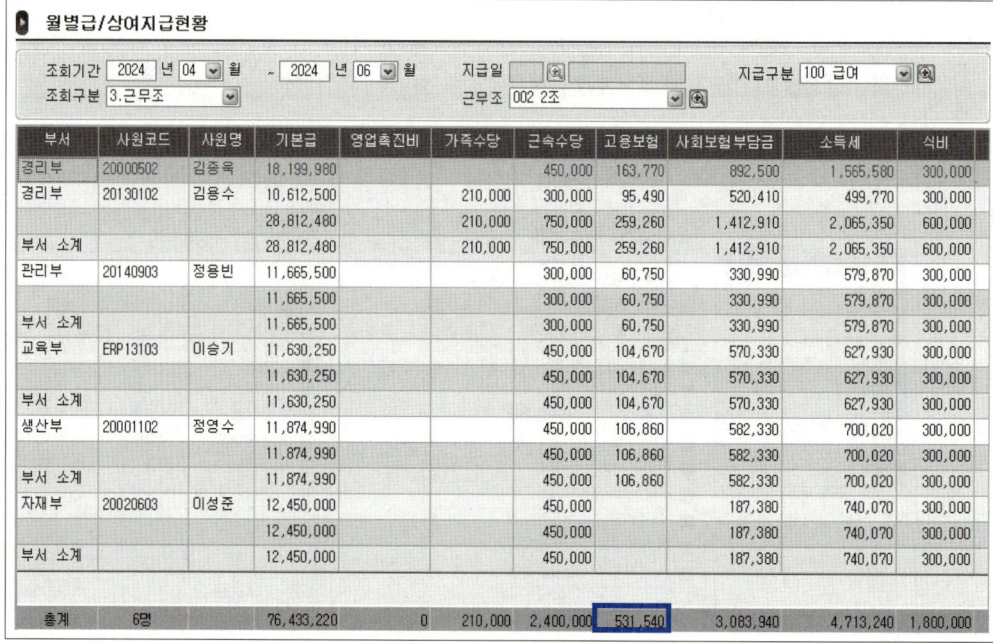

② 조회기간 고용보험은 531,540원이다.

19 [인사/급여관리] – [급여관리] – [사원별급/상여변동현황]
→ [기준연월 : 2024/08] – [사용자부담금 : 1.포함] – [비교연월 : 2023/08]

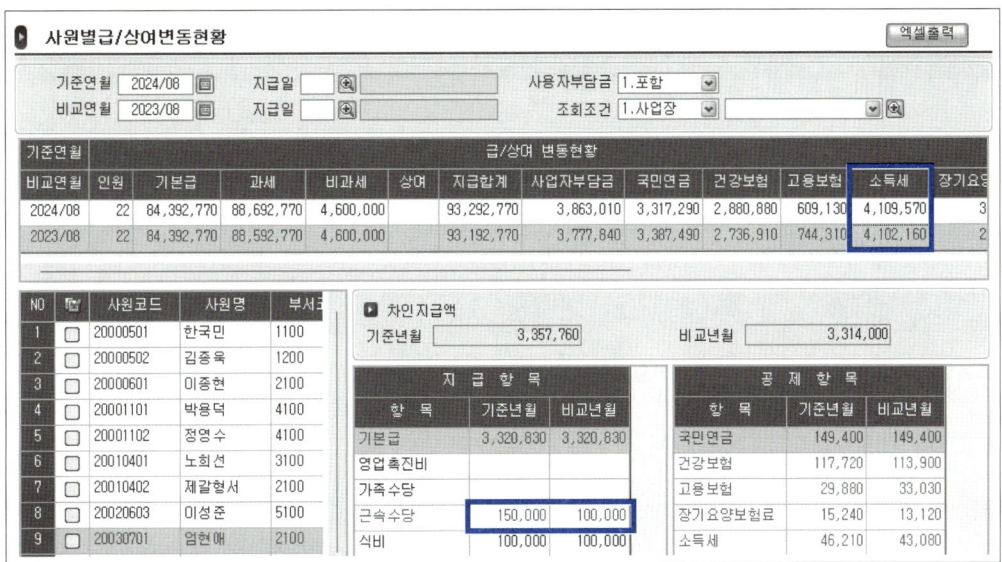

④ 전체 '소득세' 공제액은 2023년 4,102,160원에서 2024년 4,109,570원으로 증가했다.

20 [인사/급여관리] – [급여관리] – [수당별연간급여현황]
→ [조회기간 : 2024/01 ~ 2024/06] – [수당코드 : T00.소득세] – [조회조건 : 1.사업장_2000.인사2급 인천지점]

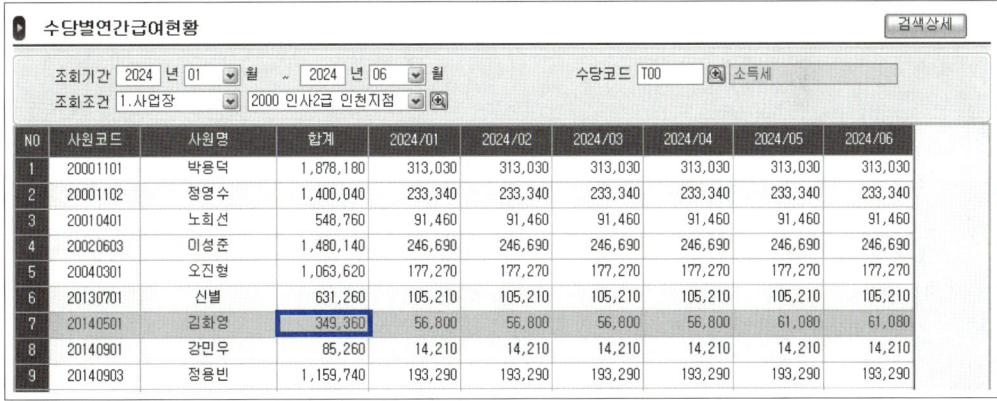

① 보기 대상자 중 조회기간 [T00.소득세]가 가장 적게 공제된 사원은 349,360원 공제된 [20140501.김화영]이다.

제103회 정답 및 해설

이론문제

01	02	03	04	05	06	07	08	09	10
①	③	④	③	③	③	①	③	③	④
11	12	13	14	15	16	17	18	19	20
④	③	②	④	③	①	③	①	①	④

01 ① 데이터베이스 클라우드 서비스와 스토리지 클라우드 서비스는 IaaS에 속한다. 참고로 IaaS는 기업의 업무처리에 필요한 서버, 스토리지, 데이터베이스, 네트워크 등 IT 인프라 자원을 클라우드 서비스로 빌려 쓰는 형태이다.

02 ③ 전통적인 정보시스템(MIS)은 Task 중심, ERP는 Process 중심이다.

03 ④ ERP 시스템 도입 시 2단계 '설계' 단계에 속하는 'GAP 분석'은 패키지기능과 TO-BE 프로세스와의 차이를 분석하는 활동이다.

04 ③ ERP는 편리성와 업무 단축을 목적으로 하므로 기존 업무처리 방식에 따라 수정해서는 안 된다.

05 ③ 매슬로우의 욕구계층이론과 맥그리거의 X·Y이론은 행동과학적 인사관리에 대한 이론이다.

06 ③ 워크 샘플링법에 대한 설명이다.

07 ① 직무설계의 목적은 ▲ 조직목표달성 ▲ 이직 및 결근 감소 ▲ 종업원 동기부여 ▲ 종업원 만족도 향상 ▲ 직무수행의 효율성 증대 ▲ 작업의 생산성 향상 ▲ 신기술에 대한 신속한 대응 등이다.

08 ③ 다운사이징은 인력 과잉 시 대응 전략이다. 참고로 다운사이징이란 이익 감소, 기업 조직구조 개편 및 기업운영의 변화로 기업이 비용을 절감하고 자원 절약을 실천하는 것을 말한다.

| 프로그램 | 기출문제 | 정답 및 해설 |

09　③ 스트레스 면접에 대한 설명이다. 스트레스 면접은 면접자가 지원자의 약점을 잡아 직설적이고 공격적인 질문을 하는 등 지원자를 당황하게 한 후 지원자가 어떠한 반응과 답변을 하는지 평가하는 방식이다.

10　④ 피평가자에 대한 경직적인 편견을 가진 지각은 고정적 편견(Stereotyping)이며, 현혹효과(Halo Effect)는 하나의 평가요소에 받는 호의적 또는 비호의적 인상이 다른 평가에 영향을 미치는 오류다.

11　④ 브레인스토밍에 대한 설명이다.
① 액션러닝 : 경영현장에서 성과와 직결되는 이슈 혹은 과제를 정해진 시점까지 해결하도록 해 개인과 조직의 역량을 동시에 향상시키는 행동지향적 교육방식
② 심포지엄 : 한 문제에 대해 두 사람 이상의 전문가가 서로 다른 각도에서 의견을 발표하고 참석자의 질문에 답하는 토론회 형식의 교육방법
③ 인바스켓법 : 실제상황과 비슷한 특정 상황을 주고 수행하게 하는 교육방법

12　③ 거래적 리더십에 대한 설명이다.
① 코칭 리더십 : 해결 당사자가 스스로 발견할 수 있도록 지원하는 리더십
② 셀프 리더십 : 타인의 지시나 통제에 의존하지 않고 조직 구성원 스스로 방향을 설정하고 동기를 부여하여 목표를 달성하는 리더십
④ 변혁적 리더십 : 조직구성원들이 리더를 신뢰할 수 있게 하는 카리스마를 지니고 있으며, 조직에 변화를 가져올 수 있는 새로운 목표를 제시하고 성취할 수 있도록 하는 리더십

13　② 해고예고수당은 통상임금이다.

14　④ 표준시간급제에 대한 설명이다.

15　③ 고용보험 적용제외 대상은 65세 이후에 고용된 자다.

16　① 이자소득은 원천징수 대상소득이다.

17　③ 거주자란 국내에 주소를 두거나 183일 이상의 거소를 둔 개인을 말한다.

18 ① 야간 근로 시간은 오후 10시부터 다음 날 오전 6시까지를 말한다. 참고로 사용자가 휴일에 근로한 자에게 지급해야 하는 휴일근로 수당은 8시간 이내일 경우 통상임금의 100분의 50을, 8시간을 초과할 경우 통상임금의 100분의 100을 통상임금에 가산하여 지급하여야 한다.

19 ① 일반 노동조합에 대한 설명이다.

20 ④ 사용자의 대체고용은 사용자 측면에서의 노동쟁의 행위이다.

실무문제

01	02	03	04	05	06	07	08	09	10
④	①	②	②	④	②	③	①	③	①
11	12	13	14	15	16	17	18	19	20
④	②	①	④	②	③	④	①	③	③

01 [시스템관리] – [회사등록정보] – [사업장등록] – [기본등록사항] 탭 및 [신고관련사항] 탭

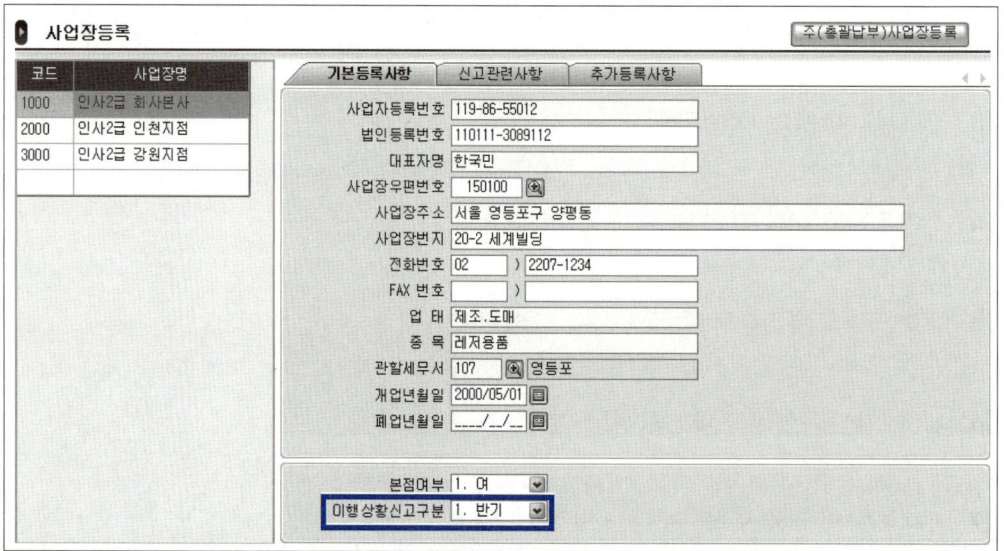

④ [1000.인사2급 회사본사] 사업장도 원천징수이행상황 신고 시 '반기' 신고를 하는 사업장이다.
- 종사업자 확인 : 상단 [주(총괄납부)사업장등록] 버튼 – [주(총괄납부)사업장 등록] 팝업창

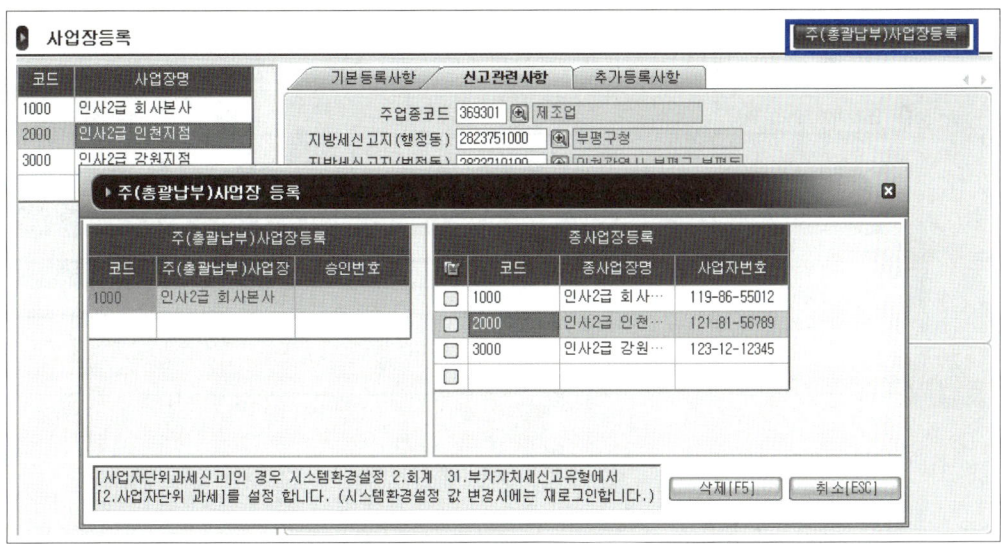

02 [시스템관리] - [회사등록정보] - [부서등록]

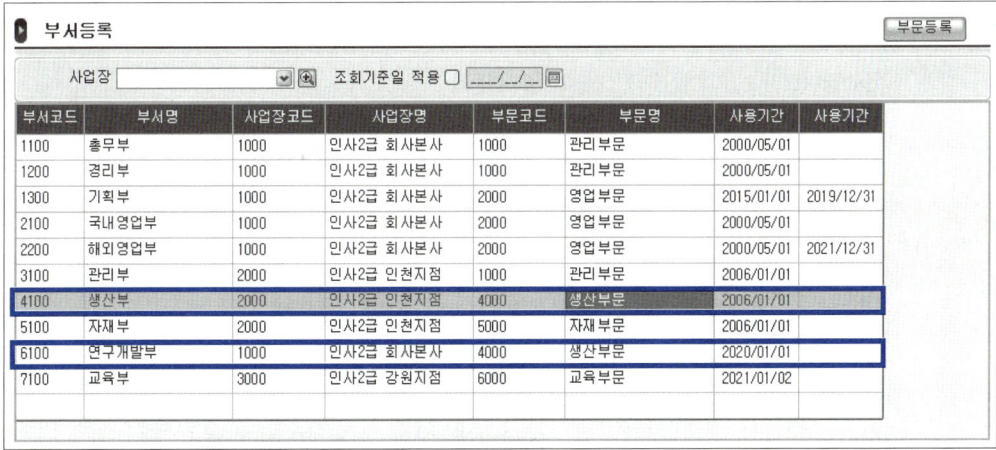

① [4000.생산부문]에 속한 부서는 모두 사용 중이다.

② 현재 사용하지 않는 부서는 총 2개다.

③ [1000.인사2급 회사본사] 사업장에 속한 부서 중 [1300.기획부], [2200.해외영업부]는 사용하지 않는다.

④ [1300.기획부]는 [2000.영업부문]에 속해 있으며, 사용종료일은 '2019/12/31'이다.

03 [인사/급여관리] – [기초환경설정] – [인사기초코드등록]
→ [출력구분 : 4.사원그룹(G)] – '비고'란 클릭 후 하단 'message' 확인

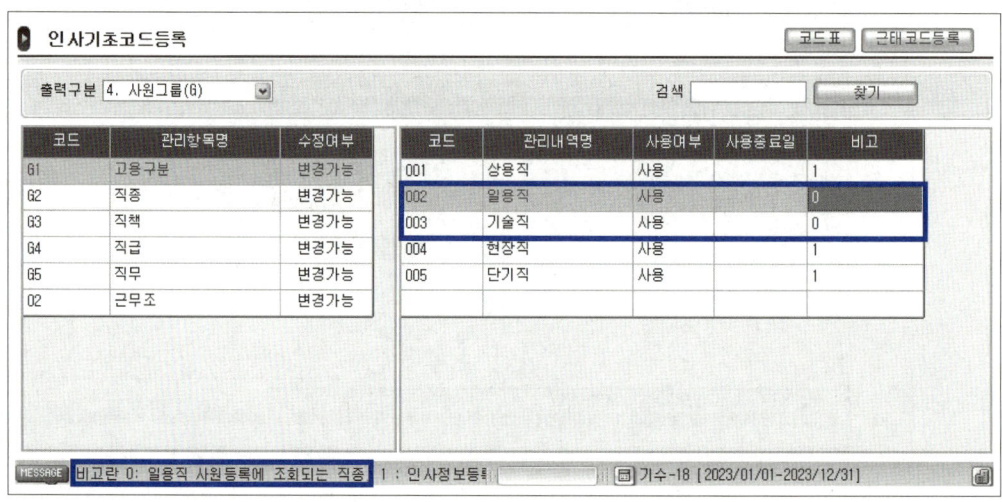

② [일용직사원등록] 메뉴에서 현재 조회되고 있는 고용형태는 비고란이 '0'인 [002.일용직], [003.기술직]이다.

04 (1) 일괄등록

[인사/급여관리] – [기초환경설정] – [호봉테이블등록]
→ [700.대리] – [호봉이력 : 2024/07] 신규등록
→ 상단 [일괄등록] 버튼 – [호봉일괄등록] 팝업창 – [기본급_초기치 : 2,500,000, 증가액 : 100,000/ 직급수당_초기치 : 120,000, 증가액 : 50,000] 입력 후 [적용] 클릭

(2) 일괄인상
→ 상단 [일괄인상] 버튼 – [호봉일괄인상] 팝업창 – [정률(%)_기본급 : 4.5/ 직급수당 : 3.0] – [정률적용] 클릭

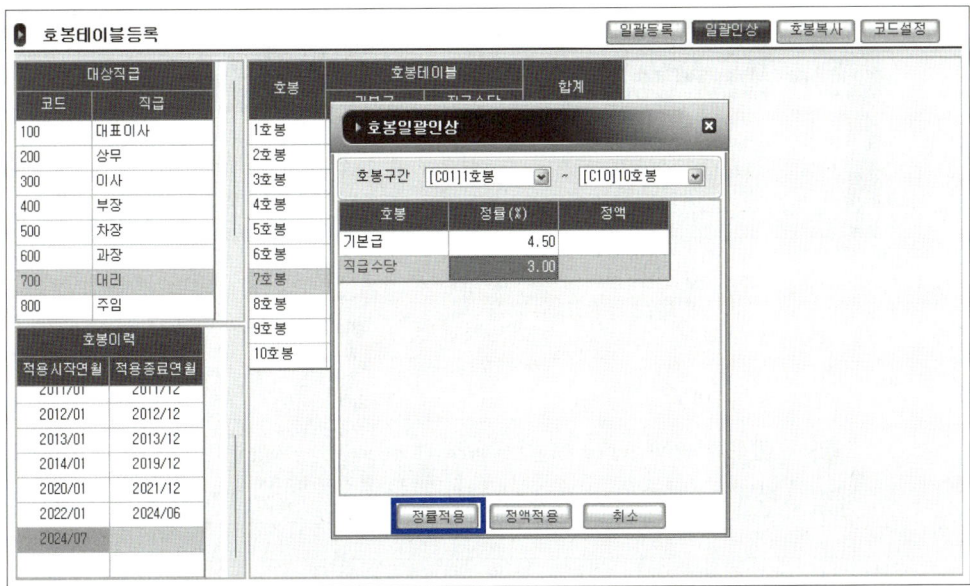

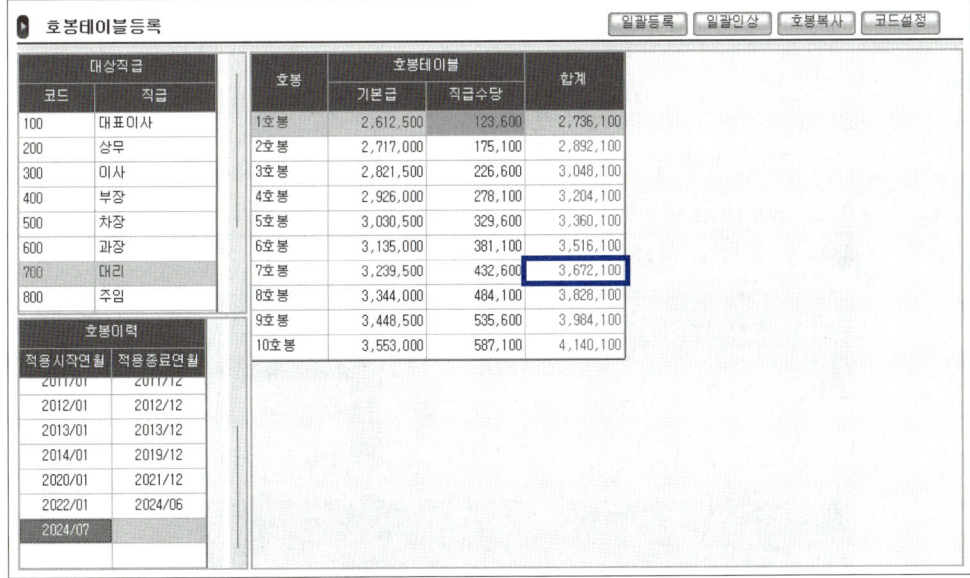

② [700.대리] 직급의 호봉등록 완료 시 7호봉 기준의 호봉합계는 3,672,100원이다.

05 [인사/급여관리] – [기초환경설정] – [인사/급여환경설정] – [기준설정] 탭

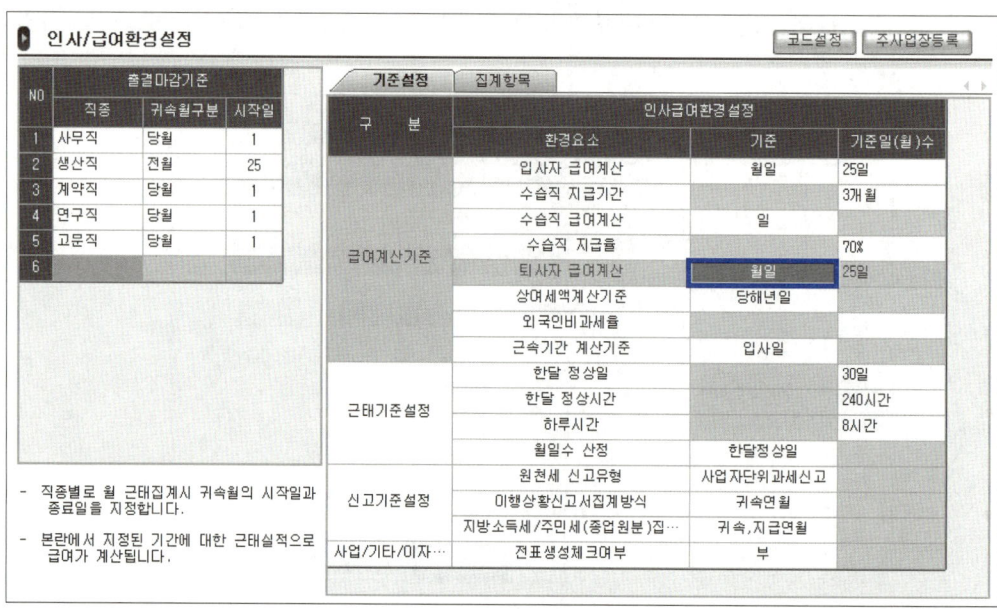

- 직종별로 월 근태집계시 귀속월의 시작일과 종료일을 지정합니다.
- 본란에서 지정된 기간에 대한 근태실적으로 급여가 계산됩니다.

④ 퇴사자의 경우 지정한 '기준일수' 초과근무 시 월 급여를 '월할'로 지급한다.

06 1) 지급일자 추가

[인사/급여관리] – [기초환경설정] – [급/상여지급일자등록]

→ [귀속연월 : 2024/06]

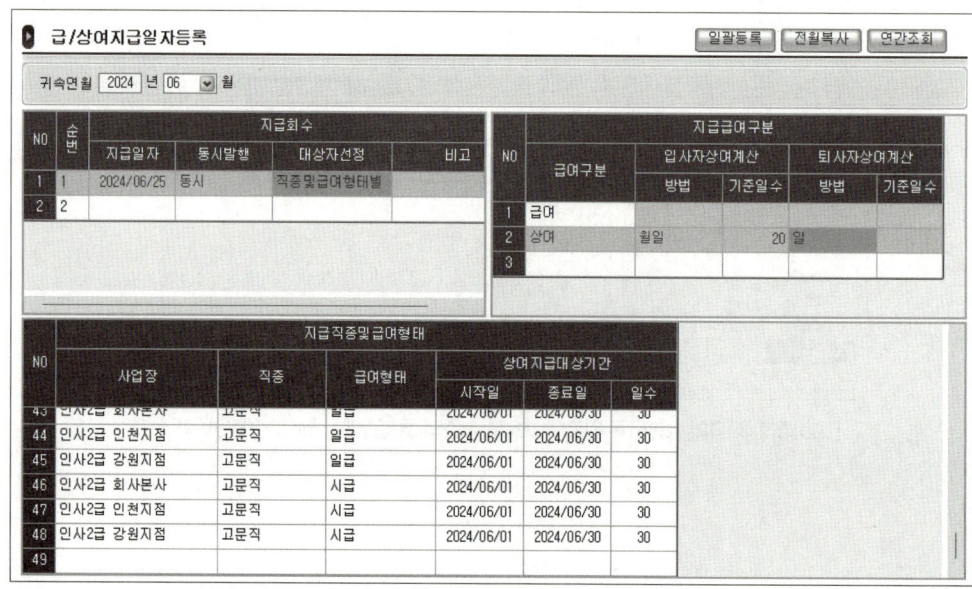

② 급여 대상자는 '지급직종및급여형태' 기준으로 자동반영된다.

07 [인사/급여관리] - [인사관리] - [인사정보등록] - [인적정보] · [재직정보] · [급여정보] 탭

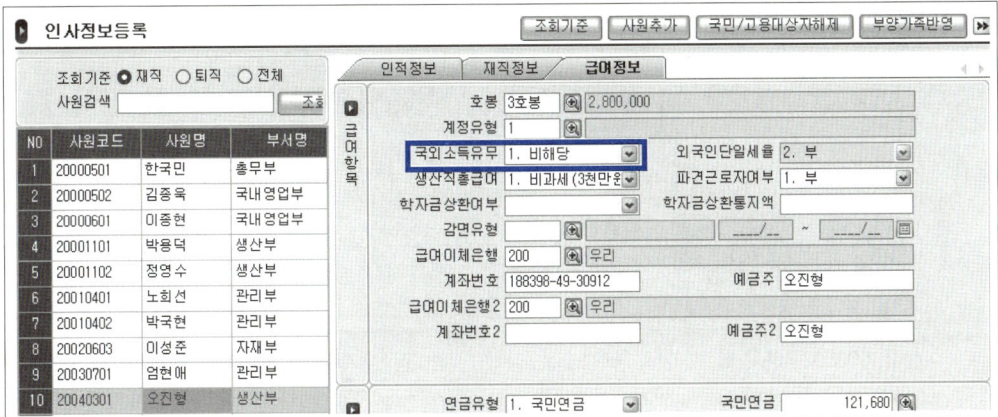

③ [20040301.오진형] 사원의 국외소득은 존재하지 않는다.

08 [인사/급여관리] - [인사관리] - [교육현황] - [교육별사원현황] 탭

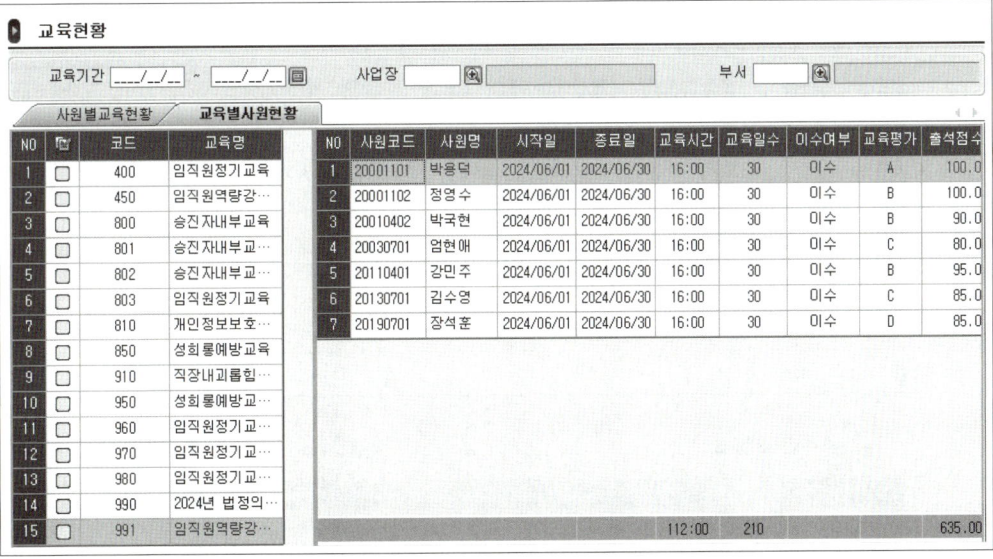

① 포상 지급액 = A등급 교육평가자 수 × 100,000원 + B등급 교육평가자 수 × 50,000원

= 1명(박용덕) × 100,000원 + 3명(정영수, 박국현, 강민주) × 50,000원

= 250,000원

09 [인사/급여관리] – [인사관리] – [인사기록카드] – [가족] 탭

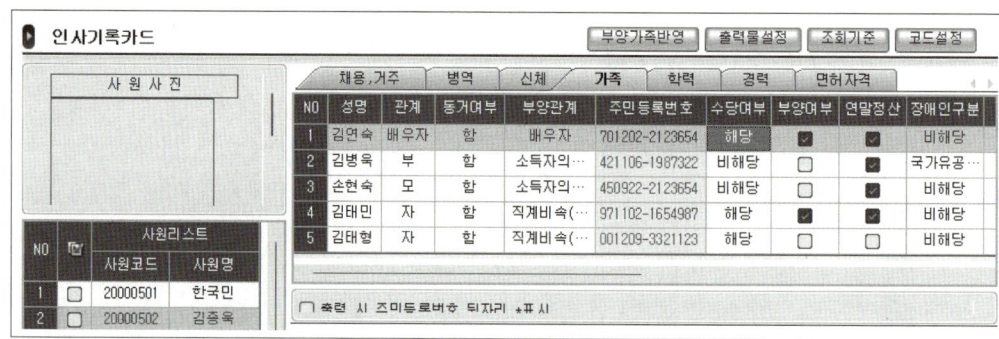

③ [20000502.김종욱]의 부양가족 중 '김연숙', '김태민', '김태형'은 '가족수당' 적용대상자다.

10 [인사/급여관리] – [인사관리] – [근속년수현황]

→ [퇴사자 : 0.제외] – [기준일 : 2024/06/30] – [년수기준 : 2.미만일수 올림] – [경력포함 : 2.포함(모든 경력사항)]

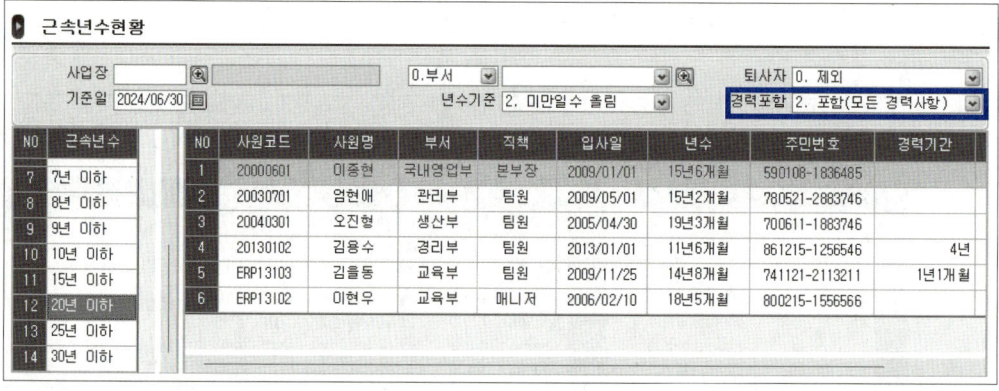

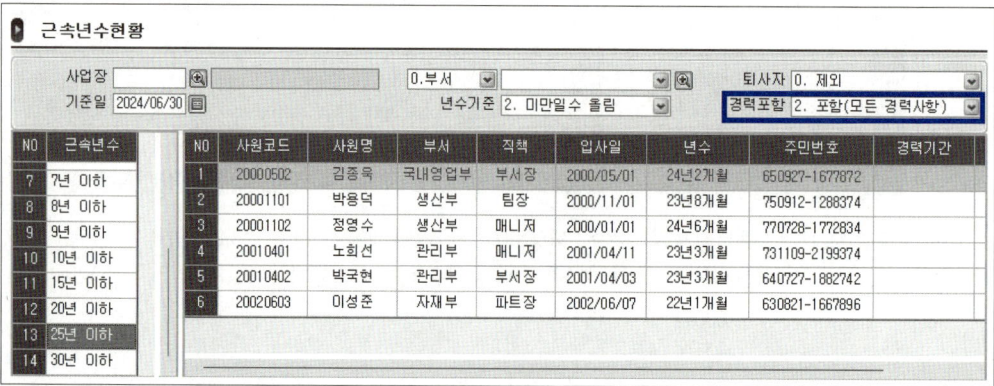

① 특별근속수당 = 6명(15년 이상) × 150,000원 + 6명(20년 이상) × 200,000원
 = 2,100,000원

11 (1) 책정임금 등록

[인사/급여관리] – [인사관리] – [인사정보등록]

→ [20110101.배유진] – [급여정보] 탭 – 하단 [책정임금] – [계약시작년월 : 2024/07] 입력 – 팝업창 [예] 클릭 – 지급코드 '연봉'란에서 Ctrl + F3 – '50,000,000' 입력

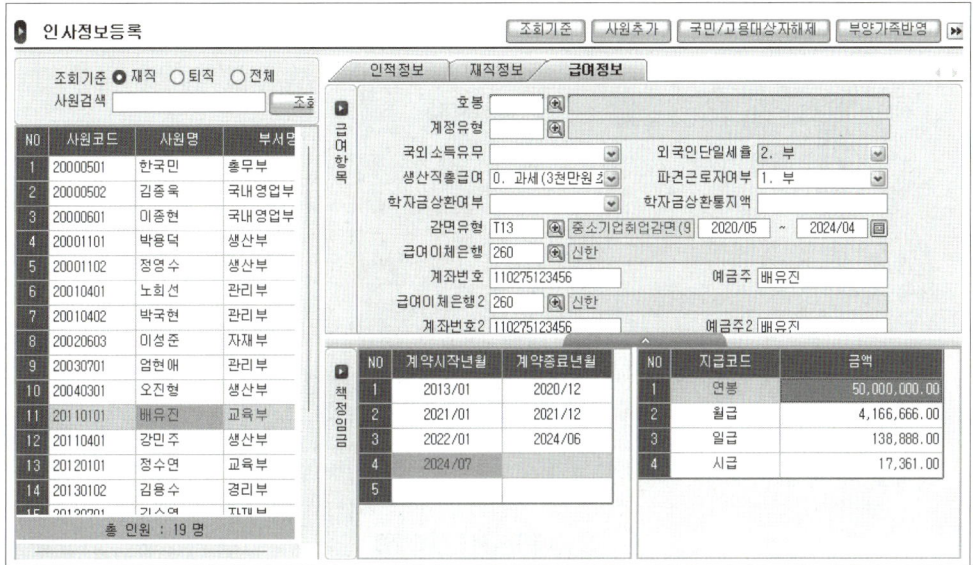

(2) 급여계산

[인사/급여관리] – [급여관리] – [상용직급여입력및계산]

→ [귀속연월 : 2024/07] – [지급일 : 1.2024/07/25 급여 동시] – 사원 전체 체크 후 상단 [급여계산] 버튼 클릭 – [급여계산] 팝업창에서 [계산] 클릭 – 하단 [급여정보] 탭에서 '과세' 확인

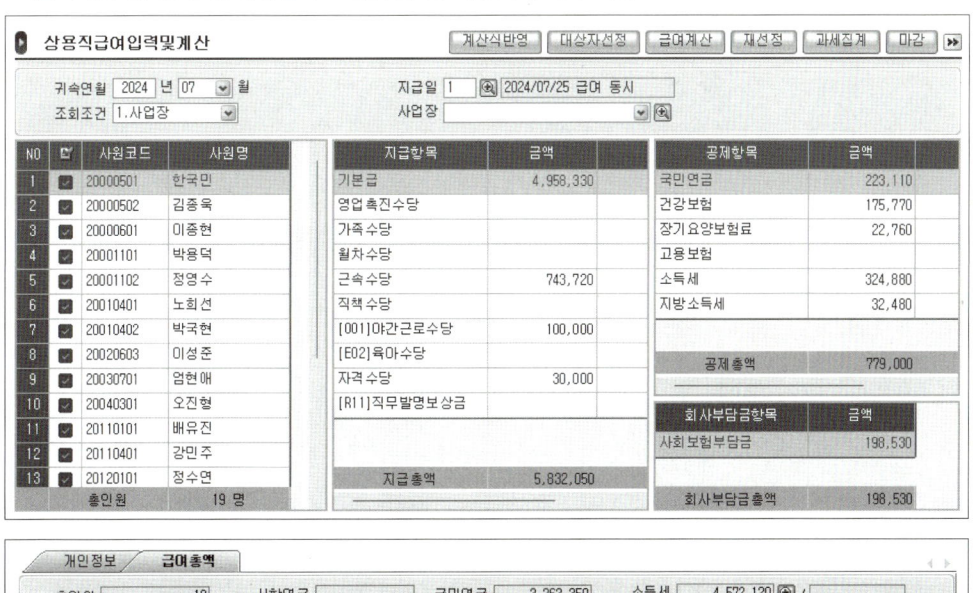

④ 조회기간 과세총액은 82,998,070원이다.

12 (1) 지급요건 변경

[인사/급여관리] – [기초환경설정] – [지급공제항목등록] – [지급공제항목설정] 탭

→ [급여구분 : 특별급여] – [지급/공제구분 : 지급] – [귀속연도 : 2024] – 우측상단 [마감취소] 버튼 – 좌측 [P07.
특별급여] 클릭 – 우측 하단 [분류명 : 001.사무직/계산구분 : 금액] – 하단 [금액/계산식 : 150000] 입력

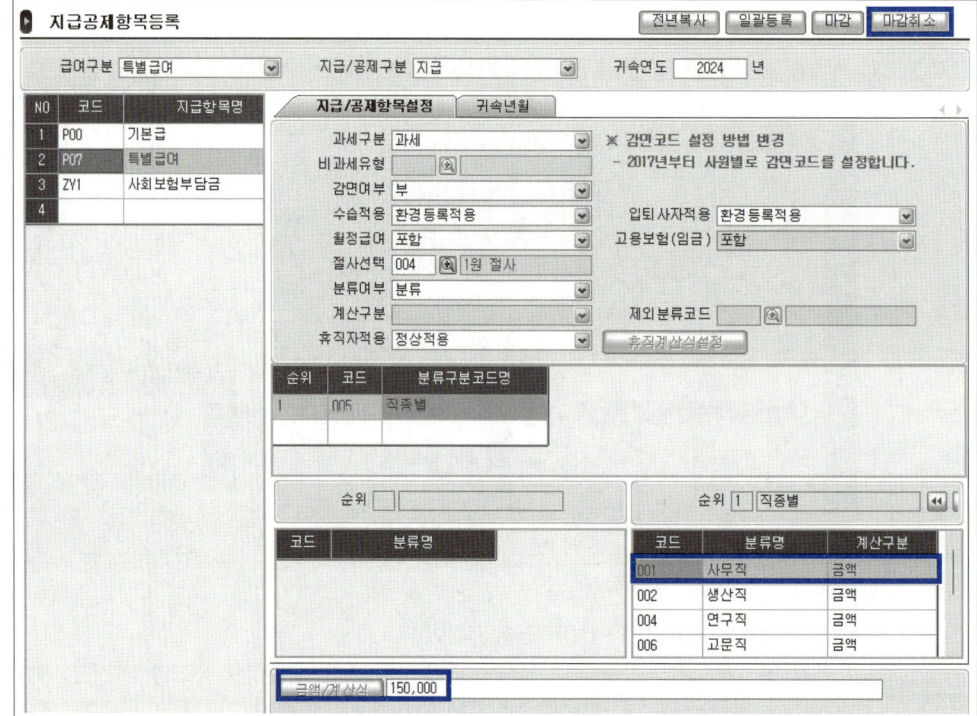

→ 우측 하단 [분류명 : 002.생산직/계산구분 : 금액] – 하단 [금액/계산식 : 250000] 입력 – 상단 [마감] 버튼 클릭

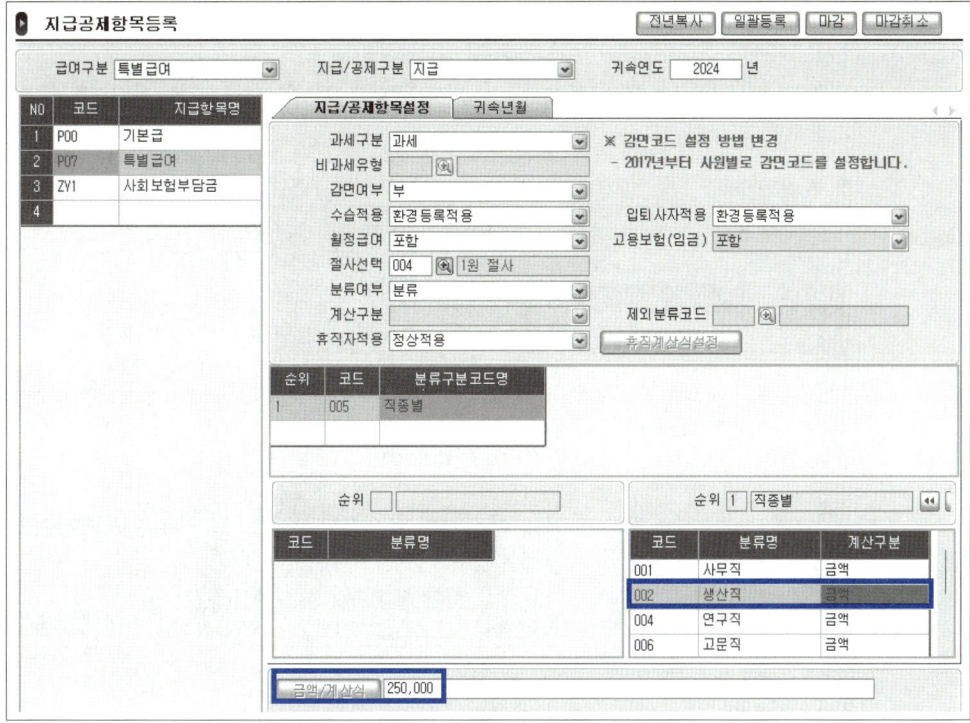

(2) 급여계산

[인사/급여관리] – [급여관리] – [상용직급여입력및계산]

→ [귀속연월 : 2024/07] – [지급일 : 2.2024/07/31 특별급여 분리] – 사원 전체 체크 후 상단 [급여계산] 버튼 클릭
– [급여계산] 팝업창에서 [계산] 클릭 – 하단 [급여총액] 탭에서 '과세' 확인

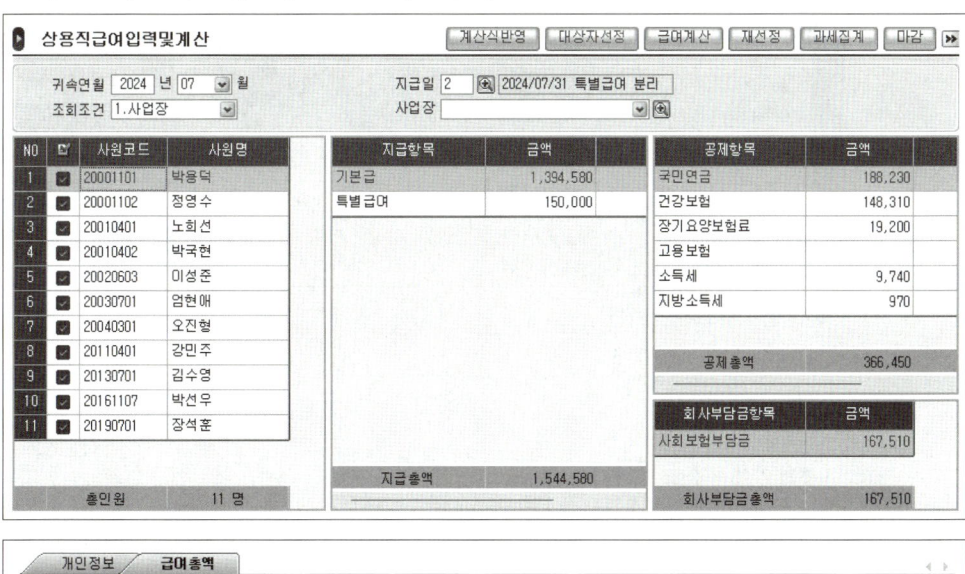

② 해당 지급일의 과세총액은 15,251,490원이다.

13

(1) 책정임금 확인

[인사/급여관리] – [인사관리] – [인사정보등록] – [급여정보] 탭

→ [20010402.박국현] – 하단 [책정임금] – [계약시작년월 : 2021/01] 클릭 – 연봉 '금액'란에서 'Ctrl + F3' – '시급' 확인

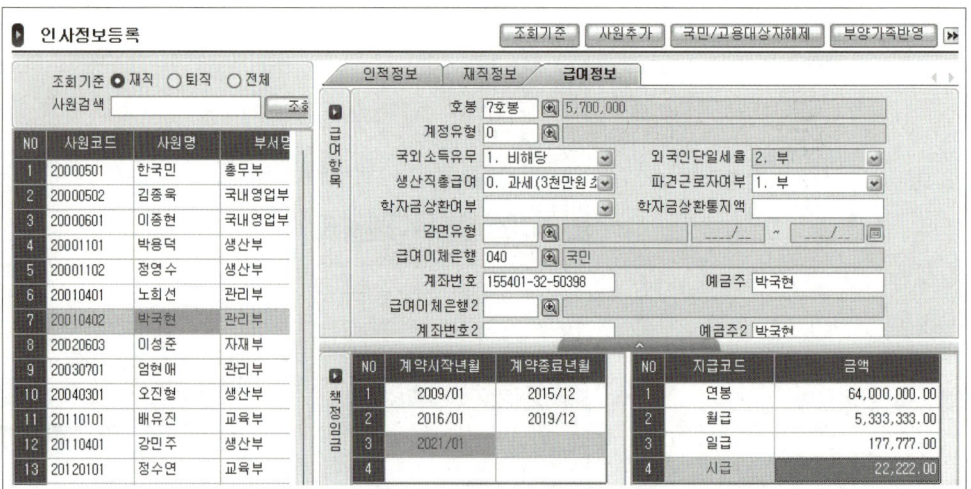

(2) 근태 공제금액 계산

[인사/급여관리] – [급여관리] – [근태결과입력]

→ [귀속연월 : 2024/06] – [지급일 : 1.2024/06/25 급여, 상여 동시]

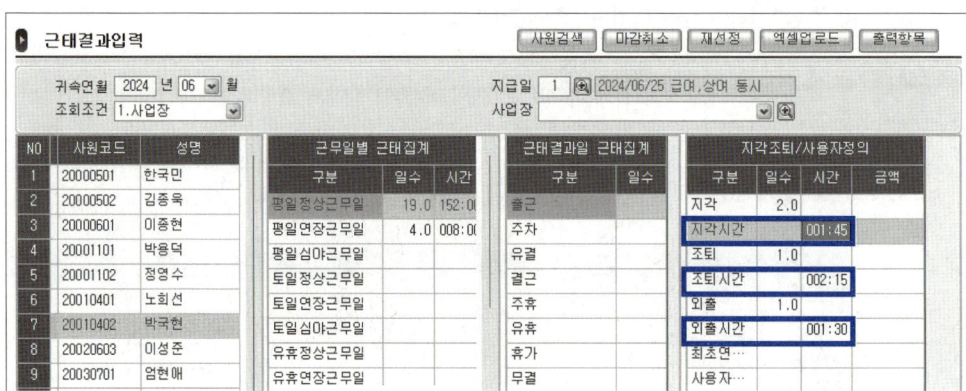

- 책정임금 시급 : 22,222원
- 15분 = 1시간 ÷ 4 → 0.25
  - 지각 1:45 → 1.75
  - 외출 1:30 → 1.5
  - 조퇴 2:15 → 2.25

① 기본급 공제액 = 1유형 공제액 + 2유형 공제액

= (지각시간 + 외출시간) × 1.5 × 시급 + (조퇴시간) × 2 × 시급

= (1.75 + 1.5) × 1.5 × 22,222원 + 2.25 × 2 × 22,222원

= 108,330원(≒ 108,332.25) + 99,990원(≒ 99,999)

= 208,320원

14 (1) 대상자 추가

[인사/급여관리] - [일용직관리] - [일용직급여지급일자등록]

→ [귀속연월 : 2024/07] - [지급일 : 1.2024/07/25/매일지급] - [부서 : 5100.자재부] - [급여형태 : 004.시급] - 해당 사원 전체 체크 후 [추가] 클릭

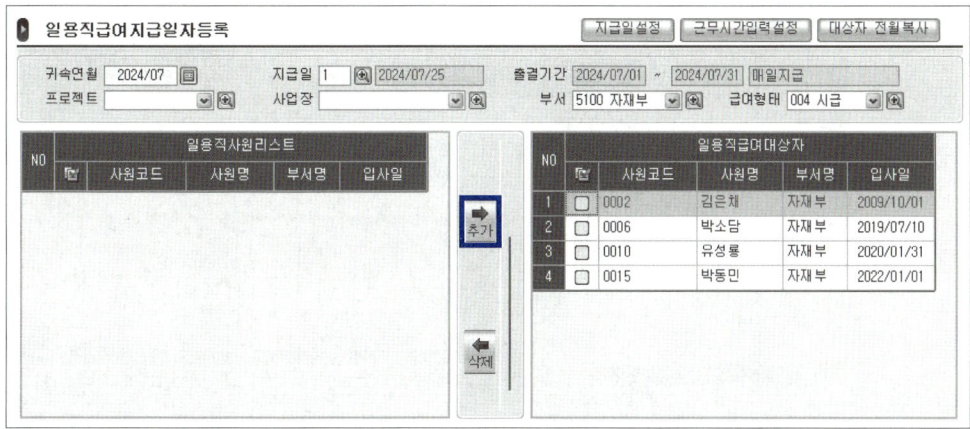

(2) 급여계산

[인사/급여관리] - [일용직관리] - [일용직급여입력및계산]

→ [귀속연월 : 2024/07] - [지급일 : 1.2024/07/25/매일지급] - 사원 전체 체크

→ 상단 [일괄적용] 버튼 - [일괄적용] 팝업창 - [일괄적용시간 : 010:00], [일괄적용요일 : 평일], [비과세(신고제외분) : 12,000] 입력 후 [적용] 클릭

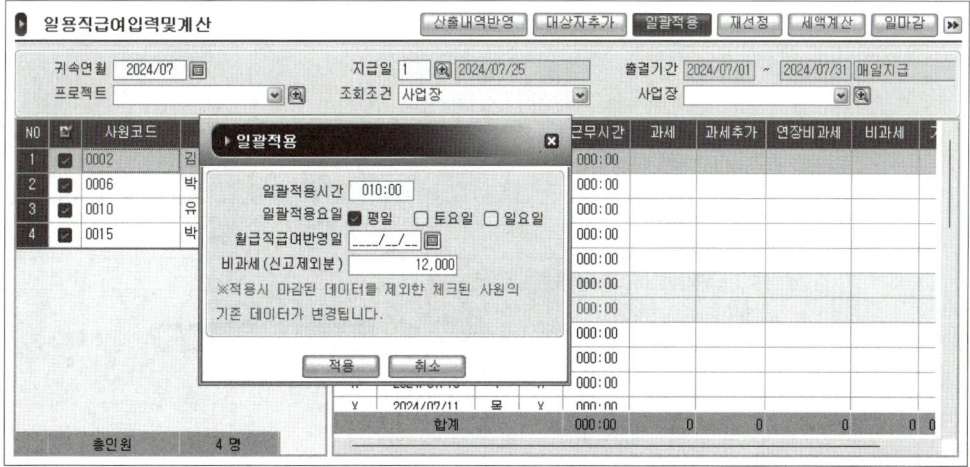

→ 상단 [일괄적용] 버튼 – [일괄적용] 팝업창 – [일괄적용시간 : 002:00], [일괄적용요일 : 토요일] 입력 후 [적용] 클릭

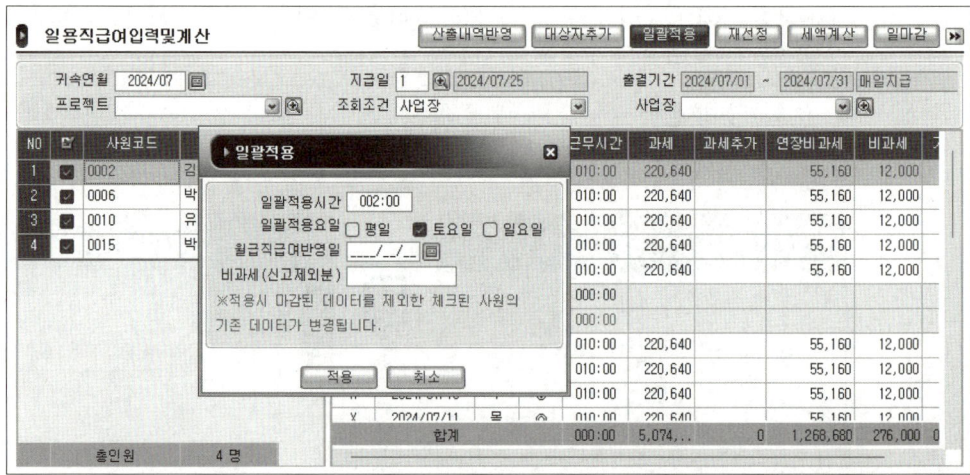

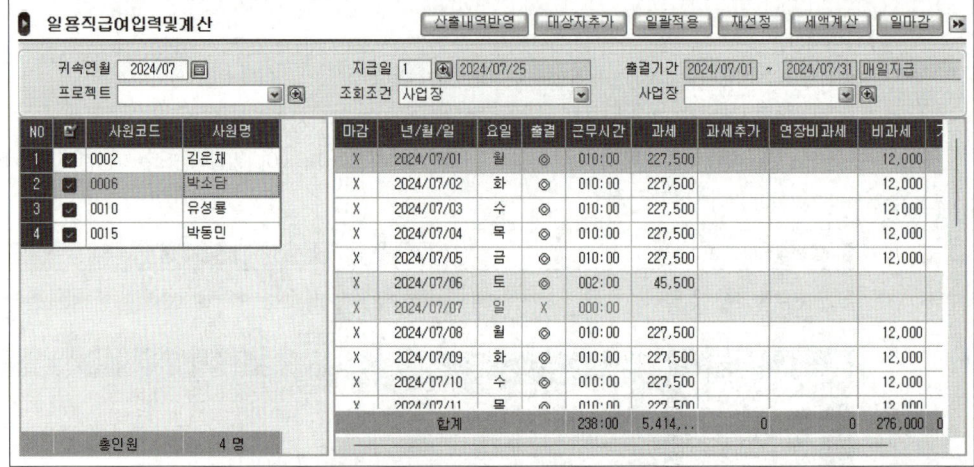

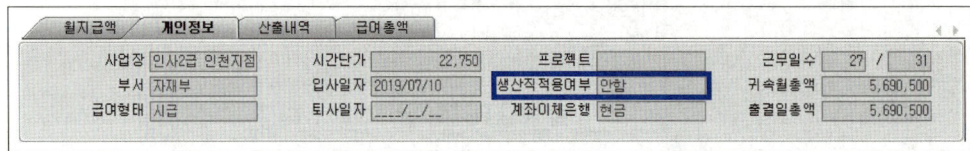

④ [0006.박소담] 사원은 생산직 비과세 대상자가 아니다.

15 (1) 일용직 정보변경

[인사/급여관리] – [일용직관리] – [일용직사원등록] – [기존정보] 탭

→ [0007.황시윤] – [생산직비과세적용 : 안함], [국민연금/건강보험 여부 : 여] 변경

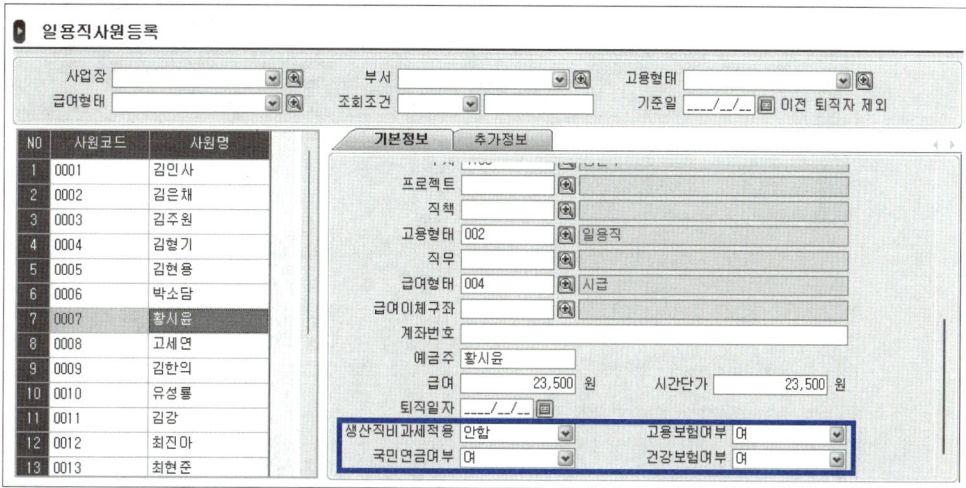

(2) 급여계산

[인사/급여관리] – [일용직관리] – [일용직급여입력및계산]

→ [귀속연월 : 2024/07] – [지급일 : 2.2024/07/31/일정기간지급] – 사원 전체 체크

→ 상단 [일괄적용] 버튼 – [일괄적용] 팝업창 – [일괄적용시간 : 010:00], [일괄적용요일 : 평일] 입력 후 [적용] 클릭

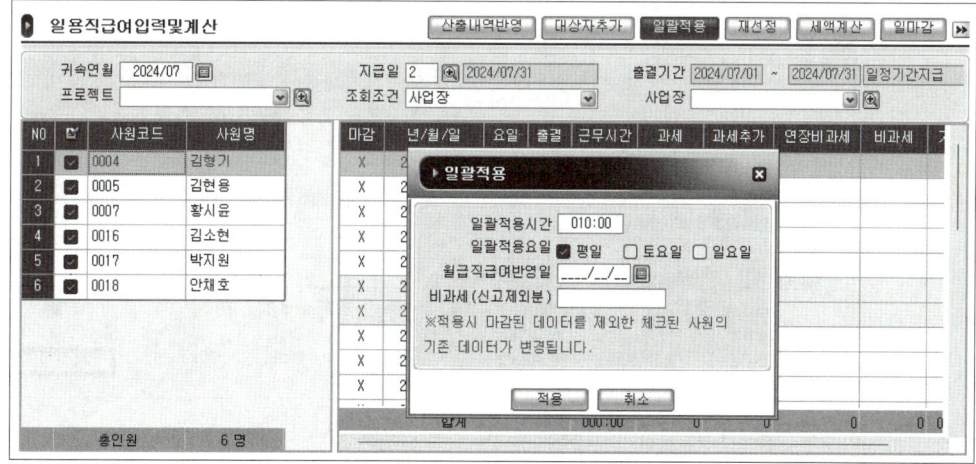

→ 상단 [일괄적용] 버튼 – [일괄적용] 팝업창 – [일괄적용시간 : 002:00], [일괄적용요일 : 토요일] 입력 후 [적용] 클릭

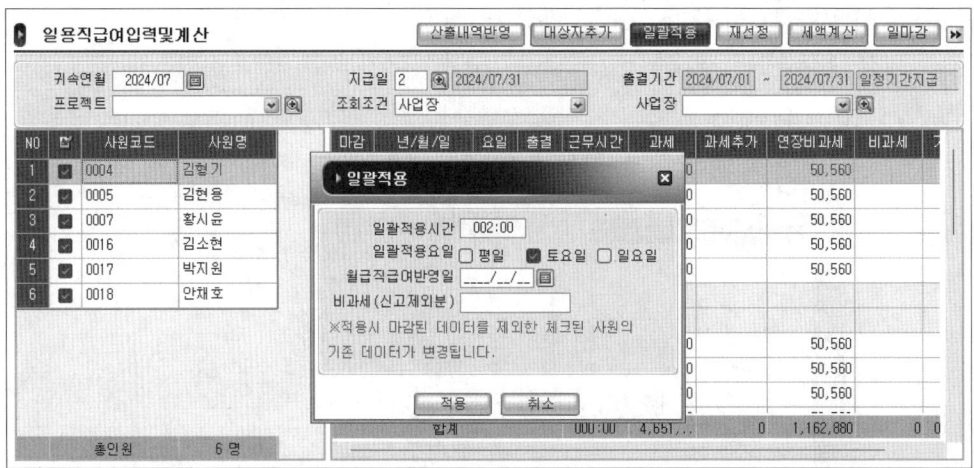

→ 하단 [급여총액] 탭 '차인지급액' 확인

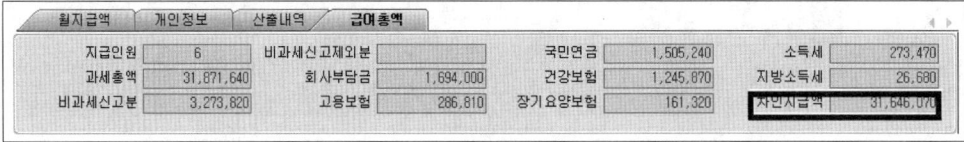

② 해당 지급일의 실지급액(차인지급액) 총계는 31,646,070원이다.

16 [인사/급여관리] - [급여관리] - [연간급여현황]

→ [조회기간 : 2024/04 ~ 2024/06] - [분류기준 : 지급/공제] - [사업장 : 2000.인사2급 인천지점] - [사용자부담금 : 0.제외]

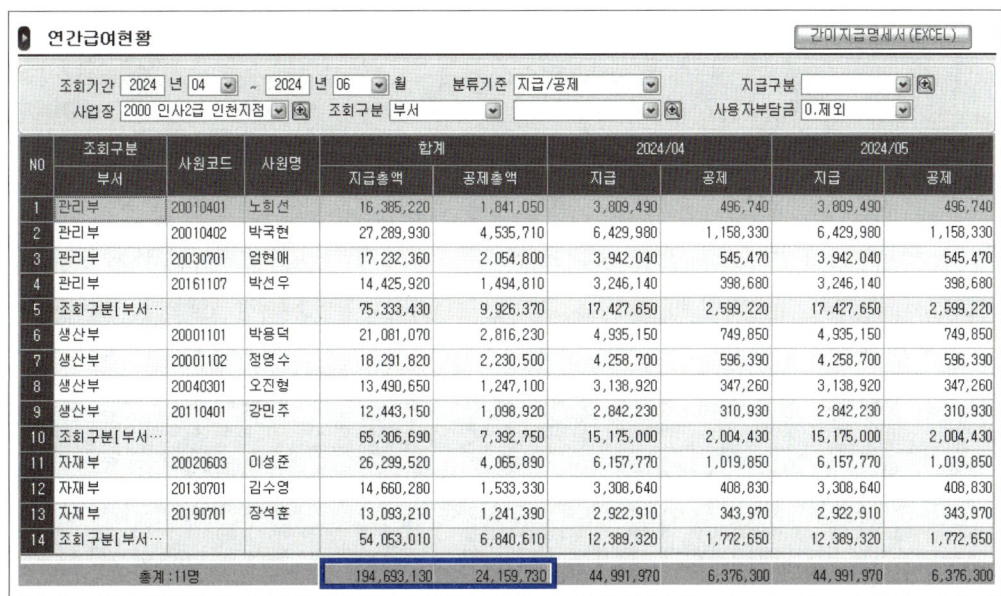

③ 조회기간 지급총액은 194,693,130원, 공제총액은 24,159,730원이다.

17 [인사/급여관리] - [급여관리] - [급/상여이체현황]
→ [소득구분 : 1.급상여] - [귀속연월 : 2024/06] - [지급일 : 1.2024/06/25 급여, 상여 동시] - [무급자 : 1.제외] - [조회조건 : 1.사업장_2000.인사2급 인천지점]

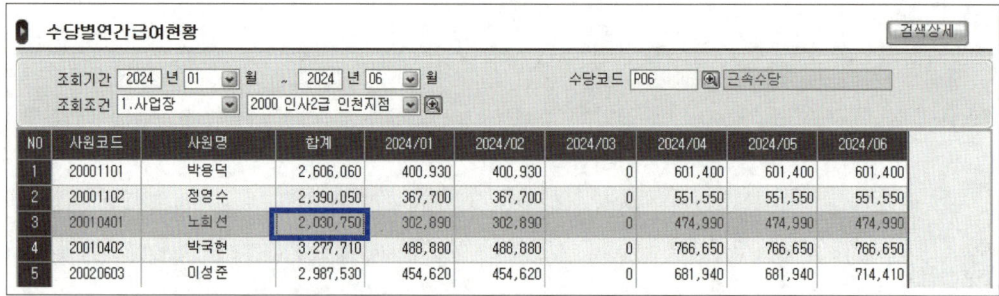

④ '우리은행'을 통한 급/상여 이체금액은 총 20,681,500원이다.

18 [인사/급여관리] - [급여관리] - [수당별연간급여현황]
→ [조회기간 : 2024/01 ~ 2024/06] - [수당코드 : P06.근속수당] - [조회조건 : 1.사업장_2000.인사2급 인천지점]

NO	사원코드	사원명	합계	2024/01	2024/02	2024/03	2024/04	2024/05	2024/06
1	20001101	박용덕	2,606,060	400,930	400,930	0	601,400	601,400	601,400
2	20001102	정영수	2,390,050	367,700	367,700	0	551,550	551,550	551,550
3	20010401	노희선	2,030,750	302,890	302,890	0	474,990	474,990	474,990
4	20010402	박국현	3,277,710	488,880	488,880	0	766,650	766,650	766,650
5	20020603	이성준	2,987,530	454,620	454,620	0	681,940	681,940	714,410

① 보기 대상자 중 조회기간 근속수당을 가장 적게 지급 받은 사원은 [20010401.노희선]이다.

19 [인사/급여관리] – [급여관리] – [항목별급상여지급현황]
→ [귀속연월 : 2024/04 ~ 2024/06] – [지급구분 : 100.급여] – [집계구분 : 1.부서별]

▶ 항목별급상여지급현황

항목	합계	총무부	경리부	국내영업부	관리부	생산부	자재부
기본급	217,860,090	14,874,990	10,635,000	24,323,730	46,100,970	39,507,930	33,654,990
영업촉진수당	600,000			600,000			
가족수당	2,340,000		930,000	330,000			
월차수당							
근속수당	21,194,580	2,169,180	731,100	3,041,280	5,011,980	4,724,810	2,640,530
직책수당	2,250,000			900,000	900,000	450,000	
야간근로수당	1,200,000	300,000				600,000	
육아수당							
자격수당	1,260,000	90,000		180,000	270,000	270,000	180,000
직무발명보상금	750,000						750,000
사회보험부담금	10,500,890	595,090	521,160	1,191,950	2,259,110	1,936,050	1,649,200
지급합계	247,454,670	17,434,170	12,296,100	29,375,010	52,282,950	45,552,740	37,225,520
합계	257,955,560	18,029,260	12,817,260	30,566,960	54,542,060	47,488,790	38,874,720
국민연금	9,790,050	669,330	478,560	1,094,430	2,061,840	1,777,500	1,514,250
건강보험	7,711,900	527,310	377,010	862,230	1,634,220	1,400,520	1,193,010
고용보험	1,802,190		95,700	218,910	414,840	355,530	302,850
장기요양보험료	986,800	67,780	48,450	110,810	210,050	180,000	153,340
소득세	21,586,030	1,613,480	997,440	2,867,200	**5,095,880**	3,344,760	3,342,920

③ 조회기간 소득세가 가장 많이 공제된 부서는 5,095,880원 공제된 '관리부'다.

20 [인사/급여관리] – [급여관리] – [월별급/상여지급현황]
→ [조회기간 : 2024/06 ~ 2024/06] – [조회구분 : 2.부서] – [부서 : 5100.자재부]

▶ 월별급/상여지급현황

부서	사원코드	사원명	기본급	지급합계	소득세	사회보험부담금	공제합계	영업촉진수당	가족수당	월차~
자재부	20020603	이성준	5,195,830	13,983,980	1,397,840	254,800	2,026,190			
자재부	20130701	김수영	3,147,500	8,043,000	381,580	154,330	715,670			
자재부	20190701	장석훈	2,875,000	7,247,390	257,380	140,970	553,450			
			11,218,330	29,274,370	2,036,800	550,100	3,295,310			
부서…			11,218,330	29,274,370	2,036,800	**550,100**	3,295,310			
총계	3명		11,218,330	29,274,370	2,036,800	550,100	3,295,310	0	0	0

③ 조회기간 사회보험부담금은 550,100원이다.

제102회 정답 및 해설

이론문제

01	02	03	04	05	06	07	08	09	10
④	④	③	①	④	③	④	①	②	②
11	12	13	14	15	16	17	18	19	20
①	③	②	②	②	③	④	①	①	①

01 ④ 커스터마이제이션에 대한 설명이다.
① 정규화 : 데이터를 일정한 규칙에 따라 변형해 이용
② 트랜잭션 : 하나의 작업을 수행하기 위해 데이터베이스 연산
③ 컨피규레이션 : 사용자가 원하는 작업방식의 소프트웨어 구성 파라미터 선택

02 ④ IT 아웃소싱 업체로부터 독립운영은 불가능하다.

03 ③ 최소한 ERP 커스터마이징이 필요함을 강조한다.

04 ① 현재 ERP는 기업 내 각 영역의 업무프로세스를 지원하고 신기술을 융합해 보다 지능화된 기업경영이 가능한 통합시스템으로 발전하고 있다.

05 ④ 허시와 블랜차드의 '3차원 모델'은 리더십 이론의 하나다.

06 ③ ▲ 육체적 · 정신적 노력 등은 '노력' ▲ 위험도, 작업시간, 작업환경, 작업위험 등은 '작업' ▲ 도전성, 교육, 경험, 몰입, 창의성, 지식, 기술 등은 '숙련' 요소에 해당한다.

07 ④ 델파이 기법은 수요예측방법이다.
• 수요예측방법 : 추세분석, 회귀분석, 전문가예측법, 델파이기법, 명목집단기법

08 ① 외부모집 시에는 모집 비용 및 시간이 증가한다.

| 09 | ② 인재육성주의 원칙에 대한 설명이다.

| 10 | ② 상동적 태도에 대한 설명이다.
① 현혹효과 : 하나의 평가요소에 받는 호의적 또는 비호의적 인상이 다른 평가에 영향을 미치는 오류
③ 관대화 경향 : 근무성적, 평정 등에 있어 평점결과 분포가 우수한 쪽에 집중되는 경향
④ 중심화 경향 : 근무성적, 평정 등에 있어 평점결과 분포가 평균치에 집중되는 경향

| 11 | ① 낮은 비용으로 시행이 용이한 것은 '직장 내 훈련'이다.

| 12 | ③ 3단계는 유지단계인 인생의 중년기로서 소비보다는 노력을 거듭한 생산적인 활동이 활발하게 이루어지는 시기이다.

| 13 | ② 임금형태에 대한 설명이다. 임금형태는 임금의 산정 및 지급방법을 의미하며 시급제, 일당제, 월급제, 연봉제 등으로 구분된다.

| 14 | ② 이윤분배제도에 대한 설명이다.
① 럭커 플랜 : 조직이 창출한 부가가치 생산액을 구성원 인건비 기준으로 배분
③ 순응임률제도 : 기업의 사정에 순응해 임금률이 자동적으로 변동 · 조정되도록 하는 제도
④ 임프로쉐어 플랜 : 표준노동시간과 실제노동시간 간의 차이를 비교해 절약된 노동시간만큼 성과를 배분

| 15 | ② 건강보험, 국민연금, 고용보험, 산업재해보상보험이 4대보험에 해당한다.

| 16 | ③ 과세방법 중 분류과세에 대한 설명이다.
① 종합과세 : 이자, 배당, 사업, 근로, 연금, 기타소득의 6가지 소득을 합산해 과세
② 분리과세 : 특정한 소득을 종합소득에 합산하지 않고 분리해 과세(원천징수)

| 17 | ④ 원천징수 의무자는 원천징수한 세금을 소득 지급일이 속하는 달의 다음 달 10일까지 관할 세무서 또는 금융기관에 납부해야 한다.

| 18 | ① 재량 근로시간제에 대한 설명이다.
③ 선택적 근로시간제 : 취업규칙에 정하는 바에 따라 업무의 시작 및 종료 시간을 근로자의 결정에 맡기는 근로시간제
④ 탄력적 근로시간제 : 정한 기간을 단위로 총 근로시간이 기준 근로시간 이내인 경우 그 기간 내 어느 주 또는 어느 날의 근로시간이 기준 근로시간을 초과하더라도 연장근로가 되지 않는 근로시간제

19 ① 유니온 숍에 대한 설명이다.
② 클로즈드 숍 : 조합원 자격을 전제조건으로 하여 채용하는 제도
③ 에이전시 숍 : 채용된 모든 종업원들이 노동조합에 일정액의 조합비를 납부해야 하는 제도
④ 메인터넌스 숍 : 노동조합에 가입한 이후 일정기간 동안은 노동조합원으로서 자격을 유지해야 하는 제도

20 ① 태업에 대한 설명이다.
② 파업 : 노동자들이 자신들의 요구사항을 실현시키기 위해 집단적으로 노동 제공을 거부하고 작업을 중지하는 행위
③ 피케팅 : 파업에 불참한 조합원의 출근이나 파업을 방해하는 사람을 막기 위해 직장 입구 등에 파수꾼(피켓)을 세우는 행위
④ 보이콧 : 제품구입 거절 등의 형태로 나타나는 집단적인 불매운동 행위

실무문제

01	02	03	04	05	06	07	08	09	10
④	①	②	②	①	④	④	③	③	①
11	12	13	14	15	16	17	18	19	20
②	③	①	④	②	④	③	③	②	①

01 [시스템관리] – [회사등록정보] – [사원등록]
→ [사용자만] 체크

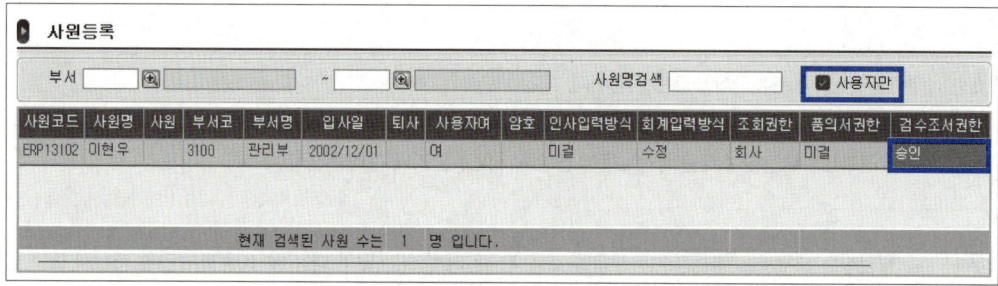

④ 사용자로 등록된 이현우 사원의 검수조치권한은 〈승인〉이다.

02 [시스템관리] – [회사등록정보] – [부서등록]

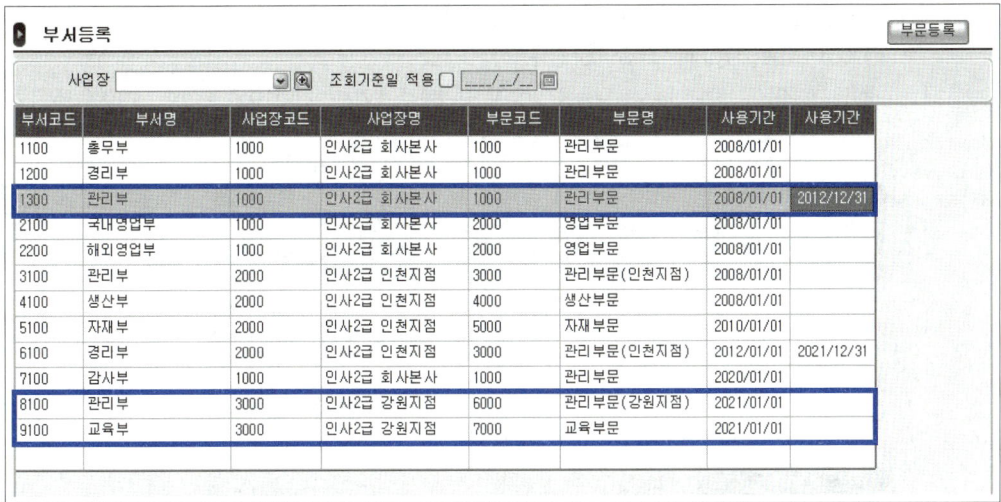

① [1000.관리부문]에 속한 [1300.관리부]는 2012년 12월 31일 사용이 종료되었다.

03 [시스템관리] – [회사등록정보] – [사용자권한설정]
→ [모듈구분 : H.인사/급여관리]

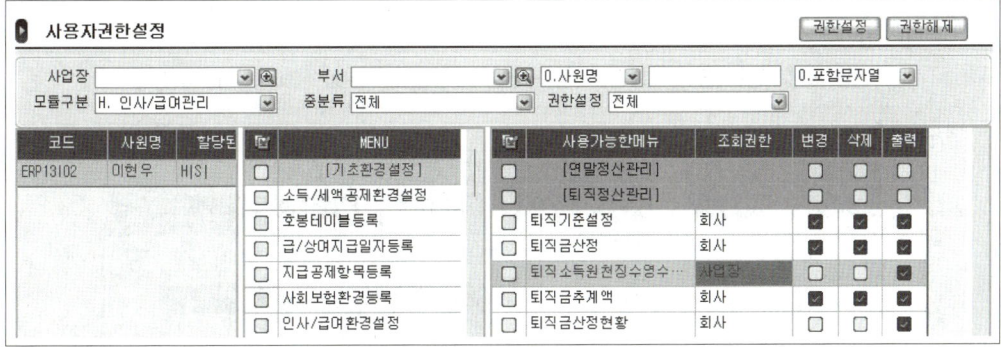

② [퇴직정산관리]에 속한 메뉴 중 [퇴직소득원천징수영수증] 메뉴에서는 본인이 속한 사업장의 퇴사자(또는 중도퇴사)의 자료만 출력할 수 있다.

04 (1) 일괄등록

[인사/급여관리] – [기초환경설정] – [호봉테이블등록]

→ [700.대리] – [호봉이력 : 2024/05] 신규등록

→ 상단 [일괄등록] 버튼 – [호봉일괄등록] 팝업창 – [기본급_초기치 : 2,500,000, 증가액 : 70,000/ 직급수당_초기치 : 30,000, 증가액 : 25,000] 입력 후 [적용] 클릭

(2) 일괄인상

→ 상단 [일괄인상] 버튼 – [호봉일괄인상] 팝업창 – [정률(%)_기본급 : 3.5] – [정률적용] 클릭

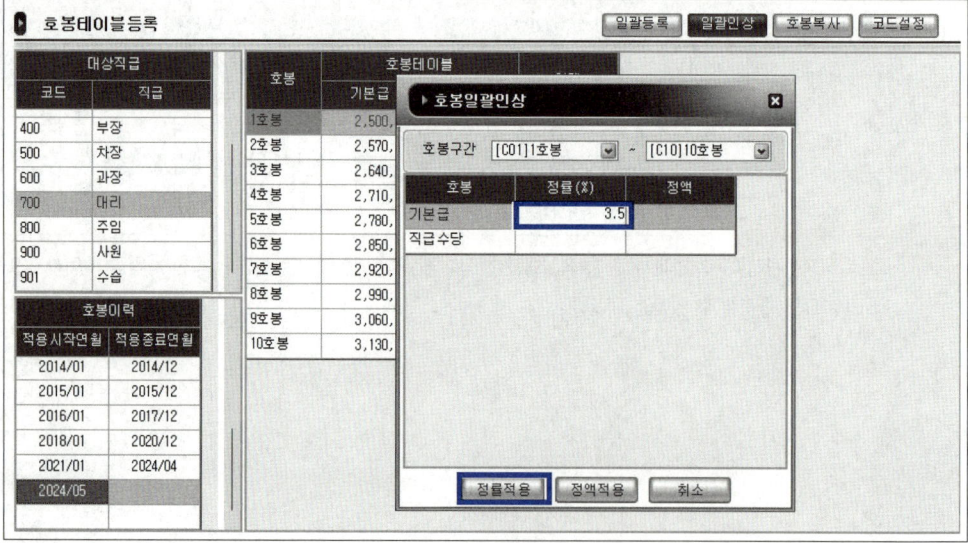

→ 상단 [일괄인상] 버튼 - [호봉일괄인상] 팝업창 - [정액_직급수당 : 10,000] - [정액적용] 클릭

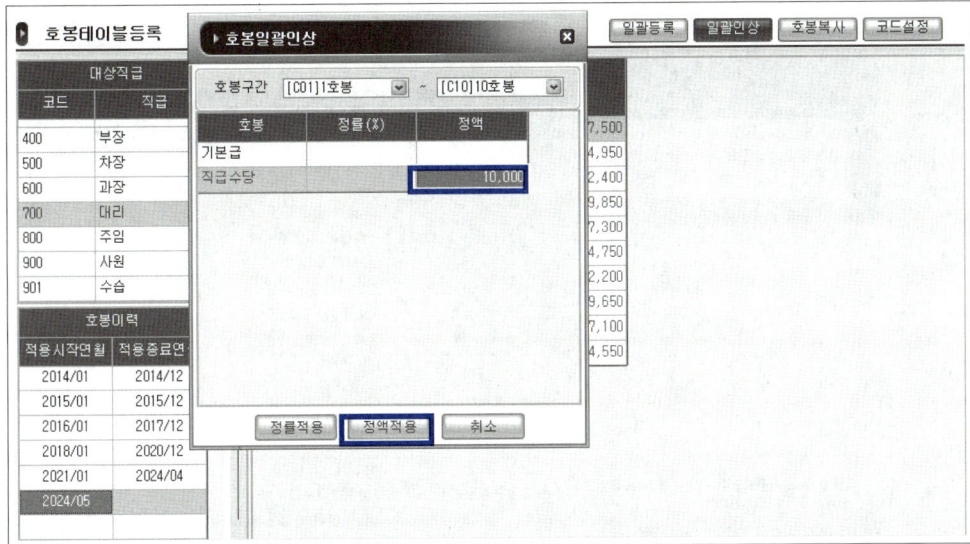

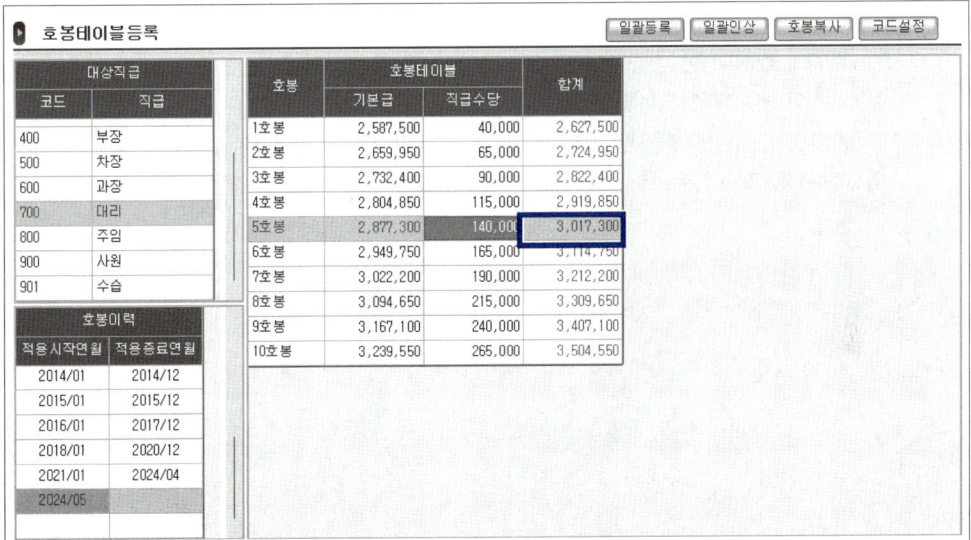

② [일괄등록]과 [일괄인상] 버튼을 이용해 해당 내용 반영 시 [700.대리] 5호봉 합계금액은 3,017,300원이다.

05 [인사/급여관리] - [기초환경설정] - [인사/급여환경설정] - [기준설정] 탭

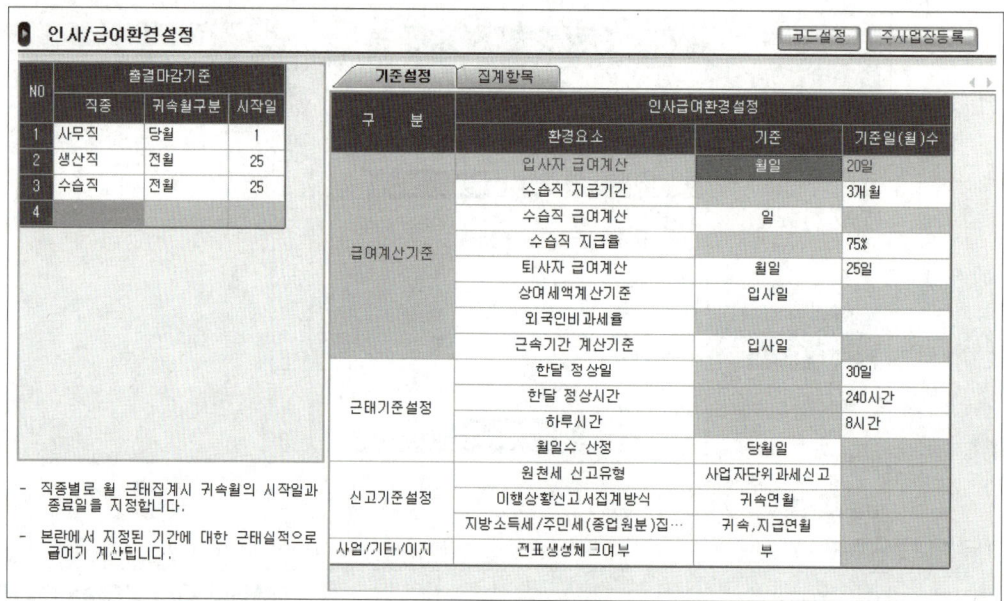

① 입사자의 경우 지정한 기준일수 20일 이하로 근무 시 월 급여를 '일할' 지급한다.
② 수습직의 경우 75%의 급여를 3개월간 지급받는다.
③ [2000.인사2급 인천지점] 사업장은 [1000.인사2급 회사본사] 사업장의 종사업장으로 포함해 신고한다.
④ 2024년 5월 귀속 기준으로 월일수 산정 시 귀속월의 실제 일수인 31일을 적용한다.

06 [인사/급여관리] – [기초환경설정] – [지급공제항목등록] – [지급공제항목설정] 탭
→ [급여구분 : 급여 · 특별급여 · 상여] 순차적으로 선택 – [지급/공제구분 : 지급] – [귀속연도 : 2024] – 상단 [마감취소] 버튼 클릭

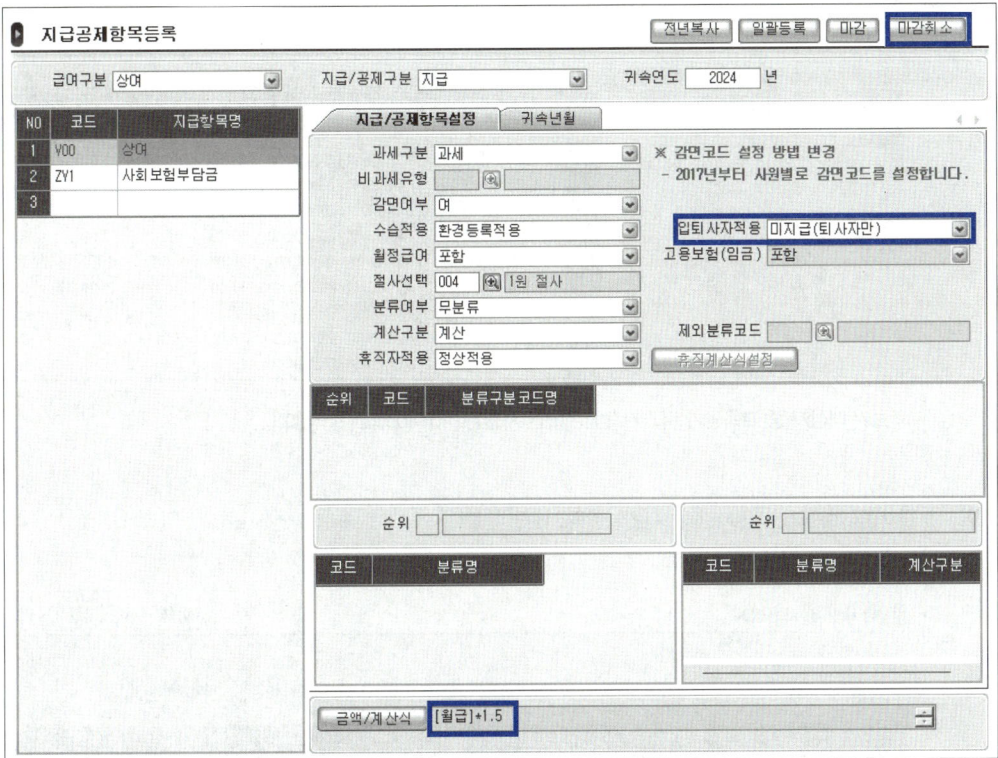

④ 상여는 '퇴사자'에게 지급하지 않는다.

07 [인사/급여관리] – [인사관리] – [인사정보등록] – [재직정보] · [급여정보] 탭

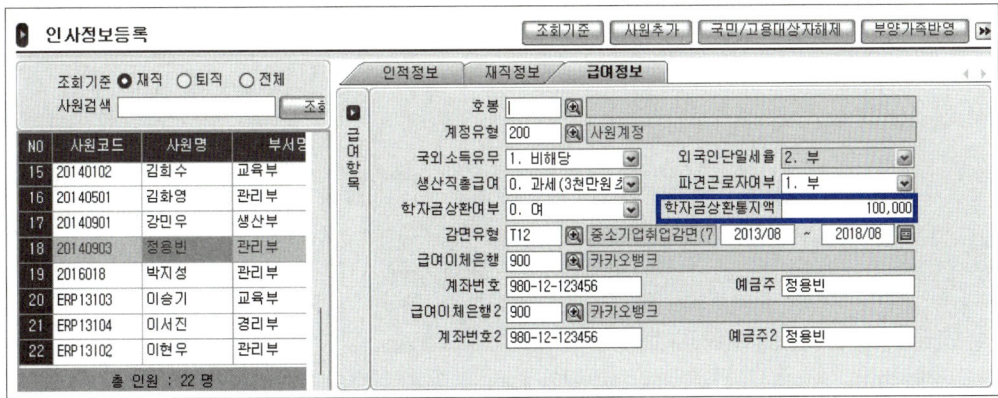

④ [20140903.정용빈] 사원의 학자금상환 통지액은 100,000이다.

08 [인사/급여관리] - [인사관리] - [교육현황] - [교육별사원현황] 탭
→ [교육기간 : 2024/01/01 ~ 2024/01/31]

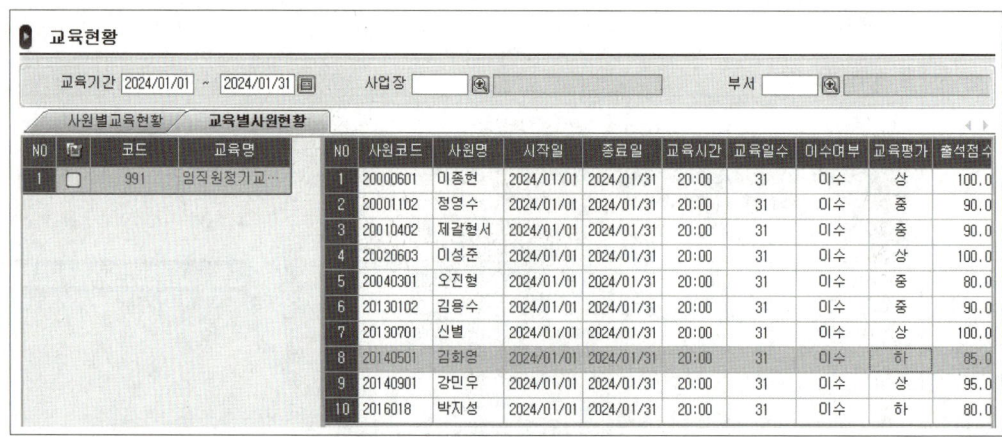

③ 보기 대상자 중 교육평가 결과가 '상'이 아닌 사원은 [20140903.김화영]이다.

09 [인사/급여관리] - [인사관리] - [인사발령(사원별)]
→ [발령호수 : 20240601]

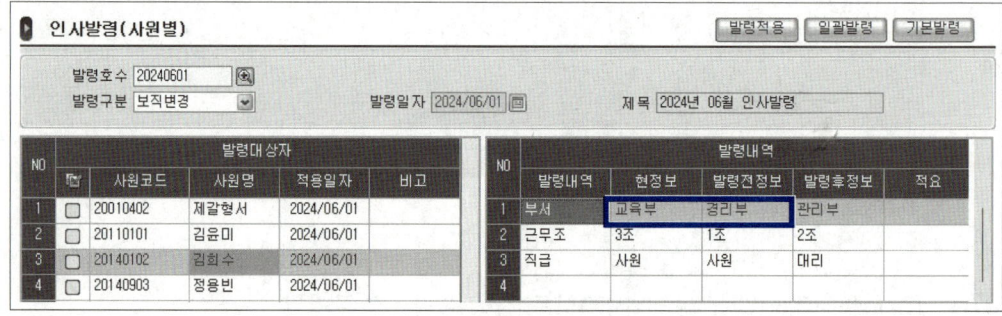

③ [20140102.김희수] 사원은 현재 '교육부' 소속이며, 현재 이전에는 '경리부' 소속이었다.

10 [인사/급여관리] - [인사관리] - [근속년수현황]
→ [퇴사자 : 0.제외] - [기준일 : 2024/04/30] - [년수기준 : 2.미만일수 올림] - [경력포함 : 0.제외]

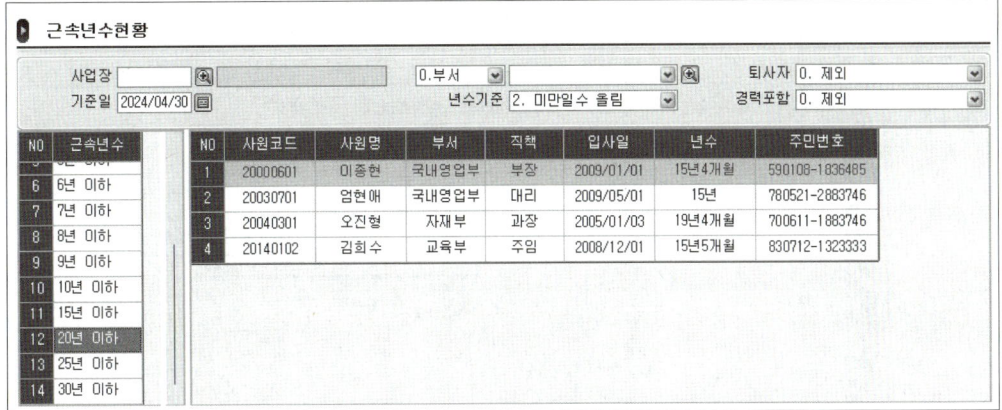

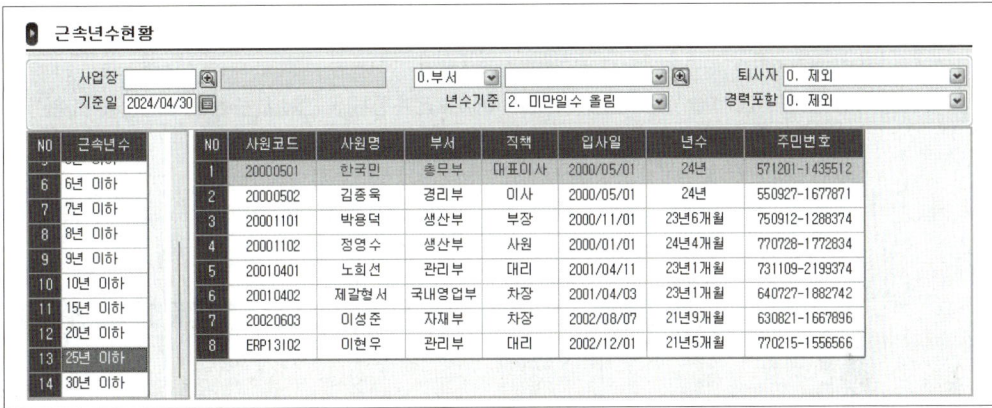

① 근속수당 = 4명(15년 이상 근속) × 150,000원 + 8명(20년 이상 근속) × 200,000원

= 600,000원 + 1,600,000원

= 2,200,000원

11 (1) 감면기간 설정

[인사/급여관리] - [인사관리] - [인사정보등록] - [급여정보] 탭

→ [20130102.김용수] - [감면유형 : T13.중소기업취업감면(90%감면)_2024/05 ~ 2026/04] 입력

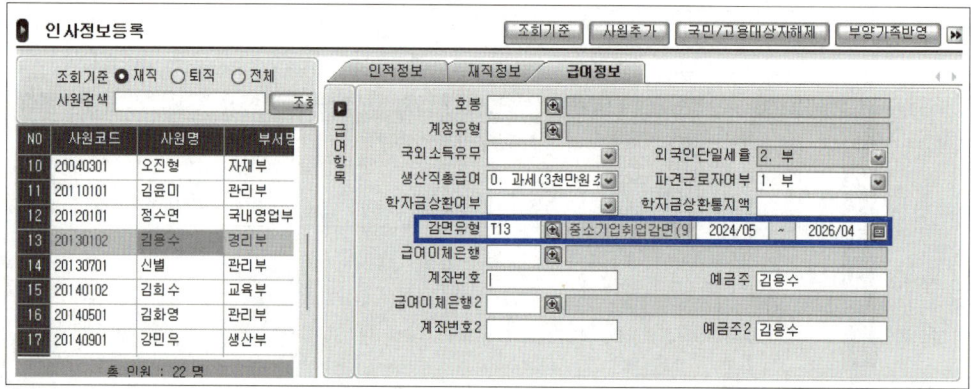

(2) 급여계산

[인사/급여관리] - [급여관리] - [상용직급여입력및계산]

→ [귀속연월 : 2024/05] - [지급일 : 1,2024/05/25 급여 동시] - 전체 사원 선택 후 상단 [급여계산] 버튼 클릭 - [급여계산] 팝업창에서 [계산] 클릭 - 하단 [급여총액] 탭에서 '소득세' 확인

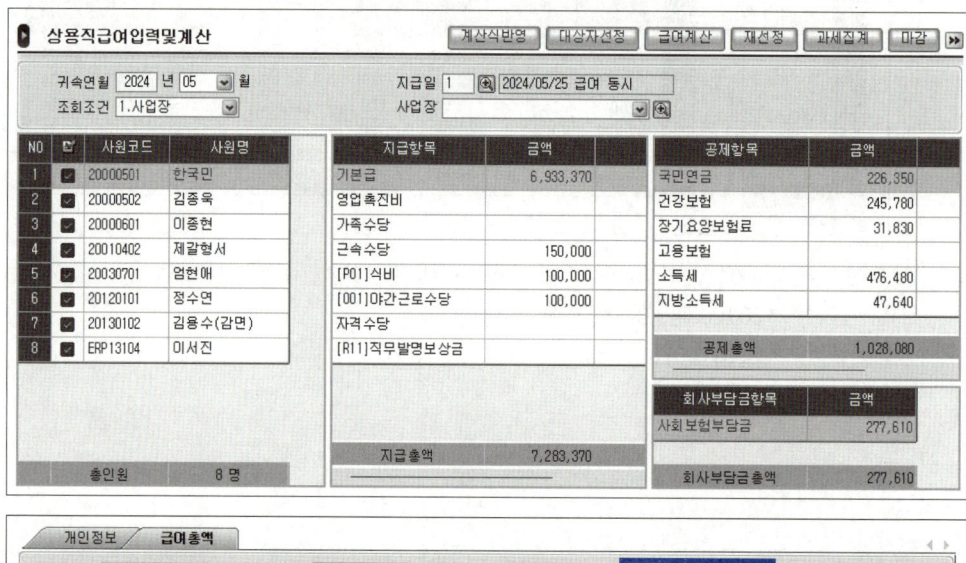

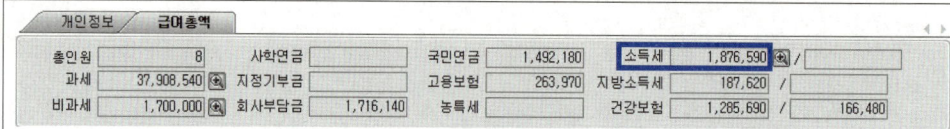

② 감면 유형 및 기간 설정 후 조회기간 '소득세' 총액은 1,876,590원이다.

12 (1) 지급일자 추가

[인사/급여관리] – [기초환경설정] – [급/상여지급일자등록]

→ [귀속연월 : 2024/05]

→ 좌측에 [지급일자(2024/05/31), 동시발행(002.분리), 대상자선정(0.직종및급여형태별)] 신규등록

→ 우측에 [급여구분(101.특별급여)] 신규등록

→ 상단 [일괄등록] 버튼 – [일괄등록] 팝업창 – [사업장 : 2000.인사2급 인천지점, 3000.인사2급 강원지점], [상여지급대상기간 : 2024/05/01 ~ 2024/05/31], [대상 : 사무직(월급)] 체크 후 [적용] 클릭

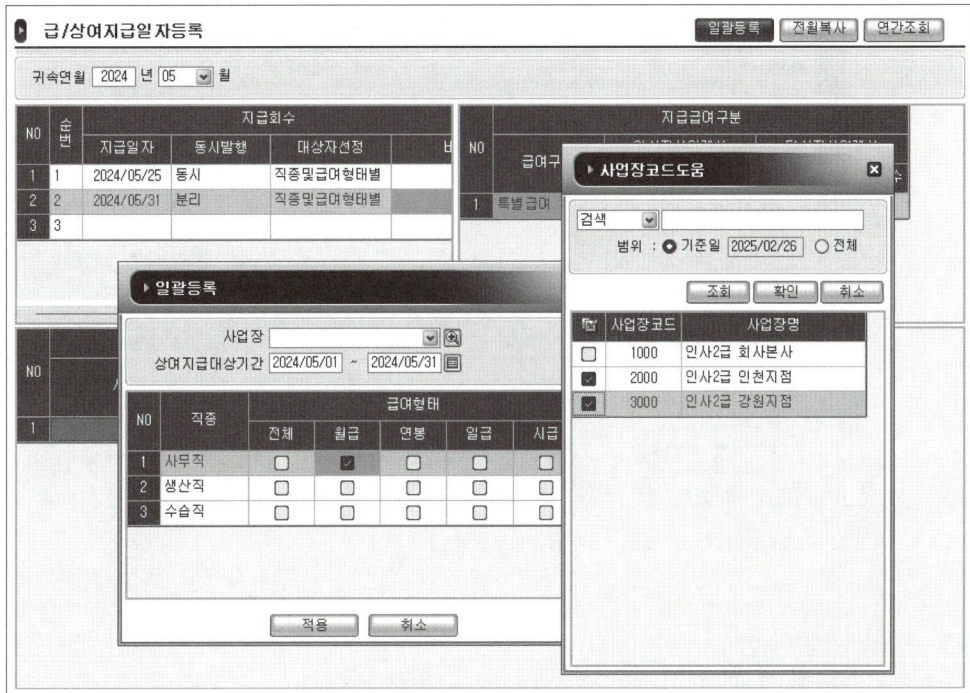

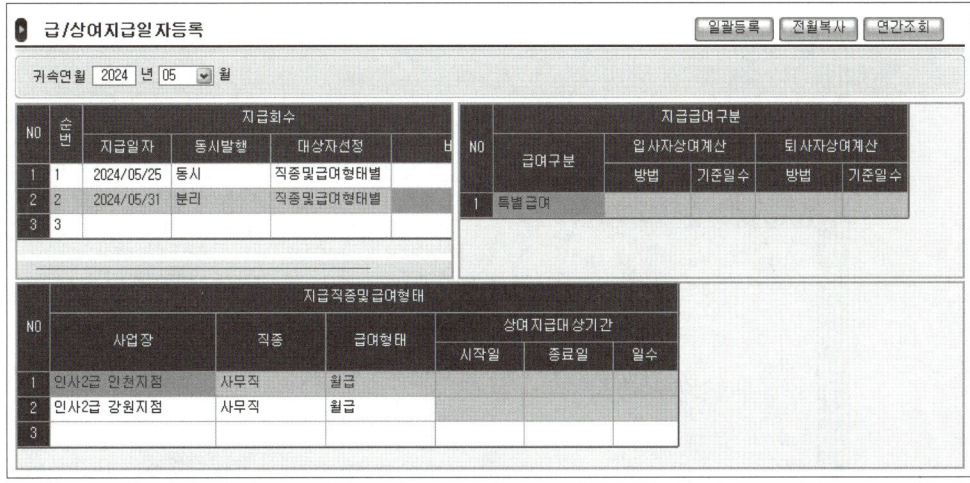

(2) 급여계산

[인사/급여관리] – [급여관리] – [상용직급여입력및계산]

→ [귀속연월 : 2024/05] – [지급일 : 2.2024/05/31 특별급여 분리] – 사원 전체 체크 후 상단 [급여계산] 버튼 클릭
– [급여계산] 팝업창에서 [계산] 클릭 – 하단 [급여총액] 탭에서 '과세' 확인

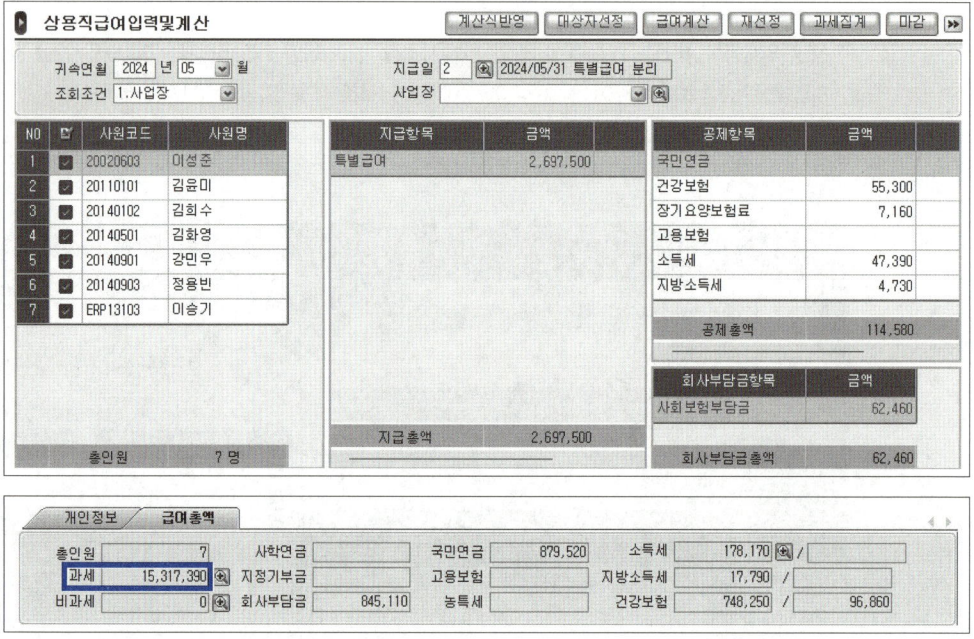

③ 해당 지급일의 '과세' 총액은 15,317,390원이다.

13 (1) 책정임금 확인

[인사/급여관리] – [인사관리] – [인사정보등록] – [급여정보] 탭

→ [20010402,제갈형서] – 하단 [책정임금] – [계약시작년월 : 2022/01] 클릭 – 연봉 '금액'란에서 `Ctrl` + `F3` –
'시급' 확인

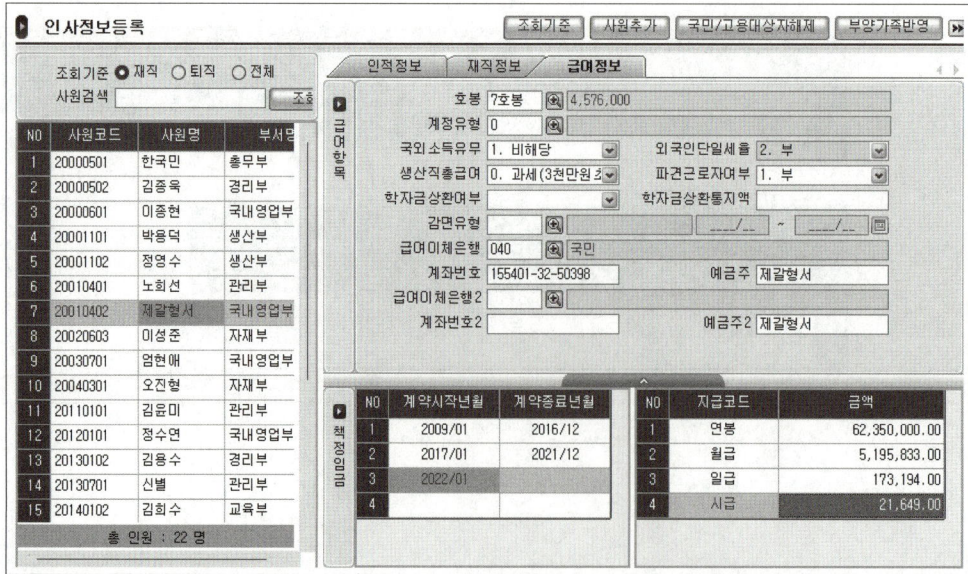

(2) 수당계산

[인사/급여관리] – [급여관리] – [근태결과입력]

→ [귀속연월 : 2024/04] – [지급일 : 1.2024/04/25 급여 동시]

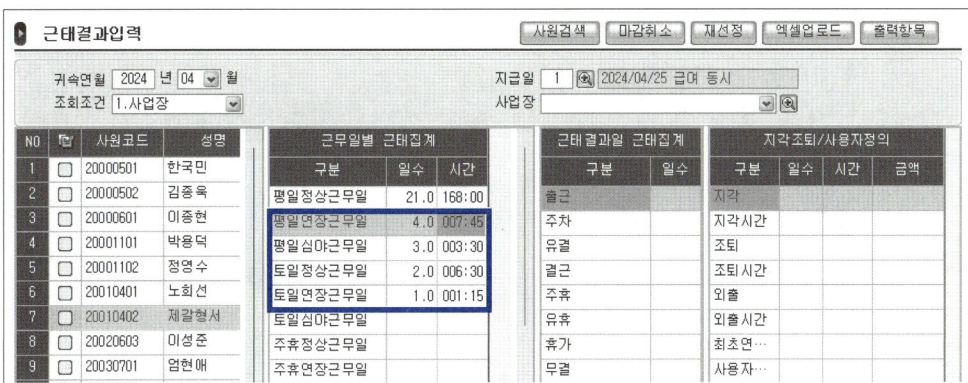

- 책정임금 시급 : 21,649원
- 15분 = 1시간 ÷ 4 → 0.25
  - 평일연장근무 7:45 → 7.75
  - 토일정상근무 6:30 → 6.5
  - 평일심야근무 3:30 → 3.5
  - 토일연장근무 1:15 → 1.25

① 초과근무수당 = 1유형 근무수당 + 2유형 근무수당

= (평일연장근무시간 + 토일정상근무시간) × 1.5 × 시급 + (평일심야근무시간 + 토일연장근무시간) × 2 × 시급

= (7.75 + 6.5) × 1.5 × 21,649원 + (3.5 + 1.25) × 2 × 21,649원

= 462,740원(≒ 462,747.375) + 205,660원(≒ 205,665.5)

= 668,400원

14 (1) 대상자 추가

[인사/급여관리] – [일용직관리] – [일용직급여지급일자등록]

→ [귀속연월 : 2024/05] – [지급일 : 1.2024/05/25/매일지급] – [부서 : 4100.생산부, 5100.자재부] – [급여형태 : 004.시급] – 해당 사원 전체 체크 후 [추가] 클릭

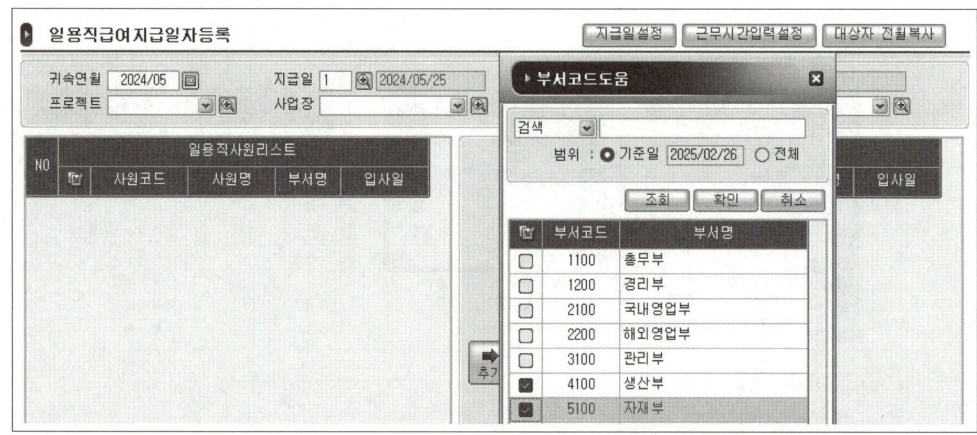

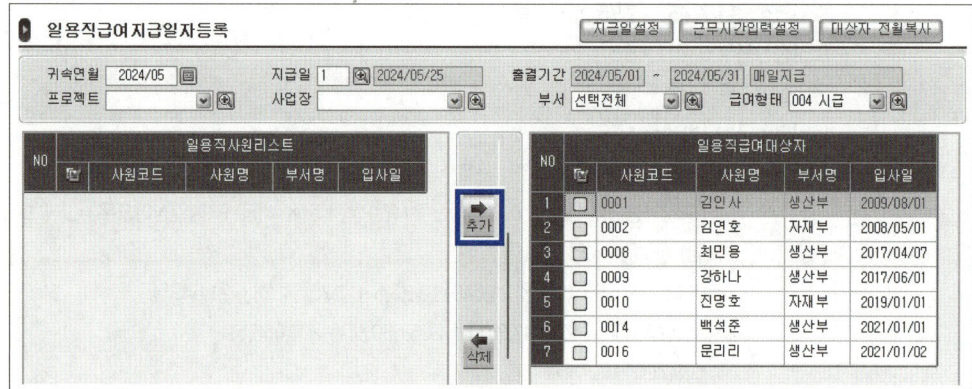

(2) 급여계산

[인사/급여관리] – [일용직관리] – [일용직급여입력및계산]

→ [귀속연월 : 2024/05] – [지급일 : 1.2024/05/25/매일지급] – 사원 전체 체크

→ 상단 [일괄적용] 버튼 – [일괄적용] 팝업창 – [일괄적용시간 : 010:00], [일괄적용요일 : 평일], [비과세(신고제외분) : 10,000] 입력 후 [적용] 클릭

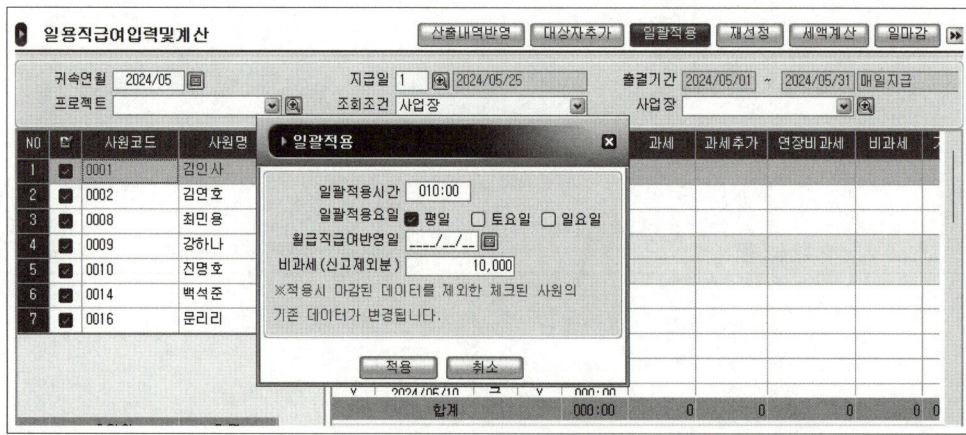

→ 상단 [일괄적용] 버튼 – [일괄적용] 팝업창 – [일괄적용시간 : 002:00], [일괄적용요일 : 토요일] 입력 후 [적용] 클릭

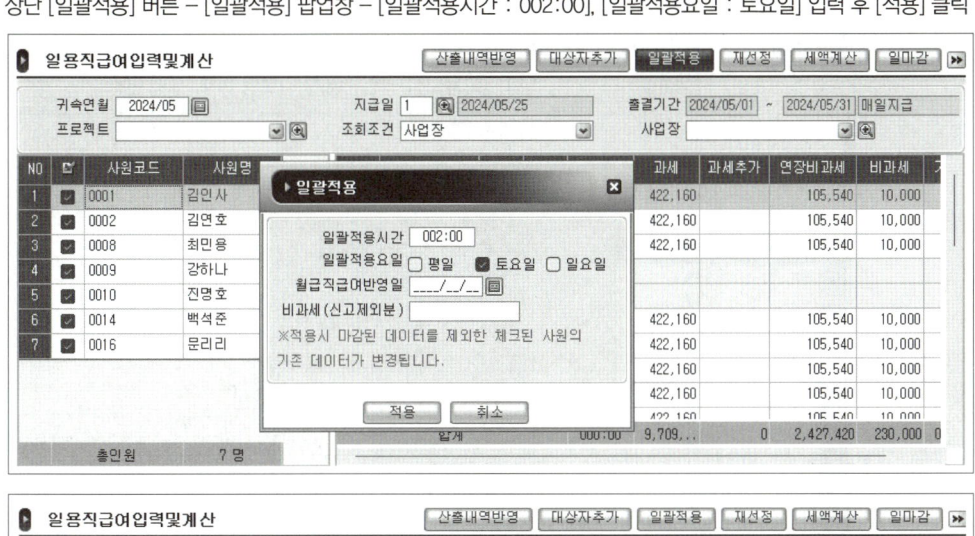

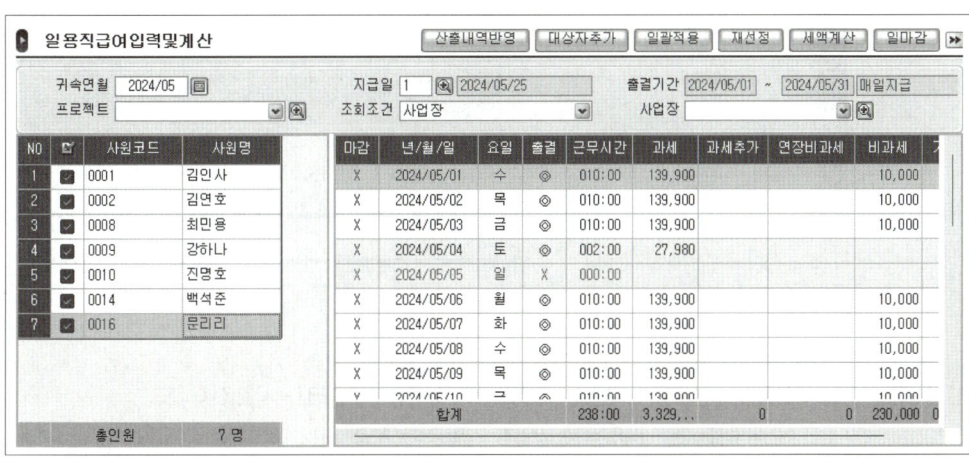

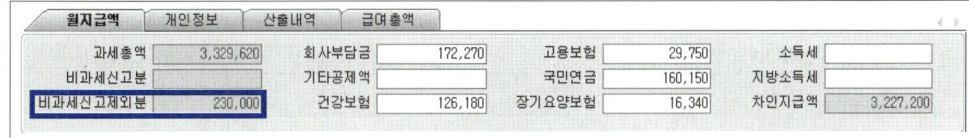

④ [월지급액] 탭의 '비과세신고제외분' 확인 시 해당 지급일의 지급대상자는 모두 신고대상이 아닌 비과세 항목을 지급받았다.

15 (1) 일용직 정보변경

[인사/급여관리] – [일용직관리] – [일용직사원등록] – [기존정보] 탭

→ [0015.한주원] – [생산직비과세적용 : 함], [고용보험/국민연금/건강보험 여부 : 여] 변경

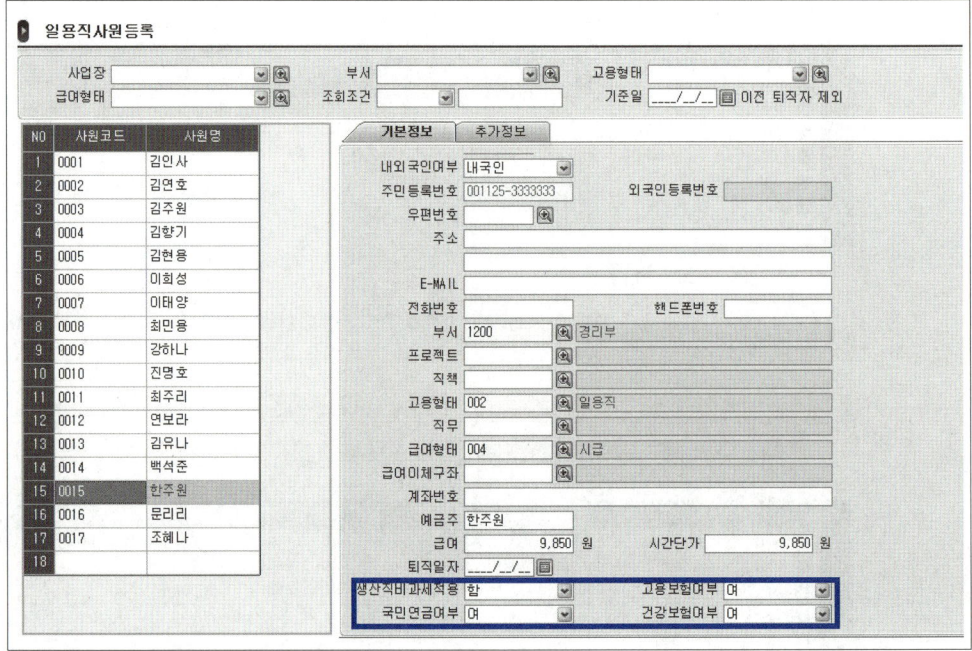

(2) 급여계산

[인사/급여관리] – [일용직관리] – [일용직급여입력및계산]

→ [귀속연월 : 2024/05] – [지급일 : 2,2024/05/31/일정기간지급] – 사원 전체 체크

→ 상단 [일괄적용] 버튼 – [일괄적용] 팝업창 – [일괄적용시간 : 012:00], [일괄적용요일 : 평일], [비과세(신고제외분) : 12,000] 입력 후 [적용] 클릭

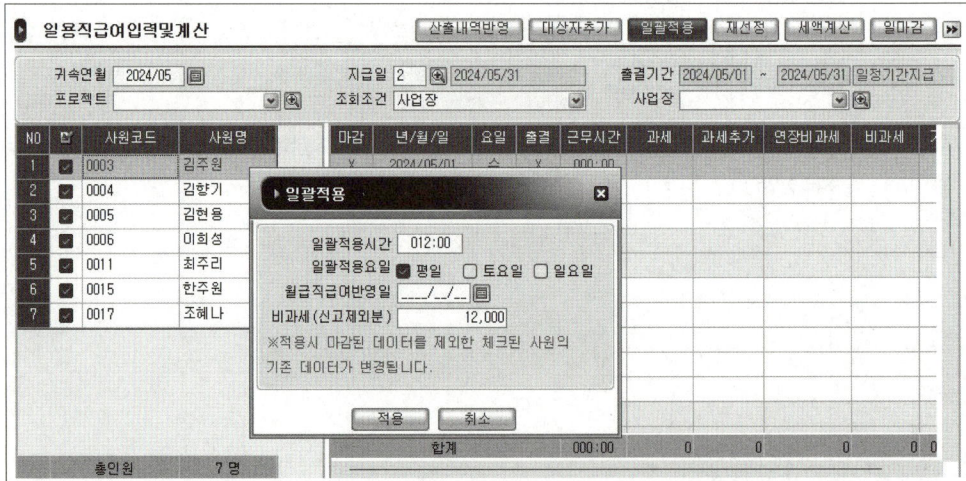

→ 상단 [일괄적용] 버튼 – [일괄적용] 팝업창 – [일괄적용시간 : 002:00], [일괄적용요일 : 토요일] 입력 후 [적용] 클릭

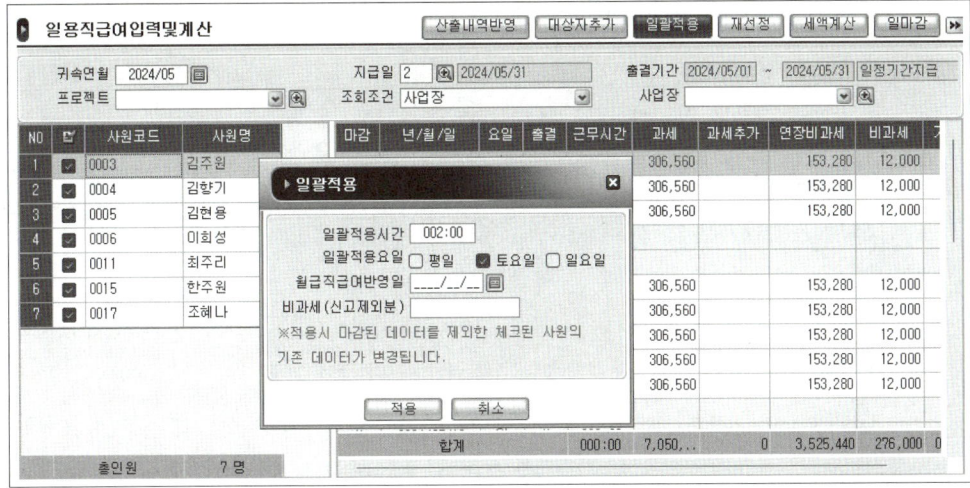

→ 하단 [급여총액] 탭 '차인지급액' 확인

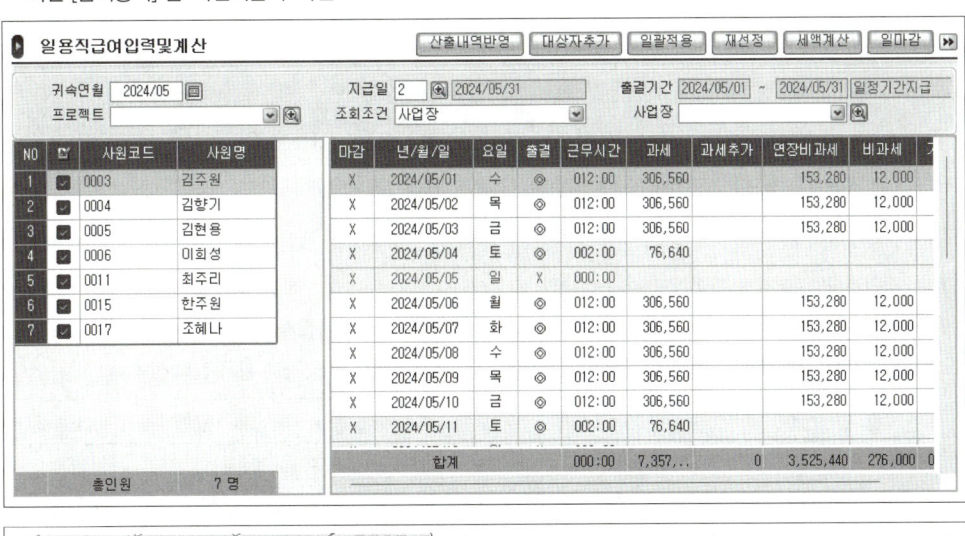

② 해당 지급일의 실지급액(차인지급액) 총계는 44,256,990원이다.

16 [인사/급여관리] – [급여관리] – [연간급여현황]

→ [조회기간 : 2024/01 ~ 2024/03] – [분류기준 : 지급/공제] – [사용자부담금 : 1.포함]

NO	조회구분 부서	사원코드	사원명	합계 지급총액	합계 공제총액	2024/01 지급	2024/01 공제	2024/02 지급	2024/02 공제
1	경리부	20000502	김종욱	20,532,480	3,293,670	6,844,160	1,097,890	6,844,160	1,097,89
2	경리부	20130102	김용수	12,632,910	1,547,610	4,210,970	515,870	4,210,970	515,87
3	경리부	ERP13104	이서진	11,671,500	1,355,790	3,890,500	451,930	3,890,500	451,93
4	조회구분[부서…			44,836,890	6,197,070	14,945,630	2,065,690	14,945,630	2,065,69
5	관리부	20010401	노희선	10,337,910	1,112,820	3,445,970	370,940	3,445,970	370,94
6	관리부	20110101	김윤미	11,727,870	1,347,270	3,909,290	449,090	3,909,290	449,09
7	관리부	20130701	신별	11,203,410	1,235,850	3,734,470	411,950	3,734,470	411,95
8	관리부	20140501	김화영	9,552,210	959,670	3,184,070	319,890	3,184,070	319,89
9	관리부	20140903	정용빈	13,046,490	1,272,570	4,348,830	424,190	4,348,830	424,19
10	관리부	2016018	박지성	9,660,210	762,660	3,220,070	254,220	3,220,070	254,22
11	관리부	ERP13102	이현우	12,440,940	1,065,180	4,146,980	355,060	4,146,980	355,06
12	조회구분[부서…			77,969,040	7,756,020	25,989,680	2,585,340	25,989,680	2,585,34
13	교육부	20140102	김희수	10,974,090	1,312,410	3,658,030	437,470	3,658,030	437,47
14	교육부	ERP13103	이승기	13,640,580	1,784,310	4,546,860	594,770	4,540,000	594,77
15	조회구분[부서…			24,614,670	3,096,720	8,204,890	1,032,240	8,204,890	1,032,24
16	국내영업부	20000601	이종현	14,895,750	2,094,930	4,965,250	698,310	4,965,250	698,31
17	국내영업부	20010402	제갈형서	17,791,890	2,744,850	5,930,630	914,950	5,930,630	914,95
18	국내영업부	20030701	엄현애	11,501,010	1,078,860	3,833,670	359,620	3,833,670	359,62
	총계 :22명			291,167,340	35,077,680	97,055,780	11,692,560	97,055,780	11,692,56

④ 조회기간 지급총액은 291,167,340원, 공제총액은 35,077,680원이다.

17 [인사/급여관리] – [급여관리] – [급여대장]

→ [귀속연월 : 2024/04] – [지급일 : 1.2024/04/25 급여 동시] – [집계 : 3.근무조별] – [지급/공제] 탭 – 조회 후 우측상단 [출력항목] 버튼 – [출력항목] 팝업창 [지급/공제] 탭 – 지급/공제 항목 전체 선택 후 [적용] 클릭

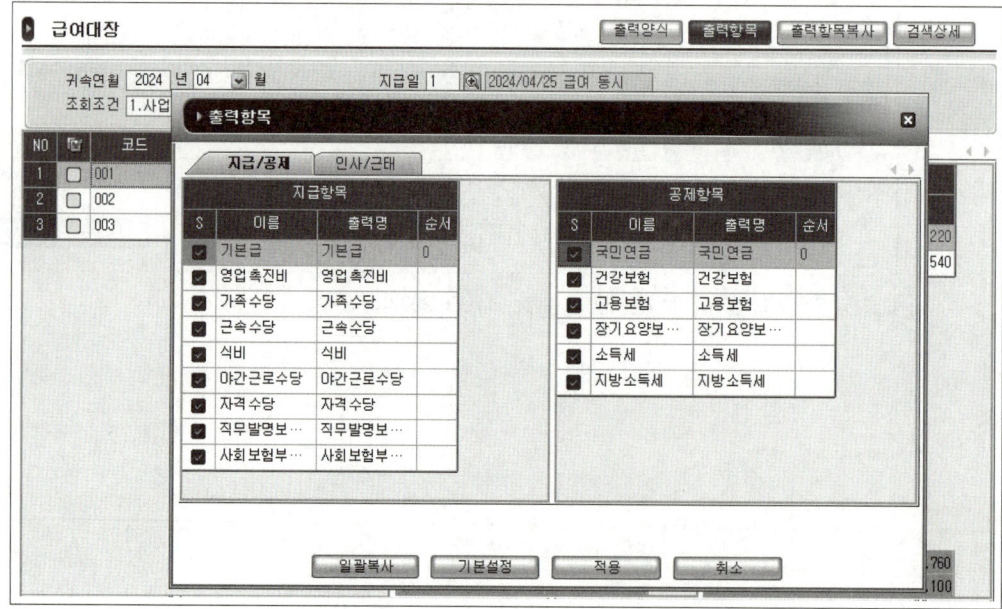

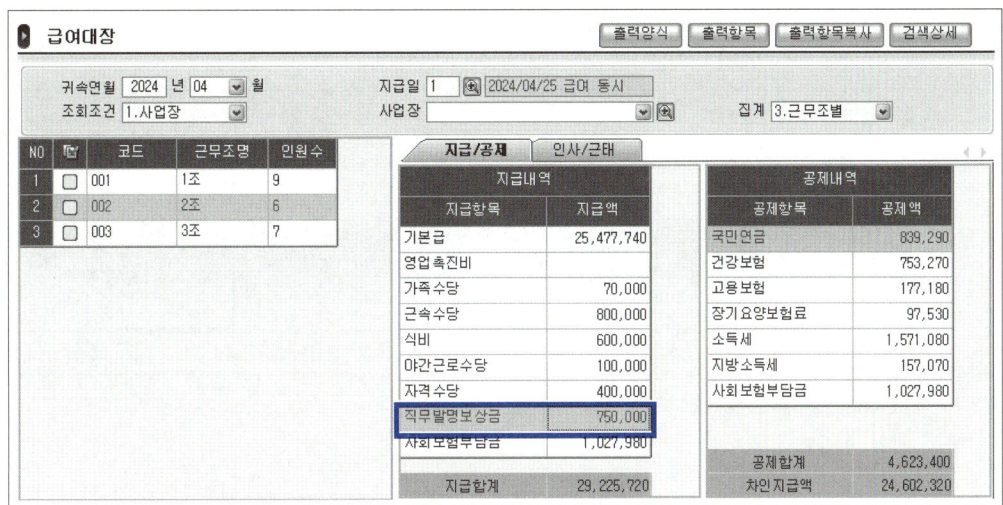

③ 조회기간 2조의 직무발명보상금은 750,000원이다.

18 [인사/급여관리] – [급여관리] – [월별급/상여지급현황]
→ [조회기간 : 2024/01 ~ 2024/03] – [지급구분 : 100.급여] – [조회구분 : 2.부서] – [부서 : 3100.관리부]

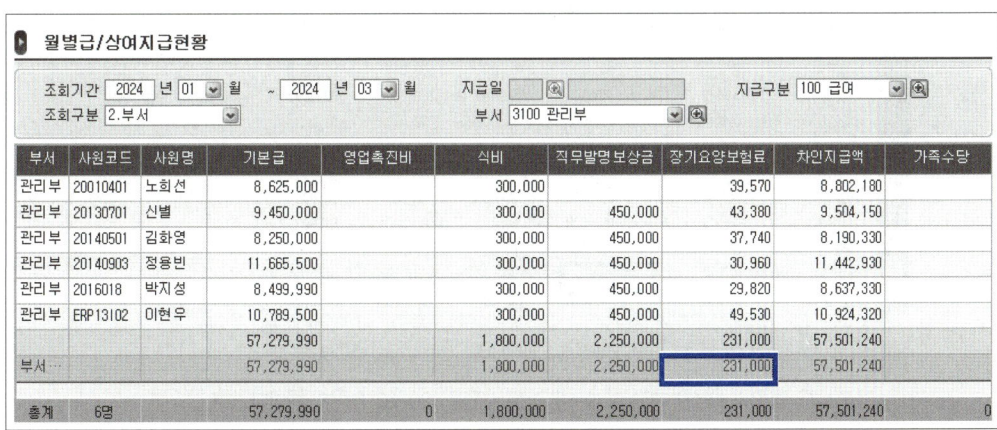

③ 조회기간 장기요양보험료는 231,000원이다.

19 [인사/급여관리] – [급여관리] – [사원별급/상여변동현황]

→ [기준연월 : 2024/03] – [사용자부담금 : 1.포함] – [비교연월 : 2023/03]

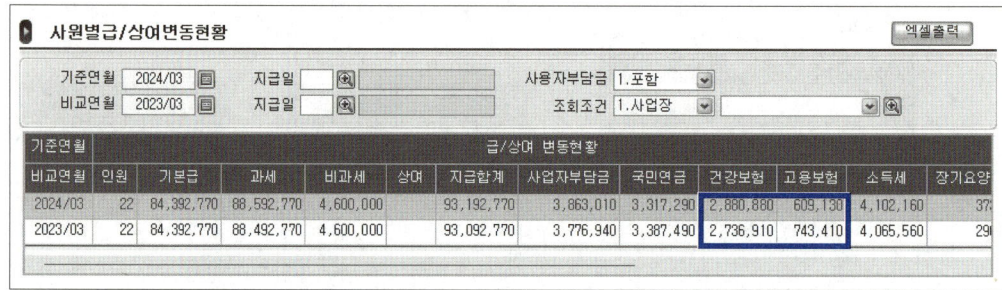

② 건강보험 공제액은 증가했고 고용보험 공제액은 감소했다.

20 [인사/급여관리] – [급여관리] – [수당별연간급여현황]

→ [조회기간 : 2024/01 ~ 2024/03] – [수당코드 : P06.근속수당] – [조회조건 : 1.사업장_2000.인사2급 인천지점]

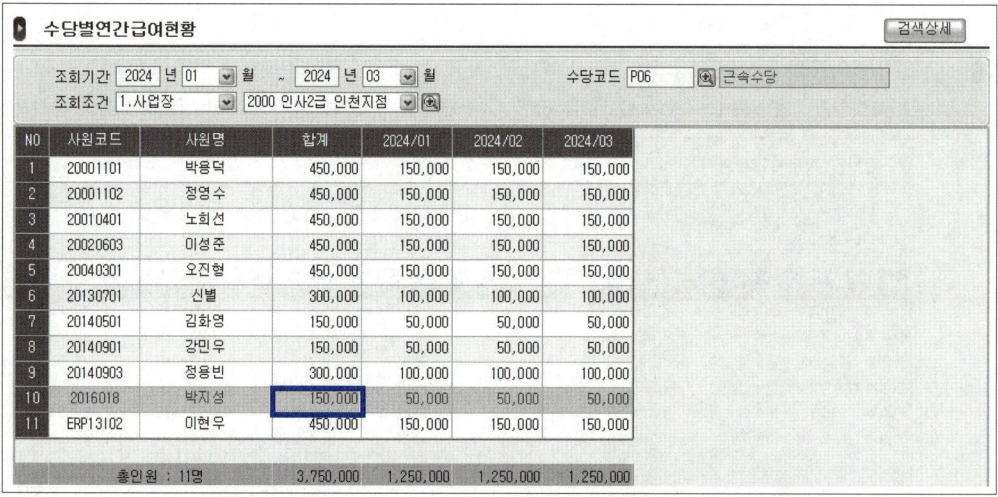

① 보기 대상자 중 근속수당을 가장 적게 지급받은 사원은 [2016018.박지성]이다.

제101회 정답 및 해설

이론문제

01	02	03	04	05	06	07	08	09	10
③	③	④	④	③	①	②	③	④	④
11	12	13	14	15	16	17	18	19	20
④	②	③	④	④	④	②	②	②	③

01 ③ ERP는 편리성와 업무단축을 목적으로 하므로 기존 업무 처리 방식에 따라 수정해서는 안 된다.

02 ③ 전통적인 정보시스템(MIS)은 Task 중심, ERP는 Process 중심이다.

03 ④ ERP의 기술적 특징이다.

ERP 특징	내 용
기능적 특징	다국적 · 다통화 · 다언어 지원, 중복업무 배제 및 실시간 정보처리체계 구축, 표준 지향 선진 프로세스 수용, 비즈니스 프로세스 모델에 의한 리엔지니어링, 파라미터 지정에 의한 프로세스 정의, 경영정보 제공 및 경영 조기경보체계 구축, 투명경영의 수단으로 활용, 오픈 · 멀티벤더 시스템
기술적 특징	4세대 언어(4GL), CASE TOOL 사용, 관계형 데이터베이스 채택, 객체지향기술 사용, 인터넷 환경의 e-비즈니스를 수용할 수 있는 Multi-tier 환경 구성

04 ④ 마케팅(marketing), 판매(sales) 및 고객서비스(customer service)의 자동화는 확장된 ERP 시스템 환경에서 CRM(Customer Relationship Management : 고객관계관리) 모듈을 실행함으로써 얻는 장점이다.

05 ③ 포드의 관리법 3S 원칙은 ▲ 표준화 ▲ 전문화 ▲ 단순화다.

06 ① 고임금 · 저노무비의 실천은 과학적 인사관리 방법에 해당한다.

07 ② 직무명세서에 대한 설명이다.
① 직무평가서 : 직원들의 업무수행능력 등을 평가해 기재하는 문서
③ 직무분석표 : 해당 직무에 대한 현황 및 특성 등을 조사해 기록하는 문서
④ 직무고과표 : 직무에 관련한 업무수행능력을 전반적으로 파악하기 위해 작성하는 문서

08 ③ 요소비교법은 직무를 구성하는 요소별로 서열을 매겨 직무의 상대적 가치를 평가하는 것이며, 조직 내 모든 관리자들의 관리능력을 포함해 그들의 자세한 정보를 모아놓은 목록은 '관리자 목록'이다.

09 ④ 파견근로활용은 인력부족 시 취하는 조치다.

10 ④ 평정척도고과법에 대한 설명이다.
① 토의식고과법 : 토의를 통해 평가
② 대조표고과법 : 사전에 표준행동을 평가항목에 배열해놓고 항목을 체크하며 평가
③ 서술식고과법 : 서술된 내용을 보고 평가

11 ④ 직원들의 업무역량이 높아지므로 생산성이 증가하고, 감독자의 부담이 감소한다.

12 ② 코칭 리더십에 대한 설명이다.

13 ③ 사용자는 근로자에게 통화로 임금을 지급해야 하며 현물급여는 금지된다.

임금지급의 4원칙
• 전액불의 원칙 • 직접불의 원칙 • 기한 내 지급의 원칙 • 통화불의 원칙

14 ④ 카페테리아식 복리후생제도에 대한 설명이다.
① 표준적 복리후생 : 근로자들의 욕구·선호에 관계없이 표준화·고정화된 복리후생을 일률적으로 제공하는 제도
② 홀리스틱 복리후생 : 근로자들이 전인적 인간으로서 육체적·심리적·정신적 측면에서 균형된 삶을 추구할 수 있도록 지원하는 제도
③ 전생애(라이프사이클) 복리후생 : 근로자들의 연령에 따라 변하는 생활패턴과 의식변화를 고려해 프로그램을 그에 맞게 제공하는 제도

15 ④ 농업, 임업(벌목업은 1인 기준), 어업, 수렵업 중 법인이 아닌 자의 사업으로 상시근로자 수가 5명 미만인 사업장은 산재보험 가입대상에서 제외된다.

16 ④ 일용직 근로자의 비과세 공제액은 150,000원이다.

> • 일용근로자의 원천징수세액 = [일급 − 150,000원] × 6% × [1 − 55%]

17 ② 연말정산은 보험료, 기부금, 교육비, 개인연금, 월세, 신용카드 등 관련 서류를 제출함으로써 일정금액만큼 공제하는 제도이며, 소득세 납부서는 근로자가 제출해야 하는 서류가 아니다.

18 ② 출산휴가, 연차유급휴가는 법정휴가다.

법정휴가	약정휴가
연차휴가, 생리휴가, 출산전후휴가 등	하계휴가, 경조휴가 등

19 ② 클로즈드 숍, 유니언 숍, 오픈 숍 등은 기본적 형태다.

기본적 노동조합	변형적 노동조합
클로즈드 숍, 유니언 숍, 오픈 숍 등	에이전시 숍, 메인터넌스 숍, 프리퍼렌셜 숍 등

20 ③ 조직적 효력에 대한 설명이다.

실무문제

01	02	03	04	05	06	07	08	09	10
④	①	①	②	②	③	④	②	③	①
11	12	13	14	15	16	17	18	19	20
④	②	③	③	③	②	④	①	④	①

01 [시스템관리] – [회사등록정보] – [사업장등록] – [기본등록사항] 탭 및 [신고관련사항] 탭

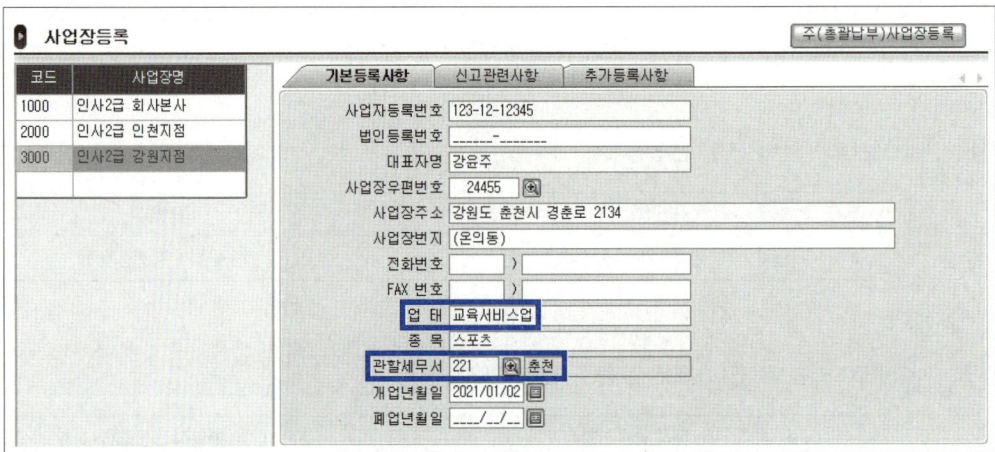

④ [3000.인사2급 강원지점] 사업장의 업태는 '교육서비스업'이다.

02 [시스템관리] – [회사등록정보] – [부서등록]

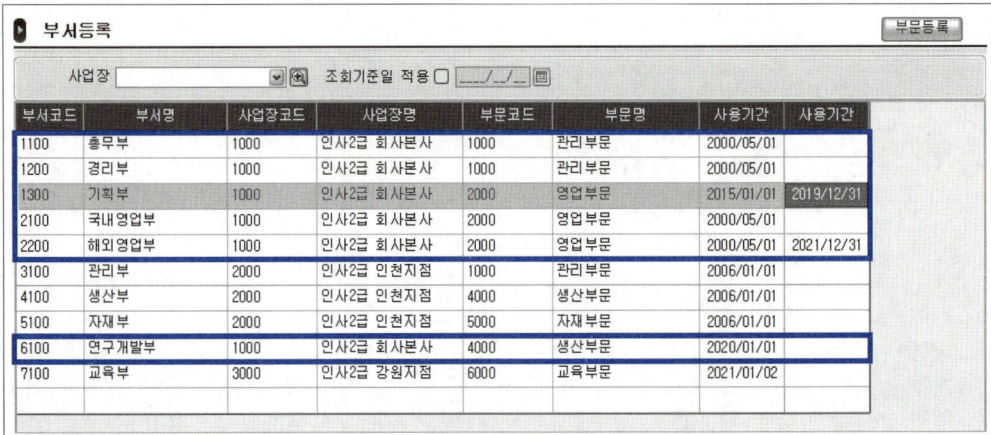

① [1000.인사2급 회사본사] 사업장에 속한 부서는 총 6개이나 [1300.기획부]와 [2200.해외영업부]는 ERP 사용이 종료되었으므로 현재 사용 중인 부서는 4개임을 알 수 있다.

03 [시스템관리] – [회사등록정보] – [사용자권한설정]
→ [모듈구분 : H.인사/급여관리]

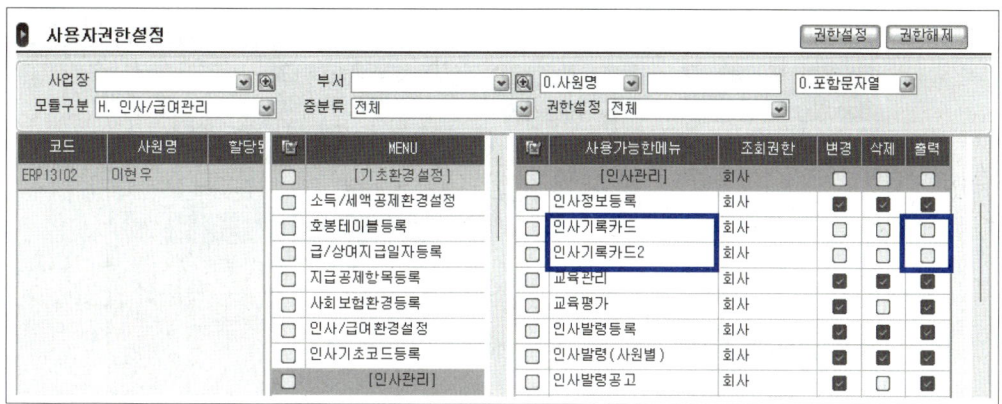

① [인사기록카드]와 [인사기록카드2] 메뉴에서는 출력권한이 없다.

04 (1) 일괄등록

[인사/급여관리] – [기초환경설정] – [호봉테이블등록]
→ [700.대리] – [호봉이력 : 2024/03] 신규등록
→ 상단 [일괄등록] 버튼 – [호봉일괄등록] 팝업창 – [기본급_초기치 : 2,500,000, 증가액 : 100,000/ 직급수당_초기치 : 50,000, 증가액 : 10,000] 입력 후 [적용] 클릭

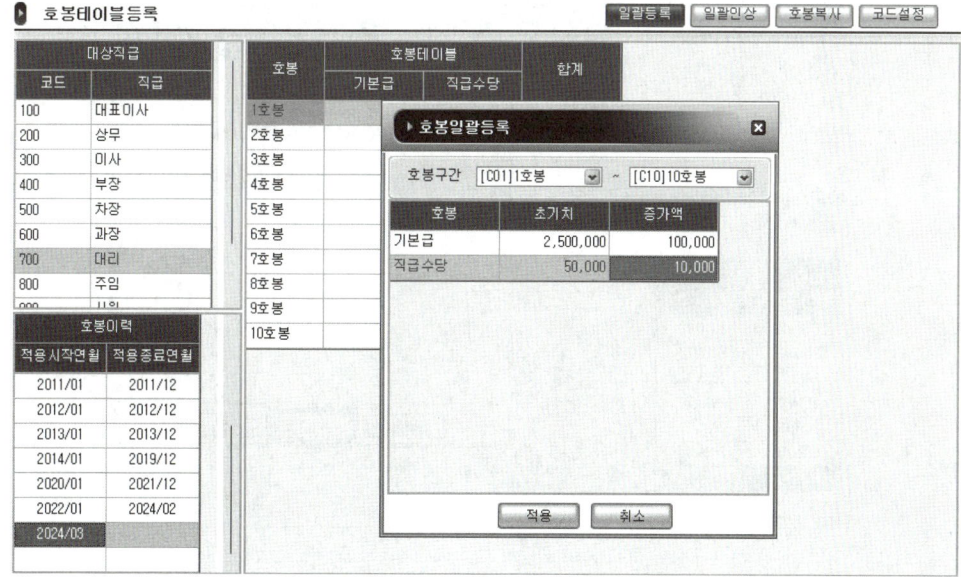

(2) 일괄인상

→ 상단 [일괄인상] 버튼 – [호봉일괄인상] 팝업창 – [정률(%)_기본급 : 4.7] – [정률적용] 클릭

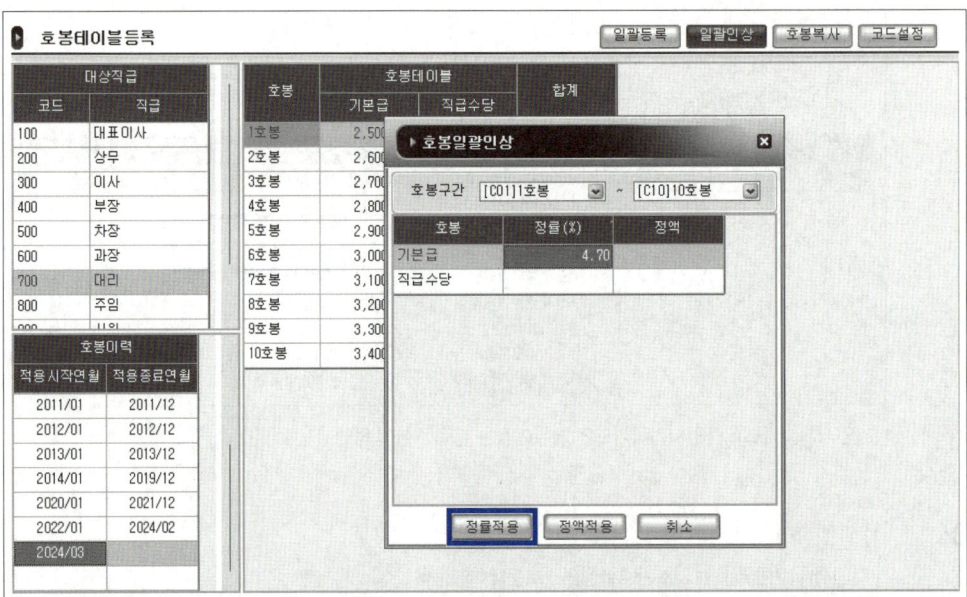

→ 상단 [일괄인상] 버튼 – [호봉일괄인상] 팝업창 – [정액_직급수당 : 5,000] – [정액적용] 클릭

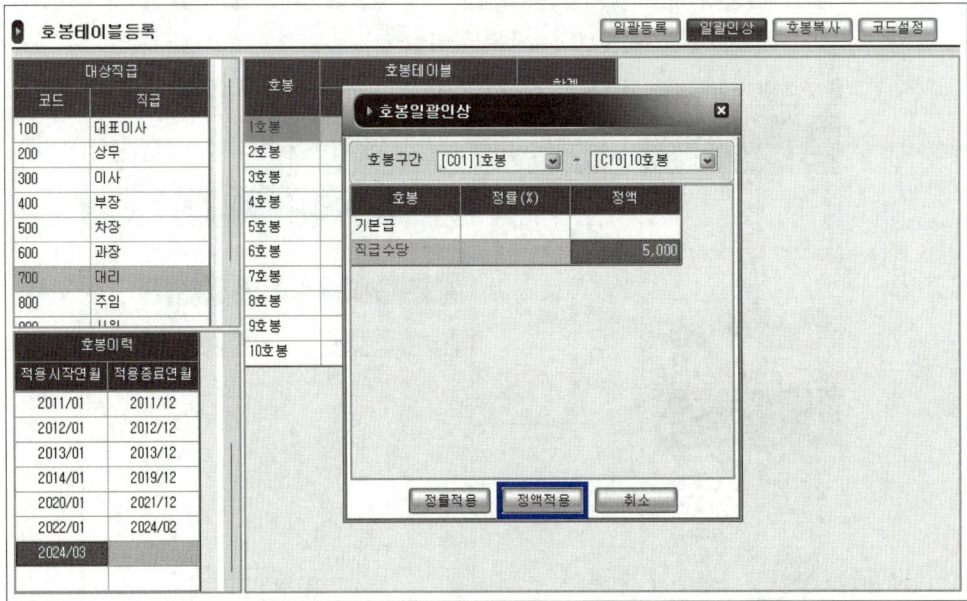

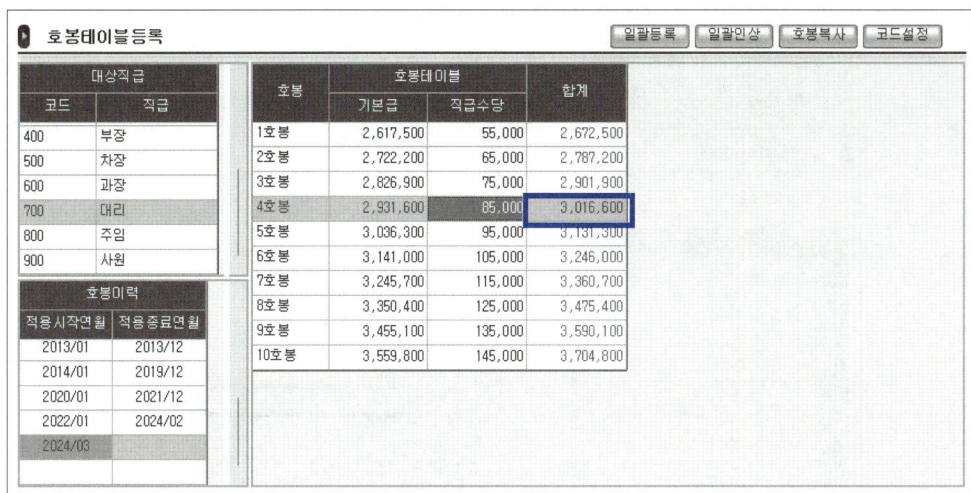

② [일괄등록]과 [일괄인상] 버튼을 이용해 해당 내용 반영 시 [700.대리] 4호봉 합계금액은 3,016,600원이다.

05 (1) [인사/급여환경설정] 메뉴 확인

[인사/급여관리] – [기초환경설정] – [인사/급여환경설정] – [기준설정] 탭

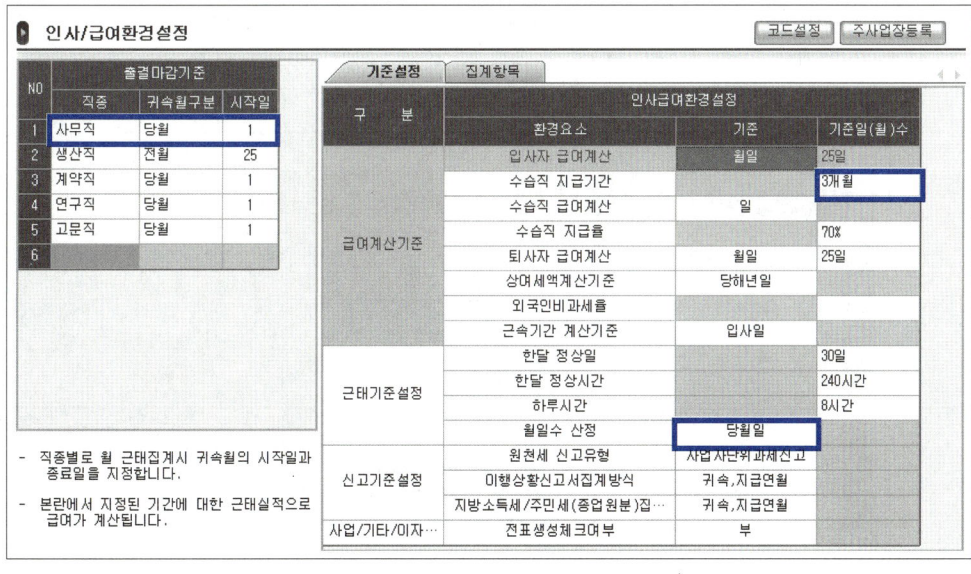

(2) [지급공제항목등록] 메뉴 확인

[인사/급여관리] – [기초환경설정] – [지급공제항목등록] – [지급공제항목설정] 탭

→ [급여구분 : 급여] – [지급/공제구분 : 지급] – [귀속연도 : 2024]

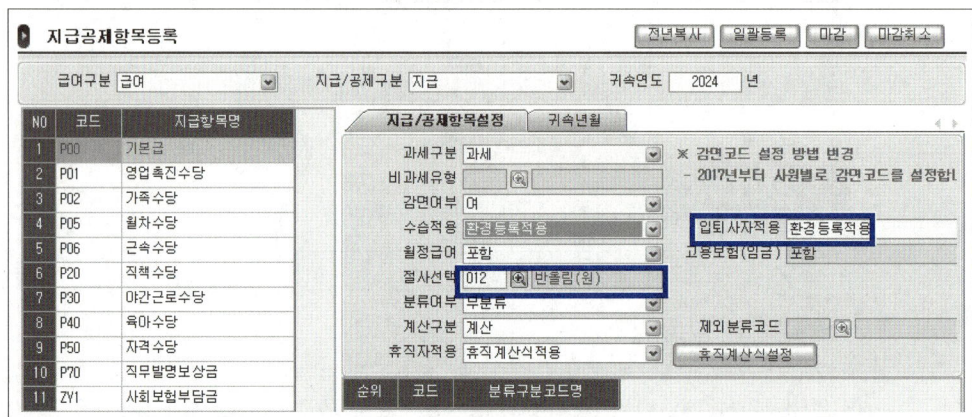

② ▲ 사무직의 출결마감 기준일은 당월 1일에서 당월 말일까지이고 ▲ 2024년 3월 귀속 기준으로 월일수 산정 시 해당 귀속연월의 실제일수인 31일을 적용하며 ▲ 수습직의 경우 3개월간 70%에 해당하는 급여를 지급받는다.

06 [인사/급여관리] – [기초환경설정] – [지급공제항목등록] – [지급공제항목설정] 탭

→ [급여구분 : 급여] – [지급/공제구분 : 지급] – [귀속연도 : 2024]

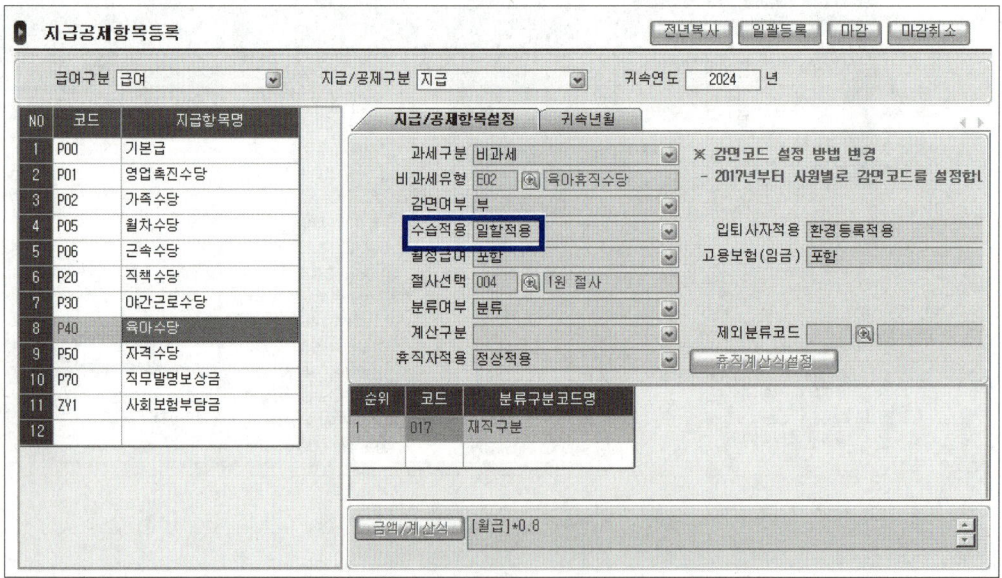

③ [P40.육아수당]은 수습직 사원에게는 일할로 지급한다.

07 [인사/급여관리] - [인사관리] - [인사정보등록] - [재직정보]·[급여정보] 탭

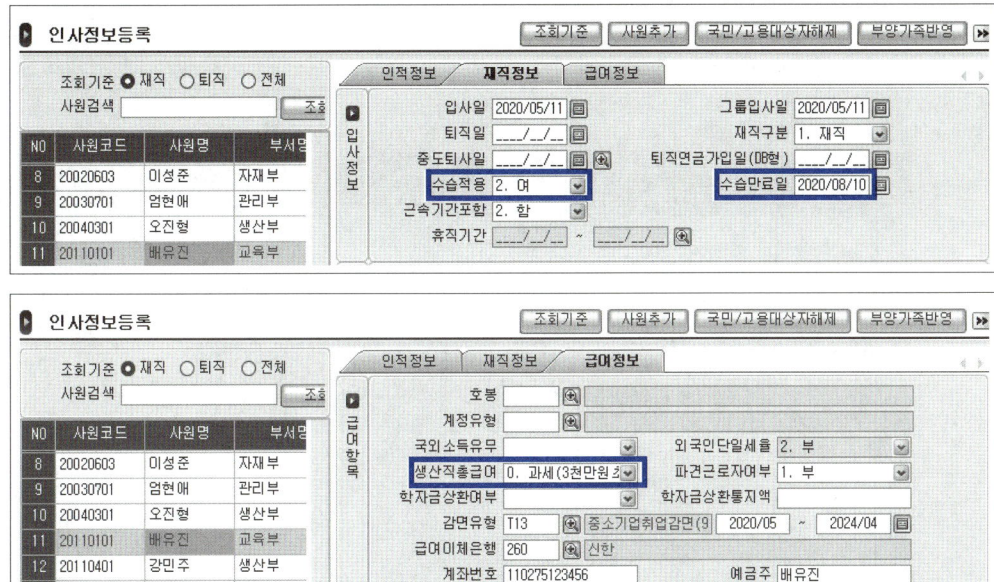

④ [20110101.배유진] 사원은 생산직총급여 과세대상자다.

08 [인사/급여관리] - [인사관리] - [교육현황] - [교육별사원현황] 탭
→ [교육기간 : 2024/01/01 ~ 2024/01/31]

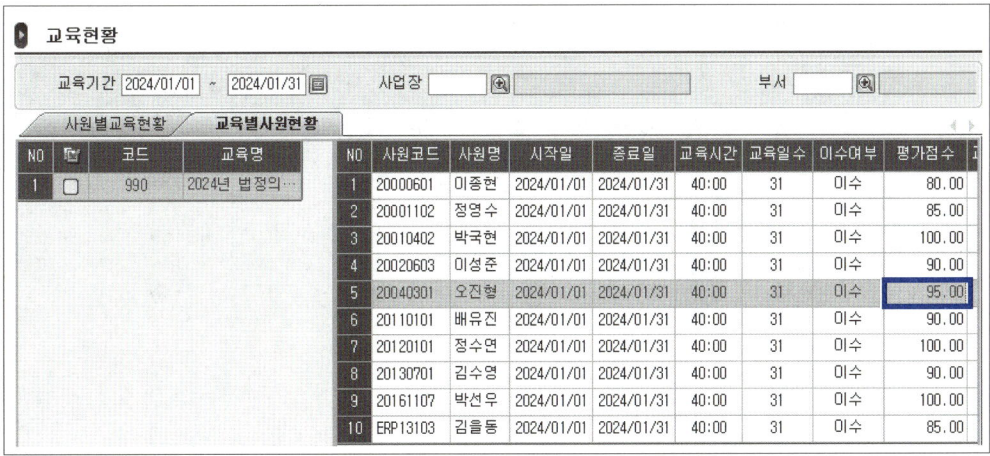

② 보기 대상자 중 평가점수가 100점이 아닌 사원은 95점을 받은 [20040301.오진형]이다.

09 [인사/급여관리] - [기초환경설정] - [급/상여지급일자등록]
→ [귀속연월 : 2024/02]

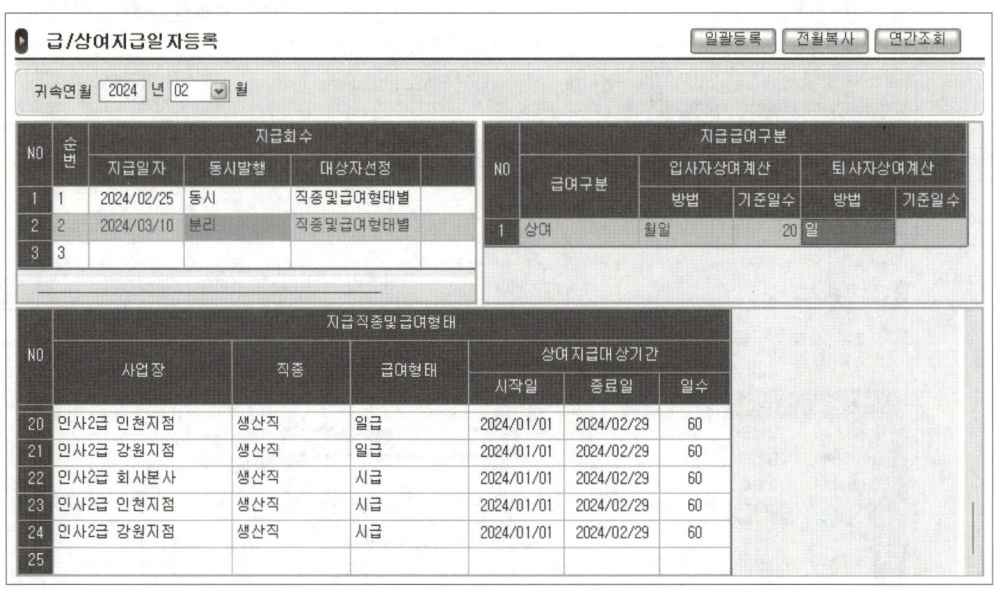

③ '상여' 지급 시 퇴사자는 기준일수 초과 여부와 상관없이 일할로 지급한다.

10 [인사/급여관리] - [인사관리] - [근속년수현황]
→ [퇴사자 : 0.제외] - [기준일 : 2024/02/29] - [년수기준 : 2.미만일수 올림] - [경력포함 : 0.제외]

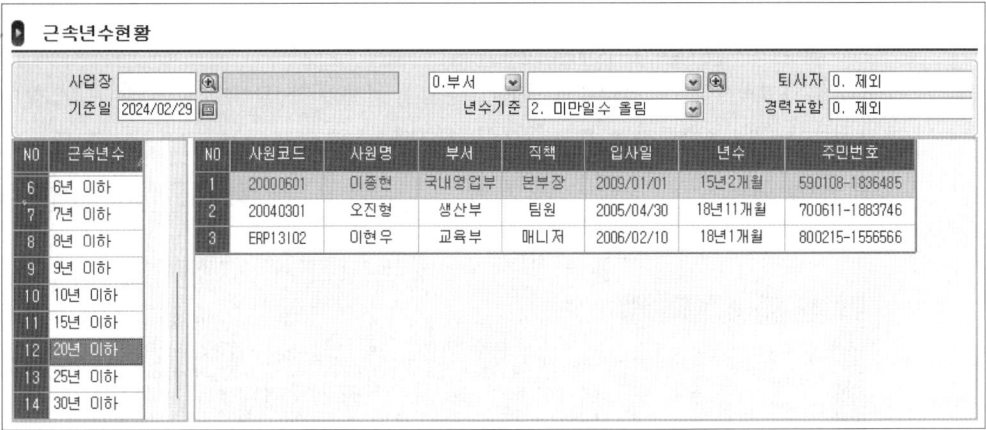

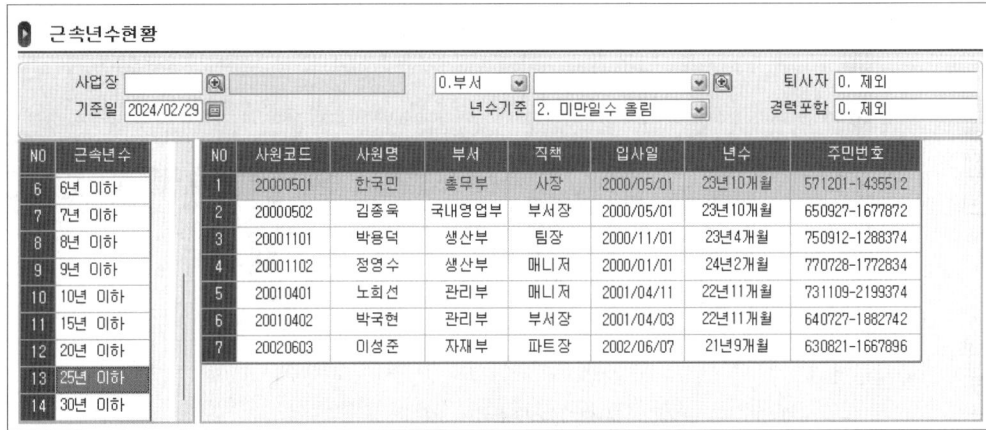

① 특별근속수당 = (10년 이상 6명 × 100,000원) + [(20년 이하 3명 + 25년 이하 7명) × 200,000원]

= 600,000원 + 2,000,000원

= 2,600,000원

11

(1) 책정임금 등록

[인사/급여관리] – [인사관리] – [인사정보등록]

→ [20161107.박선우] – [급여정보] 탭 – 하단 [책정임금] – [계약시작년월 : 2024/03] 입력 – 팝업창 [예] 클릭 – 지급코드 '연봉'란에서 Ctrl + F3 – '39,270,000' 입력

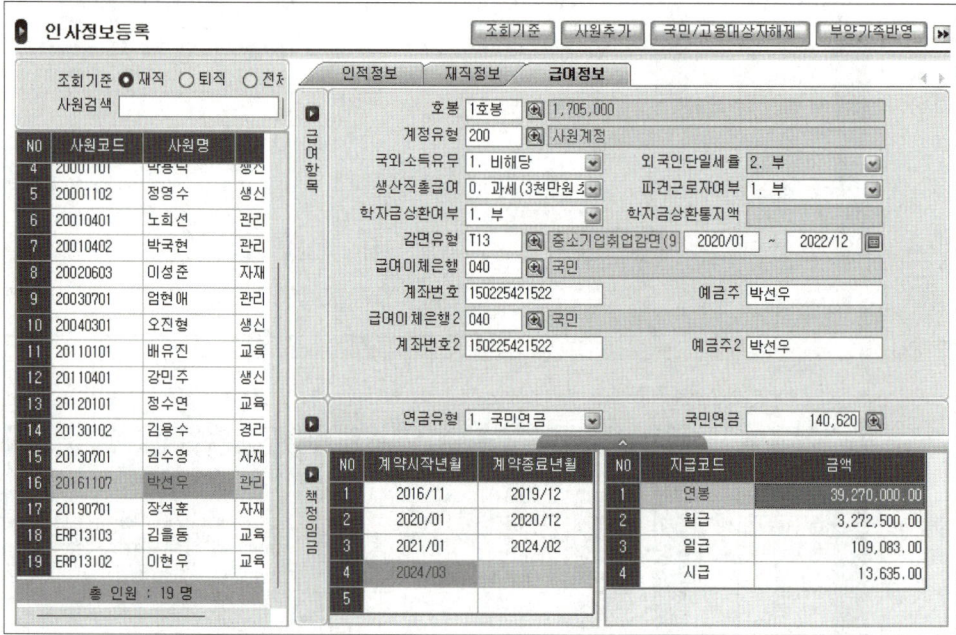

(2) 급여계산

[인사/급여관리] – [급여관리] – [상용직급여입력및계산]

→ [귀속연월 : 2024/03] – [지급일 : 1.2024/03/25 급여 동시] – 사원 전체 체크 후 상단 [급여계산] 버튼 클릭 – [급여계산] 팝업창에서 [계산] 클릭 – 공제항목 및 하단 [개인정보] 탭 확인

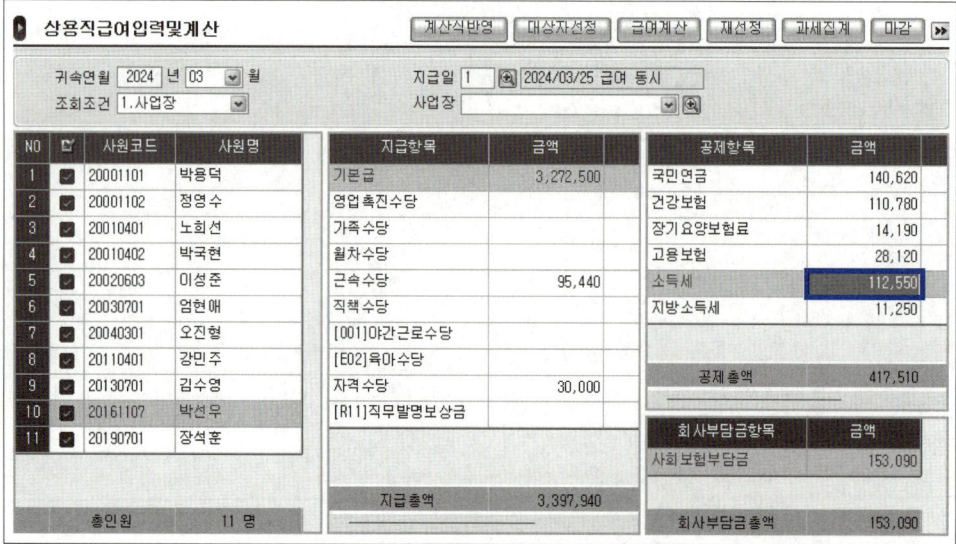

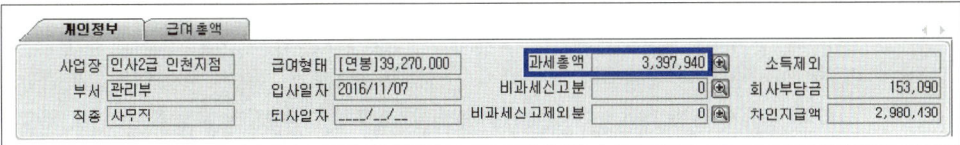

④ [20161107.박선우] 사원의 과세총액은 3,397,940원, 소득세는 112,550원이다.

12 (1) 지급일자 추가

[인사/급여관리] – [기초환경설정] – [급/상여지급일자등록]

→ [귀속연월 : 2024/03]

→ 좌측 [지급일자(2024/03/31)] 클릭

→ 우측 [급여구분(101.특별급여) 추가

→ 상단 [일괄등록] 버튼 – [일괄등록] 팝업창 – [사업장 : 1000.인사2급 회사본사, 3000.인사2급 강원지점], [상여 지급대상기간 : 2024/03/01 ~ 2024/03/31], [대상 : 월급] 모두 체크 후 [적용] 클릭

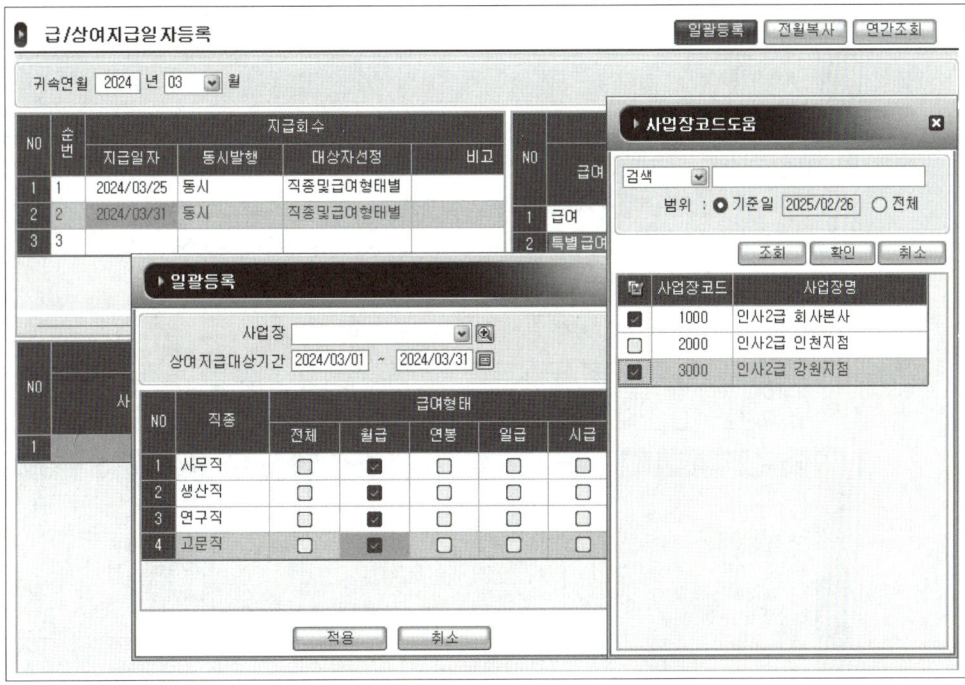

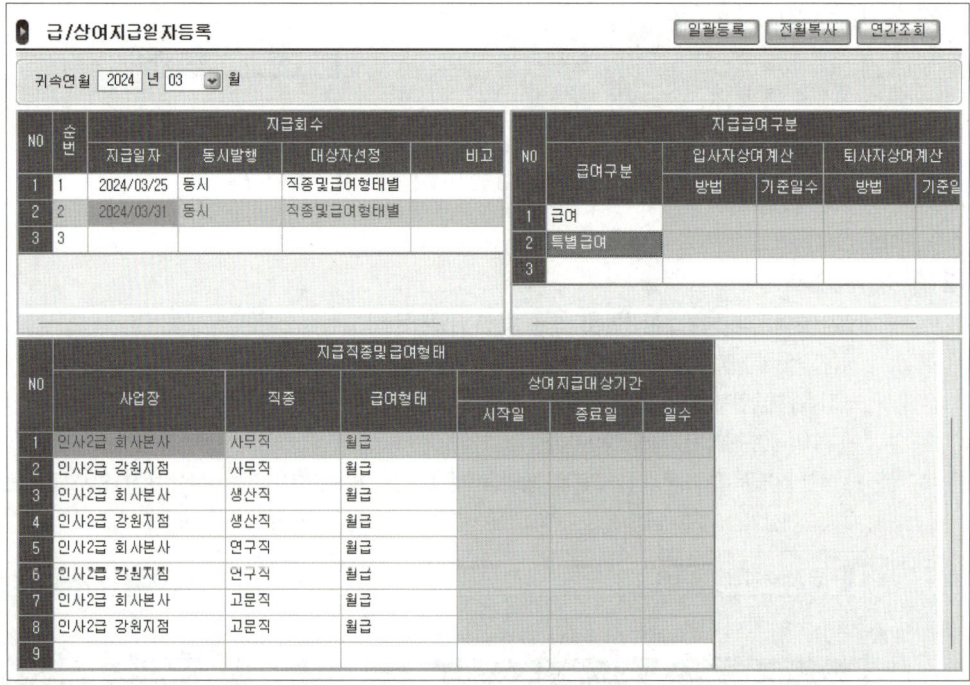

(2) 급여계산

[인사/급여관리] - [급여관리] - [상용직급여입력및계산]

→ [귀속연월 : 2024/03] - [지급일 : 2,2024/03/31 급여, 특별급여 동시] - 사원 전체 체크 후 상단 [급여계산] 버튼 클릭 - [급여계산] 팝업창에서 [계산] 클릭

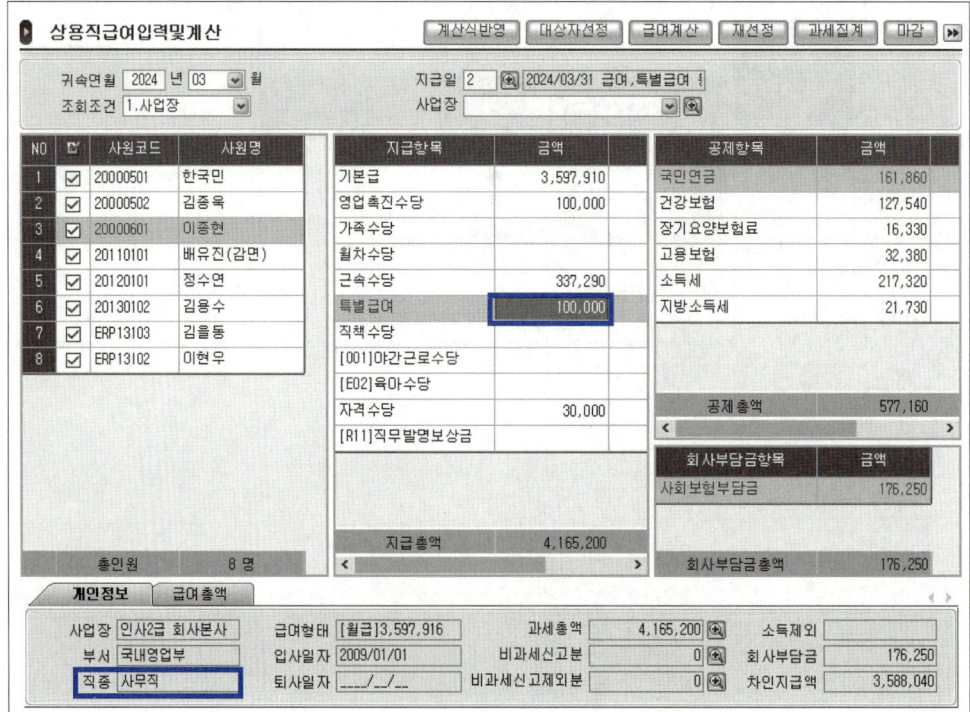

| 프로그램 | 기출문제 | 정답 및 해설 |

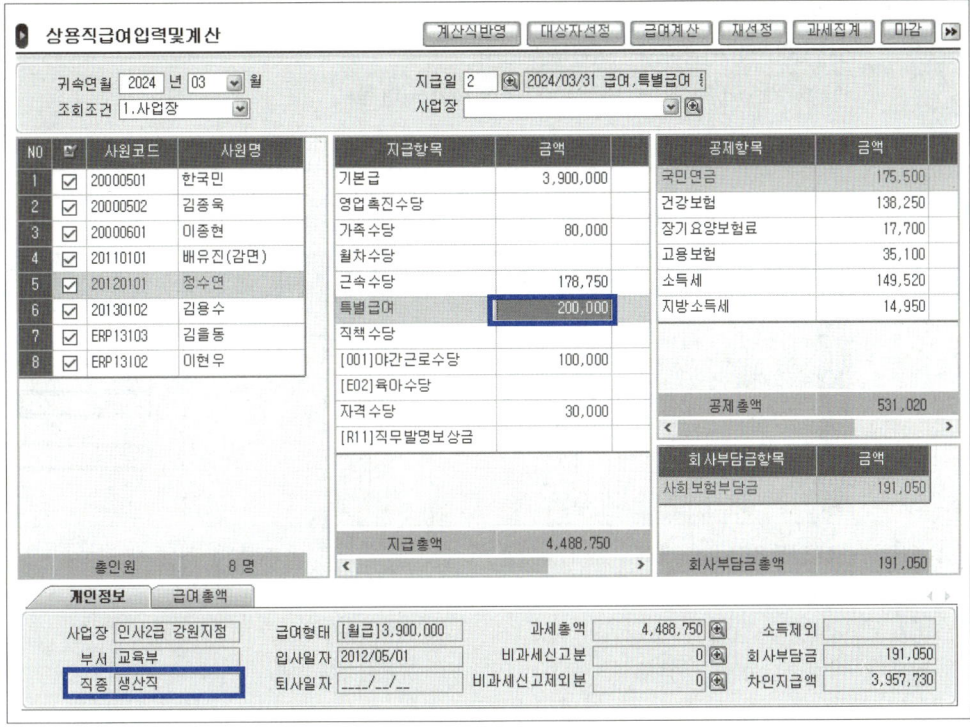

② 해당 지급일의 특별급여는 사무직은 100,000원, 생산직은 200,000원 등 직종별로 다르다.

13 (1) 책정임금 확인

[인사/급여관리] – [인사관리] – [인사정보등록] – [급여정보] 탭

→ [20001101.박용덕] – 하단 [책정임금] – [계약시작년월 : 2023/01] 클릭 – 연봉 '금액'란에서 Ctrl + F3 – '일급', '시급' 확인

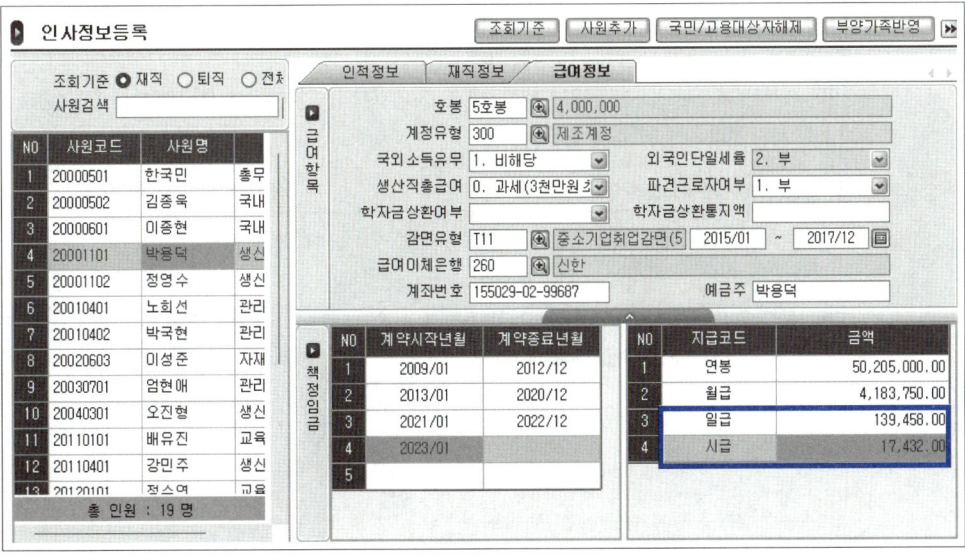

(2) 기타수당 계산

[인사/급여관리] - [급여관리] - [근태결과입력]

→ [귀속연월 : 2024/02] - [지급일 : 1.2024/02/25 급여 동시]

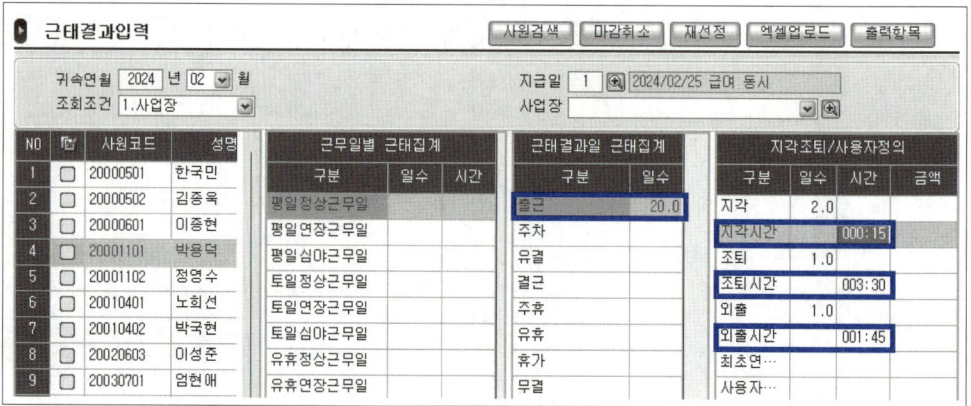

- 책정임금 일급 139,458원, 시급 17,432원
- 15분 = 1시간 ÷ 4 → 0.25
  - 출근일 : 20일
  - 지 각 : 0:15 → 0.25
  - 조 퇴 : 3:30 → 3.5
  - 외 출 : 1:45 → 1.75

③ 기타수당 = (출근일수 × 일급) - [(지각시간 + 조퇴시간 + 외출시간) × 시급]
= (20일 × 139,458원) - [(0.25 + 3.5 + 1.75) × 17,432원]
= 2,789,160원 - 95,870원(≒ 95,876)
= 2,693,290원

14 (1) 대상자 추가

[인사/급여관리] - [일용직관리] - [일용직급여지급일자등록]

→ [귀속연월 : 2024/03] - [지급일 : 1.2024/03/25/매일지급] - [부서 : 5100.자재부] - [급여형태 : 004.시급] -
해당 사원 전체 체크 후 [추가] 클릭

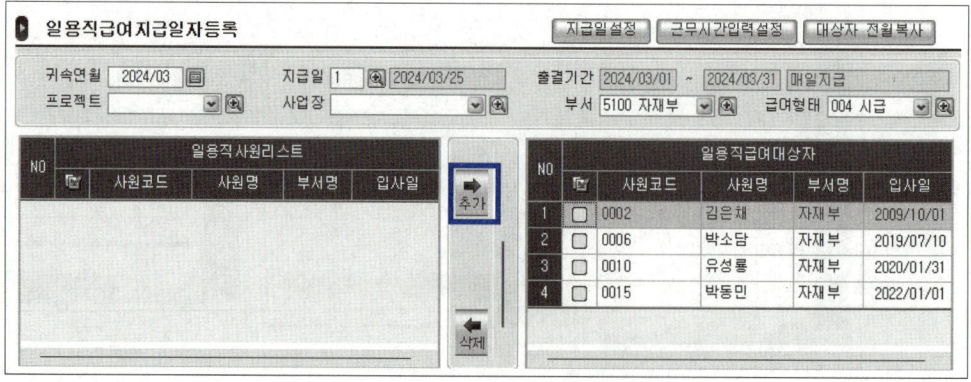

(2) 급여계산

[인사/급여관리] – [일용직관리] – [일용직급여입력및계산]

→ [귀속연월 : 2024/03] – [지급일 : 1,2024/03/25/매일지급] – 사원 전체 체크

→ 상단 [일괄적용] 버튼 – [일괄적용] 팝업창 – [일괄적용시간 : 010:00], [일괄적용요일 : 평일], [비과세(신고제외분) : 15,000] 입력 후 [적용] 클릭

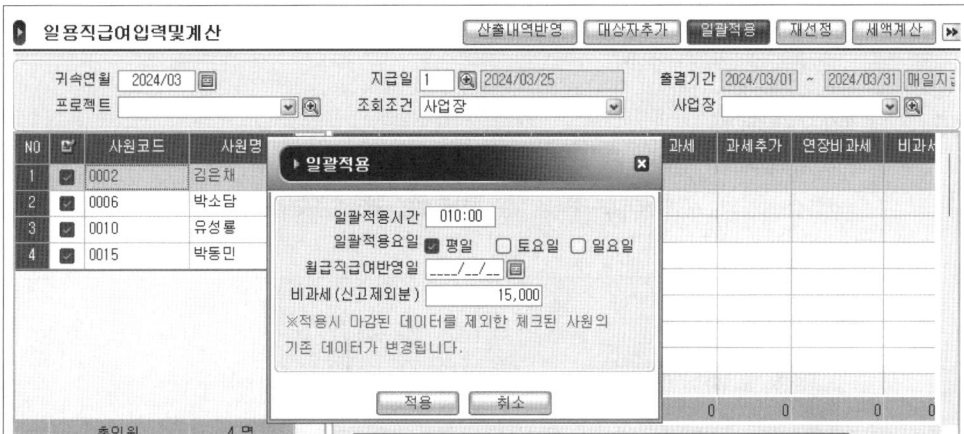

→ 상단 [일괄적용] 버튼 – [일괄적용] 팝업창 – [일괄적용시간 : 002:00], [일괄적용요일 : 토요일] 입력 후 [적용] 클릭

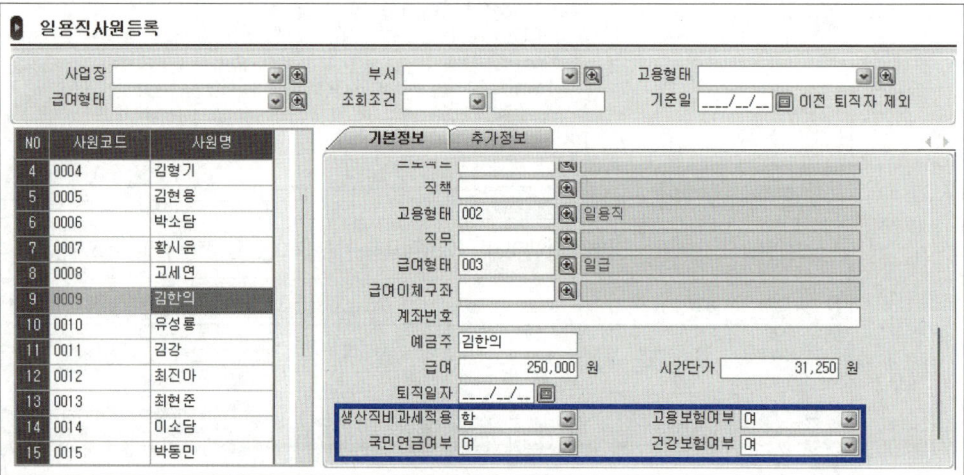

③ 해당 지급일에 실지급액(차인지급액)이 가장 많은 사원은 [0002.김은채]이나 해당 사원에게 실제 지급된 금액은 5,803,640원이다.

15

(1) 일용직 정보변경

[인사/급여관리] - [일용직관리] - [일용직사원등록] - [기존정보] 탭

→ [0009.김한의] - [생산직비과세적용 : 함], [고용보험/국민연금/건강보험 여부 : 여] 변경

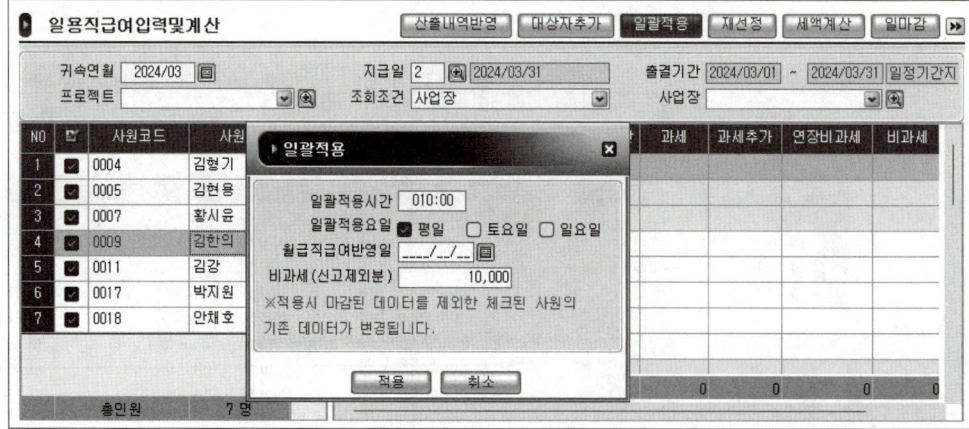

(2) 급여계산

[인사/급여관리] - [일용직관리] - [일용직급여입력및계산]

→ [귀속연월 : 2024/03] - [지급일 : 2,2024/03/31/일정기간지급] - 사원 전체 체크

→ 상단 [일괄적용] 버튼 - [일괄적용] 팝업창 - [일괄적용시간 : 010:00], [일괄적용요일 : 평일], [비과세(신고제외분)] : 10,000] 입력 후 [적용] 클릭

→ 상단 [일괄적용] 버튼 – [일괄적용] 팝업창 – [일괄적용시간 : 004:00], [일괄적용요일 : 토요일] 입력 후 [적용] 클릭

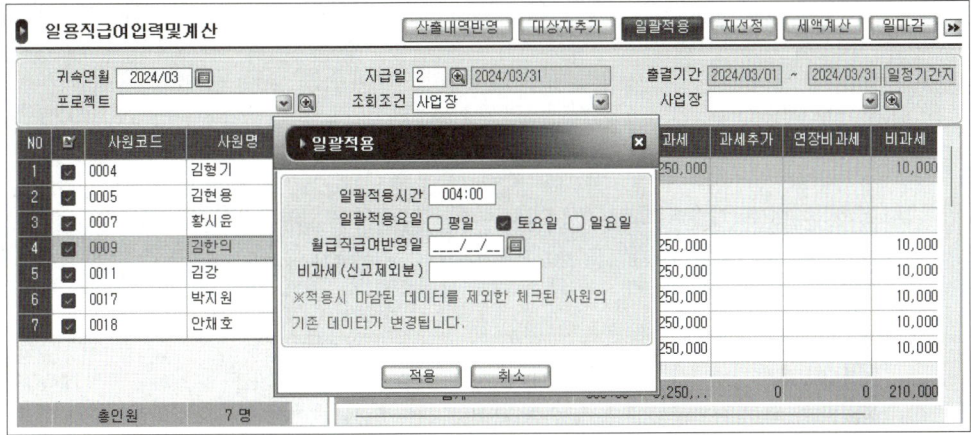

→ 하단 [급여총액] 탭 '차인지급액' 확인

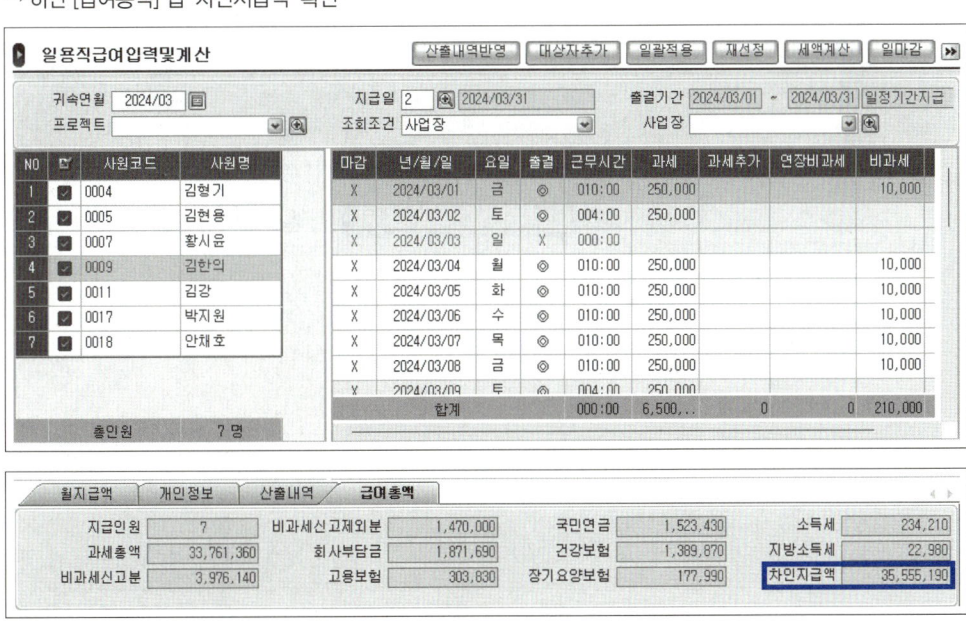

③ 해당 지급일의 실지급액(차인지급액) 총계는 35,555,190원이다.

16 [인사/급여관리] - [급여관리] - [연간급여현황]
→ [조회기간 : 2023/07 ~ 2023/12] - [분류기준 : 지급/공제] - [사업장 : 2000.인사2급 인천지점] - [사용자부담금 : 1.포함]

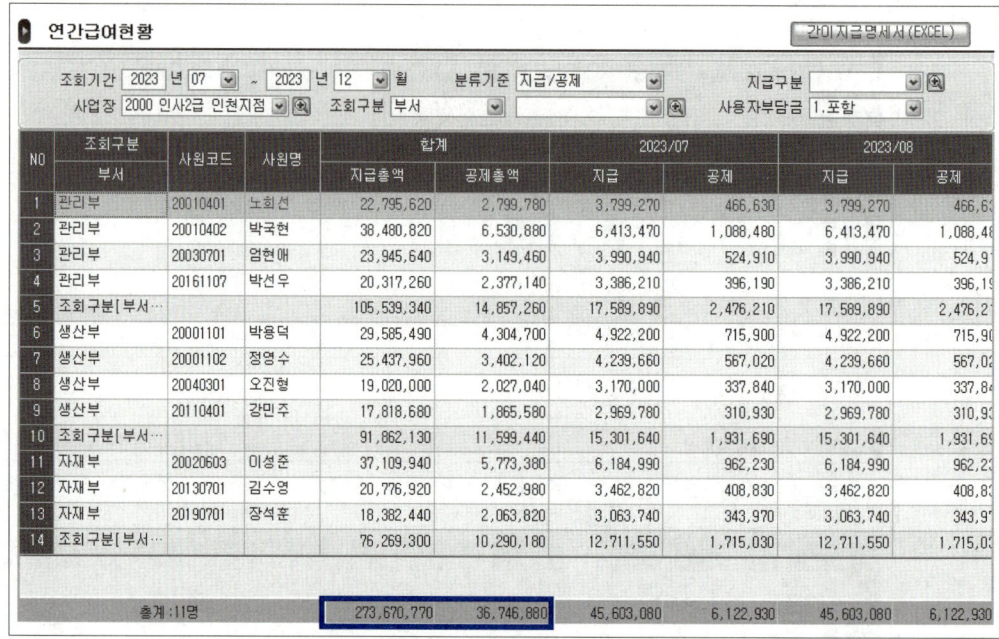

② 조회기간 지급총액은 273,670,770원, 공제총액은 36,746,880원이다.

17 [인사/급여관리] – [급여관리] – [급여대장]

→ [귀속연월 : 2024/02] – [지급일 : 1.2024/02/25 급여 동시] – [집계 : 6.직종별] – [지급/공제] 탭 – 조회 후 우측 상단 [출력항목] 버튼 – [출력항목] 팝업창 [지급/공제] 탭 – 지급/공제 항목 전체 선택 후 [적용] 클릭

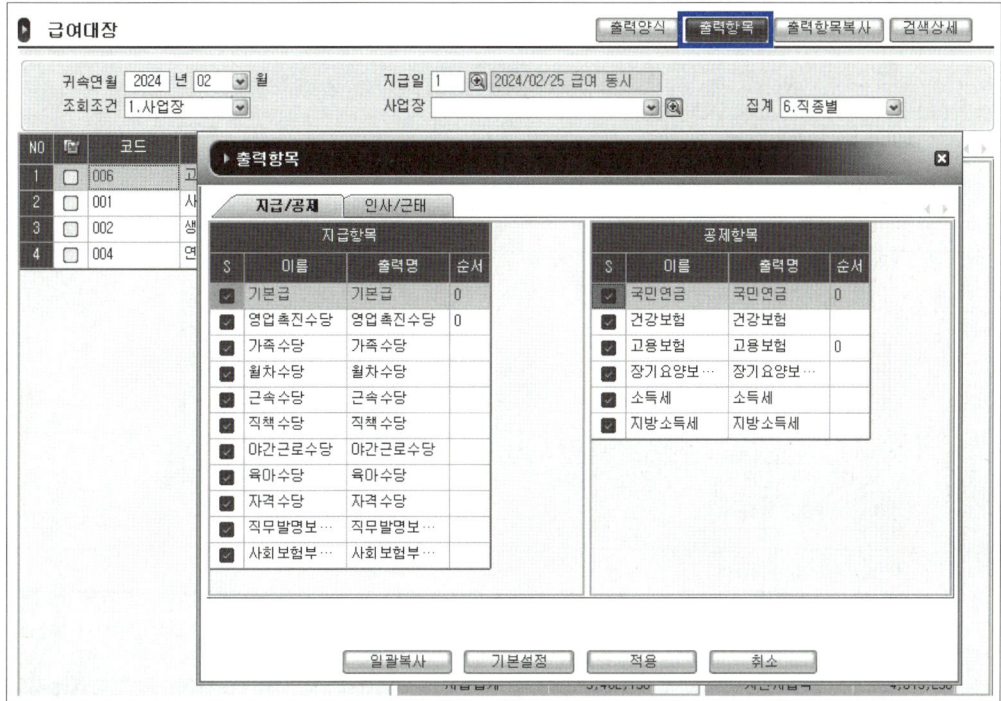

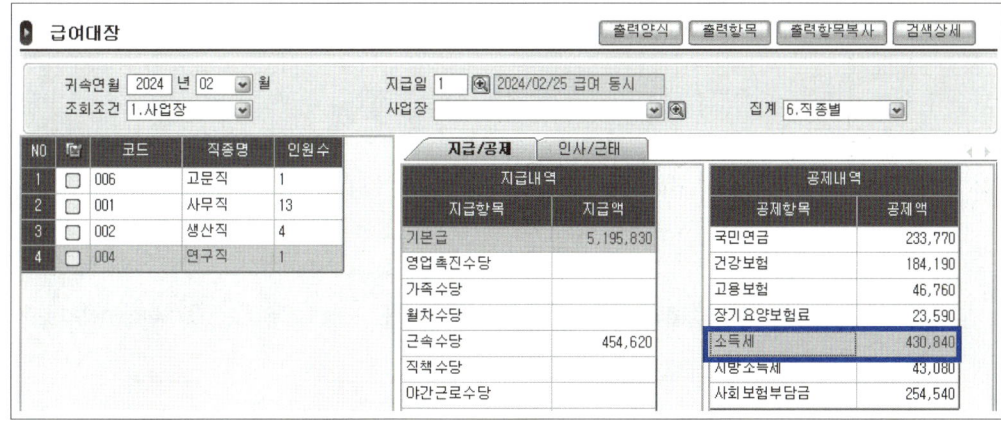

④ [004.연구직]의 소득세는 430,840원이다.

18 [인사/급여관리] - [급여관리] - [월별급/상여지급현황]
→ [조회기간 : 2023/07 ~ 2023/12] - [지급구분 : 100.급여] - [조회구분 : 2.부서] - [부서 : 4100.생산부, 5100.자재부]

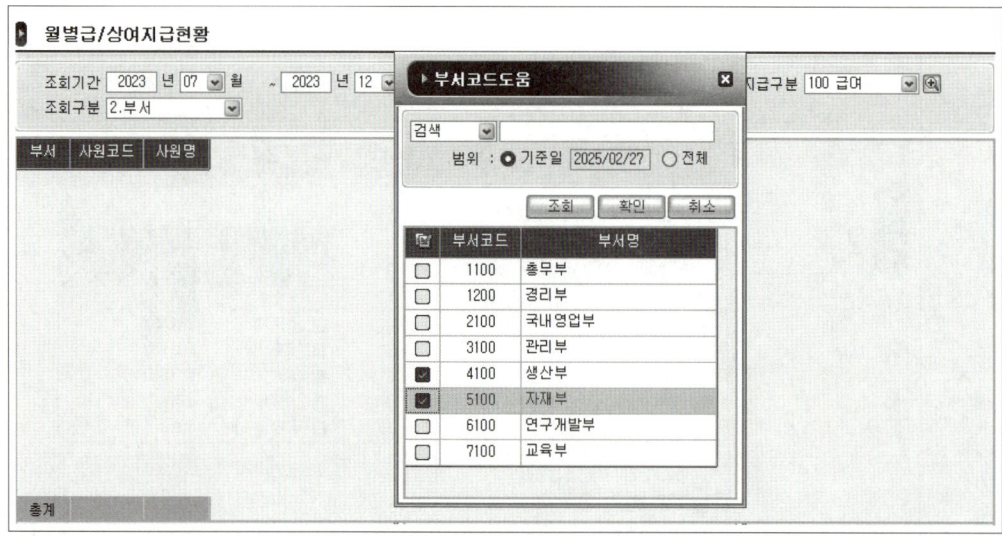

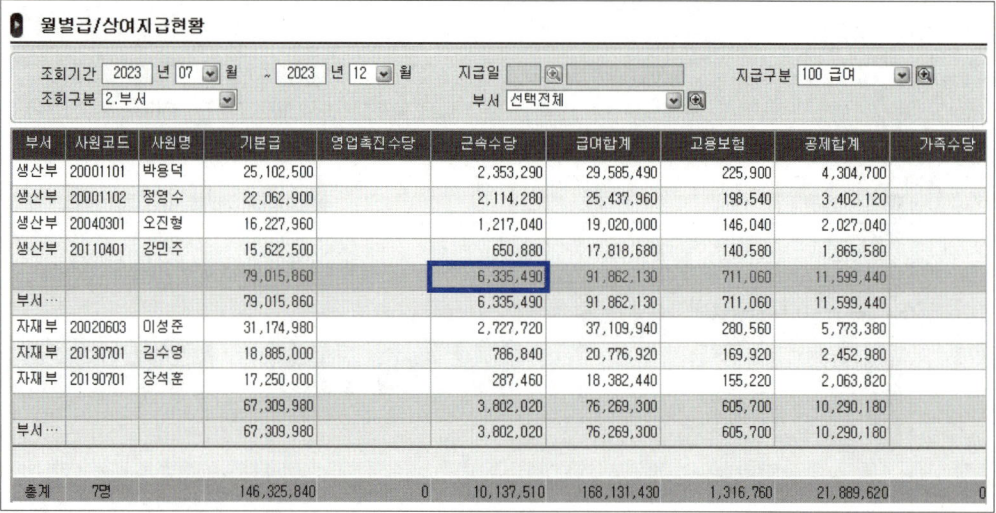

① [4100.생산부]에 지급된 근속수당의 총액은 6,335,490원이다.

19 [인사/급여관리] – [급여관리] – [항목별급상여지급현황]
→ [귀속연월 : 2023/10 ~ 2023/12] – [지급구분 : 100.급여] – [집계구분 : 2.직종별]

항목	합계	사무직	생산직	연구직	고문직
기본급	217,860,090	146,242,380	42,500,220	15,587,490	13,530,000
영업촉진수당	600,000	300,000			300,000
가족수당	2,340,000	1,770,000	240,000		330,000
월차수당					
근속수당	14,428,380	8,872,290	2,895,660	1,363,860	1,296,570
직책수당	2,250,000	1,350,000			900,000

④ 조회기간 '근속수당'이 가장 적게 지급된 직종은 '고문직'이다.

20 [인사/급여관리] – [급여관리] – [수당별연간급여현황]
→ [조회기간 : 2023/10 ~ 2023/12] – [수당코드 : T00.소득세] – [조회조건 : 1.사업장_2000.인사2급 인천지점]

NO	사원코드	사원명	합계	2023/10	2023/11	2023/12
1	20001101	박용덕	888,600	296,200	296,200	296,200
2	20001102	정영수	603,900	201,300	201,300	201,300
3	20010401	노희선	425,670	141,890	141,890	141,890
4	20010402	박국현	1,612,980	537,660	537,660	537,660
5	20020603	이성준	1,292,520	430,840	430,840	430,840
6	20030701	엄현애	507,780	169,260	169,260	169,260
7	20040301	오진형	228,180	76,060	76,060	76,060
8	20110401	강민주	180,690	60,230	60,230	60,230
9	20130701	김수영	308,310	102,770	102,770	102,770
10	20161107	박선우	279,510	93,170	93,170	93,170
11	20190701	장석훈	201,210	67,070	67,070	67,070
	총인원 : 11명		6,529,350	2,176,450	2,176,450	2,176,450

① 조회기간 소득세가 가장 적게 공제된 사원은 180,690원 공제된 [20110401.강민주]다.

제100회 정답 및 해설

이론문제

01	02	03	04	05	06	07	08	09	10
③	④	③	③	①	③	③	③	③	④
11	12	13	14	15	16	17	18	19	20
④	④	③	①	①	①	③	④	①	②

01 ③ PaaS(서비스로서의 플랫폼)는 개발자가 서버, 운영체제부터 모든 네트워킹, 스토리지, 미들웨어, 도구 등에 이르기까지 애플리케이션을 빌드, 실행, 관리하는 데 필요한 모든 것을 포함하는 완벽한 클라우드 환경이다.

02 ④ ERP는 [MRP Ⅰ → MRP Ⅱ → ERP → 확장형 ERP] 순으로 발전해왔다.

03 ③ 사용자별 권한에 의해 각 메뉴에 접근하거나 기능을 사용할 수 있으며, 권한 없이는 접근이 불가능하다.

04 ③ ERP 커스터마이징은 교육을 계획할 때 필요한 내용이 아니다.

05 ① 기업은 근로자의 노동 능력 및 의욕 향상, 노동력 유지를 달성하기 위해 근로생활의 질적인 충족을 추구한다.

06 ③ 능력 있는 노동력을 확보하기 위한 관리영역은 근로조건관리에 해당한다.

07 ③ 워크 샘플링법에 대한 설명이다
① 관찰법 : 직무수행자가 직접 관찰하고 기록하는 방법
② 마코브 체인(Markov Chain)법 : 시간경과에 따라 상태가 확률적으로 변화하는 과정과 그 결과에 대해 파악하는 방법
④ 중요사건 기록법 : 능률적인 행동과 비능률적인 행동을 파악하고 사례를 수집해 분석하는 방법

08 ③ 델파이기법에 대한 설명이다.
① 선형계획법 : 제한된 자원을 효율적으로 배분하는 최적화 기법
② 추세분석법 : 인적자원의 수요와 밀접하게 관계를 갖는 변수 하나를 선정해서 그 변수와 인적자원 수요를 예측하는 기법

④ 마코프분석 : 특정 상황에서 종업원이 미래의 어떤 시점에 대한 현 직위에 존재, 이직, 이동할 확률을 추정한 전이행렬을 통해 인력니즈를 파악하는 예측기법

09 ③ 예측 타당성에 대한 설명이다.
① 내용 타당성 : 측정도구의 구성내용이 측정대상의 속성을 제대로 대표할 수 있으며, 그 대상속성에 대한 적절한 표본이 있는지 측정하는 방법
② 구성 타당성 : 선발시험의 이론적 구성과 직무수행에 요구되는 어떠한 속성이나 행동적 특성과의 관련성을 측정하는 방법

10 ④ 행위기준고과법은 절대평가 방법의 하나다.

인사고과평가방법	내 용
절대평가방법	평점척도고과법, 체크리스트법, 강제선택법, 자유기술법, 중요사건평가법, 행위기준고과법
상대평가방법	서열법, 쌍대비교법, 강제할당법

11 ④ 교육훈련에는 ▲ 사고율 감소 ▲ 사기제고 ▲ 품질개선 ▲ 근로자의 불평해소 ▲ 감독자의 부담경감 ▲ 결근과 인사이동의 감소 등의 목적이 있다.

12 ④ 정년퇴직, 파면, 해고, 일시해고, 명예퇴직은 비자발적 이직에 해당된다.

자발적 이직	전직, 사직, 휴직, 의원퇴직, 자진퇴직
비자발적 이직	파면, 해고, 일시해고, 정년퇴직, 명예퇴직

13 ③ 최저임금위원회 기준 최저임금은 2023년도 9,620원, 2024년도 9,860원이었으며, 2025년은 10,030원이다.

14 ① 통상임금에 대한 설명으로 통상임금은 정규적인 근로와 관련된 모든 대가로서 기본급 외에 작업수당·기술수당·위험수당 등과 같이 일률적으로 지급되는 것이 포함되며, 연장근로수당·야근수당·휴일근무수당·출산전후휴가급여 등과 같이 작업시간에 따라 변동되는 임금은 제외된다.

15 ① 홀리스틱 복리후생은 근로자를 전인적 존재로서 육체적, 정신적, 심리적 측면에서 균형 잡힌 삶을 추구할 수 있도록 지원하는 제도이며, 종업원의 다양한 욕구와 선호를 충족시키는 차별적·선택적 복지제도는 카페테리아(Cafeteria) 복리후생이다.

16 ① 별도의 식사를 제공받지 않는 근로자가 받는 월 20만원 이하의 식사대는 비과세 근로소득에 속한다.

17 ③ 2개 이상의 근로소득이 있는 경우 종된 근무지의 원천징수영수증을 주된 근무지의 원천징수의무자에게 제출하여 연말정산한다.

18 ④ 재량 근로시간제에 대한 설명이다.
① 간주 근로시간제 : 근로자가 출장, 기타의 사유로 인하여 근로시간의 전부 또는 일부를 사업장 밖에서 근로하여 근로시간 산정이 어려운 경우 근로시간과 관계없이 일정 합의시간을 근로시간으로 보는 제도
② 선택 근로시간제 : 취업규칙에 정하는 바에 따라 업무의 시작 및 종료의 시간을 근로자의 결정에 맡기기로 한 근로시간제
③ 탄력 근로시간제 : 정한 기간을 단위로 총 근로시간이 기준 근로시간 이내인 경우 그 기간 내 어느 주 또는 어느 날의 근로시간이 기준 근로시간을 초과하더라도 연장근로가 되지 않는 근로시간제

19 ① 단결권에 대한 설명이다.
② 단체교섭권 : 근로자의 노동조합이 사용자와 근로조건의 유지·개선에 관해 의논하고 절충할 수 있는 권리
③ 경영참가권 : 일반적으로 노동조합이 기업경영상의 의사결정에 참여하여 영향력을 행사할 수 있는 권리
④ 단체행동권 : 노동조합이 사용자에게 파업·태업 등의 수단으로 업무의 정상적인 운영을 저해하여 요구 조건을 받아들이도록 압력을 가할 수 있는 쟁의권

20 ② 보이콧에 대한 설명이다.
① 태업 : 노동조합이 조합원의 노동력을 부분적으로 통제해서 근로자의 작업속도를 떨어뜨리거나 조잡한 작업수행으로 작업능률과 품질의 저하를 초래하는 행위
③ 피케팅 : 파업에 불참한 조합원의 출근이나 파업을 방해하는 사람을 막기 위해 직장 입구 등에 파수꾼(피켓)을 세우는 행위
④ 생산통제 : 노동조합이 사업장 및 공장 내의 시설 및 원자재 일체를 점유하고 사용자의 지휘를 무시하고 별도의 지시를 내려 생산활동을 통제하는 행위

근로자 쟁의	파업, 태업·사보타주, 불매운동, 준법투쟁, 보이콧, 피케팅, 생산관리 등
사용자 쟁의	직장폐쇄, 대체고용, 조업계속 등

실무문제

01	02	03	04	05	06	07	08	09	10
②	④	②	①	③	②	④	③	③	①
11	12	13	14	15	16	17	18	19	20
①	④	①	①	③	②	④	④	③	②

01 [시스템관리] – [회사등록정보] – [사원등록]

→ [사용자만] 체크

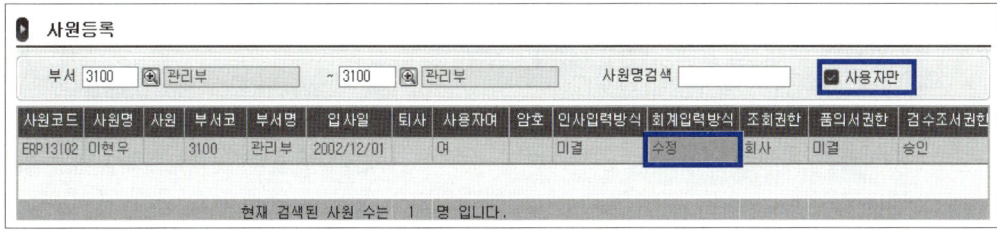

② 사용자로 등록된 이현우 사원의 회계입력방식은 〈수정〉이다.

02 [시스템관리] – [회사등록정보] – [부서등록]

④ [6100.경리부]의 ERP 사용종료일은 2021년 12월 31일이다.

03 [시스템관리] – [회사등록정보] – [사용자권한설정]

→ [모듈구분 : H.인사/급여관리]

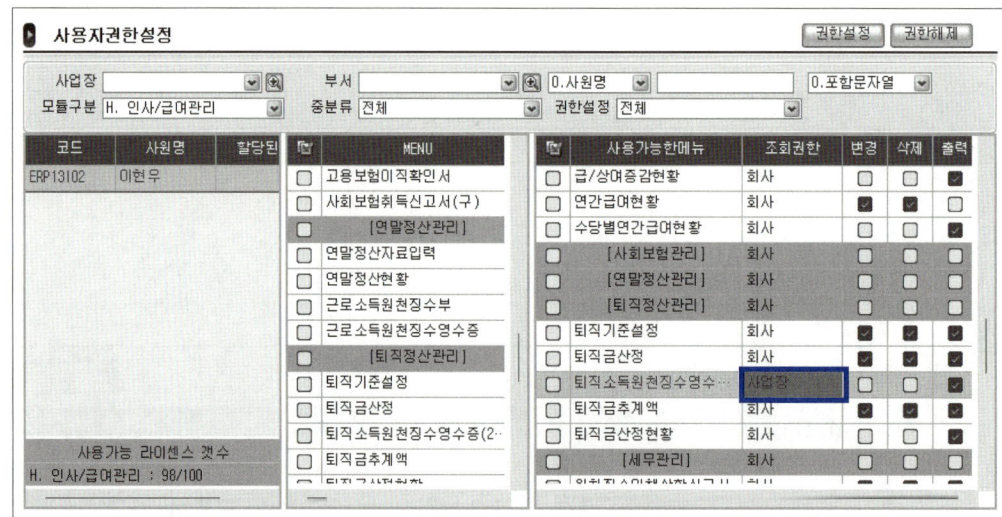

② '퇴직소득원천징수영수증'은 본인이 속한 사업장의 퇴사자(또는 중도퇴사)에게만 교부할 수 있다.

04 (1) 일괄등록

[인사/급여관리] – [기초환경설정] – [호봉테이블등록]

→ [800.주임] – [호봉이력 : 2024/01] 신규등록

→ 상단 [일괄등록] 버튼 – [호봉일괄등록] 팝업창 – [기본급_초기치 : 2,200,000, 증가액 : 100,000/ 직급수당_초기치 : 100,000, 증가액 : 50,000] 입력 후 [적용] 클릭

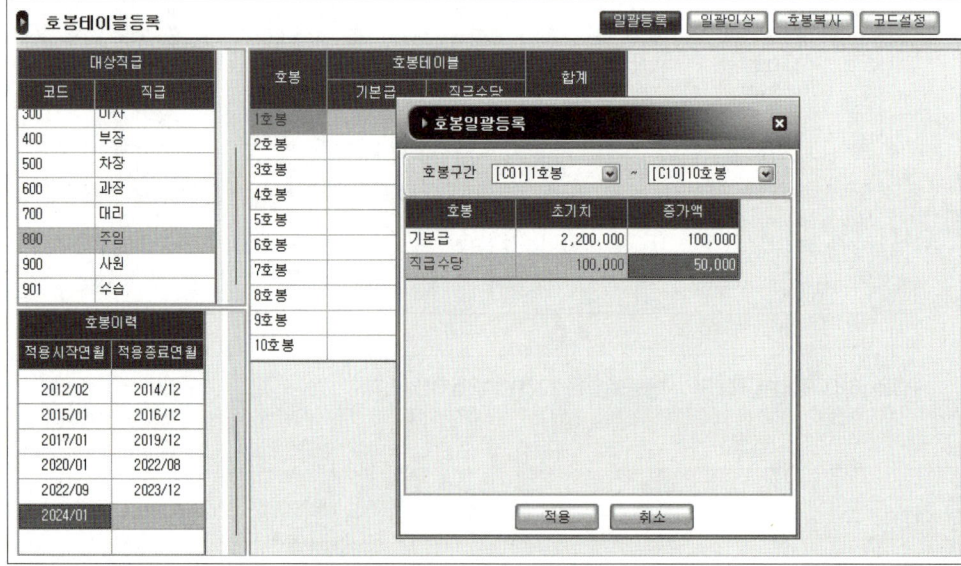

(2) 일괄인상
→ 상단 [일괄인상] 버튼 – [호봉일괄인상] 팝업창 – [정률(%)_기본급 : 7.5] – [정률적용] 클릭

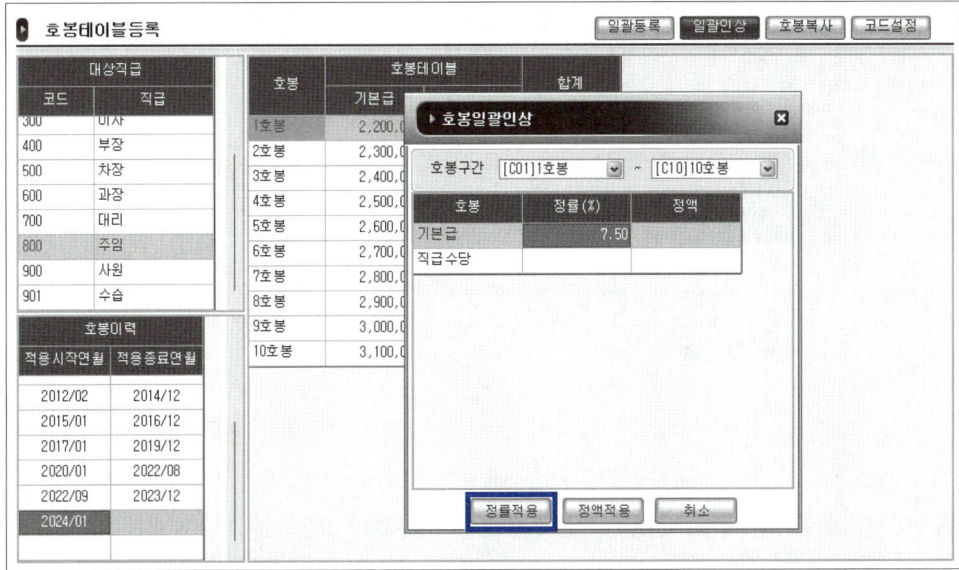

→ 상단 [일괄인상] 버튼 – [호봉일괄인상] 팝업창 – [정액_직급수당 : 20,000] – [정액적용] 클릭

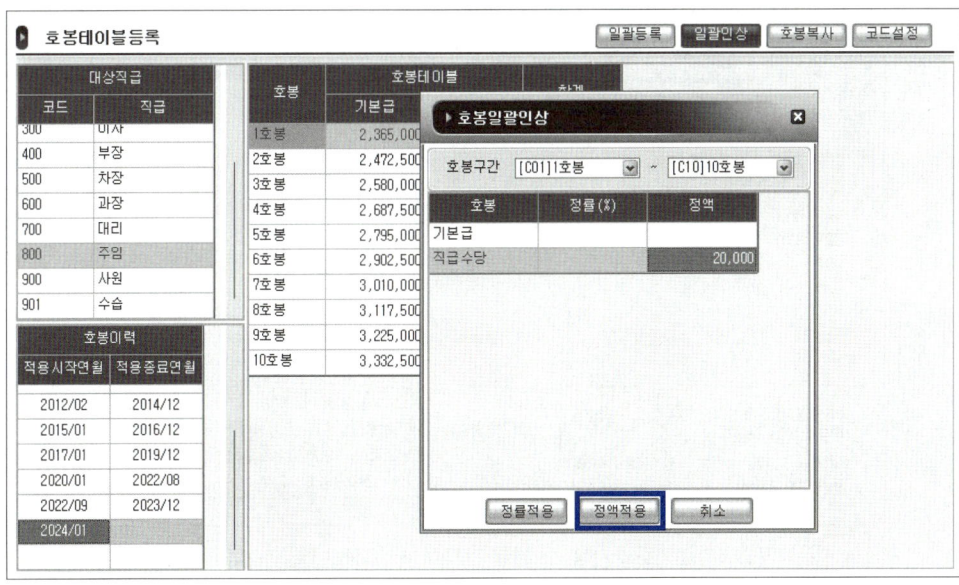

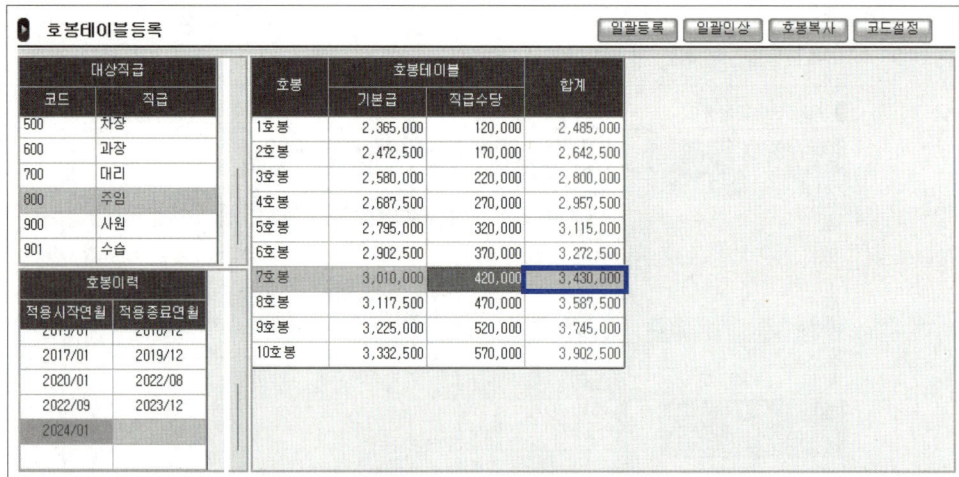

① [일괄등록]과 [일괄인상] 버튼을 이용해 해당 내용 반영 시 [800.주임] 7호봉 합계금액은 3,430,000원이다.

05 [인사/급여관리] – [기초환경설정] – [인사/급여환경설정] – [기준설정] 탭

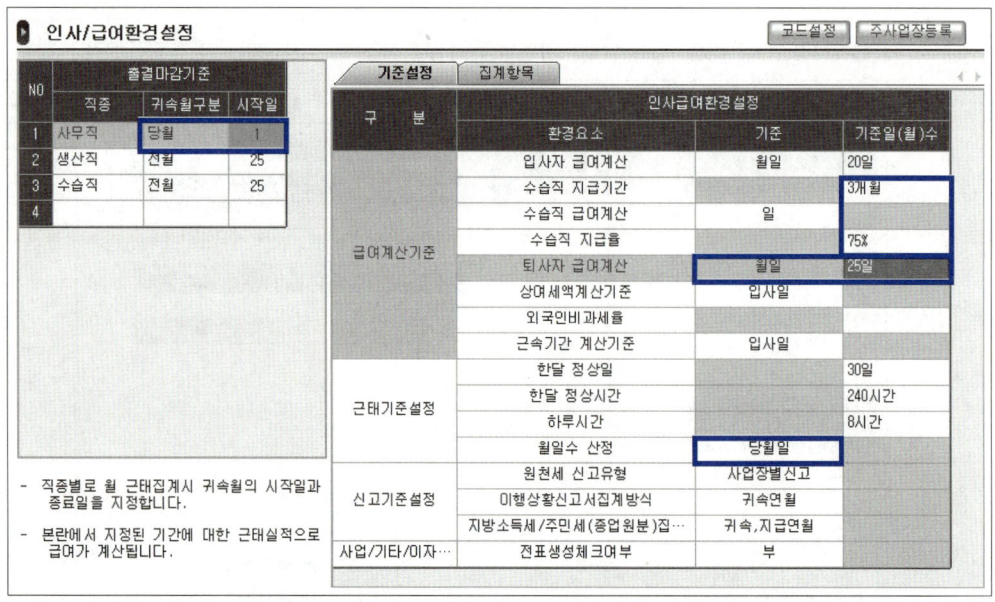

③ ▲ 사무직의 출결마감 기준의 시작일은 당월 1일이며 ▲ 2024년 1월 귀속의 급여를 계산할 때 2024년 1월 25일 퇴사한 사무직 사원의 경우 기준일수를 초과하여 근무했으므로 월할로 급여가 계산된다.

06 [인사/급여관리] – [기초환경설정] – [지급공제항목등록] – [지급공제항목설정] 탭
→ [급여구분 : 급여] – [지급/공제구분 : 지급] – [귀속연도 : 2024]

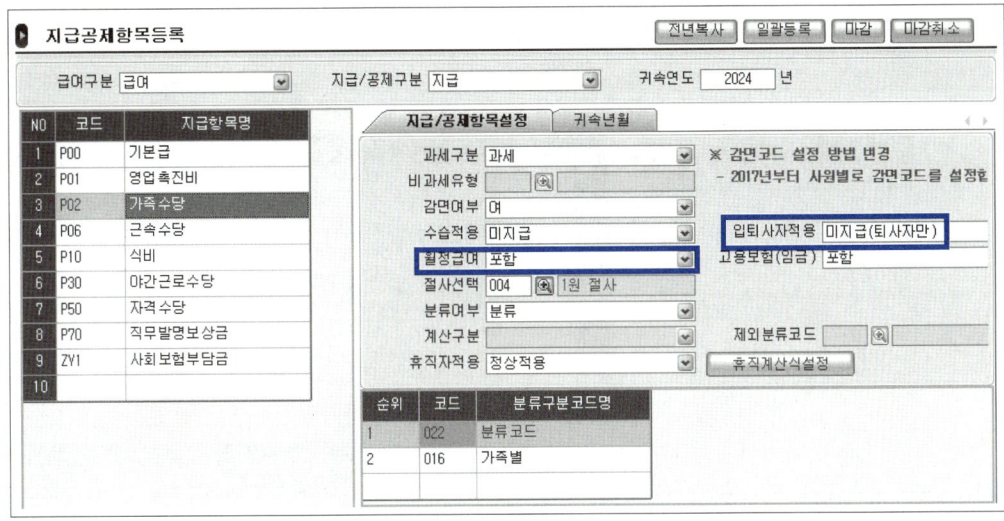

② [P02.가족수당]은 입사자에게는 지급하나 퇴사자에게는 지급하지 않는다.

07 [인사/급여관리] – [인사관리] – [인사정보등록] – [재직정보]·[급여정보] 탭

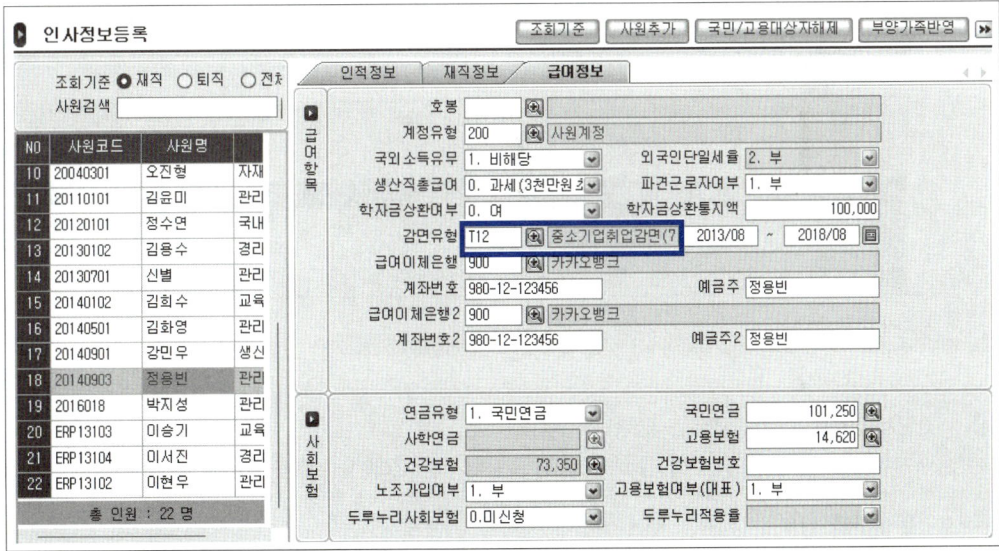

④ [20140903.정용빈] 사원은 [T12.중소기업취업감면(70% 감면)] 대상자다.
① 세대주 여부는 [인적정보] 탭에서, 배우자 공제는 [급여정보] 탭에서 확인할 수 있다.
② 직급은 [재직정보] 탭에서, 현재 책정된 임금의 연봉은 [급여정보] 탭에서 확인할 수 있다.
③ 근무조는 [재직정보] 탭에서, 노조가입여부는 [급여정보] 탭에서 확인할 수 있다.

08 [인사/급여관리] - [인사관리] - [교육현황] - [교육별사원현황] 탭
→ [교육기간 : 2023/12/01 ~ 2023/12/31]

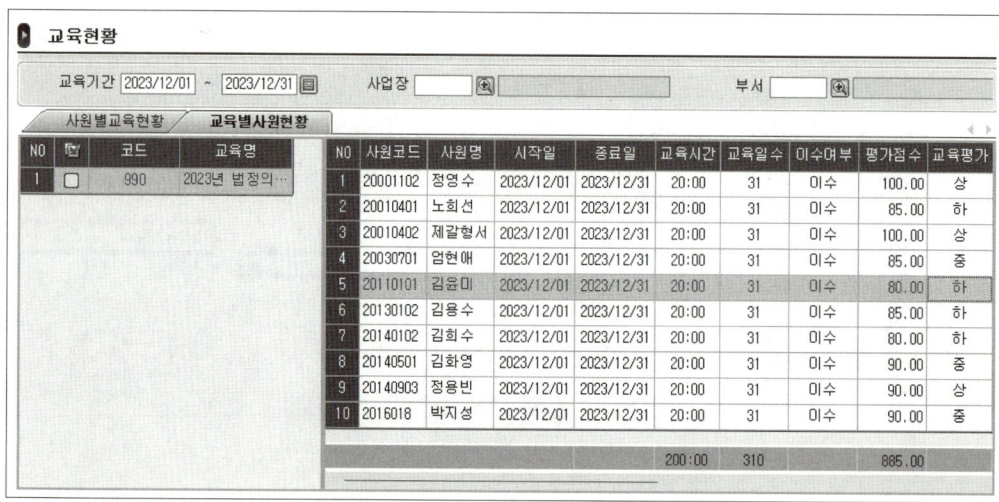

③ 보기 대상자 중 교육평가 결과가 '상'이 아닌 사원은 '하'를 받은 [20110101.김윤미]다.

09 [인사/급여관리] - [인사관리] - [인사고과/상벌현황] - [상벌현황] 탭
→ [상벌코드 : 100.고과포상] - [퇴사자 : 0.제외] - [포상/징계일자 : 2023/12/31 ~ 2023/12/31]

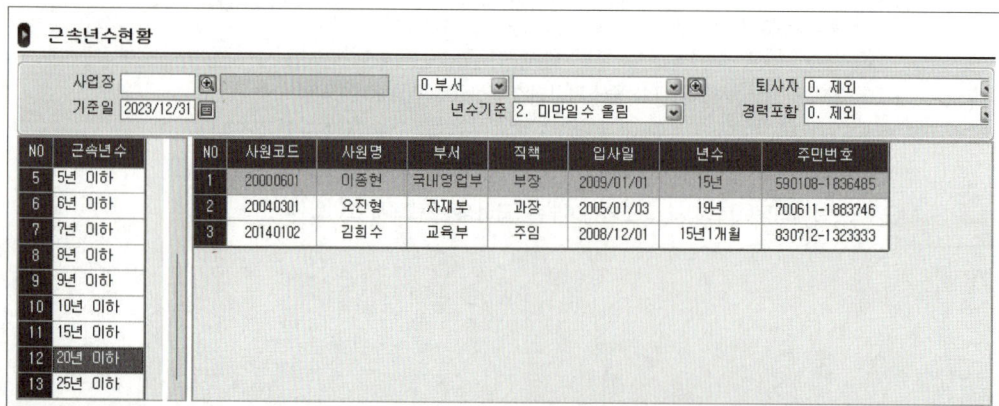

③ 해당 포상 대상자는 '노희선, 이성준, 신별'이다.

10 [인사/급여관리] - [인사관리] - [근속년수현황]
→ [퇴사자 : 0.제외] - [기준일 : 2023/12/31] - [년수기준 : 2.미만일수 올림] - [경력포함 : 0.제외]

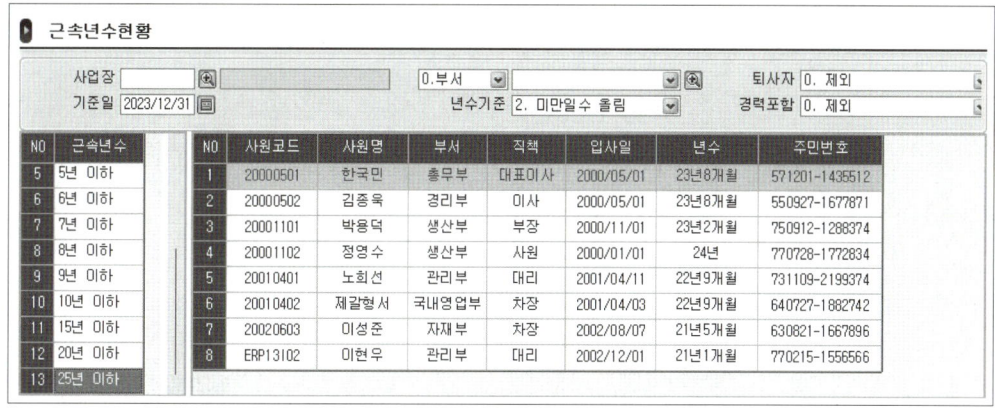

① 근속수당 = 3명(15년 이상) × 100,000원 + 8명(20년 이상) × 200,000원

= 300,000원 + 1,600,000원

= 1,900,000원

11 (1) 휴직기간 설정

[인사/급여관리] – [인사관리] – [인사정보등록] – [재직정보] 탭

→ [20010402.제갈형서] – [입사정보_휴직기간] 우측 돋보기 클릭 – [휴직기간] 팝업창 – [휴직기간(2024/01/01, 2024/01/15), 휴직사유(300.질병휴직), 휴직지급율(80), 퇴직기간적용(001.함) 입력 후 [확인] 클릭

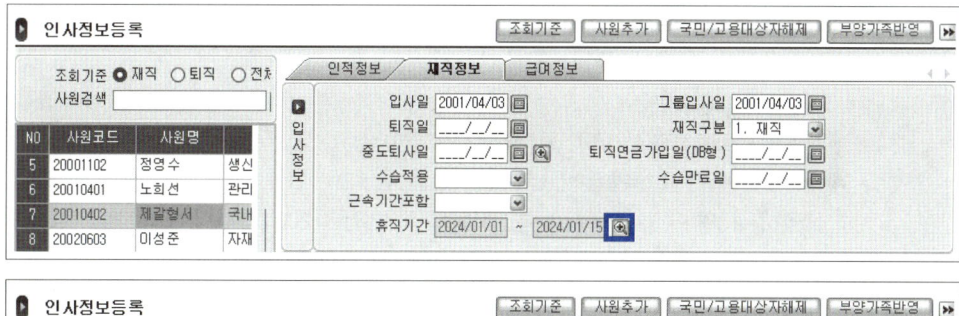

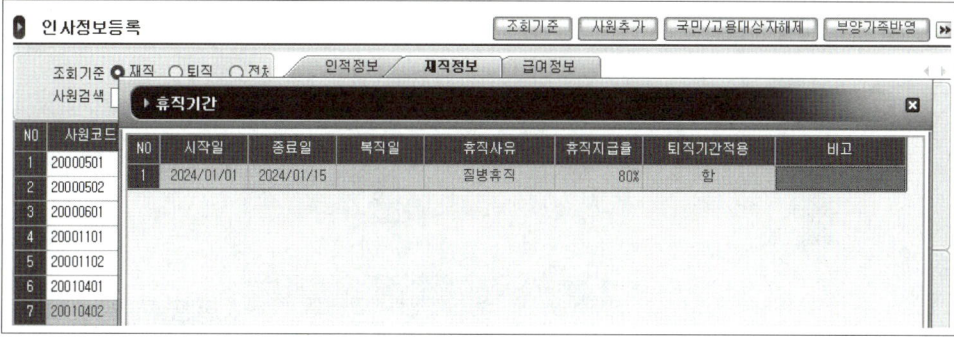

(2) 급여계산

[인사/급여관리] – [급여관리] – [상용직급여입력및계산]

→ 귀속연월 : 2024/01 – [지급일 : 1.2024/01/25 급여 동시] – 전체 사원 선택 후 상단 [급여계산] 버튼 클릭 – [급여계산] 팝업창에서 [계산] 클릭 – 하단 [급여총액] 탭에서 '과세' 확인

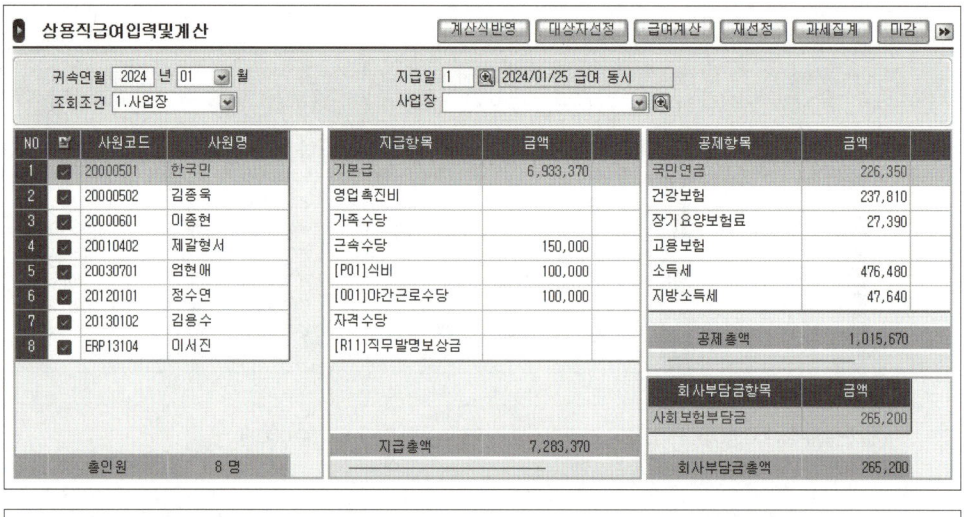

① 해당 지급일의 과세총액은 36,819,370원이다.

12 (1) 지급일자 추가

[인사/급여관리] – [기초환경설정] – [급/상여지급일자등록]

→ [귀속연월 : 2024/01]

→ 좌측에 [지급일자(2024/01/31), 동시발행(002.분리), 대상자선정(0.직종및급여형태별)] 신규등록

→ 우측에 [급여구분(101.특별급여)] 신규등록

→ 상단 [일괄등록] 버튼 – [일괄등록] 팝업창 – [사업장 : 2000.인사2급 인천지점], [상여지급대상기간 : 2024/01/01 ~ 2024/01/31], [대상 : 사무직(월급), 생산직(월급)] 체크 후 [적용] 클릭

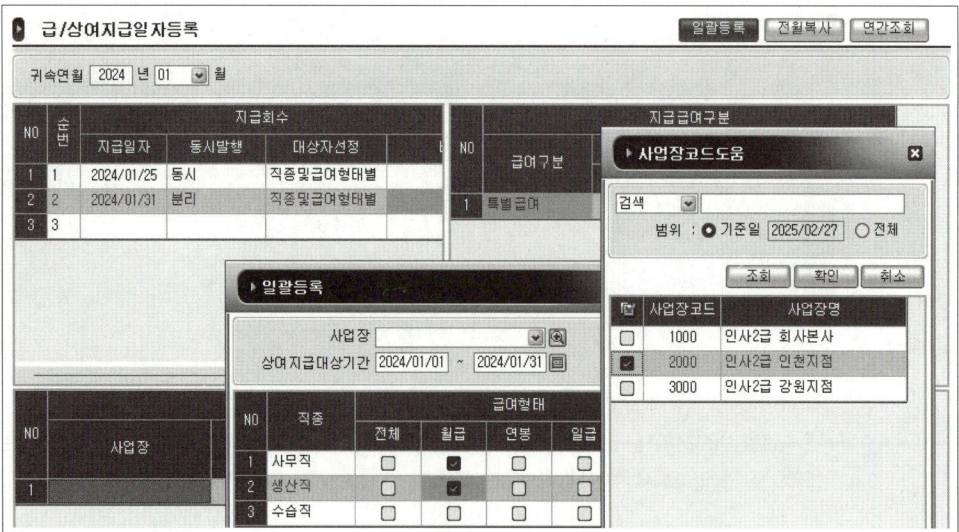

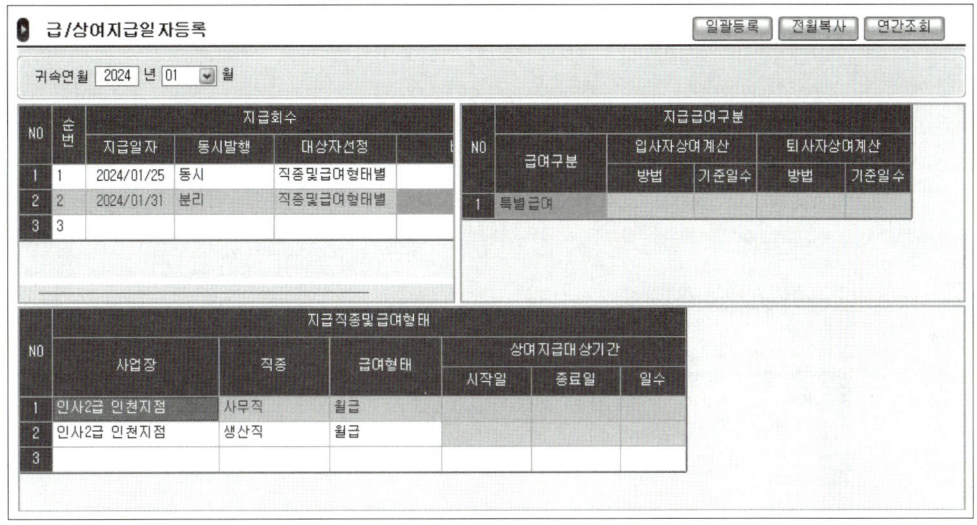

(2) 급여계산

[인사/급여관리] – [급여관리] – [상용직급여입력및계산]

→ [귀속연월 : 2024/01] – [지급일 : 2,2024/01/31 특별급여 분리] – 사원 전체 체크 후 상단 [급여계산] 버튼 클릭
 – [급여계산] 팝업창에서 [계산] 클릭 – 하단 [개인정보] 탭에서 '차인지급액' 확인

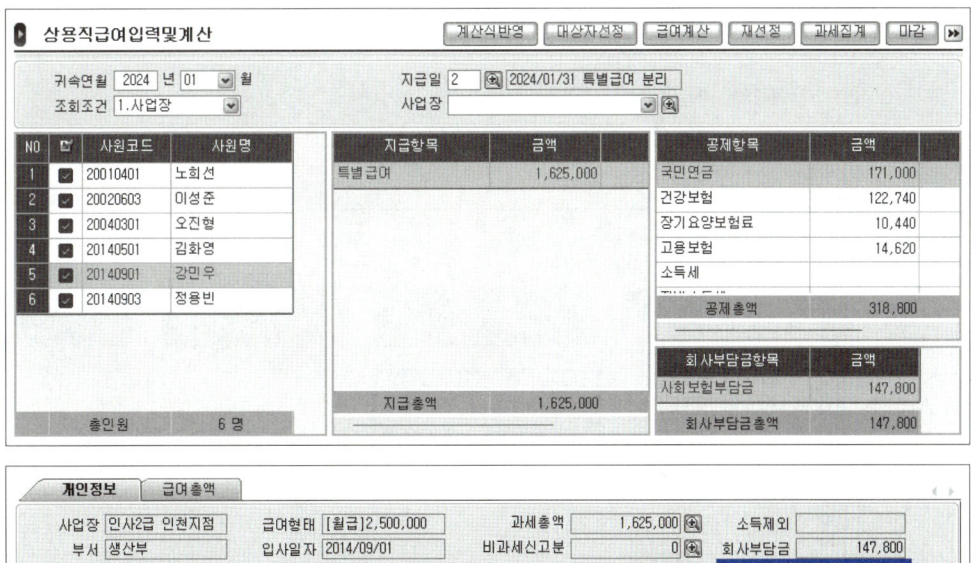

④ 해당 지급일 [20140901.강민우] 사원의 실지급액(차인지급액)은 1,306,200원이다.

13 (1) 책정임금 확인

[인사/급여관리] – [인사관리] – [인사정보등록] – [급여정보] 탭

→ [20001102.정영수] – 하단 [책정임금] – [계약시작년월 : 2022/01] 클릭 – 연봉 '금액'란에서 'Ctrl + F3' – '시급' 확인

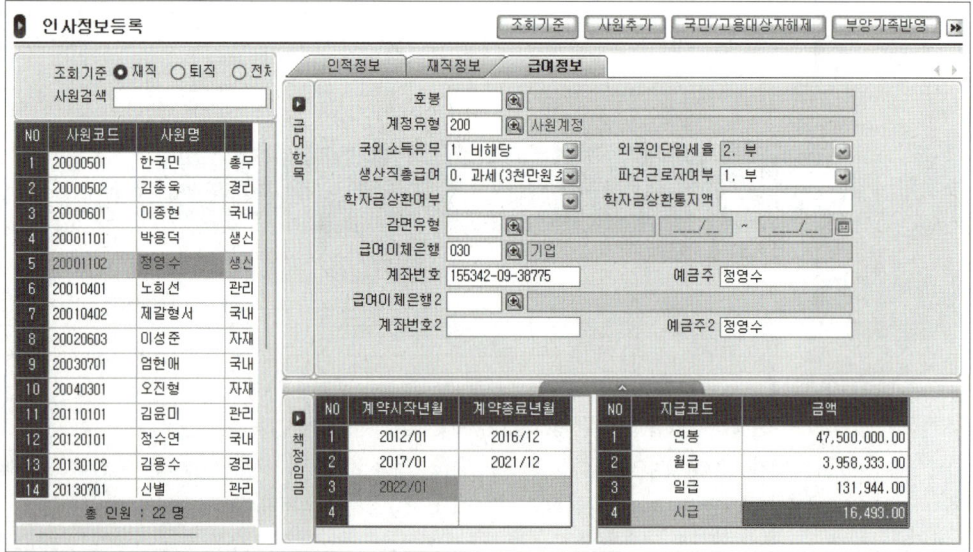

(2) 수당계산

[인사/급여관리] – [급여관리] – [근태결과입력]

→ [귀속연월 : 2023/12] – [지급일 : 1.2023/12/25 급여 동시]

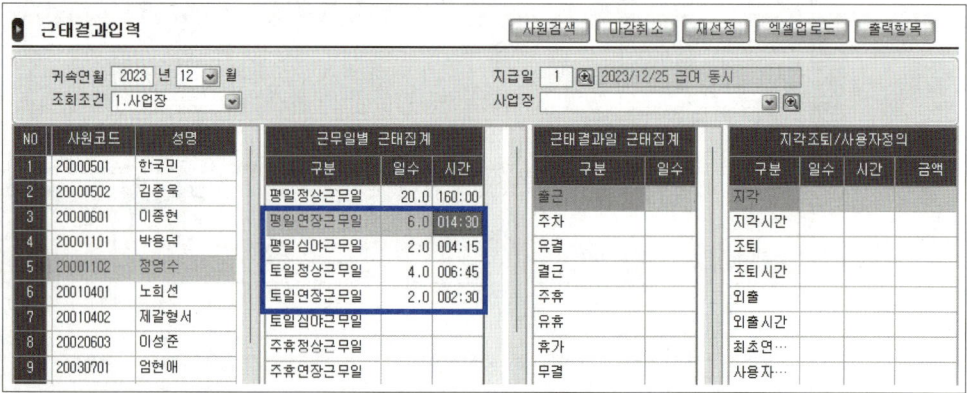

- 책정임금 시급 : 16,493원
- 15분 = 1시간 ÷ 4 → 0.25
  - 평일연장근무 014:30 → 14.5
  - 토일정상근무 006:45 → 6.75
  - 평일심야근무 004:15 → 4.25
  - 토일연장근무 002:30 → 2.5

① 초과근무수당 = 1유형 근무수당 + 2유형 근무수당

= (평일연장근무시간 + 토일정상근무시간) × 2 × 시급 + (평일심야근무시간 + 토일연장근무시간)
× 2.5 × 시급

= (14.5 + 6.75) × 2 × 16,493원 + (4.25 + 2.5) × 2.5 × 16,493원

= 700,950원(≒ 700,952.5) + 278,310원(≒ 278,319.375)

= 979,260원

14 (1) 대상자 추가

[인사/급여관리] – [일용직관리] – [일용직급여지급일자등록]

→ [귀속연월 : 2024/01] – [지급일 : 1.2024/01/25/매일지급] – [부서 : 4100.생산부] – [급여형태 : 004.시급] –
해당 사원 전체 체크 후 [추가] 클릭

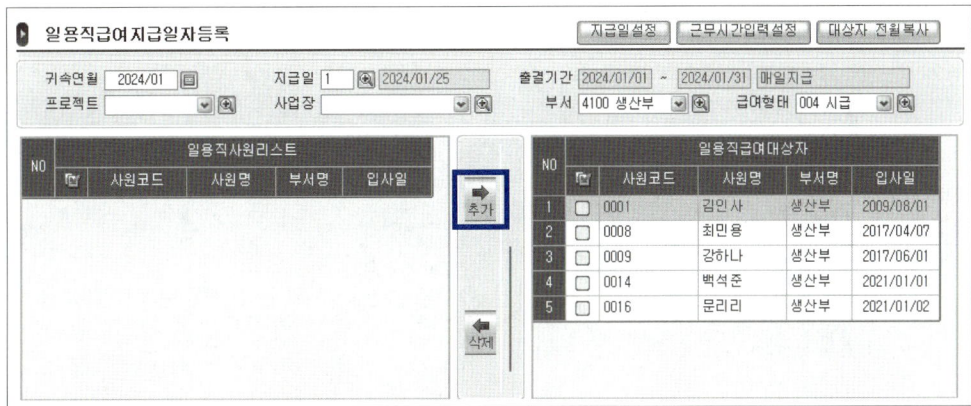

(2) 급여계산

[인사/급여관리] – [일용직관리] – [일용직급여입력및계산]

→ [귀속연월 : 2024/01] – [지급일 : 1.2024/01/25/매일지급] – 사원 전체 체크

→ 상단 [일괄적용] 버튼 – [일괄적용] 팝업창 – [일괄적용시간 : 010:00], [일괄적용요일 : 평일], [비과세(신고제외분)
: 10,000] 입력 후 [적용] 클릭

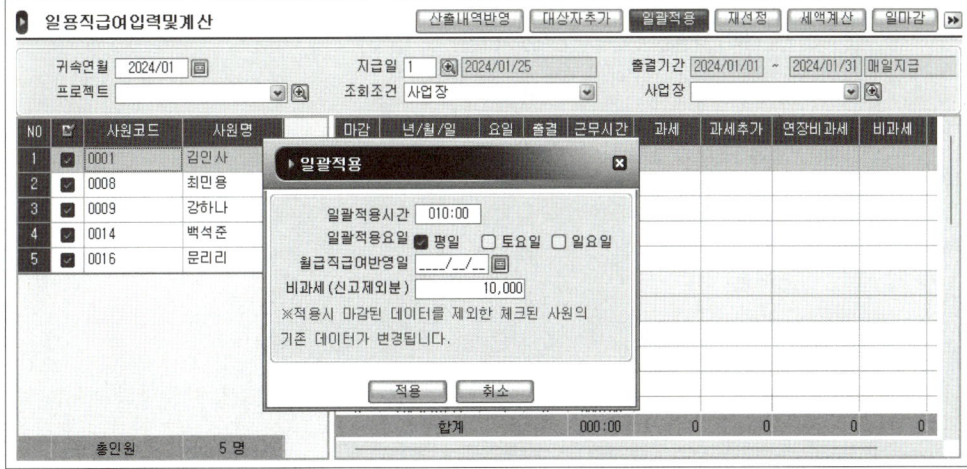

→ 상단 [일괄적용] 버튼 – [일괄적용] 팝업창 – [일괄적용시간 : 002:00], [일괄적용요일 : 토요일] 입력 후 [적용] 클릭

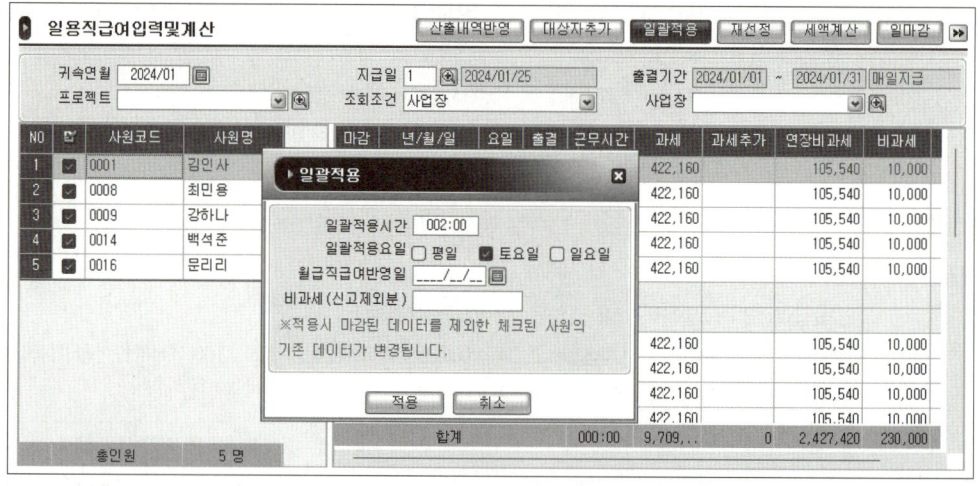

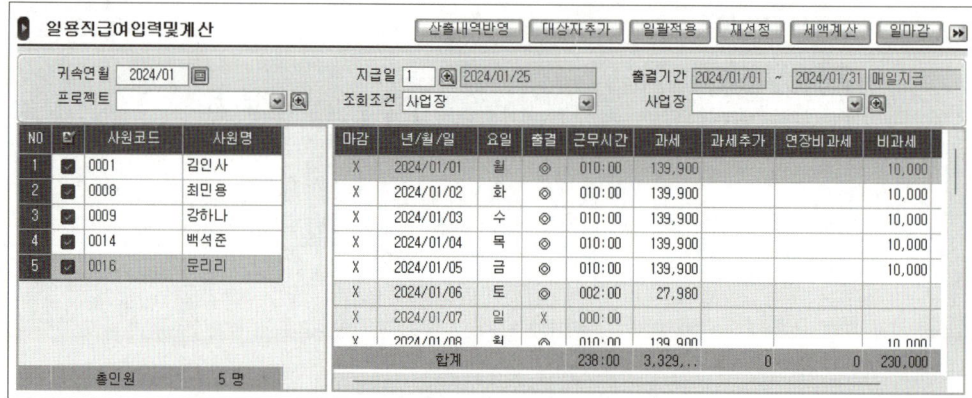

① [0016.문리리] 사원은 소득세가 존재하지 않는다.

15 (1) 일용직 정보변경

[인사/급여관리] – [일용직관리] – [일용직사원등록] – [기존정보] 탭

→ [0004.김향기] – [생산직비과세적용 : 함], [고용보험/국민연금/건강보험 여부 : 여] 변경

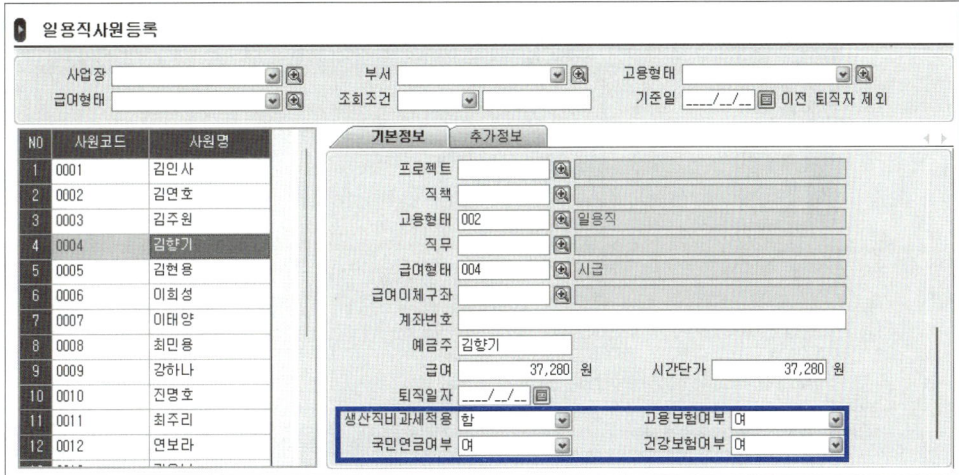

(2) 급여계산

[인사/급여관리] – [일용직관리] – [일용직급여입력및계산]

→ [귀속연월 : 2024/01] – [지급일 : 2,2024/01/31/일정기간지급] – 사원 전체 체크

→ 상단 [일괄적용] 버튼 – [일괄적용] 팝업창 – [일괄적용시간 : 010:00], [일괄적용요일 : 평일], [비과세(신고제외분)
: 10,000] 입력 후 [적용] 클릭

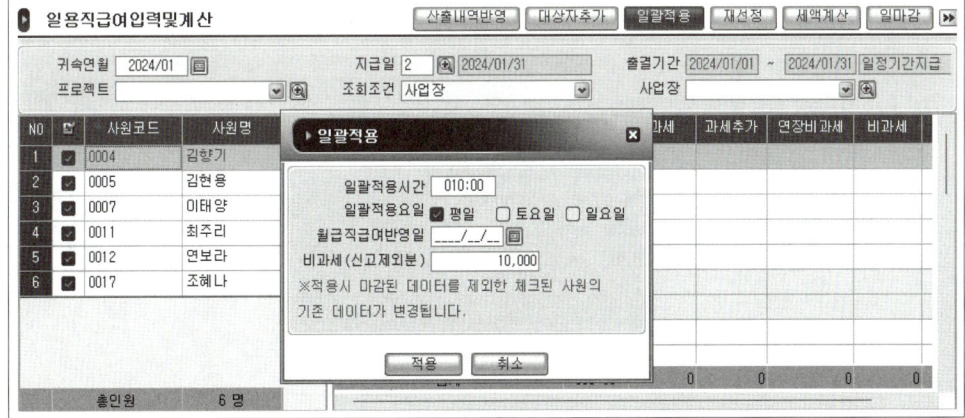

→ 상단 [일괄적용] 버튼 – [일괄적용] 팝업창 – [일괄적용시간 : 002:00], [일괄적용요일 : 토요일] 입력 후 [적용] 클릭

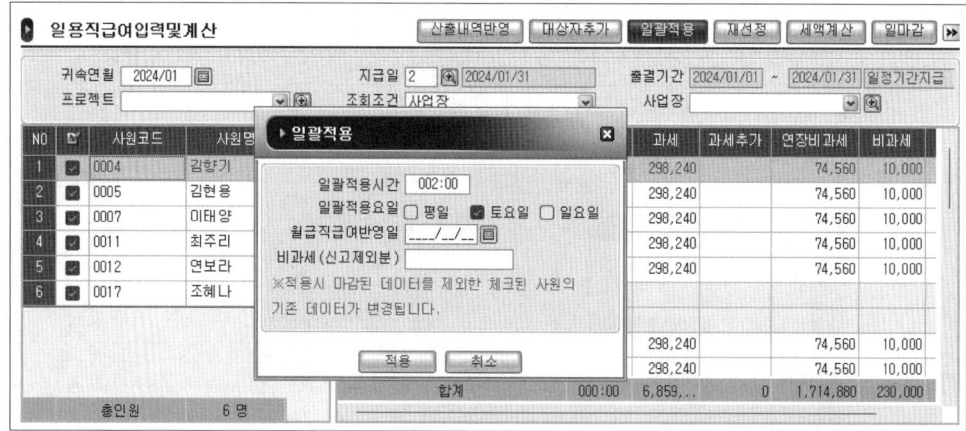

→ 하단 [급여총액] 탭 '차인지급액' 확인

③ 해당 지급일의 실지급액(차인지급액) 총계는 31,894,700원이다.

16 [인사/급여관리] – [급여관리] – [연간급여현황]

→ [조회기간 : 2023/10 ~ 2023/12] – [분류기준 : 과세/비과세] – [사업장 : 1000.인사2급 회사본사] – [사용자부담금 : 1.포함]

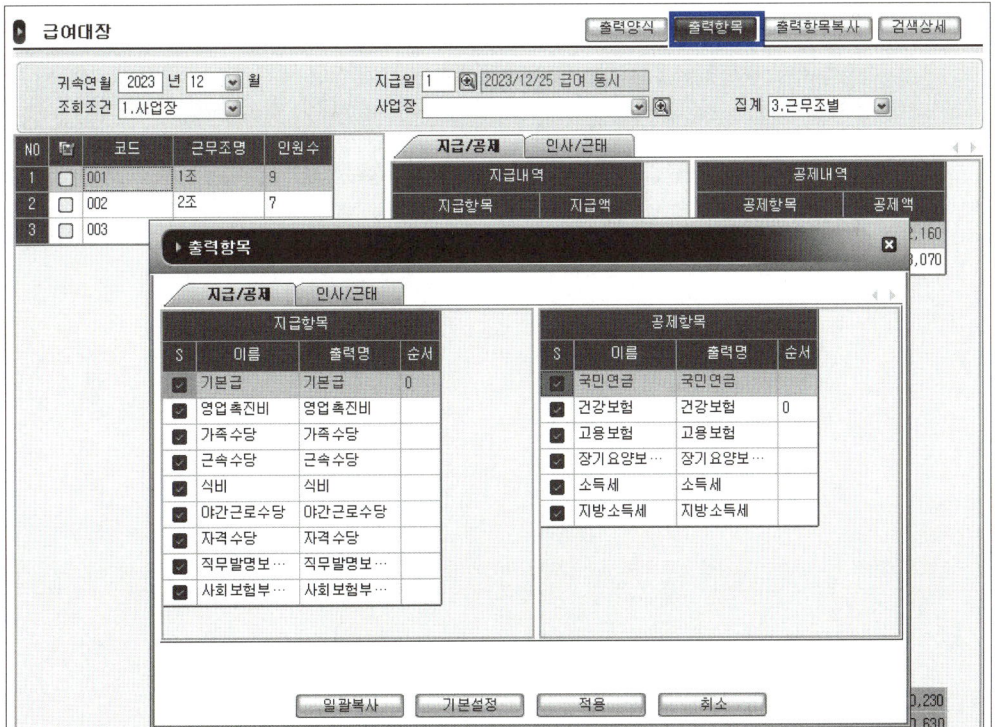

② 조회기간 과세총액은 113,575,620원, 비과세총액은 10,133,010원이다.

17 [인사/급여관리] – [급여관리] – [급여대장]

→ [귀속연월 : 2023/12] – [지급일 : 1.2023/12/25 급여 동시] – [집계 : 3.근무조별] – [지급/공제] 탭 – 조회 후 우측상단 [출력항목] 버튼 – [출력항목] 팝업창 [지급/공제] 탭 – 지급/공제 항목 전체 선택 후 [적용] 클릭

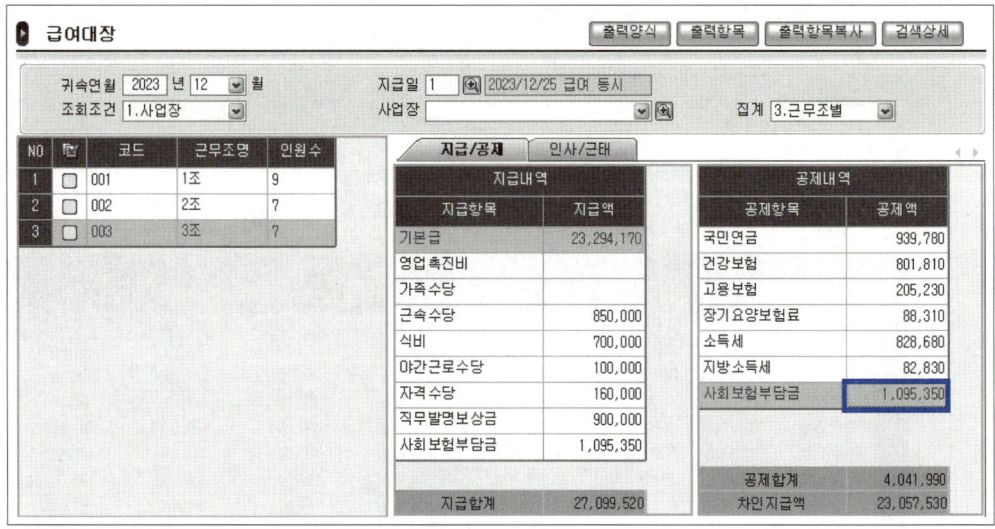

④ 조회기간 [003.3조]의 사회보험부담금은 1,095,350원이다.

18 [인사/급여관리] – [급여관리] – [월별급/상여지급현황]
→ [조회기간 : 2023/10 ~ 2023/12] – [지급구분 : 100.급여] – [조회구분 : 2.부서] – [부서 : 2100.국내영업부]

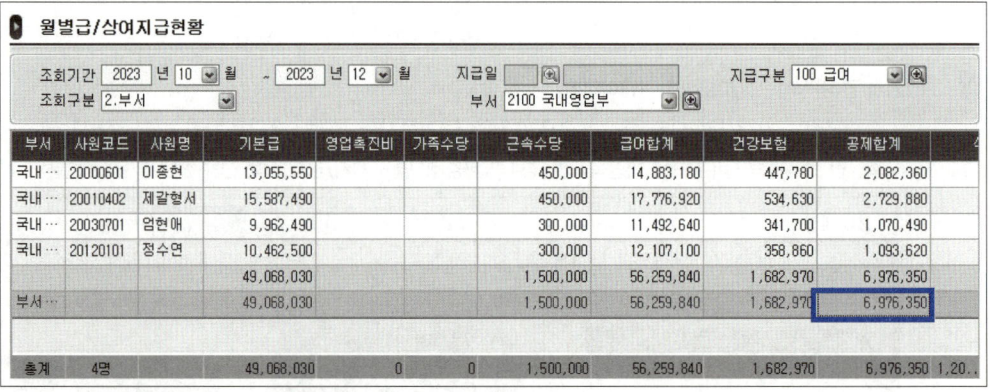

④ 조회기간 공제합계는 6,976,350원이다.

19 [인사/급여관리] – [급여관리] – [항목별급상여지급현황]

→ [귀속연월 : 2023/07 ~ 2023/09] – [지급구분 : 100.급여] – [사업장 : 1000.인사2급 회사본사, 2000.인사2급 인천지점] – [집계구분 : 1.부서별]

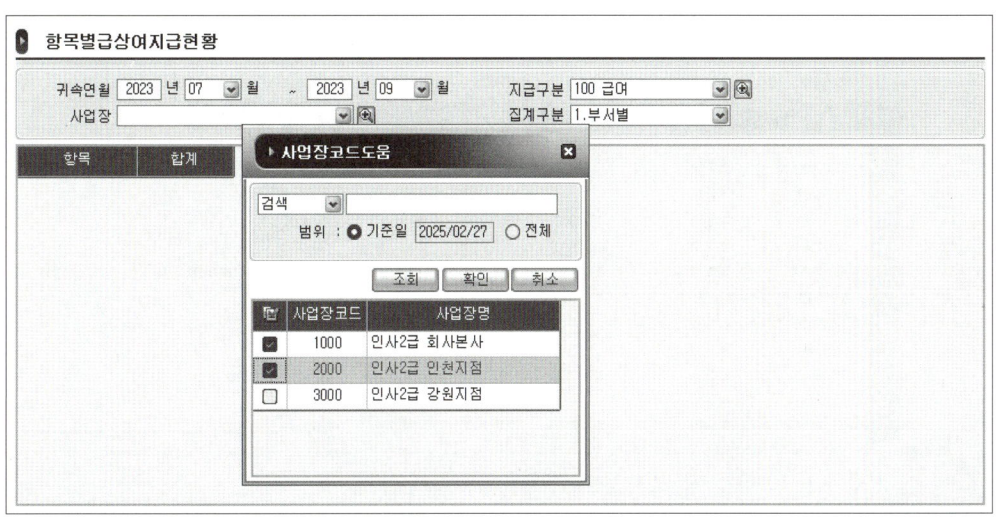

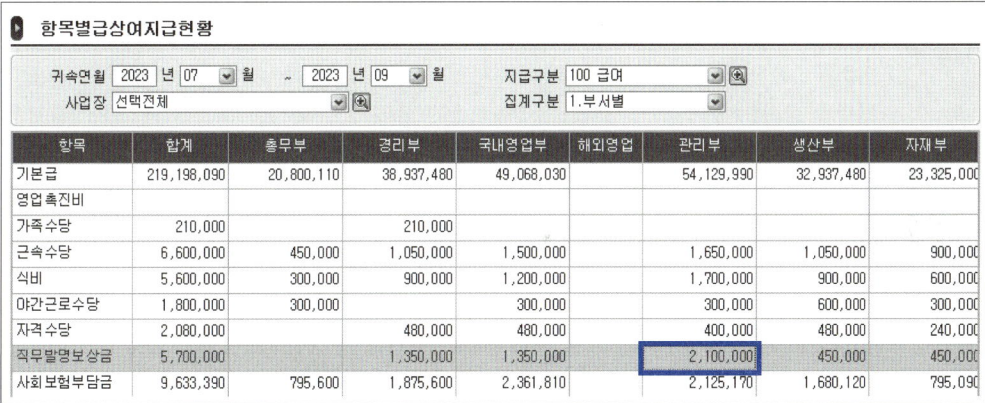

③ 조회기간 가장 많은 직무발명보상금이 지급된 부서는 2,100,000원 지급된 관리부다.

20 [인사/급여관리] – [급여관리] – [수당별연간급여현황]
→ [조회기간 : 2023/07 ~ 2023/12] – [수당코드 : P30.야간근로수당]

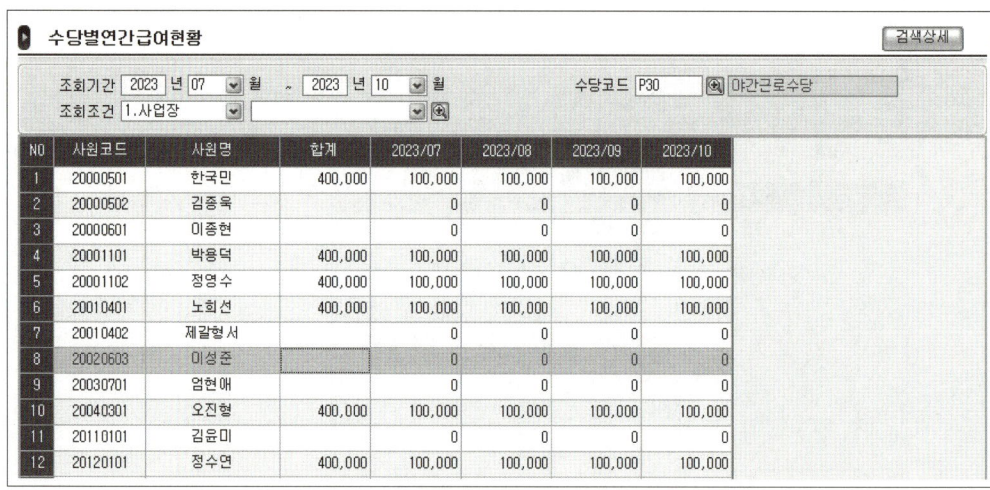

② [P30.야간근로수당]을 지급받지 못한 사원은 [20020603.이성준]이다.

제99회 정답 및 해설

이론문제

01	02	03	04	05	06	07	08	09	10
①	②	③	④	①	①	①	②	③	②
11	12	13	14	15	16	17	18	19	20
①	①	①	④	③	③	②	③	①	①

01 ① ERP는 소품종 대량 생산에 적합하므로 커스터마이징(주문제작)의 최소화가 선택 기준이 된다.

ERP 시스템 도입 시 선택기준

- 자사에 맞는 패키지
- TFT는 최고 엘리트 사원으로 구성
- 현업 중심의 프로젝트 진행
- 경험 있고 유능한 컨설턴트 활용
- 구축방법론에 의해 체계적으로 프로젝트 진행
- 커스터마이징의 최소화
- 전사적인 참여 유도
- 가시적 성과를 거둘 수 있는 부분에 집중
- 변화관리기법 도입
- 지속적인 교육 및 워크숍 필요
- 자료의 정확성을 위해 철저한 관리 필요

02 ② 현재의 업무방식을 고수해서는 안 된다.

ERP 성공전략 10계명

- 현재의 업무방식을 그대로 고수하지 말라.
- 사전준비를 철저히 하라.
- IT 중심의 프로젝트로 추진하지 말라.
- 업무상의 효과보다 소프트웨어의 기능성 위주로 적용대상을 판단하지 말라.
- 프로젝트 관리자와 팀 구성원의 자질과 의지를 충분히 키워라.
- 단기간의 효과 위주로 구현하지 말라.
- 기존 업무에 고정관념을 가지고 ERP를 보지 말라.
- 최고경영진을 프로젝트에서 배제하지 말라.
- 업무 단위별 추진은 실패의 지름길이다.
- BPR을 통한 완전한 기업 업무프로세스 표준화가 선행 또는 동시에 진행되어야 한다.

03 ③ 업무 단위별 추진은 실패의 지름길이다.

04 ④ ERP 시스템 도입의 최종 목적은 근본적으로 선진 업무프로세스 도입과 재설계를 통해 수익을 극대화하는 것이다.

05 ① 인적자원관리 패러다임이 일원관리에서 다원관리로 전환되고 있다.

06 ① 조직을 시스템으로 인식하는 것은 환경 적응과 혁신 시대의 특징이다.

테일러의 과학적 관리법
• 동작 연구와 시간 연구 • 차별적 성과급제 • 기획부 제도 • 직능별 직장 제도 • 작업 지도표 제도

07 ① 직무분석을 위한 질문지법은 직무의 특성에 대해서 보다 많은 정보를 자세히 제공할 수 있지만, 직무 간 비교가 어렵고 비용과 시간이 많이 든다는 단점이 있다.

08 ② 명목집단법은 정성적 방법이다.

정량적(수리적) 방법	정성적(판단적)방법
• 추세분석법 • 시계열 분석 모형 • 회귀분석법 • 선형계획법	• 전문가 예측법 • 델파이 기법 • 명목집단법

09 ③ 인재육성주의 원칙에 대한 설명이다.

10 ② 시간적 오류는 과거행위보다 최근행위에 더 큰 영향을 받아 판단하려는 경향이다.

11 ① 사직은 자발적 이직이다.

자발적 이직	전직, 사직, 휴직, 의원퇴직, 자진퇴직
비자발적 이직	파면, 해고, 일시해고, 정년퇴직, 명예퇴직

12 ① 직장 외 훈련은 시간과 비용이 비교적 많이 소요된다.

13	① 베이스업(Base-Up)에 대한 설명이다.

14	④ 사용자는 3년 이상 계속하여 근로한 근로자에게는 제1항에 따른 휴가에 최초 1년을 초과하는 계속근로 연수 매 2년에 대하여 1일을 가산한 유급휴가를 주어야 한다.

15	③ 스캔론 플랜에 대한 설명이다. ① 럭커 플랜 : 부가가치 증대를 목표로 하여 이를 노사협력체계에 의해 달성하고, 이에 따라 증가된 생산성 향상분을 그 기업의 안정적인 부가가치 분배율로 노사 간에 배분하는 방식 ④ 임프로쉐어 플랜 : 표준노동시간과 실제노동시간 간의 차이를 비교해 절약된 노동시간만큼 성과를 배분하는 방식

16	③ 복리후생의 설계원칙은 ▲ 근로자 욕구충족의 원칙 ▲ 근로자 참여의 원칙 ▲ 다수 혜택의 원칙 ▲ 지급능력의 원칙이다. 기업 내적인 노사 간의 협력관계를 통해 복지 후생의 유지향상을 위해 노력해야 한다.

17	② 과세표준 1,400만원 초과 5,000만원 이하는 기본세율 15%를 적용한다.

18	③ 탄력 근로시간제에 대한 설명이다.

근로시간제	내 용
법정 근로시간제	근로기준법에 의해 1주 단위 및 1일 단위로 정해져 있는 최저근로조건의 기준시간을 준수하는 제도
재량 근로시간제	사용자와 근로자 대표가 서면합의로 정한 시간을 근로하는 제도
간주 근로시간제	근로자가 출장, 기타의 사유로 인해 근로시간의 전부 또는 일부를 사업장 밖에서 근로해 근로시간 산정이 어려운 경우 근로시간에 관계없이 일정 합의시간을 근로시간으로 보는 제도
선택적 근로시간제	취업규칙에 정하는 바에 따라 업무의 시작 및 종료의 시간을 근로자의 결정에 맡기기로 한 제도

19	① 일반 노동조합에 대한 설명이다.

20	① 직장폐쇄(lock out)는 사용자(기업 측)에 의한 노동쟁의 행위다.

근로자 쟁의	파업, 태업 · 사보타주, 불매운동, 준법투쟁, 보이콧, 피케팅, 생산관리 등
사용자 쟁의	직장폐쇄, 대체고용, 조업계속 등

실무문제

01	02	03	04	05	06	07	08	09	10
④	②	④	①	③	②	④	②	②	①
11	12	13	14	15	16	17	18	19	20
②	③	①	③	①	③	④	④	③	①

01 [시스템관리] – [회사등록정보] – [사업장등록] – [기본등록사항] 탭, [신고관련사항] 탭

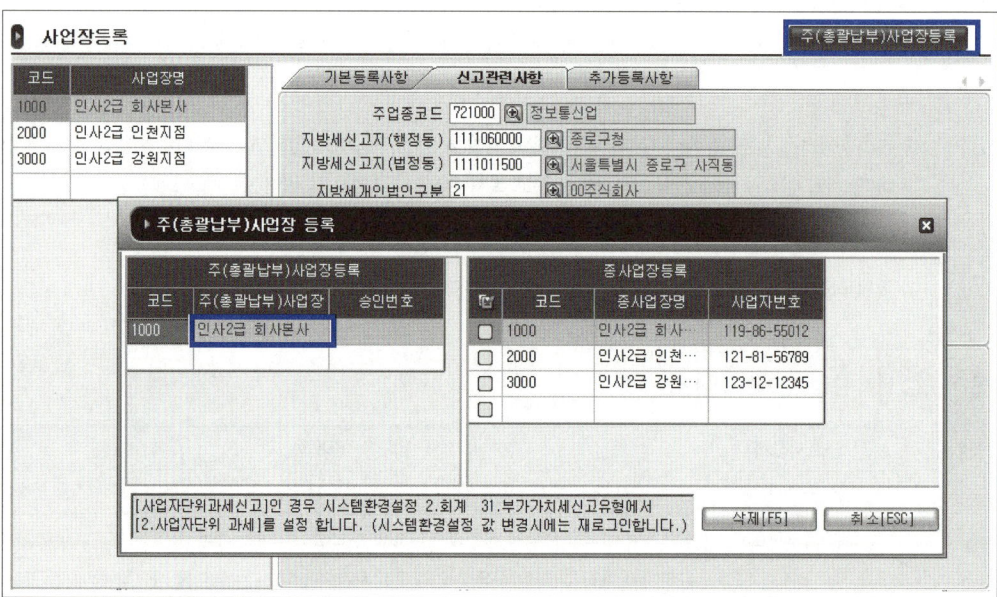

④ [1000.인사2급 회사본사] 사업장은 본점사업장이면서 주(총괄납부)사업장이다.

02 [시스템관리] – [회사등록정보] – [부서등록]

② ▲ 현재 사용하지 않는 부서는 총 2개이고 ▲ [3000.인사2급 강원지점]에 속한 부서는 총 1개이며, [6100.연구개발부]의 사용시작일은 2020/01/01이다.

03 [시스템관리] - [회사등록정보] - [사용자권한설정]

→ [모듈구분 : H.인사/급여관리]

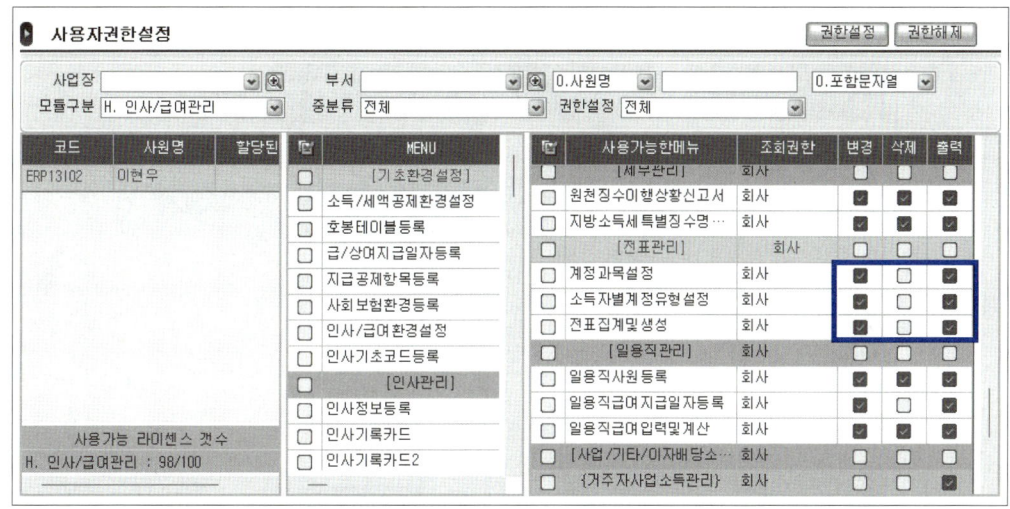

④ 이현우 사원은 [전표관리]의 삭제권한을 제외한 모든 메뉴에 대한 권한을 가지고 있다.

04 (1) 일괄등록

[인사/급여관리] - [기초환경설정] - [호봉테이블등록]

→ [700.대리] - [호봉이력 : 2023/11] 신규등록

→ 상단 [일괄등록] 버튼 - [호봉일괄등록] 팝업창 - [기본급_초기치 : 2,400,000, 증가액 : 100,000/ 직급수당_초 기치 : 50,000, 증가액 : 10,000] 입력 후 [적용] 클릭

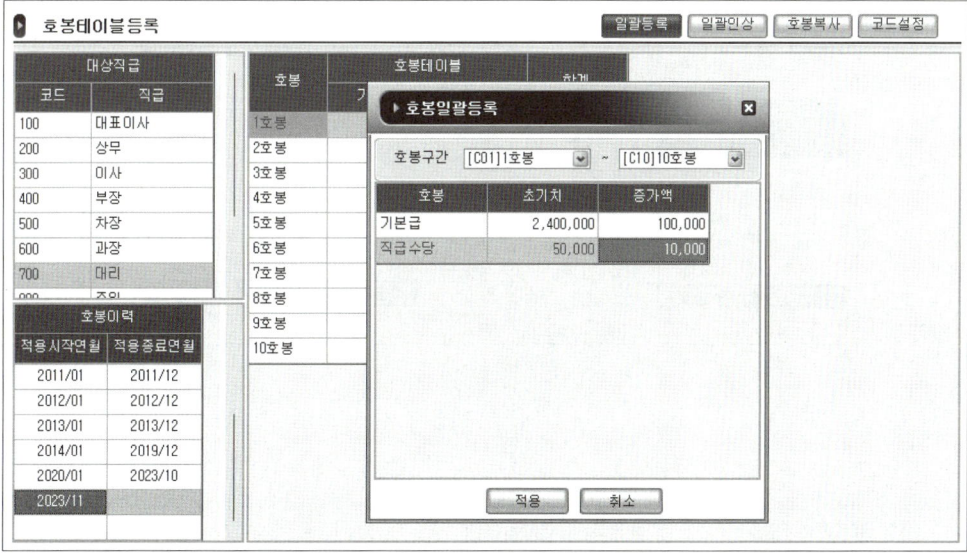

(2) 일괄인상

→ 상단 [일괄인상] 버튼 – [호봉일괄인상] 팝업창 – [정률(%)_기본급 : 5.5] – [정률적용] 클릭

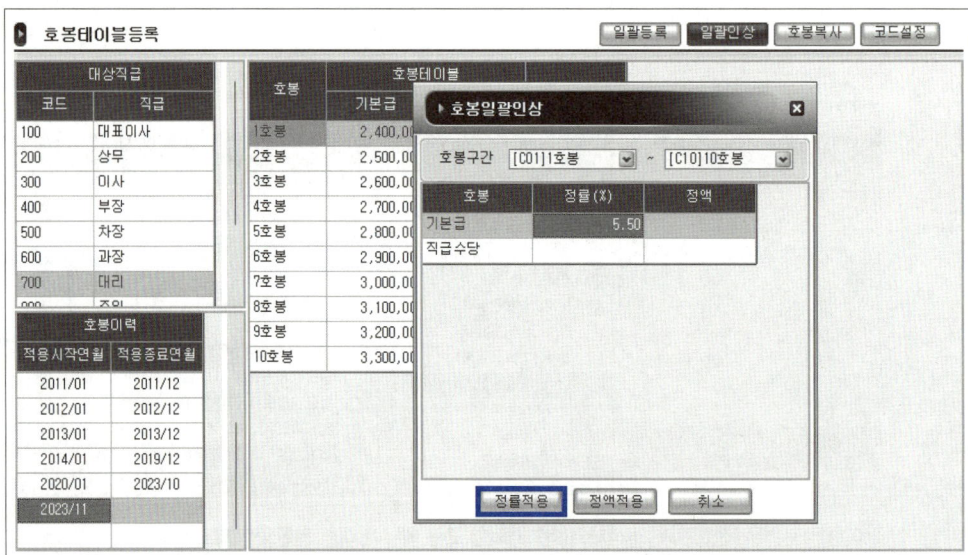

→ 상단 [일괄인상] 버튼 – [호봉일괄인상] 팝업창 – [정액_직급수당 : 3,000] – [정액적용] 클릭

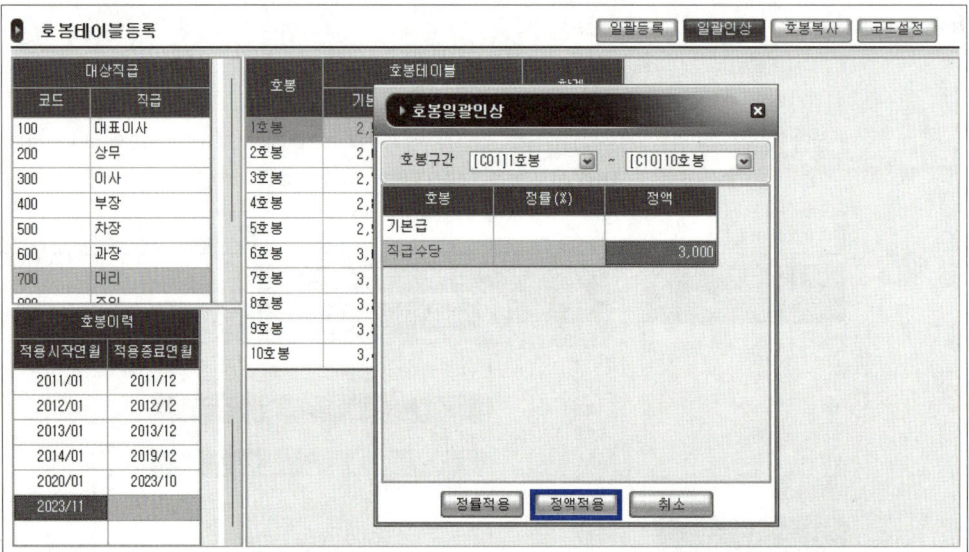

| 프로그램 | 기출문제 | 정답 및 해설 |

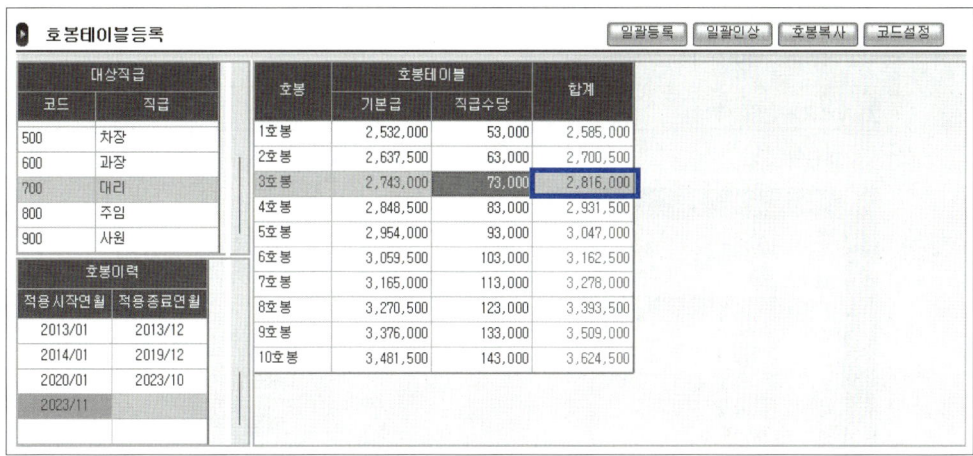

① [일괄등록]과 [일괄인상] 버튼을 이용하여 해당 내용을 반영했을 경우 [700.대리] 3호봉 합계금액은 2,816,000원 이다.

05 [인사/급여관리] – [기초환경설정] – [인사/급여환경설정] – [기준설정] 탭

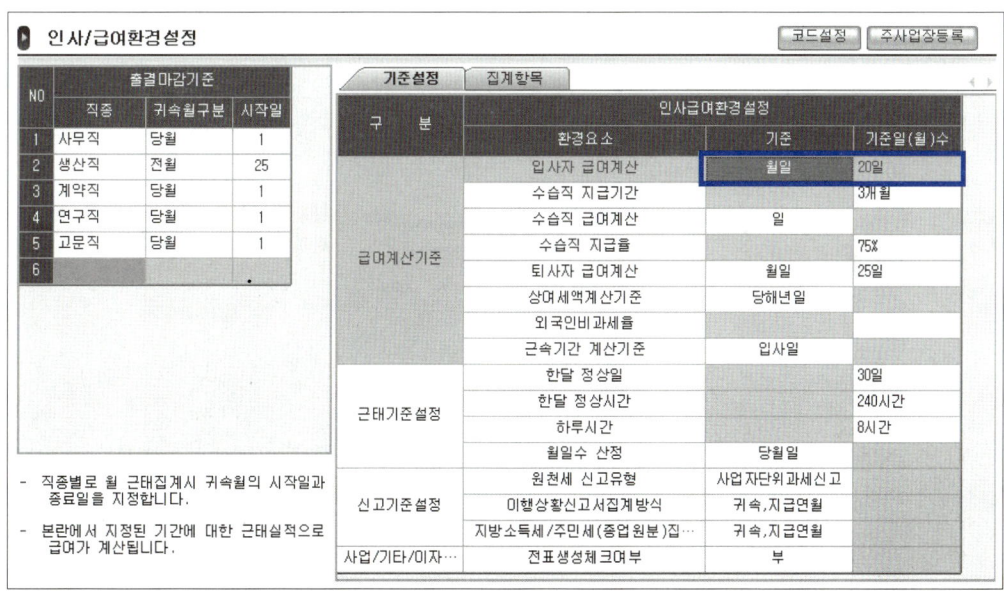

③ 입사자의 경우 20일 초과근무 시 월 급여를 '월할' 지급한다.

06 [인사/급여관리] - [기초환경설정] - [지급공제항목등록] - [지급공제항목설정] 탭
→ [급여구분 : 급여] - [지급/공제구분 : 지급] - [귀속연도 : 2023]

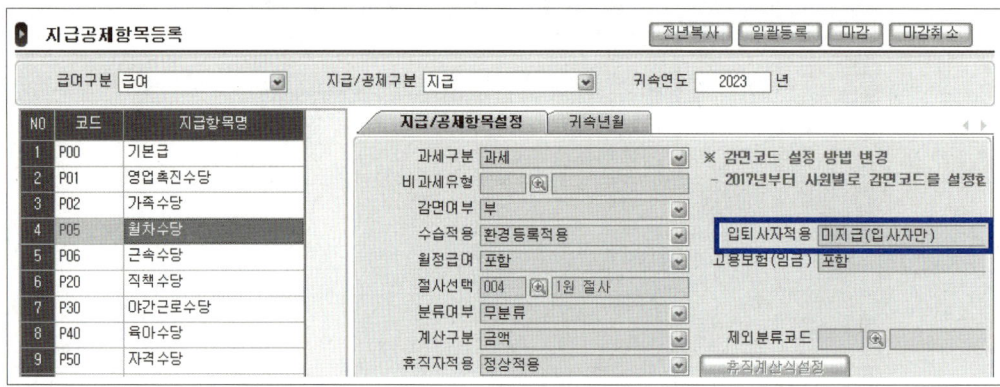

② [P05.월차수당]은 입사자에게 지급하지 않는다.

07 [인사/급여관리] - [인사관리] - [인사정보등록] - [재직정보]·[급여정보] 탭

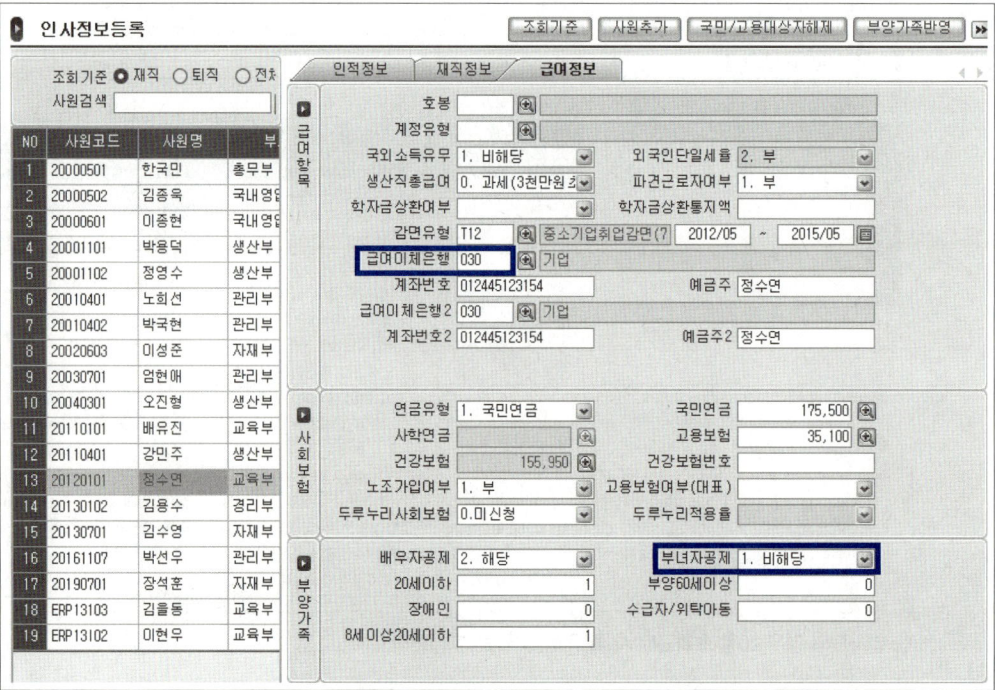

④ [20120101.정수연] 사원은 부녀자공제 적용대상이 아니다.

08 [인사/급여관리] – [인사관리] – [교육현황] – [교육별사원현황] 탭
→ [교육기간 : 2023/10/01 ~ 2023/10/31]

② 교육평가 결과가 'A'인 사원은 김종욱, 오진형, 장석훈뿐이다.

09 [인사/급여관리] – [인사관리] – [사원입퇴사현황] – [이직현황] 탭
→ [분류코드 : 1000.인사2급 회사본사] – [조회기간 : 2022/01 ~ 2022/06]

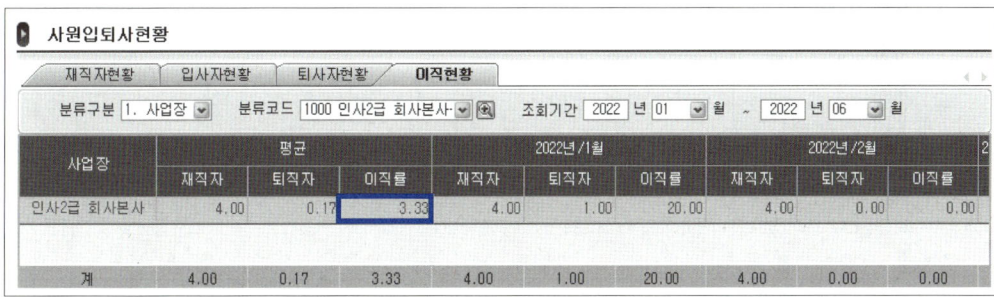

② 조회기간 [1000.인사2급 회사본사] 사업장의 평균 이직률은 3.33%다.

10 [인사/급여관리] – [인사관리] – [근속년수현황]
→ [퇴사자 : 0.제외] – [기준일 : 2023/10/31] – [년수기준 : 1.미만일수 버림] – [경력포함 : 0.제외]

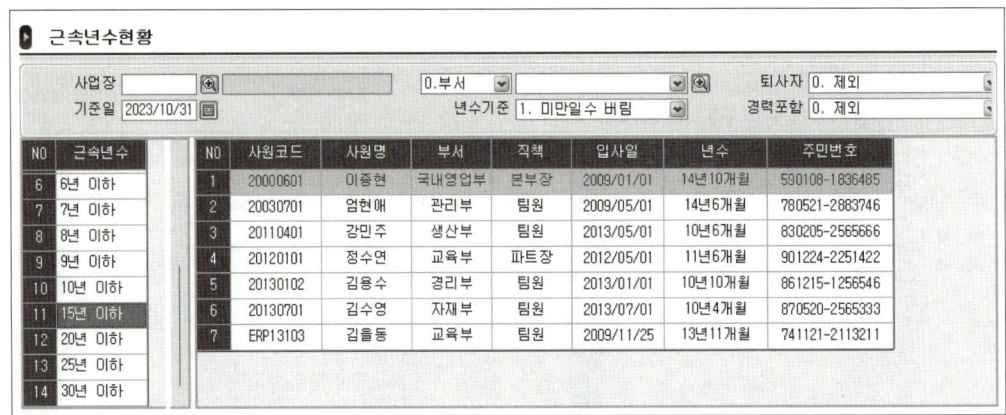

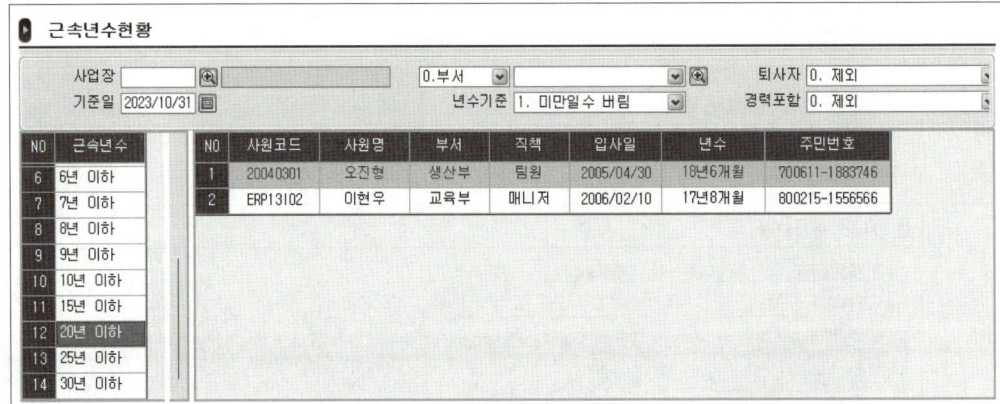

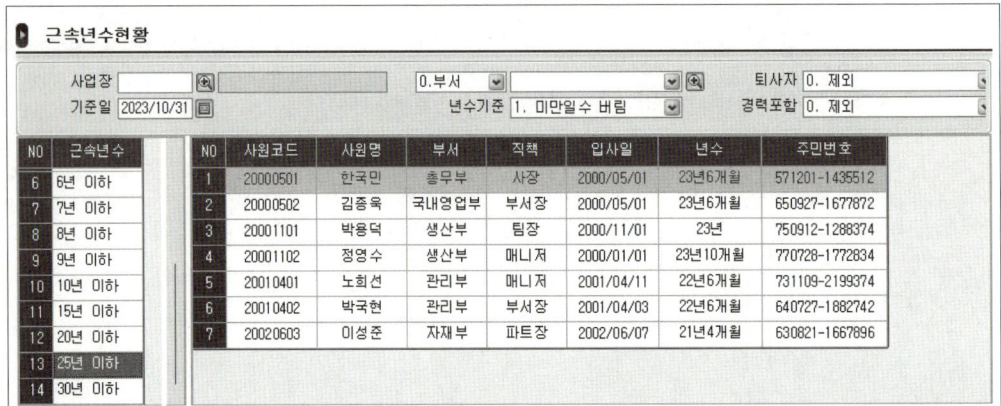

① 특별근속수당 = 7명(10년 이상) × 100,000원 + 2명(15년 이상) × 150,000원 + 7명(20년 이상) × 200,000원
= 700,000원 + 300,000원 + 1,400,000원
= 2,400,000원

11 (1) 감면기간 설정

[인사/급여관리] – [인사관리] – [인사정보등록] – [급여정보] 탭

→ [20190701.장석훈] – [감면유형 : T13.중소기업취업감면(90%감면)_2023/11 ~ 2025/12] 입력

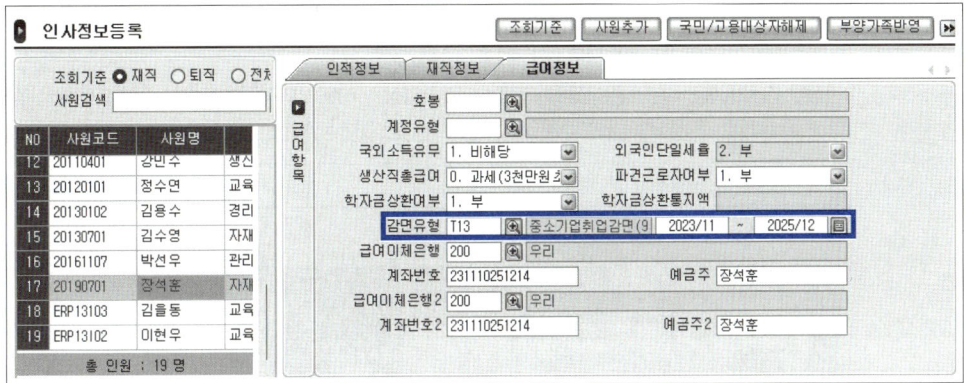

(2) 급여계산

[인사/급여관리] – [급여관리] – [상용직급여입력및계산]

→ [귀속연월 : 2023/11] – [지급일 : 1.2023/11/25 급여 분리] – 전체 사원 선택 후 상단 [급여계산] 버튼 클릭 – [급여계산] 팝업창에서 [계산] 클릭 – 하단 [급여총액] 탭에서 '소득세' 확인

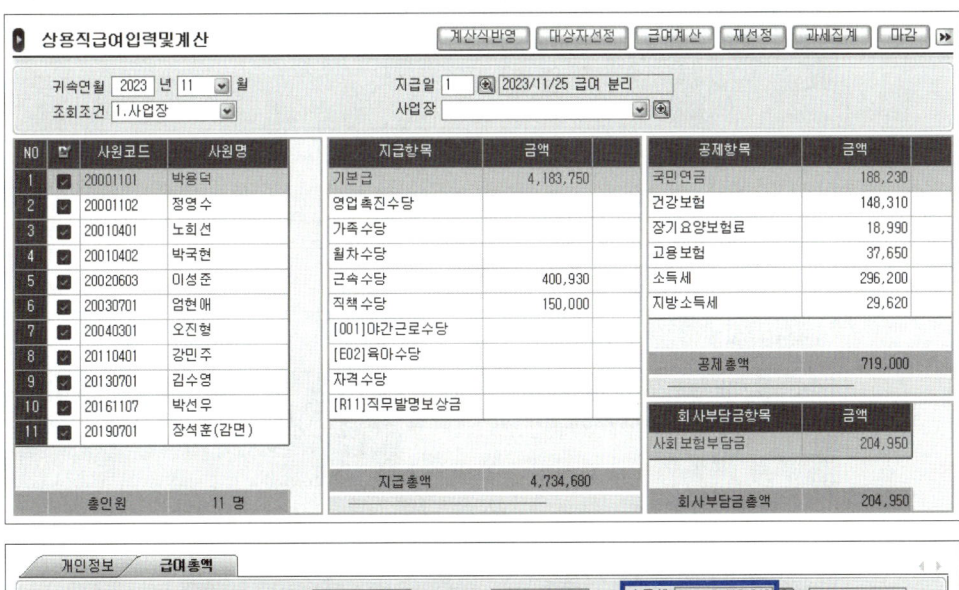

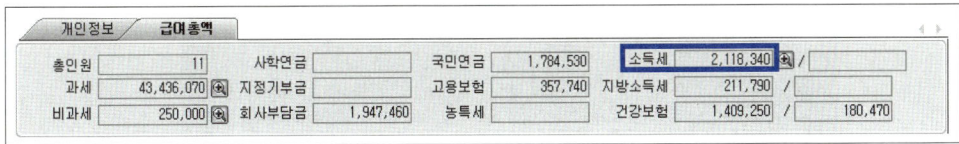

② 감면 유형 및 기간 설정 후 조회기간 '소득세' 총액은 2,118,340원이다.

12 (1) 지급일자 추가

[인사/급여관리] – [기초환경설정] – [급/상여지급일자등록]

→ [귀속연월 : 2023/11]

→ 좌측에 [지급일자(2023/12/10), 동시발행(002.분리), 대상자선정(0.직종및급여형태별)] 신규등록

→ 우측에 [급여구분(101.특별급여)] 신규등록

→ 상단 [일괄등록] 버튼 – [일괄등록] 팝업창 – [사업장 : 1000.인사2급 회사본사, 3000.인사2급 강원지점], [상여지급대상기간 : 2023/11/01 ~ 2023/11/30], [대상 : 사무직(월급), 생산직(연봉)] 체크 후 [적용] 클릭

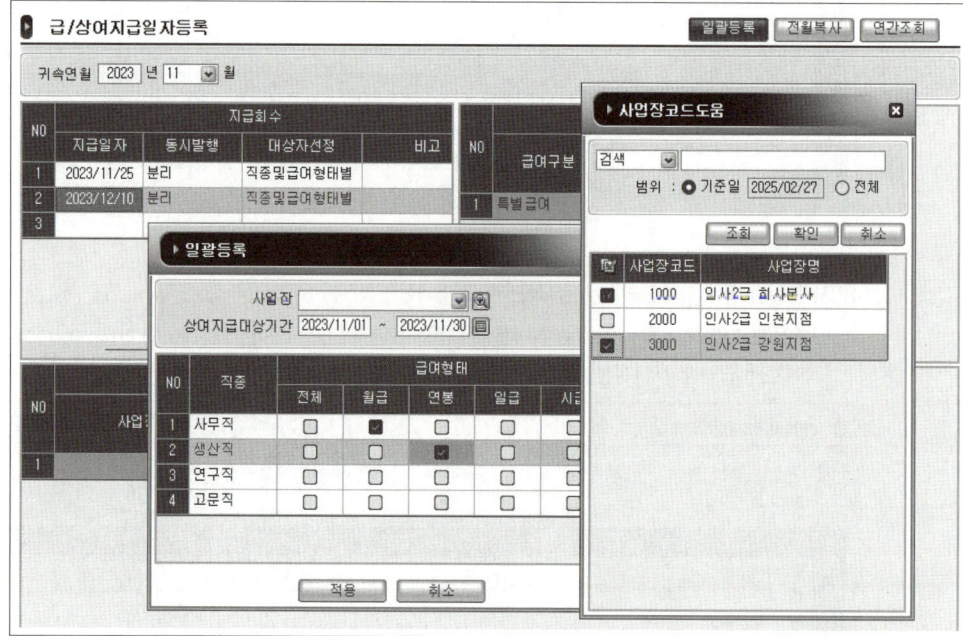

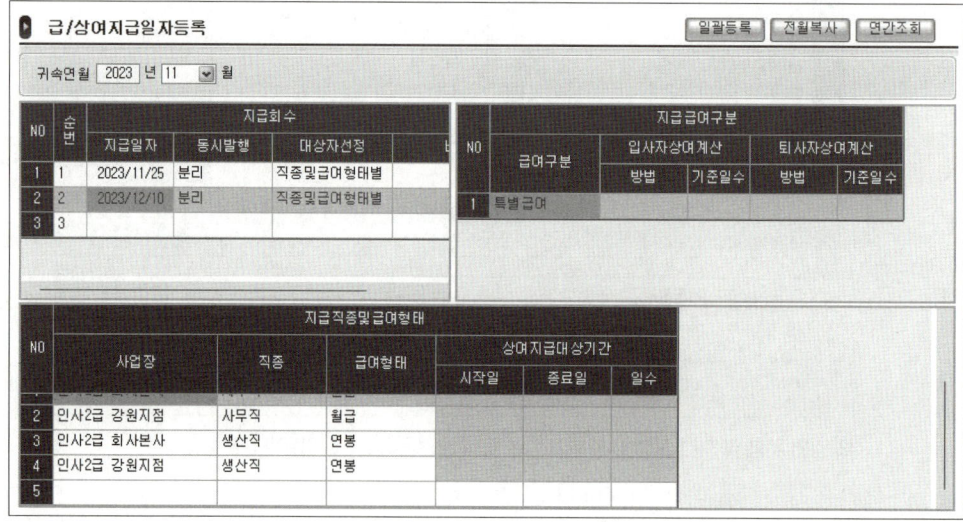

(2) 급여계산

[인사/급여관리] - [급여관리] - [상용직급여입력및계산]

→ [귀속연월 : 2023/11] - [지급일 : 2.2023/12/10 특별급여 분리] - 사원 전체 체크 후 상단 [급여계산] 버튼 클릭
- [급여계산] 팝업창에서 [계산] 클릭 - 하단 [개인정보] 탭에서 '과세총액' 확인

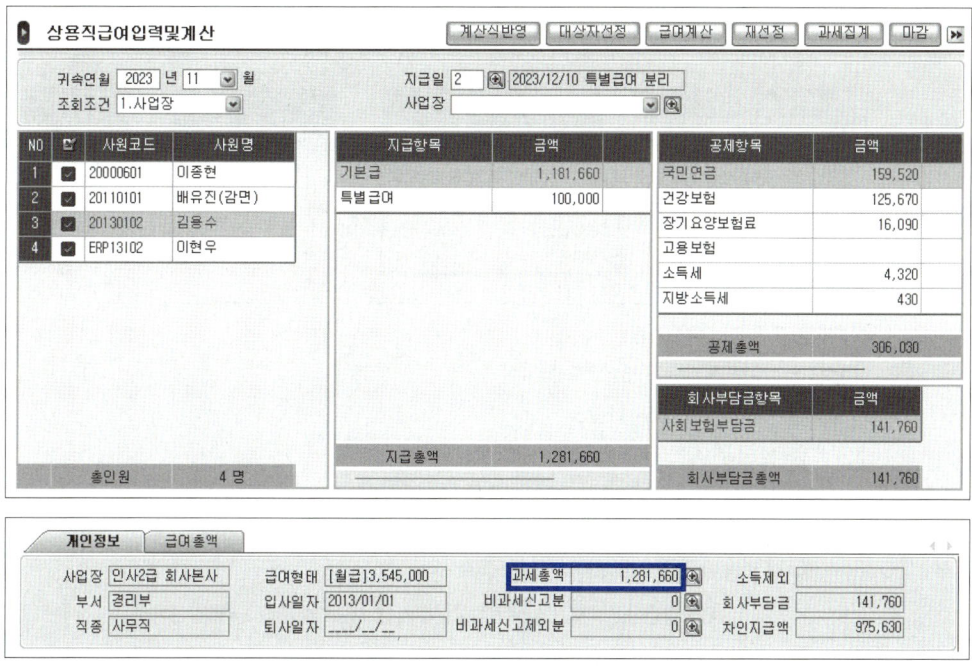

③ 해당 지급일 [20130102.김용수]의 과세총액은 1,281,660원이다.

13 (1) 책정임금 확인

[인사/급여관리] - [인사관리] - [인사정보등록] - [급여정보] 탭

→ [20000601.이종현] - 하단 [책정임금] - [계약시작년월 : 2023/01] 클릭 - 연봉 '금액'란에서 Ctrl + F3 - '시급' 확인

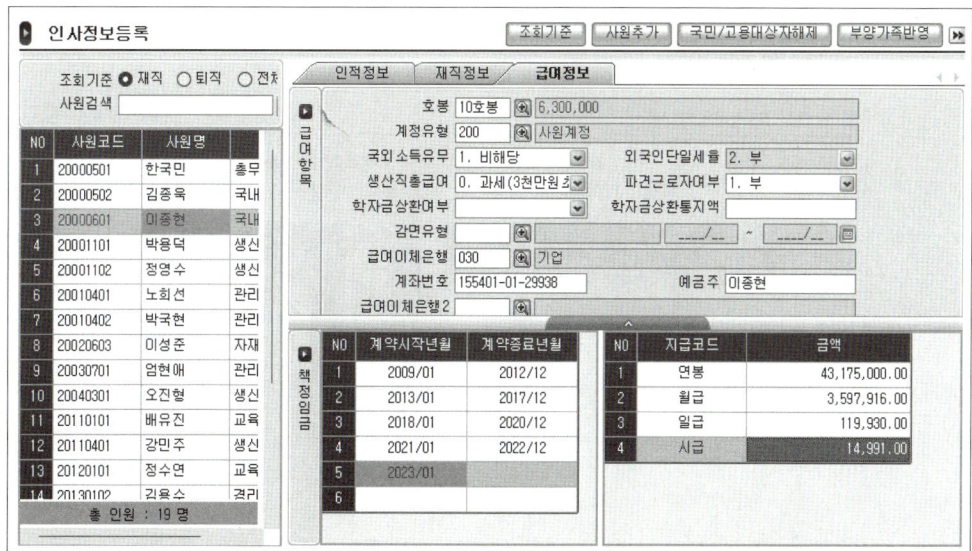

(2) 수당계산

[인사/급여관리] – [급여관리] – [근태결과입력]

→ [귀속연월 : 2023/10] – [지급일 : 1.2023/10/25 급여 분리]

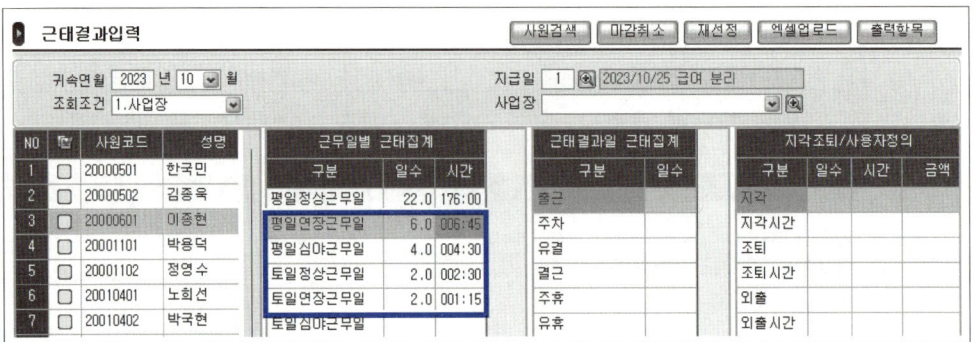

- 책정임금 시급 : 14,991원
- 15분 = 1시간 ÷ 4 → 0.25
  - 평일연장근무 006:45 → 6.75
  - 토일정상근무 002:30 → 2.5
  - 평일심야근무 004:30 → 4.5
  - 토일연장근무 001:15 → 1.25

① 초과근무수당 = 1유형 근무수당 + 2유형 근무수당

= (평일연장근무시간 + 토일정상근무시간) × 2 × 시급 + (평일심야근무시간 + 토일연장근무시간) × 2.5 × 시급

= (6.75 + 2.5) × 2 × 14,991원 + (4.5 + 1.25) × 2.5 × 14,991원

= 277,330원(≒ 277,333.5) + 215,490원(≒215,495.625)

= 492,820원

14 (1) 대상자 추가

[인사/급여관리] – [일용직관리] – [일용직급여지급일자등록]

→ [귀속연월 : 2023/11] – [지급일 : 1.2023/11/25/매일지급] – [부서 : 5100.자재부] – [급여형태 : 004.시급] – 해당 사원 전체 체크 후 [추가] 클릭

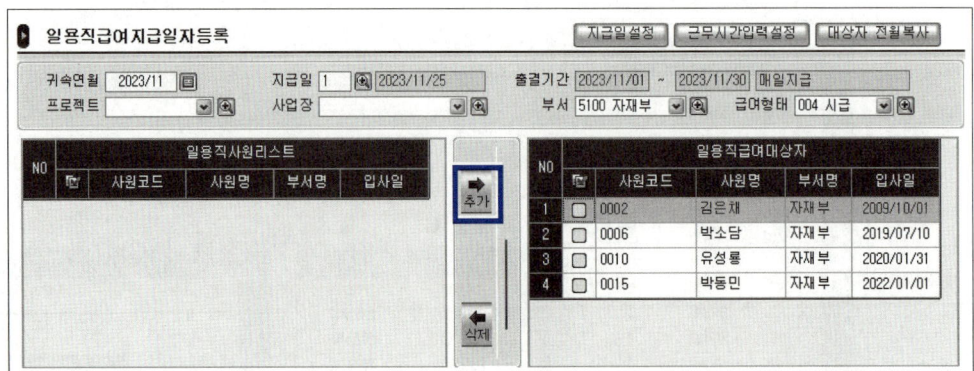

(2) 급여계산

[인사/급여관리] – [일용직관리] – [일용직급여입력및계산]

→ [귀속연월 : 2023/11] – [지급일 : 1.2023/11/25/매일지급] – 사원 전체 체크

→ 상단 [일괄적용] 버튼 – [일괄적용] 팝업창 – [일괄적용시간 : 010:00], [일괄적용요일 : 평일], [비과세(신고제외분)
 : 10,000] 입력 후 [적용] 클릭

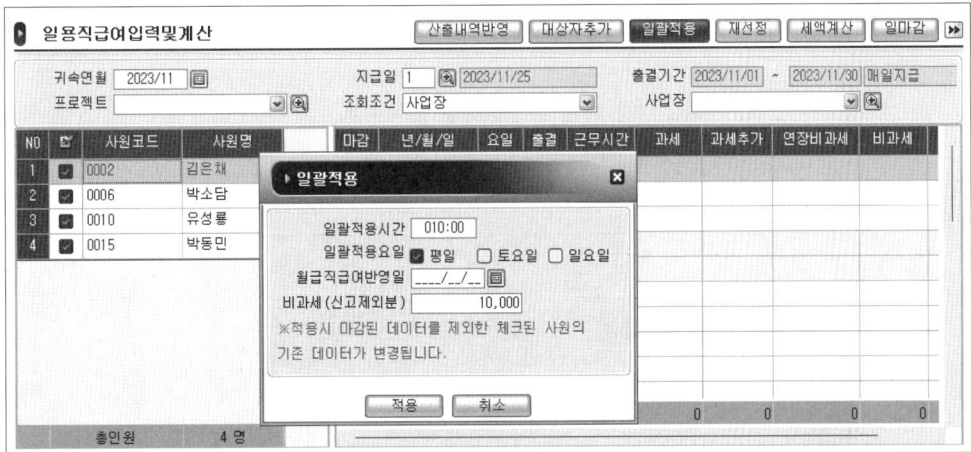

→ 상단 [일괄적용] 버튼 – [일괄적용] 팝업창 – [일괄적용시간 : 004:00], [일괄적용요일 : 토요일] 입력 후 [적용] 클릭

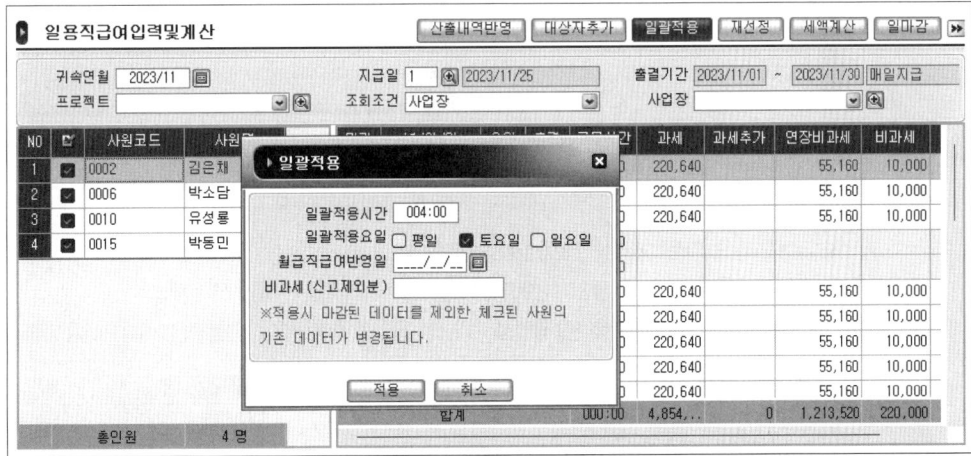

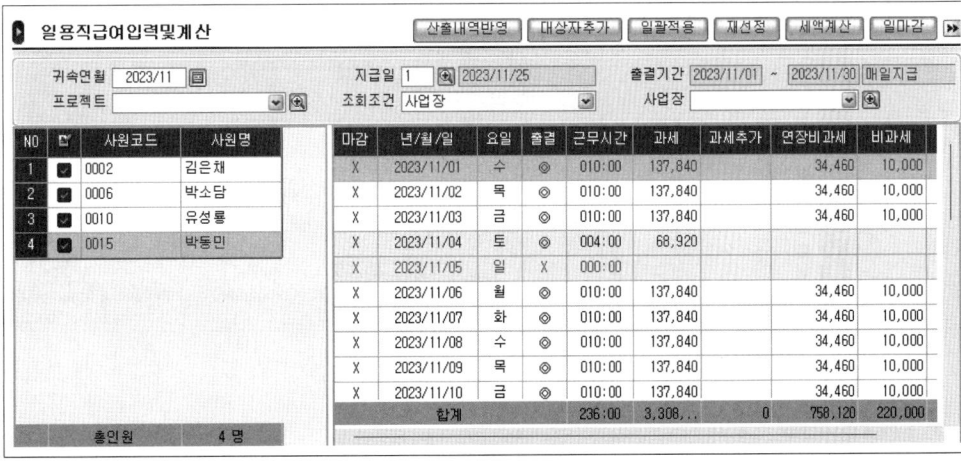

③ 해당 지급일 과세총액이 가장 적은 사원은 [0015.박동민] 사원이며, 해당 사원은 급여를 '신협'으로 지급받는다.

15 (1) 일용직 정보변경

[인사/급여관리] – [일용직관리] – [일용직사원등록] – [기존정보] 탭

→ [0009.김한의] – [생산직비과세적용 : 함], [고용보험 여부 : 여] 변경

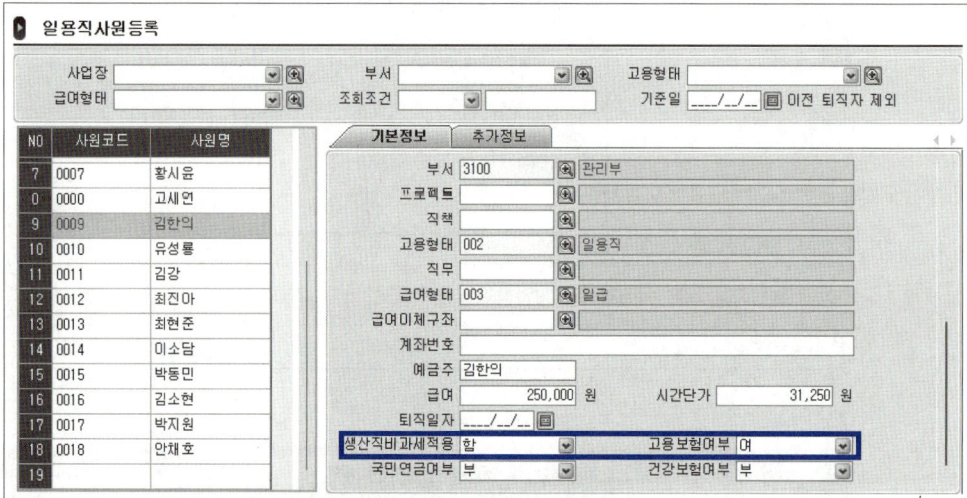

(2) 급여계산

[인사/급여관리] – [일용직관리] – [일용직급여입력및계산]

→ [귀속연월 : 2023/11] – [지급일 : 2.2023/11/30/일정기간지급] – 사원 전체 체크

→ 상단 [일괄적용] 버튼 – [일괄적용] 팝업창 – [일괄적용시간 : 009:00], [일괄적용요일 : 평일] 입력 후 [적용] 클릭

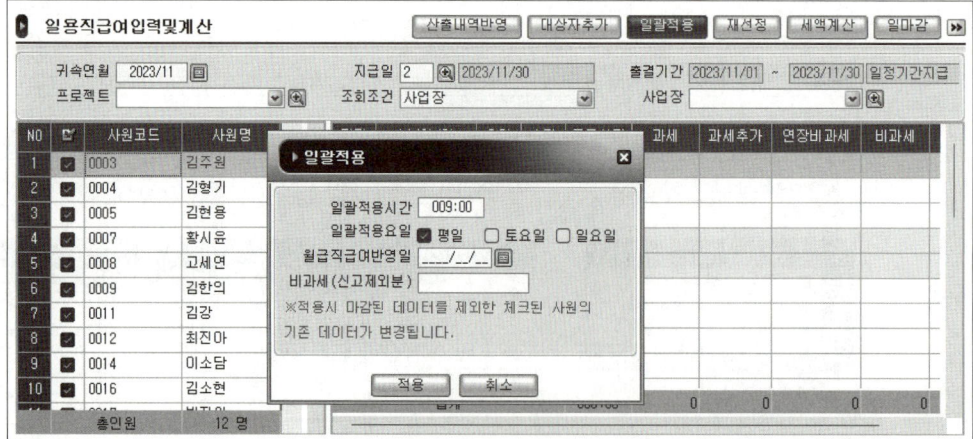

→ 상단 [일괄적용] 버튼 - [일괄적용] 팝업창 - [일괄적용시간 : 002:00], [일괄적용요일 : 토요일] 입력 후 [적용] 클릭

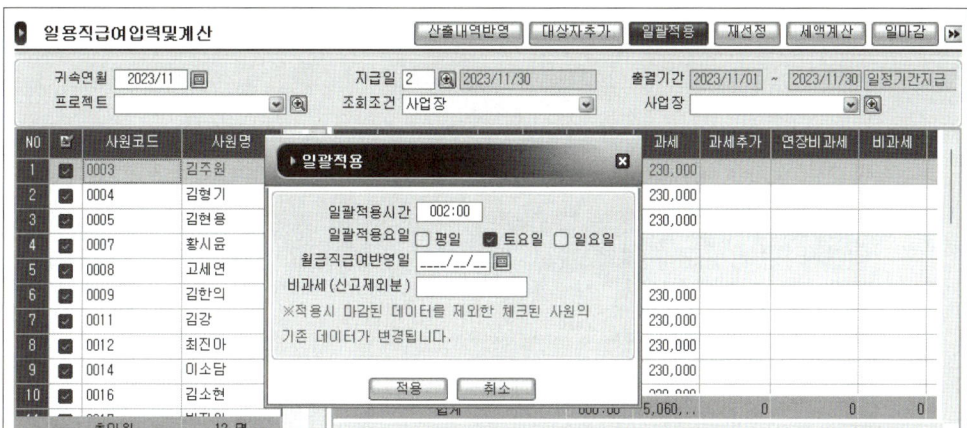

→ 하단 [급여총액] 탭 '차인지급액' 확인

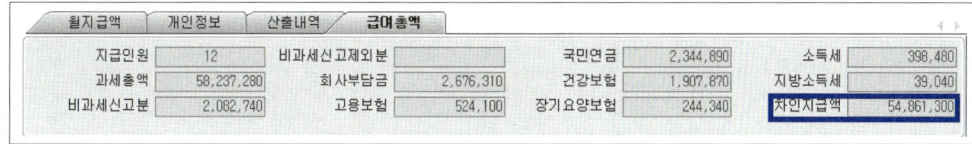

① 해당 지급일의 실지급액(차인지급액) 총계는 54,861,300원이다.

16 [인사/급여관리] – [급여관리] – [연간급여현황]
→ [조회기간 : 2023/07 ~ 2023/09] – [분류기준 : 과세/비과세] – [사업장 : 2000.인사2급 인천지점] – [사용자부담금 : 1.포함]

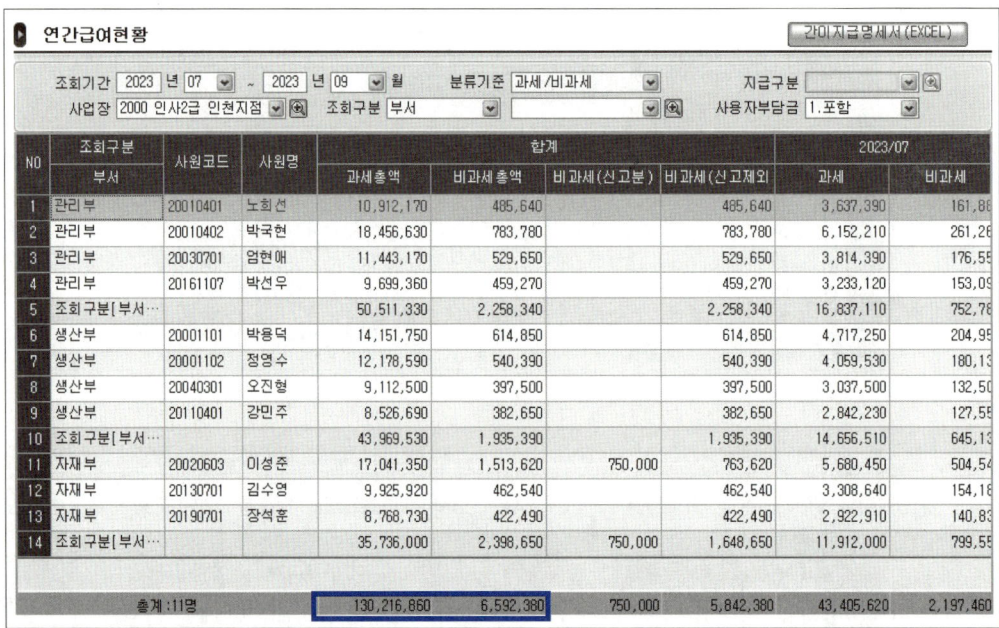

③ 조회기간 [2000.인사2급 인천지점] 사업장의 과세총액은 130,216,860원, 비과세총액은 6,592,380원이다.

17 [인사/급여관리] - [급여관리] - [급/상여이체현황]

→ [소득구분 : 1.급상여] - [귀속연월 : 2023/10] - [지급일 : 1.2023/10/25 급여 분리] - [무급자 : 1.제외] - [조회조건 : 1.사업장_2000.인사2급 인천지점]

④ 조회기간 신한은행 이체금액은 8,733,900원으로 8,178,410원인 우리은행 이체금액보다 많다.

18 [인사/급여관리] - [급여관리] - [월별급/상여지급현황]

→ [조회기간 : 2023/10 ~ 2023/10] - [지급구분 : 100.급여] - [조회구분 : 2.부서] - [부서 : 3100.관리부]

④ 조회기간 차인지급액은 14,360,900원이다.

19 [인사/급여관리] - [급여관리] - [사원별급/상여변동현황]
→ [기준연월 : 2023/09] - [사용자부담금 : 1.포함] - [비교연월 : 2022/09]

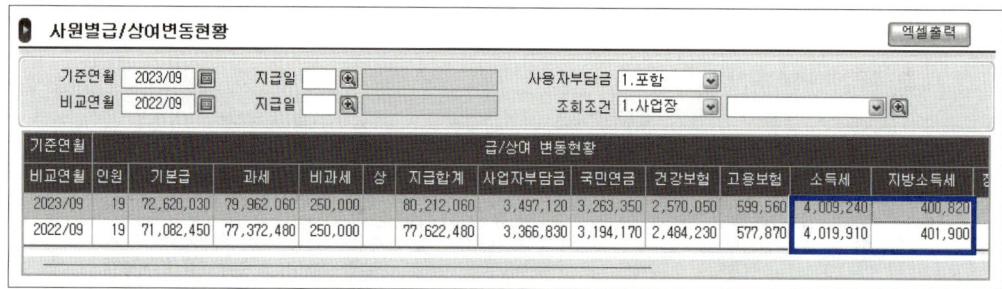

③ 2023년 소득세와 지방소득세는 비교연월 대비 모두 감소했다.

20 [인사/급여관리] - [급여관리] - [수당별연간급여현황]
→ [조회기간 : 2023/07 ~ 2023/09] - [수당코드 : P02.가족수당]

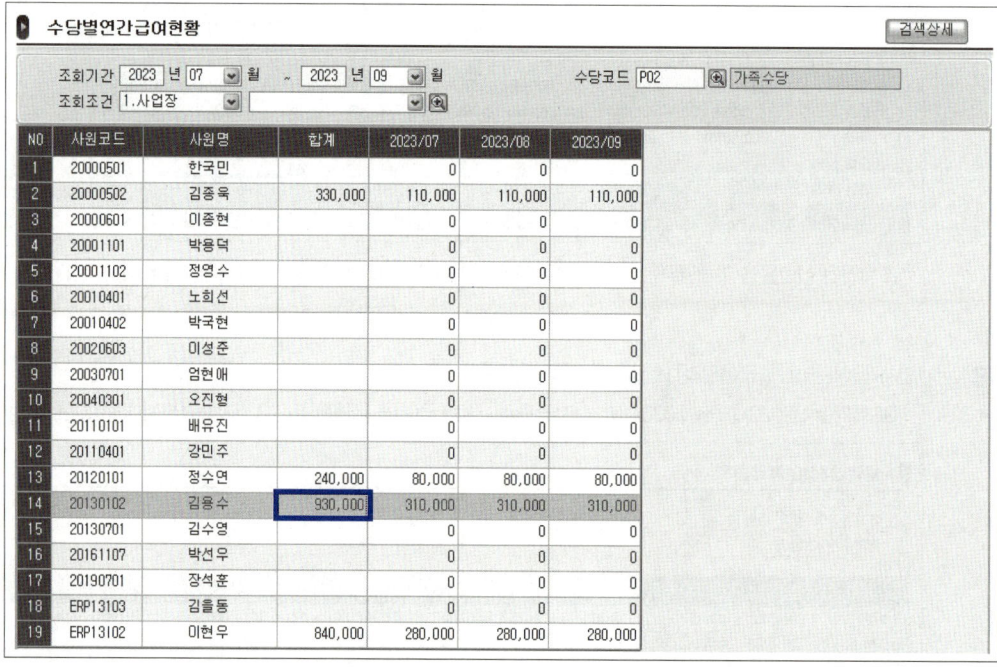

① 보기 대상자 중 조회기간 [P02.가족수당]을 가장 많이 받는 사원은 [20130102.김용수]다.

제 98회 정답 및 해설

이론문제

01	02	03	04	05	06	07	08	09	10
①	④	④	③	③	①	③	④	③	③
11	12	13	14	15	16	17	18	19	20
①	③	④	③	①	③	②	②	①	①

01 ① 성과측정관리(BSC)는 SEM시스템(전략적 기업경영)을 구성하는 단위시스템이다.

e-Business 지원 시스템의 단위 시스템	SEM 시스템의 단위 시스템
• 지식경영시스템(KMS) • 고객관계관리(CRM) 시스템 • 공급망관리시스템(SCM) • 의사결정지원시스템(DSS) • 경영자정보시스템(EIS) • 전자상거래시스템(EC)	• 성과측정관리(BSC) • 부가가치경영(VBM) • 전략계획수립 및 시뮬레이션(SFS) • 활동기준경영(ABN)

02 ④ IT 아웃소싱 업체로부터 독립운영은 불가능하다.

03 ④ 어플리케이션의 자율적 설치 및 활용은 불가능하다.

04 ③ 총소유비용에 대한 설명이다.

05 ③ 인적자원관리의 패러다임은 사람중심에서 역할중심으로 변화한다.

06 ① 차별적 성과급으로 종업원을 동기부여하는 것은 테일러의 과학적 관리법이다.

07 ③ 인적자원관리의 외부적 환경요인은 ▲ 경제적 환경 ▲ 사회·문화적 환경 ▲ 정부 ▲ 경쟁업체 ▲ 노동조합 등이다.

08 ④ 직무충실화의 장점은 성장욕구가 낮은 종업원의 심리부담이 증가한다는 것이다.

09 ③ 선발도구의 타당도가 높을수록 1종 오류와 2종 오류의 비중이 줄어든다.

10 ③ 고과내용이 얼마나 정확하게 측정되었는가에 관한 성질은 '신뢰성', 고과내용이 고과목적을 얼마나 잘 반영하고 있는가에 관한 성질은 '타당성'이다.

11 ① 대비오류에 대한 설명이다.
② 상동적 오류 : 피평정자에 대해 평정자가 지닌 사회적 통념이나 편견, 선입견에 의해 평정하는 오류
③ 논리적 오류 : 평가자가 평소 논리적인 사고에 얽매여 임의적으로 평가하는 오류
④ 관대화 경향 : 근무성적, 평정 등에 있어 평점 결과 분포가 우수한 쪽에 집중되는 경향

12 ③ 비즈니스게임에 대한 설명이다.
② 액션러닝 : 경영현장에서 성과와 직결되는 이슈 혹은 과제를 정해진 시점까지 해결하도록 하여 개인과 조직의 역량을 동시에 향상시키는 행동지향적 교육방식

13 ④ 할증급제는 시간을 기준으로 한 개인 성과급 제도의 한 형태로 능률급제 임금형태이다. 참고로 기본급은 기준 내 임금이나 직책수당·특수근무수당·초과근무수당·직무수당 등은 기준 외 임금에 해당하며, 자격급은 직능급을 좀 더 발전시킨 형태로서 근로자의 자격취득에 따라 임금에 차이를 두는 제도다.

임금형태의 분류		
고정급제 (시간급제)	능률급제 (성과급제)	특수임금제
시급제 일급제 주급제 월급제	성과급제 할증급제 상여급제	성과배분제 순응임률제 집단임금제 임금피크제 스톡옵션 종업원지주제

14 ③ 임금 수준을 나타내는 지표로 사용되는 직원의 평균 임금액은 베이스업(Base-up)이다.

15 ① 카페테리아식 복리후생제도는 프로그램 관리가 복잡하고 운용비용이 크다.

16 ③ 일용근로자 또는 1개월 미만의 기한을 정해 사용되는 근로자다.

17 ② 소득세는 납세의무자와 담세자가 일치하는 직접세다.

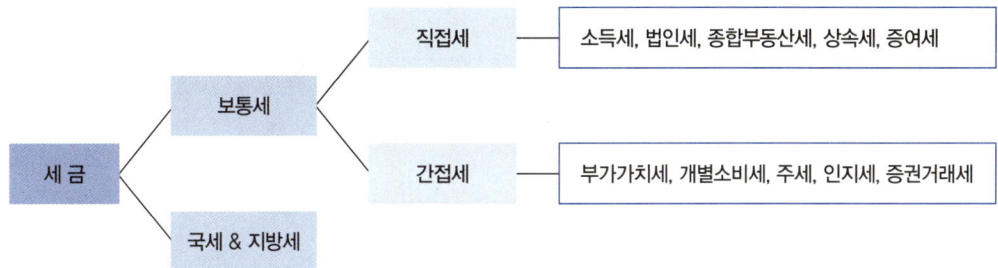

18 ② 직무공유제에서는 임금 외 복리후생비 등의 비용이 증가한다.

19 ① 비정규직 근로자보호법의 대상이 되는 근로자는 기간제근로자, 단시간근로자, 파견근로자다.

20 ① 오픈 숍(Open Shop)에 대한 설명이다.
② 유니언 숍(Union Shop) : 채용 시 조합원 자격을 전제하지는 않으나 고용된 노동자는 일정기간 경과 후 노동조합에 반드시 가입해야 하며, 가입 거부 또는 제명 시에는 기업으로부터 해고당하는 제도
③ 클로즈드 숍(Closed Shop) : 조합원 자격을 전제 조건으로 채용해야 하는 제도
④ 프리퍼렌셜 숍(Preferential Shop) : 노동조합에 가입하는 변형적 방법의 하나로 사용자 측이 비조합원의 고용도 가능하지만, 조합원에 대해 고용상 차별적 우대를 하는 제도

실무문제

01	02	03	04	05	06	07	08	09	10
③	③	④	①	④	②	②	③	④	①
11	12	13	14	15	16	17	18	19	20
①	②	④	②	①	③	④	③	②	①

01 [시스템관리] – [회사등록정보] – [사업장등록] – [기본등록사항] 탭 및 [신고관련사항] 탭

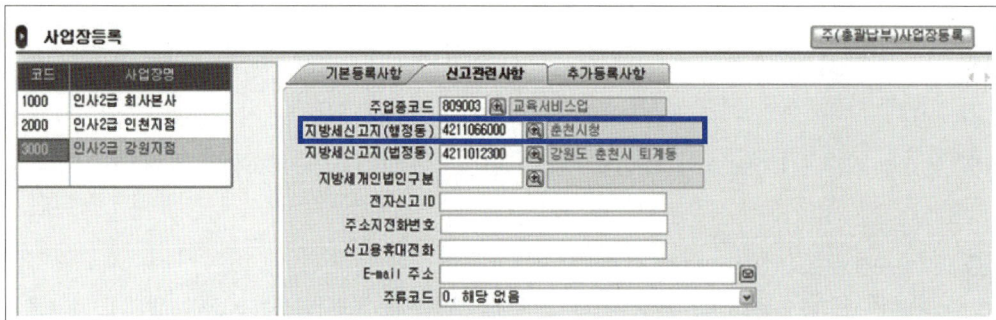

③ [3000.인사2급 강원지점] 사업장의 지방세신고지(행정동)는 [4211066000.춘천시청]이다.

02 [시스템관리] – [회사등록정보] – [부서등록]

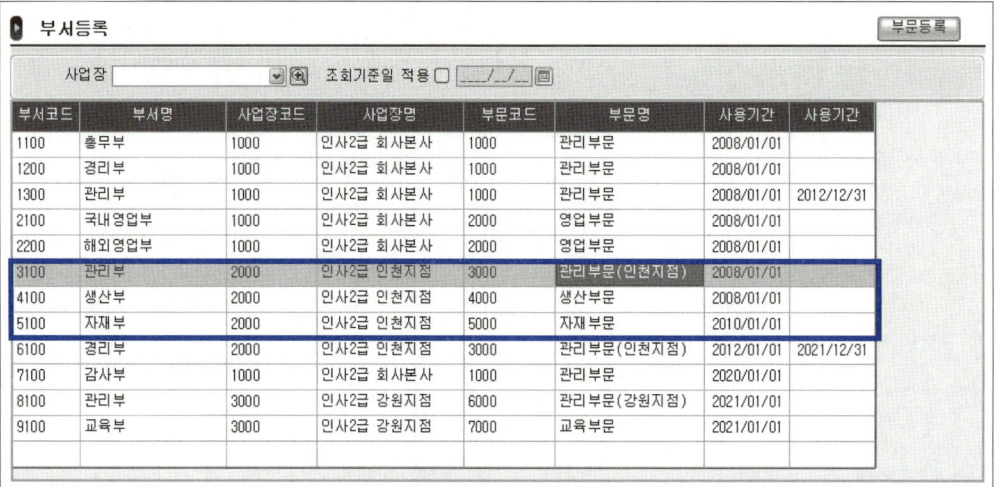

③ 사용이 종료된 [6100.경리부]를 제외하면 현재 사용 중인 [2000.인사2급 인천지점] 사업장 소속 부서의 부문은 모두 다르다.

• 2023/09/23 기준 현재 사용 중인 부서 중 [1000.인사2급 회사본사] 사업장 소속의 부서는 모두 5개이고 ▲ [1300.관리부]의 사용 종료일은 '2012/12/31', [6100.경리부]는 '2021/12/31'이므로 두 부서는 사용 종료일이 다르며 ▲ 가장 최근 새롭게 추가된 부서는 [8100.관리부]와 [9100.교육부]다.

03 [시스템관리] – [회사등록정보] – [사용자권한설정]
→ [모듈구분 : H.인사/급여관리]

④ [급여명세] 메뉴에서는 본인이 속한 사업장에 대한 급여명세만 출력할 수 있다.

04 [인사/급여관리] – [기초환경설정] – [지급공제항목등록] – [지급공제항목설정] 탭
→ [급여구분 : 급여] – [지급/공제구분 : 지급] – [귀속연도 : 2023] – 상단 [마감취소] 버튼

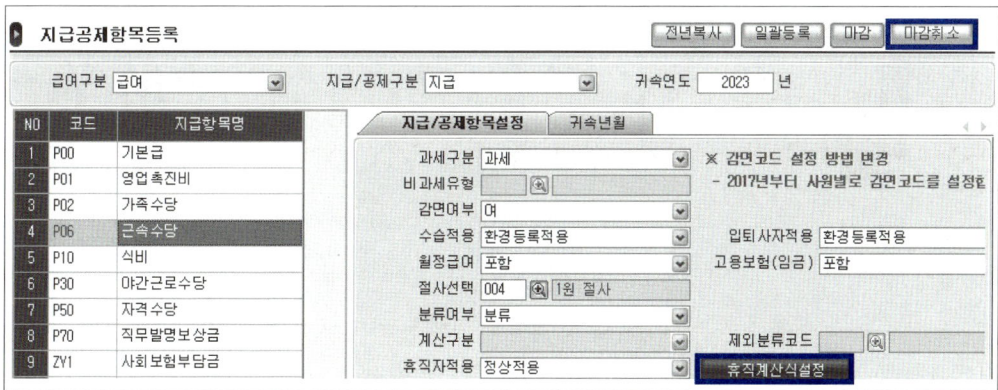

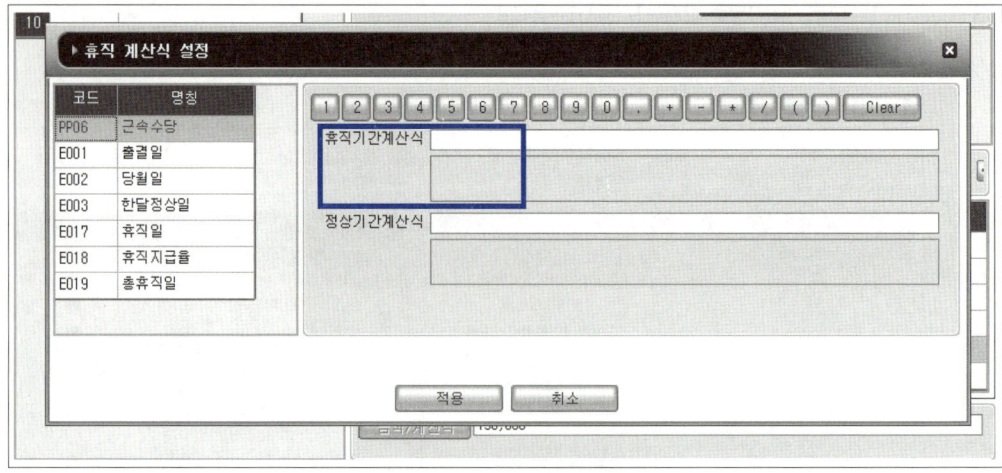

① 휴직자에 대한 별도 계산식이 설정되어 있지 않아 해당 지급항목은 조건에 맞으면 정상지급한다.
- 휴직자 계산식 확인경로 : [지급공제항목설정] 탭 – [휴직자적용] 우측 [휴직계산식설정] 버튼 – [휴직 계산식 설정] 팝업창 내용 확인

05 [인사/급여관리] – [기초환경설정] – [인사/급여환경설정] – [기준설정] 탭

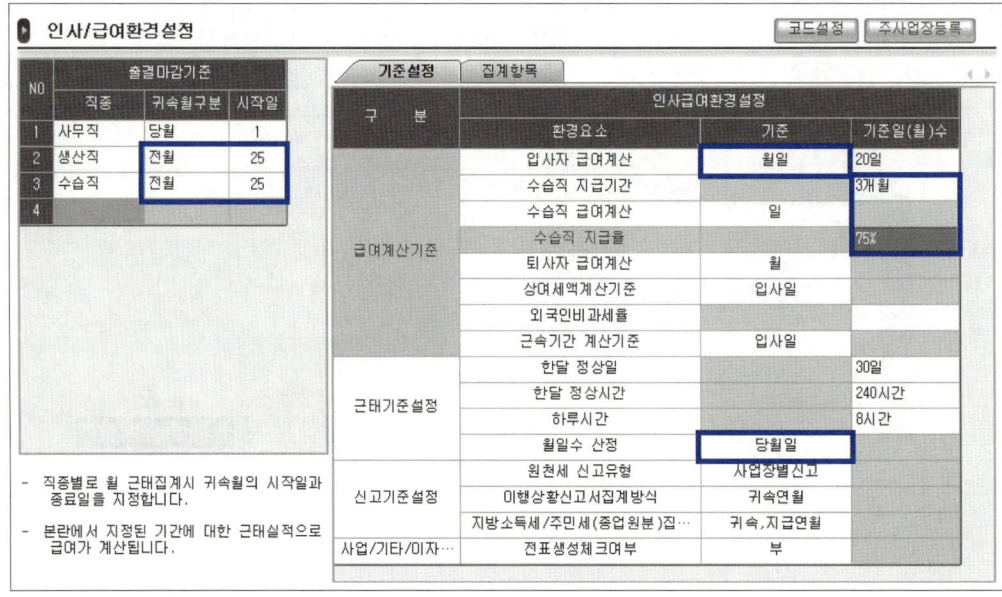

④ 수습직의 경우 3개월간 75%에 해당하는 급여를 지급받는다.

06 (1) 일괄등록

[인사/급여관리] – [기초환경설정] – [호봉테이블등록]

→ [800.주임] – [호봉이력 : 2023/09] 신규등록

→ 상단 [일괄등록] 버튼 – [호봉일괄등록] 팝업창 – [기본급_초기치 : 2,200,000, 증가액 : 130,000/ 직급수당_초기치 : 70,000, 증가액 : 20,000/ 호봉수당_초기치 : 50,000, 증가액 : 10,000] 입력 후 [적용] 클릭

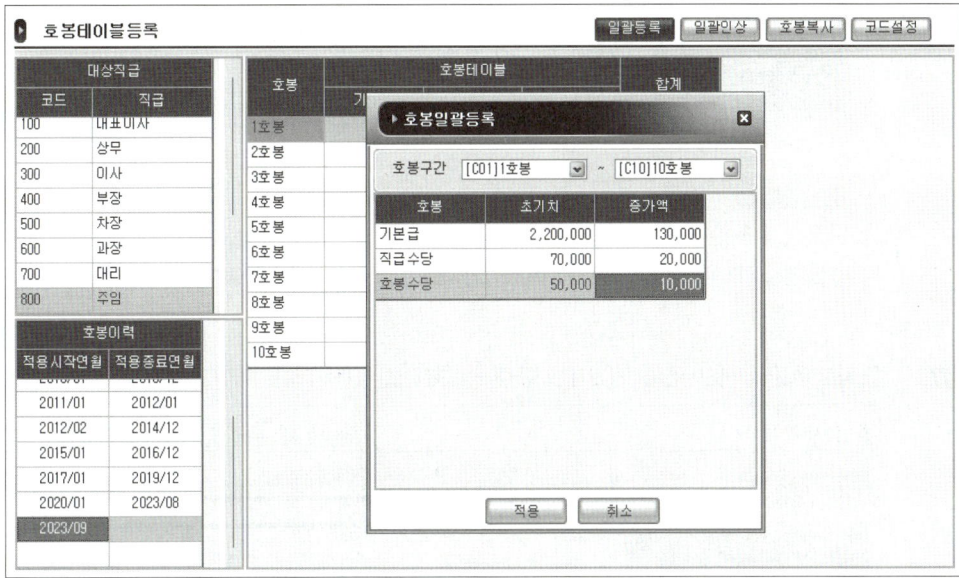

(2) 일괄인상

→ 상단 [일괄인상] 버튼 – [호봉일괄인상] 팝업창 – [정률(%)_기본급 : 5.3/ 호봉수당 : 2.1] – [정률적용] 클릭

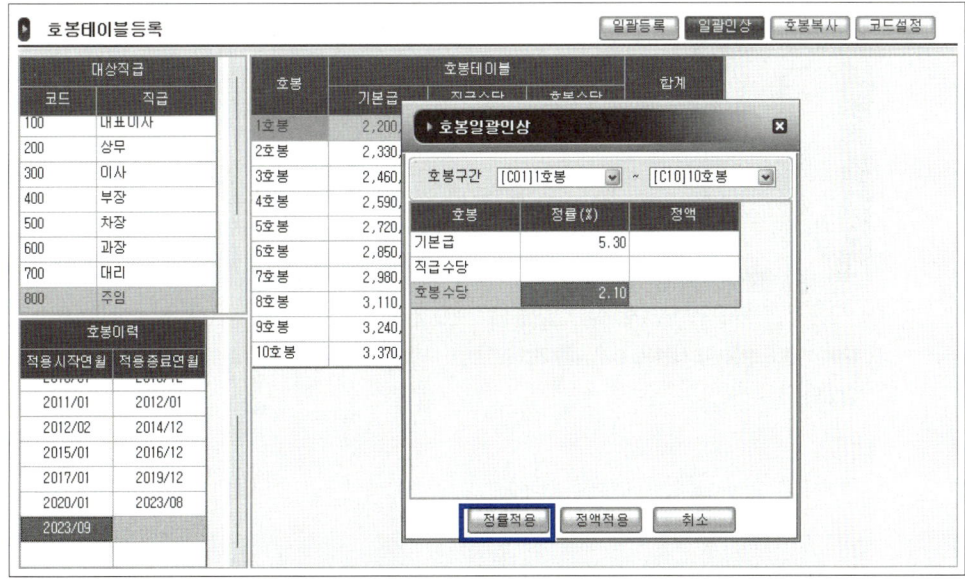

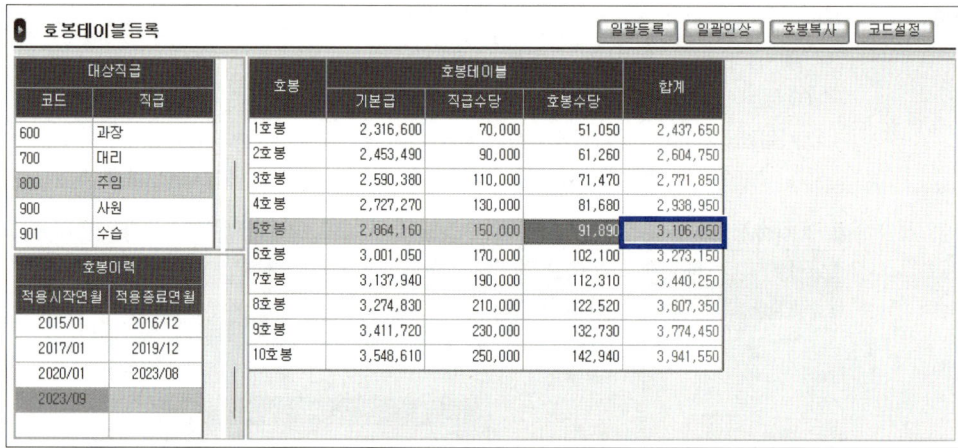

② [일괄등록]과 [일괄인상] 버튼을 이용해 해당 내용 반영 시 [800.주임] 5호봉 합계금액은 3,106,050원이다.

07 [인사/급여관리] – [인사관리] – [인사정보등록] – [기본정보]·[재직정보]·[급여정보] 탭

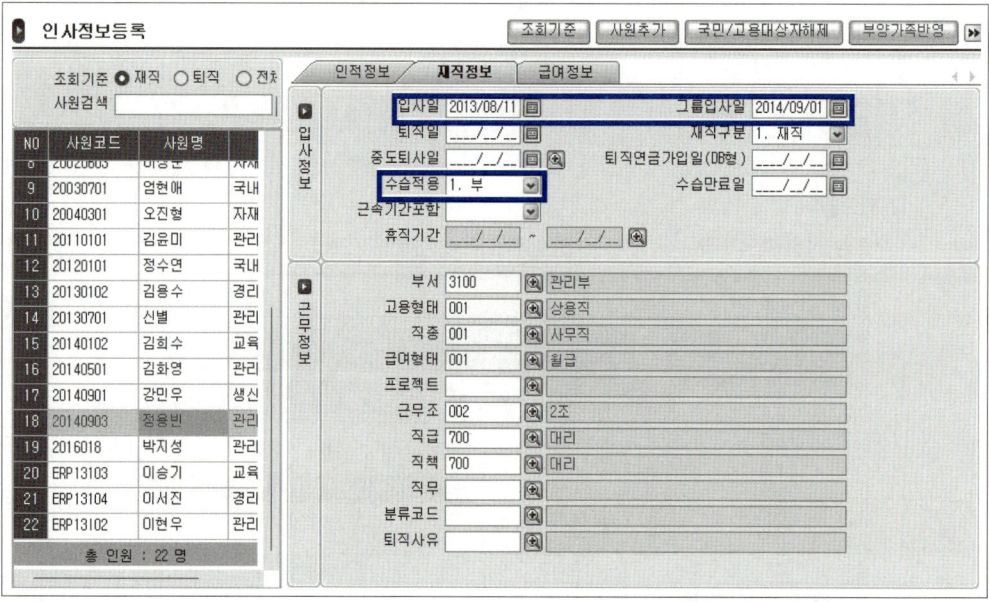

② [20140903.정용빈] 사원은 입사일은 2013년 8월 11일, 그룹입사일은 2014년 9월 1일로 다르며 수습기간은 거치지 않았다.

08 [인사/급여관리] – [인사관리] – [사원정보현황] – [자격/면허] 탭 – 상단 [퇴직제외] 버튼
→ [자격증 : 200.ERP정보관리사2급]

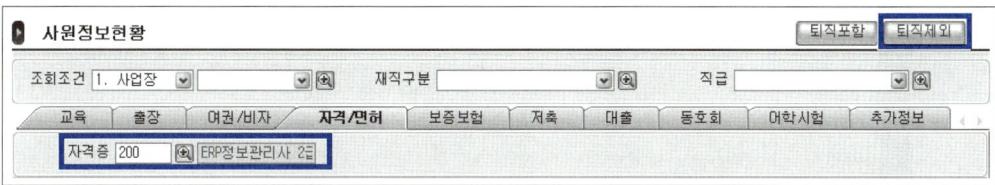

※ 취득일로 정렬 : 조회 후 오른쪽 마우스 클릭 – [정렬 및 소계 설정 – 정렬 및 소계] 클릭 – [정렬 및 소계] 팝업창 – 오른쪽에서 [4.취득일] 추가 후 [적용] 클릭

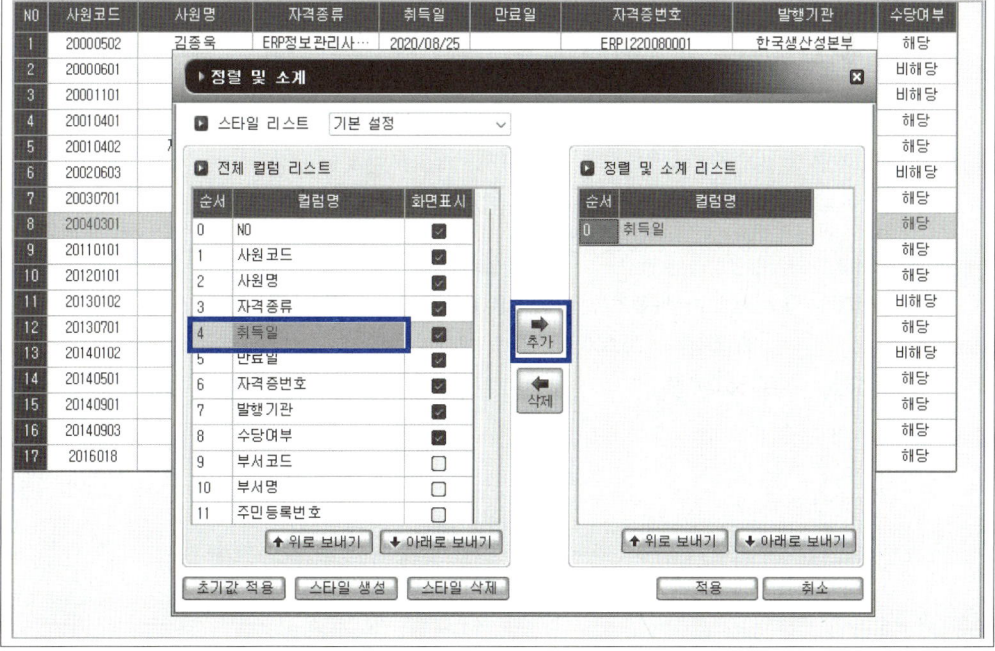

NO	사원코드	사원명	자격종류	취득일	만료일	자격증번호	발행기관	수당여부
1	20000601	이종현	ERP정보관리사…	2014/02/11		erp015001	한국생산성본부	비해당
2	20020603	이성준	ERP정보관리사…	2015/11/28		erp077003	한국생산성본부	비해당
3	20130701	신별	ERP정보관리사…	2017/05/22		erp20171088	한국생산성본부	해당
4	20110101	김윤미	ERP정보관리사…	2020/04/22		erp45878855	한국생산성본부	해당
5	20010401	노희선	ERP정보관리사…	2020/05/24		erp076002	한국생산성본부	해당
6	20030701	엄현애	ERP정보관리사…	2020/05/25		ERPA220050010	한국생산성본부	해당
7	20000502	김종욱	ERP정보관리사…	2020/08/25		ERPI220080001	한국생산성본부	해당
8	20001101	박용덕	ERP정보관리사…	2020/11/24		ERPI2201100021	한국생산성본부	비해당
9	20010402	제갈형서	ERP정보관리사…	2020/11/24		ERPI2201100025	한국생산성본부	해당
10	20140501	김화영	ERP정보관리사…	2021/05/24		ERP210512541245	한국생산성본부	해당
11	20120101	정수연	ERP정보관리사…	2021/08/25		ERP21081125412	한국생산성본부	해당
12	20140901	강민우	ERP정보관리사…	2021/08/25		ERP21081151241	한국생산성본부	해당
13	20130102	김용수	ERP정보관리사…	2021/09/27		ERP21092251241	한국생산성본부	비해당
14	20140102	김희수	ERP정보관리사…	2021/11/26		ERP2111225142	한국생산성본부	비해당
15	20140903	정용빈	ERP정보관리사…	2021/11/26		ERP21110215325	한국생산성본부	해당
16	20040301	오진형	ERP정보관리사…	2023/07/22			한국생산성본부	해당
17	2016018	박지성	ERP정보관리사…	2023/07/22			한국생산성본부	해당

→ [자격증 : 700.MAT경영능력시험]

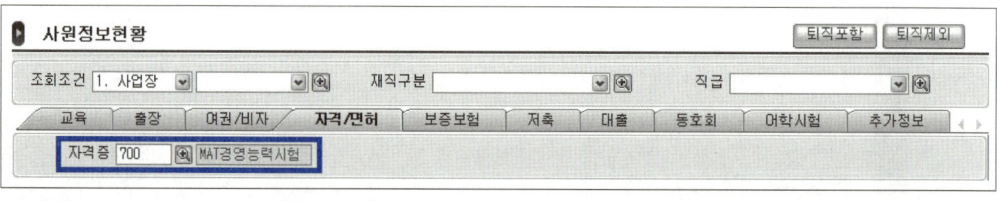

NO	사원코드	사원명	자격종류	취득일	만료일	자격증번호	발행기관	수당여부
1	20000601	이종현	MAT경영능력시험	2023/06/10			한국생산성본부	비해당
2	20010402	제갈형서	MAT경영능력시험	2023/06/10			한국생산성본부	해당
3	20110101	김윤미	MAT경영능력시험	2023/06/10			한국생산성본부	해당
4	20140501	김화영	MAT경영능력시험	2023/06/10			한국생산성본부	해당
5	20000501	한국민	MAT경영능력시험	2023/08/12			한국생산성본부	비해당
6	20000502	김종욱	MAT경영능력시험	2023/08/12			한국생산성본부	비해당
7	20001101	박용덕	MAT경영능력시험	2023/08/12			한국생산성본부	해당
8	20001102	정영수	MAT경영능력시험	2023/08/12			한국생산성본부	해당
9	20010401	노희선	MAT경영능력시험	2023/08/12			한국생산성본부	비해당
10	20130701	신별	MAT경영능력시험	2023/08/12			한국생산성본부	해당
11	20140901	강민우	MAT경영능력시험	2023/08/12			한국생산성본부	해당
12	2016018	박지성	MAT경영능력시험	2023/08/12			한국생산성본부	해당

③ 특별자격수당 = 2명(ERP정보관리사2급) × 30,000원 + 5명(MAT경영능력시험) × 25,000원

= 60,000원 + 125,000원

= 185,000원

09 [인사/급여관리] – [인사관리] – [근속년수현황]

→ [퇴사자 : 0.제외] – [기준일 : 2023/09/23] – [년수기준 : 1.미만일수 버림] – [경력포함 : 0.제외]

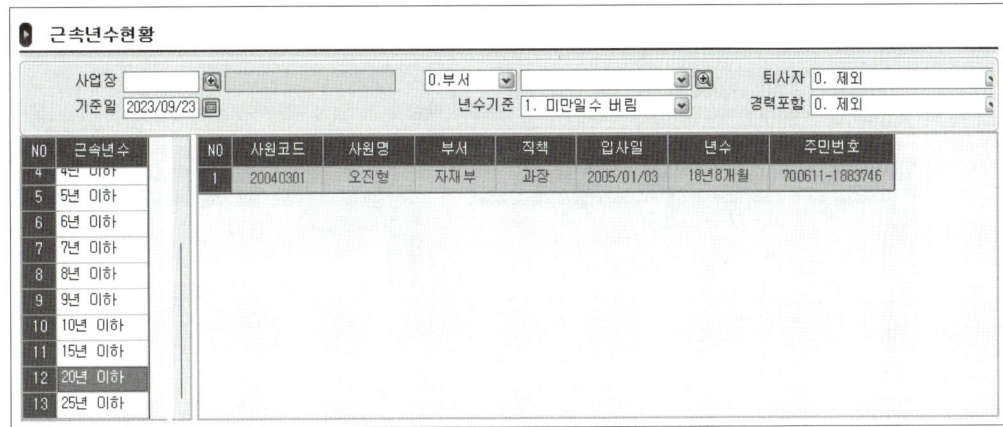

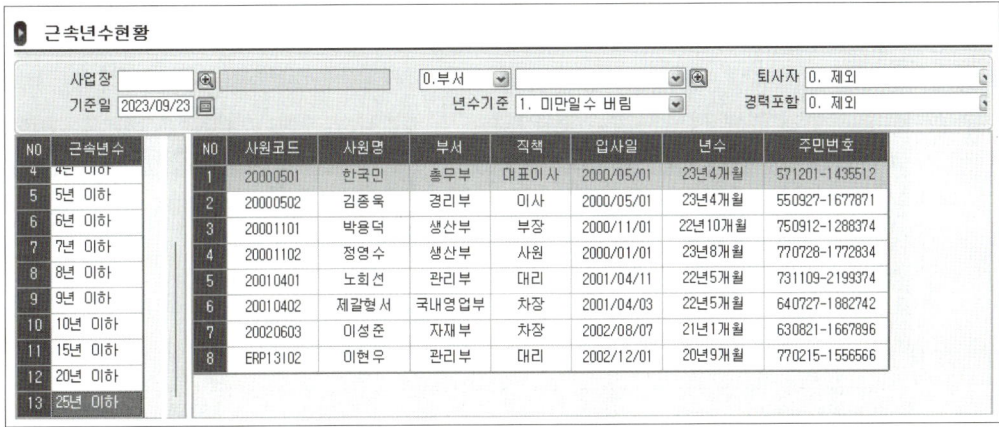

④ 근속수당 = 1명(15년 초과) × 50,000원 + 8명(20년 초과) × 100,000원

= 50,000원 + 800,000원

= 850,000원

10 [인사/급여관리] – [인사관리] – [인사발령(사원별)]
→ [발령호수: 20231001] – [발령구분 : 보직변경]

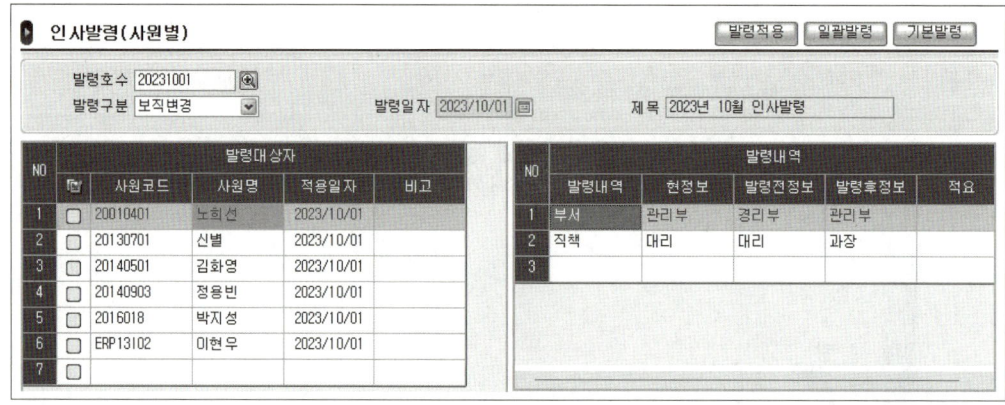

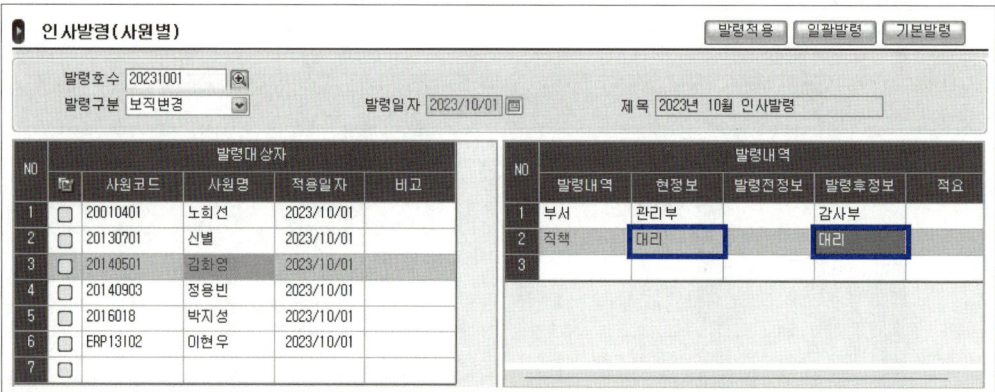

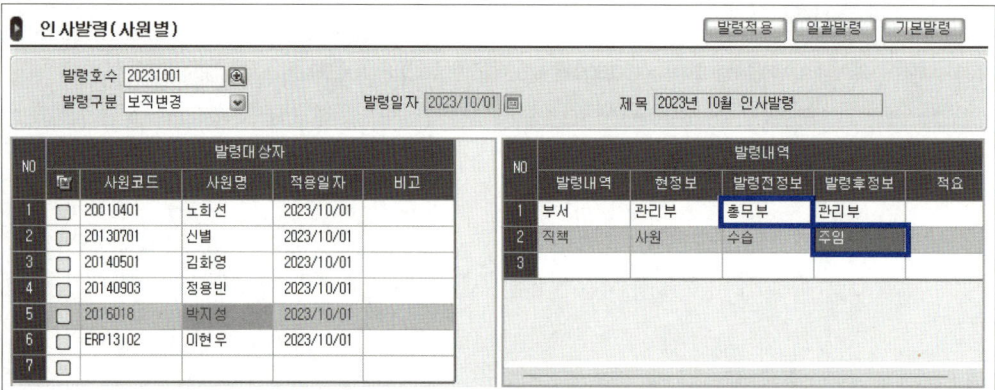

① 해당 발령일자의 대상자는 모두 6명이고, 현재 관리부 소속이다.
- ▲ 발령 전 정보가 존재하는 대상자의 발령 전 부서는 경리부, 총무부, 관리부로 동일하지 않으며 ▲ 발령 후 부서 정보가 감사부로 변경되는 대상자 중 김화영·이현우 사원의 직책은 현재와 동일하고 ▲ 현재 직책이 사원인 대상자 중 박지성 사원의 발령 후 직책은 주임이다.

11 [인사/급여관리] – [인사관리] – [교육현황] – [교육별사원현황] 탭

→ [교육기간 : 2023/01/01 ~ 2023/06/30]

① 보기 대상자 중 교육평가 결과가 다른 사원은 'B'를 받은 [20001101.박용덕]이다.

12 (1) 책정임금 등록

[인사/급여관리] – [인사관리] – [인사정보등록] – [급여정보] 탭

→ [20130701.신별] 선택 – 하단 [책정임금] – [계약시작년월 : 2023/09] 입력 – 팝업창 [예] 클릭 – 연봉 '금액'란에서 Ctrl + F3 → 연봉 '40,375,000' 입력

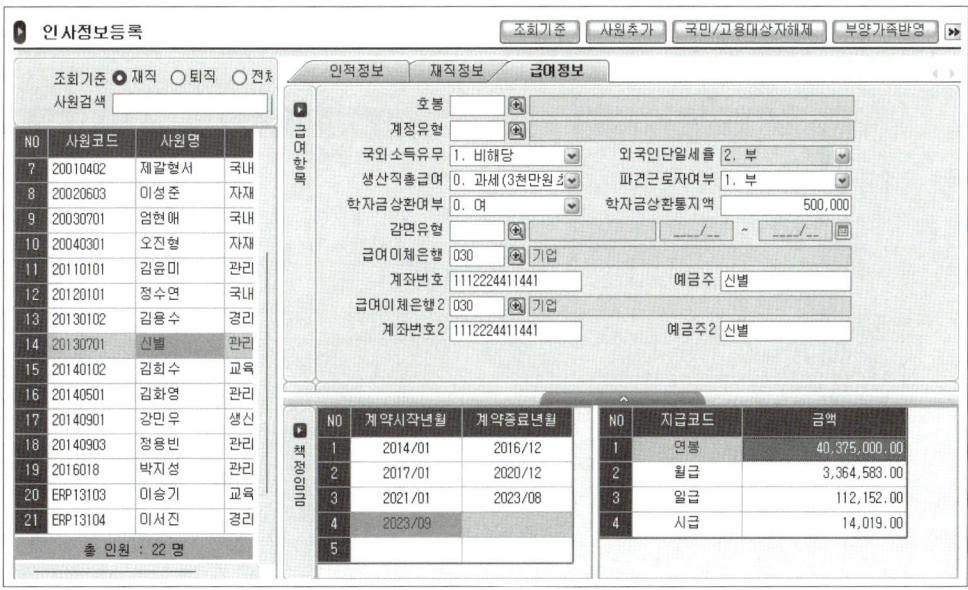

(2) 급여계산

[인사/급여관리] - [급여관리] - [상용직급여입력및계산]

→ [귀속연월 : 2023/09] - [지급일 : 1.2023/09/25 급여 분리] - 전체 사원 선택 후 상단 [급여계산] 버튼 클릭 - [급여계산] 팝업창에서 [계산] 클릭

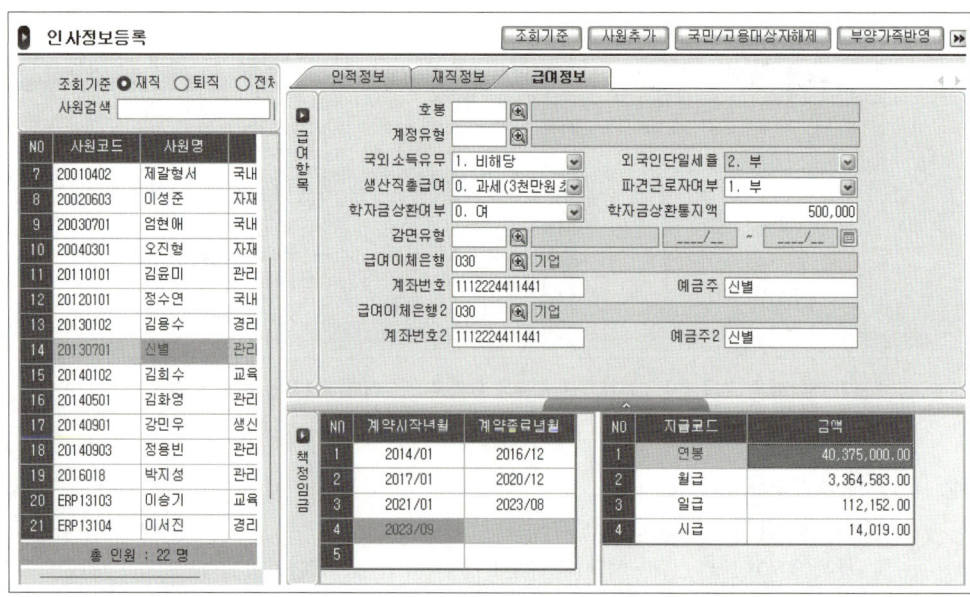

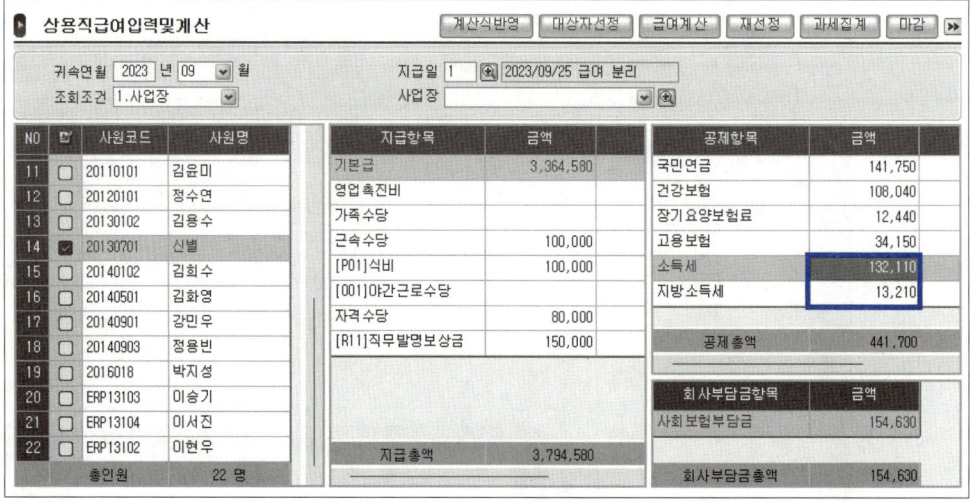

② 해당 지급일 [20130701.신별] 사원의 소득세는 132,110원, 지방소득세는 13,210원이다.

13 (1) 지급일자 추가

[인사/급여관리] - [기초환경설정] - [급/상여지급일자등록]

→ [귀속연월 : 2023/09]

→ 좌측에 [지급일자(2023/10/10), 동시발행(002.분리), 대상자선정(0.직종및급여형태별)] 신규등록

→ 우측에 [급여구분(101.특별급여)] 신규등록

→ 상단 [일괄등록] 버튼 - [일괄등록] 팝업창 - [사업장 : 2000.인사2급 인천지점], [상여지급대상기간 : 2023/09/01 ~ 2023/09/30], [대상 : 사무직(월급), 생산직(연봉)] 체크 후 [적용] 클릭

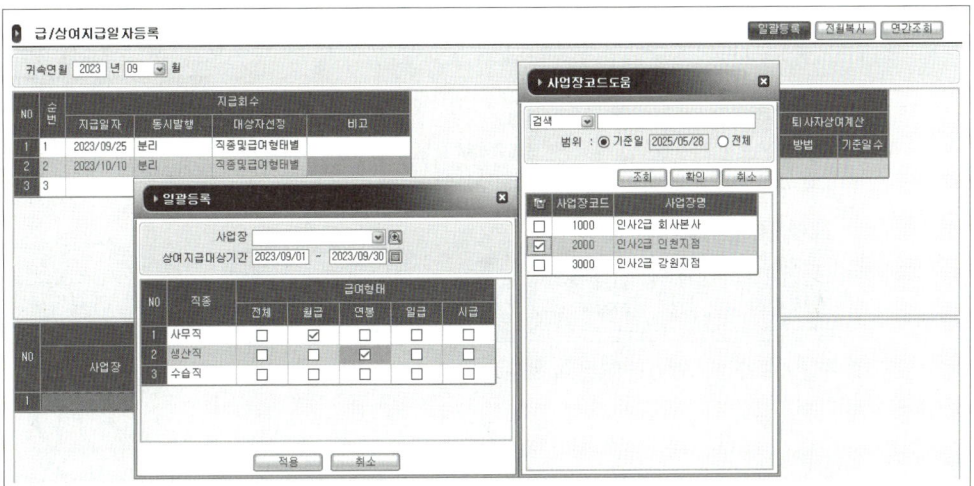

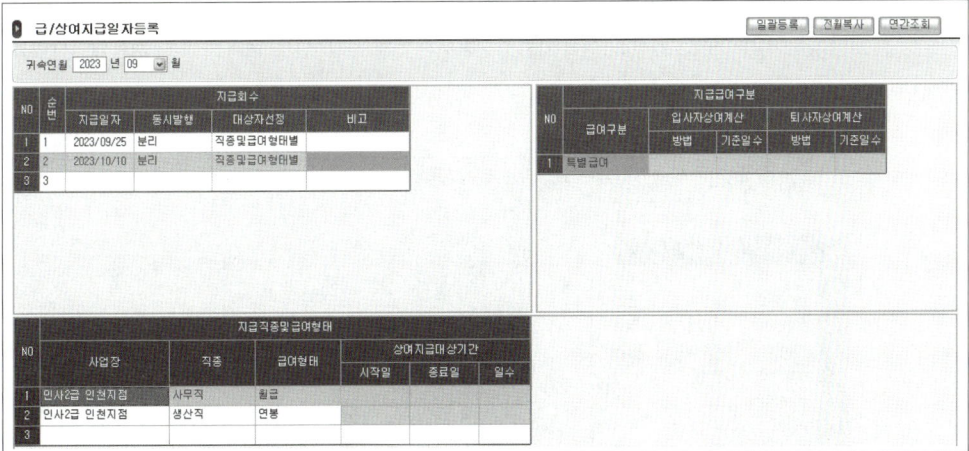

(2) 급여계산

[인사/급여관리] - [급여관리] - [상용직급여입력및계산]

→ [귀속연월 : 2023/09] - [지급일 : 2.2023/10/10 특별급여 분리] - 사원 전체 체크 후 상단 [급여계산] 버튼 클릭

- [급여계산] 팝업창에서 [계산] 클릭 - 하단 [개인정보] 탭에서 '과세총액' 확인

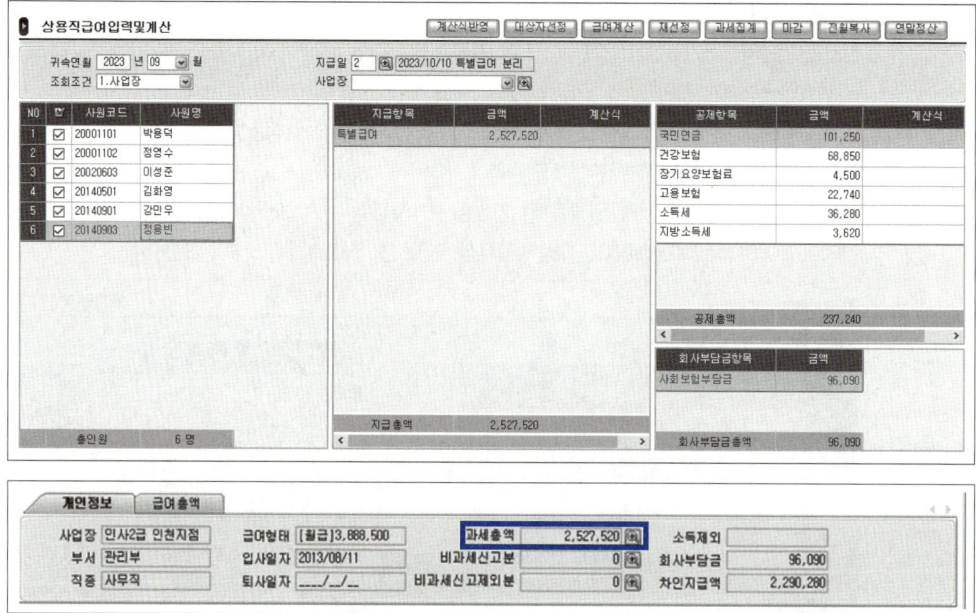

④ 해당 지급일 [20140903.정용빈]의 과세총액은 2,527,520원이다.

14 (1) 책정임금 확인

[인사/급여관리] – [인사관리] – [인사정보등록] – [급여정보] 탭

→ [20120101.정수연] – 하단 [책정임금] – [계약시작년월 : 2022/01] 클릭 – 연봉 '금액'란에서 'Ctrl + F3 – '시급' 확인

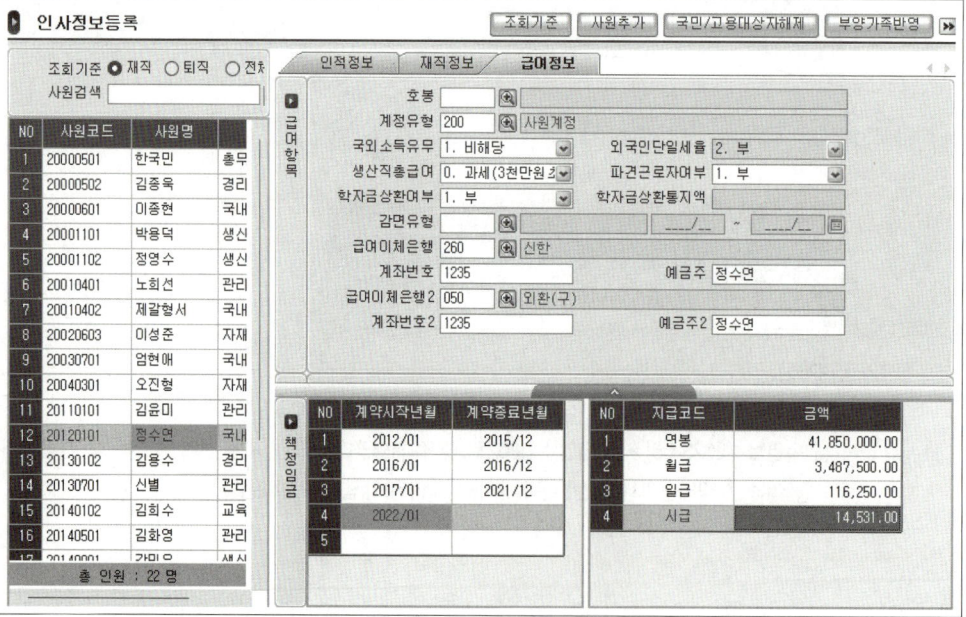

(2) 근태 공제금액 계산

[인사/급여관리] – [급여관리] – [근태결과입력]

→ [귀속연월 : 2023/08] – [지급일 : 1.2023/08/25 급여 분리]

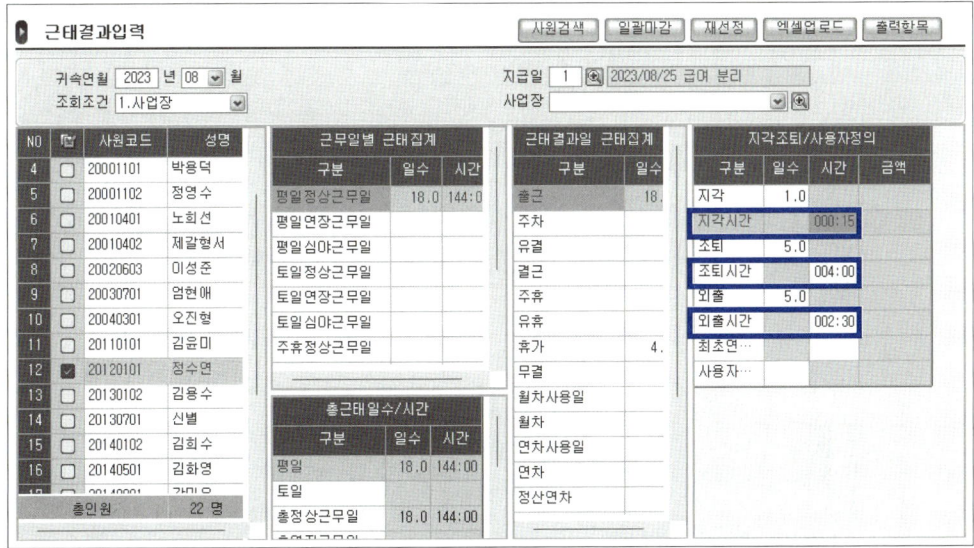

- 책정임금 시급 14,531원
- 15분 = 1시간 ÷ 4 → 0.25
  - 지 각 : 0:15 → 0.25
  - 조 퇴 : 4:00 → 4.0
  - 외 출 : 2:30 → 2.5
② 공제금액 = (지각시간 + 조퇴시간 + 외출시간) × 시급
         = (0.25 + 4.0 + 2.5) × 14,531원
         = 98,080원(≒ 98,084.25)

15 (1) 대상자 추가

[인사/급여관리] – [일용직관리] – [일용직급여지급일자등록]

→ [귀속연월 : 2023/09] – [지급일 : 1.2023/09/25/매일지급] – [부서 : 1100.총무부] – [급여형태 : 004.시급] – 해당 사원 전체 체크 후 [추가] 클릭

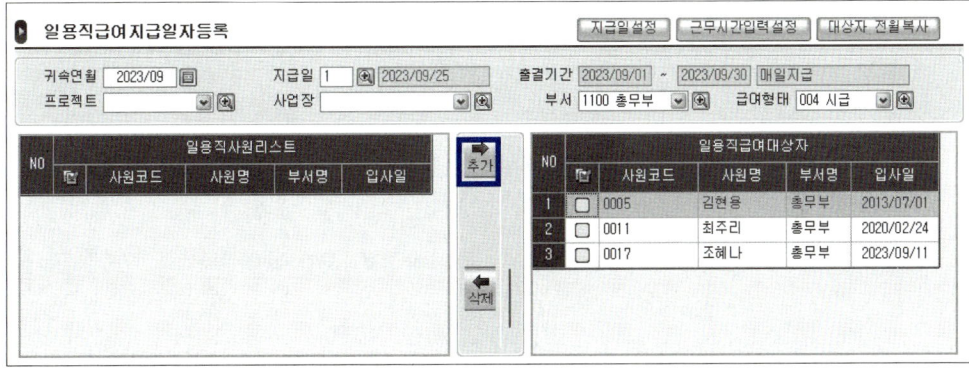

(2) 급여계산

[인사/급여관리] – [일용직관리] – [일용직급여입력및계산]

→ [귀속연월 : 2023/09] – [지급일 : 1.2023/09/25/매일지급] – 사원 전체 체크

→ 상단 [일괄적용] 버튼 – [일괄적용] 팝업창 – [일괄적용시간 : 09:00], [일괄적용요일 : 평일], [비과세(신고제외분)
: 10,000] 입력 후 [적용] 클릭

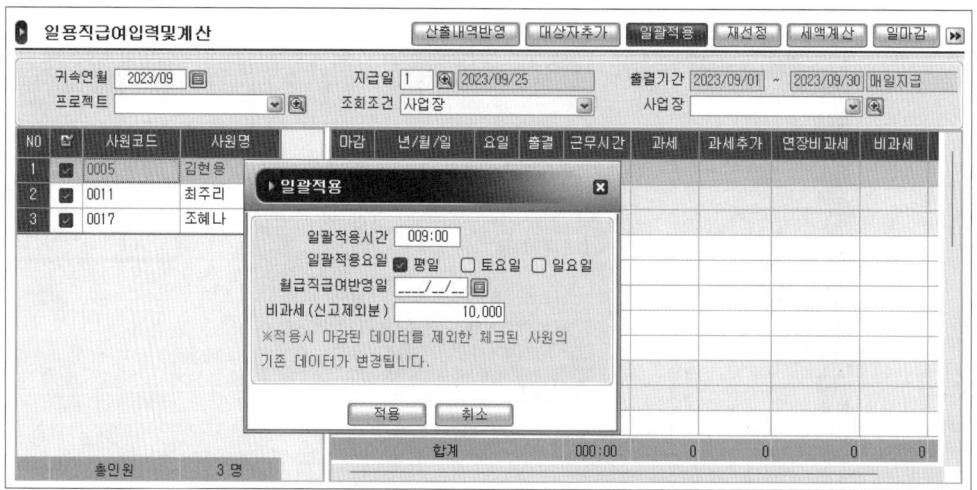

→ 상단 [일괄적용] 버튼 – [일괄적용] 팝업창 – [일괄적용시간 : 003:00], [일괄적용요일 : 토요일] 입력 후 [적용] 클릭

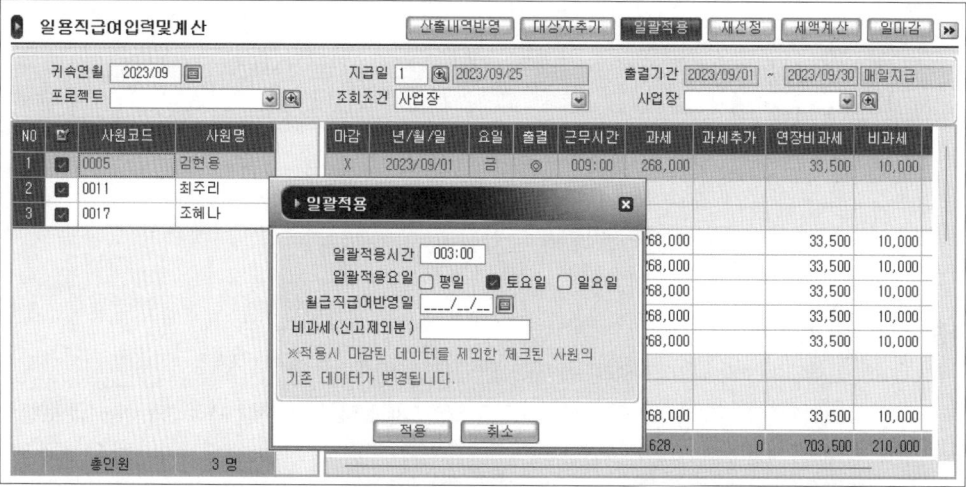

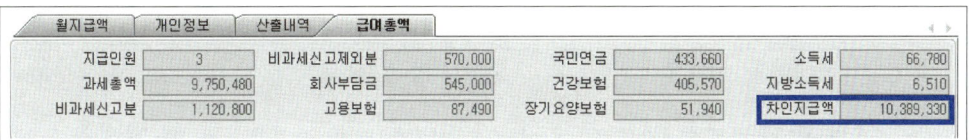

① 해당 지급일의 실제지급액(차인지급액)은 10,389,330원이다.

16 (1) 일용직 정보변경

[인사/급여관리] – [일용직관리] – [일용직사원등록] – [기존정보] 탭

→ [0016.문리리] – [생산직비과세적용 : 함]

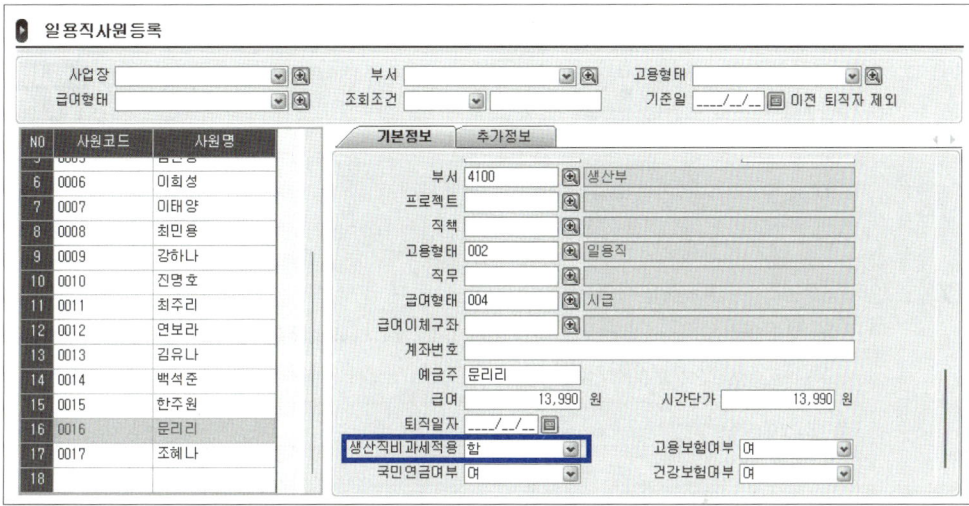

(2) 급여계산

[인사/급여관리] – [일용직관리] – [일용직급여입력및계산]

→ [귀속연월 : 2023/09] – [지급일 : 2,2023/09/25/일정기간지급] – 사원 전체 체크

→ 상단 [일괄적용] 버튼 – [일괄적용] 팝업창 – [일괄적용시간 : 009:00], [일괄적용요일 : 평일], [비과세(신고제외분)
 : 8,000] 입력 후 [적용] 클릭

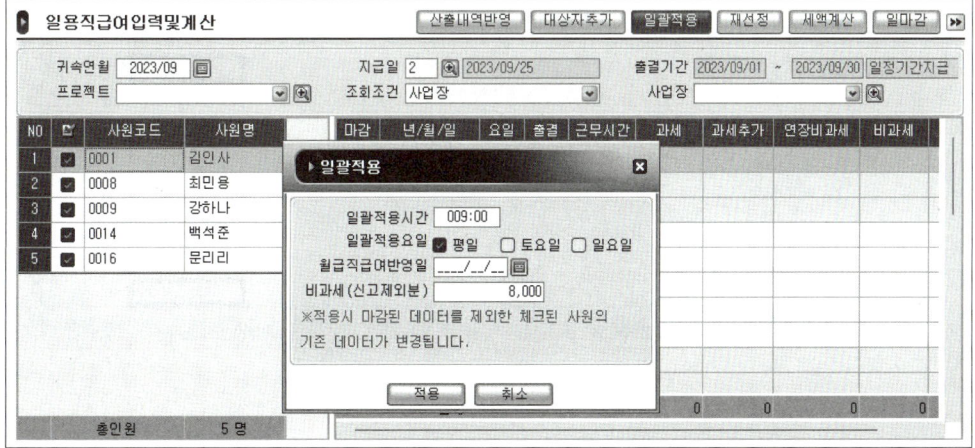

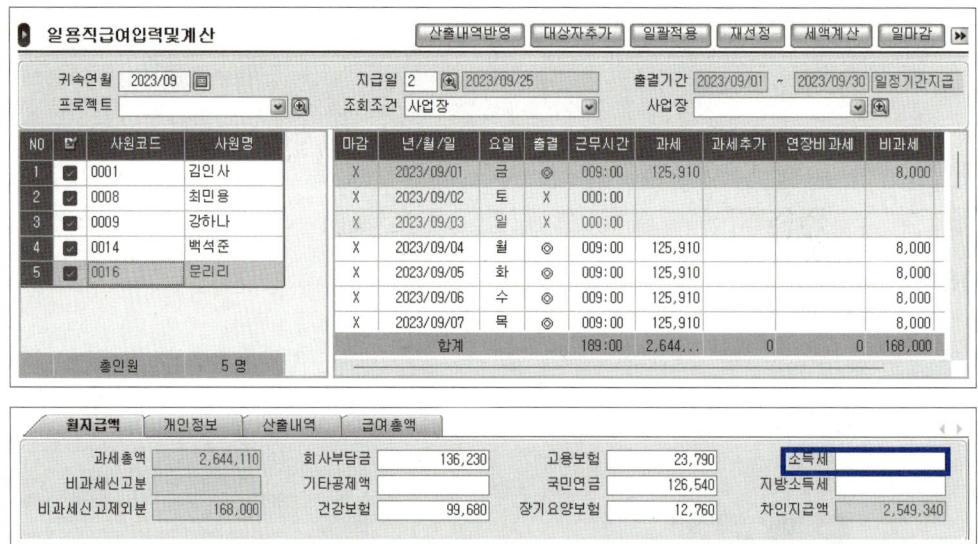

③ [0016.문리리] 사원의 소득세는 공제하지 않았다.

17 [인사/급여관리] – [급여관리] – [급/상여이체현황]
→ [소득구분 : 1.급상여] – [귀속연월 : 2023/08] – [지급일 : 1.2023/08/25 급여 분리] – [무급자 : 1.제외] – [조회조건 : 1.사업장_2000.인사2급 인천지점]

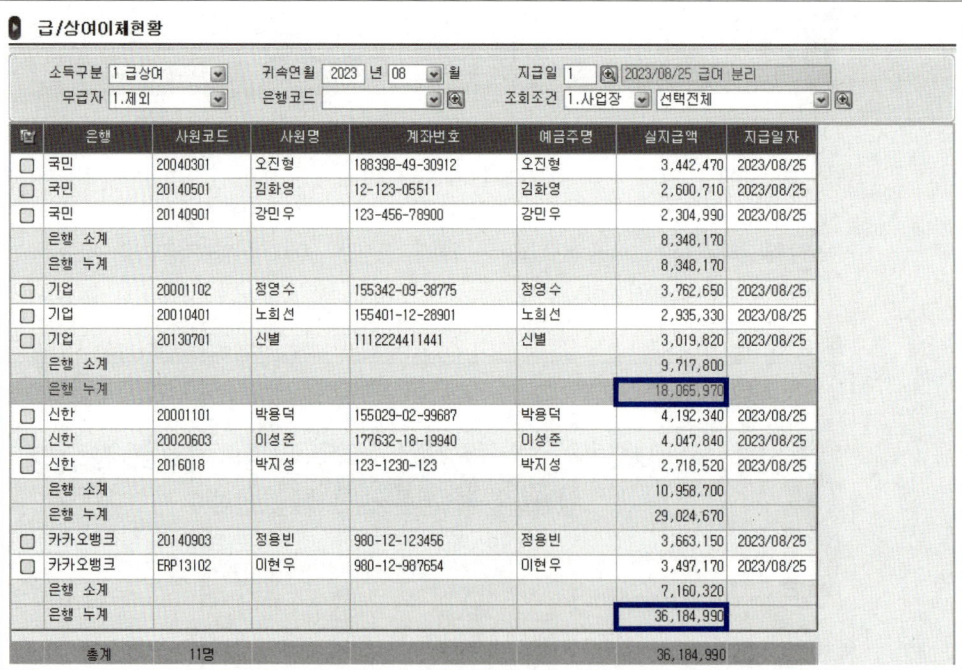

④ '국민은행'과 '기업은행'에 이체된 급/상여의 합은 18,065,970원으로 나머지 금융기관을 통해 이체된 급/상여의 합(18,119,020원)보다 작다. 참고로 나머지 금융기관을 통해 이체된 급/상여는 모든 은행에 이체된 급/상여의 합인 36,184,990원에서 '국민은행'과 '기업은행'에 이체된 급/상여의 합 18,065,970원을 빼주면 도출할 수 있다.

- ▲ 모두 4개의 금융기관을 통해 급여가 이체되었고 ▲ 가장 많은 급여가 이체된 금융기관은 '신한은행'으로 총 10,958,700원이며 ▲ [20140901.강민우] 사원이 가장 적은 급/상여를 이체받았다.

18 [인사/급여관리] – [급여관리] – [연간급여현황]

→ [조회기간 : 2023/04 ~ 2023/06] – [분류기준 : 지급/공제] – [지급구분 : 100.급여] – [사업장 : 2000.인사2급 인천지점, 3000.인사2급 강원지점] – [사용자부담금 : 0.제외]

NO	조회구분 부서	사원코드	사원명	합계 지급총액	합계 공제총액	2023/04 지급	2023/04 공제	2023/05 지급	2023/05 공제
1	관리부	20010401	노희선	9,915,000	1,741,120	3,305,000	1,001,780	3,305,000	369,6
2	관리부	20110101	김윤미	11,239,980	1,341,090	3,746,660	447,030	3,746,660	447,03
3	관리부	20130701	신별	10,640,000	1,218,880	3,530,000	404,350	3,530,000	404,35
4	관리부	20140501	김화영	9,150,000	897,870	3,050,000	299,290	3,050,000	299,29
5	관리부	20140903	정용빈	12,565,500	1,248,270	4,188,500	416,090	4,188,500	416,09
6	관리부	2016018	박지성	9,399,990	794,430	3,133,330	264,810	3,133,330	264,8
7	관리부	ERP13102	이현우	11,989,500	1,047,990	3,996,500	349,330	3,996,500	349,33
8	조회구분[부서…			74,899,970	8,289,650	24,949,990	3,182,680	24,949,990	2,550,5
9	교육부	20140102	김희수	10,449,990	1,291,110	3,483,330	430,370	3,483,330	430,3
10	교육부	ERP13103	이승기	13,070,250	1,776,450	4,356,750	592,150	4,356,750	592,1
11	조회구분[부서…			23,520,240	3,067,560	7,840,080	1,022,520	7,840,080	1,022,52
12	생산부	20001101	박용덕	14,852,490	3,691,040	4,950,830	2,174,060	4,950,830	758,4
13	생산부	20001102	정영수	13,164,990	2,815,850	4,388,330	1,564,490	4,388,330	625,6
14	생산부	20140901	강민우	8,400,000	1,035,030	2,800,000	345,010	2,800,000	345,0
15	조회구분[부서…			36,417,480	7,541,920	12,139,160	4,083,560	12,139,160	1,729,1
16	자재부	20020603	이성준	13,890,000	1,296,480	4,630,000	432,160	4,630,000	432,1
17	자재부	20040301	오진형	11,925,000	2,445,350	3,975,000	1,380,290	3,975,000	532,5
18	조회구분[부서…			25,815,000	3,741,830	8,605,000	1,812,450	8,605,000	964,6
	총계 : 14명			160,652,690	22,640,960	53,534,230	10,101,210	53,534,230	6,266,960

③ 조회기간 생산부의 지급총액은 36,417,480원, 공제총액은 7,541,920원이다.

19 [인사/급여관리] - [급여관리] - [항목별급상여지급현황]
→ [귀속연월 : 2023/01 ~ 2023/06] - [지급구분 : 100.급여] - [집계구분 : 3.기간별]

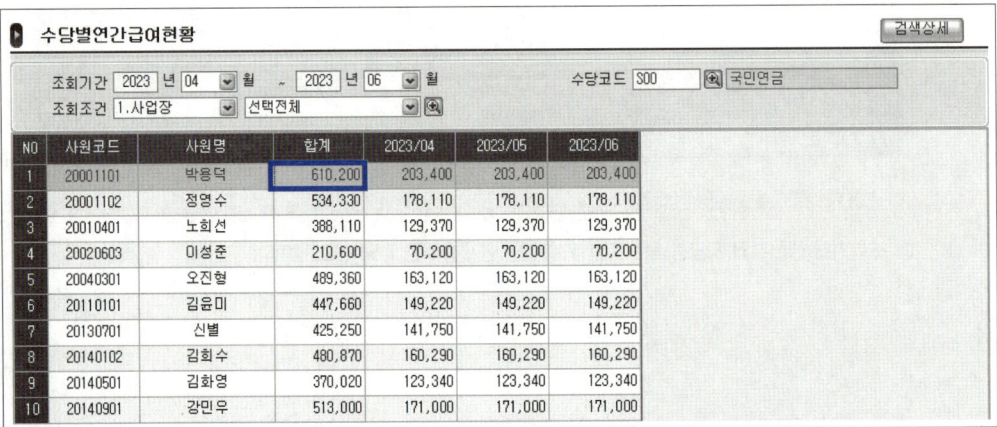

② 2023년 3월의 자격수당은 880,000원이다.

20 [인사/급여관리] - [급여관리] - [수당별연간급여현황]
→ [조회기간 : 2023/04 ~ 2023/06] - [수당코드 : S00.국민연금] - [조회조건 : 1.사업장_2000.인사2급 인천지점, 3000.강원2급 인천지점]

① 보기 대상자 중 [S00.국민연금]을 가장 많이 원천징수한 사원은 610,200원을 징수한 [20001101.박용덕]이다.

제 97 회 정답 및 해설

이론문제

01	02	03	04	05	06	07	08	09	10
③	②	①	①	①	④	③	③	①	④
11	12	13	14	15	16	17	18	19	20
③	②	④	①	④	④	③	②	①	③

01 ③ TO-BE 프로세스 도출, 패키지 설치, 추가개발 및 수정·보완 문제 논의 등은 2단계 설계단계에서 수행한다.

ERP 구축단계	내 용
1단계 분석	현황 분석, TFT 구성, 문제파악, 목표·범위 설정, 경영전략·비전 도출, 세부 추진일정 계획 수립, 시스템 설치 등
2단계 설계	미래업무 도출, GAP 분석, 패키지 설치·파라미터 설정, 추가개발·수정·보완, 인터페이스 문제 논의, 커스터마이징 등
3단계 구축	모듈 조합화, 테스트, 추가 개발·수정·보완 확정, 출력물 제시 등
4단계 구현	시스템 운영, 시험가동, 시스템 평가, 유지·보수, 향후일정 수립 등

02 ② 최고경영층에서부터 정보시스템 부서, 인사·재무·생산·영업 등의 현업부서와 외부의 전문가 집단(컨설턴트)에 이르기까지 다양한 인력이 참여해야 한다.

03 ① SCM(공급망관리)에 대한 설명이다.

04 ① ERP 컨설턴트는 비즈니스 내의 다양한 기능을 통합하는 ERP 소프트웨어의 전문가로서 재무, 인사, 공급망, 고객 관계 관리 등의 기능을 통합하고, 조직의 프로세스 간소화 및 운영 효율성 향상을 도모할 수 있다. 그러나 프로젝트의 주도권은 기업에 있다.

05 ① 차별적 성과급을 통해 종업원에게 동기부여하는 것은 테일러의 과학적 관리법이다.

06 ④ 점수법, 요소비교법은 계량적 평가방법이다.

직무평가방법	종류
비계량적 방법	서열법, 분류법
계량적 방법	점수법, 요소비교법

07 ③ 마코브분석은 인력계획의 공급예측 방법이다.

인적자원 수요예측 방법		인적자원 공급예측 방법	
정량적 기법	정성적 기법	내부적 공급예측	외부적 공급예측
추세분석 회귀분석 선형계획법	전문가예측법 델파이기법	기능목록 마코브분석 대체도	내부인력 추정 후 외부공급 규모 예측(인구구조, 경제활동인구 실업률, 고용동향 등 정보활용)

08 ③ 사내모집(내부모집)은 인력개발을 위한 교육훈련 비용이 증가한다.

09 ① 구조화 면접에서는 모든 지원자들에게 동일한 순서로 동일한 질문을 하므로 추가적 질문에 자유롭지 않다.

10 ④ 외부전문가를 통한 외부교육은 직장 외 훈련이다.

11 ③ 대용승진에 대한 설명이다.
① 직급승진 : 조직 내 계급구조를 따라 상위직급으로 이동
② 자격승진(직능자격승진) : 종업원이 가지고 있는 직능에 따라 승진을 결정
④ 역직승진 : 조직구조의 편성과 운영에 따라 이루어진 역직에 따라 승진 결정

12 ② 다면평가(360° 평가)는 본인, 상사, 팀 구성원, 고객 등 다수가 평가주체로 참여해 다각도로 평가를 진행하는 인사고과 평가 방법이다.

경력개발의 기본원칙
• 적재적소 배치의 원칙 • 승진경로의 원칙 • 자체 후진양성 · 인재육성의 원칙 • 경력기회개발의 원칙

13 ④ 시간급제는 고정금제, 상여급제는 능률급제이고, 기본급은 기준 내 임금이나 직책 · 특수근무 · 초과근무 · 직무 수당 등은 기준 외 임금에 해당하며, 직책수당은 직무수행상의 책임도 · 난이도가 타 직원보다 클 경우 지급하는 수당으로 직책의 곤란성과 책임의 정도가 지급기준이다.

임금형태의 분류		
고정급제 (시간급제)	능률급제 (성과급제)	특수임금제
시급제 일급제 주급제 월급제	성과급제 할증급제 상여급제	성과배분제 순응임률제 집단임금제 임금피크제 스톡옵션 종업원지주제

14 ① 럭커 플랜에 대한 설명이다.
② 임프로쉐어 플랜 : 표준노동시간과 실제노동시간 간의 차이를 비교해 절약된 노동시간만큼 성과를 배분
③ 스캔론 플랜 : 기업의 생산성 증대를 노사협조의 결과로 인식한 것으로서 총 매출액에 대한 노무비 절약부분을 종업원에게 배분

15 ④ 경조금, 학자금 지원은 법정 외 복리후생제도다.

법정 복리후생	국민건강보험, 국민연금보험, 산업재해보험, 고용보험, 퇴직금제도, 유급휴가제도 등
법정 외 복리후생	학자금ㆍ경조사ㆍ동호회ㆍ도서구입비 지원, 휴게실 운영, 스톡옵션, 카페테리아식ㆍ라이프사이클 복리후생제도, 육아 및 노부모 보호서비스 등

16 ④ 거주자가 아닌 자로서 국내 원천소득이 있는 개인은 제한 납세의무자인 비거주자다.

17 ③ 근로자의 연말정산 시 자녀세액공제에 해당하는 나이는 8세 이상 20세 이하다.

18 ② 원격근무제에 대한 설명이다.

19 ① 노사관계(Industrial Relations)는 노동관계의 직접적인 당사자인 근로자와 경영자 그리고 그들 관계에서 노사정책, 단체교섭, 노사분쟁에 관한 규정을 설정하는 정부를 포함한 노ㆍ사ㆍ정의 상호관계다.

20 ③ 피케팅, 보이콧, 생산통제는 근로자 측의 노동쟁의 행위다.

근로자 쟁의	파업, 태업ㆍ사보타주, 불매운동, 준법투쟁, 보이콧, 피케팅, 생산관리 등
사용자 쟁의	직장폐쇄, 대체고용, 조업계속 등

실무문제

01	02	03	04	05	06	07	08	09	10
②	③	③	④	②	①	①	④	①	①
11	12	13	14	15	16	17	18	19	20
②	②	④	③	①	③	②	③	④	④

01 [시스템관리] – [회사등록정보] – [사업장등록] – [기본등록사항] 탭 및 [신고관련사항] 탭

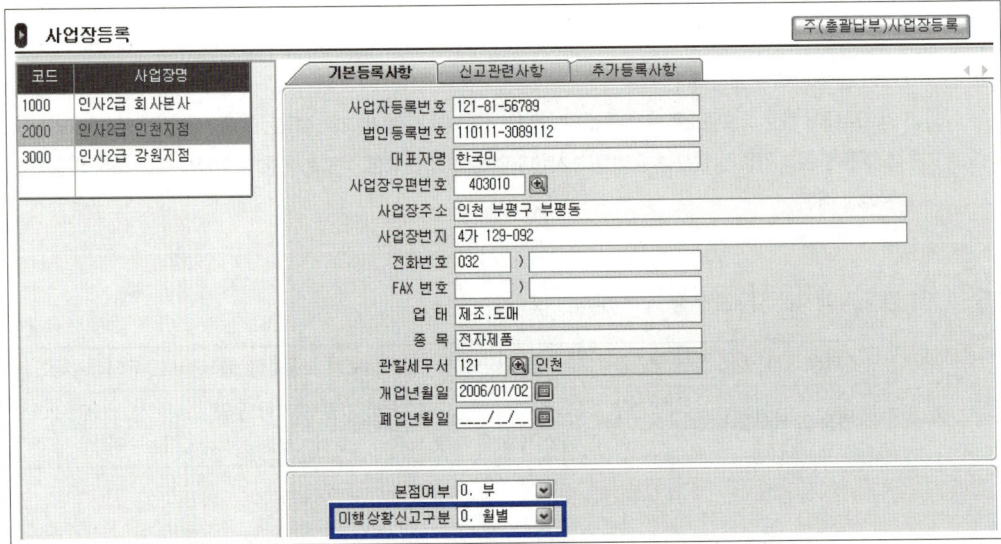

② [2000.인사2급 인천지점] 사업장은 이행상황신고서를 '월별'로 제출한다.

02 [시스템관리] – [회사등록정보] – [부서등록]

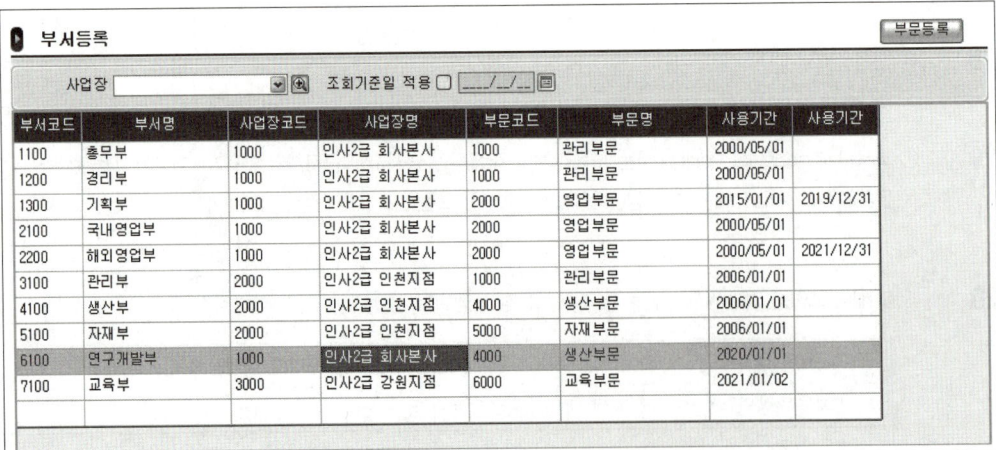

③ 2023년 7월 22일 기준 사용 중인 부서 중 [1000.인사2급 회사본사] 사업장에 속한 부서는 총 4개로 가장 많다.
- 2023년 7월 22일 기준 ▲ 사용 중인 부서는 모두 8개이고 ▲ 가장 처음 사용된 부서 중 [2200.해외영업부]는 현재 사용하지 않으며 ▲ [2000.인사2급 인천지점] 사업장에 속한 부서는 [1000.관리부문], [4000.생산부문], [5000.자재부문] 등 다양하다.

03 [시스템관리] – [회사등록정보] – [사용자권한설정]
→ [모듈구분 : H.인사/급여관리]

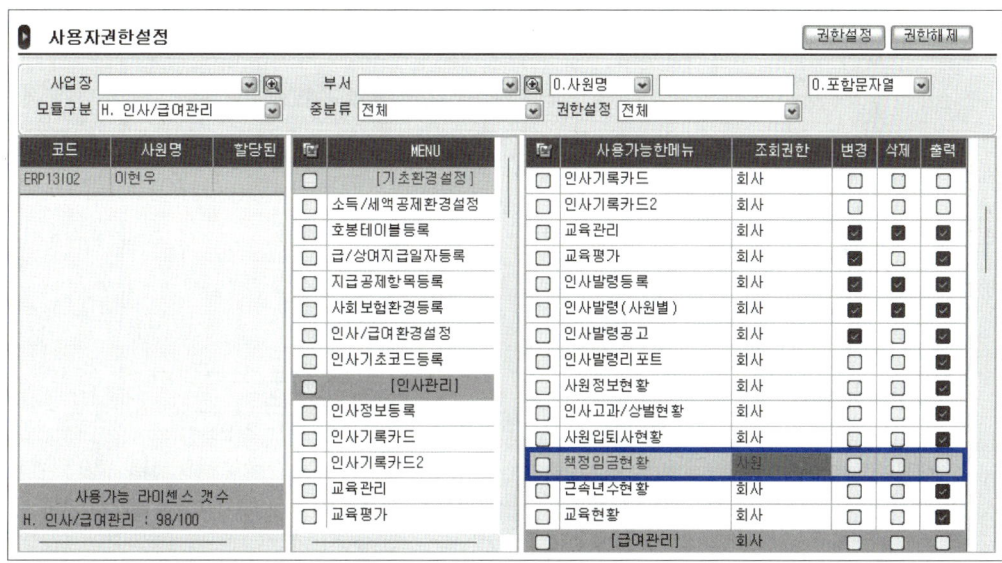

③ [책정임금현황] 메뉴의 데이터는 본인의 데이터만 조회할 수 있다.

04 (1) 일괄등록

[인사/급여관리] – [기초환경설정] – [호봉테이블등록]

→ [900.사원] – [호봉이력 : 2023/07 신규등록

→ 상단 [일괄등록] 버튼 – [호봉일괄등록] 팝업창 – [기본급_초기치 : 2,308,800, 증가액 : 107,500/ 직급수당_초기치 : 12,860, 증가액 : 7,860] 입력 후 [적용] 클릭

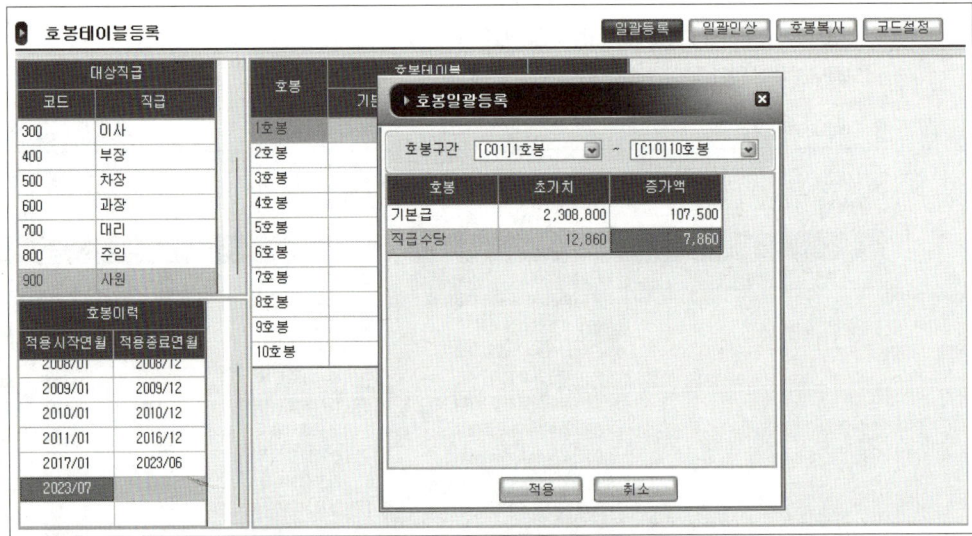

(2) 일괄인상

→ 상단 [일괄인상] 버튼 – [호봉일괄인상] 팝업창 – [정률(%)_기본급 : 3.9] – [정률적용] 클릭

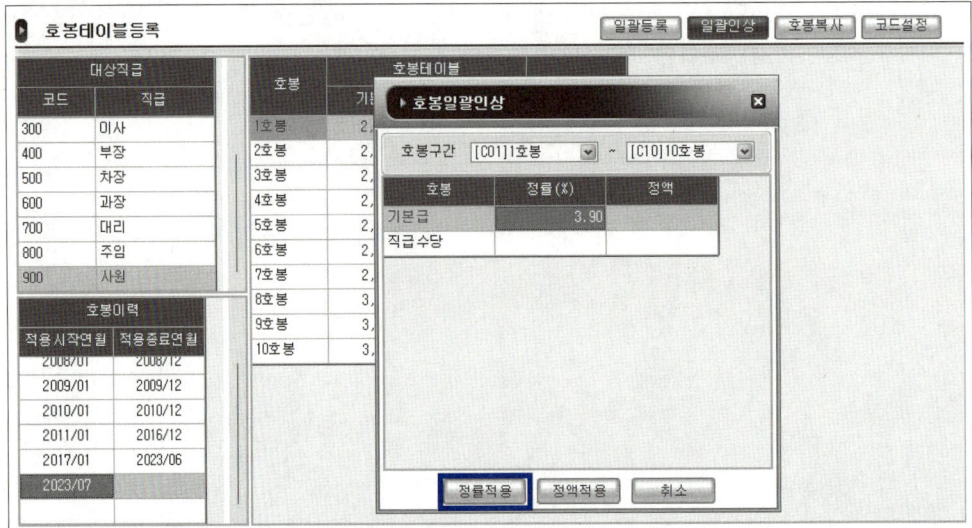

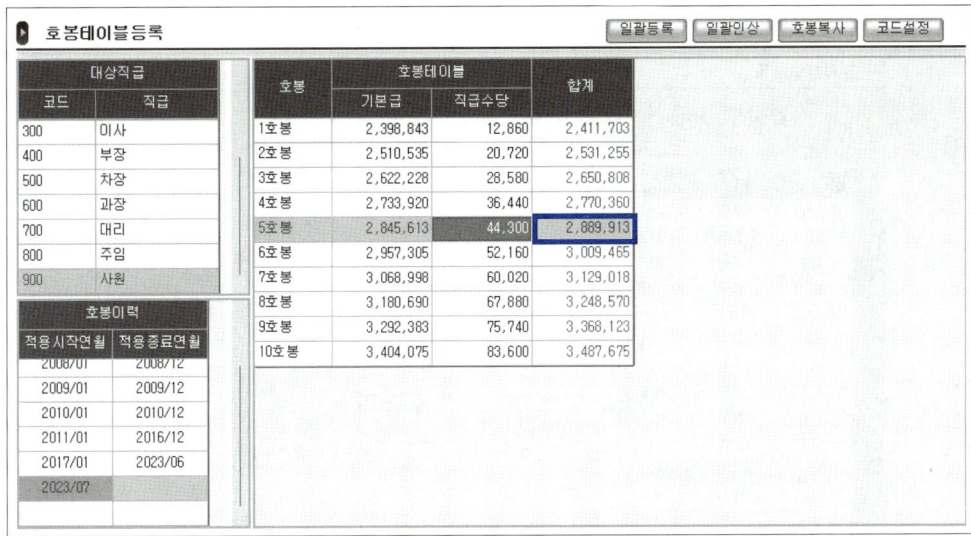

④ [일괄등록]과 [일괄인상] 버튼을 이용해 해당 내용 반영 시 [900.사원] 5호봉 합계금액은 2,889,913원이다.

05 [인사/급여관리] - [기초환경설정] - [인사/급여환경설정] - [기준설정] 탭

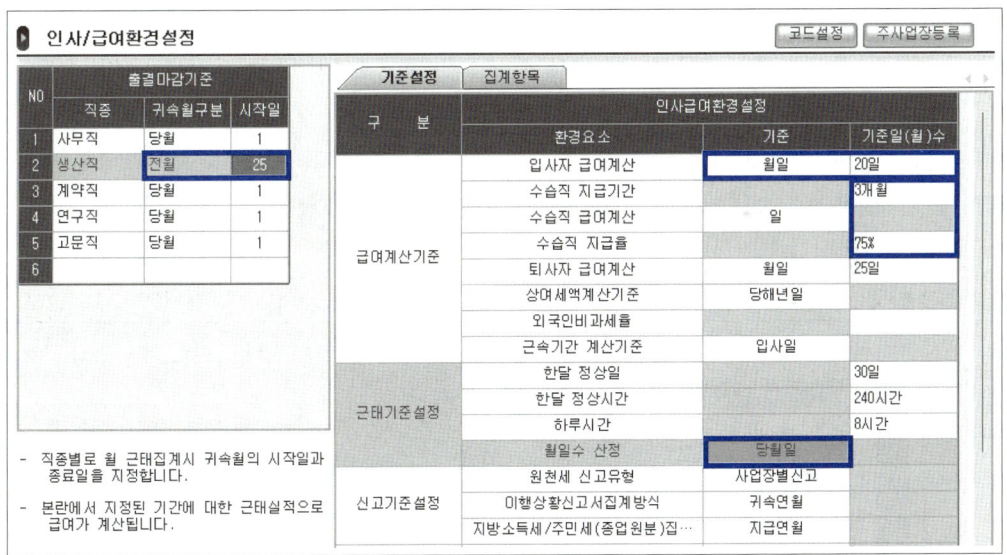

② 2개. 수습직의 경우 3개월간 75%에 해당하는 급여를 지급받으며, 월일수 산정 시 해당 귀속연월의 실제 일수를 적용한다.

06 [인사/급여관리] – [인사관리] – [인사정보등록] – [인적정보]·[재직정보]·[급여정보] 탭

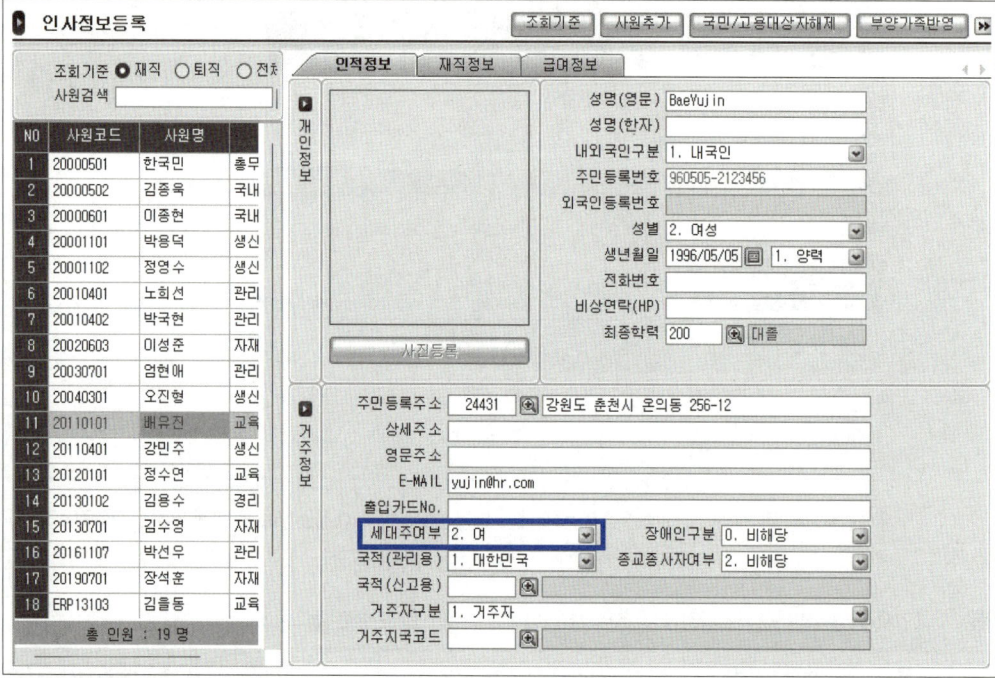

① [20110101.배유진] 사원은 현재 세대주다. 참고로 주민등록 주소와 세대주 여부 모두 [인적정보] 탭에서 확인할 수 있다.

07 [인사/급여관리] – [기초환경설정] – [지급공제항목등록] – [지급공제항목설정] 탭
→ [급여구분 : 급여] – [지급/공제구분 : 지급] – [귀속연도 : 2023] – 상단 [마감취소] 버튼 클릭

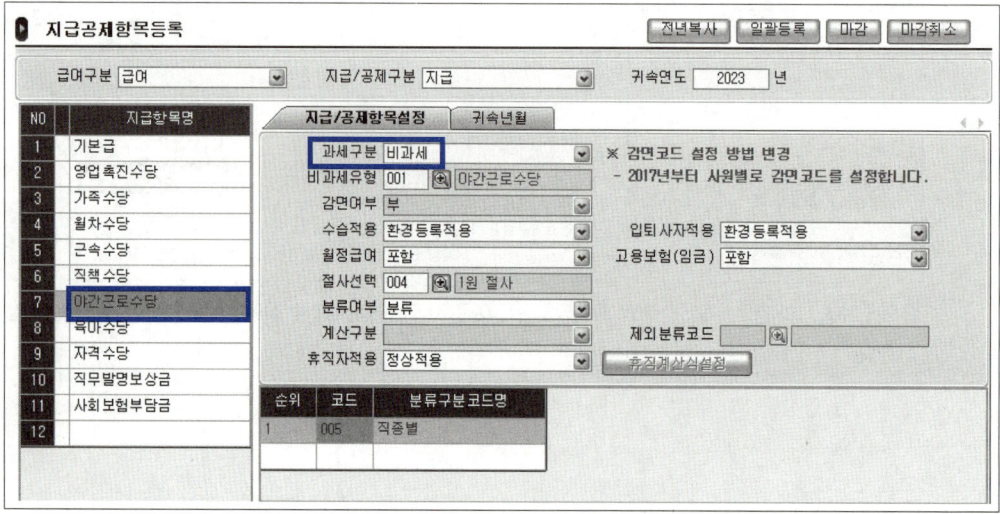

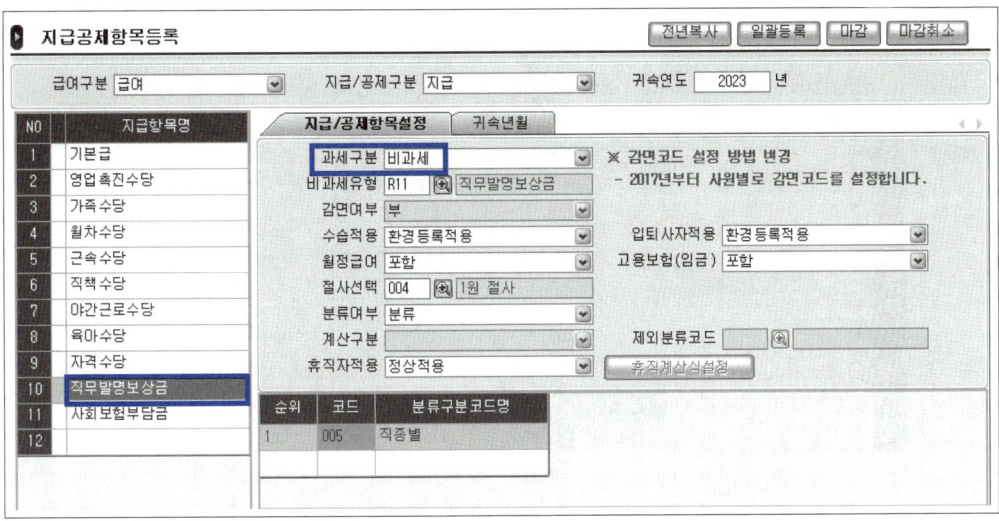

① 'P'로 시작되는 지급항목 코드 중 비과세인 항목은 [P40.육아수당] 외에도 [P30.야간근로수당], [P70.직무발명보상금]이 있다.

※ 특정 수당의 지급금액은 [지급공제항목설정] 탭 가운데 [분류구분] - [분류명_계산구분] 클릭 후 하단 [금액/계산식]에서 확인한다.

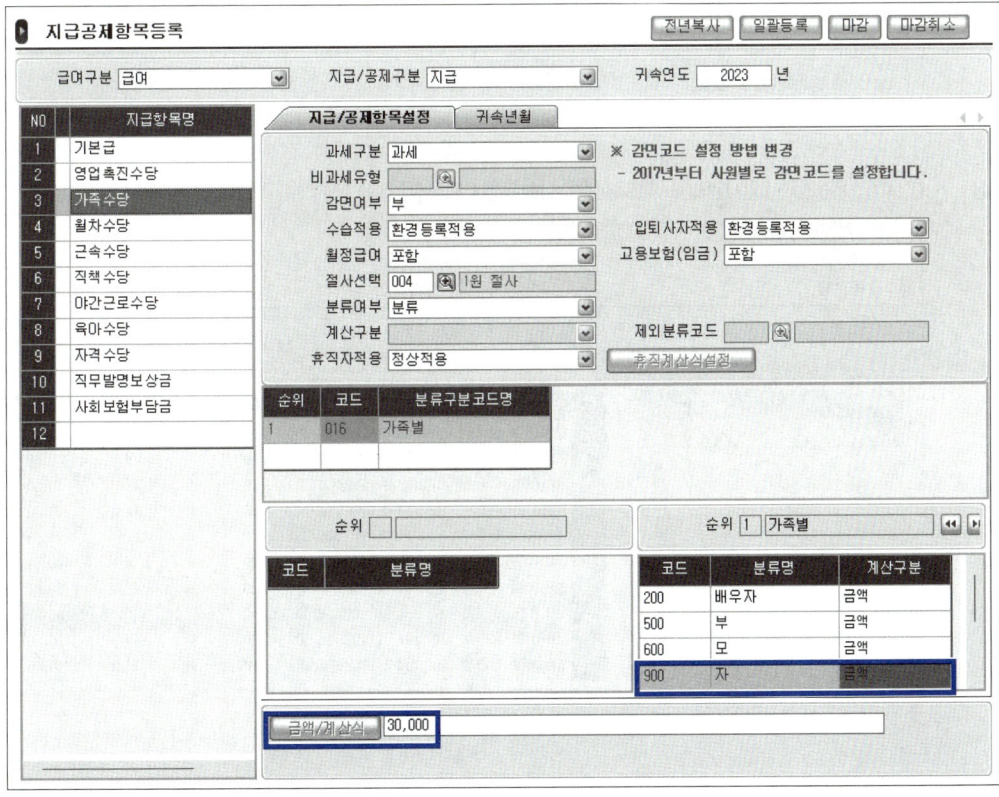

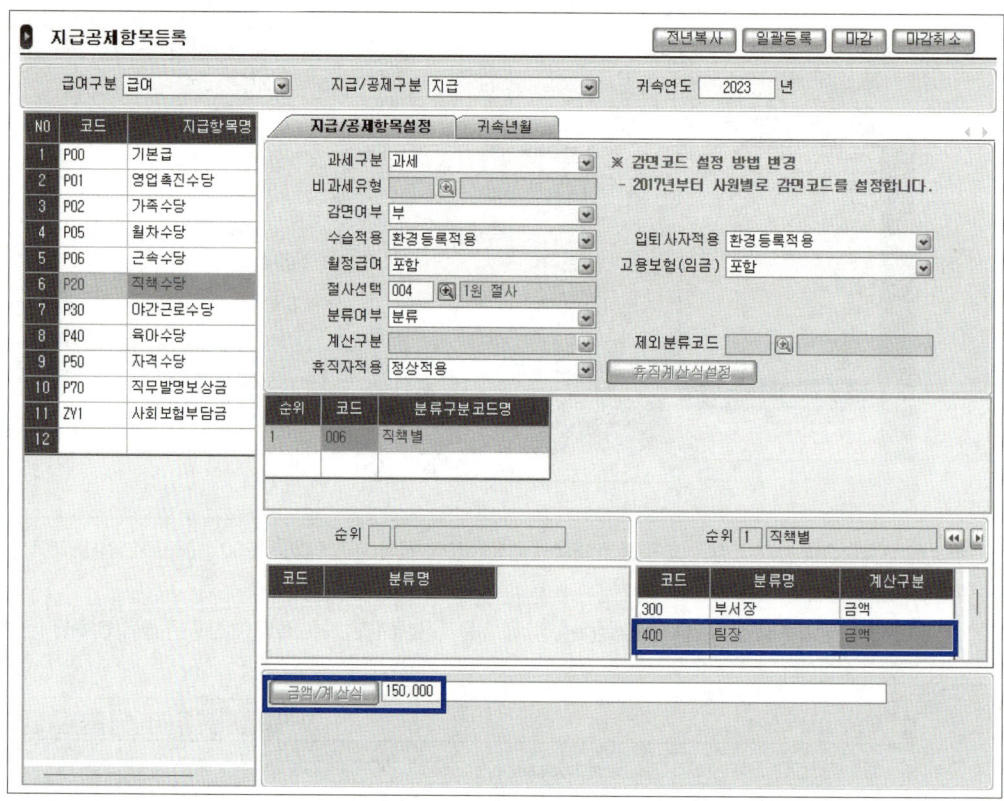

08 [인사/급여관리] – [인사관리] – [교육현황] – [교육별사원현황] 탭
→ [교육기간 : 2023/04/01 ~ 2023/06/30]

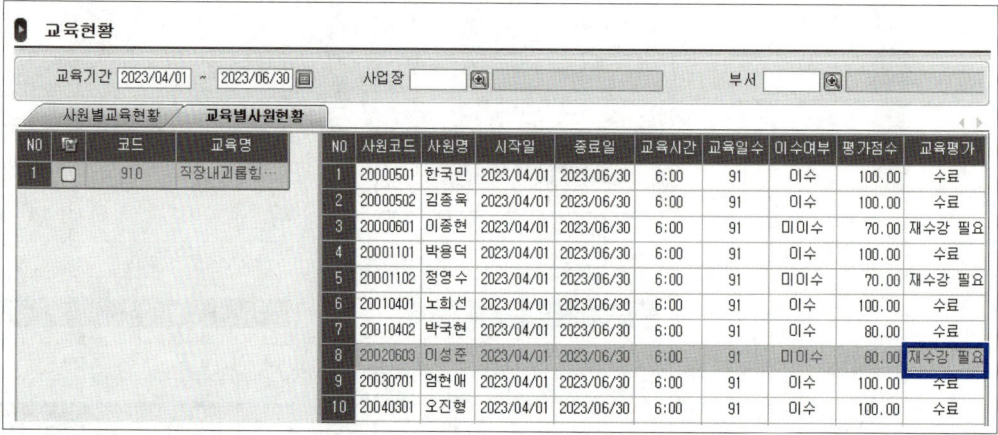

④ 보기 대상자 중 '재수강 필요'의 평가를 받은 사원은 [20020603.이성준]이다.

09 [인사/급여관리] - [인사관리] - [사원정보현황] - [자격/면허] 탭
→ [자격증 : 800.SMAT(서비스경영자격) 2급] - 상단 [퇴직제외] 버튼 클릭

① 보기 대상자 중 취득일이 다른 사원은 2023년 6월 10일에 취득한 [20000601.이종현]이며, 그 외 3명은 모두 2023년 5월 27일에 취득했다.

10 [인사/급여관리] - [인사관리] - [근속년수현황]
→ [퇴사자 : 0.제외] - [기준일 : 2023/07/22] - [년수기준 : 1.미만일수 버림] - [경력포함 : 0.제외]

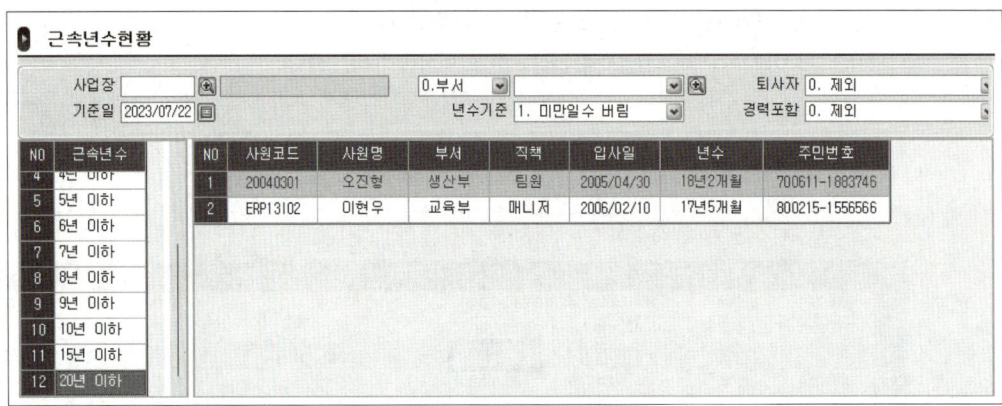

① 특별근속수당 = 7명(10년 이상) × 100,000원 + 2명(15년 이상) × 150,000원

  = 700,000원 + 300,000원

  = 1,000,000원

11 [인사/급여관리] - [인사관리] - [인사발령(사원별)]

→ [발령호수: 20230630]

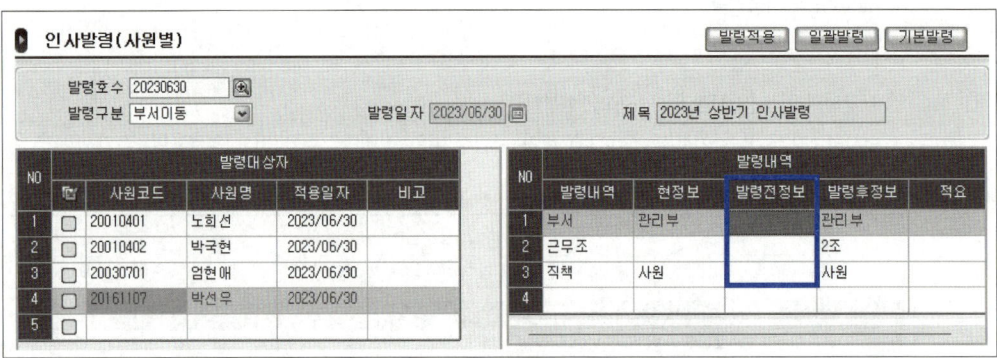

② 해당 발령호수의 대상자 중 [20161107.박선우] 사원은 '발령전정보'가 존재하지 않는다.

12 (1) 지급요건 추가

[인사/급여관리] - [기초환경설정] - [지급공제항목등록] - [지급/공제항목설정] 탭

→ [급여구분 : 급여] - [지급/공제구분 : 지급] - [귀속연도 : 2023] - 상단 [마감취소] 버튼 클릭

→ [P50.자격수당]의 '분류구분 코드'란 [014.자격별] 클릭 - 우측하단 [분류명 : 800.SMAT(서비스경영자격) 2급]

  신규등록 - [계산구분 : 금액] - 하단 [금액/계산식 : 30000] 입력

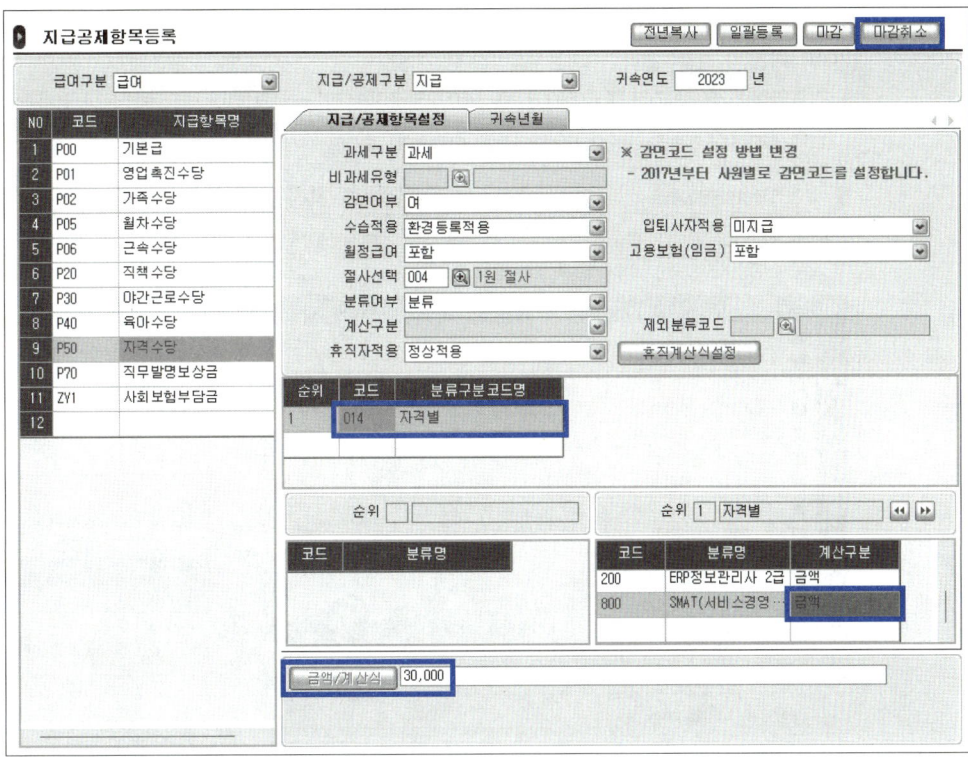

→ [P50.자격수당]의 '분류구분 코드'란 [014.자격별] 클릭 – 우측하단 [분류명 : 200.ERP정보관리사 2급] 클릭 – 하단 [금액/계산식 : 50000] 변경 – 우측상단 [마감] 버튼 클릭

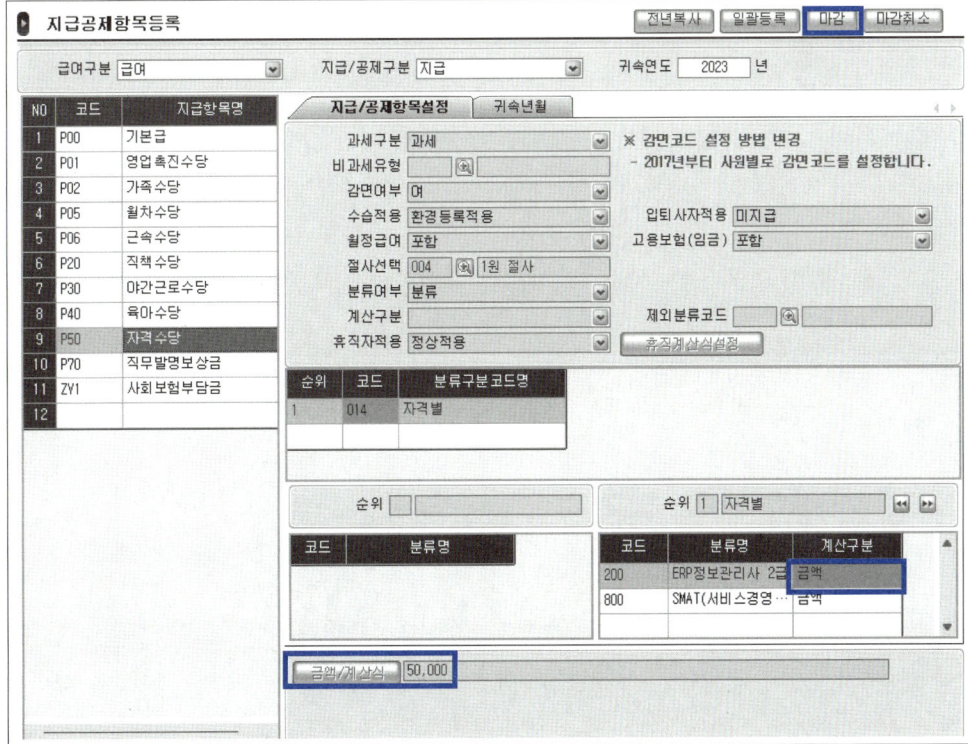

(2) 급여계산

[인사/급여관리] – [급여관리] – [상용직급여입력및계산]

→ [귀속연월 : 2023/07] – [지급일 : 1.2023/07/25 급여 분리] – 사원 전체 체크 후 상단 [급여계산] 버튼 클릭 – [급여계산] 팝업창에서 [계산] 클릭 – 하단 [급여총액] 탭에서 '과세' 확인

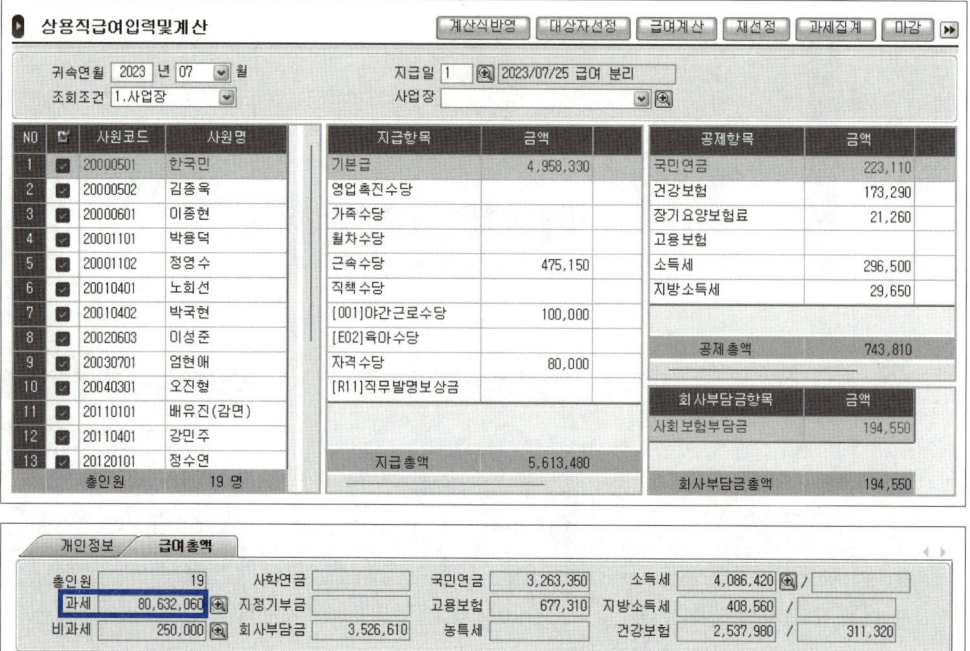

② 해당 지급일의 과세총액은 80,632,060원이다.

13 (1) 지급일자 추가

[인사/급여관리] – [기초환경설정] – [급/상여지급일자등록]

→ [귀속연월 : 2023/07]

→ 좌측에 [지급일자(2023/08/10), 동시발행(002.분리), 대상자선정(0.직종및급여형태별)] 신규등록

→ 우측에 [급여구분(200.상여), 입사자상여계산(방법_000.제외), 퇴사자상여계산(방법_000.제외)] 신규등록

→ 상단 [일괄등록] 버튼 – [일괄등록] 팝업창 – [사업장 : 전체], [상여지급대상기간 : 2023/01/01 ~ 2023/06/30], [대상 : 생산직(월급), 연구직(월급)] 체크 후 [적용] 클릭

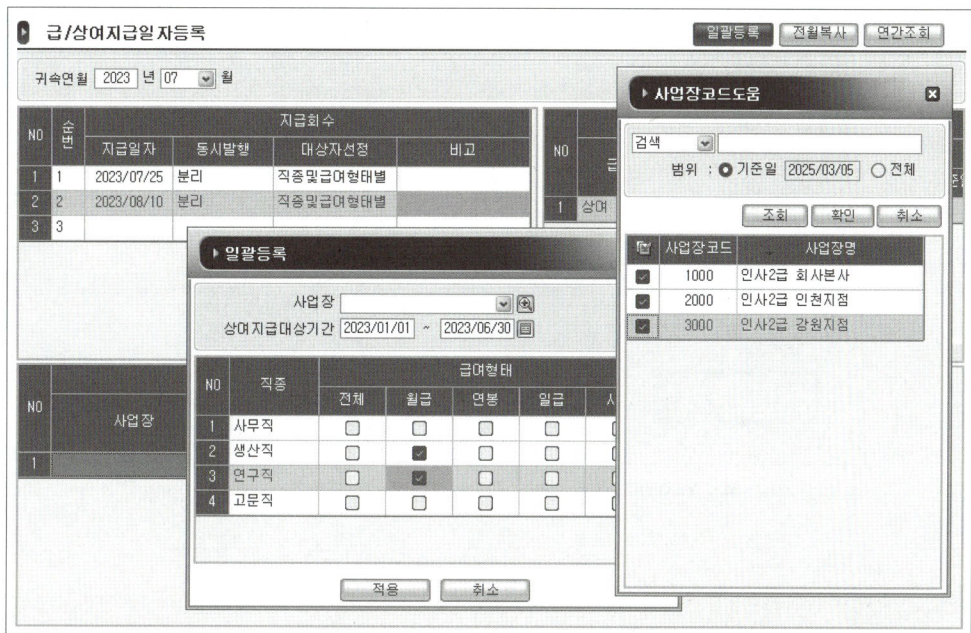

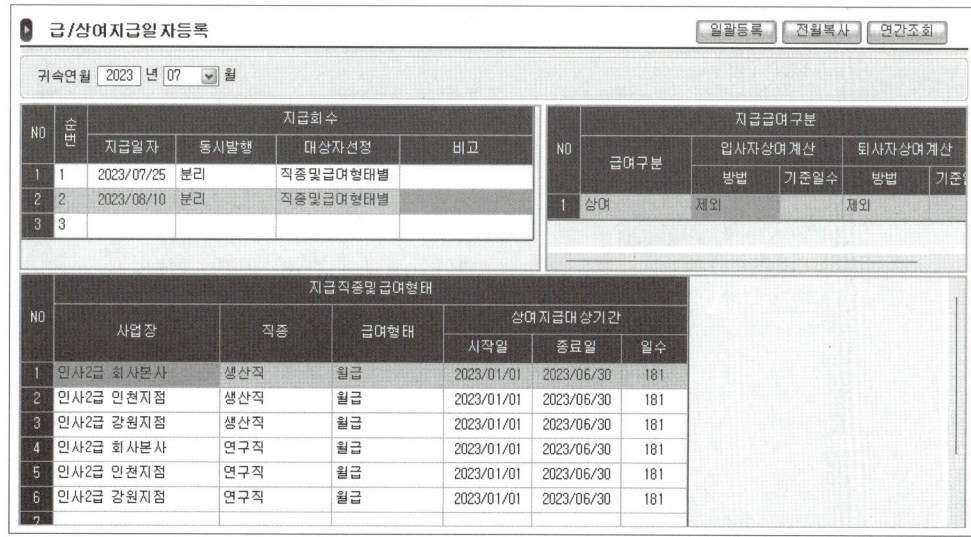

(2) 급여계산

[인사/급여관리] - [급여관리] - [상용직급여입력및계산]

→ [귀속연월 : 2023/07] - [지급일 : 2.2023/08/10 상여 분리] - 사원 전체 체크 후 상단 [급여계산] 버튼 클릭 - [급여계산] 팝업창에서 [계산] 클릭

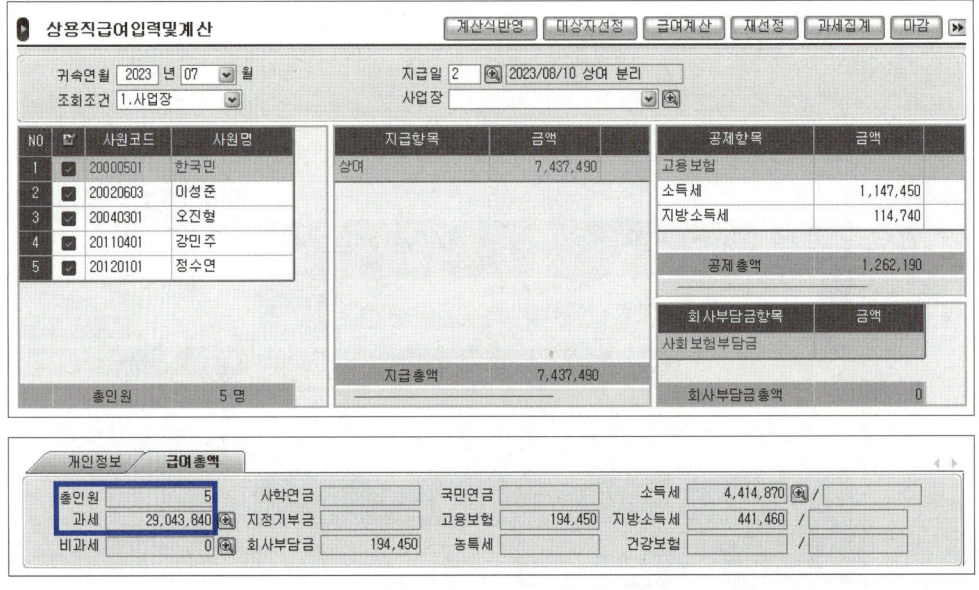

④ 해당 상여지급의 대상자는 총 5명이며, 해당 지급일의 과세총액은 29,043,840원이다.

14

(1) 책정임금 확인

[인사/급여관리] - [인사관리] - [인사정보등록] - [급여정보] 탭

→ [20110401.강민주] - 하단 [책정임금] - [계약시작년월 : 2023/01] 클릭 - 연봉 '금액'란에서 'Ctrl + F3' - '시급' 확인

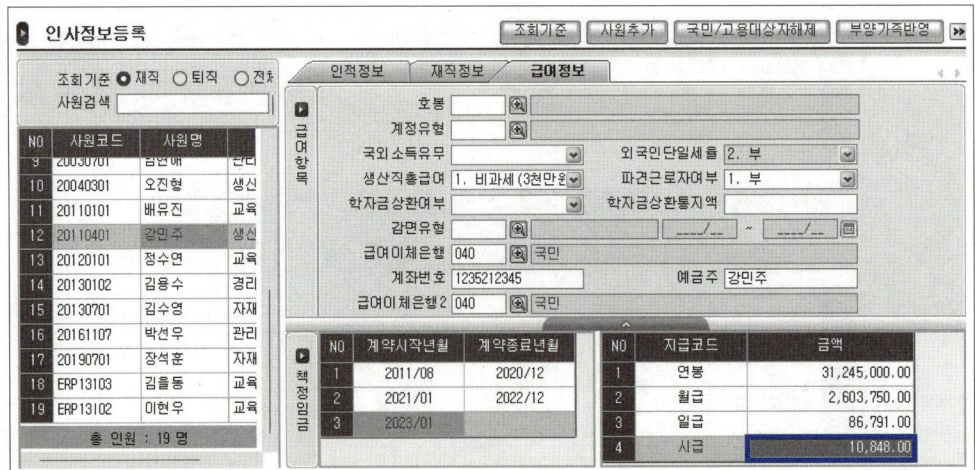

(2) 근태 공제금액 계산

[인사/급여관리] – [급여관리] – [근태결과입력]

→ [귀속연월 : 2023/06] – [지급일 : 1.2023/06/23 급여 분리]

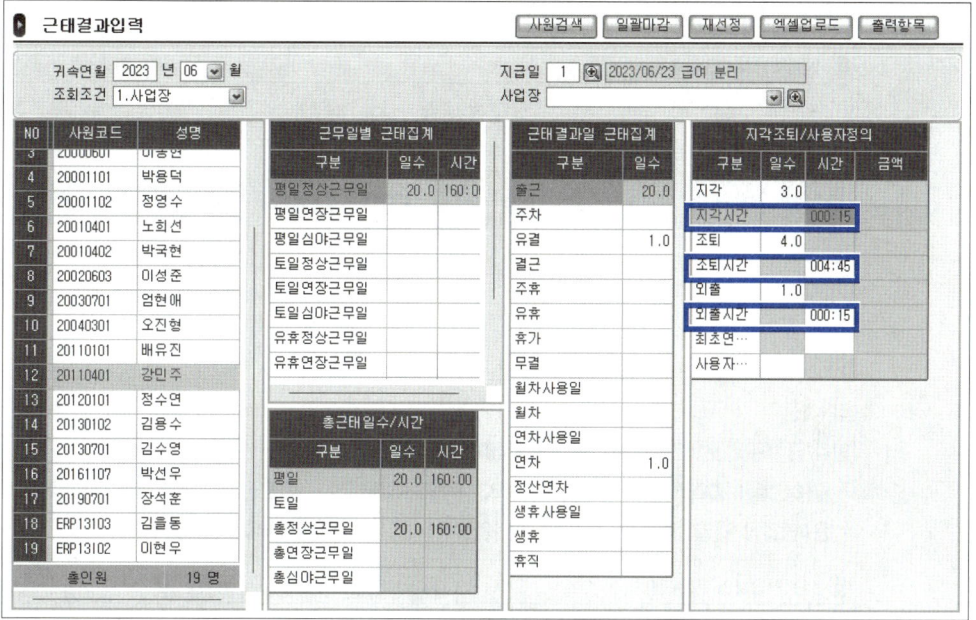

- 책정임금 시급 10,848원
- 15분 = 1시간 ÷ 4 → 0.25
  - 지 각 : 0:15 → 0.25
  - 조 퇴 : 4:45 → 4.75
  - 외 출 : 0:15 → 0.25
③ 공제금액 = (지각시간 + 조퇴시간 + 외출시간) × 시급
          = (0.25 + 4.75 + 0.25) × 10,848원
          = 56,950원(≒ 56,952)

15 (1) 대상자 추가

[인사/급여관리] - [일용직관리] - [일용직급여지급일자등록]

→ [귀속연월 : 2023/07] - [지급일 : 1.2023/07/25/매일지급] - [부서 : 1200.경리부] - [급여형태 : 004.시급] - 해당 사원 체크 후 [추가] 클릭

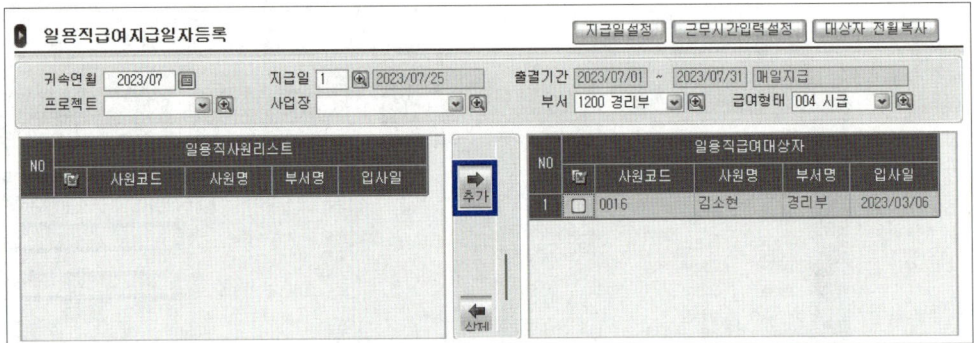

(2) 급여계산

[인사/급여관리] - [일용직관리] - [일용직급여입력및계산]

→ [귀속연월 : 2023/07] - [지급일 : 1.2023/07/25/매일지급] - 사원 전체 체크 - 상단 [일괄적용] 버튼 - [일괄적용] 팝업창 - [일괄적용시간 : 009:00], [일괄적용요일 : 평일] 입력 후 [적용] 클릭

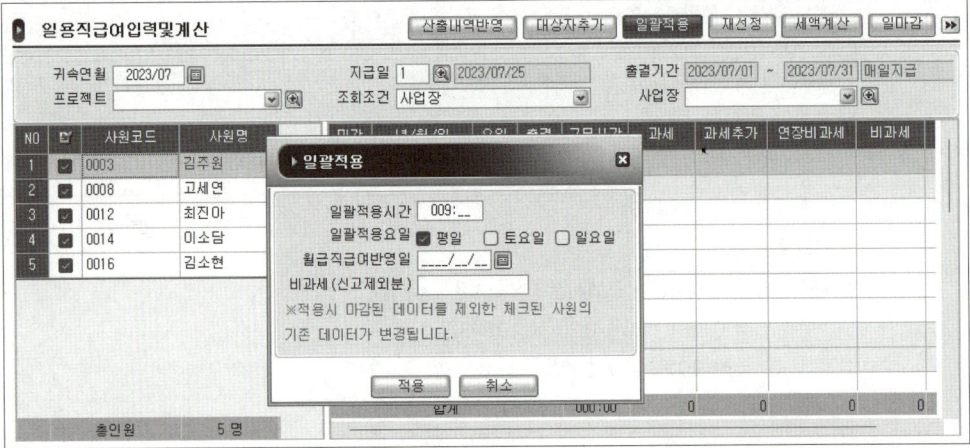

→ 하단 [급여총액] 탭에서 차인지급액 확인

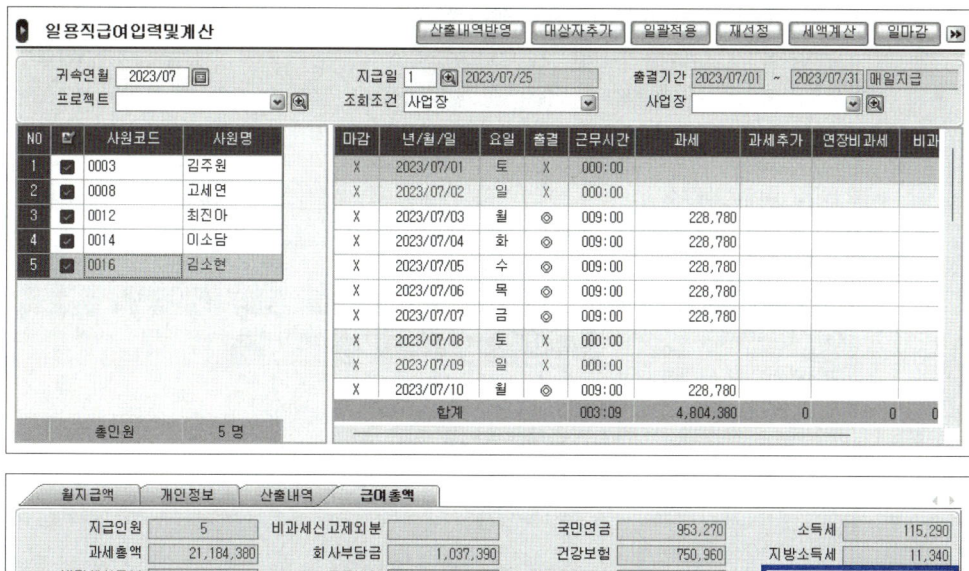

① 해당지급일의 실지급액(차인지급액)은 19,067,090원이다.

16 (1) 일용직 정보변경

[인사/급여관리] - [일용직관리] - [일용직사원등록] - [기본정보] 탭

→ [0018.안채호] - [생산직비과세적용 : 함] 변경

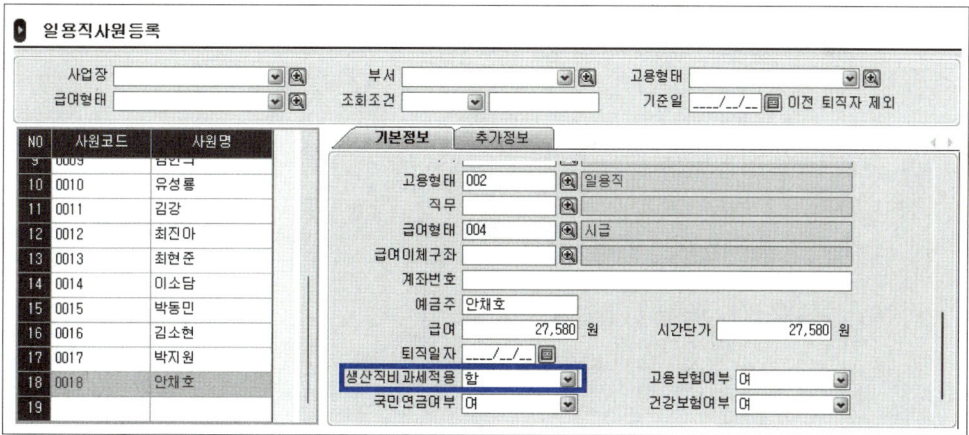

(2) 급여계산

[인사/급여관리] – [일용직관리] – [일용직급여입력및계산]

→ [귀속연월 : 2023/07] – [지급일 : 2,2023/07/25/일정기간지급] – 사원 전체 체크 – 상단 [일괄적용] 버튼 – [일괄적용] 팝업창 – [일괄적용시간 : 009:00], [일괄적용요일 : 평일], [비과세(신고제외분) : 8,000] 입력 후 [적용] 클릭

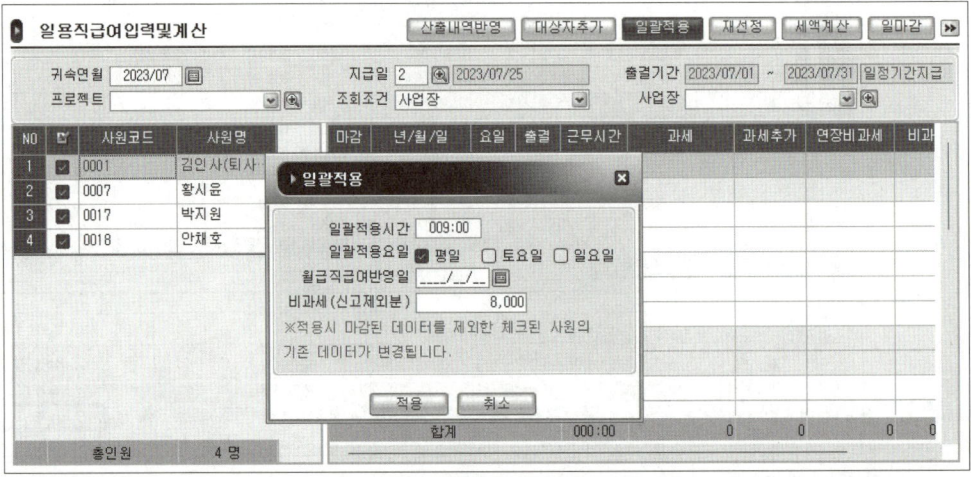

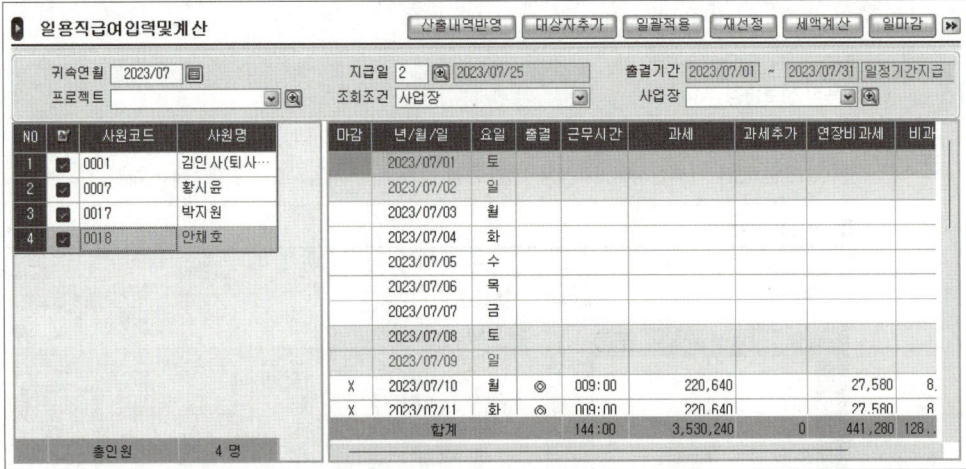

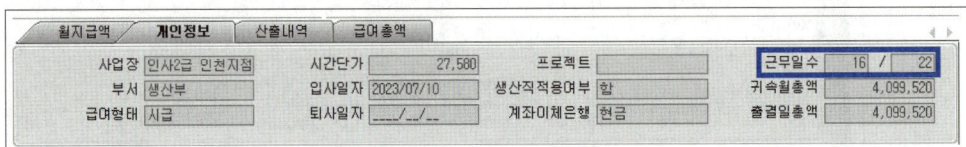

③ 해당 지급일 [0018.안재호] 사원은 총 22일 중 16일 근무한 것으로 확인된다.

17 [인사/급여관리] – [급여관리] – [연간급여현황]

→ [조회기간 : 2023/04 ~ 2023/06] – [분류기준 : 지급/공제] – [지급구분 : 100.급여] – [사업장 : 2000.인사2급 인천지점, 3000.인사2급 강원지점] – [사용자부담금 : 0.제외]

② 조회기간 지급총액은 183,531,250원, 공제총액은 25,449,920원이다.

18 [인사/급여관리] – [급여관리] – [항목별급상여지급현황]
→ [귀속연월 : 2023/04 ~ 2023/06] – [지급구분 : 100.급여] – [집계구분 : 2.직종별]

항목	합계	사무직	생산직	연구직	고문직
기본급	217,860,090	146,242,380	42,500,220	15,587,490	13,530,000
영업촉진수당	600,000	300,000			300,000
가족수당	2,340,000	1,770,000	240,000		330,000
월차수당					
근속수당	14,208,950	8,755,170	2,836,630	1,320,580	1,296,570
직책수당	2,250,000	1,350,000			900,000
야간근로수당	1,200,000		1,200,000		
육아수당					
자격수당	1,260,000	720,000	360,000	90,000	90,000
직무발명보상금	750,000			750,000	
사회보험부담금	10,561,760	7,169,920	1,941,680	771,320	678,840
지급합계	240,469,040	159,137,550	47,136,850	17,748,070	16,446,570
합계	251,030,800	166,307,470	49,078,530	18,519,390	17,125,410
국민연금	9,790,050	6,567,630	1,912,260	701,310	608,850
건강보험	7,613,940	5,110,980	1,485,330	544,770	472,860
고용보험	2,013,860	1,432,000	274,160	159,710	147,990
장기요양보험료	933,960	626,940	182,190	66,840	57,990
소득세	12,003,770	7,861,880	1,652,220	1,281,300	1,208,370
지방소득세	1,200,080	785,990	165,160	128,120	120,810
공제합계	33,555,660	22,385,420	5,671,320	2,882,050	2,616,870
차인지급액	206,913,380	136,752,130	41,465,530	14,866,020	13,829,700
인원	19	13	4	1	1

③ 조회기간 연구직의 소득세는 1,281,300원이다.

① 사무직 기본급 : 146,242,380원

② 생산직 근속수당 : 2,836,630원

④ 고문직 차인지급액 : 13,829,700원

19 [인사/급여관리] - [급여관리] - [급/상여이체현황]
→ [소득구분 : 1.급상여] - [귀속연월 : 2023/06] - [지급일 : 1.2023/06/23 급여 분리] - [무급자 : 1.제외] - [조회조건 : 1.사업장_2000.인사2급 인천지점, 3000.인사2급 강원지점]

은행	사원코드	사원명	계좌번호	예금주명	실지급액	지급일자
국민	20010402	박국현	155401-32-50398	박국현	5,060,370	2023/06/23
국민	20030701	엄현애	155401-01-87002	엄현애	3,290,300	2023/06/23
국민	20110401	강민주	1235212345	강민주	2,531,110	2023/06/23
국민	20161107	박선우	150225421522	박선우	2,838,320	2023/06/23
은행 소계					13,720,100	
은행 누계					13,720,100	
기업	20001102	정영수	155342-09-38775	정영수	3,491,840	2023/06/23
기업	20010401	노희선	155401-12-28901	노희선	3,170,250	2023/06/23
기업	20120101	정수연	012445123154	정수연	3,784,070	2023/06/23
기업	ERP13102	이현우	225125423358	이현우	3,785,960	2023/06/23
은행 소계					14,232,120	
은행 누계					27,952,220	
신한	20001101	박용덕	155029-02-99687	박용덕	3,999,690	2023/06/23
신한	20020603	이성준	177632-18-19940	이성준	4,715,520	2023/06/23
신한	20110101	배유진	110275123456	배유진	3,245,950	2023/06/23
은행 소계					11,961,160	
은행 누계					39,913,380	
우리	20040301	오진형	188398-49-30912	오진형	2,698,720	2023/06/23
우리	20130701	김수영	3081234-12-355021	김수영	2,900,730	2023/06/23
우리	20190701	장석훈	231110251214	장석훈	2,580,670	2023/06/23
우리	ERP13103	김을동	301-542-11142	김을동	4,390,830	2023/06/23
은행 소계					12,570,950	
은행 누계					52,484,330	
총계	15명				52,484,330	

④ 조회기간 가장 적은 금액을 지급받은 사원은 [20110401.강민주]다.

20 [인사/급여관리] – [급여관리] – [급여대장]

→ [귀속연월 : 2023/06] – [지급일 : 1.2023/06/23 급여 분리] – [집계 : 1.사원별] – [지급/공제] 탭 – 조회 후 우측상단 [출력항목복사] 버튼 클릭 – [출력항목복사] 팝업창 – 좌측 [사업장 : 2000.인사2급 인천지점] 클릭 후 [복사] 클릭

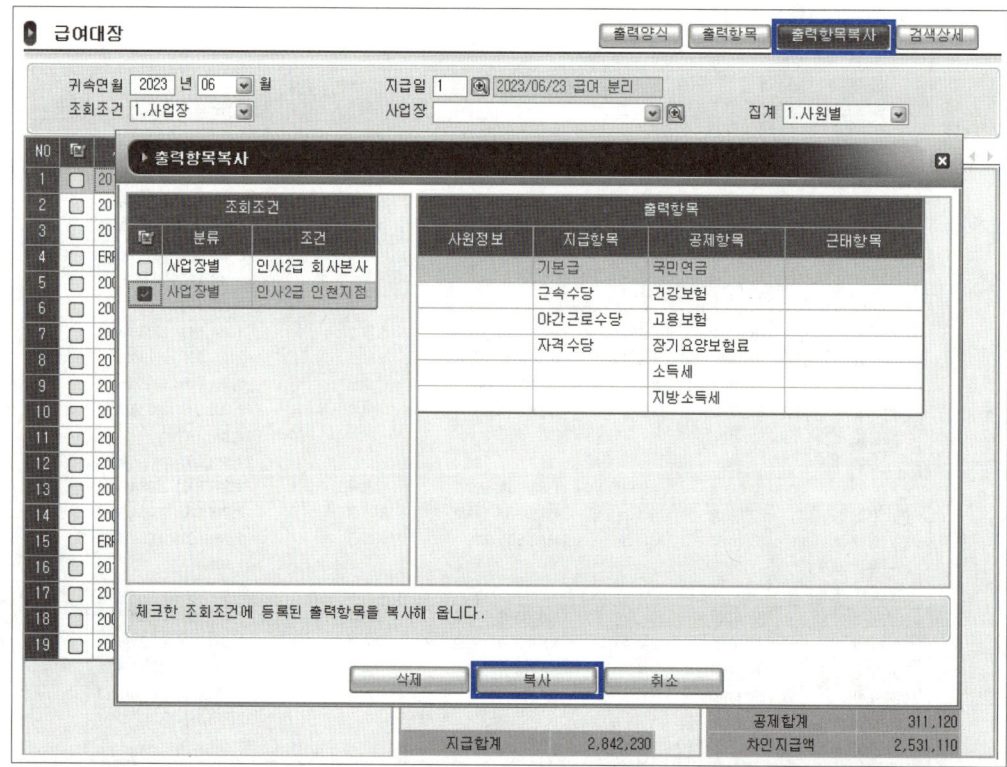

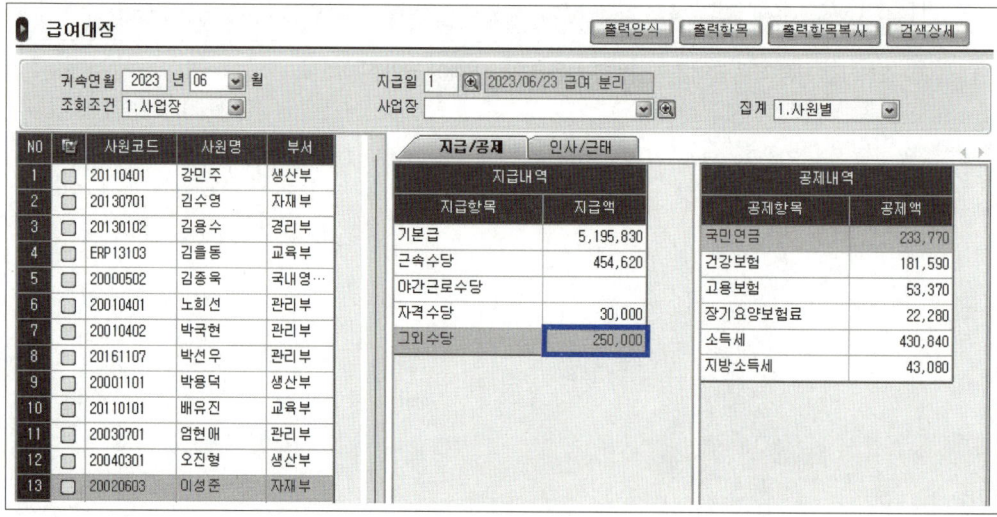

④ 조회기간 [20020603.이성준] 사원의 '그외수당'은 250,000원이다.

제96회 정답 및 해설

이론문제

01	02	03	04	05	06	07	08	09	10
②	①	④	①	③	④	①	②	③	④
11	12	13	14	15	16	17	18	19	20
②	①	②	②	④	①	①	④	③	③

01 ② ERP 시스템은 특정 하드웨어 업체에 의존하지 않는 오픈형태를 채용하고 있다.

02 ① ERP 구축은 [1단계 분석 → 2단계 설계 → 3단계 구축 → 4단계 구현] 순으로 진행된다.

MRP Ⅰ → MRP Ⅱ → ERP → 확장형 ERP

03 ④ 리엔지니어링에 대한 설명이다.
① 지식경영 : 조직 내·외부에서 지식을 획득하고 공유하며 적기에 활용함으로써 기업의 경쟁력 확보와 가치 창출, 지속 가능 경영을 가능하게 하는 새로운 경영기법
② 벤치마킹 : 성공한 기업의 경영전략, 기법, 실무 등을 배우고 모방하여 그대로 실행하는 것
③ 리스트럭처링 : 구조조정 혹은 사업 재구축

04 ① 성과측정관리(BSC)는 전략적 기업 경영(SEM)의 구성요소로 기업의 성과를 재무, 고객, 내부 프로세스, 학습과 성장이라는 4가지 요소로 분리하여 체계적으로 관리하는 방법이다. 이를 통해 조직 역량을 균형 있게 관리하고 개선할 수 있다.

e-Business 지원 시스템의 단위 시스템	SEM 시스템의 단위 시스템
• 지식경영시스템(KMS) • 고객관계관리(CRM) 시스템 • 공급망관리시스템(SCM) • 의사결정지원시스템(DSS) • 경영자정보시스템(EIS) • 전자상거래시스템(EC)	• 성과측정관리(BSC) • 부가가치경영(VBM) • 전략계획수립 및 시뮬레이션(SFS) • 활동기준경영(ABN)

05　③ 업적 및 성과 평가에 비례하는 인적자원관리의 원칙은 '성과주의 원칙'이다.

06　④ 직군은 동일하거나 유사한 직무들의 집단을 말한다.

07　① 회귀분석법에 관한 설명이다.
　　③ 델파이기법 : 특정 문제에 있어서 다수 전문가들의 의견을 종합해 미래 상황을 예측하는 수요예측기법
　　④ 마코프분석 : 특정 상황에서 종업원이 미래의 어떤 시점에 대한 현 직위에 존재, 이직, 이동할 확률을 추정한 전이행렬을 통해 인력니즈를 파악하는 하는 공급예측기법

08　② 인력 부족의 경우 초과근로 활용, 임시직 고용, 파견근로 활용, 아웃소싱 등의 행동을 취해야 한다.

인력 과잉 시 대응 전략	인력 부족 시 대응 전략
• 직무분할제 • 조기퇴직제 • 정리해고제 • 무급휴가제 • 다운사이징	• 초과근로제 • 임시직 고용 • 파견근로 활용 • 아웃소싱

09　③ 3S의 원칙은 표준화, 전문화, 단순화를 의미하며, 이를 통해 합리성과 능률을 추구한다.

10　④ 상동적 오류에 대한 설명이다.
　　① 대비효과(오류) : 인사 고과자가 자기 자신의 특성이나 관점을 타인에게 전가시키는 경향
　　② 관대화 경향 : 평가대상자를 실제보다 좋게 평가하는 경향
　　③ 논리적 오류 : 평가자가 평소 논리적인 사고에 얽매여 임의적으로 평가해 버리는 경향

11　② 액션러닝 훈련에 대한 설명이다.
　　① 팀빌딩 : 과업성과와 관련된 문제 토의 및 집단 생산성 방해요인을 발견해 이를 개선하는 조직개발기법
　　③ 그리드훈련 : 블레이크와 머튼이 개발한 훈련 프로그램으로, 성과를 향한 관심(생산 중심)과 사람을 향한 관심(인간 중심)의 복수 연속선상에서 여러 리더의 행동 유형을 정립하는 조직개발기법
　　④ 인바스켓법 : 실제와 비슷한 가상의 상황을 설정하고 요구에 따라 의사결정과 업무수행을 하게 하는 방법

12　① 경력개발의 기본원칙은 ▲ 적재적소의 원칙 ▲ 승진경로의 원칙 ▲ 자체 후진양성의 원칙 ▲경력기회 개발의 원칙 등이다.

13　② 판매수당은 법정외수당이다.

14	② 연봉제는 기업의 복잡한 임금체계와 임금지급 구조를 단순화하여 임금관리의 효율성을 증대시키는 장점이 있다.
15	④ 자격상실 시에는 당해 사업장의 건강보험이 상실된 날로부터 14일 이내에 신고해야 한다.
16	① 근로소득의 원천징수세율에 대한 설명이다. ② 기타소득 : 이자 · 배당 · 사업 · 근로 · 연금 · 퇴직 · 양도소득 외의 소득 중 과세대상으로 열거한 소득 ③ 퇴직소득 : 현실적인 퇴직으로 인해 퇴직금 지급규정에 따라 지급받는 소득 ④ 이자소득 : 금전 사용에 따른 대가로 받은 소득
17	① 라이프사이클 복리후생은 근로자의 연령에 따른 생활패턴 및 의식 변화를 고려해 복리후생 프로그램에 차이를 두는 제도다.
18	④ 법정휴가 : 연차휴가, 생리휴가, 출산전후휴가 등 • 약정휴가 : 하계휴가, 경조휴가, 포상휴가 등
19	③ 노동 3권은 ▲ 단체행동권 ▲ 단체교섭권 ▲ 단결권이다.

노동 3권	내용
단결권	• 근로자가 근로조건의 향상을 위하여 노동조합을 결성하거나 이에 가입하고, 노동조합을 운영할 권리
단체교섭권	• 근로자가 노동조합 대표를 통하여 사용자 측과 단체교섭을 할 수 있는 권리
단체행동권	• 근로자가 파업이나 태업 등 그 주장을 관철할 목적으로 행하는 집단적 행위

| 20 | ③ 사용자의 조업계속(대체고용)은 사용자(기업 측)에 의한 노동쟁의 행위이다.
① 황견계약 : 근로자가 노동조합에 가입하지 아니하거나 탈퇴할 것을 고용 조건으로 하는 행위
② 단체교섭 거부행위 : 단체교섭을 정당한 이유 없이 거부하거나 회피하는 행위
④ 사용자의 운영비를 원조하는 행위 : 사용자가 노동조합의 운영비를 원조하는 행위를 통해 노동조합에 영향력을 행사하는 일을 부당노동행위로 금지함으로써 노동조합의 자주성을 확보 |

실무문제

01	02	03	04	05	06	07	08	09	10
④	②	④	④	③	③	②	①	②	①
11	12	13	14	15	16	17	18	19	20
②	③	③	①	③	①	④	②	①	④

01 [시스템관리] - [회사등록정보] - [사업장등록]
→ 조회 후 상단 [주(총괄납부)사업장등록] 버튼 클릭 - [주(총괄납부)사업장 등록] 팝업창

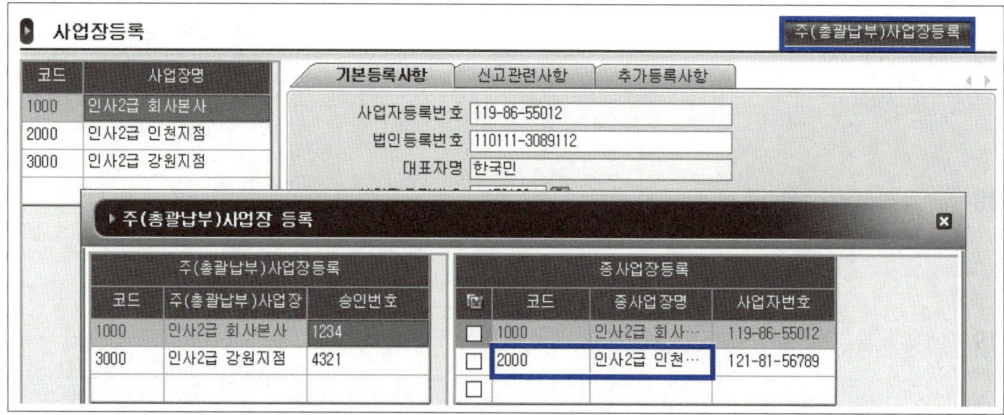

④ [1000.인사2급 회사본사]는 주사업장이지만 [2000.인사2급 인천지점]은 종사업장이다.
① 본점여부는 [기본등록사항] 탭에서 확인할 수 있다.
② 주업종코드는 [신고관련사항] 탭에서 확인할 수 있다.
③ 원천징수 이행상황신고구분은 [기본등록사항] 탭에서 확인할 수 있다.

02 [시스템관리] - [회사등록정보] - [부서등록]

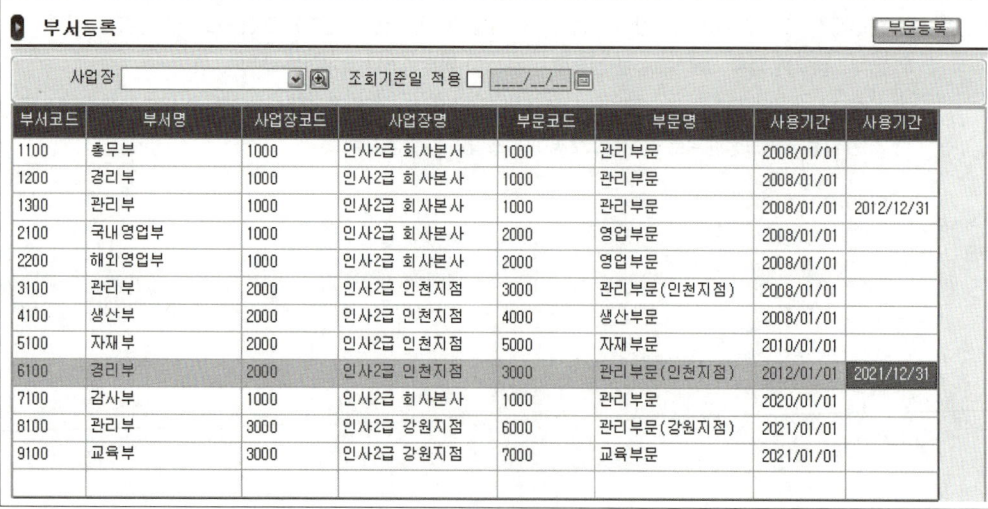

② [3000.관리부문(인천지점)]에 속한 [6100.경리부]는 2021년 12월 31일 이후 사용하지 않는다.

03 [시스템관리] - [회사등록정보] - [사용자권한설정]
→ [모듈구분 : H.인사/급여관리]

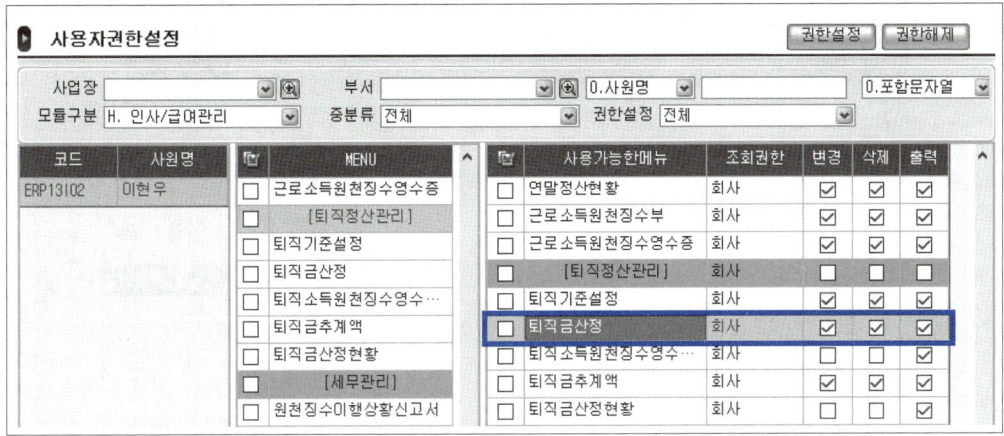

④ '이현우' 사원은 [퇴직금산정] 메뉴에 입력된 내역을 변경할 수 있다.

04 [인사/급여관리] - [기초환경설정] - [호봉테이블등록]
→ [800.주임] - [호봉이력 : 2023/05] 신규등록
→ 상단 [일괄등록] 버튼 클릭 - [호봉일괄등록] 팝업창 - [기본급_초기치 : 2,200,000, 증가액 : 100,000/ 직급수당_초기치 : 70,000, 증가액 : 20,000원/ 호봉수당_초기치 : 50,000, 증가액 : 10,000] 입력 후 [적용]

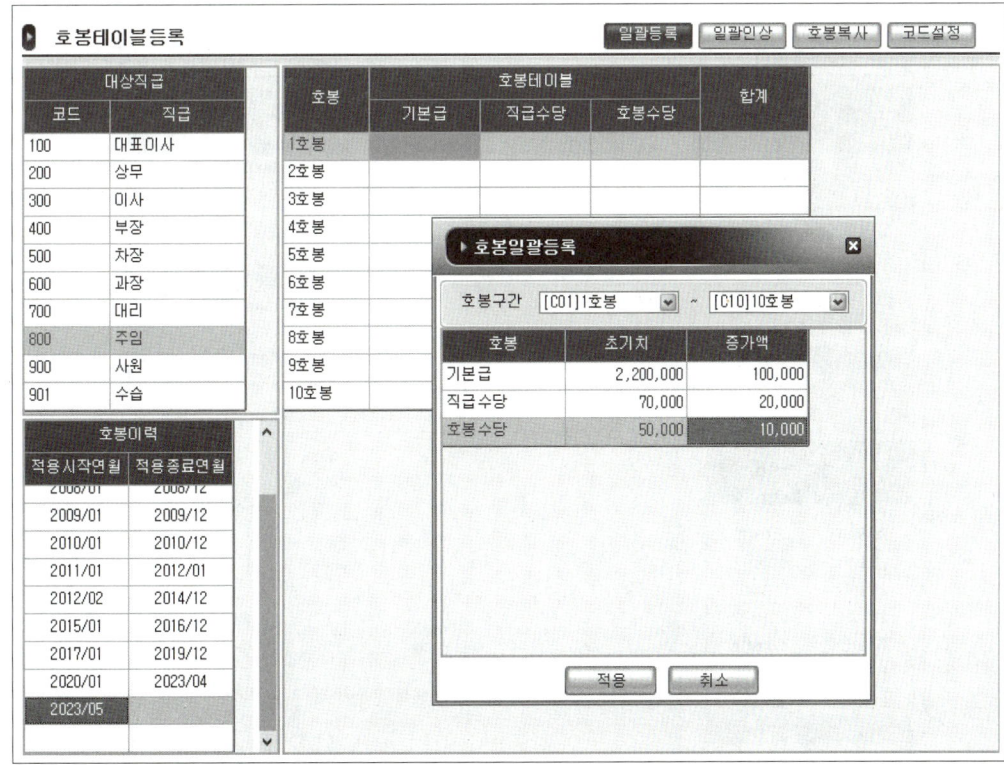

→ 상단 [일괄인상] 버튼 클릭 – [호봉일괄인상] 팝업창 – [기본급_정률(%) : 5.50/직급수당_정률(%) : 2.50] 입력 후 [정률적용]

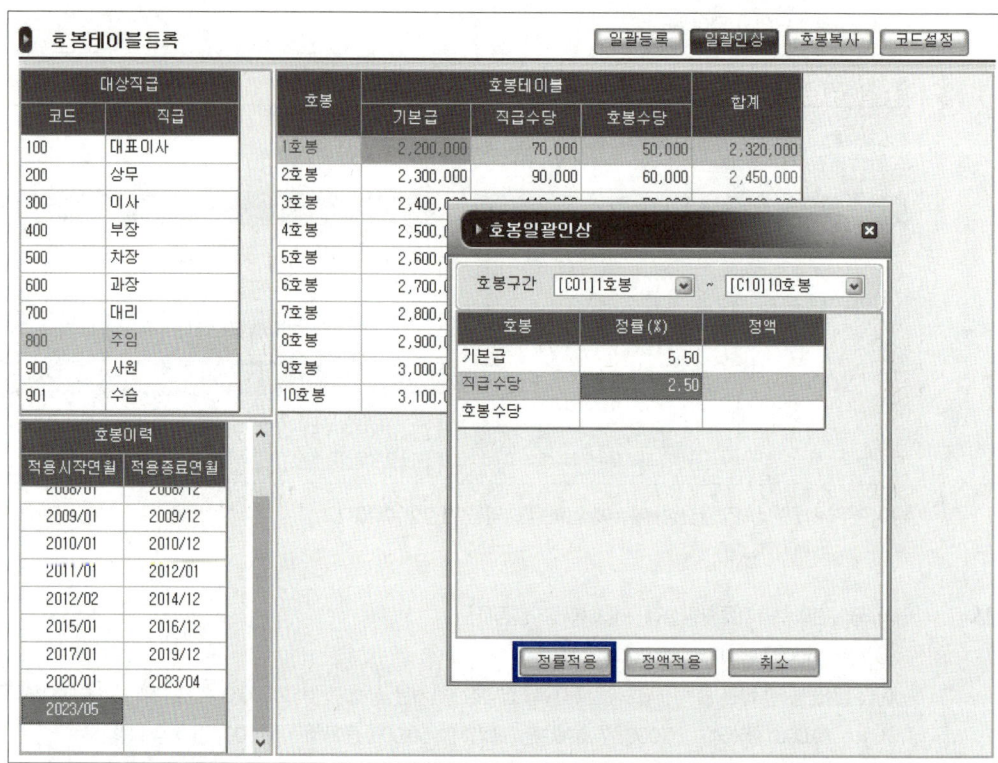

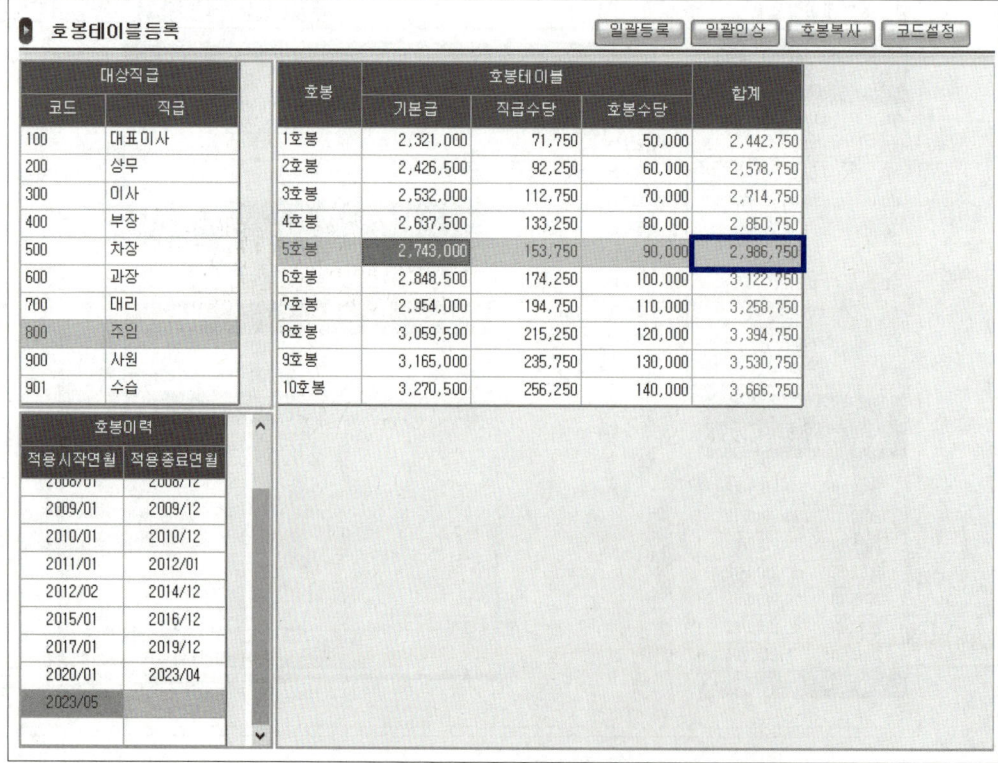

④ [일괄등록] 및 [일괄인상]을 이용해 호봉등록을 마친 후의 5호봉 합계금액은 2,986,750원이다.

05 [인사/급여관리] - [기초환경설정] - [인사/급여환경설정]

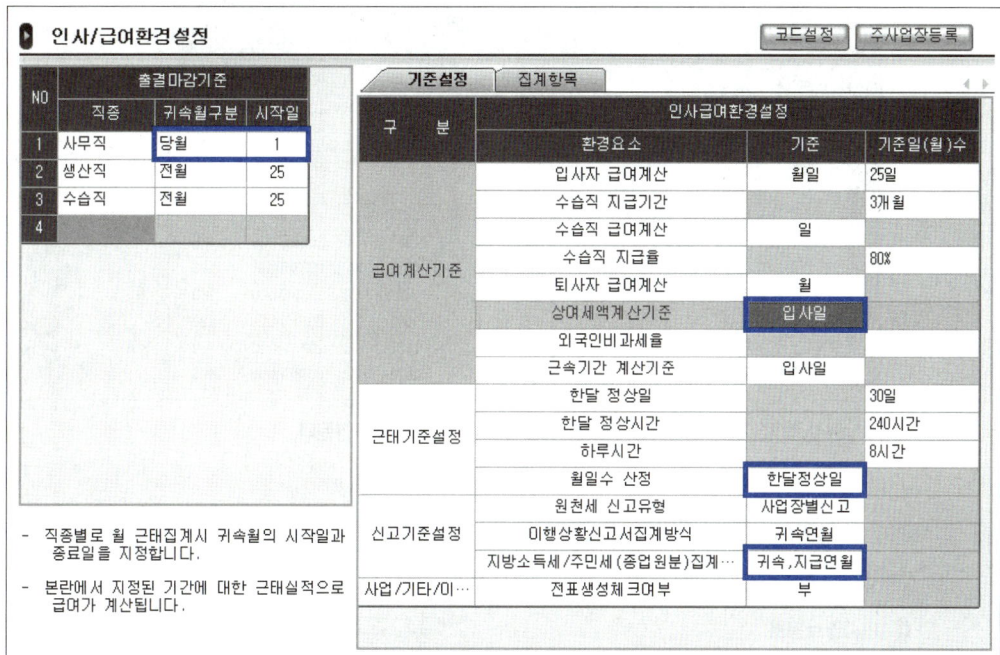

③ 첫 상여세액은 입사일을 기준으로 계산하며, 지방소득세특별징수명세/납부서의 데이터는 귀속연월/지급연월이 모두 같은 경우에 집계된다.

06 (1) 지급일자 변경

[인사/급여관리] - [기초환경설정] - [급/상여지급일자등록] - [귀속연월 : 2023/04]

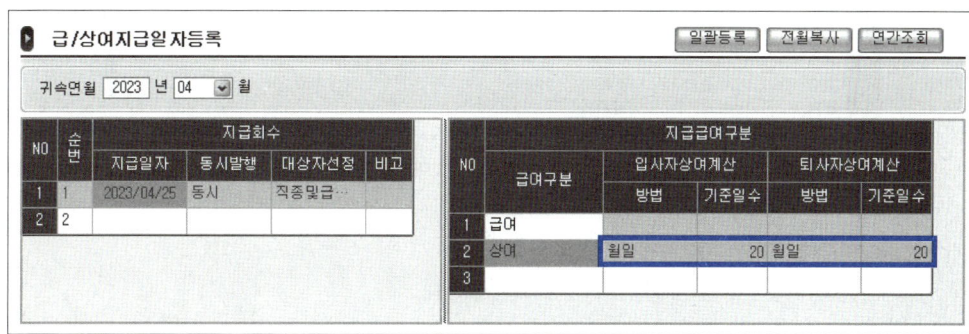

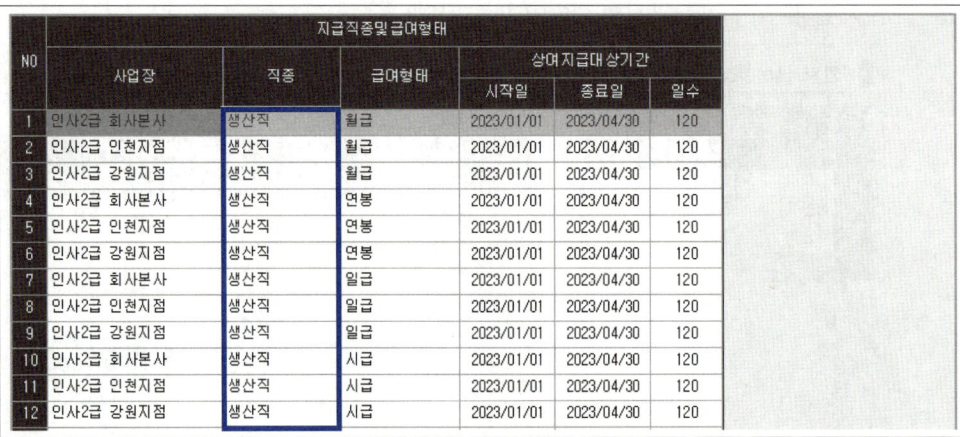

③ '상여지급대상기간' 내 입사자와 퇴사자는 상여 지급대상에 포함된다.

07 [인사/급여관리] – [인사관리] – [인사정보등록]
→ [재직정보] 탭 또는 [급여정보] 탭

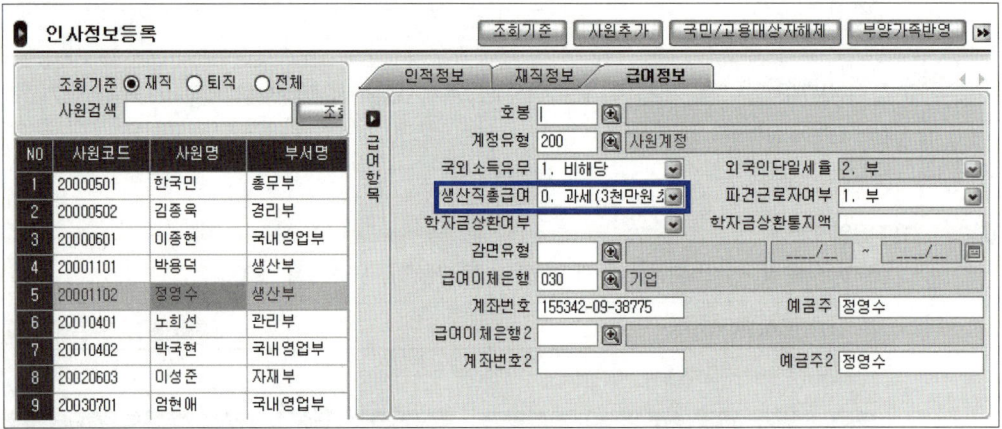

② [20001102.정영수] 사원은 노조에 가입되어 있지만, 생산직총급여 '과세' 대상자다.
① 근무조 및 직급은 [재직정보] 탭에서 확인할 수 있다.
③ 책정임금은 [급여정보] 탭에서 확인할 수 있다.
④ 학자금상환여부는 [급여정보] 탭에서 확인할 수 있다.

08 [인사/급여관리] – [인사관리] – [교육현황]

→ [교육기간 : 2023/04/01 ~ 2023/04/30] – [교육별사원현황] 탭

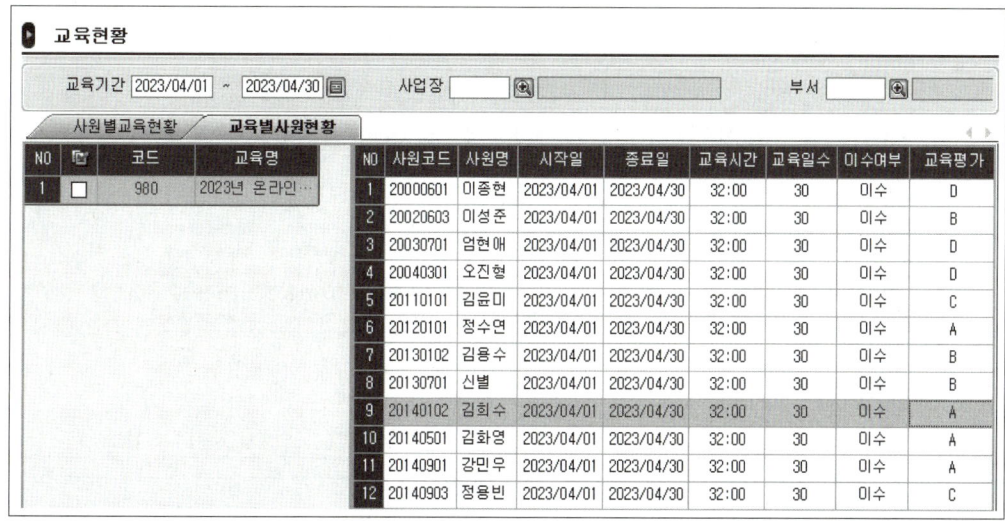

① 교육평가 결과가 'A'인 사원은 [20120101.정수연], [20140102.김희수], [20140501.김화영], [20140901.강민우]뿐이다.

09 [인사/급여관리] – [인사관리] – [인사발령(사원별)]

→ [발령호수 : 20230415]

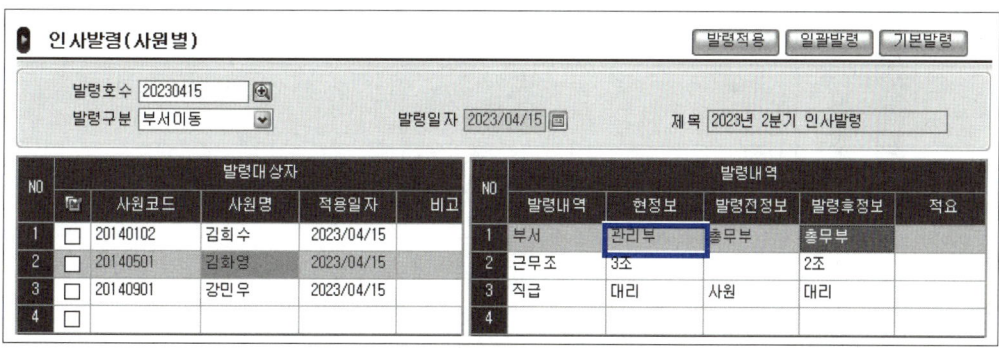

② [20140501.김화영] 사원은 발령 후 부서가 '관리부'에서 '총무부'로 변경된다.

10 [인사/급여관리] - [인사관리] - [근속년수현황]
→ [퇴사자 : 0.제외] - [기준일 : 2023/05/27] - [년수기준 : 2.미만일수 올림] - [경력포함 : 0.제외]

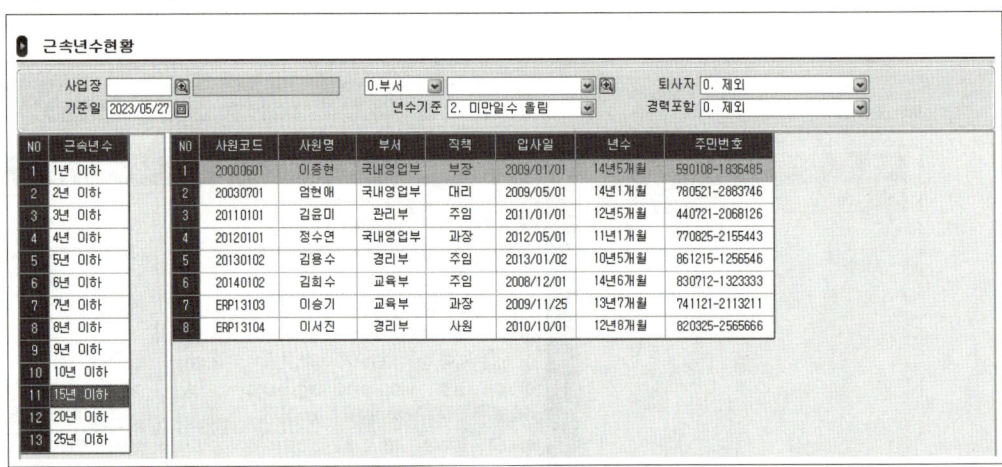

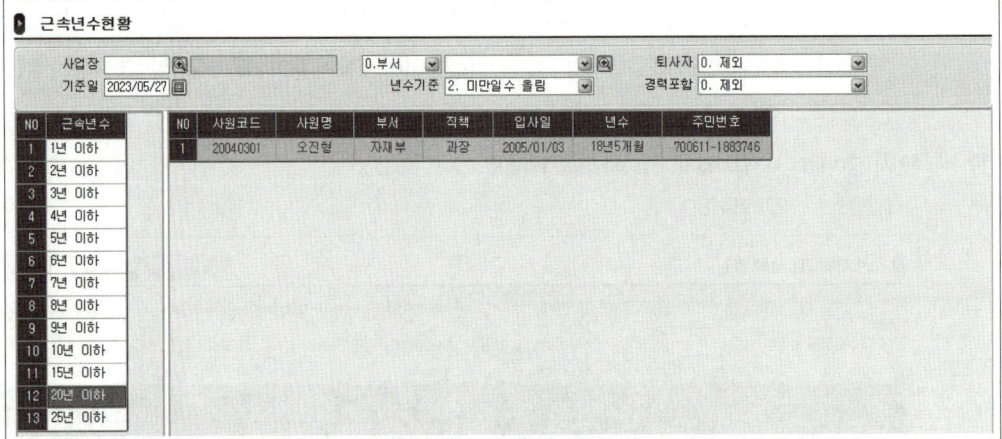

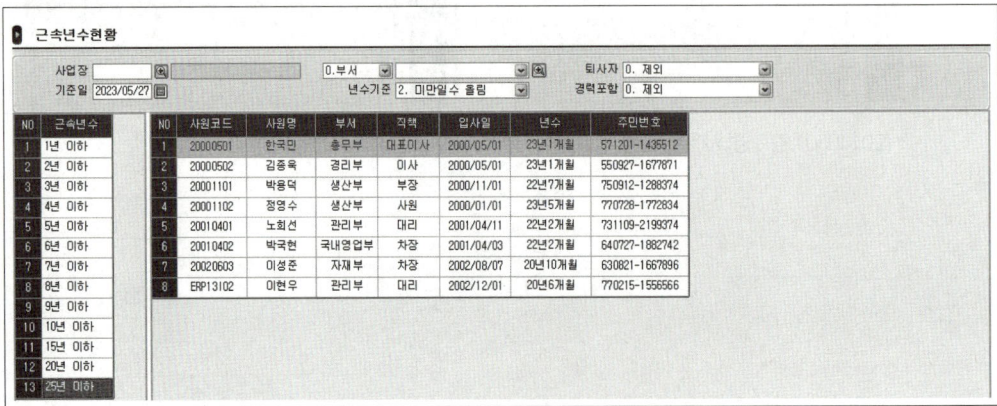

① 특별근속수당 = 8명(10년 이상) × 100,000원 + 9명(15년 이상) × 200,000원
　　　　　　　= 800,000원 + 1,800,000원
　　　　　　　= 2,600,000원

11 (1) 부양가족 반영

[인사/급여관리] – [인사관리] – [인사정보등록]

→ [급여정보] 탭 – [20030701.엄현애] 사원 선택 후 상단 [부양가족반영] 버튼 클릭 – [부양가족반영] 팝업창 – '인사기록카드' 체크 후 [기준일 : 2023/05/27] 입력 및 [조회] 버튼 클릭 – [20030701.엄현애] 체크 – [반영] 클릭

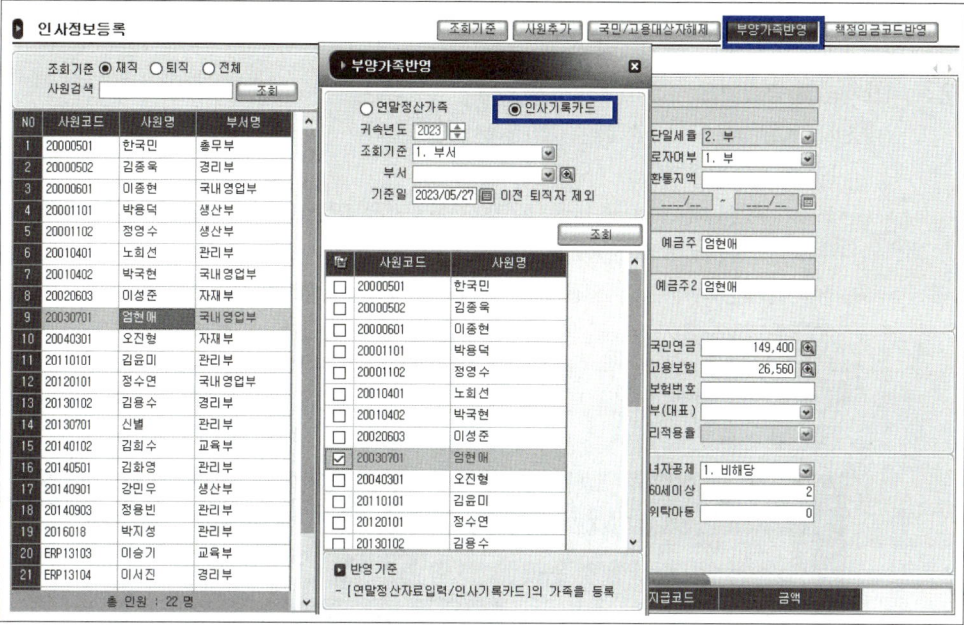

(2) 급여계산

[인사/급여관리] – [급여관리] – [상용직급여입력및계산]

→ [귀속연월 : 2023/05] – [지급일 : 1.2023/05/25 급여 동시] – [20030701.엄현애] 사원 선택 후 상단 [급여계산] 버튼 클릭 – [급여계산] 팝업창에서 [계산] 클릭 – 하단 [개인정보] 탭에서 '차인지급액' 확인

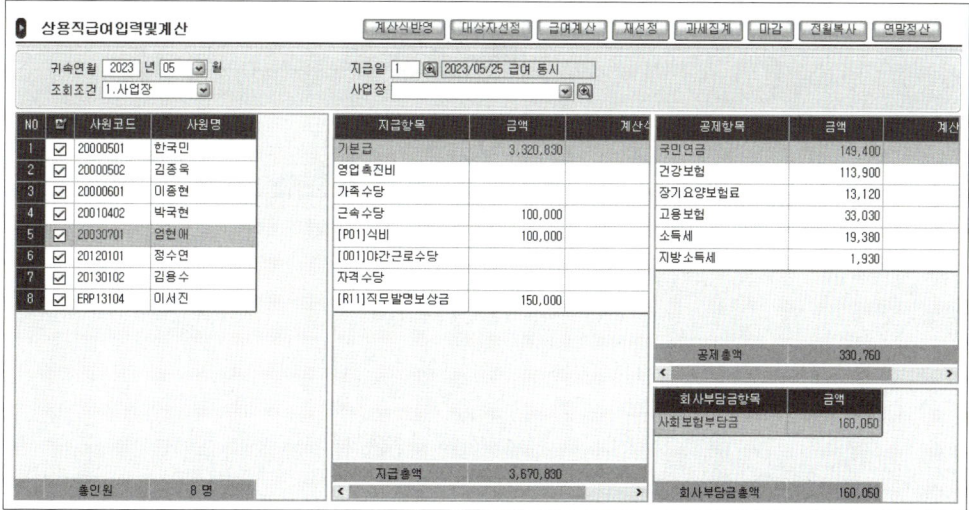

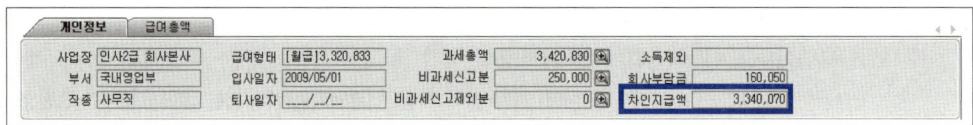

② 해당 지급일의 [20030701.엄현애] 사원의 실지급액(차인지급액)은 3,340,070원이다.

12 (1) 지급일자 추가

[인사/급여관리] - [기초환경설정] - [급/상여지급일자등록]

→ [귀속연월 : 2023/05]

→ 좌측에 [지급일자(2023/05/31), 동시발행(002.분리), 대상자선정(0.직종및급여형태별)] 신규등록

→ 우측에 [급여구분(101.특별급여)] 신규등록

→ 상단 [일괄등록] 버튼 - [일괄등록] 팝업창 - [사업장 : 2000.인사2급 인천지점], [상여지급대상기간 : 2023/05/01 ~ 2023/05/31], [대상 : 사무직(연봉), 생산직(월급)] 체크 후 [적용]

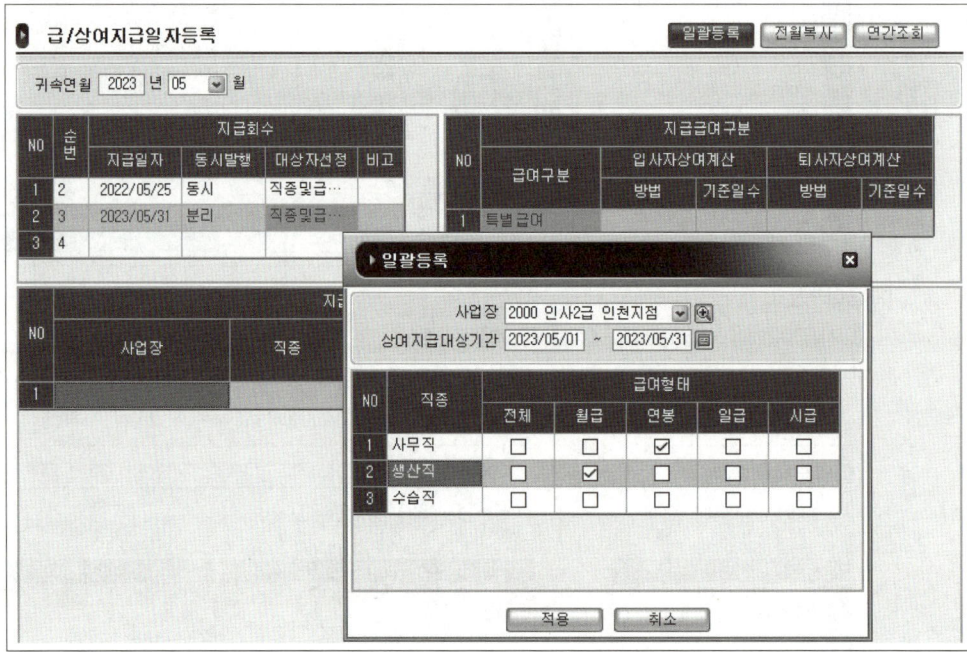

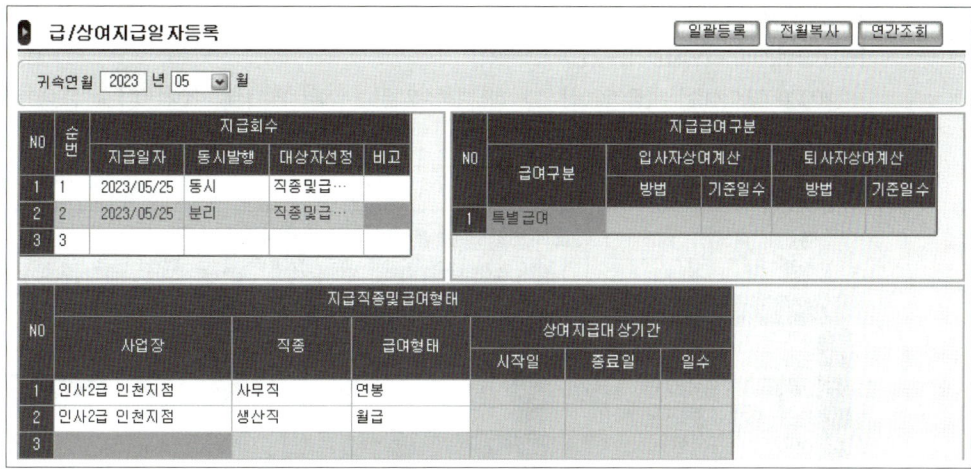

(2) 상여계산

[인사/급여관리] – [급여관리] – [상용직급여입력및계산]

→ [귀속연월 : 2023/05] – [지급일 : 2.2023/05/31 특별급여 분리] – 사원 전체 체크 후 상단 [급여계산] 버튼 클릭 – [급여계산] 팝업창에서 [계산] 클릭 – 하단 [개인정보] 탭에서 '과세총액' 확인

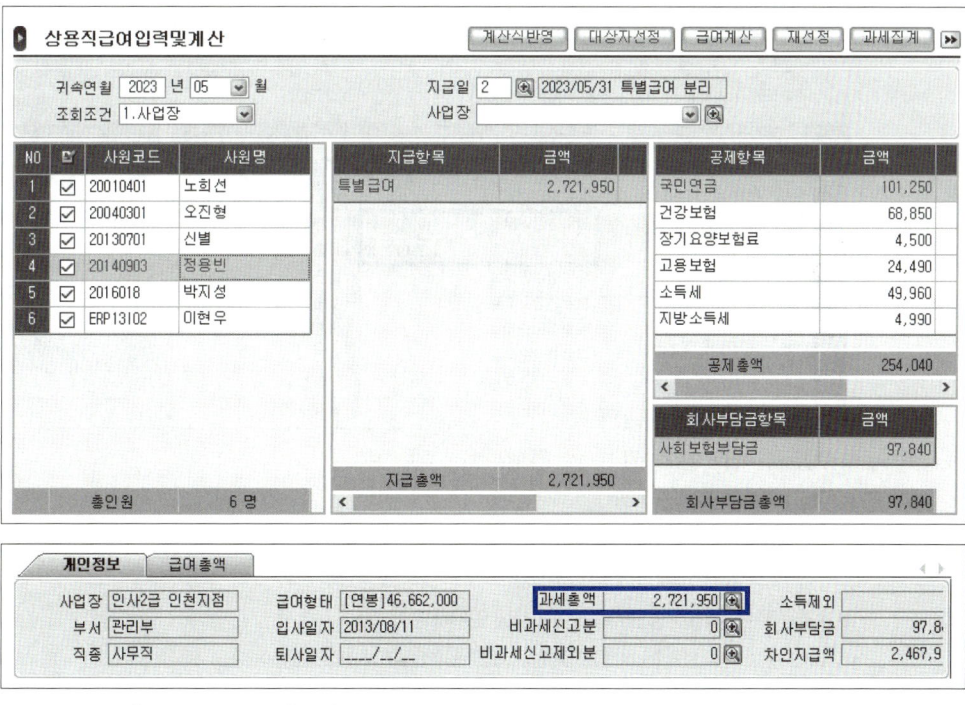

③ 해당 지급일 [20140903.정용빈] 사원의 과세총액은 2,721,950원이다.

13 (1) 책정임금 확인

[인사/급여관리] – [인사관리] – [인사정보등록]

→ [20020603,이성준] – [급여정보] 탭 – 하단 [책정임금] – [계약시작년월 : 2021/01] 클릭 – 연봉 '금액'란에서
Ctrl + F3 → '시급' 확인

(2) 근태 공제금액 계산

[인사/급여관리] – [급여관리] – [근태결과입력]

→ [귀속연월 : 2023/04] – [지급일 : 1.2023/04/25 급여, 상여 동시]

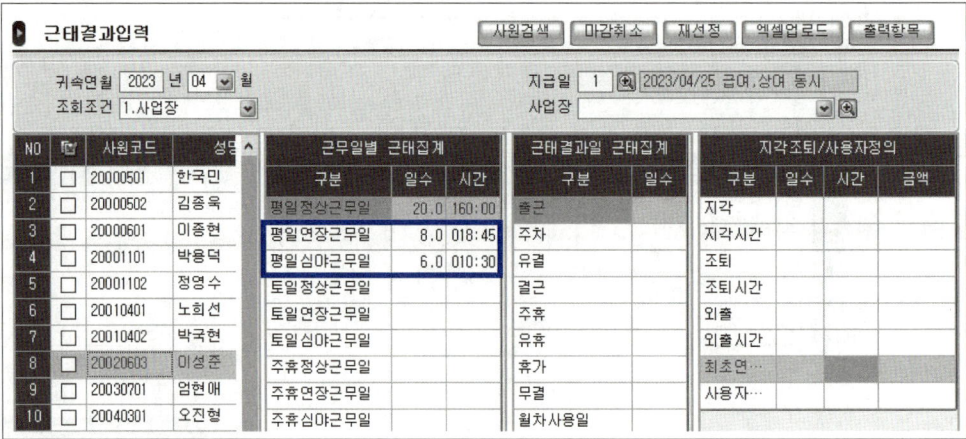

• 책정임금 시급 : 17,291원

• 15분 = 1시간 ÷ 4 → 0.25

　→ 연장근무시간 18시간 45분 = 18.75

　→ 심야근무시간 10시간 30분 = 10.50

③ 초과근무수당 = 1유형 근무수당 + 2유형 근무수당

　　　　　= (18.75 × 17,291원 × 1.5) + (10.50 × 17,291원 × 2.5)

　　　　　= 486,300원 + 453,880원

　　　　　= 940,180원

14 (1) 대상자 확인

[인사/급여관리] – [일용직관리] – [일용직사원등록]

→ [부서 : 1100.총무부, 4100.생산부] – [고용형태 : 002.일용직] – [급여형태 : 004.시급] – 대상자 확인

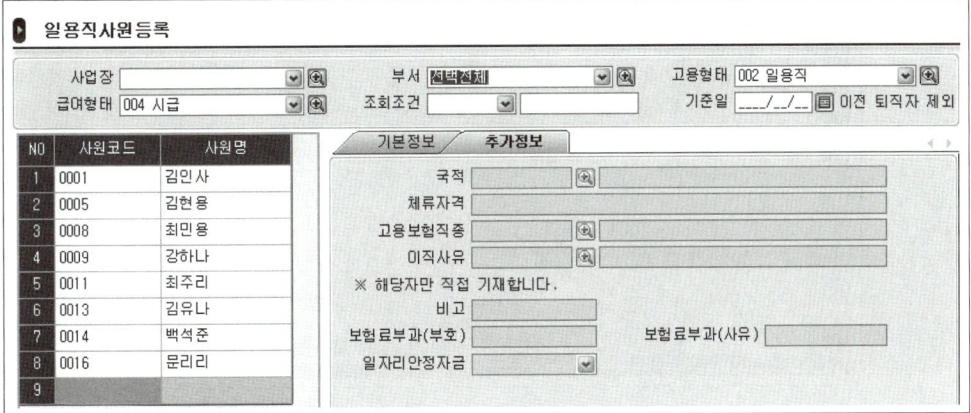

(2) 급여계산

[인사/급여관리] – [일용직관리] – [일용직급여입력및계산]

→ [귀속연월 : 2023/05] – [지급일 : 1.2023/05/25/매일지급]

→ 평일 적용 : 사원 전체 체크 후 상단 [일괄적용] 버튼 – [일괄적용] 팝업창 – [일괄적용시간 : 010:00], [일괄적용요일 : 평일], [비과세(신고분제외) : 10,000] 입력 후 적용

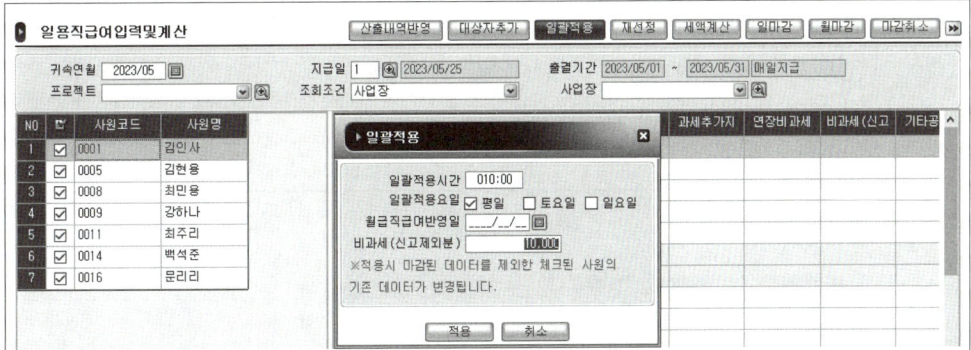

→ 토요일 적용 : 사원 전체 체크 후 상단 [일괄적용] 버튼 – [일괄적용] 팝업창 – [일괄적용시간 : 004:00], [일괄적용요일 : 토요일] 입력 후 적용 – 하단 탭에서 확인

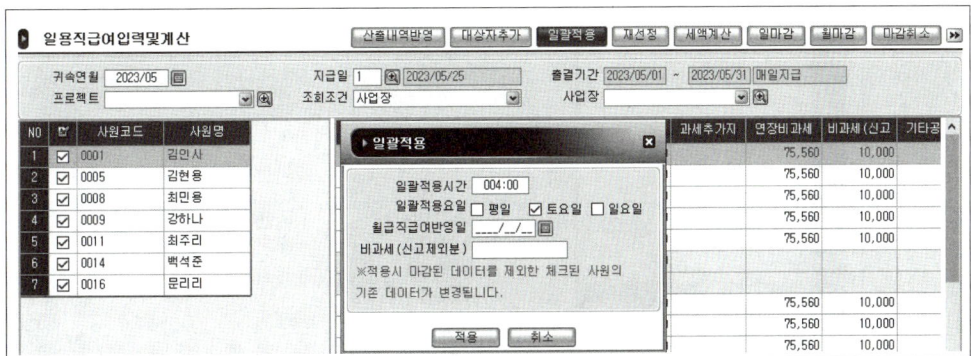

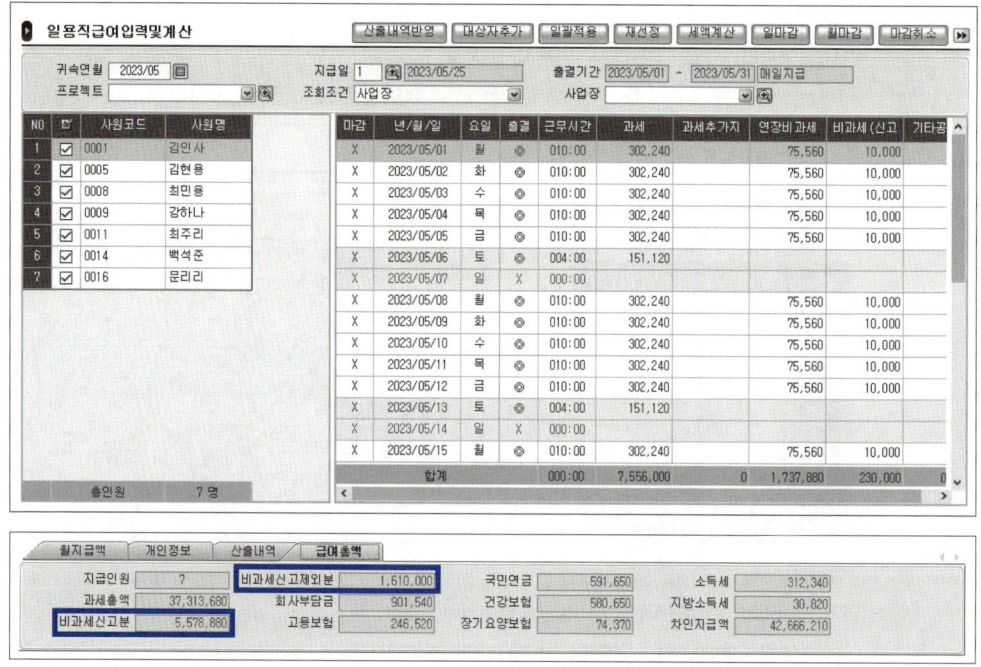

① 해당 지급일의 비과세신고제외분은 총 1,610,000원, 비과세신고분은 5,578,880원이다.

15 (1) 사원등록

[인사/급여관리] – [일용직관리] – [일용직사원등록]

→ [0017.정일용]의 [기존정보] 탭 – 사원정보 입력

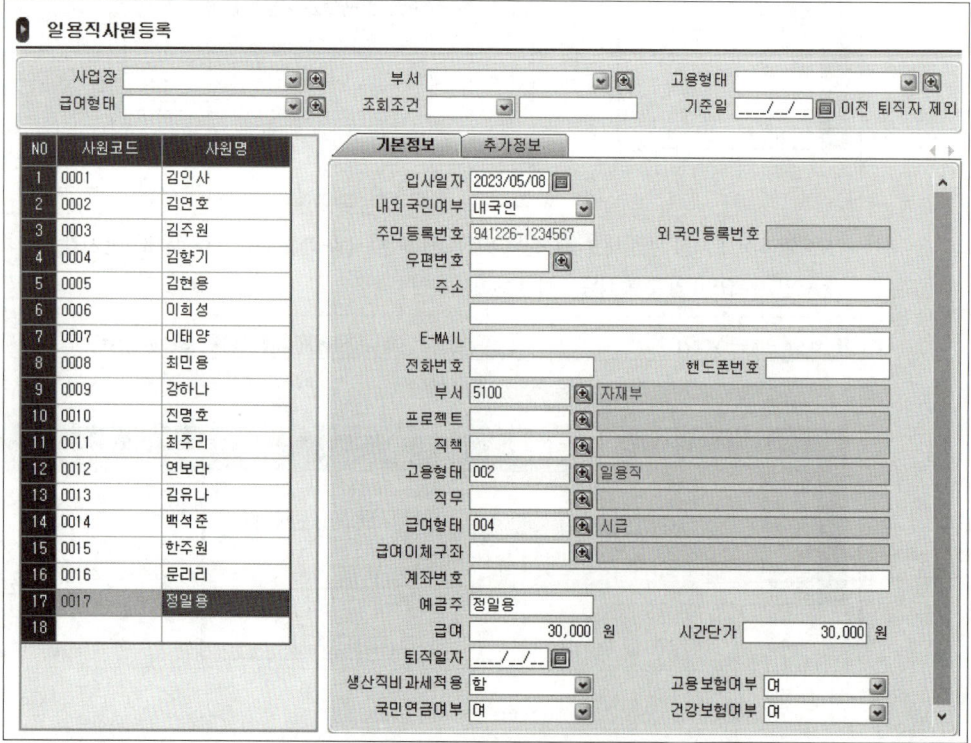

(2) 대상자 등록

[인사/급여관리] - [일용직관리] - [일용직급여지급일자등록]

→ [귀속연월 : 2023/05] - [지급일 : 2.2023/05/31/일정기간지급] - [0017.정일용] 사원 체크 후 추가

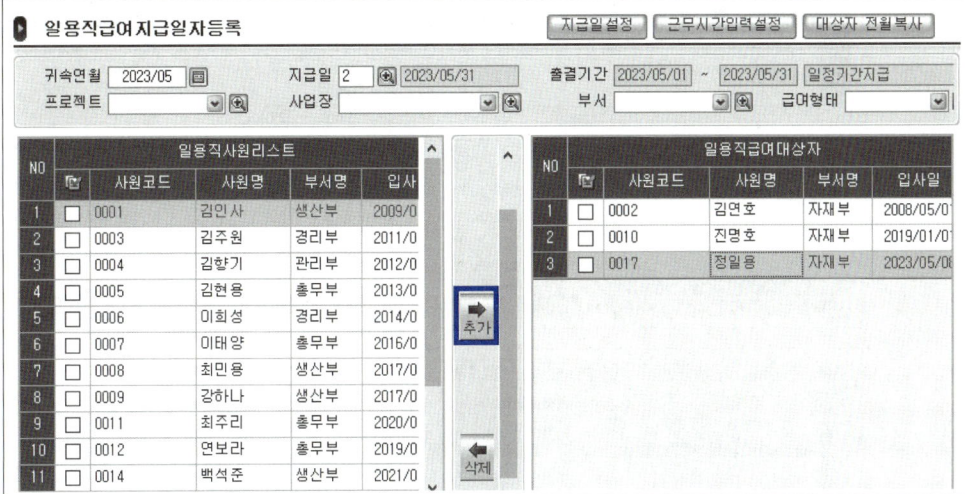

(3) 급여계산

[인사/급여관리] - [일용직관리] - [일용직급여입력및계산]

→ [귀속연월 : 2023/05] - [지급일 : 2.2023/05/31/일정기간지급] - 사원 전체 체크 후 상단 [일괄적용] 버튼 - [일괄적용] 팝업창 - [일괄적용시간 : 009:00], [일괄적용요일 : 평일] 입력 후 [적용] - 하단 [급여정보] 탭에서 '과세총액' 확인

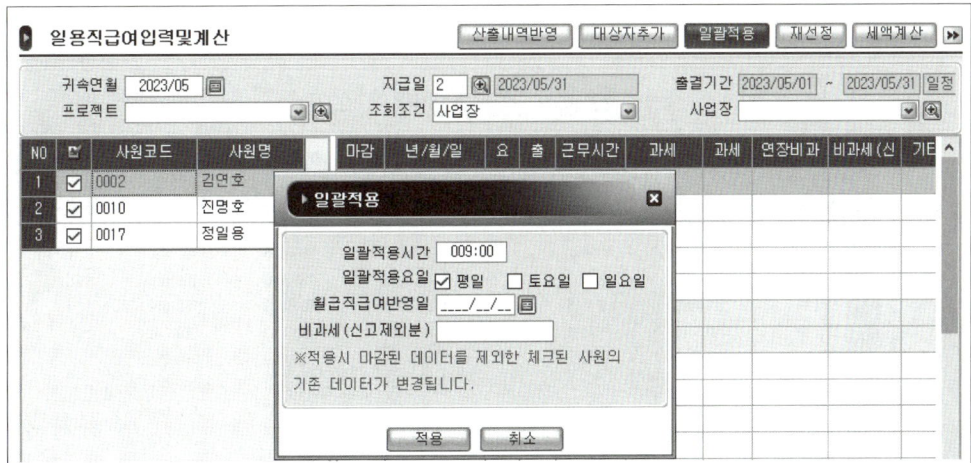

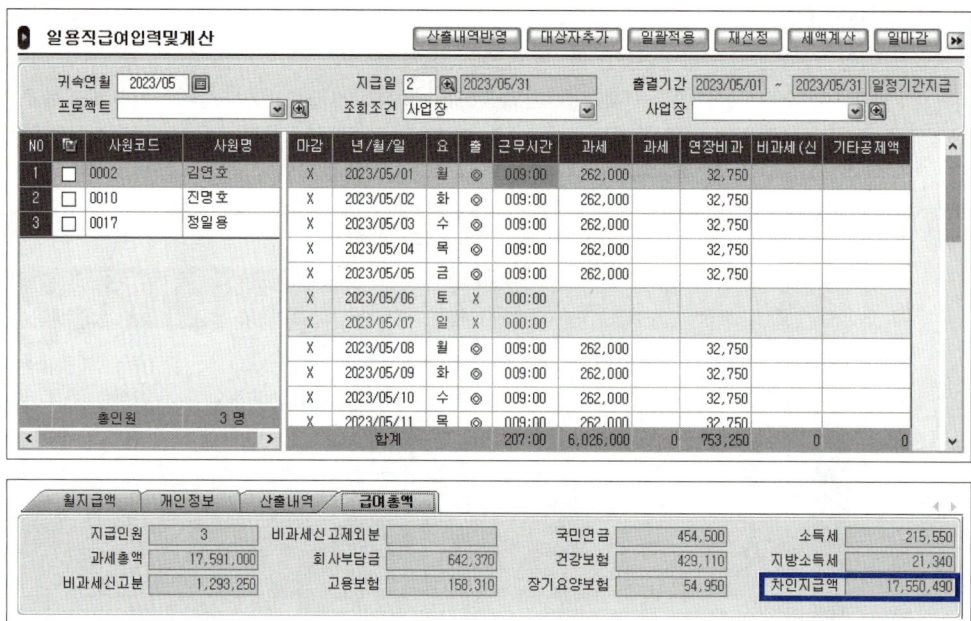

③ 해당 지급일의 차인지급액은 17,550,490원이다.

16 [인사/급여관리] – [급여관리] – [연간급여현황]
→ [조회기간 : 2023/01 ~ 2023/03] – [분류기준 : 과세/비과세] – [사업장 : 2000.인사2급 인천지점] – [사용자부담금 : 0.제외]

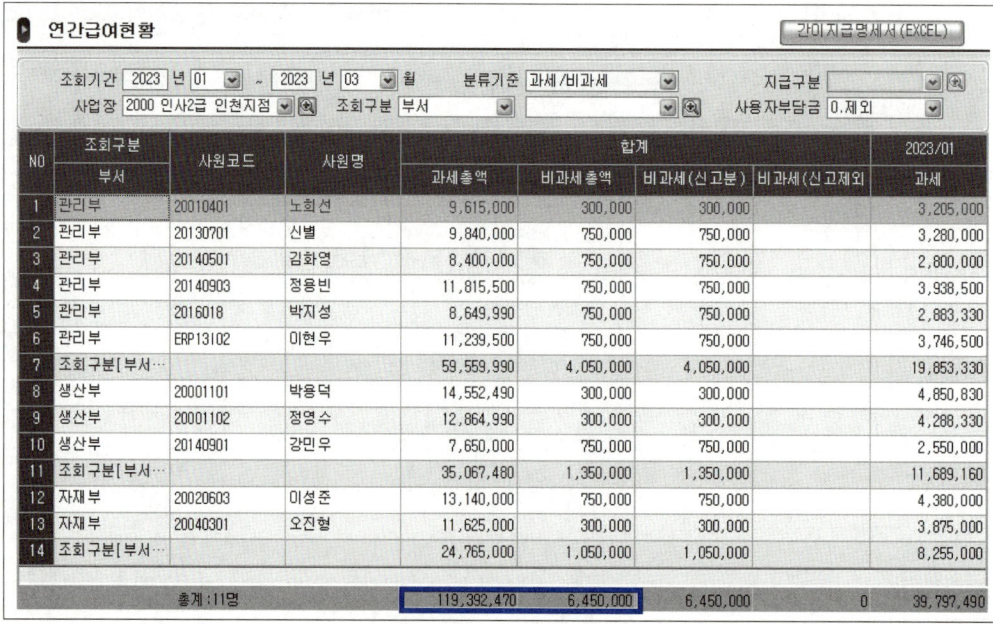

① 조회기간 과세총액은 119,392,470원, 비과세총액은 6,450,000원이다.

17 [인사/급여관리] – [급여관리] – [급/상여이체현황]

→ [소득구분 : 1.급상여] – [귀속연월 : 2023/04] – [지급일 : 1.2023/04/25 급여, 상여 동시] – [무급자 : 1.제외] – [사업장 : 2000.인사2급 인천지점]

은행	사원코드	사원명	계좌번호	예금주명	실지급액	지급일자
국민	20040301	오진형	188398-49-30912	오진형	8,032,210	2023/04/25
국민	20140501	김화영	12-123-05511	김화영	2,600,710	2023/04/25
국민	20140901	강민우	123-456-78900	강민우	2,304,990	2023/04/25
은행 소계					12,937,910	
은행 누계					12,937,910	
기업	20001102	정영수	155342-09-38775	정영수	8,761,330	2023/04/25
기업	20010401	노희선	155401-12-28901	노희선	6,615,720	2023/04/25
기업	20130701	신별	1112224411441	신별	2,975,650	2023/04/25
은행 소계					18,352,700	
은행 누계					31,290,610	
신한	20001101	박용덕	155029-02-99687	박용덕	9,558,010	2023/04/25
신한	20020603	이성준	177632-18-19940	이성준	4,047,840	2023/04/25
신한	2016018	박지성	123-1230-123	박지성	2,718,520	2023/04/25
은행 소계					16,324,370	
은행 누계					47,614,980	
현금	20140903	정용빈		정용빈	3,622,410	2023/04/25
현금	ERP13102	이현우		이현우	3,497,170	2023/04/25
은행 소계					7,119,580	
은행 누계					54,734,560	
총계	11명				54,734,560	

④ 지급대상자는 모두 11명이지만 총 실지급액은 54,734,560원이다.

18 [인사/급여관리] – [급여관리] – [수당별연간급여현황]

→ [조회기간 : 2023/01 ~ 2023/03] – [수당코드 : T00 : 소득세] – [조회조건 : 1.사업장_1000.인사2급 회사본사]

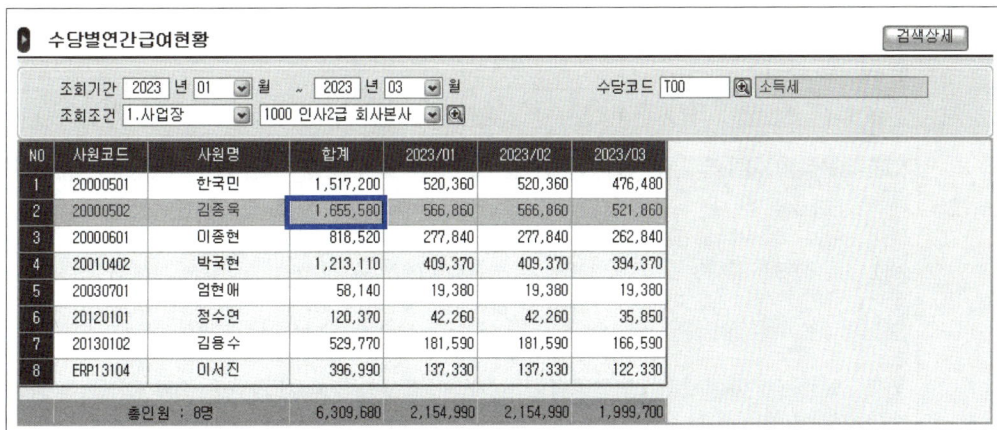

② [20000502.김종욱] 사원의 1분기 소득세가 1,655,580원으로 가장 많다.

19 [인사/급여관리] - [급여관리] - [항목별급상여지급현황]
→ [귀속연월 : 2023/01 ~ 2023/03] - [지급구분 : 100.급여] - [사업장 : 2000.인사2급 인천지점] - [집계구분 : 1.부서별]

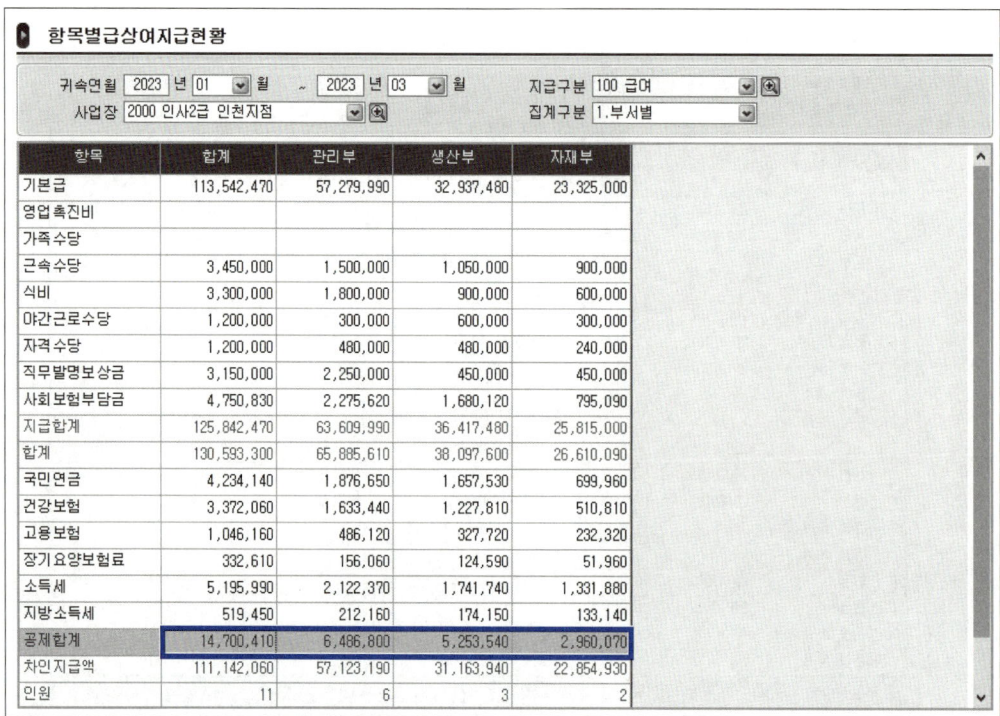

① 전체 부서의 공제합계 금액은 14,700,410원이다.

20 [인사/급여관리] - [급여관리] - [월별급/상여지급현황]
→ [조회기간 : 2023/04 ~ 2023/04] - [지급일 : 1.2023/04/25 급여, 상여] - [조회구분 : 3.근무조] - [근무조 : 002.2조]

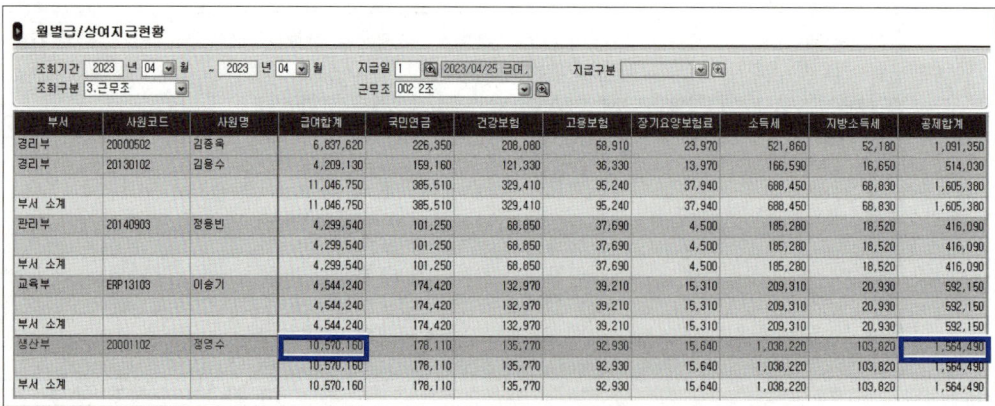

④ 조회기간 [20001102.정영수] 사원의 급여합계는 10,570,160원, 공제합계는 1,564,490원이다.

[기출이답이다] ERP 정보관리사 인사 2급 최신기출문제집 12회

개정2판1쇄 발행	2025년 09월 05일 (인쇄 2025년 06월 19일)
초 판 발 행	2023년 01월 05일 (인쇄 2022년 08월 30일)
발 행 인	박영일
책 임 편 집	이해욱
저 자	세무회계연구소
편 집 진 행	이세경 · 백한강 · 권민협
표지디자인	김지수
편집디자인	양혜련 · 이다희
발 행 처	(주)시대고시기획
출 판 등 록	제10-1521호
주 소	서울시 마포구 큰우물로 75 [도화동 538 성지 B/D] 9F
전 화	1600-3600
팩 스	02-701-8823
홈 페 이 지	www.sdedu.co.kr
I S B N	979-11-383-9524-3 (13320)
정 가	20,000원

※ 이 책은 저작권법의 보호를 받는 저작물이므로 동영상 제작 및 무단전재와 배포를 금합니다.
※ 잘못된 책은 구입하신 서점에서 바꾸어 드립니다.

시대에듀
회계·세무 관련 수험서 시리즈

분류	도서명	판형	가격
한국세무사회	전산회계 1급 이론 + 실무 + 기출문제 한권으로 끝내기	4×6배판	25,000원
	전산세무 2급 이론 + 실무 + 기출문제 한권으로 끝내기	4×6배판	26,000원
	hoa 기업회계 2·3급 한권으로 끝내기	4×6배판	34,000원
	hoa 세무회계 2·3급 전과목 이론 + 모의고사 + 기출문제 한권으로 끝내기	4×6배판	36,000원
	전산회계 1급 엄선기출 20회 기출문제해설집	4×6배판	20,000원
삼일회계법인	hoa 재경관리사 전과목 핵심이론 + 적중문제 + 기출 동형문제 한권으로 끝내기	4×6배판	37,000원
	hoa 재경관리사 3주 완성	4×6배판	28,000원
	hoa 회계관리 1급 전과목 핵심이론 + 적중문제 + 기출문제 한권으로 끝내기	4×6배판	27,000원
	hoa 회계관리 2급 핵심이론 + 최신 기출문제 한권으로 끝내기	4×6배판	23,000원
한국공인회계사회	TAT 2급 기출문제해설집 7회	4×6배판	19,000원
	FAT 1급 기출문제해설 10회 + 핵심요약집	4×6배판	20,000원
	FAT 2급 기출문제해설 10회 + 핵심요약집	4×6배판	18,000원
대한상공회의소	무료 동영상 강의를 제공하는 전산회계운용사 2급 필기	4×6배판	20,000원
	무료 동영상 강의를 제공하는 전산회계운용사 2급 실기	4×6배판	22,000원
	무료 동영상 강의를 제공하는 전산회계운용사 3급 필기	4×6배판	19,000원
	무료 동영상 강의를 제공하는 전산회계운용사 3급 실기	4×6배판	19,000원
한국생산성본부	ERP 정보관리사 회계 2급 기출문제해설집 12회	4×6배판	18,000원
	ERP 정보관리사 인사 2급 기출문제해설집 12회	4×6배판	20,000원
	ERP 정보관리사 생산 2급 기출문제해설집 10회	4×6배판	17,000원
	ERP 정보관리사 물류 2급 기출문제해설집 10회	4×6배판	17,000원
한국산업인력공단	세무사 1차 회계학개론 기출문제해설집 10개년	4×6배판	24,000원
	세무사 1차 세법학개론 기출문제해설집 9개년	4×6배판	23,000원
	세무사 1차 재정학 기출문제해설집 10개년	4×6배판	23,000원

※ 도서의 제목 및 가격은 변동될 수 있습니다.

시대에듀와 함께하는
합격의 STEP

Step. 1 회계를 처음 접하는 당신을 위한 도서

★☆☆☆☆
회계 입문자

무료 동영상 + 기출 24회
**전산회계운용사
3급 필기**

전강 무료강의 제공
**hoa 전산회계운용사
3급 실기**

핵심이론 + 기출 600제
**hoa 회계관리 2급
한권으로 끝내기**

자격증, 취업, 실무를 위한
회계 입문서
왕초보 회계원리

Step. 2 회계의 기초를 이해한 당신을 위한 도서

★★☆☆☆
회계 초급자

무료 동영상 + 기출 23회
**전산회계운용사
2급 필기**

전강 무료강의 제공
**hoa 전산회계운용사
2급 실기**

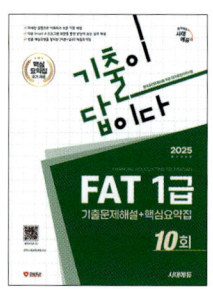
기출 핵심요약집을 제공하는
**[기출이 답이다]
FAT 1급**

실제 화면으로 쉽게 배우는
**[기출이 답이다]
ERP 인사 2급**

성공의 NEXT STEP
시대에듀와 함께라면 문제없습니다.

Step. 3 회계의 기본을 이해한 당신을 위한 도서

★★★☆☆
회계 중급자

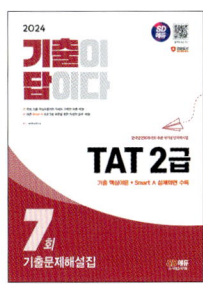

단원별 기출 1,400제 +
모의고사 3회 +
최신기출 6회
**hoa 세무회계 2·3급
한권으로 끝내기**

핵심이론 + 적중문제 +
기출문제로 합격하는
**hoa 회계관리 1급
한권으로 끝내기**

기출 트렌드를
분석하여 정리한
**hoa 기업회계 2·3급
한권으로 끝내기**

동영상 강의 없이
혼자서도 쉽게 합격하는
**[기출이 답이다]
TAT 2급**

Step. 4 회계의 전반을 이해한 당신을 위한 도서

★★★★★
회계 상급자

기출유형이 완벽 적용된
**hoa 재경관리사
3주 완성**

합격으로 가는 최단코스
**hoa 재경관리사
한권으로 끝내기**

※ 도서의 이미지 및 세부사항은 변경될 수 있습니다.